Avaliação
psicopedagógica

A945 Avaliação psicopedagógica / Manuel Sánchez-Cano, Joan Bonals, organizadores ; tradução Fátima Murad. – Porto Alegre : Artmed, 2008.
400 p. ; 25 cm.

ISBN 978-85-363-1114-2

1. Ensino – Avaliação. 2. Psicologia Educacional. I. Sánchez-Cano, Manuel. II. Bonals, Joan.

CDU 37.015.3

Catalogação na publicação: Juliana Lagôas Coelho – CRB 10/1798

Manuel Sánchez-Cano
Joan Bonals
e colaboradores

Avaliação psicopedagógica

Tradução:
Fátima Murad

Consultoria, supervisão e revisão técnica desta edição:
Maria de Fátima Duarte Martins
Doutora em Psicologia pela Universidade de Belgrano.
Especialista em Educação pela Universidade Federal de Pelotas.
Especialista em Psicopedagogia pela Escola de Psicopedagogia de Buenos Aires.

Reimpressão 2010

2008

Obra originalmente publicada sob o título
La evaluación psicopedagógica
ISBN 84-7827-366-2

© Editorial GRAÓ, de IRIF, S.L., 2005
All Rights Reserved. This translation published under license.

Capa
Gustavo Macri

Preparação do original
Kátia Michelle Lopes Aires

Leitura final
Lara Frichenbruder Kengeriski

Supervisão editorial
Mônica Ballejo Canto

Editoração eletrônica
Formato Artes Gráficas

Reservados todos os direitos de publicação, em língua portuguesa, à
ARTMED® EDITORA S.A.
Av. Jerônimo de Ornelas, 670 - Santana
90040-340 Porto Alegre RS
Fone (51) 3027-7000 Fax (51) 3027-7070

É proibida a duplicação ou reprodução deste volume, no todo ou em parte,
sob quaisquer formas ou por quaisquer meios (eletrônico, mecânico, gravação,
fotocópia, distribuição na Web e outros), sem permissão expressa da Editora.

SÃO PAULO
Av. Embaixador Macedo Soares, 10.735 - Pavilhão 5 - Cond. Espace Center
Vila Anastácio 05095-035 São Paulo SP
Fone (11) 3665-1100 Fax (11) 3667-1333

SAC 0800 703-3444

IMPRESSO NO BRASIL
PRINTED IN BRAZIL
Impresso sob demanda na Meta Brasil a pedido de Grupo A Educação.

Autores

Manuel Sánchez-Cano (org.). Doutor em Psicologia. Desenvolve sua atividade profissional no Centre de Recursos Educatius per a Deficients Auditius de Comarques I de Barcelona. É professor da Universidade de Vic, Barcelona. *msanchez@xtec.cat*

Joan Bonals (org.). Psicólogo e Doutor em Filosofia. Trabalha como assessor psicopedagógico na Equipe de Assessoramento Psicopedagógico de Berguedà, Barcelona, e na formação dos professores. Entre seus livros, destacamos *O trabalho em pequenos grupos na sala de aula,* publicado pela Artmed em 2003. *jbonals@xtec.cat*

Àngela González. Trabalha na Equipe de Assessoramento Psicopedagógico de Berguedà, Barcelona. *mgonza22@xtec.cat*

Anna Agón Angrill. Licenciada em Pedagogia. Trabalha no CEIPO Vallgorguina de Vallgorguina, Barcelona. *aagon@xtec.cat*

Antoni Castelló. Doutor em Psicologia e professor titular do Departamento de Psicologia Básica, Evolutiva e da Educação da Universidade Autônoma de Barcelona. *toni.castello@uab.es*

Carles Augé. Professor da Faculdade de Psicologia e Ciências da Educação e do Desporte Blanquerna da Universidade Ramon Llull, Barcelona. Trabalha na Equipe de Assessoramento Psicopedagógico de Sabadell. *cauge@xtec.cat*

Dolors Llobet. Graduada em Serviço Social. Trabalha na Equipe de Assessoramento Psicopedagógico de Bages e no Departamento de Educação da Catalunha. *mllobet9@xtec.cat*

Esther Andújar. Graduada em Serviço Social. Trabalha no Programa de Educação Compensatória e na Equipe de Assessoramento Psicopedagógico de Rubí e no Departamento de Educação da Catalunha. *estherandujar@hotmail.com*

Fransesc Vicent Mena i Berbegall. Licenciado em Psicologia. Trabalha como psicopedagogo na Equipe de Assessoramento Psicopedagógico para deficientes visuais da Catalunha. *fmena12@hotmail.com*

Joan de Diego Navalón. Professor associado do Departamento de Didática e Organização Educativa da Universidade de Barcelona. Trabalha na Equipe de Assessoramento Psicopedagógico de Gràcia de Barcelona. *jdiego12@xtec.cat*

Josep Font i Roura. Diretor da Escola de Educação Especial L'Estel e professor da Faculdade de Educação da Universidade de Vic, Barcelona. *l.estel@logiccontrol.es*

Juanjo Siguero Ayuso. Licenciado em Psicologia. Trabalha como psicopedagogo na Equipe de Assessoramento Psicopedagógico para deficientes visuais da Catalunha. *jsiguero12@hotmail.com*

Isabel Navarro Reche. Licenciada em Psicologia e Fonoaudióloga. Trabalha na Equipe de Assessoramento Psicopedagógico de Sabadell. *inavarro@xtec.es*

Lluís Álvarez Dominguez. Licenciado em Psicologia e professor de educação especial. Ttrabalha na Equipe de Assessoramento Psicopedagógico da Catalunha. *lluis@lukas21.com*

Lola Calzada Pina. Trabalha na Equipe de Assessoramento Psicopedagógico de Viladecans, Barcelona. *lcalzada@xtec.cat*

M. Claustre Cardona. Licenciada em Pedagogia e Fonoaudióloga. Diretora e psicopedagoga do Centre de Recursos Educatius per a Deficients Auditius Del Baix Llobregat-Anoia, Barcelona. *mcardona@xtec.cat*.

M. Claustre Jané i Ballabriga. Doutora em Psicologia. Licenciada em Psicologia, Pedagogia Terapêutica e Fonoaudiologia. Professora titular de psicopatologia infanto-juvenil na Universidade Autônoma de Barcelona. *MariaClaustre.Jane@uab.es*

M. Mercedes Burillo Tarragüel. Mestre em Educação Especial. Licenciada em Psicopedagogia. Trabalha no Programa de Educação Compensatória. *mburillo@xtec.cat*

M. Teresa Masot Espasa. Licenciada em Psicologia e em Pedagogia. Trabalha na Equipe de Assessoramento Psicopedagógico de Sabadell. *mmasot@xtec.cat*

Marta Pla i Llumà. Licenciada em Psicologia. Trabalha na Equipe de Assessoramento Psicopedagógico de Berguedà, Barcelona. *mpla123@xtec.cat*

Merche Burillo. Psicopedagoga de Viladecans, Barcelona.

Montse Dorado Mesa. Psicóloga e Mestre em Psicopatologia de Crianças e Adolescentes e em Psicopatologia Clínica Infanto-Juvenil. Especialista em Estatística. Trabalha como técnica superior de ajuda à pesquisa na Universidade Autônoma de Barcelona. *montserrat.dorado@uab.es*

Montserrat Fontbona. Graduada em Serviço Social. Atualmente, trabalha na Equipe de Assessoramento Psicopedagógico de Alt Maresme e no Departamento de Educação da Catalunha. *mfontbon@xtec.cat*

Ramon Coma i Dosrius. Licenciado em Filosofia, Letras e em Ciências da Educação. Trabalha na Equipe de Assessoramento Psicopedagógico da Catalunha (Vall del Tenes). *rcoma@xtec.cat*

Ramon Vilana Campá. Psicopedagogo, psicólogo clínico e terapeuta familiar. Trabalha na Equipe de Assessoramento Psicopedagógico de Baix Maresme e no Departamento de Educação da Catalunha. *rvilana@xtec.cat*

Ramona Subias. Graduada em Serviço Social. Trabalha na Equipe de Assessoramento Psicopedagógico de Terrasa e no Departamento de Educação da Catalunha. *ramonasubias@menta.net*

Remei Grau i Pujol. Trabalha na Equipe de Assessoramento Psicopedagógico de Horta-Guinardò, de Barcelona. *rgrau124@xtec.cat*

Sergi Ballespí Sola. Psicólogo. Professor da Universidade Autônoma de Barcelona. *sergi.ballespi@uab.es*

Teresa Colomer. Licenciada em Psicologia É pedagoga, terapeuta e fonoaudióloga. Atualmente, trabalha na Equipe de Assessoramento Psicopedagógico de Sabadell. Entre seus livros, destacamos: *Aprender a ler e escrever*: uma proposta construtiva, publicado pela Artmed em 2003; *Ensinar a ler, ensinar a compreender*, publicado pela Artmed em 2002. *tcolomer@xtec.cat*

Teresa Huguet. Trabalha na Equipe de Assessoramento Psicopedagógico de Esplugues-Sant Just, Barcelona. *thuguet@xtec.cat*

Sumário

Introdução 9
    Joan Bonals, Manuel Sánchez-Cano

Primeira parte

1 A avaliação psicopedagógica 15
    Teresa Colomer, M. Teresa Masot, Isabel Navarro

2 A demanda de avaliação psicopedagógica 24
    Joan Bonals, Àngela González

3 Técnicas e instrumentos de avaliação psicopedagógica 44
    Ramon Coma, Lluis Álvarez

4 A entrevista com os pais, os professores e os alunos 64
    Ramon Vilana

5 Avaliação psicopedagógica dos alunos e trabalho em rede 81
    Teresa Huguet

6 Avaliações psicopedagógicas por demanda administrativa – elaboração de pareceres e informes 99
    Joans de Diego

Segunda parte

7 A avaliação psicopedagógica dos alunos com
um ambiente social desfavorecido 121
  Dolors Llobet, Esther Andújar, Montserrat Fontbona, Ramona Subias

8 A avaliação psicopedagógica dos alunos que apresentam
dificuldades de comunicação e linguagem 148
  Manuel Sánchez-Cano

9 A avaliação psicopedagógica dos alunos estrangeiros
recém-incorporados ao sistema educacional 166
  Lola Calzada, Merche Burillo

10 A avaliação psicopedagógica dos alunos escolarizados
com perda auditiva na modalidade oral 191
  M. Claustre Cardona

11 A avaliação psicopedagógica dos alunos com déficit visual 214
  Francesc Vicent Mena, Juanjo Siguero

12 A avaliação psicopedagógica dos alunos com deficiência motora 241
  Carles Augé

13 A avaliação psicopedagógica dos alunos com problemas
e transtornos emocionais e de conduta 259
  M. Claustre Jané, Sergi Ballespí, Montse Dorado

14 A avaliação psicopedagógica dos alunos com dificuldades
na aprendizagem da língua escrita 289
  Remei Grau

15 A avaliação da matemática 314
  Anna Agón, Marta Pla

16 Aproximação da avaliação das altas habilidades e dos talentos 337
  Antoni Castelló

17 A avaliação dos alunos com deficiência mental 367
  Josep Font

Siglas 397

Introdução

Joan Bonals e Manuel Sánchez-Cano

Quando em 2000 um grupo de profissionais do qual fazíamos parte publicou *O assessoramento psicopedagógico na Catalunha*, queríamos explicar nossa trajetória. Como profissionais que há 20 anos exercem funções de assessoramento, queríamos pôr na mesa o que entendíamos por essa função, como a praticávamos, quais as condições que podem fazer do assessoramento um instrumento eficaz para o sistema educacional e quais as que podem torná-lo menos eficaz, reduzindo-o a tarefas inoperantes.

Mais uma vez, estamos diante de um tema que nos parece muito nosso: a avaliação psicopedagógica. É nosso porque, desde as origens, o tema da avaliação acompanhou os profissionais da psicopedagogia como uma de suas características identificadoras. Nosso, por termos contribuído para o seu desenvolvimento, reconceituação e adaptação ao ambiente educacional. Nosso, já que não podemos, nem queremos, tirar a avaliação de nosso caminho. As formas, os instrumentos e os critérios de avaliação podem variar, mas a função do assessoramento psicopedagógico estará sempre ligada à tarefa de avaliação.

De certo modo, assessoramento e avaliação psicopedagógica formam um binômio inseparável. Avalia-se para assessorar. Assessora-se a partir da avaliação. Avalia-se e assessora-se como a principal maneira de intervir junto ao aluno, à escola e ao sistema educacional. Avaliação e assessoramento partem de uma concepção com ampla perspectiva centrada nas necessidades educativas sentidas pelo aluno ou aluna para desenvolver-se como pessoa, dentro de um contexto social, e as necessidades experimentadas pela escola para ajudá-los a crescer pessoalmente.

Recorrendo à memória de curto prazo, é preciso recordar que a figura dos profissionais da psicopedagogia é recente. As diferentes administrações educacionais nutriam-se, até poucos anos, principalmente de profissionais da psicologia ou da pedagogia como apoio aos alunos com necessidades educacionais especiais. Cada disciplina trazia seus instrumentos, sua metodologia e seus enfoques teóricos sobre a avaliação.

As diferentes normas que regularam as funções dos assessores psicopedagógicos falam, com freqüência, em *identificar e avaliar as necessidades educacionais* como a primeira função. Se passamos do terreno das normas ao da prática cotidiana nas escolas, uma das primeiras tarefas que se espera do assessor psicopedagógico é que avalie as necessidades educativas dos alunos. Essa demanda pode se expressar em termos formais, como avaliar, estudar ou diagnosticar as necessidades de um aluno, ou em termos coloquiais: quem não lembra da tarefa de *observar uma criança*?

O exercício do assessoramento psicopedagógico levou também a redefinir o sentido da avaliação das necessidades educacionais, para que avaliemos quando e como. Basta recordar que os artigos que testemunhavam uma mudança conceitual e descreviam as transformações que ocorrem da linguagem do transtorno à das necessidades educacionais especiais. Há muitos anos, as contribuições mais importante nesse sentido nos conduzem das necessidade educacionais especiais à inclusão. Todas essas transformações repercutem no conceito de intervenção e, como não poderia deixar de ser, na avaliação psicopedagógica.

Nesta introdução, gostaríamos de destacar alguns traços que podem ser considerados como transversais nos diferentes capítulos. Em primeiro lugar, partimos de uma avaliação psicopedagógica contextualizada, não apenas como lugar físico de realização das tarefas avaliativas, na escola, na sala de aula, no pátio, mas também porque os diferentes elementos contextuais fazem parte da avaliação e da intervenção posterior. Não concordamos com a afirmação de que o aluno ou a aluna se encontra em um contexto determinado; faz parte dele. O contexto, por sua vez, é um elemento integrante da realidade da formação do aluno. Por isso, também é objeto de avaliação e, conseqüentemente, de intervenção.

No mesmo sentido, a avaliação não é uma tarefa exclusiva do assessor ou da assessora. Os diferentes profissionais que intervêm na situação educacional do aluno são, ao mesmo tempo, avaliadores e agentes de intervenção psicopedagógica. Do mesmo modo, considerando a avaliação de uma perspectiva ampla, as situações interativas com o aluno ou aluna podem ser situações de avaliação ricas em informações sobre os processos psicológicos em curso.

O qualificativo *psicopedagógica*, que acompanha a avaliação, tem ainda conotações que vale a pena descrever. Além de diferenciá-la de diagnóstico clínico ou médico, como fatores que marcam a avaliação com uma significação específica, a qualificação de psicopedagógica alude a que o núcleo da avaliação é o fato do ensino-aprendizagem e o contexto em que se realiza a interação educacional. Sem negar que as necessidades educacionais decorrem com freqüência de deficiências ou de situações pessoais específicas, centramos nossa atenção nas circunstâncias a partir das quais todos os alunos têm de construir suas aprendizagens e devem desenvolver-se como pessoas.

Para a organização do diversos temas, pensamos em duas partes em que se distribuem os diferentes capítulos do texto. Uma primeira parte delimita os aspectos conceituais e define nossos pontos de vista sobre os traços que configuram o panorama da avaliação psicopedagógica. A segunda é dedicada a desenvolver as características concretas que se precisa considerar na avaliação das várias necessidades educacionais.

No que se refere à configuração do marco conceitual, os títulos dos diferentes capítulos fazem referência aos eixos transversais que definem nossa posição acerca da avaliação psicopedagógica. Freqüentemente, a intervenção tem um itinerário bastante comum que, na maioria dos casos, começa com uma demanda. Esse costuma ser o ponto de partida que põe em marcha o processo de intervenção psicopedagógica. Existem demandas de vários tipos que respondem a motivações e expectativas diversas. A demanda condiciona, em parte, a trajetória da intervenção. Por isso, oferecemos algumas páginas dedicadas a analisar as diversas categorias de demandas e a perfilar estratégias para canalizá-las para uma intervenção eficaz. Do mesmo modo, na entrevista – como parte da avaliação – com as pessoas relevantes na situação educacional que se gera, evidenciam-se indícios significativos da situação que se pretende avaliar, e se obtêm pistas do itinerário a seguir a partir da avaliação.

A avaliação entendida como as atuações realizadas por um único professor ou um único serviço tem cada vez menos sentido. Com freqüência, sobre a atuação de um determinado aluno ou aluna, há intervenções de diferentes meios: sanitário, educacional, social, etc. Não se trata apenas de invocar a necessária coordenação de todos os serviços envolvidos, mas sim de propiciar a responsabilidade compartilhada que se tem em cada situação. Na medida em que fazemos parte de uma rede social, somos obrigados a levar em conta e a compartilhar a responsabilidade na atenção que é preciso dar.

Boa parte das demandas de avaliação procede da própria administração educacional. Pareceu-nos importante gastar algumas linhas para explicar as diferenças existentes no processo de avaliação quando se trata de uma demanda de ajuda ou de um encargo tipo "perícia". Nesse último caso, as atividades avaliadoras podem levar a conclusões que se deve necessariamente considerar. Assim, é preciso conseguir o equilíbrio, nem sempre fácil, entre as funções de assessoramento e aquelas que, de certa maneira, impõem o fato de ditar regras.

A segunda parte do livro é dedicada à avaliação psicopedagógica das necessidades educacionais que decorrem de diversas situações específicas que afetam a vida do aluno e a dinâmica da escola. Nos temas desta segunda parte, descrevem-se as características das necessidades educacionais e, em seguida, os critérios ou as pautas que devem orientar a avaliação destas.

Os diferentes capítulos agrupam-se em torno da avaliação das necessidades educacionais relacionadas com os processos de ensino-aprendizagem que podem ser compartilhadas por todos os alunos: a linguagem escrita, a matemática ou a comunicação. Outro grupo de necessidades educacionais é gerado pelas situações especiais de determinados alunos, como os que vivem em um ambiente social desfavorável, ou as características da avaliação nos alunos imigrantes. Merecem igualmente um tratamento específico as necessidades educacionais que decorrem das situações de deficiência pessoal devido a um déficit visual, auditivo e motor ou a transtornos emocionais. Por último, pensamos em dedicar alguns capítulos à avaliação das necessidades educacionais relacionadas ao desenvolvimento intelectual, compreendendo as dos alunos que apresentam incapacidade e as dos com altas habilidades.

Temos consciência de que o leque de situações específicas de avaliação de necessidades educacionais poderia ser mais amplo e que poderíamos dedicar alguns capítulos a descrever um maior número de necessidades especiais decorrentes de outras síndromes, deficiências ou vivências excepcionais. Contudo, concluímos que proporcionamos ao psicopedagogo um panorama suficientemente amplo, um registro das mudanças conceituais, dos instrumentos pedagógicos e da metodologia contrastada com a prática e a reflexão dos profissionais que se aprofundaram nos diferentes temas que, nestas linhas, desejam compartilhá-los com os leitores.

Primeira Parte

A avaliação psicopedagógica | 1

Teresa Colomer, M. Teresa Masot e Isabel Navarro

INTRODUÇÃO

Este capítulo pretende estabelecer um ponto de referência para a avaliação psicopedagógica e fazer uma proposta de procedimentos e estratégias. Fundamenta-se em nosso trabalho compartilhado de reflexão e sistematização sobre a prática no âmbito da avaliação. Nasce do desafio de oferecer um módulo sobre *a avaliação dos transtornos de aprendizagem* no Mestrado em Psicopatologia Infantil e Juvenil da Universidade Ramon Llull de Barcelona. Enriqueceu-se com as contribuições dos alunos do ano letivo 1995-1996.

Seguramente, muitos se identificarão com grande parte dos pontos de vista expostos. Estamos convencidas disso. Procedemos de uma história comum no qual os profissionais das Equipes de Assessoramento Psicopedagógico (EAP), consideram essencial compartilhar o que fazem e o que sabem. É nosso *saber* compartilhado.

A principal referência que temos ao falarmos da avaliação psicopedagógica é nossa prática profissional na EAP, e não podemos desvinculá-la da função assessora que nos corresponde, intervindo nos diferentes âmbitos: os alunos, suas famílias, os professores e as escolas (ver Quadro 1.1). Ao longo do capítulo, trataremos dessa perspectiva.

O marco teórico básico de referência em que se apóia a avaliação psicopedagógica tal como a entendemos é o da concepção construtivista do processo de ensino-aprendizagem e da teoria sistêmica.

Ao mesmo tempo, entendemos que a avaliação psicopedagógica deve nos permitir dispor de informações relevantes não apenas em relação às dificuldades apresentadas por um determinado aluno ou grupo de alunos, por um professor ou alguns pais, mas também às suas capacidades e potencialidades. Desse modo, não falamos de deficiências nem de dificuldades, mas sim de necessidades educativas dos alunos que, necessariamente, devem ser traduzidas em situações passíveis de melhora e na concretização de auxílio e suporte. Na mesma linha, consideramos que a interação estabelecida pelos alunos nos diferentes contextos (sala de aula, família, meio social mais amplo) determina tanto suas competências e habilidades quanto a definição do auxílio necessita.

Identificaremos aos participantes no processo de avaliação, as técnicas e os instrumentos que utilizamos.

Quadro 1.1 Marco em que se situa a avaliação psicopedagógica

[Diagrama: CONTEXTO SOCIAL contém CONTEXTO ESCOLAR que contém SALA DE AULA (com triângulo formado por Professores, Alunos e Conteúdos); CONTEXTO FAMILIAR sobrepõe-se parcialmente.]

CONCEITO, FINALIDADE E MARCO EM QUE SE SITUA

Entendemos a avaliação psicopedagógica como "um processo compartilhado de coleta e análise de informações relevantes da situação de ensino-aprendizagem, considerando-se as características próprias do contexto escolar e familiar, a fim de tomar decisões que visam promover mudanças que tornem possível melhorar a situação colocada" (Colomer, Masot, Navarro, 2001).

Trata-se de *um processo* porque não se reduz a uma atuação pontual ou a algumas atuações isoladas, mas tem um início e uma continuidade de atuações inter-relacionadas, destinadas a pesquisar e a compreender melhor o fato de ensinar a aprender.

A avaliação psicopedagógica desenvolve-se *em colaboração* com o conjunto de participantes no processo: os alunos, a família, a escola, outros profissionais, etc. Do ponto de vista deles, tem um caráter interdisciplinar, com contribuições próprias da competência de cada um.

Falamos de coleta de *informações relevantes* porque, diante de uma situação de avaliação psicopedagógica, é preciso priorizar sempre os aspectos a avaliar, os quais serão mais críticos para tomar decisões quanto à resposta educacional e quanto às mudanças progressivas que deverão ser planejadas e, portanto, esse é o critério que orientará a coleta de informações. Esse processo será desenvolvido nos contextos mais significativos em que ocorrer a situação de ensino-aprendizagem.

É na sala de aula que a interação entre os alunos, os professores e os conteúdos configuram, em parte, essa situação. Todavia, não podemos esquecer que a sala de aula faz parte de uma instituição escolar com história, organização e funcionamento próprios. É evidente que os dois contextos ou, se preferirem, sistemas, interajam influenciando-se mutuamente. Ao mesmo tempo, a escola faz parte de um contexto social mais amplo com o qual também se produz essa influência mútua. Dentro desse contexto social, queremos fazer uma referência particular à família que o aluno pertence, interagindo com os outros contextos descritos.

Estabelecendo um paralelo com a teoria de sistemas, podemos dizer que qualquer mudança produzida em algum dos sistemas leva a mudanças ou adaptações de outros. A avaliação psicopedagógica terá de considerar todos esses contextos, assim como sua interação (ver Quadro 1.1).

Devemos ter presente que a avaliação nunca se faz no vazio, mas é sempre fruto de uma demanda ou de uma necessidade detectada. Nesse sentido, não se poderá perder de vista o objetivo ou a finalidade para que se inicie um processo de avaliação. Essa finalidade condicionará tanto as atuações que realizaremos quanto os instrumentos que utilizaremos, mas, sobretudo, os procedimentos adotados.

Sob essa perspectiva, é importante introduzir o conceito de eficiência na avaliação psicopedagógica. Quando se detecta uma necessidade, nem tudo o que é suscetível de ser avaliado na situação que se apresenta terá de ser objeto de avaliação. Priorizam-se sempre os aspectos mais relevantes segundo a proposta, e planejam-se apenas as atuações necessárias para promover mudanças.

Esse processo é dinâmico e interativo, isto é, as atuações desenvolvidas interagem com os demais participantes no processo (os alunos, os professores, a família, a EAP, os outros serviços, etc.), modificando-se mutuamente. Para que essa interação implique uma melhoria real na situação avaliada, as pessoas que participam devem se envolver ativamente no processo e se sentir competentes, cada uma na função que desenvolve.

Compartilhar a finalidade da avaliação será o primeiro passo do trabalho em equipe do conjunto de participantes. É o requisito imprescindível para promover mudanças.

A fim de que cada participante possa se sentir competente no que lhe corresponde, temos de nos centrar necessariamente na avaliação das capacidades e potencialidades, mais do que no déficit e nas dificuldades. Conseqüentemente, as orientações obtidas serão voltadas ao planejamento dos auxílios e condições que tornem possível a melhora da situação colocada.

Portanto, a avaliação psicopedagógica é uma ferramenta para tomar decisões que melhorem a resposta educacional do aluno ou grupo de alunos, mas também para promover mudanças no contexto escolar e familiar.

PROCEDIMENTO DE AVALIAÇÃO PSICOPEDAGÓGICA

A avaliação psicopedagógica normalmente se inicia com a detecção de uma necessidade. Concretiza-se em uma demanda de intervenção profissional com a finalidade de buscar melhorias na situação colocada. Inicia um processo compartilhado de coleta e análise de informações, formulação de hipóteses e tomada de decisões (ver Quadro 1.2).

A demanda, amplamente exposta no segundo capítulo desta publicação, terá de ser concretizada e reformulada em conjunto para que nos permita:
- Identificar a finalidade da avaliação psicopedagógica, sempre orientada a uma melhor compreensão do processo de ensino-aprendizagem a fim de introduzir as ajudas sobre o que, como e quando se quer ensinar. Em suma, ajustar a resposta educacional às necessidades avaliadas.

Quadro 1.2 A avaliação psicopedagógica como instrumento para tomar decisões e melhorar a resposta educacional

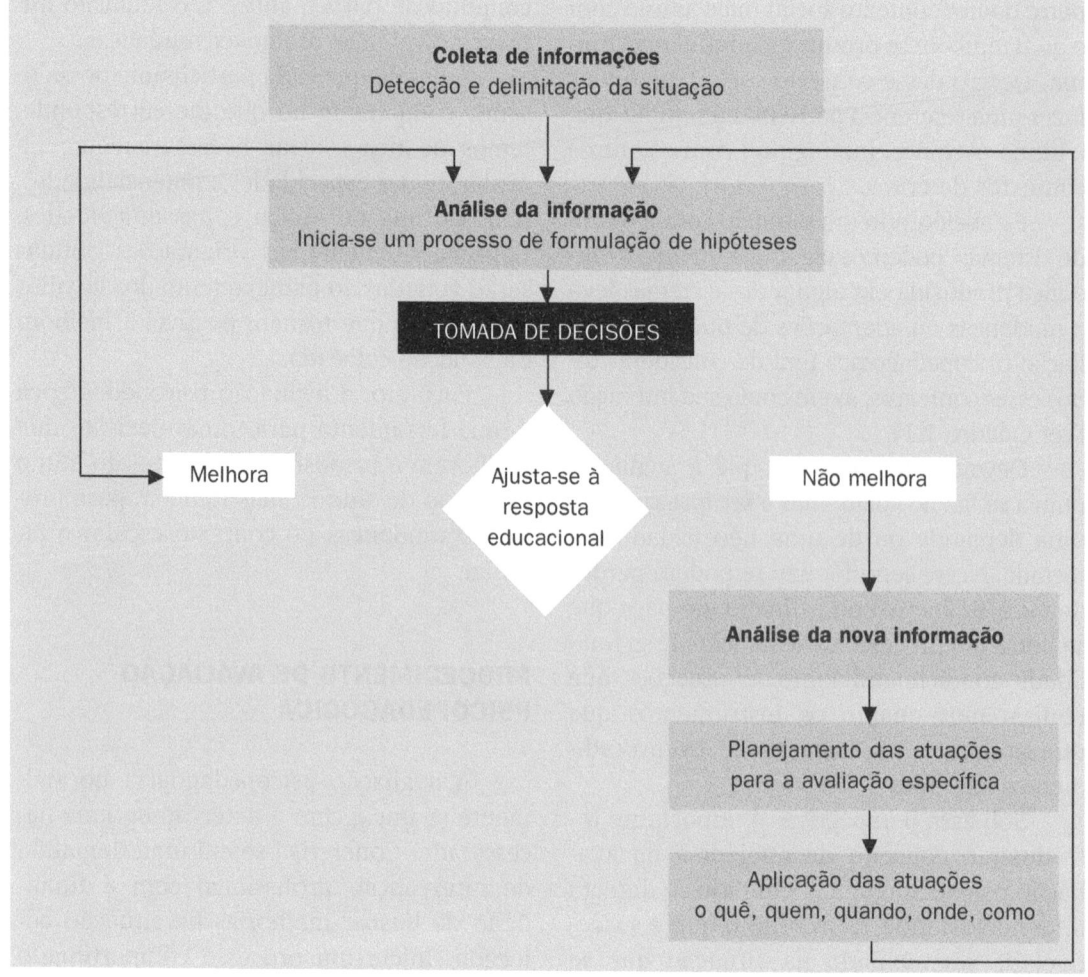

- Determinar quem serão os participantes com os quais teremos de compartilhar o processo de avaliação para planejar as atuações iniciais:
  - o aluno e/ou grupo de alunos;
  - a família;
  - o professor tutor e/ou equipe docente;
  - os especialistas em pedagogia terapêutica e/ou psicopedagogia;
  - os profissionais da EAP (psicólogo, pedagogo, psicopedagogo/assistente social);
  - outros serviços e profissionais (CREDA – Centro de Recursos para Deficientes Auditivos; EAP para deficientes visuais; CDIAP – Centro de Desenvolvimento e Atenção Precoce; serviços sociais; CSMIJ – Centro de Saúde Mental Infantil e Juvenil; serviços de neurologia pediátrica, etc.);
- Levantar as primeiras hipóteses fundamentadas na análise e na interpretação da informação.
- Iniciar a tomada de decisões, orientando os ajustes da resposta educacio-

nal ou determinando que se necessita dispor de mais informação.
- Coletar mais informações relevantes, se necessário: qual, como, em que contexto, com quem.
- Planejar atuações específicas de avaliação: quais, com quem, com que instrumentos e materiais, etc..
- Analisar as novas informações, verificar ou desprezar as hipóteses anteriores para estabelecer outras.
- Definir as propostas de mudança e tomar decisões de ajustes na resposta educacional.
- Estabelecer um processo de acompanhamento para realizar os ajustes conforme a evolução.

O conhecimento prévio de cada um dos participantes e de seu contexto, assim como a interação que estabelecem, será ao mesmo tempo:
- um indicador para formular hipóteses;
- um instrumento para a análise;
- um recurso para introduzir ajudas e melhorias.

A perspectiva de nosso trabalho nos permite abordar o processo de avaliação com o conhecimento prévio da escola, dos professores, dos alunos, das famílias e do meio social em que todos se inserem. Essa abordagem possibilita introduzir mudanças que permitem melhorar a situação objeto de avaliação desde o início do processo e fazê-lo da maneira mais adequada possível.

Ao longo do processo de avaliação, devem-se evitar intervenções que possam levar a uma falta de envolvimento dos participantes no processo, que podem se situar como meros aplicadores de propostas de modificação no quê, como e quando ensinar. Isso geraria uma dependência do assessor e não fomentaria a autonomia desejável.

Na medida em que, com essa metodologia, se desdobrem os diferentes momentos do processo de avaliação, todos os participantes dele adquirem habilidades para compreender melhor a situação que é objeto de avaliação, a fim de que se coloquem novas questões e para que os participantes estejam ativos no processo de mudança:
- Professores e profissionais da EAP e de outros serviços para analisar nossa intervenção em cada caso e ajustá-la aos demais participantes.
- Alunos e famílias atendidos de forma compreensiva e respeitosa para que participem ativamente no processo de análise e melhoria.

Evidentemente, os profissionais da EAP, que exercem seu trabalho no contexto escolar, também participam desse processo. Para tanto, a avaliação psicopedagógica entendida de tal maneira está estreitamente vinculada à função de orientação e assessoramento, que irá se ajustando na interação com os demais participantes no processo, respeitando ritmos e momentos, dando contribuições que possam levar a bom termo, tanto em relação aos alunos quanto aos professores e famílias.

Quando nos fazem uma solicitação, seja para avaliar as necessidades educativas de um aluno, de um grupo de alunos, ou de uma situação escolar ou familiar, a coleta e a análise de informações deve nos permitir identificar os elementos suscetíveis de melhoria, mas também as competências e capacidades dos participantes, a fim de que as propostas de mudança possam ser implementadas com êxito e satisfação por parte de todos. Em última análise, trata-se de trabalhar na *zona de desenvolvimento proximal* (Vigotsky, 1972) do conjunto de participantes no processo e construir conhecimento compartilhado significativo para todos os envolvidos.

A avaliação psicopedagógica, embora possa centrar-se mais ou menos em um ou outro participante ou aspecto da situação avaliada, nunca pode ser feita de maneira isolada. Deve sempre levar em conta o contexto onde se produz e os mecanismos de interação e influência gerados (ver Quadro 1.1).

Muitas vezes, durante o processo de avaliação, identificamos igualmente situações suscetíveis de melhora que não são objeto de demanda no momento. Nesse caso, será preciso esperar e promover o momento e/ou contexto mais apropriado para iniciar um novo processo de avaliação.

Sob essa perspectiva, adotamos uma estratégia de intervenção que possibilita a extensão de mudanças introduzidas em uma situação concreta a outras situações. É freqüente, por exemplo, que uma proposta que ajusta a resposta educacional às necessidades específicas de um menino ou de uma menina comporte uma melhoria para outros colegas ou para uma turma inteira. Pode incorporar-se também ao projeto curricular da escola (PCC), depois de ser captada e analisada pelos professores de um nível, de um ciclo, pela comissão pedagógica, etc.

Faremos uma breve caminhada por alguns dos aspectos mais relevantes que costumam ser objetos de avaliação, tendo como referente, mais uma vez, o Quadro 1.1

O contexto escolar

A sala de aula

A sala de aula é um subsistema dentro do contexto escolar no qual ocorrem situações de interação entre os alunos, os professores e os conteúdos de aprendizagem. É onde se situa o *triângulo interativo* (Coll, 1999). Para facilitar a coleta de dados e a análise, podemos nos centrar em cada um de seus vértices:

- *A interação entre o aluno ou grupo de alunos e os conteúdos de aprendizagem*. Interessa-nos dispor de elementos para compreender como ajudar o aluno ou grupo de alunos a respeito do que pode aprender. Às vezes, será preciso avaliar suas capacidades (motrizes, de equilíbrio pessoal, cognitivas, de relação interpessoal e de inserção social) e seus níveis de competência para ver como favorecem ou dificultam as aquisições no contexto escolar e familiar à sua volta.

Enfatizaremos particularmente o estilo de aprendizagem do aluno. Como pode aprender melhor? Que condições pessoais e do ambiente facilitam sua aprendizagem? Como incorpora os novos conhecimentos à sua estrutura cognoscitiva e como utiliza de forma funcional suas aprendizagens, tornando-as significativas? Como os alunos analisam sua própria atividade de aprender, que sentido têm para eles os conteúdos que lhes são apresentados e com que grau de motivação e autonomia os enfrenta? Qual sua atitude diante dos conflitos cognitivos (Piaget, 1983), se significam um desafio ou uma dificuldade, etc.

- *A interação entre o aluno ou grupo de alunos e os professores*. Interessa-nos saber como os professores partem dos conhecimentos prévios dos alunos para incorporarem novos conhecimentos de aprendizagem. Quais ajudas pedagógicas são oferecidas na sala de aula e o grau de planejamento didáticos. Se essas ajudas permitem que os alunos alcancem os novos conteúdos de aprendizagem e favorecem a autonomia do aluno ou, ao contrário, se o mantêm em um estado de permanente dependência.

É importante saber se a intervenção educacional está desenvolvendo ou não a formação de um autoconceito positivo nos alunos e uma dinâmica de grupo coesa. Será importante também constatar as expectativas dos professores a respeito da aprendizagem de um aluno em particular e do grupo em geral, assim como, se seu estilo docente contempla o modo de aprendizagem dos alunos que integram o grupo, oferecendo caminhos e ajudas que facilitem a aprendizagem de todos.

- *A interação entre os professores e os conteúdos de aprendizagem*. Em muitas situações, teremos de coletar informações referentes à programação e, particularmente, a como ela é aplicada na sala de aula. Como são abordados os diferentes tipos de conteúdos, se o tratamento dado a estes assegura o desenvolvimento das capacidades dos alunos e se sua organização favorece a aprendizagem, se a metodologia é adequada para atender a diversidade de ritmos e estilos de aprendizagem dos alunos, que recursos humanos, materiais e funcionais são utilizados e se o grau de adequação ao aluno ou à turma está de acordo com as intenções educacionais. Analisaremos também como se concretiza a avaliação na sala de aula: se é feita nos momentos iniciais, durante e no final da aprendizagem; se tem uma função reguladora, introduzindo mudanças na própria prática. Será preciso considerar o grau de adequação do programa da classe em relação aos alunos e ao Projeto Curricular da Escola (PCC).

A escola

A escola pertence a um sistema mais amplo que chamamos de sistema educacional. Seu aspecto institucional faz com que seja organizada internamente, mas com autonomia suficiente para modificar aspectos que comportem mudanças e situações de melhoria.

Conhecer a organização e o funcionamento interno da escola em tudo aquilo que diz respeito aos aspectos institucionais e educacionais constitui informação relevante para a tomada de decisões e, particularmente, para estabelecer roteiros de intervenção adequados, do mesmo modo que conhecer os critérios e as propostas existentes sobre a detecção de necessidades dos alunos, as modalidades organizacionais e metodológicas de atenção à diversidade, e saber como se pesquisa no Projeto Educativo da Escola (PEC) e como se concretiza no Projeto Curricular da Escola (PCC). Em última análise, dispor de conhecimento da estrutura organizacional da escola no momento de identificar necessidades e pôr em funcionamento processos de avaliação interna, nos permite participar com nossa experiência profissional das possíveis mudanças institucionais.

O contexto familiar

O contexto familiar do qual procedem os alunos dotou-os de alguns referenciais que levam à escola para estabelecer os primeiros laços com um novo contexto. A família é o primeiro núcleo de socialização das crianças e facilita, em maior ou menor grau, as interações para a inserção escolar e social.

As informações obtidas nas entrevistas com os pais ou familiares próximos e as que possam ser fornecidas por outros profissionais, caso necessário, permitem saber como o ambiente familiar é organizado para promover o bem-estar de seus membros, as orientações educacionais baseadas nas crenças dos pais sobre como se devem educar os filhos, o que esperam deles no seio da família, na escola, no futuro, etc. A análise dessas informações em conjunto permitirá obter o máximo de sintonia entre os objetivos educacionais escolares e familiares e as expectativas recíprocas.

Nesse sentido, é importante saber como os pais participam da experiência escolar de seus filhos: de que forma os auxiliam, qual relação estabelecem com a escola, de que modo colaboram nas atividades, e como a escola prevê e organiza essa relação, isto é, como acolhe, entrevistas com os tutores, canais de comunicação estabelecidos entre a escola e a família, etc.

A análise compartilhada dessas informações permite, tanto à família quanto aos professores, conhecer e compreender melhor os alunos, e criar as condições para compartilhar critérios educacionais entre os dois contextos. Isso deve ser feito em um clima de consideração e respeito às responsabilidades que competem a cada um, a fim de favorecer o desenvolvimento da criança ou do adolescente. Assim, os pais melhoram sua competência educativa e podem viver com satisfação o crescimento de seus filhos.

Não podemos esquecer que os dois contextos, o escolar e o familiar, situam-se em um contexto social concreto, em processo de mútua interação. Na avaliação, precisamos ter em mente o grau de adaptação e identificação da escola e da família às exigências do ambiente social.

Queremos reiterar que as informações relevantes são obtidas da análise de situações ordinárias e contextualizadas. Somente nos casos em que essa análise não nos proporciona informações suficientes para compreender a situação e tomar decisões adequadas, planejaremos atuações específicas de avaliação, aprofundando-nos nos aspectos que precisam de complemento.

Evidentemente, teremos de avaliar tudo o que seja crítico diante da necessidade detectada. Devemos ter muito presente qual finalidade nos propomos ao estabelecer os caminhos apropriados, ao decidir que materiais utilizar, em que situações, como, com quem os compartilhar e, em suma, que auxílios introduzir no processo de ensino-aprendizagem para melhorar os recursos ordinários e, se for preciso, propor outros específicos com a colaboração ativa de todos os participantes no processo.

Não é o objetivo deste capítulo aprofundar-se nos instrumentos e/ou materiais de avaliação psicopedagógica. Em primeiro lugar, consideramos que o próprio procedimento aqui descrito atua como instrumento. Em segundo lugar, destacamos o uso que deles fazemos de acordo com o referencial em que trabalhamos e situamos a avaliação psicopedagógica. Por fim, tratar com profundidade dos instrumentos e/ou materiais de avaliação psicopedagógica já é objetivo dos capítulos seguintes desta publicação.

Os instrumentos e materiais serão de utilidade desde que tenhamos em mente as interações entre os diversos elementos da situação avaliada, desde que nos permitam compartilhar com alunos, professores e familiares a análise da situação e as possibilidades de cada um, para um envolvimento ativo nas propostas de mudança. Estas devem permitir avançar, de um lado, na melhoria da resposta educacional na escola e na família para o desenvolvimento de crianças e adolescentes; de outro, no aumento da competência pessoal no trabalho quando este é realizado entre profissionais e familiares.

REFERÊNCIAS

ANDOLFI, M. (1991): Terapia familiar. Un enfoque interaccional. Barcelona. Paidós.
BASSEDAS, E. y otros (1989): Intervenció educativa i diagnòstic psicopedagògic. Barcelona. Laia. Colección «Quaderns de Pedagogia».
COLL, C.; ONRUBIA, J. (1999): Observado i anàlisi de les pràctiques d'educació escolar. Barcelona. EDIUOC.

COLL, C.; PALÁCIOS, J.; MARCHESI, A. (1990): Desarrollo psicológico y educación. Vols. 1, 2 y 3. Madrid. Alianza Editorial.

COLL, C.; SOLE, l. (1989): «Aprendizaje significativo y ayuda pedagógica». Cuadernos de pedagogía, 168, pp. 16-20.

COLOMER, T.; MASOT, MJ., NAVARRO, J. (2001): «L'avaluació psicopedagògica». Àmbits de psicopedagogía, 2, pp. 15-18.

DEPARTAMENT D'ENSENYAMENT (1995): L'avaluació a l'ESO. Departament d'Ensenyament. Generalitat de Catalunya. Colección «Educació Secundaria Obligatòria».

_____. (1998): Avaluació interna de centres. Orientado i recursos. Generalitat de Catalunya

JORBA, J.; SANMARTÍ, N. (1993): «La evaluación en el proceso de ensenanza-aprendizaje». Aula de Innovadón Educativa, 20. Monográfico.

MAURI, T. y otros (1990): El currículum en el centro educativo. Barcelona. Horsori.

MINUCHIN, S. (1995): Famílias y terapia familiar. Barcelona. Gedisa.

PIAGET, J. (1983): Psicología de la inteligência. Barcelona. Crítica.

VIGOTSKY, LS. (1972): «Aprendizaje y desarrollo intelectual en la edad escolar», en LURIA, LEONTIEV, VIGOTSKY y otros: Psicología y pedagogia. Madrid. Akal.

ZABALA VIDIELLA, A. (1995): La práctica educativa. Barcelona. Graó. Colección «Guix», 18.

2 | A demanda de avaliação psicopedagógica

Joan Bonals e Àngela González

INTRODUÇÃO

O assessoramento psicopedagógico nas escolas baseia-se, em boa medida, em responder a demandas. Um docente, uma equipe educacional, um diretor, etc., formulam uma demanda, que gera um processo no qual o assessor terá um papel relevante. A demanda refere-se a problemas que precisam ser resolvidos, situações suscetíveis de modificar, temas que devem ser trabalhados ou conflitos a solucionar. Pode-se entender como o momento inicial de um processo no qual refletimos, no mínimo, sobre quem a formula, quem a recebe, o contexto em que ocorre e o conteúdo de que trata.

Entre a emissão da demanda e o planejamento da resposta deve haver um processo que ofereça uma resposta sobre o porquê desta, das necessidades ou dos interesses do demandante e das conseqüências das possíveis respostas. Uma resposta que pulasse essa etapa correria o risco de não se adequar às necessidades de quem a faz. Sem a análise prévia, a intervenção assessora em muitas ocasiões pode ser equivocada. A concretização da resposta deve basear-se na compreensão da situação que gerou a demanda. Uma resposta que pretenda as máximas garantias de acerto tem de partir da escuta atenta da demanda e da consideração de seu significado – daí a importância da reflexão sobre o tema.

É preciso entender que a demanda de avaliação psicopedagógica emerge em um contexto, que informa sobre si e sobre quem a elabora. Para dar uma resposta apropriada, temos de prestar atenção em quem a elabora, para quem, onde, como, quando, o que e por que a apresenta; para também perfilar a resposta que se oferece: como, quando, quem e por que se dá.

Em um âmbito muito geral, teríamos de situar a demanda de assessoramento e orientação psicopedagógica em um contexto histórico recente no mundo da educação, onde se aposta em um modelo inclusivo, no qual o ensino se ajusta às diferentes necessidades educacionais dos alunos, ao mesmo tempo em que são considerados os interesses e as necessidades dos docentes. Há menos de três décadas o assessoramento psicopedagógico foi introduzido nas escolas de modo generalizado e com uma força surpreendente. O conceito de alunos com dificuldades de aprendizagem também evoluiu, mas com menos força do que seria realmente desejável. Daquele que há quarenta anos era um aluno "deficiente", que não servia para estudar ou que precisava de "disciplina", começou a nascer o aluno com necessidades educacionais específicas; a diversidade cultural, social, de modos de ser, de fazer, de relacionar-se e de aprender; o modelo educacional que diferenciava quem "servia" de quem "não servia" para estudar, deu lugar a um modelo inclusivo, que manifesta a conveniência de adaptar-se a ritmos, níveis, interesses e motivações da diversidade dos alunos; da exigência de que os estudantes se adaptassem aos processos de ensino, surgiu a evidência de que é preciso ajustar os processos de ensino-aprendizagem às características de todos os alunos. As formas diferentes de entender e praticar a educação nos aproximaram de outras, nas quais a psicopedagogia tem um papel relevante. Sem dúvida, em determinadas situações ainda sentimos a carga, manifesta ou encoberta, das propostas que respondem a modelos não-inclusivos, elitistas e excludentes.

Uma parte importante da contribuição psicopedagógica à educação atual é dada como resposta às demandas que recebemos das escolas. Eis uma razão a mais para que essas respostas se fundamentem em profunda compreensão do que as gera e evitem a precipitação ou a ingenuidade das ações originadas de pouca reflexão. A análise de cada uma dessas demandas de intervenção deve servir igualmente para diferenciar as atuações convenientes daquelas que não podemos nos permitir sem redefini-las previamente.

A demanda das escolas aos assessores psicopedagógicos costuma ser feita de modo usual. Na maioria das vezes, é formulada sobre um caso concreto. "Este aluno não consegue aprender." "Você pode nos dizer como agir neste caso?" "O que fazer para motivar este aluno?" "O que devemos fazer com os problemas de comportamento de...?"

De maneira geral, na demanda e na resposta assessora, poderíamos enfatizar o seguinte:
- A pergunta pelos processos de ensino-aprendizagem da classe.
- A análise da seqüência didática em sala de aula.
- A flexibilização do currículo.
- A apropriação por parte das escolas de um modelo inclusivo de ensino.
- Os processos de mudança metodológica das escolas.
- A facilitação dos procedimentos de ajuste à diversidade dos alunos em geral.
- A disponibilidade das escolas ao ensino inclusivo.
- A concepção de contextos educacionais mais saudáveis para todos.
- A análise da organização e do funcionamento das escolas, etc.

A demanda das escolas aos assessores; e nossa maior contribuição a partir da psicopedagogia poderiam ser orientadas prioritariamente nessas direções.

Embora as demandas que recebemos possam incluir-se entre as que mencionamos anteriormente, é comum dirigir o foco ao problema manifestado pelo aluno apontado. O que supostamente tensiona o sistema, cria mal-estar, leva a explorar as necessidades, foi definido enfaticamente como necessidade educacional especial – imagina-se que o *necessário* passa pela atenção a casos e pela adequação de programações para determinados alunos. Por que a maior parte das demandas segue nessa direção? Qual a responsabilidade de cada um de nós? Pode-se assinalar que o aluno não está bem, ou que o que não está bem é a adequação ensino-aprendizagem, concretizada em um aluno, ou o trabalho com a turma, ou a cultura da escola. Do mesmo modo, para responder às necessidades educacionais de um aluno, podemos também assinalar ou a relação entre o que se ensina e o que se aprende, ou a existente entre docente e aluno, ou a metodologia utilizada, ou a participação dos alunos ou das famílias.

Em todo caso, o assessoramento aos alunos com necessidades específicas foi uma das vias de entrada nas contribuições psicopedagógicas à educação. Entre outras razões, porque essa é uma das funções que nos são atribuídas, embora não seja a única. Ainda assim, é preciso fazer o possível para que essa via, necessária por sua vez, não impeça as outras possibilidades que nos parecem tão promissoras. Do mesmo modo, entendemos que é uma necessidade imperiosa identificar as atuações que possam nos propor ou nos forçar a realizar e que possam apontar justamente na direção oposta ao modelo educacional pelo qual trabalhamos.

Referimo-nos à deterioração profissional que supõe ficarmos presos demais a tarefas administrativas ou outras tarefas basicamente impróprias à nossa profissão. Portanto, é necessário analisar o que nos pedem e, ao mesmo tempo, o que por falha não nos pedem, sem esquecermos ainda aquilo que nos incumbem e o que não nos incumbem. Neste capítulo, vamos nos dedicar particularmente às demandas referentes a casos de alunos, entendendo-as em um contexto global, ou seja, considerando os diferentes fatores que entram em jogo. Demarcaremos o tema em uma seqüência organizada em três grandes itens:
1. Enunciado e escuta da demanda.
2. Análise da demanda.
3. Reformulação conjunta da demanda e planejamento da resposta.

Posteriormente, teremos a aplicação da resposta, a avaliação do processo de intervenção psicopedagógica e de seus resultados.

O ENUNCIADO E A ESCUTA DA DEMANDA

É evidente que nós, que nos dedicamos a assessorar, não podemos considerar como demandas de assessoramento todas as comunicações que recebemos no trabalho. Às vezes, quem requer nossa atenção para falar de um aluno com necessidades educacionais especiais precisa apenas que alguém o escute; se houvesse demanda, nesse caso, seria somente de escuta. Outras vezes, não há demanda, mas apenas transmissão de uma queixa. Se uma pessoa reclama, e se aquilo que comunica não vai além disso, ela não está pedindo nada; porém, se conseguir formular uma demanda, já não será apenas uma queixa.

A resposta de assessoramento a uma pessoa que se queixa não pode ser a mesma que oferecemos a quem formula uma demanda. Devemos considerar também que, após um trabalho prévio, uma reclamação pode se converter em demanda. Há ocasiões em que as comunicações que nós, assessores, recebemos assumem a forma de encargo: provêm do Departamento de Educação, visando coletar informações da área ou regular determinados processos. A resposta que damos a cada um desses pedidos tem de se ajustar a cada situação. Inicialmente, como assessores psicopedagógicos não podemos esquecer que também podemos fazer propostas, e não apenas receber demandas ou encargos.

Entendemos por demanda de assessoramento de casos os pedidos feitos às equipes de assessoramento psicopedagógico (EAP) para colaborarem, no âmbito da escola, na atenção aos alunos que manifestam algum tipo de problemática específica. A demanda surge de um desejo, de uma necessidade, de um interesse de melhorar uma situação na qual se identificam carências de natureza diversa e que se prevê como potencialmente passível de melhora. A demanda pode vir diretamente dos professores, das famílias, dos próprios alunos ou de um profissional envolvido direta ou indiretamente no caso. Independentemente de quem a formule, em cada situação é preciso ter presentes as pessoas envolvidas e aquelas que devem estar informadas.

O encargo, ao contrário, entendemos como uma prescrição concreta que nos é feita pela própria administração e que temos de assumir pelas funções estabelecidas. O encargo não responde a uma necessidade sentida pelos docentes, pelos pais ou pelos alunos, mas sim a um interesse do Departamento de Educação, que passa por quantificar dados, prestar contas ou planejar recursos. Este não reúne os requisitos da demanda, nem se enquadra em relações de colaboração, nem surge de uma necessidade sentida pelos profissionais, com a finalidade de resolver uma situação vivida de modo problemático. Nos encargos, quem faz a demanda situa o assessor no lugar de encarregado de um determinado trabalho. Por essa via, o assessoramento se vê limitado em seu campo de ação, correndo o risco de se burocratizar. Assessores e assessorados têm de se mover o tempo todo no campo da demanda não-prescrita e assumir os encargos correspondentes, procurando não deixar que o trabalho responda majoritariamente a requisitos administrativos, uma armadilha às vezes cômoda e acompanhada de sofrimento pela renúncia ao ideal profissional, na qual correm o risco de ficar presos.

Como afirma Leal (2002, p. 22-24), as instituições estão cada vez mais formalizadas, e as escolas são um exemplo disso: "correm o risco de substituir a expressão de desejo por normas que exigem o cumprimento de uma função". Assim, a demanda não surge com base em uma necessidade sentida, mas pela obrigatoriedade de cumprir o encargo da administração. Nesse caso, o assessoramento perde seu sentido e converte-se em uma atuação "imposta" pela exigência, na qual atua "como se" isso fosse assessoramento, quando na verdade o que se faz não implica uma resposta a um verdadeiro desejo compartilhado entre o assessor e o assessorado, elemento pessoal e de grupo indispensável na função de assessoramento.

Com relação à demanda de avaliação psicopedagógica, nós, enquanto assessores, podemos propor, mas não impor, atuações que julgamos necessárias para um aluno concreto. Como detalharemos mais adiante, os docentes às vezes ignoram ou não vêem a necessidade de formular a demanda para um aluno que não segue adequadamente a escolaridade. Se é o assessor quem detecta ou conhece uma situação suscetível de ser melhorada e acredita que é possível otimizar a escolaridade de um aluno, então ele mesmo propõe ao interessado a possibilidade de assessoramento. Nesse caso, estimula a formulação de demandas, sugerindo diversas possibilidades de atuação.

Condições necessárias na enunciação e na escuta da demanda

Para atender adequadamente a uma demanda, é preciso levar em conta uma série de *condições* que facilitam sua comunicação. Entre elas, podemos citar as que se se referem às coordenadas espaço-temporais, as que definem uma relação adequada entre quem apresenta e quem recebe a demanda, as expectativas corretas por parte de quem faz a demanda, bem como o suficiente interesse, a disponibilidade e as condições emocionais apropriadas de ambas as partes, sem esquecermos a formação dos profissionais envolvidos na demanda. Tanto o enunciado das demandas quanto sua escuta são suscetíveis de aprendizagem. Nesse sentido, a formação no tema pode ser uma boa contribuição.

Condições de tempo e de lugar

Uma demanda requer um tempo e um espaço adequados a fim de a pessoa que a formule possa expressar as necessidades que percebe e possa transmitir sua compreensão da situação que a gerou. Além disso, esse tempo e espaço são necessários para que a pessoa que o ouvinte possa fazer uma representação suficiente para si mesmo do que se pede e da situação que provocou a demanda. O tempo varia, naturalmente, de uma demanda a outra; mas deve ser sempre suficiente. Outra questão referente à temporalidade desses processos seria o tempo transcorrido entre o momento em que o interessado apresenta uma solicitação até o instante em que se dá a resposta. Nesse sentido, todos temos experiências particularmente negativas do tempo de espera de intervenções no campo da saúde, nos processos judiciais ou em alguns trâmites administrativos, para citar alguns exemplos. No assessoramento psicopedagógico em geral e na recepção das demandas de casos em particular, devemos ter um cuidado especial na regulação do tempo de espera, a fim de que não se crie inconvenientes para ninguém. No que diz respeito ao espaço, embora não exista um lugar especificamente determinado fora do qual não se possa realizar esse primeiro momento da intervenção, sem dúvida são necessárias condições que possibilitem uma boa situação comunicativa. Não é raro ouvir uma demanda na escada, no corredor, na sala dos professores, com outros profissionais entrando e saindo, mas com certeza esses espaços não permitem um encontro adequado entre o assessor e o assessorado no qual se possa emitir, ouvir, analisar e reformular a demanda.

Uma das primeiras atuações do assessor deveria consistir em estabelecer as condições adequadas de espaço e tempo para um bom processo de emissão e recepção da demanda. Por exemplo, pode sugerir: "Que tal marcarmos uma hora adequada para conversarmos?", "E se procurássemos um lugar onde não haja tanto barulho, que a gente possa ficar à vontade?" "Quando marcamos?", "Onde marcamos?" Do contrário, desde o primeiro momento, nós mesmos corremos o risco de nos prendermos a maneiras de atuar pouco funcionais, tornando difícil estabelecer uma distância conveniente para pensar a situação que o demandante descreve.

O processo de estabelecimento e recepção da demanda deve se iniciar e se manter em um contexto de autêntica *colaboração*. Quando isso ocorre, as duas partes, emissor e receptor, situam-se em uma relação simétrica, isenta de hierarquias, em que cada profissional reconhece o outro como portador de um conhecimento complementar ao seu. A conjunção dos dois conhecimentos pode proporcionar uma visão mais apropriada da situação, o que permitirá organizar uma resposta adequada para o aluno ou fator considerado.

As *expectativas* de quem faz a solicitação em relação a quem a recebe são determinantes, inclusive para que a demanda seja formulada ou não. O potencial demandante pode sentir que o assessor pode ajudá-lo, ou que será um estorvo, ou que trará mais problemas do que soluções, que lhe dará mais trabalho do que pode assumir, ou que poderá satisfazê-lo plenamente naquilo que solicita. Muitas vezes, o demandante sabe por experiência própria o que o assessor pode fazer ou não; outras vezes, quem faz a solicitação pode ter um conceito errôneo do assessor e achar que não lhe será útil, ou, inversamente, pode ter expectativas exageradas que não poderão ser satisfeitas. O receptor da demanda não deve deixar que se crie uma grande defasagem entre o que o demandante receberá e suas expectativas iniciais. Em certas situações, deve verbalizar as possibilidades e os limites da intervenção. As expectativas são condicionadas, em parte, pela confiança mútua entre o assessor e o assessorado, e pelas expectativas criadas em demandas anteriores, formuladas pelo próprio assessor ou por outros membros da instituição.

O *interesse e a disponibilidade do demandante e do receptor* condicionam profundamente todo o processo. Quem emite a demanda sobre um caso pode estar muito interessado em pôr as condições a serviço do aluno, assim como muito disposto a fazer o que for preciso, ou a demanda pode ser uma forma de delegação para que outros se ocupem do aluno. Em algumas ocasiões, observamos que o demandante pode não saber que deve se dispor a realizar alguma ação e talvez imagine que a intervenção sobre o aluno é responsabilidade de outro profissional. É muito comum que o demandante esteja disposto a fazer, mas não sabe ou não pode... ou quer, pode e sabe. O demandante às vezes não está disposto a realizar, mas não pode admitir, ou está disposto a participar, mas muito pouco. O receptor deve levar em conta a disponibilidade do demandante e os conhecimentos de que necessita para respondê-lo. Todas essas situações condicionam não apenas a primeira recepção da demanda, mas também todo o processo que se segue e os resultados obtidos.

O estado emocional do demandante e a percepção que tem do próprio trabalho serão determinantes para as expectativas e para a disponibilidade diante da contribuição da assessoria. Nesse sentido, é preciso ter presente que as condições de trabalho podem levar muitos profissionais a intervenções de grande qualidade em suas atuações com os alunos, mas também podem adotar maneiras de entender, de fazer e de ser na tarefa próprias de quem "perdeu a paciência" ou de quem manifesta "estresse". Nesses casos, o cansaço emocional leva a uma diminuição da qualidade da resposta à diversidade de necessidades dos alunos. Tando o excesso de preocupação, quanto a ausência de inquietação, condicionam negativamente a demanda. Às vezes, será preciso achar uma maneira de tranqüilizar quem a formula, antes de iniciar qualquer processo; outras vezes, será preciso mostrar que é compreensível sentir um certo grau de inquietação diante da situação causadora da solicitação. Temos de ser receptivos a essas situações, sabendo que o interesse, as expectativas e a disponibilidade podem ser muito diferentes em cada caso. Não devemos nos esquecer também da importância do estado emocional do receptor da demanda e da percepção que tenha de seu trabalho, como condicionantes das contribuições que devem fazer a partir da psicopedagogia.

A pessoa que assessora deve assegurar que se cumpram as condições consideradas necessárias em cada caso para uma ótima resolução desse momento inicial de assessoramento; deve possibilitar um tempo e um espaço adequados para a recepção da demanda; escutar atentamente o que preocupa o emissor, o que se questiona, o que ele necessita, e verbalizar aquilo que, segundo seu entendimento, é possível oferecer e o que não é. Do mesmo modo, é preciso identificar as expectativas, o interesse, a disponibilidade e o estado emocional de quem formula a demanda. Essas condições que a sustentam são tão importantes quanto a própria demanda. O assessor e o assessorado, em um processo de diálogo, devem construí-la de novo para que se ajuste às necessidades, aos interesses, à disponibilidade e às expectativas do demandante, assim como das possibilidades do assessor.

O emissor e o receptor da demanda

Em qualquer pedido de avaliação de um aluno, podemos considerar a emissão e a recepção da demanda: quem a comunica ou quem a recebe. A resposta a ser dada dependerá, em grande parte, do quê, de quem, como, quando, quanto, onde e por que se emite e se escuta.

O *emissor* da demanda condicionará o quê, o como, o quando e o porquê da solicitação. Outros condicionantes serão as circunstâncias: aquilo que se passa no mundo à sua volta e que provocará a intenção ou necessidade de apresentar uma demanda. As características do demandante – a experiência profissional, a segurança na tarefa, a capacidade no manejo da classe, a disponibilidade para os alunos com necessidades, seu estado de ânimo, a relação que costuma ter com o assessor, etc. – constituirão, portanto, um elemento determinante para a demanda.

Seu *receptor*, obviamente, nunca é neutro; sua escuta será essencial para o processo posterior. A escuta atenta deve permitir que se mostre aquilo que aparece no discurso do demandante. Esta leva em conta o que se diz e o que não se diz; foca o entendimento do que se pede, para além do modo como o demandante formula o pedido. Por isso, é recomendável que o receptor minimize as ações burocráticas que por vezes se interpõem à demanda, como, por exemplo, "Faça à demanda por escrito", "Preencha este formulário". Convém evitar interrogatórios. Ao contrário, é preciso atender a tudo que o demandante transmite.

A demanda não independe da pessoa que escuta; é um constructo, modulado pelo tipo de receptividade de quem a percebe. O receptor se sente impactado pela demanda e conduzido a validá-la, rechaçá-la ou reorientá-la, conforme seja apresentada. Nesse sentido, podemos dizer que a resposta a ela deve ser construída processualmente.

Além do emissor e do receptor, é necessário considerar, em cada caso, os outros profissionais envolvidos na demanda, às vezes diretamente, sem os quais esta não teria razão de ser: o próprio aluno e sua família, outros professores ou a direção da escola. Devemos ter o cuidado de comunicar adequadamente o que for preciso e a quem for necessário, e apenas aquilo que for preciso e à pessoa ou às pessoas certas, no momento mais adequado, por razões éticas e funcionais. Às vezes, as necessidades de quem tece a demanda não coincidem com as da família, ou do próprio aluno. Em algumas famílias, a situação se torna mais complexa pela tendência a jogar a culpa no outro ou a excluí-lo. Em outros casos, será preciso conhecer o ponto de vista de cada um dos profissionais envolvidos com o aluno. Teremos de avaliar previamente como e a quem oferecer a informação pertinente, com que finalidade e em que momento, para situá-la em seu contexto.

A ANÁLISE DA DEMANDA

Quando nos propõem, como assessores, uma intervenção centrada em um aluno, podem estar nos fazendo demandas muito diferentes. Temos de procurar entender, em cada caso, qual é, no fundo, o pedido que recebemos. Sem isso, é muito difícil oferecermos uma resposta suficientemente ajustada às intenções do demandante. O que nos pedem pode se desdobrar em um amplo leque de solicitações. Contudo, a forma como nos transmitem a demanda também pode ser tão diversa quanto seu conteúdo. Assim, devemos tomar consciência, em cada caso, do modo como esta nos é apresentada. Esse mesmo exercício de análise pode ser feito quando a solicitação se distingue justamente por sua ausência: devemos não apenas nos indagar sobre o porquê das mesmas, como também sobre o motivo das não-demandas. Poderíamos dizer o mesmo dos encargos.

Existem maneiras muito diferentes de formular as demandas. Algumas facilitam a escuta do assessor e o processo decorrente; outras requerem um trabalho prévio para que se possa respondê-las corretamente. Uma ótima maneira de as formular é aquela que demarca as relações entre o demandante e o demandado em um plano de igualdade e em uma atitude de colaboração real. Entendemos como relação de colaboração aquela que supõe um trabalho conjunto em que os dois profissionais se qualificam mutuamente com conhecimentos complementares, compartilhando a responsabilidade de perseguir objetivos formulados em conjunto. Nessas demandas, com freqüência quem as apresenta parte de questionamentos de alguns aspectos de seu trabalho que tem interesse em resolver com outros profissionais especializados.

Uma parte importante das demandas apresentadas se ajusta suficientemente a essa formulação; outra requer um trabalho prévio que torne mais fácil sua abordagem. Algumas não partem de uma relação de colaboração. De forma aberta ou velada, pode-se estabelecer uma relação de exigência, de desqualificação ou de sujeição por parte do demandante ou do demandado. Este último deve possibilitar que a demanda reúna as condições necessárias para permitir uma resposta adequada.

É fundamental caracterizar cada uma das demandas que recebemos para entender o máximo possível daquilo que nos pedem explicitamente. Essencial ainda é conseguir compreender com clareza por que nos formulam uma determinada demanda.

Entre a explicitação do quê e a compreensão do porquê, há um salto qualitativo que temos de dar necessariamente se quisermos oferecer uma resposta baseada no entendimento prévio da situação. A análise da demanda deve nos permitir identificar o quê, o como e o porquê dos diferentes tipos de demandas – as urgentes, as exigentes, as ausentes, etc. Deve nos ajudar a oferecer a resposta mais adequada possível em cada caso. Quando se faz uma análise acertada da demanda, e esta é compreendida corretamente, a atuação do assessor pode ser muito mais bem-sucedida. Os motivos que estão na base de cada uma delas são muito diversos, mas podem ser organizados para estudá-los e é possível agrupá-los a fim de se pensar detidamente nas respostas mais adequadas a se oferecer em cada caso. Neste item, agruparemos diferentes tipos de demandas, atendo aos critérios do quê, como, quando, quem, onde e porquê das demandas que solicitam aos assessores psicopedagógicos.

Demandas-queixa

Em algumas situações, observamos que, quando a pessoa que se dirige a nós comunica aquilo que deveria ser a demanda, não vai além da emissão de uma queixa sobre o aluno, a família, a situação em geral, etc. Talvez devido à confiança que lhe passamos ou à suposta reserva que manteremos, escolhe-nos para reclamar de um aluno ou de seu contexto. Às vezes pode ser útil nossa escuta atenta nessas situações.

Não podemos confundir uma queixa com uma demanda de intervenção; de todo modo, se for preciso, o desafio é convertê-la em uma demanda que se possa atender. Como comentamos, a queixa, como tal, não contém o desejo de organizar uma resposta à situação que a provocou. Quando respondemos com uma proposta de intervenção a uma reclamação, estamos dando um passo que não coincide com a intencionalidade do emissor. Sem dúvida, é possível mudar a intencionalidade do demandante, e muitas vezes fazemos isso. Além disso, se por meio da queixa identificamos necessidades no aluno às quais seria preciso dar uma resposta que não se dá, provavelmente o mais correto é dizermos isso; mas em nenhum caso podemos perder de vista o fato de que a reclamação, se não for acompanhada de outro pedido, não contém uma demanda de intervenção. Algumas intervenções insatisfatórias podem decorrer da resposta que oferecemos a uma queixa, supondo que se tratava de uma demanda de intervenção.

Demandas com intencionalidade catártica

Trata-se de um tipo de demanda muito parecido com o anterior. Às vezes, é preciso conseguir explicar conforme o quê e quem, porque existe a necessidade de verbalizar situações tensas ou difíceis vividas; há necessidade de "desabafar". Nesse caso, também é preciso ter claro que não existe demanda de intervenção, mas sim de escuta. Se propomos uma intervenção, não estamos de fato respondendo à demanda de quem a emite, e sim apresentando uma proposta nossa.

Vejamos um exemplo de demanda com intencionalidade catártica: na sala dos professores, uma professora conversa com a assessora da escola sobre um aluno com quem já havia trabalhado há alguns anos. Relata uma série de episódios ocorridos nos últimos dias e manifesta o mal-estar dos docentes. A assessora, depois de ouvi-la, pergunta-lhe: "O que realmente a preocupa nesse aluno?". A professora responde: "Na verdade, só queria lhe contar o que aconteceu, porque estava muito nervosa; agora já desabafei". Nesse caso, se a assessora tivesse proposto observar o aluno, conversar mais detidamente com a professora ou chamar os pais, possivelmente seria uma intervenção destinada ao fracasso, porque a educadora não desejava iniciar um novo processo de avaliação, nem modificar o comportamento do aluno. Outra questão é se esse aluno necessitava de um cuidado específico ou se era preciso fazer o acompanhamento do caso.

Demandas-confirmação

Não é raro encontrarmos docentes que recorrem a nós para falar de um determinado caso, com a pretensão de que confirmemos o acerto de suas ações, para comprovar que é justo o modo como se relaciona com um aluno e adequada a resposta educacional que lhe oferece. São consultas com a finalidade contrastar o que se está fazendo ou se pretende fazer com um aluno e o critério do assessor. Normalmente, nesses casos, quem emite a demanda quer manter um diálogo com um profissional especialista nos âmbitos da psicologia, da pedagogia ou do serviço social para rever suas idéias, hipóteses, propósitos ou atitudes a respeito de um determinado assunto. Uma resposta apropriada à expectativa do demandante não pode ir além de ouvir atentamente quem faz a demanda, de ajudar a aferir melhor o caso e de compreender o grau de adequação de suas ações previstas ou realizadas.

Esses três tipos de demanda – queixa, de intencionalidade catártica e confirmação – podem ser revertidos se percebermos a necessidade de intervir.

Demandas prescritas ou encargos

Como se verá mais extensamente no Capítulo 6, algumas demandas são feitas porque têm de ser feitas, mesmo que o professor que as formule não esteja interessado, naquele momento, na colaboração do assessor. Algumas escolas tomam decisões sobre quais alunos têm que pedir assessoramento, mas quem decide não coincide com quem faz a demanda. Portanto, quem a elabora pode estar muito interessado, acreditar que é necessária a intervenção e estar disposto a iniciar o processo com o assessor, ou simplesmente a solicitar por incumbência, porque assim foi estipulado, para cumprir o expediente, mas com pouco interesse pessoal para iniciá-lo.

A distância entre uma demanda baseada no interesse e na necessidade de quem a faz e as solicitações "por incumbência" se revela com muita freqüência e de modo mais exagerado nas prescrições do Departamento de Educação. Quando fica estabelecido que é preciso elaborar levantamentos de certos alunos, independentemente de se julgar isso necessário para todos os casos, caímos em atuações que nem sempre partem da necessidade sentida ou do interesse manifesto, mas sim de prescrições que, se não forem suficientemente aceitáveis, podem burocratizar as relações educativas e tirar o sentido da assessoria psicopedagógica.

Temos assim solicitações prescrevendo o que fazer, como fazer e em que momentos, não-provenientes dos docentes, das famílias ou de profissionais que intervêm com os alunos. Nelas, há uma distância ainda maior entre a detecção de necessidades dos alunos da escola e os protagonistas das respostas. Quanto mais marcações forem feitas de fora e quanto maior for o dirigismo externo, o motor da ação das escolas fica cada vez mais alheio a iniciativa interna, empobrece cada vez mais e a desmotivação se apodera do sistema, como vimos em tantas situações históricas do passado recente em outros países: burocratas passivos, sem iniciativa, respondendo de má vontade a uma série de instruções que nunca se adaptam ao seu contexto e ocupados, acima de tudo, em justificar que fazem o que foi determinado e que cumprem as formalidades.

Contudo, as solicitações de intervenção assessora podem nos precipitar a uma ruptura ainda maior, na medida em que as causas que as sustentam não partam da vontade de uma melhor atenção aos alunos com necessidades educacionais especiais, e sim de necessidades de quem as gera, e que só podem ser compreendidas a partir de uma leitura política, por exemplo. Em parte devido a essas solicitações, os assessores podem ser sobrecarregados com trabalhos semi-administrativos. O tempo gasto em trâmites burocráticos, a prioridade factual que se dá ou que se requer neste sentido, diz respeito ao interesse real da atenção psicopedagógica aos alunos com necessidades não atendidas. Priorizar o burocrático impede a possível contribuição da psicopedagogia à educação atual. Às vezes, pode até ser visto como outro movimento, no fundo direcionado a evitar a mudança em favor da escola inclusiva. Nesse sentido, podemos ter solicitações cujo efeito é evitar que se materialize uma contribuição significativa da psicologia ou da pedagogia às escolas. Portanto, existem encargos que apontam para as necessidades do próprio demandante. É preciso distinguir quando são elaborados como necessidade dos alunos, embora respondam a necessidades de quem os formula, sejam entendidos do ponto de vista político, sejam vinculados, por exemplo, ao desejo de controle, de poder ou de notoriedade. Neste item, incluiríamos uma parte dos encargos de se realizar informes diversos.

Demandas de avaliação geral de um aluno

Algumas vezes, recebemos demandas de avaliação de um aluno, devido à necessidade que o professor sente de conhecê-lo melhor. Talvez ele queira saber sobre a capacidade intelectual do aluno para ter certeza de que este pode ou não enfrentar determinados conhecimentos, ou lhe interessa dispor de mais informações sobre as causas de seu comportamento ou sobre sua vida emocional. Quando a demanda se reduz à avaliação, não implica ajuste do currículo nem planejamento e realização das ações que o caso requer. Todavia, quase sempre, a demanda de avaliar um caso se associa à de planejar uma resposta adequada, que pode supor rever o currículo, repensar as condições significativas para sua vida emocional ou suas relações e julgar a conveniência de incluir a família no processo. Também costuma ser necessário o acompanhamento do processo. Nesse caso, se a proposta da assessoria se limitasse à avaliação, não haveria uma adequação entre as necessidades do demandante e a resposta oferecida.

Outras demandas de avaliação dos alunos se relacionam a decisões de prolongar um ciclo, planejar recursos para dar uma resposta melhor às necessidades, orientar a tutoria individual com alguns alunos ou intervir diretamente nas famílias.

Demandas de avaliação das aprendizagens

Trata-se de demandas que partem do interesse do docente, que propõe nossa colaboração a fim de avaliar algum aluno com dificuldade para acompanhar as aprendizagens. Centram-se, sobretudo, na avaliação das áreas instrumentais. Pretendem que ajudemos a determinar o nível de competências em linguagem ou em matemática, áreas que costumam preocupar mais. A demanda pode se dever ao fato de que o docente não sabe o nível do aluno, não tem claro se ele está avançando adequadamente, duvida dos objetivos que deve propor ou não sabe como adaptar a programação ao aluno. Se pretendemos nos ajustar à demanda, cada uma dessas quatro possibilidades requer uma resposta diferente por parte do assessor.

Caso nossa colaboração esteja focada em determinar o nível de competências de um aluno em uma área, trata-se então, basicamente, de fazer a avaliação necessária ou de rever as produções do aluno que sejam significativas e suficientes para poder saber quais são seus conhecimentos. Se o que interessa de fato é saber se o aluno avança adequadamente, precisamos comparar os conhecimentos atuais com os que se tinha antes. Entretanto, se o interesse de quem formula a demanda é saber quais os objetivos que pode almejar para um aluno concreto, além de ajudá-lo a identificar o nível de competências, então determinamos sua zona de desenvolvimento proximal, para afirmar o que o docente pode propor ao aluno.

Se o docente que formula a demanda requer, entre outras coisas, determinar exatamente o que o aluno conhece, o que pode ajudá-lo a adquirir a partir de seu nível de competências e a adaptação dos conteúdos, dos objetivos e das aprendizagens, a resposta da assessoria terá de abranger todos os âmbitos. Como já dissemos para outros tipos de demandas, em nenhuma hipótese o assessor deve se restringir a uma resposta que se limite estritamente à demanda recebida; mais adiante, veremos justamente que, em uma parcela considerável dos casos, deve haver uma reformulação da demanda antes de se iniciar a resposta. Contudo, o receptor da solicitação precisa entender o alcance e os limites de quem a propõe.

Demandas de intervenção em problemas de conduta

É comum recebermos demandas sobre alunos com comportamentos disfuncionais. O que o demandante pretende é uma ajuda para aliviar ou, se possível, eliminar a problemática de conduta de um aluno. A resposta, em muitos casos, terá de ser dada por revisão de currículo, trabalho em sala de aula, tutoria especializada ou trabalho com a família, sem descartar a possibilidade de encaminhamento a um profissional adequado na área da saúde, fora da escola. Às vezes, os alunos com problemas emocionais necessitam de uma resposta que inclua todos esses âmbitos.

Demandas reativas a uma situação ameaçadora

Os docentes encontram-se em situações que, poderíamos dizer, ameaçam sua integridade. Em certos casos, são provocadas pelo mal-estar sentido por alguns componentes do sistema educacional. Às vezes, pais, alunos e os próprios docentes, de forma inconsciente ou consciente, podem transferir seu mal-estar a outros colegas de profissão. Com freqüência, isso provoca uma demanda dirigida ou a melhorar a situação do aluno, ou a intervir com as pessoas envolvidas.

É normal recebermos demandas devido às ameaças recebidas pelo professor que as formula. Podem ocorrer situações ameaçadoras, por exemplo, quando uma família estabelece relações de exigência ou de desqualificação com o tutor de seu filho, quando um aluno dificulta a atividade na sala de aula ou quando há exigências em cascata nas instituições, dos altos aos baixos escalões, ou então desqualificações entre profissionais. Nesses casos, alguns docentes podem sentir que um aluno questiona sua imagem profissional, que outros profissionais o responsabilizam pelo níveis de alguns alunos que mostram dificuldades, ou que a família lhes exige mais do que podem realizar. Isso provoca uma demanda de assessoramento, muito justificada, visando resolver a situação ameaçadora em que se encontra quem a apresenta, mais do que solucionar as necessidades próprias do aluno.

Diante dessas suposições, a atuação do assessor teria de ser dirigida, ao mesmo tempo, a responder às necessidades manifestadas pelo aluno para o qual se pede orientação e a pôr as contingências para resolver a ameaça identificada pelo demandante, sem esquecer o motivo básico da demanda e as expectativas nesse sentido que tem quem a formula. Quando a demanda se manifesta como tal e o assessor realiza uma boa escuta, pode captar os interesses ou as necessidades que o demandante supõe para o educando, e também os interesses ou as necessidades que sente pessoalmente.

Quando um docente toma consciência de que um determinado aluno necessita de uma intervenção mais ajustada e pede orientação a um especialista, ele atua basicamente para o aluno. Aquilo que faz, aquilo que pede aponta para um sujeito com o qual se preocupa, aponta para *outro*. A partir da observação que fez do aluno, ou da análise prévia da situação, gerou-se uma demanda que responderá a este. Contudo, certas dificuldades observáveis na apropriação de conhecimentos de alguns alunos, em sua vida emocional ou em seus relacionamentos, na relação entre a família e a escola, geram no tutor um impacto que pode ser ameaçador. Por exemplo, pode pôr em questão sua imagem profissional, o manejo da classe, as relações com a família do aluno, com outros profissionais, etc. Essas ameaças geram defesas e, às vezes, são os fatores determinantes para a demanda. São, portanto, demandas que provêm prioritariamente da angústia provocada por uma situação no profissional que a protagoniza. A demanda, nesse caso, é uma resposta que precisa ser refletida, causada por uma situação de angústia. As ameaças à imagem profissional geram desconforto. Quando isso acontece, o docente põe em funcionamento mecanismos para se defender. Formular um pedido ao assessor pode ser uma resposta pertinente para regular o impacto emocional provocado pela ameaça.

Demandas reativas ao mal-estar experimentado pelo demandante

É comum encontrar demandas sobre alunos que são, sobretudo, uma expressão do mal-estar de quem as formula. O demandante se encontra em situações difíceis no trabalho, com tensões, ansiedade, etc., que o levam a elaborar uma demanda. Todavia, aquilo que explicita quando a formula não é sua vivência pessoal, mas sim a problemática de um aluno concreto. O assessor que recebe a demanda deveria captar não apenas o discurso organizado em torno do aluno, mas também a angústia que a situação provoca no docente. Em várias ocasiões, é importante ajudar o demandante a verbalizar essa outra parte não-dita, para manifestar sua demanda soterrada e organizar uma resposta que a contemple.

Demandas-exigência

Consideramos demandas-exigência aquelas que são formuladas de modo imperativo, com uma forte pressão sobre o assessor. Podem ser expostas de várias formas, mas têm mais aparência de uma ordem do que de uma demanda a um assessor para que intervenha em um caso. Às vezes, podemos transformá-las facilmente em formulações mais cooperativas; outras vezes, há resistência. Distinguimos estas quando o enunciado adota um tom exigente, mas a demanda em si é bem-colocada, e aquelas que, além de estarem muito distantes de uma relação de cooperação, não podem ser assumidas pelo assessor, porque não se enquadram em suas funções, seja por questões de ética profissional, seja por qualquer outra razão fundamental. Em todo caso, antes de se iniciar a resposta, é preciso assegurar-se que a relação subjacente entre quem faz a demanda e quem a recebe permita chegar a uma resolução adequada.

Às vezes, quem formula a demanda-exigência também pretende estabelecer as condições com as quais se deve dar a resposta. Pode predominar uma relação hierárquica ou uma situação de exigência, marcada pela vontade pessoal do demandante. Seja como for, o assessor deve estabelecer, na medida do possível, as condições que permitam uma demanda baseada em uma relação de colaboração, onde ninguém tenha de se submeter aos ditames de outrem.

Nas demandas-exigência, o demandante, em muitos casos, se sente exigido e reproduz com o assessor o mesmo movimento que recebeu ou recebe de quem lhe cobra. Com freqüência, é fruto de relações de exigência em cascata. Uma boa estratégia para trabalhar esse tipo de relação disfuncional que marca o demandante baseia-se em ajudá-lo a verbalizar as exigências que está sentindo e a explicar como se sente com a carga que representam para ele. Se é capaz de verbalizar seu mal-estar, em vez de atuar, o assessor pode redefinir a relação em termos de colaboração e oferecer-se para ajudá-lo, em suas funções, a resolver, na medida do possível, a situação que o aflige.

Em algumas ocasiões, comprovamos que certos profissionais de ensino desconhecem o plano de igualdade em que devemos situar as relações e as funções complementares de cada um. Quando são eles que definem as relações, fazem isso em termos de sujeição e se comportam como se fossem subordinados cumprindo nossas determinações; ou então, como se estivessem em um nível hierarquicamente superior e pudessem nos dizer o que, como e quando fazer. Seja como for, a pessoa assessora deve procurar redefinir as relações em termos de colaboração. O trabalho é mais difícil quando o demandante, apesar de saber seu lugar, pretende impor uma relação hierárquica em seu trato com o assessor. É uma situação pouco freqüente, que pode satisfazer a ânsia de poder de algumas pessoas.

Demandas-jogo

Nesse caso, quem formula a demanda cai naquilo que, na análise transacional, foi definido como um jogo psicológico. Nessa perspectiva, as pessoas praticam jogos psicológicos – normalmente de modo inconsciente – para buscar recompensas, chamar a atenção, dar e receber carícias e representar o roteiro psicológico de cada um, o que afirma a própria identidade.

Quem pratica um jogo psicológico busca alguém que represente um papel complementar ao seu. Entre os jogos mais freqüentes, encontramos o do "sim, mas...": o demandante coloca o assessor no lugar do saber e lhe pede uma resposta indicativa de como agir em uma determinada situação, normalmente difícil. Por exemplo: "Você, que é especialista, me diga o que tenho de fazer na situação X, porque eu não sei". Quando essa formulação responde ao jogo mencionado, se o assessor dá uma resposta nos termos propostos pelo demandante, este a utilizará para desqualificá-lo: "Essa solução não serve para mim; já tentei e não deu certo; para me dizer isso, não preciso que me assessorem".

Outro jogo freqüente é o chamado "olha o que você me fez". O demandante solicita uma resposta ao assessor, mas, se este lhe responde nos termos indicados, terá sua resposta usada contra si. Por exemplo: "Diga-me como tenho de tratar esse aluno, se devo ter paciência ou ser rígido". Se o assessor diz, por exemplo, que deve ter paciência, mais adiante ouvirá respostas como: "Fui paciente com ele, como você me sugeriu, e veja agora: a classe virou uma bagunça, as coisas pioraram".

Nas demandas-jogo, há um movimento inconsciente do demandante que esconde uma armadilha, da qual a pessoa que as recebe deve escapar. No jogo do "sim, mas..." comentamos que o demandante trata de desqualificar qualquer resposta oferecida. Uma boa estratégia é o assessor não dar a resposta, mas ajudar o protagonista da demanda a encontrá-la. Em alguns casos, é preciso verbalizar o jogo: "Se eu lhe responder A, você pode argumentar: 'Sim, mas isso não é bom, não serve para mim'. Se lhe disser B, talvez faça o mesmo'. Vamos pensar juntos as alternativas de resposta". No jogo do "olha o que você me fez", podemos usar respostas parecidas.

Nesses casos, a demanda não é autêntica. O que há é uma situação de queixa, uma acusação ou um certo interesse em pôr à prova o assessor.

Demandas-delegação

Nessas demandas, está implícita a vontade, por parte de quem as formula, de transferir o problema e de livrar-se do caso. Por exemplo: "Os pais de X foram ao hospital e lá lhes disseram que o psicólogo da escola tinha de conversar com o menino. Observe-o e depois me diga o que se deve fazer".

As demandas-delegação são, muitas vezes, uma manifestação de cansaço, de impotência ou de defesa: os docentes ou os pais que não dão conta de uma determinada situação esperam que um profissional assuma a incumbência. Podem ser também a manifestação de uma situação impossível em que se encontra um docente. Todavia, às vezes, em vez de se perguntar se a delegação é possível, ela é imposta: "Observe o aluno X e trabalhe sua convivência com os outros, porque ele se dá muito mal com os colegas na classe". Nesse caso, uma boa maneira de redefinir a demanda pode ser abrir uma discussão sobre as possibilidades, as limitações e as dificuldades em que se encontra o demandante para que ele mesmo dê uma resposta adequada à situação que nos coloca, sobre a conveniência de encontrar fórmulas que a tornem mais factível.

Essa alternativa implica pôr na pauta as dificuldades que suscitam a demanda formulada. Uma demanda-delegação pode resultar ainda da crença de que cabe ao assessor tratar do caso: se um aluno tem problemas emocionais, deve ir ao psicólogo para trabalhá-los; se não há um currículo adaptado, que o pedagogo o adapte; se a família mantém uma relação disfuncional com o tutor, que o assistente social resolva isso. Nesses casos, falta um trabalho prévio de informação sobre o que o assessor pode oferecer de sua parte; pode ser de ajuda para pensar, planejar o que pode se fazer, e envolver na tarefa, mas a resposta oferecida em cada caso deve se basear em um trabalho conjunto.

Há ainda aquelas demandas, parecidas com as de delegação, que são feitas ao assessor, mas sem vontade de considerar as contingências que previsivelmente decorrerão de sua colaboração. Incluímos nestes casos as que são colocadas, por exemplo, em termos de "depois você me diz o que eu tenho de fazer com esse aluno para que acompanhe a aula, porque ele não trabalha nada"; mas quem lhe pede tem uma disponibilidade muito limitada para levar adiante qualquer coisa que o receptor da demanda possa sugerir.

Uma situação diferente dentro desse tipo de demandas é a que ocorre quando o demandante quer se livrar de um aluno que o incomoda e utilizar os assessores a serviço de suas intenções. Nesse caso, independentemente de como se elabora a demanda, a intenção é excluir o aluno do grupo de referência, dentro ou fora da escola.

Uma resposta pode consistir em avaliar, em primeiro lugar, as necessidades do aluno, para verificar até que ponto coincide a vontade do demandante com o benefício do aluno demandado. Ao mesmo tempo, podem-se analisar os motivos da vontade de exclusão do estudante e o que o demandante precisa para não propor a delegação. Seja como for, a resposta pode articular essas duas vias de trabalho, sem excluir a opção de informar sobre nossas funções, sobre as possibilidades e as limitações que temos. Em última análise, haveria ainda uma limitação de nossas atuações do ponto de vista da ética profissional. Uma possível intervenção consiste em observar as possibilidades e as limitações de todos os envolvidos: o docente, o professor de educação especial, a família, a turma, o assessor e outros profissionais externos à escola. Reunir-se para falar das necessidades dos alunos, das contribuições reais e possíveis dos diferentes componentes mencionados. Estabelecer o que cada um assumirá, como trabalhará, com base em que objetivos e com que periodicidade se avaliará o processo adotado. Às vezes, essa estratégia permite rever demandas instaladas na delegação.

Demandas-urgência

São aquelas que se apresentam com pouco tempo para serem formuladas ou para que o assessor responda. Muitas vezes, são feitas em lugar ou momento não adequado: nos corredores, em uma reunião com objetivos diferentes da demanda, por telefone, etc. Aquelas que às vezes são feitas nos corredores ou que requerem uma resposta imediata aparecem com freqüência considerável. Uma parte é plenamente justificada, e nossa intervenção deve adequar-se à situação dada em cada caso. Não é raro, por exemplo, que se peça nosso auxílio diante de um conflito que acaba de eclodir com um determinado aluno, ou de uma situação violenta com uma família. Todavia, mesmo nesses casos, a intervenção assessora deve, normalmente, conter a precipitação do momento e abrir um espaço para que os envolvidos possam se sentar e pensar, como base para organizar, sem perda de tempo, uma resposta refletida. De todo modo, é necessária uma revisão do contexto e das coordenadas espaço-temporais antes de dar uma resposta.

Quando as demandas requerem uma resposta urgente, é necessário prever as conseqüências e os efeitos secundários das atuações decorrentes. Se o assessor e o assessorado consideram que é preciso dar respostas, as demandas de urgência podem comportar um risco devido à ação imediata, à insuficiência de espaço e tempo de reflexão. A urgência, quando realmente existe, costuma ser uma demanda com um desajuste anterior no tempo. Em alguns casos, é uma conseqüência de não a ter previsto no momento certo, de não ter sido formulada por quem deveria fazê-lo, de não ter dado resposta a uma demanda no momento em que foi formulada, etc. Nessas demandas, é preciso pensar também nos motivos de fundo que as geraram, no que diz o demandante, a instituição ou o próprio assessor. De todo modo, é preciso estabelecer as condições para minimizar esses tipos de demandas.

Às vezes, esse tipo de demanda decorre da própria dinâmica desenfreada das instituições, do hábito de agir com precipitação ou de não planejar as atuações necessárias a realizar com certos alunos. A resposta assessora teria de ter cuidado para que as ações pertinentes não fossem postergadas mais que o necessário, mas, ao mesmo tempo, deve zelar para não ficar presa ao movimento frenético que ocorre em muitas instituições. A qualidade no assessoramento e a eficácia nas escolas em nenhum caso obedecem a atropelos mas sim à procura pela resposta mais ajustada às necessidades de cada situação. Trata-se justamente de uma das necessidades imperiosas das instituições educacionais: diminuir a ação desenfreada e dar mais lugar à reflexão.

Demandas ilimitadas

Refletem normalmente a sensação de impotência e desânimo diante de uma situação educacional que o demandante não se sente capaz de enfrentar.

Nesse caso, o que seria preciso resolver é visto como um objetivo inalcansável. Em outras situações, observamos que se trata de precipitação pedir que o assessor resolva tudo, pois sabemos por experiência própria que não há resposta capaz de satisfazer por completo a demanda. Em outras, ainda, é mais uma manifestação da ação pouco reflexiva existente atualmente nesse tipo de instituições.

Com isso, não se esgotam as causas das demandas ilimitadas. De todo modo, a assessoria não pode fazer promessas que sabe não conseguirá cumprir depois. Uma boa estratégia consiste, muitas vezes, em constatar suas virtudes, mas também a dimensão da demanda, apontar, caso detecte, as possíveis causas a que responde e pedir que estabeleçam uma prioridade: "Por qual delas gostariam de começar?" "Que alunos acham que seriam particularmente prioritários?" Muitas vezes, pode ser útil dar uma resposta eficaz e sem demora excessiva, que não caia no exagero de quem a formulou inicialmente. Outras vezes, uma boa intervenção passa por oferecer uma resposta global: "Se os alunos com problemas de conduta são tantos, vamos organizar um programa com algumas sessões para trabalhar os problemas de comportamento na escola." "Se metade da classe tem níveis tão baixos em expressão escrita, talvez não se trate de examinar casos individuais, mas sim de ajustar a programação aos níveis existentes. Vamos fazer isso."

Demandas diretas ou indiretas

Referem-se a quem faz a demanda, sendo que uma parte importante é formulada pela própria pessoa que detectou a necessidade: o tutor ou a tutora, os pais, etc., que se deram conta de necessidades não supridas em um aluno, assim entram em contato com o assessor e marcam um encontro. Contudo, há demandas que, embora sejam geradas na escola, não nos são formuladas pela mesma pessoa que detecta a necessidade. Isso é mais complexo pela compreensão da situação e processo de resposta. Pode ocorrer que o profissional que detecta a necessidade esteja interessado em atuar sobre um aluno determinado, mas quem elabora a demanda, no momento em que a apresenta, não veja necessidade ou não tenha interesse em levar adiante o processo pertinente. Pode ocorrer inclusive que o demandante originalmente pretenda que outro se encarregue dela, porque, se lhe coubesse, não a faria. É possível que quem a formula ache conveniente que o assessor intervenha, embora não tenha disponibilidade suficiente para se envolver no processo. Essas demandas são quase sempre fadadas ao fracasso.

De todo modo, o assessor deve sempre ouvir a demanda diretamente do suposto envolvido com o aluno deve pôr em prática o processo consecutivo à demanda e verbalizá-la por meio de outro profissional da escola. Essa comunicação é básica para identificar a necessidade, o interesse, o desejo e as expectativas de cada um dos envolvidos. Reconhecimento que deve facilitar o processo mais adequado em cada caso, assim como o grau de envolvimento de cada um, com os limites que comporta o fato de não sentir necessidade, nem interesse, nem desejo, nem expectativas na abordagem de um caso.

Ausência de demandas

Uma análise da demanda jamais deveria subestimar a pergunta sobre o significado da ausência desta. É tão fundamental entender o porquê de cada uma das ações comunicativas que são dirigidas ao assessor, para que intervenha em um caso com seus recursos, como compreender as situações em que não há essa demanda. Entre outros motivos, porque isso é muito freqüente. A ausência da demanda de assessoramento para alunos que mostram dificuldades provém da confluência de diferentes fatores, entre os quais podemos citar os que se seguem.

Pode ocorrer porque não se vê a necessidade da intervenção de um assessor, mesmo que não se disponha dos recursos suficientes para responder às necessidades educativas de um aluno concreto. O assessoramento a escolas está apenas no início – a geração anterior à nossa não chegou a conhecê-lo de modo generalizado, menos ainda nas escolas de ensino médio. Somos oriundos de uma tradição que normalmente não contava com a contribuição direta de profissionais da psicologia, da pedagogia ou da assistência social para responder às necessidades diferenciadas dos alunos. Portanto, ainda carregamos o fardo de uma tradição na qual o ensino não considerava a atenção à diversidade, nem tinha presente o assessoramento psicopedagógico como recurso educacional. Ao tipificar essa situação, poderíamos dizer que não haveria demanda porque não tem lugar na cultura da escola e, por isso, não se faz.

Observamos, no entanto, que a ausência de demanda se deve às vezes a uma resistência ativa a deixar que entre nas escolas um modelo de educação inclusiva, devido a uma concepção elitista ou discriminatória que desejaria que só os "bons" estudassem, aqueles alunos que têm mais facilidade, e que os outros ficassem fora do sistema educacional regular, em uma situação menos qualificada. Nesse caso, a não-demanda não poderia ser entendida em termos de não colocar a ajuda dos profissionais assessores, e sim como uma resistência ativa, mais ou menos dissimulada, a reconhecer o direito à educação para todos, ou aceitar a responsabilidade de responder adequadamente à diversidade dos alunos. O assessoramento seria recusado porque reforça a atenção à diferença; nós, assessores, seríamos os representantes de um modelo que se rejeita. Em alguns casos, a não-demanda deve ser entendida como uma maneira de procurar que ninguém modifique em nada o funcionamento de uma escola que não acolhe a diversidade, ou, se a acolhe, não lhe dá a devida atenção. A não-demanda seria uma manifestação mais ou menos encoberta de recusa a um sistema educacional para todos. Nesse caso, trata-se não tanto de não formulá-la, mas de um não querer fazê-la.

Observarmos também situações de ausência de demanda devido às *expectativas do demandante* em relação ao assessor. Quando um docente acredita – com ou sem razão – que a resposta dada pelo assessor não preencherá satisfatoriamente às suas expectativas, por um motivo qualquer, às vezes não formula a demanda.

Muitas vezes, a ausência de demanda está vinculada a atitudes gerais de *desânimo* no trabalho, quando partes importantes do corpo docente consideram que há uma deterioração das condições profissionais e perdem a confiança na resolução dos problemas a curto ou a médio prazo. O profissional "enfastiado" geralmente perde o interesse pelas contribuições da psicopedagogia.

A ausência de demandas sobre os alunos que manifestam necessidades educacionais especiais pode decorrer também do fato de que o docente dispõe de *recursos suficientes* para enfrentar as dificuldades que tais casos comportam; neste caso o docente já possui estratégias adequadas.

Poderíamos acrescentar outros fatores próximos aos mencionados, a fim de entender a ausência de demandas. Entre eles, vemos a ausência de demanda porque não se quer mudar e se supõe que o trabalho com o assessor pode acarretar algumas mudanças, pois alguns docentes não sabem que podem fazer determinadas solicitações, porque acham que já sabem tudo o que o assessor pode oferecer e julgam não necessitar de ajuda; manifestam um conflito com o departamento, com o próprio assessor; não querem, não podem, não sabem. Outras vezes não se solicita para não mostrar seu modo de trabalhar; por exemplo, para esconder maneiras de trabalhar defasadas, ou devido à falta de habilidade do assessor.

Com freqüência, as demandas não apresentam características de um tipo concreto dentro da classificação mencionada, mas incluem aspectos de dois ou três tipos ao mesmo tempo: podem ser de exigência e de delegação, de exigência e julgamento, de delegação e urgência, etc. Todas essas formas, na medida em que geram uma resposta precipitada sem um trabalho prévio, tendem a ser, como já dissemos, respostas destinadas ao fracasso. Temos de ser particularmente prudentes na sua adoção, mesmo antes de conseguir uma reformulação que permita um melhor prognóstico.

Já comentamos as maneiras de explicitar as demandas. Definimos como marco mais adequado aquele que se sustenta nas relações de cooperação entre demandante e assessor. Mostramos também que, em algumas ocasiões, aparecem maneiras de formulá-las que se distanciam das relações de colaboração, como vimos nas de exigência, de urgência, de delegação ou nas demandas-jogo. Comprovamos que é particularmente importante entender o significado dessas modalidades disfuncionais de demandas, para podermos formulá-las em termos que tornem mais fácil uma resposta bem-sucedida. Embora nem sempre seja possível entender o porquê da forma como as recebemos, na maioria das vezes em que nos deparamos com uma demanda formulada de modo disfuncional, podemos chegar a uma certa compreensão sobre os fatores que estão na base.

Em todas as escolas existe certo tipo de demandas que tendem a se repetir, porque são formuladas pelos mesmos profissionais, ao responder a uma forma de atuar característica da instituição, a uma dinâmica própria. Como dissemos no início, o assessor também é parte constitutiva das demandas que são formuladas nas escolas. Seu saber, sua maneira de atuar, o contato que estabelece com os docentes, etc., condicionam, em parte, as demandas recebidas. A sua análise tanto em geral quanto particular daquelas que se repetem, deve nos permitir conhecer algumas das características da instituição educacional em que trabalhamos. O assessor deve contribuir no seu papel de ajudar a conhecer melhor o funcionamento da instituição escolar. A partir da análise do que esta pede, do que não pede, de como pede, quando, quem e com que finalidade, podemos colaborar com os docentes para nos aproximarmos de um tipo de funcionamento que suponha uma melhora na atenção aos alunos com necessidades educacionais especiais e aos alunos em geral.

A REFORMULAÇÃO CONJUNTA DA DEMANDA E A ORGANIZAÇÃO DA RESPOSTA

A detecção inicial de uma necessidade converte-se em demanda. O assessor ouve-a atentamente para demarcá-la com precisão, a fim de saber se nos pedem para escutar, para dar nossa opinião, para ajudar a avaliar um aspecto concreto, uma área determinada, as aprendizagens em geral, a vida emocional, para ajudar a adequar o currículo, para orientar quanto à maneira de trabalhar com a família, para oferecermos ferramentas para se proteger. Além disso, a escuta se coloca a serviço de identificar o porquê da demanda: Por obrigação, mas sem interesse? Por obrigação, ainda que não considere útil? Porque a situação provoca mal-estar? Pela vontade autêntica de que o aluno aprenda? Por que existe um forte interesse pelo aluno?

O próximo passo nos aproxima mais da proposta de ação conjunta, que inclui quem expressa a demanda e quem a recebe. Essa proposta deve partir da demanda, mas a concretização só pode ser um constructo, fruto dos passos descritos anteriormente. As intenções ou necessidades do demandante devem ser cruzadas com a visão e as possibilidades do assessor, para chegar a um acordo que envolverá as duas partes. O assessor pode acabar dizendo, por exemplo: "Que tal se fizermos...?" ou "Pelo que você está me dizendo, uma possibilidade seria...". Aqui o demandante intervém de novo. A demanda inicial, formulada por ele, ouvida pelo assessor, analisada, avaliada e situada em seu contexto, esclarece-se, concretiza-se, amplia-se, muda, toma forma, a partir de sua reformulação. Podemos afirmar, portanto, que reformular a demanda consiste em adequá-la à problemática que prevemos para que a resposta produza mudanças com relação à situação que nos apresentam.

Se a proposta parece acertada, o próximo passo será a organização da resposta, pois a demanda se encerrou. Começa então a resposta. É preciso entender o processo de resposta como uma atuação conjunta de todos os profissionais que intervêm. Esta será diferente dependendo do caso, e visará atingir os objetivos estabelecidos previamente. Em alguns casos, será um processo pontual, curto; em outros, haverá um acompanhamento contínuo durante vários anos. É importante avaliar cada uma das atuações, as melhoras que se produzem, para verificar se o processo adotado foi correto ou se convém introduzir algumas mudanças. No momento certo, será preciso fechar a ação originada pela demanda inicial. O ideal das demandas de avaliação psicopedagógica seria que as contribuições geradas em cada caso se incorporassem à prática educacional. Assim, as demandas deveriam seguir uma dupla direção:

- Por um lado, formular as demandas de avaliação psicopedagógica dos alunos sobre os quais os docentes tivessem mais dúvidas.

- Por outro, apresentar demandas dirigidas a todos os alunos de uma turma que envolvessem o docente e o assessor na melhora da prática educacional.

REFERÊNCIAS

BOAR, R. DE (1980): El psicoanálisis de las organizacíones. Buenos Aires. Paidós.

BONALS, J. y otros (1992): «Anàlisi de la demanda a la institució escolar». Text í context, 5, pp. 13-16.

FREUD, S. (1979): El molestar en la cultura. Buenos Aires. Amorrortu.

HARRIS, T. (1973): Yo estoy bien, tu estás bien. Barcelona. Grijalbo.

LEAL, J. (2002): «La mirada del otro: la relación asesor-asesorados». Ámbits de Psicopedagogia, junio, pp. 22-24.

MADORRÁN, M.; OLIVÁN, M. (1996): «Análisis de Ia demanda y rol del asesor en su valoración, orientación y seguimiento», en MONEREO, C.; SOLE, l. (coords.): El asesorcimiento psicopedagógico: una perspectiva profesional y constructivista. Madrid. Alianza Psicologia.

SCHLEMENSON, A. (1990): ío perspectiva ética en el análisis organizacional. Buenos Aires. Paidós.

SELVINI, M. (1987): El mago sin magia. Buenos Aires. Paidós.

3 | Técnicas e instrumentos de avaliação psicopedagógica

Ramon Coma e Lluís Álvarez

INTRODUÇÃO

Por trás de toda avaliação há sempre um julgamento técnico com base em um critério, mediado por um enfoque conceitual, técnicas e instrumentos não-neutros, que são uma medida interpretativa da realidade. A avaliação psicopedagógica requer um processo prévio de obtenção de dados e informações sobre o que pretendemos conhecer e melhorar. Trata-se de um processo amplo que teria de ser compartilhado e que, sob nosso ponto de vista, deveria incluir diferentes contribuições profissionais, porque não tem apenas uma dimensão individual ou do grupo que queremos avaliar, mas também uma vertente multiprofissional e institucional. A maneira de entender e atender à diversidade a paritr de uma perspectiva global da escola determina o êxito ou o fracasso escolar, do mesmo modo que um enfoque psicopedagógico centrado unicamente no "problema" individual de um aluno.

A avaliação psicopedagógica supõe contar com o critério técnico de um profissional, do psicopedagogo ou da psicopedagoga, sem cair na pretensão de considerá-lo único e determinante. Os processos de ensino-aprendizagem mostram como cada pessoa e grupo de aprendizagem são únicos e podem se desenvolver com diferenças significativas, não apenas pela diversidade de habilidades físicas e cognitivas, mas também emocionais, manifestadas nas aptidões e atitudes relacionais, solidárias e de convivência, cujo desenvolvimento, inibição ou repressão podem influenciar os contextos.

Entendemos, portanto, que a avaliação psicopedagógica é um processo dinâmico, contínuo e preventivo; e, na escola, em particular, é compartilhado por diferentes profissionais. Esse processo tem a finalidade de favorecer a tomada de decisões consensuais a partir de um acompanhamento contínuo das interações entre os diversos elementos que incidem tanto no ensino quanto na aprendizagem. Essas decisões devem traduzir-se em medidas factíveis, que os profissionais possam implementar para que o processo de ensino-aprendizagem leve ao progresso dos alunos como grupo e individualmente. Portanto, a avaliação psicopedagógica parte do reconhecimento de que em qualquer processo de ensino-aprendizagem existem elementos assimetricamente incidentes: os alunos, os professores e o currículo. Esses elementos configuram um clima relacional e não apenas de aprendizagem, que é determinado também pelos contextos escolares, profissionais, familiares e as concepções que criam esses ambientes com relação ao acolhimento, ao ensino, à aprendizagem e, de maneira geral, ao desenvolvimento integral de qualquer menino, menina ou adolescente.

O PSICOPEDAGOGO E A AVALIAÇÃO

O psicopedagogo avalia e apresenta as conclusões sobre um determinado aluno ou turma à equipe de professores na qual intervém, em um processo de colaboração. Trata-se de uma informação valiosa que é preciso levar em consideração para depois complementar com a avaliação pedagógica inicial e continuada que os professores realizam, a fim de tomar decisões coordenadas.

Por meio da intervenção e do acompanhamento psicopedagógico, estabelece-se uma avaliação contínua, não apenas do processo dinâmico de ensino-aprendizagem, mas de todos os elementos endógenos e exógenos que o afetam. A avaliação psicopedagógica é prática e útil quando apresenta conclusões e serve de base para edificar novas propostas dirigidas a cada âmbito de análise: o aluno e o grupo em seus contextos familiar, escolar e social que, por sua vez, estão em interação. Por isso, jamais podemos entendê-la como um processo à margem, visto que faz parte e surge de um trabalho profissional que deve ser necessariamente compartilhado, o que implica tomar decisões e adotar medidas conjuntas em que cada profissional ofereça a contribuição que lhe cabe.

As técnicas e os instrumentos psicopedagógicos devem nos ajudar a fazer uma reflexão organizada sobre o que ocorre e, ao mesmo tempo, sobre o que é preciso fazer, entendido como o possível em um contexto determinado. Não podemos esquecer uma diferença importante: dos profissionais do meio escolar deve-se esperar a aceitação da mudança, a capacidade técnica de gerar propostas e implementar alternativas aos problemas psicopedagógicos identificados, enquanto que das pessoas ou dos sujeitos não profissionais não devemos esperar mudanças radicais e muito menos exigi-las, o que seguramente nos levaria ao fracasso. Apenas uma intervenção capaz de propor por alternativas aceitáveis, no espaço e no tempo, pela família ou por outros membros do contexto, pode nos levar a mudanças positivas. Portanto, como profissionais, temos de demonstrar a capacidade de ser flexíveis, não unicamente nas técnicas e nos instrumentos adotados, mas também nas estratégias e nas propostas operacionais, para fazer frente aos novos processos que uma resposta educacional coerente tende a gerar.

A avaliação psicopedagógica resultante pode partir de enfoques diversos que, por sua vez, estarão relacionados a diferentes técnicas e procedimentos aplicativos, mas se baseia em critérios científicos e socialmente reconhecidos. Felizmente, as técnicas profissionais evoluíram e, como fruto da experiência, também os critérios que nos permitem conhecer cada uma de suas possibilidades e limitações, assim como seus procedimentos e instrumentos de avaliação.

Contudo, podemos dizer que, entre as técnicas, a observação direta, organizada e sistemática do processo de ensino-aprendizagem nos permitiu avançar muito no conhecimento da realidade do aluno e da turma. Com freqüência, é a base mais operativa de uma avaliação psicopedagógica que recusa os rótulos e pretende se aprofundar nos processos de interação que favoreçem um avanço positivo do aluno ou dos grupos de alunos.

O psicopedagogo experiente deve saber introduzir todos os matizes necessários que caracterizam uma avaliação cuidadosa para não marginalizar os alunos oriundos de situações sociais e culturais desfavorecidas, ou culturalmente minoritárias, pelo fato de não se enquadrarem, de início, nos parâmetros gerais baseados principalmente na estatística comparativa. Os limites óbvios dos enfoques parciais de muitos testes e provas podem ser amplamente superados pelas técnicas de observação direta que incidem na análise dos processos educacionais.

O profissionalismo do psicopedagogo é essencial para ponderar os benefícios e as limitações dos instrumentos de avaliação que utilizamos. O trabalho não consiste apenas em conseguir ver diferenças significativas, o que o aluno sabe e o que não sabe fazer, mas também em definir necessidades educacionais previsíveis e propor assistências, estratégias e ajustes na intervenção educacional. Consiste em saber escolher em cada circunstância quais são as ferramentas que podem ser úteis para propiciar mudanças positivas, para trabalhar em uma linha voltada à prevenção e não unicamente à correção de problemas. Não podemos esquecer que certas interações não requerem nenhum instrumento concreto, mas sim um conhecimento técnico da complexidade das relações humanas e das interações emocionais. Muitas vezes, é necessário saber ouvir, captar e orientar as inquietações inerentes aos processos de ensino-aprendizagem difíceis, vividos de maneira diferente pelos profissionais, pelas famílias e pelos próprios alunos, mas com o denominador comum do mal-estar emocional.

A DEMANDA COMO CONDICIONANTE DA AVALIAÇÃO

Nem toda demanda implica iniciar um processo de avaliação psicopedagógica. Sobre esse aspecto, remetemos ao segundo capítulo, que desenvolve a análise da demanda. Portanto, partiremos do acordo formal entre profissionais sobre a necessidade de dispor de critérios orientadores que nos permitam estabelecer pautas e ações de resposta profissional coletiva a diferentes necessidades educacionais.

Do mesmo modo, a tipologia da demanda condiciona não somente a decisão de realizar uma avaliação psicopedagógica, mas também a escolha dos possíveis instrumentos aos quais poderemos recorrer e do modelo formal de retorno que o profissional decidirá utilizar. Esse retorno poderá ser oral, por meio de entrevistas e reuniões, ou complementado, se possível, por um resumo escrito ou um informe. As duas possibilidades apresentam vantagens e inconvenientes, que exporemos adiante.

Na intervenção psicopedagógica, é muito comum que, mesmo sendo partidários do emprego de uma determinada técnica, nos vejamos obrigados a modificar o instrumento. Às vezes, as técnicas mais individuais, como a aplicação de um teste, podem nos levar a considerar a necessidade de uma maior observação, não mais do aluno, e sim da situação de ensino-aprendizagem. Insistimos que a demanda é determinante e que cada psicopedagogo terá de saber estabelecer qual é a melhor estratégia de intervenção a propósito de um caso concreto, escolhendo os instrumentos e as técnicas que possam se ajustar melhor a cada momento para obter funcionalidade e adequação.

MODELO DE INTERVENÇÃO E AVALIAÇÃO PSICOPEDAGÓGICA

Temos experiência suficiente para superar os enfoques parciais ou descontextualizados. Esses enfoques têm seu valor, mas padecem de limitações próprias de uma análise não global. Atualmente, dispomos de uma base suficiente para definir como deve ser um enfoque psicopedagógico que implique a análise dos problemas de atitude, adaptação e aprendizagem, onde se produzem, que considerem a visão e a situação tanto de quem os sofre diretamente como dos que o rodeiam, profissionais e familiares, antes, durante e depois do processo de ensino-aprendizagem. Portanto, estamos em condições de definir um enfoque baseado mais na análise dos processos e das interações em sistemas de relações humanas do que nos produtos finais da ação do aluno diante de um desafio que lhe é apresentado.

Apesar de rejeitarmos o uso de testes psicológicos, de instrumentos variados de avaliação pedagógica e de níveis de competência, escalas de observação, questionários e outras intervenções, entendemos que é fundamental, na grande maioria das intervenções psicopedagógicas em escolas e institutos de educação, a observação direta ou indireta dos processos de aprendizagem na sala de aula, dos estilos cognitivos, dos sistemas relacionais, resultantes tanto das estruturas formais quanto das informais, assim como as entrevistas com tutores, corpo docente, alunos e família, para perfilar suas diferentes expectativas.

A conduta do aluno e dos diversos grupos de alunos, assim como seus resultados acadêmicos, resultam do sistema de interações em que estão imersos. Devemos considerar sempre os diferentes elementos que interagem:

- *o aluno*: seu potencial cognitivo e motor, sua situação emocional, sua auto-estima e autoconceito geral, que estão presentes na aprendizagem escolar;
- *a turma*: as relações que se estabelecem, os valores que imperam e os papéis dos alunos e professores;
- *a equipe de professores e as matérias*: as expectativas quanto aos alunos ou a turma, os resultados que observem em sua matéria, a generalização ou limitação dos conflitos que aparecem – de conduta, relacionais e de aprendizagem –, os modelos didáticos e os critérios de avaliação, a flexibilidade para adaptar o currículo e os processos de ensino-aprendizagem;
- *a família*: sua visão do aluno, de sua situação e de seu aproveitamento; o equilíbrio entre as expectativas, os auxílios que podem oferecer e o modelo de relação com a escola que podem propiciar (construtivo, colaborador, de enfrentamento, de inibição);
- *o ambiente sociocultural*: as interações entre todos os elementos anteriores e o nível de adaptação, integração ou isolamento do contexto em que vivem o aluno e sua família.

Sem uma visão transversal, cada vez mais complexa, é difícil produzir mudanças no contexto de ensino-aprendizagem dos alunos. São tantas as limitações de uma observação que se baseia na aplicação de um instrumento padronizado que suas inferências não conseguirão mudar praticamente nada.

O modelo psicopedagógico busca uma visão mais global, ecológica e sistêmica dos alunos e dos grupos de alunos. Reúne, ao mesmo tempo, os aspectos biológicos, psicológicos, pedagógicos e sociais que intervêm nos processos individuais e coletivos para enfrentar o ensino e a aprendizagem. Isso não evita a necessidade de restringir o que observamos ao que é possível, começando pela própria intervenção educativa e assessora, com objetivos adequados segundo a colaboração dos diferentes profissionais envolvidos.

A nosso ver, o modelo de avaliação é uma construção que incorpora os avanços que foram sendo obtidos a partir da intervenção dos últimos trinta anos, da própria aplicação e pesquisa dos modelos clássicos. O modelo psicopedagógico compreende os diversos agentes do contexto de intervenção, que é o ensino infantil, fundamental e médio, sem descartar nenhum, em princípio. Não se exclui a possibilidade de aplicar um teste psicológico, de estudar o processamento da informação feito por um aluno, de observar as relações que predominam em uma turma e sua influência na aprendizagem, nem de considerar as avaliações iniciais das diferentes matérias, que são técnicas de base diferente, sempre que a informação obtida for interpretada de um ponto de vista global, que ajude a realizar propostas globais. Só assim uma intervenção psicopedagógica tem sentido.

O PROCESSO DE AVALIAÇÃO PSICOPEDAGÓGICA

Não pretendemos, neste item, elaborar uma relação exaustiva dos instrumentos mais comuns da avaliação psicopedagógica. Conseqüentemente, não repetiremos as técnicas mais conhecidas (entrevista, aplicação de determinadas provas, etc.), algumas das quais são descritas em vários capítulos deste livro. Mencionaremos apenas as principais e daremos ênfase às práticas mais complexas de observação indireta, individual ou de grupo. Evidentemente, partimos sempre do acordo prévio com a família e com os profissionais, contando com a autorização necessária para uso apenas profissional, baseado nas normas do código deontológico.

Devemos considerar que é totalmente imprescindível, no campo do assessoramento, contar com um critério deontológico básico. Como profissionais que trabalham nesse âmbito, sabemos que, em toda situação psicopedagógica, ocorre uma transmissão de informação, que implica uma transferência de custódia, quer essa informação tenha sido obtida mediante provas, quer provenha de uma entrevista com qualquer serviço, e que é prioritário manter essa privacidade. Do mesmo modo, se elaboramos informes ou mantemos reuniões utilizando essa informação, somos responsáveis pelo uso que se possa fazer dela. Por isso, é tão importante informar quanto garantir uma correta transmissão da custódia da informação, pois sempre teremos alguma responsabilidade sobre como a utilizaremos posteriormente.

O processo de avaliação psicopedagógica inclui numerosas atividades entrelaçadas e interdependentes entre si. Na seqüência do texto, vamos enumerar as atuações que podem pertencer ao processo, demarcando-as de modo pragmático em: início, desenvolvimento e contribuição da equipe profissional. Essa enumeração não pressupõe, de modo algum, o desenvolvimento de cada uma das atividades nos diversos momentos avaliados. Mostram apenas um inventário de atividades que podem ser realizadas.

Início

- Recepção da demanda, esclarecimento e acordos com os profissionais participantes, tanto por parte de quem a formula como por parte de quem, de alguma maneira, colabora com o processo de avaliação.
- Coleta de informação inicial: história escolar, informes existentes sobre níveis de competência e outras questões. Compreensão inicial do processo evolutivo do aluno em nível pessoal, escolar, familiar e social.

Desenvolvimento

- *Observação individual*
  - Observação contextual do aluno na situação de ensino-aprendizagem e outras: na sala de aula com diferentes materiais, no recreio e na brincadeira, no refeitório escolar, etc. Observação das relações que estabelece ou dos papéis sociais que desenvolve.

– Entrevistas com o aluno, o tutor, outros professores, os pais, profissionais específicos (assistente social, monitores, etc.).
– Gravações audiovisuais do processo de ensino-aprendizagem na sala de aula, dos esquemas de relações nos grupos e na brincadeira.
– Gravações sonoras da fala e da conversa.
– Análise de trabalhos escolares, que deve nos orientar não apenas sobre os déficits de compreensão, de expressão e de procedimentos do aluno, mas também sobre o déficit de ajudas compensatórias.
– Avaliação dos níveis de leitura e escrita. Administração de provas pedagógicas baseadas no currículo escolar.
– Uso de inventários e questionários de conduta e atitudes.
– Utilização de folhas de registro e comentários recolhidos pelos professores.
– Consideração de outros elementos, próprios dos âmbitos social, clínico ou sanitário, mediante a coordenação com outros profissionais e redes de profissionais.
– Dados obtidos a partir de elementos anteriores que podem nos levar à decisão de aplicar complementarmente alguma prova ou teste específico (WISC-R, Battelle, McCarthy, etc.) ou prescindir dos mesmos.

• *Observação do grupo*
– Observação de sessões na sala de aula com diferentes professores e matérias. Observar a interação entre os alunos, os docentes e os conteúdos com os tipos de auxílios oferecidos; como se apresentam os conteúdos e as rotinas didáticas na sala de aula, as adaptações curriculares, as estratégias dos alunos e professores.
– Uso de sociogramas.
– Utilização de registros audiovisuais.
– Provisão de entrevistas com alunos e professores.
– Uso de pesquisas e questionários dirigidos aos alunos, professores e pais.
– Medidas gerais da escola e específicas para série, turma ou sala de aula, ou de atenção à diversidade. Ajuste às necessidades educativas que observemos. Alternativas globais.
– Auxílios e suportes individuais e grupais. Alternativas possíveis.
– A família ou as famílias: tipologia, expectativas, propósitos. Alternativas, possibilidades de colaboração mútua entre família e escola. Aproveitamento e avaliação das ajudas que podem facilitar e/ou receber.

• *Contribuição à equipe profissional*
As conclusões a partir da avaliação psicopedagógica devem representar um passo tão importante como os anteriores, que determinará acordos de intervenção multiprofissional. O psicopedagogo, a partir de várias reuniões e entrevistas com outros profissionais do espaço escolar e, quando necessário, de âmbitos mais externos, dá o retorno da informação e das conclusões e propostas que devem considerar as possibilidades do contexto e as visões que outros profissionais possam trazer.

É nesse âmbito coletivo que se podem propor ações viáveis e passíveis de a família assumir, ajustadas às possibilidades do sistema escolar e, portanto, suficientemente consensuais entre as partes. Uma intervenção que não considera as contribuições de outros profissionais, em particular dos professores, ou que desconsidera a família, geralmente está condenada ao fracasso. Do mesmo modo, uma avaliação que gere um receituário cheio de propostas difíceis de serem aplicadas pelas várias partes, ou que desconsidere seus valores e suas crenças, não reúne possibilidades de gerar mudanças.

Portanto, esse é o passo transcendental de toda avaliação: conhecer as limitações próprias e contextuais, integrá-las no âmbito de resolução e mudança de que queremos participar, para que nossa intervenção gere expectativas plausíveis e realistas, acordos e ações que possam ser executadas. Nesse sentido, devemos propor que a avaliação psicopedagógica seja uma contribuição profissional tão cuidadosa nas conclusões como motivadora para as pessoas, os profissionais, os alunos e as famílias, que devem encarar a situação avaliada com uma perspectiva positiva.

No aspecto formal, o retorno oral, mediante a participação em reuniões profissionais, pode ser suficiente, dada a confidencialidade de alguns dados. Os informes escritos têm sentido quando é necessário registrar alguns acordos ou algumas propostas. Somos partidários de torná-los concisos e sem inferências. Deve ficar claro a quem são dirigidos e o motivo, assim como a privacidade dos dados e seu exclusivo uso profissional. A vantagem do informe escrito é que obriga a um esforço de síntese. Todavia, isso costuma levar a um certo reducionismo. Ao contrário, o trabalho constante com a equipe de professores permite uma adequação permanente dos dados à avaliação da realidade do aluno. Em última análise, acreditamos que é o próprio professor quem deve decidir em função do que pretende e da intervenção psicopedagógica, se o retorno será oral ou escrito, ou ambos.

A OBSERVAÇÃO CONTEXTUALIZADA, INDIVIDUAL E DE GRUPO: UM INSTRUMENTO EFICAZ

A observação individual não pode ser desvinculada da observação do grupo, dado que a primeira não tem sentido fora do contexto de interação do aluno. A observação implica sempre considerar os elementos próprios da dinâmica grupal e deve levar em conta o contexto, se quisermos dispor de informação consistente que nos permita propor alternativas de mudança nos âmbitos nos quais se produzem os conflitos e em que se situam as aprendizagens do aluno. Considerada a importância que tem para nós a observação na sala de aula, vamos expor alguns dos critérios que utilizamos ao realizá-la.

A observação individual

A aplicação desse instrumento tem como objetivo verificar as interações que se produzem dentro do grupo, entre os próprios alunos e entre estes e os professores, como também em relação aos conteúdos de aprendizagem. Nesse âmbito, devemos considerar:
- Predisposição à aprendizagem por parte dos alunos.
- Limitações funcionais: motrizes, sensoriais, de atenção, materiais.
- Maneiras de atuar mediante a aprendizagem: o aluno se sente capaz ou incapaz, desiste, esforça-se, sabe bem o que deve fazer, quando pode ou não pedir ajuda; quando pede ajuda aos outros, este copia ou faz por fazer, escapa sem se deixar notar ou, ainda, a partir do movimento, agride verbalmente aos outros, perturbando-os?; procura passar despercebido, sofre, trata de chamar a atenção a partir de objetos materiais, etc. (Ver o Apêndice 1: folha para a observação do estilo de aprendizagem).

- Como agem os outros em relação ao aluno; existe o hábito na sala de aula de integrar alunos com necessidades especiais; ajudam-no, protegem-no, fazem as coisas por ele riem dele, deixam-no isolado tem um colega que o ajuda e o tutela lembram-no das coisas; queixam-se ao professor, etc.?
- Como agem os professores: o aluno consegue fazer o que lhe pedem quanto ao nível pessoal de competência?; propõem maneiras diferentes de fazer as coisas?; todos fazem o mesmo ou se podem realizar atividades diferentes e seguir ritmos distintos?; trabalha-se sempre individualmente?; organizam-se grupos de aprendizagem em cooperação?; reforça-se emocionalmente o aluno e seu grupo?; valoriza-se e reforça-se a cooperação e o respeito à diferença?; buscam-se maneiras alternativas para diminuir a tensão e a pressão sobre o grupo por parte de um aluno particularmente conflituoso?; a distribuição e os recursos da classe permitem maneiras diferentes de trabalhar?; os materiais curriculares são flexíveis e adaptáveis à diversidade, etc.?
- Como se organiza a atenção à diversidade: há flexibilidade no ciclo?; os alunos de um mesmo ciclo, mas de classes diferentes, estão habituados a trabalharem juntos em determinados momentos?; organizam-se pequenos grupos flexíveis?; conta-se com um professor de educação especial ou com apoio para determinadas áreas ou momento particularmente necessários?; todos os professores estão suficientemente convencidos da necessidade de integração do aluno, etc.?

Devemos examinar também a incidência de determinadas necessidades educativas individuais no funcionamento conjunto da classe, porque a vontade geral de integração dos alunos tampouco pode evitar o desgaste que produz nas pessoas um enfrentamento permanente com situações demasiado conflituosas.

É importante que se observem várias aulas durante um dia e, se possível, durante mais de um dia. Devemos também ter o cuidado de observar matérias diferentes, não unicamente as instrumentais. Desse modo, percebemos a incidência do cansaço físico e mental entre a primeira e a última aula da manhã, as mudanças metodológicas que podem implicar matérias diferentes, a variação das atitudes dos alunos em função dos papéis, etc. Em última análise, temos a oportunidade de nos colocar na perspectiva não apenas dos professores, mas também na dos alunos. Para um modelo de observação na sala de aula, ver o Apêndice 2.

A observação do grupo: um recurso necessário

A avaliação psicopedagógica baseada na observação contextual torna possível reunir informação multifatorial e analisar os sistemas de interações humanas, o que configura sempre uma base mais sólida para a reversão dos problemas psicopedagógicos. Por esse motivo, uma das atividades próprias dos assessores psicopedagógicos consiste na observação direta dos alunos, ainda que muitas vezes as demandas insistam preferencialmente na análise de situações educacionais a propósito de um único aluno. Nesse sentido, a observação de toda uma classe e de sua dinâmica pode proporcionar informações relevantes e nos permitir entender algumas das interrogações postas no processo de relações e de aprendizagem, tanto individual quanto grupal. Nestas observações, é impossível considerar o aluno de forma isolada. Normalmente, ele está em grupo, com um ou mais professores, trabalhando sobre materiais curriculares.

Devemos considerar que, quando não há a tradição de observar grupos, é preciso antes vencer os medos comuns: os do próprio psicopedagogo observador, que talvez não disponha de instrumentos que lhe permitam saber o quê observar, ao que está pouco acostumado, ou o medo de alguns professores não habituados a isso, ou inseguros diante da observação. Além do mais, embora sem generalizar, em muitos casos a tradição no ensino regular é mais de "cátedra", em que cada um organiza sua própria didática a partir da matéria, um método respeitável e seguramente eficiente, mas quase sempre pouco compartilhado, no que diz respeito aos conteúdos transversais, com os demais professores, situação que hoje deve ser superada na educação obrigatória, por sua complexidade e pelas mudanças sociais.

Há sempre um nível de insegurança com que os professores devem conviver, porque é próprio do binômio ensino-aprendizagem. Nunca há dois alunos iguais, nem dois grupos parecidos, nem as estratégias são sempre igualmente úteis. A integração, preocupada em amenizar essa insegurança própria do ofício, nos oferece vantagens para fazer frente aos desafios implicados pela tarefa educativa, grupo após grupo. Portanto, a observação de grupo não tem nada a ver com nenhum tipo de fiscalização psicopedagógica, mas é um instrumento que nos oferece informações sobre o que se passa durante o processo de ensino-aprendizagem e nos ajuda a enriquecer e melhorar a intervenção educacional a partir da colaboração dos psicopedagogos com a equipe docente. A observação psicopedagógica de um grupo é um recurso que pode contribuir de maneira funcional para o necessário debate profissional e para a adoção de estratégias compartilhadas no âmbito das reuniões das equipes docentes.

O QUE OBSERVAREMOS?

O grupo e as interações

É preciso verificar se alguns alunos necessitam de adaptações, se essa carência predomina ou afeta apenas alguns casos individuais, se há algum aluno com importantes dificuldades cognitivas de aprendizagem, de leitura e escrita; se há alunos potencialmente explosivos em função do contexto e, no caso de observar problemas de conduta relevantes, em que situações se desencadeiam com maior freqüência. Como se age nesses casos e de que modo esses alunos respondem, isto é, quando aceitam as normas, se aceitam as instruções, se podem desempenhar com êxito algumas das atividades propostas.

É necessário delimitar a rede de relações que predomina e os papéis de determinados alunos com necessidades educacionais específicas (ver Apêndice 3: Protocolo de observação dos papéis dos alunos). Pode ser útil elaborar um esquema simples da distribuição dos lugares dos alunos, estabelecer as direções, os *feedback* e as lideranças predominantes. É preciso do mesmo modo considerar as formas de trabalho em equipe utilizadas pelos grupos.

Temos de captar o clima social da turma, as mudanças que se observam em função do tipo de atividade realizada e a gestão por parte dos professores. Convém considerar também a incidência do espaço e sua distribuição, assim como outros elementos exógenos (ruídos, temperatura, luminosidade, tamanho adequado das mesas, etc.).

Os hábitos

Trata-se de observar se o grupo já adquiriu habilidades básicas de funcionamento e organização grupal: pontualidade, silêncio, atenção e escuta, preparo do material, sentar-se direito, respeitar a vez de falar, trazer as tarefas e os materiais, respeitar os objetos utilizados em aula.

É preciso verificar se as pautas desenvolvidas pelos professores são progressivas e unívocas, isto é, se todas têm a mesma ênfase, se algumas predominam sobre as outras, se algumas são exigidas apenas em determinadas aulas ou se os alunos as utilizam seletivamente.

As estratégias dos professores

Um dos aspectos primordiais da observação é a reflexão em torno das necessidades educacionais que o grupo apresenta, considerando as estratégias que podem ser mais efetivas segundo o critério da equipe docente. Os professores fazem uso, consciente ou não, de estratégias muito poderosas. É importante que as observações, orientações e propostas sejam compartilhadas, para que, dessa maneira, se ponha em relevo esse fato enriquecedor para a equipe.

A partir de nossa experiência, queremos destacar algumas das estratégias que, em geral, são positivas para a gestão da aula; selecionamos 35 delas. Não se pretende ter uma lista exaustiva ou ideal, mas pode servir de base para outras observações e para a análise de psicopedagogos e equipes docentes de ensino médio. Quando damos um retorno à equipe docente, nós as apresentamos com um índice não-exaustivo de freqüência, entendendo que é alta (A) quando utilizada pela maioria dos professores, média (M) quando só alguns professores as utilizam, e baixa (B) quando é usada apenas por um professor. A variedade no uso e a freqüência são lógicas, em função da diversidade profissional, mas insistimos em que os melhores resultados decorrem da reflexão que nos conduza a acordos da equipe docente em função das características e da dinâmica de cada grupo (ver Quadro 3.1).

As estratégias dos alunos

As estratégias dos professores condicionam as dos alunos que, muitas vezes, sobretudo no ensino médio, costumam ser os que adaptam suas estratégias aos modelos didáticos dos professores. Aqueles costumam empregar algumas estratégias específicas que nos interessa observar para avaliar sua incidência na aprendizagem e nos resultados acadêmicos e que obteremos a partir de observação e entrevistas. Apresentamos a seguir algumas das mais importantes.

Quadro 3.1

ALGUMAS ESTRATÉGIAS FUNCIONAIS NA GESTÃO E ORGANIZAÇÃO DA AULA	FREQÜÊNCIA		
	A	M	B
• Aula organizada no aspecto de grupo, regras claras de organização.			
• Aula organizada no aspecto de grupo, regras claras de organização, parecida em todas as aulas (matérias) observadas.			
• Equilíbrio entre atividade dos professores e dos alunos.			
• Conexão e revisão de aprendizagens e atividades anteriores.			

continua

Quadro 3.1 (continuação)

ALGUMAS ESTRATÉGIAS FUNCIONAIS NA GESTÃO E ORGANIZAÇÃO DA AULA	FREQÜÊNCIA		
	A	M	C
• Revisar a matéria trabalhada de modo participativo.			
• Estabelecer uma conexão do tema com a realidade atual, com temas anteriores, com fatos vividos ou conhecidos pelos alunos, com a vida cotidiana, etc.			
• Coleta das contribuições dos alunos e recondução do tema.			
• Poucos conteúdos, bem-trabalhados, simplificação, que dá segurança.			
• Explicação do que será feito.			
• Explicação de como se faz a tarefa, fornecimento de instruções claras e checagem da compressão.			
• Espera de silêncio para falar.			
• Distribuição de tarefas de grupo e/ou individuais.			
• Regulagem das mudanças de atividade (escuta, trabalho pessoal, trabalho em grupo, debate, quando começa e termina a aula, etc.).			
• Controle com ordem temporal da realização de tarefas pendentes ou por realizar durante a sessão.			
• Recordação de hábitos e procedimentos gerais (levantar a mão, não se levantar, etc.).			
• Tom de voz em geral suave para forçar o silêncio e a escuta.			
• Elevações esporádicas do tom da voz para pedir atenção.			
• Silêncio e retomada ("como eu estava dizendo...").			
• Antecipação de condutas explosivas ou de desatenção ("X, você precisa de alguma coisa?").			
• Movimentação por toda a classe para dar a sensação de controle, oferecer auxílio individual, etc.			
• Reforço emocional individual a algum aluno que necessitá-lo periodicamente.			
• Recordação da gestão necessária do tempo durante a aula por parte dos alunos, organização do tempo disponível, tempo restante segundo atividades dos alunos e dos professores.			
• Subdivisão do trabalho em partes que sejam atingidas progressivamente.			
• Ajuda individualizada.			
• Poucos deveres, mas claros.			

continua

Quadro 3.1 (continuação)

ALGUMAS ESTRATÉGIAS FUNCIONAIS NA GESTÃO E ORGANIZAÇÃO DA AULA	FREQÜÊNCIA		
	A	M	C
• Estabelecimento de uma ordem preferencial de hábitos para alcançá-los progressivamente (por exemplo, exigir que se respeite a vez de falar, ser mais tolerante à maneira como se sentam, etc.). Há um consenso sobre isso entre a equipe docente?			
• Leitura em voz alta intercalada (diferentes alunos) e breve para que as correções não se concentrem em uma pessoa.			
• Tolerância a autocorreções ou emendas quando os alunos se dão conta de que não fizeram bem alguma coisa, ainda que não seja o momento certo ou definido nas normas, fingindo não ver, por causa de alunos com baixa auto-estima.			
• Assegurar a compreensão leitora.			
• Freqüência de comentários positivos quanto ao grupo.			
• Freqüência de comentários individuais positivos.			
• Freqüência de comentários negativos quanto ao grupo.			
• Freqüência de comentários individuais negativos.			
• Combinação de recursos didáticos: explicações orais, leituras, esquemas, materiais audiovisuais, projetores, etc.			
• Prevenção de elementos de distorção: por exemplo, redução do ruído com a retirada das cadeiras que sobram, prevenção do excesso de excitação e do alvoroço nos intervalos entre duas aulas com a presença e o controle indireto de um professor, preparação e comprovação prévia do funcionamento de aparelhos audiovisuais, etc.			

As estratégias relacionais
• *Mascarar*. Chama-se a atenção para outros aspectos a fim de ocultar a angústia pelo fato de enfrentar a aprendizagem. Pode-se tratar de uma conduta conflituosa de enfrentamento, até na maneira de vestir, falar ou expor constantemente histórias pessoais inéditas ou fantasiosas, exageradas ou chamativas. Podem ser também condutas de risco que, sobretudo em adolescentes, atraiam a atenção ou mesmo a admiração dos outros.

• *Somatizar*. Há alunos que somatizam a angústia, e essa se traduz em pequenas crises, tonturas, mal-estar que, em casos extremos, podem dar lugar a uma patologia.
• *Passar despercebido*. Trata-se de alunos muito metódicos e capazes de compensar o déficit de aprendizagem mediante uma grande vontade de superação, que os professores costumam avaliar positivamente, ou de alunos com pouca capacidade de organização e compreensão que procuram não evidenciar o conflito dian-

te do resto do grupo, e assim optam por não se deixar notar, pelo menos na conduta. Muitas vezes, são estudantes que, apesar de suas dificuldades de aprendizagem, passam desapercebidos por essa compensação. É muito importante que os professores dêem uma atenção especial a eles e saibam detectá-los e ajudá-los.
- *Mostrar-se sempre colaborativo.* Alguns alunos sabem que a participação e a cooperação lhes trazem bons resultados e que são valorizadas. Geralmente, seus recursos são suficientes para manter boas relações pessoais com os outros.
- *Saber parar.* Certos alunos aborrecem os outros colegas a fim de que estes reajam e para provocar pequenos conflitos, mas sabem parar no momento certo. Dessa forma, não costumam ser detectados pelos professores e quem acaba sofrendo as conseqüências são os que eles manipulam.
- *Ser oportuno ou o contrário.* Há alunos que sabem participar no momento oportuno e, pouco a pouco vão conquistando a consideração dos professores, enquanto outros nunca conseguem.
- *Saber prevenir conflitos e afastar-se deles.* Alguns alunos sabem detectar o início de um conflito e ficar observando, mas à margem.
- Ter o hábito de cumprimentar e de se despedir.
- Dar explicações realistas.

As estratégias acadêmicas e procedimentais
- Saber ouvir: é uma estratégia fundamental, definida não apenas pelos hábitos de conduta aprendidos e estimulados na família, mas também pela capacidade de atenção e concentração definida a partir do autocontrole da conduta e do movimento, e pelo equilíbrio e bem-estar emocional.
- Saber se expressar oralmente e por escrito: trata-se da estratégia-chave que os professores valorizam, ainda que, acima de tudo, devam ensiná-la.
- Saber resumir: assim como a anterior, é muito valorizada, mas também é preciso ensiná-la.
- Dominar um bom vocabulário: é determinada pelo contexto do aluno, mas a escola pode incidir fortemente sobre ela, caso se proponha a isso.
- Realizar uma boa apresentação formal dos trabalhos e dos exercícios: assim como a anterior, é necessário ensiná-la desde os primeiros anos e não se pode deixá-la por conta da intuição pessoal, porque são poucos os alunos que podem possuí-la de maneira natural.
- Saber organizar os trabalhos e os apontamentos para encontrar rapidamente a informação e dominar o que alguém escreveu.
- Escrever com uma boa letra: atualmente, isso é compensado pelo computador, mas ainda é uma estratégia muito valorizada, que tanto pode motivar a boa predisposição dos professores no momento da leitura ou da correção, como pode frustrá-la.
- Ter os materiais em ordem e organizá-los diariamente.
- Dispor de recursos materiais complementares, como o computador.
- Ter uma boa estrutura do tempo e conseguir se organizar para apresentar habitualmente os deveres.
- Dispor de tempo suficiente e não ter excesso de atividades extra-escolares.
- Fazer os trabalhos em um horário habitual.

- Desempenhar os trabalhos com colegas em lugares que possibilitem o assessoramento: a biblioteca.

A AVALIAÇÃO PSICOPEDAGÓGICA COMO ORIENTADORA DO DEBATE E DAS PROPOSTAS DAS EQUIPES DOCENTES

A partir da observação psicopedagógica da turma, podemos estabelecer uma reflexão profissional que nos ajude a pensar quais as estratégias didáticas que podem ser mais eficazes para nós em cada situação, e quais as estratégias deficitárias nos alunos que é necessário trabalhar para implementá-las. Essa reflexão pode ser organizada durante uma reunião de trabalho que inclua a coletivização do que se conseguiu observar em um período satisfatório, com a participação de toda a equipe de professores, do psicopedagogo, do tutor e do coordenador de nível ou ciclo. A presença deste último é importante, porque será preciso fazer um acompanhamento dos acordos a que se chegar e uma avaliação posterior de sua implementação.

Às vezes, a observação pode se concretizar em um informe, mas nem sempre é necessário. Sua elaboração dependerá das circunstâncias, dado que é importante transmitir à equipe docente tudo o que se conseguiu observar para que ele considere e aprenda tanto a valorizar o que já funciona como a identificar o que é possível melhorar. Portanto, a reunião da equipe docente pode incluir, a título genérico, três pontos básicos:
1. Descrição do que se pôde observar no grupo em geral (entradas e saídas, inícios, desenvolvimentos e finais das aulas, comportamento geral, subgrupos e lideranças, estratégias dos alunos, etc.) e em alguns alunos, assim como sua incidência positiva, negativa ou neutra. Descrição de pautas e instruções e seu funcionamento, assim como das estratégias dos professores que se mostraram mais funcionais.
2. Consideração das ações que nos interessa manter e as que podem melhorar a dinâmica do grupo, o processo de aprendizagem e os resultados da classe em questão.
3. Acordos que se estabeleçam, com a temporização do acompanhamento e a avaliação posteriores.

O debate, dentro da equipe docente, costuma ser muito positivo: ajuda a compartilhar o que nos preocupa, a consolidar o que consideramos efetivo e a aprender uns com os outros. Esse fato por si só, pela confiança que proporciona, já é valioso, mas o mais importante é que a observação grupal contribui para consolidar um trabalho em equipe.

A observação individual e grupal é um instrumento-chave para uma avaliação psicopedagógica que pretenda oferecer informações funcionais às equipes docentes sobre a dinâmica, as interações e o processo de aprendizagem dos alunos, e que complemente a observação pessoal de cada docente. Desse modo, torna coerente a intervenção tutorial e do conjunto de professores que intervêm na turma. Tanto a observação individual como a observação do grupo devem ser estruturadas metodologicamente e organizadas com base em critérios técnicos que definam claramente sua intencionalidade.

Quando a avaliação psicopedagógica propicia o intercâmbio enriquecedor nas reuniões das equipes docentes, constatamos que, como profissionais, definimos com mais consenso as necessidades educacionais das turmas, e podemos estabelecer uma linha coerente de estratégias educacionais mais compartilhadas e, ao mesmo tempo, eficazes quanto a resultados.

CONCLUSÕES

Consideramos a avaliação psicopedagógica um processo desenvolvido pelos psicopedagogos para definir as necessidades e as possíveis estratégias educacionais que um determinado aluno ou uma determinada turma possa requerer para alcançar o êxito escolar, entendendo-o como um progresso pessoal satisfatório de equilíbrio pessoal e bem-estar emocional, também como o alcance de outros objetivos curriculares específicos.

Esse processo deve ser contextualizado, isto é, deve partir da realidade imediata, escolar e familiar, em que se produzem as interações que conduzem ao êxito ou ao fracasso escolar. Restringir a avaliação psicopedagógica unicamente ao âmbito do desenvolvimento pessoal pressupõe a aceitação de limitações claras que podem nos afastar de respostas educacionais com expectativas reais de mudança nos processos interativos que conduzem ao fracasso escolar.

Do mesmo modo, no âmbito escolar, a avaliação psicopedagógica e todo o trabalho dos psicopedagogos não podem se desenvolver à margem do trabalho em equipe junto aos demais profissionais responsáveis, especialmente os professores tutores, especialistas de educação especial e fonoaudiólogos, entre outros. Portanto, consideramos a avaliação como uma das contribuições mais significativas do psicopedagogo ao trabalho em equipe.

REFERÊNCIAS

BASSEDAS, E. y otros (1989): Intervencíó educativa i diagnòstic psicopedagògic. Barcelona. Laia.
BONALS, J. (2000); El trabajo en equipo del profesorado. Barcelona. Graó.
COLOMER, T. y otros (2001): «L'avaluació psicopedagògica: concepte, finalitat i marc on es situa». ÀMBITS de Psicopedagogía, 2, pp. 15-18.
ESTEVE, J.M. (2002): «El professorat davant el canvi social. Nous objectius per a una nova etapa de l'educació». Educado i nous reptes sociais. Barcelona. Generalitat de Catalunya. Consell Escolar de Catalunya.
FERNÁNDEZ TORRES, P. (1991): La función tutorial. Madrid. Castalia/MEC.
GINÉ, C. (2001): «Aportacions a la comprensió i avaluació de las persones amb retard mental». ÀMBITS de Psicopedagogía, 6, pp. 9-13.
GUITART, R. (2002): Les actituds en el centre escolar. Reflexions i propostes. Barcelona. Graó.
MIRAS, M.; SOLE, l. (1990): «La evaluación del aprendizaje y la evaluación en el proceso de enseñanza y aprendizaje», en COLL, C. y otros: Desarrollo psicológico y educación. Madrid. Alianza.
PÉREZ, M.L. y otros (2001): Afectos, emociones y relaciones en la escuela. Barcelona. Graó.
SÁNCHEZ, A. (1998): Necesidades educativas e intervención psicopedagógica. Barcelona. EUB.
SÁNCHEZ- CANO, M. (2001): Aprendiendo a hablar con ayuda. Lérida. Milenio.
SARRAMONA, J. y otros (2002): «L'avaluació escolar». Revista del Collegi Oficial de Doctors i Llicenciats en Filosofia i Lletres i en Ciències de Catalunya, 118, pp. 85-143.

Apêndices

Apêndice 1 Folha para a observação do estilo de aprendizagem

(Marcar o que procede)

INDICADORES	ASPECTOS A CONSIDERAR
Motivação para o trabalho escolar	☐ Sem motivação ☐ Motivado para a maioria dos temas de estudo ☐ Motivado para alguns temas concretos ☐ Motivado para aspectos não escolares
Ritmo de trabalho	☐ Adequado ☐ Rápido ☐ Lento ☐ Variável
Constância no esforço	☐ Sem constância ☐ Capacidade de atenção e concentração ☐ Desejo de superação
Atitude em face de erros e/ou dificuldades	☐ Frustração ☐ Abandono ☐ Aceitação ☐ Perseverança
Resposta às mudanças nas rotinas de trabalho	☐ Tolerância ☐ Negação ☐ Abandono ☐ Desorientação ☐ Resposta reflexiva ☐ Resposta não-reflexiva
Autonomia no trabalho	☐ Pode trabalhar sozinho se conhece a tarefa ☐ Dependência ☐ Independência do adulto
Hábitos de organização do material escolar e dos deveres	☐ Com freqüência não faz os deveres ☐ Pasta ☐ Ordem ☐ Cuidado e manutenção ☐ Esquecimentos ☐ Agenda
Trabalho em grupo	☐ Tem iniciativa ☐ É colaborativo e participa ☐ Ajuda aos outros ☐ Não participa ☐ Tem dificuldade ☐ Isolado

Fonte: Alvarez, L.; Coma, R., Adaptação de materiais das EAP.

Apêndice 2 Folha para a observação do trabalho em aula

1. CONTEXTO

- Área:
- Professor:
- Turma:
- Número de alunos:
- Dia:
- Hora:

2. ESPAÇOS FÍSICOS COM RELAÇÃO AO PROCESSO DE ENSINO-APRENDIZAGEM

- Espaços de aprendizagem dentro da sala de aula.
- Espaços de aprendizagem fora da sala de aula (outras aulas/exterior).
- Croqui da distribuição.

3. UNIDADE DIDÁTICA

3.1. Apresentação da tarefa

- Finalidade.
- Vínculo com as atividades anteriores, vida cotidiana, realidade atual (não se trata de fazer disso um julgamento negativo nem positivo, mas sim de considerá-lo como um elemento a mais que pode incidir na motivação).
- Detecção de conhecimentos prévios.
- Materiais.

3.2. Estratégias metodológicas

- Tarefas com possibilidades de adaptação a ritmos diferentes. Respostas abertas/fechadas.
- Intelectivas/manipuladoras/combinadas: equilíbrio/desequilíbrio.
- Possibilidades de participação e contribuição dos alunos.
- Planilhas escritas de objetivos e tarefas adaptadas especificamente para o aluno ou grupo.
- Distribuição dos alunos:
  – Individual.
  – Pequeno grupo.
- Promoção de auxílio:
  – Entre colegas.
  – Professor.
  – Divisão de tarefas em etapas encadeadas.
  – Reforço e motivação: dos colegas, dos professores, de outras pessoas adultas.
- Avaliação:
  – Contínua, diária, semanal, por temas, controles, etc.
  – Revisões periódicas.
  – Critérios e peso específico de procedimentos, atitudes e conhecimentos.
  – Participação dos alunos, auto-avaliação.
  – Planilhas específicas de observação e acompanhamento.

3.3. Tipologia de conteúdos

- Equilíbrio.

3.4. Dinâmica do grupo

- Relações entre os alunos:
- – Sociograma?
- Relação professores-alunos:
- – Participação.
- – Cooperação.

3.5. Conexão entre áreas

- Transversalidade.
- Tipos de estratégias metodológicas:
- – Coincidentes.
- – Diferentes.
- – Compatíveis.
- – Contrapostas.

Observações a respeito da aplicação
- É aconselhável observar seqüências didáticas completas.
- É necessário fazer a observação em mais de uma área.
- Nada do que convém observar e considerar deve ser julgado de maneira predeterminada como positivo ou negativo. Cabe situá-lo no contexto e no tipo de necessidade educativa do aluno ou grupo.

Fonte: Alvarez, L.; Coma, R., EAP B-28.

Apêndice 3 Protocolo de observação dos papéis dos alunos

Escola .... Grupo ....

	1	2	3	4	5	6	7	8	9	10	11	12	13	14	15	16	17	18	19	20	21	22	23	24	25
• *Inicia*, propõe idéias novas, estimula o grupo.																									
• *Pede* informações e opiniões.																									
• *Comunica* suas idéias pessoais, suas próprias convicções.																									
• *Informa* como especialista ou expõe o resultado de suas experiências.																									
• *Orienta*, define a posição do grupo com seus objetivos.																									
• *Formula* novamente ou explicita as idéias com exemplos ou comparações.																									
• *Resume*, coordena as relações entre as idéias, as insinuações e a atividade dos membros.																									
• *Facilita a participação* dos demais, inicia o intercâmbio.																									
• *Anima*, manifesta sua adesão, seu afeto. Compreende e aceita os outros.																									
• *Propõe* a meta a que o grupo deve tender.																									
• *Harmoniza* as diferenças entre os participantes e os subgrupos.																									
• *Observa o grupo*, comenta com os outros o andamento dele.																									
• *Busca e favorece os compromissos*, admite seus erros.																									
• *Segue os demais*, mas dá sua opinião nas decisões.																									

Escola .... Grupo ....

	1	2	3	4	5	6	7	8	9	10	11	12	13	14	15	16	17	18	19	20	21	22	23	24	25
• Manifesta abertamente a *falta de interesse:* apatia, cinismo, mentiras.																									
• *Domina o grupo,* trata de impor sua autoridade a este como tal, etc.																									
• *Ataca sem motivo* o grupo ou algum dos membros, deprecia os outros.																									
• *Procura chamar a atenção.*																									
• *Resiste, opõe-se, bloqueia,* volta a problemas já resolvidos, etc.																									
• *Pede ajuda,* simpatia, por insegurança ou subestimação pessoal.																									
• *Busca conquistar a simpatia,* tenta comprar amizades.																									
• Utiliza o grupo como *auditório* para expor seus sentimentos, suas opiniões ou idéias pessoais.																									
• *Não se faz notar, passa desapercebido.*																									

Observação: Os itens registrados foram os mais freqüentes na observação, embora isso não signifique que possam ser verificados sempre e em qualquer ambiente. Quando não registram, não significa que inexistem, mas simplesmente que não foram observados.

Fonte: Adaptação por Alvarez, L.; Coma, R. de Fernández Torres, 1991.

4 | A entrevista com os pais, os professores e os alunos

Ramon Vilana

ENTREVISTA PSICODIAGNÓSTICA

Da definição feita por Friedrich Dorsch (1991) da entrevista diagnóstica, queremos destacar três aspectos fundamentais:
1. Não se pode estabelecer nenhum diagnóstico individual sem antes ter uma conversa exploratória;
2. A estrutura da entrevista dependerá do objetivo que nos propomos;
3. Os determinantes psicológico-sociais (personalidade do entrevistador, problema do papel social, etc.) são tão decisivos quanto as perguntas da técnica da entrevista (ambiente, tempo, expressão, formulação, etc.).

A avaliação psicopedagógica pode ser realizada de diferentes formas, mas deixaríamos de lado algo importante se não tivéssemos a oportunidade de contatar pessoalmente o aluno: ver como é fisicamente, qual é seu estado de ânimo, sua forma de se relacionar e de se comunicar, seus interesses, desejos, queixas, etc.

Podemos observar várias produções do aluno, dispor de dados sobre suas capacidades, habilidades e destrezas, porém, se não houver um contato pessoal, por meio do diálogo, teremos sempre um vazio importante.

Na conversa, contamos com a possibilidade de avaliar não apenas o que nos diz, mas também como e quais são as mensagens implícitas de sua atitude e sua atuação. A informação que obtemos por meio da comunicação analógica e do tipo de relação que estabelece complementa as produções realizadas e as enriquece, ao mesmo tempo em que nos fornece pistas sobre as estratégias mais adequadas que o psicopedagogo pode utilizar.

Quando falamos de avaliação psicopedagógica, não nos referimos unicamente a reunir informação do aluno, a quem normalmente se atribui o problema, mas necessitamos também de dados precisos sobre todas as pessoas que, de forma significativa, têm algo a ver com seu processo psicológico e de aprendizagem. Por isso, além do contato pessoal com o aluno, é quase sempre necessário o intercâmbio de informação com seu professor e com sua família.

Ainda que toda entrevista apresente elementos comuns, é imprescindível levar em consideração os aspectos específicos e contextuais, seja uma entrevista com um aluno, com um professor ou com a família; em uma escola regular ou especial, pública ou conveniada;[*] em uma escola com propostas favoráveis a atender à diversidade ou não.

---

[*] N. de R.T. Conveniadas são escolas privadas subsidiadas com fundos públicos.

Cada pessoa e cada encontro são únicos; não se pode fazer uma entrevista seguindo rigidamente as diretrizes de um manual. Os próprios usuários nos ensinaram como ajudá-los a atingir seus objetivos, e observamos que, muitas vezes, é necessário utilizar procedimentos diferentes dos habituais. Queremos dizer também que, mesmo na entrevista que chamamos de avaliação, o objetivo ao qual nos propomos não é unicamente coletar informações sobre a personalidade, as qualidades e as capacidades do entrevistado, mas pretendemos ir além.

A entrevista, tal como a entendemos, deve permitir ao entrevistado estabelecer um contato com sua própria realidade e descobrir os recursos pessoais que lhe permitam enfrentar, de modo eficaz, a situação que o preocupa e na qual se sente preso. Para conseguir isso, será necessário utilizar corretamente várias técnicas, tais como: a formulação de hipóteses, a sistematização nas fases, a elaboração das perguntas, a utilização de estratégias direcionadas à mudança, etc.

Diante da diversidade de pessoas, problemáticas e situações com que nos deparamos nas entrevistas, necessitamos dispor da técnica mais adequada possível, embora a experiência tenha nos demonstrado que esta por si só não é suficiente. As características pessoais do entrevistador (neste capítulo, referimo-nos ao psicopedagogo como o profissional que dirige a entrevista) e seu papel dentro do quadro escolar são os determinantes que podem possibilitar ou não que se estabeleça um contexto colaborativo. Não esqueçamos que a entrevista é uma comunicação entre duas partes, em que estão em jogo diversos sentimentos e emoções.

Quando um profissional vai para a entrevista investido do papel de técnico e/ou especialista, a resposta que provavelmente receberá será a desqualificação. Às vezes, esta se manifesta de forma clara e direta: "Quem é você para me dizer o que tenho de fazer ou como devo fazer, depois de tantos anos que estou lecionando?" Outras vezes, embora um pouco mais velada, continua sendo uma desqualificação: "Não lembro o que você me disse...; não lembro de ter tido uma entrevista com o psicopedagogo...; isso eu já sabia...; dizem sempre a mesma coisa...".

Consideramos que, em qualquer entrevista, o psicopedagogo deve definir a relação como uma necessidade de ajuda por parte dos que intervêm, já que todos têm algo importante a oferecer. O objetivo é chegar a um contexto de colaboração por parte da escola, da família e dos alunos, sendo conscientes de que este terá de ser, ao mesmo tempo, o ponto de partida para conseguir algumas mudanças.

Quando o psicopedagogo se define como técnico especialista, e atua de acordo com esse papel, provavelmente será rechaçado diretamente por seu interlocutor ou, na melhor das hipóteses, esperará muito pouco dele. Quando define a relação em um contexto de colaboração, predispõe o outro à atuação e à participação, em particular pelo fato de se sentir necessário e útil.

BASES CONCEITUAIS E MARCO TEÓRICO

O indivíduo descontextualizado não existe

Cada pessoa atua de maneira diferente conforme o contexto em que se encontra e de acordo com o papel que desempenha nele. Basta observar os comportamentos que, como pais, temos com nossos filhos, ou nossa maneira de atuar, como filhos, com relação a nossos pais, ou nossas atuações como profissionais, clientes, amigos, colegas de trabalho, e descobriremos facilmente diferenças muito significativas em nossa maneira de agir e de proceder.

A avaliação psicopedagógica de um aluno seria, então, pouco objetiva se considerasse unicamente os aspectos escolares e de aprendizagem, ou levasse em consideração apenas a forma de se comportar em um contexto determinado. É necessário partir da globalidade do indivíduo e do contexto amplo em que se move.

O conceito de indivíduo como parte de seu meio começou a se difundir no início do século XX, quando Ortega y Gasset (1914) escrevia: "eu sou eu e minha circunstância. Se eu não a salvo, não salvo a mim"... "Esse setor da realidade circunstante constitui a outra metade de minha pessoa: só por meio dele posso integrar-me e ser plenamente eu mesmo" (Ortega y Gasset, 1961, p. 45).

Foi na segunda metade do século XX que apareceu a terapia estrutural familiar, que estuda o homem em seu contexto social. A concepção anterior, do homem como um herói, só poderia perdurar em um mundo em que os recursos fossem infinitos, e sabemos bem de que forma a tecnologia moderna se encarregou de mudar esse conceito.

Não pretendemos, de modo algum, negar os aspectos intrapsíquicos das pessoas. Reconhecemos a valiosa contribuição que representou a obra de Freud para a psicologia moderna, especialmente em uma época de admiração pela dinâmica do indivíduo e diante da pretensão, por parte das ciências médicas, de querer encontrar uma explicação biológica organicista para qualquer manifestação da mente humana.

Apesar de tudo, não concebemos a personalidade como algo essencial que permanece imutável nos diferentes contextos e circunstâncias. Consideramos que as crianças fazem parte de contextos sociais distintos, atuando e respondendo em seu ambiente.

Toda criança inicia sua vida na posição secundária de uma relação complementar, dado que alguém deve cuidar dela. Não apenas aprende a responder à atitude de seus pais, mas também a utilizá-los como modelo da maneira como se deve responder. (Jackson, 1974, p. 173)

A teoria da terapia familiar, segundo Minuchin, baseia-se no fato de que o homem não é um ser isolado, mas sim membro ativo e reativo de grupos sociais. O que experimenta como real depende de elementos tanto internos quanto externos[...] Com demasiada freqüência temos de considerar o indivíduo também como o depositário da patologia e de reunir apenas as informações que se possa conseguir dele e sobre ele. Constituímos uma cultura que exalta o indivíduo. Dispomos de uma literatura extraordinariamente rica sobre a psicologia individual, mas nossa atenção se centrou no próprio ser interior. Essa é uma façanha extraordinária da imaginação, porque os indivíduos descontextualizados não existem. (Minuchin, 1979, p.23).

A avaliação psicopedagógica de um aluno nos obriga a dispor de informações mais completas possíveis sobre seus aspectos cognitivos, emocionais, relacionais, e também sobre seu nível de aprendizagem; mas comporta igualmente a necessidade de contar com dados relativos ao contexto em que se move: membros que integram sua família, lugar que cada um ocupa, tipologia da escola, expectativas que sua família e a escola têm nele, dinâmicas relacionais existentes na família e na escola, grau de colaboração entre as duas instituições, etc.

Processos de continuidade e de mudança

As crises de desenvolvimento são universais e, portanto, também previsíveis (Pittman, 1990, p. 32). As mais comuns coincidem com os momentos concretos do ciclo vital: o casamento, o nascimentos dos filhos, o início de sua escolaridade, sua adolescência, o momento de independência dos filhos, a aposentadoria, a morte dos pais.

Algumas dessas mudanças podem ocorrer com uma certa calma e tranqüilidade; outras podem surgir bruscamente e ser dramáticas. As famílias estão submetidas a pressões internas, que provêm das mudanças provocadas pelo crescimento de cada um de seus membros, e também a pressões externas, originadas nos diferentes âmbitos da sociedade à sua volta.

Nesse sentido, a família é um sistema em transformação constante, que vai se modificando e se adaptando às diferentes exigências das fases de desenvolvimento que atravessa ao longo de seu ciclo vital. Essa necessidade de adaptação a novas situações comporta sempre algum tipo de crise. A resposta natural da família, como de qualquer outra instituição, é frear a mudança; é comum tentar evitá-la e, às vezes, castigá-la por isso.

A família precisa também de algo estável, que permaneça, independentemente do momento do ciclo vital em que se encontra. Referimo-nos ao conjunto de valores e normas internas de cada uma, que indicam a cada um de seus membros como devem atuar e como se comportar, pessoal e socialmente. Atuam como referências.

Em qualquer família deveria existir um equilíbrio dinâmico entre a tendência à manutenção e a tendência à mudança, porque só dessa forma pode-se assegurar o crescimento psicossocial de seus membros. Esse duplo processo de continuidade e de mudança permite que ela se desenvolva como conjunto, e que seus participantes possam crescer e se diferenciar. A possibilidade de adaptação às circunstâncias mutáveis próprias e do meio define a flexibilidade e a funcionalidade de um grupo familiar.

Quando as famílias não realizam essa evolução, isto é, quando não são capazes de se adaptar às circunstâncias mutáveis do meio, ou não conseguem manter os valores estáveis, as regras que governam o sistema impedem, dessa forma, a autonomia e o crescimento individual de seus membros. É muito provável, então, que ocorra um estancamento em um período de seu ciclo evolutivo e a família se torne disfuncional. Suas regras rígidas e imóveis a impedem se de se organizar para avançar.

Com freqüência os sintomas de um indivíduo aparecem como resposta a esse sistema disfuncional. A mudança é vivida como traumática para todo o grupo familiar e desvia toda a tensão para um membro sintomático. No sistema escolar, ocorre exatamente o mesmo.

Conceito de problema ou dificuldade

Muitas pessoas estão convencidas de que o problema é a manifestação externa de uma situação mais ou menos inconsciente, que o olho inexperiente não percebe facilmente. Nesse sentido, o problema seria sempre o sintoma de alguma causa profunda. É como a ponta do *iceberg*. Essa teoria provém do modelo médico e, como tal, seria pouco inteligente quem tentasse tratar o sintoma sem compreender suas causas subjacentes (Hudson, 1990, p. 37).

Durante um longo período, a psicologia, seguindo o modelo médico, tinha de realizar uma classificação exaustiva das diversas formas de patologia. Seguindo esse mesmo modelo, foram criados também instrumentos para examinar detalhadamente as diversas áreas cognitivas, perceptivas, emocionais, de personalidade, etc. Foi o período em que surgiu todos os tipos de testes, que em alguns ambientes pareciam imprescindíveis para poder realizar qualquer tipo de avaliação.

De uns anos para cá, está se produzindo, de forma acelerada, uma mudança importante de enfoque, que vai da patologia e dos déficit aos pontos fortes e saudáveis das pessoas, dos atrasos e das deficiências às capacidades e aos recursos de cada um. Ainda está presente na memória de muitos a necessidade de proteger a sociedade das pessoas com variadas deficiências, internado-as em asilos, casas de caridade e manicômios; a divisão da sociedade em normais e não-normais, em alunos educáveis e não-educáveis, etc.

Concordamos com Hudson (1990, p.29) quando afirma:

> Considera-se que os problemas são de natureza interativa. Eles são vistos como dificuldades entre as pessoas, e não como algo que surge do interior dos indivíduos. Não se considera que as pessoas com problemas tenham defeitos de caráter nem que sejam doentes mentais [...] Os problemas se desenvolvem quando se manejam mal as dificuldades da vida cotidiana.

A maior parte das demandas que os psicopedagogos recebem das escolas, das famílias ou dos próprios alunos se deve a estancamentos em um determinado momento do processo evolutivo, que se caracterizam por um alto grau de rigidez e disfuncionalidade, ao querer dar soluções baseadas, na maioria das vezes, em "deixar tudo na mesma".

Não há uma única maneira de ver as coisas

Muitas vezes os psicopedagogos atendem demandas de professores que não sabem o que fazer com um aluno, depois de ter tentado várias formas de intervenção e experimentado diversas estratégias. Não é raro que esse aluno não preocupe outros professores ou sua família.

Normalmente, a preocupação da escola com um educando não é compartilhada, nem aceita por sua família. Outras vezes ocorre que as qualidades que a escola destaca em um aluno, como amabilidade, responsabilidade, disponibilidade e participação nas tarefas escolares, não sejam compartilhadas por seus pais, que imaginam que estejam falando de alguém que não é seu filho. O mesmo ocorre com os alunos: alguns não suportam a escola, o professor ou a matéria, enquanto outros podem manifestar sua satisfação com tudo isso.

Diante dessas situações, não serviria absolutamente para nada indagar até que ponto o professor, o aluno ou a família tem razão. A função do psicopedagogo não é policial, nem judicial. Diante da mesma realidade, podem se desencadear percepções, vivências e sentimentos muito diferentes, e se eles são como são, isso não se discute. O componente emocional e pessoal desempenha um papel determinante em todo o trabalho que o psicopedagogo realiza, e isso é algo que deve ter sempre muito presente.

> As expectativas que os pais, os professores e o psicopedagogo têm da criança influem de forma considerável em sua maneira de atuar.

Nós, que trabalhamos no âmbito escolar, sabemos a importância que se dá ao ter o máximo de informações possíveis sobre os alunos, particularmente sobre aqueles que apresentam mais dificuldades. Sem dúvida, consideramos esses dados necessários para poder elaborar um programa adequado às características individuais de cada um deles. Sabemos também que, dependendo de como se chega a essas informações, elas serão condicionadas pelas expectativas que se terá mais adiante sobre o processo educacional daquele aluno. Haley (1980, p.6) afirma:

> Catalogar uma criança como "delinquente" ou dizer que sofre de uma "disfunção cerebral mínima", ou rotular um adulto como

"alcoólatra" ou "esquizofrênico" é participar da criação de um problema de tal forma que a mudança se torna mais difícil [...] A maneira como se rotula um dilema humano pode cristalizar um problema e torná-lo crônico. [...] Quando as pessoas são tratadas como gente normal, tendem a atuar de modo mais normal.

Os prejuízos que decorrem dessas expectativas, quer sejam positivas ou negativas, terão uma grande influência sobre o processo e os resultados no âmbito escolar e pessoal.

Observamos que o nível de auto-estima de qualquer criança que é rejeitada consciente ou inconscientemente pelos professores será muito prejudicado, assim como seus resultados escolares serão insatisfatórios e terá dificuldade de estabelecer uma boa relação com seus colegas. O aluno que consegue uma relação intensa com seu professor normalmente se sente bem consigo mesmo, tenta se superar nas aprendizagens escolares e faz amigos.

Fischman (1991) afirma que "os indivíduos aprendem as estratégias relacionais no contexto familiar", mas sabemos também que as relações na escola são um modelo para a criança. Mudar a percepção que se tem do aluno pode ser tanto ou mais eficaz do que intervir diretamente nele. Acreditamos que esse é um dos desafios mais importantes que nós, psicopedagogos, enfrentamos, pois se formos capazes de ajudar as escolas e as famílias a modificar a percepção que têm de um aluno ou de um filho com dificuldades, atuaremos como agentes de mudança. Não esqueçamos que nosso nível de eficácia se mede pela capacidade de produzir mudanças.

É necessário formar os professores nos aspectos relacionais, para que possam analisar e modificar suas próprias atitudes. Os professores deveriam envolver-se bem mais nos processos interativos para terem uma visão muito mais global antes de atuar.

Como psicopedagogos, precisamos também refletir profundamente sobre nosso papel e nossa maneira de intervir. Não podemos nos deixar levar por informações unilaterais, não comparadas, ou por preconceitos que, com certeza, repercutirão negativamente nos alunos com dificuldades. Visto que as expectativas sempre se relacionam àquilo que se acaba conseguindo, é absolutamente necessário nos centrarmos nos recursos, nas capacidades e nos pontos fortes dos alunos, pois estamos convencidos que existem, inclusive nos menos dotados.

As pessoas dispõem de recursos e de capacidades para fazer frente às dificuldades

Situações diversas nos conduziram a experiências vividas como limite, para além das quais acreditávamos que não teríamos forças suficientes para reagir, nem para enfrentar tais dificuldades. Posteriormente, a vida nos traria surpresas, colocando-nos diante de situações inesperadas, muitas vezes bem mais duras que as anteriores, e acabamos percebendo que ainda dispomos de capacidades e forças para reagir.

Paradoxalmente, observamos que muitas experiências de bloqueio e de desconhecimento de como sair delas decorrem de situações normais da vida cotidiana. Isso nos faz pensar em um dos princípios da obra de Erickson (1966):

> As pessoas têm dentro de si os recursos necessários para realizar as mudanças que necessitam fazer [...] É preciso confiar na capacidade de todo paciente de proporcionar a informação para poder organizar sua psicoterapia, porque o paciente pode, desde que lhe dêem uma oportunidade.

Dizer a uma pessoa como deve atuar, o que precisa fazer ou como tem de reagir, além de ser inútil quase sempre reforça nela o papel de doente, de fracassada, que não sabe e não pode. A contribuição dos psicopedagogos deve ser direcionada a criar um contexto tal que permita aos professores, às famílias e aos alunos descobrir suas próprias capacidades, e a ajudá-los a fazer uso delas da forma mais eficaz possível.

Desse modo, em vez de permanecer em sua auto-imagem de fracasso ou de debilidade, a pessoa se sentirá reforçada com base em suas competências. Estamos convencidos de que, se conseguirmos ajudar os outros a descobrir suas próprias capacidades, nós também vamos nos sentir mais competentes.

A POSIÇÃO DO ASSESSOR PSICOPEDAGÓGICO

> A finalidade básica do assessoramento psicopedagógico é: colaborar com as escolas e os docentes, com o objetivo comum de ajudar os alunos em seu crescimento como pessoas e no desenvolvimento de suas capacidades mediante a relação de ensino-aprendizagem que se cria no ambiente escolar. (AA.VV., 2002)

Consideramos que a intervenção do psicopedagogo deve se direcionar sempre a potencializar a competência dos professores. O assessoramento psicopedagógico é um recurso à disposição das escolas, a fim de que estas possam dar uma resposta adequada às necessidades educativas dos alunos com dificuldades para aprender, mas deve servir também para a prevenção e organização do funcionamento escolar, na dupla vertente educativa e de aprendizagem.

Contexto

Não podemos esquecer que estamos em um ambiente escolar, e não clínico. Temos de considerar que, do mesmo modo que o papel do terapeuta comporta o papel complementar do paciente, o de assessor comporta o papel complementar de colaboração.

Em um contexto clínico, não há dúvida de quem é o paciente e quem é o terapeuta. O primeiro vai à consulta por sua própria decisão, apresentando sintomas que lhe causam sofrimento, e mostrando interesse em resolver o problema que o preocupa. O profissional estabelecerá, mediante o contrato terapêutico, as condições econômicas, a duração, a periodicidade das sessões e as responsabilidades que cada um deve assumir.

No âmbito escolar, somente quando a demanda é feita por iniciativa do próprio aluno é que coincidem na mesma pessoa o sintoma, o sofrimento e o desejo de mudança. Em todos os outros casos, pede-se ao psicopedagogo que intervenha sobre uma terceira pessoa, a quem se atribuem dificuldades ou problemas, para que a ajude a mudar. Muitas vezes, o psicopedagogo não dispõe de nenhuma informação sobre a consciência que o aluno possa ter de suas supostas dificuldades, nem sobre o grau de preocupação ou sofrimento que lhe causam, ou os possíveis desejos de mudança. Esse é um dos aspectos mais difíceis da função assessora e um dos desafios mais sérios que se colocam ao psicopedagogo.

A demanda: quem a formula e o que se espera?

A primeira demanda é sempre uma busca de soluções. Em geral, quem a apresenta é o professor ou os pais. Raramente é feita pelo próprio aluno, embora no ensino médio isso já ocorra com certa freqüência. O professor e a família costumam fazer a solicitação para um terceiro (aluno/filho), preocupados com algum dos comportamentos que manifesta. Esta aponta quase sempre para um aluno que supostamente apresenta algum tipo de problema ou uma dificuldade, enquanto que aqueles que a fazem querem ser excluídos. Espera-se do psicopedagogo que sua intervenção seja orientada diretamente ao aluno, sem questionar nem envolver mais ninguém. Segundo Selvini (1987):

> [...] a hipótese é que a doença resida no aluno indicado ou, quando muito, na família. A escola, a metodologia, a relação entre o aluno e o docente que produziu a demanda não devem ser questionados, a não ser de forma muito superficial.

Os motivos mais freqüentes da demanda são dirigidos à aprendizagem ou a condutas inadequadas. Não é por casualidade, nem por má-fé de ninguém, que elas são formuladas dessa maneira. Tem a ver com a forma como se respondeu a essas solicitações, pois, como afirma Bateson (1976), "a demanda não existe *a priori*, mas se organiza e se define no interior de uma relação".

Segundo Onnis (1986), as demandas que chegam a um serviço público podem ser consideradas sob três níveis possíveis de análise:

1. *A influência que tiveram sobre a formação da demanda, os modelos ideológicos e culturais dominantes*. Em outras palavras, a representação amplamente difundida de que, em uma certa cultura e sociedade, as pessoas têm qualquer tipo de sintomatologia, atribuída a alterações biológicas ou intrapsíquicas;
2. *A demanda é feita em função do serviço a que se dirige*. Portanto, esse tipo de resposta dada pelos diferentes serviços determina o tipo e a qualidade da demanda de auxílio. Não podemos estranhar então as demandas de internação, de medicação, de controle de crise, de expulsão do indivíduo que perturba, de rendimento escolar simplesmente, etc.;
3. *A definição da relação entre quem formula a demanda e a prestação do serviço, e que demanda e respostas vão juntas*. Se o assessoramento psicopedagógico dá uma resposta que reforça a designação de paciente, o pedido formulado será de intervenção clínica. Se a resposta se dirige unicamente à problemática escolar, das próximas vezes a demanda será de intervenção pedagógica.

Ao contrário, se redefinimos o problema em termos de dificuldades interpessoais, em que estão envolvidos escola, família e aluno, a demanda encontrará uma nova formulação e se converterá em colaboração.

Quando aparece uma crise, todos os caminhos estão abertos. As crises podem se converter em uma experiência de maturação e crescimento ou pode levar a doença a se tornar crônica. O técnico tem uma grande importância sobre o destino da crise: inicia-se uma escalada para a doença ou um retorno ao mundo normal.

Como o psicopedagogo pode responder a essas demandas?

Selvini (1987) diz que, muitas vezes, a escola espera do psicólogo que confirme a indicação que lhe é feita sobre um aluno para, desse modo, poder justificar as medidas disciplinares ou de marginalização. Diante da intervenção em um determinado caso, o psicólogo pode responder de diversas maneiras: *consentir passivamente com a demanda de intervenção, transferir os problemas aos professores e/ou culpar a instituição escolar.*

Se a resposta do psicopedagogo se limita unicamente a avaliar e explorar as diversas áreas do aluno, mesmo que de forma profunda, é provável que os resultados apenas reforcem a situação da qual se costuma partir: *o problema é do educando*.

Não somos contrários a fazer um trabalho minucioso no aspecto individual. Acreditamos que isso é necessário e imprescindível para planejar uma resposta educacional adequada. Todavia, acreditamos também que, se o psicopedagogo focalizar sua atenção somente no aluno, possivelmente não mudará nada, a não ser que o reconhecimento e a certificação que faça do problema sirvam para torná-lo crônico.

Se ampliarmos o foco, levando em consideração o jogo interativo, e formos capazes de observar, ouvir e nos interessar pelo aluno, pelo professor e pela família, provavelmente descobriremos que todos podem oferecer algo interessante para resolver ou amenizar a situação que preocupa.

É evidente que não podemos realizar essa tarefa somente aplicando testes psicométricos, utilizando escalas de desenvolvimento ou preenchendo questionários mais ou menos padronizados. É imprescindível o contato direto e pessoal com cada uma das pessoas que intervêm. Para isso, a entrevista pessoal é um instrumento eficaz e ao mesmo tempo necessário.

COM QUEM E QUANDO FAZEMOS A ENTREVISTA?

Normalmente, fazemos a entrevista com todas as pessoas que a solicitam, sejam professores, pais ou alunos, e sempre que o psicopedagogo a considere necessário para dar uma resposta adequada à demanda que recebeu. O profissional decidirá com quem se reunirá e, em função do objetivo que pretenda, fará uma entrevista individual ou entrevistas que permitam todas as combinações entre os diferentes participantes: família-professor-aluno, família-professor, família-aluno, professor-aluno.

A intervenção do psicopedagogo nas entrevistas com a família deveria ocorrer também quando aparecem problemas que vão além da escola e que, portanto, requererem a participação de algum profissional, não envolvido diretamente na educação dos filhos e com formação em aspectos psicológicos.

É preciso avaliar sempre a conveniência ou não de que o aluno participe da entrevista, ou pelo menos de uma parte dela. Analisamos o processo de aprendizagem de um aluno, fazemos avaliações pormenorizadas de cada uma de suas capacidades, damos orientações sobre como poderia avançar melhor nas diversas áreas, tentamos comprometer o professor e também os pais nos objetivos que pretendemos atingir, etc. Paradoxalmente, é muito comum que ninguém se lembre de incluir nesse processo o protagonista da história, que é a própria criança. Essa é mais uma manifestação do desejo de que o aluno melhore sem exigir que ele se esforce e se envolva suficientemente. Somos muito influenciados por nossa sociedade do bem-estar, que tende a ser condescendente demais com as crianças e adolescentes quando se trata de cobrar seu empenho e compromisso, para depois os adultos ficarem criticando a toda hora a falta de responsabilidade dos jovens.

Quando convidamos um aluno a participar da entrevista com os pais e/ou com professores, isso lhe dá a possibilidade de se tornar mais consciente da situação que os preocupa e de se defender diante das possíveis queixas que surjam sobre ele. Além disso, permite que exponha seu ponto de vista e os motivos que o induzem a agir dessa maneira e, particularmente, ajuda-o a assumir a responsabilidade pela mudança, na parte que lhe cabe. Realizar uma entrevista com o aluno e a família, ou com o professor, a família e o aluno, requer uma preparação e uma formação; é preciso saber dirigi-la com tato e criar um clima que favoreça a mudança.

Quando uma das partes solicita a entrevista, esta terá uma conotação muito diferente de quando é convocada pelo psicopedagogo. No primeiro caso, trata-se sempre de alguém interessado em formular uma solicitação concreta, expondo uma situação que o preocupa, manifestando uma queixa, solicitando alguma informação, etc. Sempre se espera uma resposta. Para isso, será suficiente criar um clima descontraído, respeitoso, de interesse pelo que nos expõem, e dar uma resposta séria à solicitação que nos fazem.

Diante de situações pouco claras ou em que não conseguimos ver bem o que há por trás, será sempre mais honesto dizer que precisamos de mais informações, pensar melhor, ou que desejamos comentar com a equipe, do que dar respostas precipitadas ou errôneas.

Quando a entrevista é solicitada diretamente por um aluno (já mencionamos antes que é cada vez mais comum que alunos de ensino médio recorram diretamente ao psicopedagogo, fazendo diversas demandas), temos de nos mostrar interessados em tudo o que nos diz, facilitando as coisas ao máximo para que possa expressar livremente o que quiser, sem que, em nenhum momento, se sinta pressionado a dizer o que não quer ou não se atreve.

O adolescente, em particular, precisa de algum tempo para ter certeza de que alguém o ouve, o compreende e talvez possa ajudá-lo. Oferecer um novo encontro para falar sobre o tema ou rever o que se fez, a partir da entrevista anterior, que aspectos tratados foram úteis para ele, ou de que maneira se cumpriram os acordos pactuados, é muito benéfico na grande maioria dos casos. Essa é uma tarefa muito gratificante, visto que se trata de alunos preocupados com várias situações que os fazem sofrer, e que, portanto, estão predispostos a fazer um esforço para evitar isso.

É muito mais difícil quando a entrevista é solicitada por alguém que não fez nenhuma demanda, que não espera nada, e que não tem consciência de que não tem nada a ver com o problema e que, em princípio, tampouco estaria disposto a colaborar para que houvesse alguma mudança. Essa é uma situação muito comum que o psicopedagogo enfrenta com professores que lhe pedem para intervir junto a um aluno com dificuldades. Nesses casos, a intervenção do psicopedagogo só será útil se for capaz de focalizar de tal modo os aspectos relacionais que consiga criar um contexto de colaboração.

ESTRUTURA DA ENTREVISTA E ALGUMAS ESTRATÉGIAS QUE CONVÉM UTILIZAR

Quando o psicopedagogo realiza uma entrevista com um docente, uma família ou um aluno, normalmente já dispõe de informações muito valiosas sobre quem fez a demanda e, portanto, quem está preocupado; qual o motivo da preocupação ou como se definiu o possível problema; a quem se atribui, que pessoas estão em jogo; em que contexto se produz, qual o grau de envolvimento de quem faz a solicitação e de quem tem o problema; o que se espera do psicopedagogo, etc.

Esse conjunto de dados deve permitir elaborar uma primeira hipótese que, posteriormente, será o guia que o ajudará a organizar a entrevista. A hipótese deverá incluir, de forma sistêmica, todos os membros que participam e as interações entre eles, de acordo com o papel de cada um. A validade da hipótese deverá se confirmar ao longo da entrevista, mantendo um equilíbrio entre não abandoná-la diante do primeiro indício de incongruência e tampouco querer mantê-la de forma rígida a qualquer custo.

A entrevista deve ser conduzida com muito tato, pedindo-se informações de forma ordenada e sistemática, para acrescentar às que já temos, e a fim de não confundir a família. É evidente que precisamos dispor de informações para poder ter uma idéia global da situação que nós é apresentada. Consideramos que qualquer entrevista realizada na escola deveria contemplar as quatro fases a seguir:

Fase social

Os negócios e os acordos importantes são decididos quase sempre em torno de uma mesa, com pratos exóticos e bons vinhos. É preciso criar um ambiente descontraído e agradável que predisponha à negociação. Além disso, consideramos que uma entrevista não deveria começar com o problema que a desencadeou. Não podemos esquecer que mesmo aqueles que não põem nenhuma resistência a participar chegam com expectativas determinadas ou com uma idéia preconcebida, devido a experiências anteriores que tiveram com o psipedagogo, ou com a escola ou a maneira como foi feita a convocação.

É preciso realizar, antes de tudo, um processo de acomodação e de aproximação de cada uma das pessoas entrevistadas, tornando o momento o mais personalizado possível. Esse processo, chamado de *joing* por Minuchin (1977), é a primeira manobra para formar o sistema terapêutico.

O processo de avaliação e intervenção posterior dependerá dos vínculos que se estabeleça entre profissional e cliente. É como no xadrez, em que se ganha ou se perde dependendo de como tenham sido as primeiras jogadas.

> Para que uma terapia acabe adequadamente, deve começar adequadamente, isto é, negociando um problema solúvel, o ato da terapia começa pela maneira de examinar o problema. (Haley, 1980, p. 13).

A operacionalidade do psicopedagogo dependerá, por um lado, da capacidade de estabelecer um bom *joing* com o professor, a família ou o aluno e, por outro, do reconhecimento e do prestígio social que se tenha obtido nos diferentes âmbitos. Se não se cumprirem essas duas condições, o poder real e oficial do psicopedagogo não terá muita utilidade.

É preciso que a pessoa ou as pessoas entrevistadas se sintam à vontade. O ambiente deve ser de tranqüilidade e respeito para permitir a cada um expressar preocupações, dúvidas, opiniões, etc. Elas devem sentir que são sempre ouvidas e ter segurança de que tudo o que expressam é levado em consideração. No início, nem é muito importante concordar ou não com o que nos dizem. O que nos relatam é sua realidade, e isso talvez seja necessário e útil para nos ajudar a conhecê-la. Deve-se evitar que a entrevista se converta em um monólogo ou em um interrogatório.

Motivo da entrevista

Na fase inicial da entrevista (união-acomodação-definição da relação), o profissional que a dirige deve ter tendências *complementares*, para tentar controlar possíveis respostas reativas na linha da *culpabilidade*. Se foi a família, o professor ou o próprio aluno que solicitou a entrevista, pede-se que exponha ou concretize o motivo. Se foi o psicopedagogo, cabe a ele explicar a razão da indicação. Ele deverá, portanto, colocar o problema ou os fatos e as circunstâncias que tornaram necessário ou aconselhável esse encontro.

Quando ele fala apenas do problema, depositando-o no entrevistado, o mais provável é que este tenha uma atitude defensiva e que, em última análise, se converte em contra-ataque. Será que já pensamos alguma vez em qual seria nossa reação se estivéssemos em seu lugar? Será que nos disporíamos à colaboração? Enfrentaríamos diretamente aquele que nos critica? Ou, quem sabe, em outra ocasião, evitaríamos ter uma nova entrevista? Estamos plenamente convencidos de que essas reflexões são muito mais úteis do que persistir na idéia da resistência ou da pouca colaboração dos entrevistados.

Para facilitar a colaboração, é necessário diferenciar o problema do objetivo que, como profissionais, pretendemos conseguir por meio da entrevista. O problema quase sempre aponta para o aluno, embora, às vezes, aponte também para a família e a escola. O objetivo sempre afeta a todos. Se, nessa fase, o psicopedagogo manifesta à família, ao professor ou ao próprio aluno que está preocupado com a situação atual e que deseja ajudá-los, está preparando o terreno para poder envolver todos eles, de tal modo que fique difícil escapar diante de uma pergunta como: "Você também poderia fazer alguma coisa para atingir esse objetivo?"

Quando se coloca o problema dessa maneira, fica evidente quem dirige a entrevista, quem está disposto a fazer algo para melhorar a situação atual, e qual o primeiro objetivo a ser alcançado. Ao mesmo tempo, é preciso deixar claro que o profissional não assume o papel onipotente de resolver o problema sozinho, mas que necessita da ajuda dos outros. É assim que começa a se definir uma relação de colaboração: "Eu sei fazer e estou disposto a implementar algo para melhorar a situação, mas preciso que me ajudem".

Fase de interação

Escola e família compartilham uma responsabilidade comum no que se refere à educação das crianças, embora com funções e metodologias diferentes. Cada uma constitui um sistema com uma organização e diretrizes interativas próprias. A vivência da situação é determinada pelo fato de pertencer a um ou outro sistema. Essa é a razão que ajuda a entender por que, diante de um mesmo caso, a escola e a família podem adotar posições não coincidentes, e inclusive contrárias, no que se refere à consciência do problema, preocupação, sofrimento e propostas de mudança. Será preciso saber qual foi o pedido e quem o formulou, para poder dar a resposta correta. Porém, o psicopedagogo não pode se limitar unicamente a confirmar tudo o que se disse. Se ele considerar a informação recebida apenas de forma unilateral, poderá ficar totalmente condicionado por preconceitos sobre o aluno, a família ou o professor. Portanto, deve levantar informações gerais e de primeira mão para cotejar com as que obteve e, assim, poder elaborar uma resposta educacional adequada.

A hipótese com que iniciou a entrevista lhe servirá de guia para saber o que deseja observar, que aspectos quer conhecer do entrevistado, o que perguntará e como deverá formular as perguntas. Portanto, será preciso abrir o foco. Cada pessoa percebe a situação a partir de seu ponto de vista e, em função da posição em que se encontra, terá uma visão da realidade, na maioria das vezes parcial e com uma certa tendência ao reducionismo: bom-mau, normal-patológico, carrasco-vítima, etc., termos dirigidos ao professor, ao aluno ou à família.

Esta fase da entrevista deve dirigir-se particularmente a:

- *Coletar informação significativa de cada um*. O entrevistado deve dispor de um espaço para poder expressar de forma livre e confiante suas preocupações, seus interesses, seus medos, suas dúvidas e suas ansiedades. O psicopedagogo se interessa, ao mesmo tempo, sobre como vive a situação atual, o que o preocupa particularmente, qual foi a trajetória anterior, quais as expectativas que tem diante do futuro, o que fez para tentar solucionar o problema, como é a relação professor-aluno, família-escola, pais-filho, que idéia cada um tem do outro, que competências reconhece no outro, etc.

O psicopedagogo deve propor a intervenção em um contexto cada vez mais amplo. As perguntas que fizer devem proporcionar-lhe dados, mas devem ser, principalmente, uma oportunidade para que o interlocutor reflita sobre o que está passando.

- *Conseguir uma percepção diferente da situação atual.* Quando se deixa de priorizar aspectos negativos e se focaliza a outra face da realidade, quando se abandona a idéia de que o problema é apenas o aluno, e cada um assume, em seu espaço pessoal, as responsabilidades e contribuições que devem pôr em jogo, com toda certeza aparecem outros aspectos do docente, da família e do aluno. É claro que quando mudamos a percepção de algo ou de alguém, mudamos também a forma de nos relacionar e de nos dirigir a ele.

A *linguagem*, com toda sua carga de comunicação e relação, é o instrumento mais relevante de que dispomos para coletar essa informação significativa e também para mudar a percepção da situação que nos preocupa. Podemos utilizá-la a fim de converter alguns pontos de vista e certas opiniões em algo estático e rígido, mas, ao mesmo tempo, para questionar certezas que são pouco úteis.

Durante a entrevista, é muito importante a escolha dos aspectos em que vamos nos centrar prioritariamente, como também a decisão de omitir outros, a formulação das perguntas, os silêncios, as hipóteses que conseguimos estabelecer, etc. Contudo, *a realidade* não é fixa e estática, visto que é muito influenciada, entre outras coisas, pela cultura e pelas interações com o contexto.

Na medida em que aceitamos o rótulo negativo de quem formula a demanda, tornamos mais difícil nossa tarefa de intervenção e, às vezes, podemos inclusive inviabilizá-la. Quando aceitamos generalizações como "é um psicótico, um temperamental, não entende nada, não se motiva por nada, nunca se interessa, jamais se centra em uma atividade", etc., ficamos com as mãos e os pés amarrados, pois seria necessário um milagre para mudar essa situação.

Como profissionais da saúde e da educação, não podemos aceitar essas afirmações, porque nem todas são corretas, mesmo quando se trata de indivíduos que apresentam deficiências ou patologias graves. Será preciso focalizar a conversa em descrições dos comportamentos mais normalizados, para dispor, assim, de perspectivas mais promissoras em face da intervenção.

Em um julgamento, embora todas as provas devam se fundamentar em fatos reais e comprováveis, as informações trazidas pelo promotor e pelo advogado de defesa são totalmente diferentes. A formulação de perguntas por um e por outro visam objetivos contrários: umas tentarão convencer o tribunal sobre a culpabilidade do réu, enquanto as outras procurarão convencê-lo de sua inocência. Levando em consideração as funções atribuídas ao psicopedagogo no âmbito escolar, consideramos que ele deveria situar-se mais na posição do defensor do que do acusador.

As perguntas que fará devem gerar informações sobre os pontos fortes, sobre as capacidades e sobre os recursos de cada um. Em geral, esse tipo de pergunta ajuda a mudar de forma significativa as percepções que se tem acerca do problema. Desse modo, participamos da criação de outra realidade de nossos clientes.

Alguém pode se perguntar se essas formulações são uma forma de enganar ou de mascarar a realidade. Evidentemente, devemos partir sempre de informações com a máxima objetividade possível, mas não podemos esquecer também que a realidade tem faces muito diferentes.

De nossa parte, preferimos centrar-nos nos aspectos da vida das pessoas que estão funcionando e, se possível, favorecê-los a elaborar grandes constructos psicológicos, que são de pouca utilidade na prática. Com freqüência, os pacientes estão de tal modo enredadas no seu problema que não têm a menor idéia de muitas de suas capacidades e habilidades. É tarefa do profissional criar um clima que facilite a conscientização dessas aptidões.

Para isso, um recurso que pode ser de grande utilidade é a formulação e a estruturação das perguntas durante a entrevista. Nos últimos anos, diversos autores descreveram tipos possíveis de perguntas. Mencionamos particularmente:

- White (1994, p. 69-84), dedica um capítulo a: "O processo de perguntar".
- Lipchik (1986, p. 88-89). Suas perguntas são elaboradas para gerar informações sobre a idéia que o paciente tem de sua situação atual. Outras são dirigidas ao futuro, elaboradas para construir soluções e criar expectativas de mudança. Exemplo: "Imagine que uma noite, enquanto você dorme, acontece um milagre e seu problema se resolve. Como você perceberia isso? O que mudaria?"

  Refletir sobre essa pergunta parece tornar mais real e, portanto, mais provável, um futuro sem esse problema. Dessa forma, podemos conseguir informações concretas para ajudar o paciente a se voltar diretamente a um futuro mais satisfatório. Por exemplo, se o paciente responder que, se resolvesse o problema, passaria mais tempo com os amigos, pode-se encorajá-lo a sair mais com eles e indicar estratégias que o ajudem nessa tarefa concreta.
- Hudson (1990, p. 94) apresenta dois tipos de perguntas: as que se baseiam na *exceção* e as que se baseiam na *pressuposição*.

– *A exceção*: em qualquer problema, inclusive nos mais graves, existem situações em que, por algum motivo, ele não ocorre. A criança enurética deixa de molhar a cama uma noite. Por mais desmotivada e passiva que seja uma criança, alguma coisa a interessará em uma situação determinada. O agressivo e o violento podem se mostrar cordiais e controlados dependendo da pessoa e da situação.

Conhecer as exceções e os problemas nos proporciona informações muito interessantes sobre o que é preciso fazer para resolvê-los. A idéia em que se apóia o autor é muito simples: se as pessoas querem experimentar mais êxitos e evitar sofrimentos, devemos ajudá-las a tomar consciência do que muda naqueles momentos em que desfrutam do êxito e se encontram livres de estresse. Será necessário dedicar-se muito mais às atividades em que conseguiram o objetivo desejado, ainda que seja por períodos muito curtos de tempo.

Em geral, predomina a idéia de que, quando alguém tem um problema, age de acordo com as próprias características, e ocorre de tal forma que, mesmo para os profissionais, é mais fácil se deixar condicionar pelo problema do que descobrir e potencializar aspectos saudáveis da pessoa.

Quando perguntamos "O que muda no dia em que você não tem nenhum conflito com os colegas, ou que não molha a cama, ou no momento em que dá respostas coerentes?", o interlocutor costuma ficar calado sem saber o que dizer, pois, no fundo, se dá pouca atenção e pouca importância a essas mudan-

ças, considerando-as quase sempre como fruto da casualidade. Além disso, não se espera do terapeuta ou do psicopedagogo que se interesse pelo que funciona bem, pois se atribui a eles basicamente a capacidade de trabalhar com problemas.
– *Pressuposições*: as perguntas sobre pressuposições conduzem os pacientes a respostas que promovem seus próprios recursos e os enriquecem. Ao responder essas perguntas, os pacientes não têm outra opção a não ser aceitar a premissa subjacente de que a mudança é inevitável. Refletir sobre essas perguntas ajuda-os a considerar sua situação em outras perspectivas. Uma pergunta como "o que você faz para controlar seus impulsos?" implica que a pessoa que fez a pergunta está segura de que o outro já fez algo para controlar sua impulsividade, ao mesmo tempo em que lhe recorda que já teve atuações bem sucedidas nesse sentido anteriormente.

O autor afirma que a regra básica na hora de construir esse tipo de pergunta é torná-las abertas, porque nos proporcionam mais informações e são mais úteis. É preciso evitar que sejam respondidas apenas com um sim ou um não.

Se perguntarmos a uma mãe: "A senhora já fez algo para impor limites ao seu filho?", ela poderá responder com um sim ou um não, sem que se depreenda da pergunta a responsabilidade de ter de fazer algo. Se, ao contrário, perguntarmos: "o que a senhora fez para mostrar a seu filho que a conduta dele era inaceitável?", supõe-se o que se espera dela como mãe.

• Tomm (1987, p. 167-183) analisa quatro tipos de pergunta:

– *Descritivas lineares*: "Quem fez?", "Quando fez?", "Como fez?". Essas perguntas têm uma intencionalidade judicial e investigativa, mas, no fundo, não contribuem para modificar absolutamente nada.
– *Descritivas circulares*: "Qual foi a reação dos seus pais ao saber que você roubou aquela jaqueta em uma loja?". De uma postura de aceitação e de neutralidade por parte de quem faz a pergunta, tenta-se explorar as conexões e interações que se produziram. Isso nos dá a possibilidade de ampliar consideravelmente as informações, ao mesmo tempo em que permite ao interlocutor estabelecer uma relação entre sua atitude e as conseqüências que ela produz.
– *Estratégicas lineares*: "Você não acha que esse castigo foi duro demais?". Quando se formula a pergunta desse modo, as possibilidades de resposta ficam muito limitadas. Não é uma pergunta neutra, pois inclui uma clara intencionalidade corretiva e as respostas normalmente comportarão um efeito de oposição ou uma tentativa de justificação.
– *Reflexivas circulares*: "Um castigo mais duro contribuiria mais ou menos para que Antonio fugisse outra vez?". Permitem que o outro reflita sobre sua própria atitude, analise os resultados e pense em outras possibilidades. A intenção, nesse tipo de pergunta, é induzir o outro a encontrar por si mesmo a resposta mais adequada. O efeito mais provável é criar novas formas de ver a realidade, de maneira que tornem desnecessário o comportamento atual.

Essa é a razão pela qual afirmávamos que as perguntas colocadas de uma determinada forma funcionem como autênticas intervenções. Com isso, queremos dizer que, mediante as perguntas que escolhemos e pela maneira como as formulamos, não apenas tentamos influir nas percepções de nossos pacientes, como também pretendemos que eles próprios descubram quais as atitudes que jamais os conduzirão à solução do problema e quais as que os ajudarão a diminuir a tensão, o mal-estar e, em última análise, poderão se converter em meios eficazes de resolver a situação que lhes causa sofrimento.

Concretização das atuações

Ao final de toda entrevista, deve haver uma fase em que se pudessem concretizar atuações direcionadas a tornar a situação atual menos problemática. Seria desejável que escola, família e aluno se comprometessem a fazer alguma coisa, e, se fosse o caso, a realizar uma nova entrevista para rever o que cada um fez, como também os resultados obtidos.

Não basta que o psicopedagogo, de sua posição, estimule cada um a fazer algo. O exemplo é sempre a melhor maneira de convencer os indecisos. Portanto, se, na fase de expressar o motivo da entrevista, afirmássemos que uma forma de se obter a colaboração é mostrar preocupação com a situação problemática e o desejo de fazer algo para minimizá-la, nesta fase teria de ser: "Eu me comprometo a ..." (concretizar as atuações que o psicopedagogo está disposto a implementar, com quem fará e quando). "O que vocês estariam dispostos a fazer como professor, como família, como aluno? O que estariam dispostos a evitar?". O psicopedagogo precisa conseguir que cada um se responsabilizasse pela parte que lhe toca, de acordo com seu papel, ou com as funções que desempenha.

É necessário preservar a confidencialidade das informações recebidas. Ao trabalhar com os professores de forma direta e, quase sempre, a pedido deles, não é fácil distinguir, de forma clara, entre os dados que podem ajudar a escola a compreender o processo evolutivo do aluno, para lhe dar mais atenção, daqueles que são estritamente confidenciais entre a família e o psicopedagogo.

O QUE PRETENDEMOS COM A ENTREVISTA?

A entrevista não se destina a mudar o aluno, o professor ou a família, mas sim a interagir com estes para poder entender melhor o processo evolutivo do aluno e encontrar estratégias conjuntas para favorecê-lo. (Bassedas e Bonals, 2001, p. 111-121)

Embora este livro aborde as diversas formas de fazer a avaliação psicológica e este capítulo apresente várias propostas para realizá-la por meio da entrevista, esta não deve se limitar unicamente a coletar informação, mas deve levantar pontos de reflexão que possibilitem aos participantes uma nova percepção da realidade e uma consciência maior de seus recursos pessoais. Nesse sentido, a entrevista não deve ser apenas um processo de avaliação, mas também um processo de intervenção terapêutica.

As contribuições mais interessantes que o psicopedagogo pode oferecer por meio da entrevista são:
- Reformular o problema de maneira a possibilitar uma percepção diferente.
- Focalizar mais os recursos e as soluções do que determinar quem é o paciente e qual o tipo de patologia que apresenta.
- Conseguir que aqueles que formularam uma demanda de ajuda, envolvidos em uma situação na qual não sabiam como agir, descubram alguma possibilidade de saída, por menor que seja.

- Conseguir que a pessoa ou as pessoas com quem se realiza a entrevista tome consciência de suas responsabilidades, de acordo com o papel que lhes cabe e com as funções que devem desempenhar.
- Favorecer os aspectos saudáveis, as potencialidades e as capacidades de cada um.

Para que o psicopedagogo possa fazer essas contribuições, deve se identificar com o papel de assessor, mas também definir a relação de colaboração com o professor, a família e o aluno e, sobretudo, evitar o papel de técnico especialista. O assessor precisa situar-se em uma posição meta. O fato de muitos psicopedagogos serem profissionais externos à escola, facilita que desempenhem suas funções de maneira independente. Essa é uma posição privilegiada, pois lhes permite analisar a situação no próprio contexto sem se sentirem condicionados pelo mesmo ou envolvidos pelo problema.

Deve-se evitar qualquer tipo de alianças corporativistas com as escolas e com a administração, como também qualquer protecionismo com a família. O único objetivo a que deve se dirigir a intervenção do psicopedagogo é o que seja benéfico e necessário para o crescimento do aluno.

Consideramos que um dos maiores desafios que se apresentam ao psicopedagogo é proporcionar à família, à escola e ao aluno informações amplas de tudo o que coletou, sem enganos nem dissimulações, mas, ao mesmo tempo, ser capaz de conseguir que a pessoa que receba essas informações não se sinta culpada ou atacada, mas perceba saídas possíveis e veja mais vantagens na mudança do que em permanecer na mesma situação.

Dessa forma, consegue-se a colaboração do interlocutor, convencido de ter participado diretamente na melhoria de sua situação. Realidade totalmente diferente daquela em que alguém diz ao outro que deve mudar e como deve fazê-lo.

REFERÊNCIAS

AA.W. (2002): Els equips d'assessorament i orientació psicopedagògica. ÁMBITS de Psicopegagogia, 5, p. 31.
BASSEDAS, E.; BONALS, J. (2001): «L'assessorament psicopedagògic a Catalunya», en VILANA, R.; GENER, M.: L'assessorament de l'EAP en la relació entre el centre i les famílies. Barcelona. Graó.
BATESON, G. (1972): Pasos hacia una ecologia de la mente. Buenos Aires- México. Ediciones Carlos Lohlé.
DORSCH, F. (1991): Diccionario de Psicología. Barcelona. Herder.
ERICKSON, M. (1966): Advanced Psycotherapy. Transcripción inédita de la grabación de una conferencia.
FISCHMAN, Ch. (1991): La familia como fuga. Barcelona. Paidós.
HALEY, J. (1980): Terapia para resolver problemas. Buenos Aires. Amorrortu.
HUDSON O'HANLON, W. (1990): En busca de soluciones. Barcelona. Paidós.
JACKSON, D. (1974): Interacción familiar. Buenos Aires. Editorial tiempo contemporáneo, p. 173.
LIPCHIK, E. (1986): «The purposeful interview». Journal of strategic and systemic therapies, pp. 88-89.
MINUCHIN, S. (1977): Familias y terapia familiar. Barcelona. Gedisa.
ONNIS, L (1986): La formation de la demande d'aide selon une perspective systèmique. Institute de Psychiatrie de l'Université de Rome. Centre d'Etudes de Thérapie Familiale et Relationelle.
ORTEGA Y GASSET, J. (1961): Meditations on Quixote. Nueva York. Norton, p. 45.
PITTMAN, F. (1990): Momentos decisivos. Barcelona. Paidós, p. 32.
SELVINI, M. (1987): El mago sin magia. Barcelona. Paidós.
TOMM, K. (1987): «Interventive interviewing». Family process, volumen 26, pp. 167-183.
WHITE, M. (1994): «Guías para una terapia familiar sistémica». El proceso de interrogar. Barcelona. Gedisa, pp. 69-84.

Avaliação psicopedagógica dos alunos e trabalho em rede | 5

Teresa Huguet

AVALIAÇÃO DOS ALUNOS EM DIFERENTES CONTEXTOS

Quando assessoramos e participamos de um processo de auxílio a um aluno que tem dificuldades, sabemos que este vive, aprende e se relaciona em meios diferentes: família, escola, ambiente social. Muitas vezes, intervêm também profissionais de áreas mais especializadas. Referimo-nos a serviços terapêuticos, hospitalares, centros de saúde mental, serviços de prevenção, serviços sociais, centros de diagnóstico e de reeducação, serviços educacionais especializados para alunos com determinados déficits (visuais, motores, auditivos, etc.).

De um ponto de vista ecológico, para realizar a avaliação psicopedagógica de um aluno, devemos considerar os ambientes que freqüenta. Ainda que pareça óbvio, nem sempre os diferentes profissionais o fazem. Podemos esquecer que existem outras pessoas que intervêm, fazer propostas que não os desconsiderem e, assim, confundir a família, ou simplesmente não aproveitar os outros recursos envolvidos no caso em questão. Atuar dessa maneira implica recorrer a caminhos paralelos que não se encontram e que desperdiçam uma possibilidade maior de suporte para o aluno e sua família. Cada profissional, a partir de sua ótica, com seus instrumentos, em seu contexto, pode acreditar que é dono da verdade, esquecendo que a realidade não pode se reduzir a um único olhar e que é muito mais complexa do que cada um pode abarcar.

A criança que é objeto de avaliação difere conforme o contexto em que a analisamos. Em cada ambiente lhe colocam exigências distintas, oferecem-lhe assistências específicas, essa se adapta a normas diversas e se sente de uma maneira ou outra em função das relações que estabelece e dos auxílios que recebe. Como professores, devemos considerar isso e superar visões limitadas a um único âmbito de intervenção.

Nesse ponto, é interessante recordar a metáfora indiana dos quatro cegos que são colocados em torno de um elefante (Nardone, 1997). Cada um deles toca uma parte do elefante e afirma que essa é a verdadeira constituição dele. O que toca a tromba diz que é algo comprido e flexível; outro que lhe toca um flanco diz que se trata de uma massa compacta de carne, e assim por diante, para qualquer outra percepção limitada a uma parte do animal. Estabelecendo um paralelo, cada profissional poderia ser um desses cegos que tenta captar a realidade de um aluno a partir de sua perspectiva, com sua linguagem especializada e seus instrumentos cognoscitivos particulares.

A visão de cada profissional é condicionada por esses fatores e é positivo que seja complementada com outras visões para construir uma imagem global e complexa de um aluno. Diferentes visões, diferentes olhares voltados ao aluno conforme o momento, o lugar em que o olhamos e os referenciais que orientam nossa observação. Em última análise, conforme as lentes com que os observamos e analisamos a realidade.

Hoje não tem mais sentido aproximarnos de uma análise da realidade a partir de uma postura disciplinar fechada. A partir de 1960, ocorre o que Edgar Morin (2000) chama de segunda revolução científica do século XX, que consiste em grandes reestruturações a partir de juntar, contextualizar e globalizar os diversos saberes que até essa época estavam fragmentados e compartimentados. Anteriormente, as disciplinas científicas vinham dividindo cada vez mais o campo do saber, rompendo as entidades naturais em torno das quais se colocam as grandes indagações humanas: o cosmo, a natureza, a vida e o ser humano. A partir de então, aparecem novas ciências (ecologia, cosmologia, ciências da terra, etc.) transdisciplinares, que já não têm como objeto uma única área do saber, mas sim um sistema complexo organizado em um conjunto interativo. Antes disso, o pensamento sistêmico iniciado por Von Bertanffy em 1950 começava a questionar o pensamento reducionista que estudava o sistema por aproximações parciais orientadas pelas diferentes disciplinas. Segundo essas novas teorias, o todo é mais que o conjunto ou que a soma das partes. A organização destas em um sistema desencadeia qualidades novas e desconhecidas desde concepções parcializadas.

De acordo com essa perspectiva, não podemos analisar os indivíduos a partir de de uma ótica parcial. A criança, o aluno, é uma entidade global e complexa que age em sistemas igualmente complexos. Os diversos profissionais devem considerar essa complexidade ao avaliar as capacidades e carências de um aluno, aprendendo a complementar nossos julgamentos para construir uma visão mais rica de sua situação.

O ALUNO E SEUS AMBIENTES

Neste item, analisaremos os principais ambientes em que se avalia um aluno que apresenta dificuldades. Pretendemos enfatizar a necessidade de relativizar avaliações baseadas na observação em um único ambiente, em particular se não for o meio habitual do aluno. As observações sobre suas competências e capacidades em outros contextos nos proporcionam uma imagem mais completa de sua forma de se relacionar e de seu potencial de crescimento pessoal.

O aluno em sua família

Como assessores psicopedagógicos, realizamos entrevistas com a família do aluno, que é objeto de avaliação, para conhecer seu funcionamento e avaliar suas capacidades, seu estilo de vida, sua situação sociocultural, seus valores, etc. Interessa-nos saber qual a visão que os familiares têm sobre seu filho para conhecê-lo melhor, ver como o ajudam, que confiança depositam em suas capacidades, em que medida se sentem capazes de ajudá-lo, com quem o comparam, quais as expectativas em relação à sua evolução futura. Pretendemos verificar ainda que dificuldades encontram nos diversos momentos de sua convivência familiar (sono, hora das refeições, momento de estudo, tempo livre, etc.), o que os preocupa, qual é sua situação pessoal e familiar, qual o lugar que ocupa esse filho em suas prioridades ou preocupações do momento, etc.

Em geral, a criança se relaciona também, com intensidade variável, com sua família estendida (tios, avós, primos, etc.). Pode ser que passe todas as tardes com os avós, que fique com uma tia ou que exista alguém contratado para cuidá-lo enquanto os pais trabalham (babá, etc.). Muitas vezes, essas pessoas têm um vínculo estreito com o aluno, conhecem-no bem e têm uma influência educativa que não deveria ser menosprezada. É comum que as informações desses indivíduos não sejam colhidas na escola, visto que normalmente não se considera adequado convocar, para uma entrevista na escola, os avós ou uma babá. Acreditamos, no entanto, que esses são aspectos que deveriam ser considerados; se determinadas pessoas passam mais tempo com o aluno do que seus pais e têm influência em sua educação, vale a pena ouvi-las também, sem tirar a legitimidade dos pais, que são os verdadeiros responsáveis por sua instrução. Todas essas informações enriquecem a visão que temos da criança, e abrem novas vias de aproximação interessantes para a intervenção educacional e psicopedagógica.

Em muitos casos, há ainda outros profissionais que conhecem a família e que criaram uma relação com ela em outro contexto. Suas opiniões proporcionam mais informações sobre os recursos familiares. É diferente falar com a família na escola e ver como se relaciona com outros pais fora dela, ou conhecê-la em um contexto terapêutico ou de orientação.

O aluno na escola

Como assessores que trabalham na escola, temos a oportunidade de ver como se comporta um aluno nesse contexto e que dificuldades ele sente para se integrar e aprender. Essa possibilidade constitui o olhar mais característico de nossa profissão, e se trata de um privilégio que é preciso manter e conservar. Para nós, que desempenhamos nosso trabalho na escola, esse olhar é insubstituível e se converte em nossa ferramenta prioritária de intervenção e avaliação. A partir da observação, da participação em situações de atividade na sala de aula ou do trabalho com os professores, podemos avaliar a situação daquele aluno na escola e explorar vias possíveis de intervenção. A escola nos permite entrar nas salas de aula, nos refeitórios e pátios para ver como as crianças se relacionam e aprendem nesse espaço tão rico em vivências. Na escola, podemos conhecer o aluno na sala de aula, observá-lo com seus colegas, ver como age quando os docentes explicam alguma coisa, como segue as instruções que lhe são dadas para realizar as tarefas. Vemos que tipo de relações estabelece e como se deixam ajudar ou distrair por seus colegas de classe.

Se o aluno está em uma escola regular, podemos observá-lo com os colegas da sua idade em um contexto normatizado. Nesse caso, a referência é o grupo social e a atividade que está sendo desenvolvida. Se, ao contrário, ele está em uma escola de educação especial, o contexto é menos normatizado, e nós o vemos se relacionando com colegas que apresentam dificuldades parecidas e que trabalham em grupo para aprender e crescer. As diferentes situações em que se encontra na escola (sala de aula, pátio, refeitório, etc.) podem envolvê-lo em um grau maior ou menor de prazer, tensão ou insegurança, dependendo também de como se situa nesse contexto concreto e de relação existente entre a escola e o contexto familiar.

Na instituição de ensino, a criança se encontra em uma situação muito diferente da que vive no contexto familiar, conforme o grau de adaptação e de segurança que tenha obtido ali. Na família, na melhor das hipóteses, comparam-na com seu irmão menor, e na escola, com seus colegas. Na família, encontra-se em seu grupo social primário, talvez seja o único filho ou, quando muito, é o terceiro de quatro irmãos; na escola, há mais uns vinte alunos na sala de aula. Os referenciais, as expectativas, os afetos e as emoções são outros e, evidentemente, a criança responde a eles de maneira diferenciada.

O aluno em um contexto especializado

A criança que queremos conhecer muitas vezes se encontra ainda em outros contextos menos habituais. É o caso, por exemplo, do centro de saúde mental infantil e juvenil (CSMIJ)[1], dos centros de desenvolvimento e atenção precoce (CDIAP) dos centros para deficiências auditivas (CREDA), dos centros de recursos para cegos (CREC), do hospital, do hospital-dia, etc. Nesses contextos, os referenciais e as expectativas também são diferentes. A criança se sente reconhecida e identificada por sua patologia e, inevitavelmente, é comparada com outras que apresentam dificuldades semelhantes. Os profissionais desses serviços conhecem bem as dificuldades e necessidades que essas crianças podem ter, levando em consideração seu déficit emergente e seus principais problemas.

Trata-se de contextos não-usuais em que a criança muitas vezes é avaliada em situações de relação com profissionais especializados juntamente com sua família ou, às vezes, com outras crianças que apresentam dificuldades semelhantes. Nesses casos, a criança se acostuma a receber ajudas por parte de adultos que conhecem bem suas necessidades, em particular aquelas relacionadas com sua problemática. As habilidades e estratégias que utiliza nesse contexto são diferentes daquelas que emprega quando está na escola e tem de compartilhar a atenção do professor com o grupo de colegas. Na escola, aprende junto com alguns colegas seguramente mais competentes do que ele do ponto de vista escolar e, além disso, dispõe de outros tipos de modelos e auxílios por parte deles e de seu docente.

O aluno em outros contextos sociais

A criança a que nos referimos participa geralmente de outros contextos: seu ambiente social mais próximo (o bairro, os vizinhos, etc.), espaços de lazer (ludotecas, atividades lúdico-recreativas, etc.), lugares onde se desenvolvem aprendizagens específicas (atividades extra-escolares, música, idiomas, informática, etc.).

Quando avaliamos um aluno, pode ser interessante – dependendo do caso – coletar informações também sobre esses contextos para conhecer melhor suas capacidades e as habilidades que desenvolve ali.

DIAGNÓSTICO E AVALIAÇÃO PSICOPEDAGÓGICA

Construir uma visão compartilhada

Quando um aluno apresenta dificuldades que exigem a intervenção de vários profissionais, em geral quem mais sofre é a própria criança e sua família. Devemos ser particularmente cuidadosos e evitar confundir a família com propostas de intervenção contraditórias ou divergentes.

Como profissionais, intervimos a partir do nosso referencial teórico, de nossa visão da realidade, de nossos instrumentos, do contexto em que conhecemos a criança e das informações que obtemos dela, de sua família e dos outros profissionais com os

---

[1] As siglas dos diversos serviços são as que existem na Catalunha atualmente.

quais nos coordenamos. Para intervir funcionalmente, cada profissional necessita conhecer esses outros olhares, para que se consiga estabelecer um diagnóstico compartilhado do caso e se comece a elaborar planos de intervenção eficazes.

Intervir sem levar em consideração a existência de outros profissionais, sem utilizar suas informações para complementar a avaliação do aluno, supõe uma visão limitada da realidade, que não favorece espaços de colaboração e revela um certo desdém em relação a eles. As crianças e suas famílias necessitam dessa orientação compartilhada que devemos perseguir.

Além disso, sabemos que favorecer relações de colaboração, cooperação e confiança mútua entre os ambientes facilita o desenvolvimento e o potencial de mudança das crianças e das respectivas intervenções. Nesse sentido, propomos extrapolar as relações entre ambientes que Bronfenbrenner (1987) qualifica como favorecedoras do desenvolvimento da criança para as relações entre profissionais. Desse ponto de vista, as relações de confiança mútua entre profissionais, de consenso de metas, de orientação positiva e de um crescente equilíbrio de poderes favorecem o desenvolvimento da criança e do potencial de influência educacional de seus respectivos ambientes (família, escola, meio especializado, etc.).

A compreensão por parte dos profissionais do que está ocorrendo com um aluno deveria emergir da construção de uma imagem compartilhada. A avaliação da problemática também pode ser construída entre os diferentes profissionais, nas reuniões e comunicações que se estabelecem entre eles. Seria como montar um quebra-cabeça; cada profissional coloca uma peça, seu olhar, para ver se ela encaixa com as outras. Essa peça traz novos elementos aos outros profissionais e pode levá-los a rever suas hipóteses, à luz de novas informações. Tal como postula o construtivismo, cada novo conhecimento (nova peça, novo olhar) modifica o conjunto e as visões anteriores e, conseqüentemente, possibilita uma melhor compreensão melhor da realidade.

A avaliação em rede não é a compilação de avaliações de diferentes profissionais, mas sim a construção progressiva de uma avaliação compartilhada que se modifica (os alunos também crescem e mudam) em função das novas informações. Quando falamos de alunos com necessidades educacionais especiais, percebemos essas mudanças mais claramente em sua avaliação, visto que se trata de alunos que geralmente acompanhamos ao longo de sua escolaridade. A avaliação é reconstruída à medida que crescem, quando sua evolução nos proporciona novas informações e faz aflorar novas necessidades.

Essa colocação complementar que fazemos da avaliação não é o que aprendemos em nossos respectivos cursos universitários. Ainda não existe uma cultura desse tipo; ao contrário, tende-se a uma certa onipotência e a uma confiança excessiva nos próprios saberes disciplinares. Na maioria dos casos em que estamos colaborando, nós, profissionais, deveríamos relativizar o que aprendemos, deixar de lado visões muito fechadas e compreender realmente o que está acontecendo com esse aluno. Além disso, a família também precisa entender seu filho, precisa de ajuda para educá-lo e para atender às suas necessidades, sentir-se acompanhada por profissionais honestos que estejam ao seu lado, que sejam capazes de entender-se entre eles e de relativizar seu saber.

Se partirmos de uma perspectiva contextual e ecológica, levaremos em consideração igualmente os respectivos contextos nos quais fazemos essa avaliação: o escolar, o familiar, o social e os contextos especialidos. Nas aproximações sem preconceitos, temos de reconhecer nossa insuficiência e sentir curiosidade para perceber o que os outros nos oferecem. Aprendemos assim a ouvir, a aceitar ajuda, a fechar acordos, a propor objetivos compartilhados para poder começar a elaborar planos de ação complementares.

Desse modo, conseguiremos estabelecer um diagnóstico compartilhado que considere o ponto de vista clínico, social, psicopedagógico e, em certos casos, legal. Esse diagnóstico será a base que nos permitirá criar uma dinâmica de colaboração ágil e funcional que supere boicotes ou contradições.

A partir das primeiras hipóteses de diagnóstico, que começam a orientar a intervenção dos diferentes profissionais, deve-se rever o processo ano a ano. A criança com necessidades educacionais especiais passa por mudanças decorrentes do próprio desenvolvimento e da ação educativa e terapêutica, e novas necessidades afloram. Portanto, a avaliação deve ser permanentemente atualizada, e é preciso propor novas prioridades em função das metas alcançadas.

Nossa experiência mostra que os alunos que mais avançaram, superando as expectativas iniciais de progresso, foram justamente aqueles em torno dos quais se criou uma forte rede de relações, confiança e suporte mútuo. Na maioria dos casos em que houve um acordo entre os envolvidos (pais, docentes e profissionais diversos) sobre o que se passava com o aluno e sobre as intervenções de cada um, o processo de crescimento pessoal foi significativo. Ao contrário, nos casos em que havia visões díspares, contradições ou canais de comunicação interrompidos, o suporte mútuo entre adultos e profissionais foi pouco eficaz, inclusive com situações de confusão ou de falta de envolvimento, o que prejudica o aproveitamento dos diversos recursos.

Em suma, é preciso empenhar-se para chegar à cooperação, à co-intervenção e à co-responsabilidade perante o caso. Isso será possível ao longo das diversas fases da intervenção:

1. Diagnóstico compartilhado: o que se deveria conseguir, o que é necessário para avançar.
2. Objetivos compartilhados com relação ao aluno e à sua família.
3. Acordos: plano global de atuação que leve em consideração os diferentes âmbitos e contextos (escola, família, meio social, etc.) e as respectivas intervenções; planos mais delimitados no tempo. Quando se tenta chegar a acordos é que se produz a maior diversidade de critérios, que deve ser superada para favorecer a complementaridade das respectivas intervenções.
4. Acompanhamento e revisão: potencializar a flexibilidade das atuações e fazer uma avaliação formativa, tanto da evolução como dos auxílios, propondo mudanças em função das novas necessidades.
5. Avaliações de continuidade: descanso, altas, necessidade de outros tipos de intervenção, etc.

A avaliação psicopedagógica

Trata-se de uma peça-chave nesse diagnóstico compartilhado. Na avaliação que se realiza no âmbito escolar, a principal preocupação é compreender o que se passa com o aluno na escola, como enfrenta as situações cotidianas do meio escolar, como se relaciona com seus colegas e professores, como fica na sala de aula, o que lhe custa mais, quais são suas atividades favoritas, quais são suas habilidades e em que situações mostra mais dificuldades. Para conhecer o aluno, utilizamos os instrumentos que incorporamos, muitos deles descritos nos capítulos deste livro: a observação na sala de aula, no pátio, as reuniões com os professores para trocar observações e propor adaptações curriculares, as reuniões com pais ou familiares, as situações de observação em pequenos grupos ou individualmente, etc.

Na intervenção psicopedagógica, interessa-nos conhecer a situação na escola para avaliar o que se pode fazer ali para ajudar o aluno a crescer e a aprender. Não se trata apenas de diagnosticar, no sentido de dar um nome (rótulo) ao que se passa com ele, mas, sobretudo, de conhecê-lo para dispor de elementos que orientem a ação educacional no contexto escolar e familiar. Nessa idade, os diagnósticos fechados são de pouca utilidade e, em certos casos, podem inclusive ser contraproducentes; muitas vezes, instauram-se padrões de relação predeterminados associados à definição diagnóstica que podem bloquear a busca de caminhos alternativos para a evolução.

Em alguns casos graves, o rótulo diagnóstico pode ser necessário para compreender as dificuldades de um aluno ou de um filho e por ter um efeito tranqüilizador quando o nível de angústia é muito elevado. Nos casos menos graves, esses rótulos podem exercer uma influência negativa na confiança que os adultos transmitem à criança. Sabemos da grande influência que têm as expectativas dos adultos sobre o desenvolvimento de sua própria capacidade de educar e sobre as atitudes no trato com seus filhos ou alunos.

Na avaliação psicopedagógica, é preciso destacar os aspectos positivos do aluno, aqueles que o fazem se sentir capaz de aprender. A partir dessa ancoragem nesses pontos fortes, temos de avaliar também os pontos fracos, nos quais devemos intervir para ajudá-lo a avançar.

A avaliação psicopedagógica tem de considerar a realidade global do aluno, como indivíduo que aprende na escola e em casa, no grupo social e em sua família; que faz parte de um grupo que cresce em uma complexa rede de relações familiares e sociais. Não podemos nos limitar a conhecer apenas a criança-aluno: é necessário considerá-la em sua globalidade. Os outros profissionais, a partir de suas perspectivas, também deveriam conhecer esse menino ou essa menina como uma pessoa que faz parte de diferentes sistemas sociais.

Como assessores psicopedagógicos, podemos proporcionar informações mais valiosas quanto à sua situação no meio escolar e no grupo social. Será preciso comparar essas informações com as que são fornecidas pelos outros adultos ou profissionais envolvidos.

Na realidade, os assessores psicopedagógicos aprendem, já há muito tempo, a pedir a colaboração imprescindível de outros profissionais, como é o caso dos professores, que ampliam a visão que aqueles têm do aluno. Nossos instrumentos enriquecem as contribuições dos professores que interagem com os alunos na sala de aula: docentes que, no caso da educação infantil e do ensino fundamental, compartilham muitas horas do dia com eles, ou que – como ocorre no ensino médio – talvez só os vejam três horas por semana. Essa é a primeira avaliação em rede em que nos envolvemos. Depois, poderemos ampliar essa rede aos profissionais que se encontram fora da escola.

Em qualquer avaliação psicopedagógica há diversos tipos de conteúdos que devem ser examinados. Embora a separação entre as aprendizagens escolares e as que ocorrem fora da escola não seja clara, temos o interesse de estabelecer uma certa distinção a fim de identificar algumas capacidades que se desenvolvem de maneira complementar nos diversos contextos nos quais a criança participa (na escola, em casa e em outros contextos sociais). É particularmente interessante realizar essa distinção ao avaliar os alunos com necessidades educativas especiais, para os quais se requerem planos globais de intervenção educacional que transcendam os diferentes contextos em que se encontra. Assim, podemos identificar certas capacidades e conteúdos (entendidos em sentido amplo: "tudo o que se pode ensinar e se pode aprender" – Coll, 1987) sobre os quais é positivo compartilhar a avaliação e, sobretudo, a conseqüente intervenção por parte dos adultos com potencial educativo.

Interessa-nos essa separação artificial para identificar e priorizar certas capacidades que compartilhamos com todos os professores da escola, com a família e com os demais profissionais externos. Isso, de fato, não é novo. Os currículos desenvolvidos a partir da Lei de Ordenamento Geral do Sistema Educacional espanhol (LOGSE) propunham-se como metas educacionais o desenvolvimento de cinco grandes tipos de capacidades por parte das escolas. Essas diferentes capacidades tiveram, na realidade, uma concretização muito pouco equilibrada nos projetos curriculares da administração e das próprias escolas. Há tipos de capacidades que, embora pertençam ao currículo prescritivo, muitas vezes não chegaram a se desenvolver nos projetos da escola, nem mesmo na programação de classe.

Citamos a seguir esses cinco tipos de capacidades (Martín e Coll, 2003):
1. Emocionais e de equilíbrio pessoal.
2. De relação interpessoal.
3. Cognitivas.
4. Motrizes.
5. De atuação e inserção social.

As capacidades cognitivas, motrizes e de linguagem têm uma concretização muito clara das diversas áreas de aprendizagem, tanto no currículo oficial quanto nos desdobramentos feitos pelas escolas. As outras três capacidades enunciadas no currículo oficial, *as capacidades de equilíbrio emocional, de relação interpessoal e de atuação e inserção social*, ficaram quase sempre apenas no papel, e a escola não chegou a veiculá-las nas atividades educacionais nem em seus projetos. No caso dos alunos com necessidades educacionais especiais (NEE), isso é particularmente grave, já que requerem mais de uma atuação intencional para se desenvolverem e se tornarem pessoas autônomas, capazes de se integrar na sociedade e de gozar uma vida plena e saudável.

Isso é particularmente preocupante porque, quando se trata de concretizar o currículo para alunos com necessidades educacionais especiais, é freqüente que os professores não considerem essas capacidades, tão necessárias para eles, e pensem unicamente na aprendizagem dos conteúdos das diferentes áreas.

Apresentamos na seqüência um instrumento de avaliação que pretende suprir esse esquecimento, e que foi utilizado em nossa equipe (pauta de avaliação adotada pela EAP d'Esplugues) para que os professores (em particular o tutor ou a tutora) considerem essas capacidades básicas e transversais, avaliem-nas e as incluam na adaptação curricular do aluno para trabalhá-las na escola. Em certos casos, é interessante também envolver as famílias e outros profissionais no desenvolvimento destas capacidades, coletivizando estratégias e orientações para facilitar isso.

Trata-se de uma pauta de avaliação do que, a partir de agora, chamaremos de capacidades básicas (ver Quadro 5.1).

A COLABORAÇÃO ENTRE PROFISSIONAIS

Ninguém põe em dúvida a necessidade da colaboração entre profissionais para ajudar a melhorar a situação dos alunos com dificuldades. Todos os envolvidos entendem que devem chegar a acordos e evitar contradições em suas respectivas intervenções.

Por outro lado, de um ponto de vista ético, quando há diferentes profissionais trabalhando com uma família que sofre porque seu filho não aprende ou tem alguma incapacidade, temos de ser responsáveis para não aumentar seu mal-estar com orientações muito desencontradas.

Quadro 5.1

	CAPACIDADES BÁSICAS • Afetivas e de equilíbrio pessoal • De relação interpessoal • De autonomia e inserção social
	CAPACIDADES • Critérios de observação e avaliação
• Confiança • Segurança • Identidade • Auto-estima	• Auto-aceitação em relação a ele. Sentir-se bem consigo mesmo. Participação na aula. Satisfação com as próprias ações e produções. Pedido de ajuda. Observação. Imitação. Expressão de desejos e preferências. Defesa das próprias opiniões e pontos de vista. • Atitude diante das frustrações. • Conhecimento e aceitação do próprio corpo. • Atitude diante do fato de crescer. • Papel e atitudes pessoais: responsabilidade, maturidade, segurança, etc.
Capacidade de esforço	• Capacidade de esforço. Interesse em fazer as coisas sozinho. Mínimo esforço. • Economia de esforços. Busca de soluções diante das dificuldades. • Auto-exigência. Acomodação. Condutas evasivas.
Autonomia e hábitos pessoais	• Cuidado com os objetos pessoais: localiza-os, perde-os, ordena-os. • Cumprimento de funções e rotinas na sala de aula. Interiorização, autonomia ou dependência. Responsabilidade. • Realização de tarefas coletivas por si só, por imitação, com necessidade de indicações individualizadas. • Hábitos pessoais: limpeza, cuidado com o corpo, nos momentos de troca de roupa, de alimentação, na ordem.
Relações com os colegas	• Tipo de papel que estabelece: colaborador, dominante, submisso, provocador, inibido, líder, tolerante, bobo, intrigante, etc. • Capacidade para compartilhar. Empatia. Rivalidades. • Estratégias para resolver conflitos. • Tipo de relação que os outros tendem a estabelecer com ele; bem aceito, desapercebido, rejeitado, ignorado, agredido, etc.
Relações com os adultos	• Tipo de relação: natural, espontânea, afetuosa, anti-social, ríspida, tímida, agressiva, dependente, absorvente, protagonista, evasiva, provocadora. • Desejo de agradar. • Freqüência das relações: muito, pouco, variável, etc. • Iniciativa: do aluno, do professor.
Capacidade de adaptação ao meio	• Respeito às normas: adaptação às diversas situações da vida da escola e do meio habitual. Atitude diante das propostas do docente. • Capacidade de espera. Estabelecimento da satisfação. Capacidade de conviver e de respeitar os outros.

continua

Quadro 5.1 (continuação)

Autonomia e orientação no espaço	• Orientação nos espaços escolares. Conhecimento e realização dos percursos habituais na escola e em outros espaços. • Localização e ordem dos objetos nos lugares estabelecidos. Interpretação de mapas e planos.
Autonomia e orientação no tempo	• Orientação no tempo. Conhecimento das diversas atividades semanais e orientação. • Noções: ontem, hoje, amanhã; manhã, tarde, noite, dia; café da manhã, almoço, jantar; fim de semana; dias da semana (ordem e orientação). • Orientação no ano escolar. Orientação quanto às estações e suas condições.
Atenção e escuta	• Atenção. Distração. Participação. Desligamento. Realização de perguntas. Entendimento das instruções. Possibilidade de explicar as instruções dadas.
Interesse e curiosidade	• Relações entre informações. Participação nas conversas. Formulação de perguntas. Informações que traz. Interesse pelos temas novos (que temas o interessam?). • Capacidade de observação e de análise de quem o observa ou escuta.
Hábitos de trabalho	• Organização para as tarefas: folhas, utensílios, materiais, etc. • Organização no papel. • Ritmo de trabalho: lento, constante, perfeccionista, impulsivo, tem dificuldade de começar, etc. • Finalização das tarefas: larga no meio, termina, etc. • Apresentação da tarefa: boa apresentação, limpa, suja, segue as indicações dadas, não segue, etc. • Uso da agenda. Tempo de trabalho em casa.

Isso não significa que, como profissionais, temos de concordar sempre; é inevitável que surjam divergências de opiniões, mas, antes de expor a família a definições contraditórias, é aconselhável que procuremos elucidar entre nós as hipóteses de cada um e comparar os pontos de vista, para ampliar nosso olhar sobre a realidade, para chegar a um consenso, esclarecer as discordâncias, explicitar as diferenças e chegar a propostas compartilhadas ou, pelo menos, a propostas de intervenção complementares.

Convém tentar superar os mal-entendidos ou os pontos de vista divergentes sem angustiar a família ou o aluno em questão; trabalhar com uma perspectiva aberta, integrando as diferentes visões e retornando à família ou ao professor uma compreensão global do que se passa com a criança; compartilhar as respectivas avaliações e chegar, se possível, a explicações inclusivas dos diferentes olhares profissionais e dos caminhos que deveriam ser seguidos.

Os profissionais e seus contextos

Os profissionais com os quais precisamos manter uma colaboração ágil e periódica são fundamentalmente os dos *serviços terapêuticos e reeducativos, serviços educativos especializados* e *serviços sociais*. Todos eles pertencem a sistemas diversos e trabalham com dinâmicas e normas de funcionamento próprias a cada um deles. Os diferentes sistemas em que se movem têm uma importante influência em sua maneira de entender o trabalho de colaboração.

Na escola, é preciso estabelecer relações de colaboração com esses profissionais. Portanto, é necessário conhecer bem suas funções e seu contexto para adequar nossas expectativas às suas possibilidades reais. Essa tarefa de colaboração requer uma *atitude aberta* aos demais serviços, disponibilidade e interesse *para a colaboração* e muito *tempo de dedicação considerável* para facilitar o trabalho compartilhado, que reverterá na melhoria do aluno.

Em um trabalho realizado recentemente (Planas et al., 2002), destacam-se alguns fatores que incidem nas condições e nas dificuldades da coordenação:

- *A territorialidade.* Referimo-nos à forma como são organizados os serviços e os profissionais do território; se estão em um mesmo setor ou em setores diferentes, se dispõem de reuniões de áreas estabelecidas ou, ao contrário, não há espaços comuns devido à diversidade de áreas de intervenção.

  A forma de organização territorial dos serviços pode por si só favorecer um trabalho funcional em rede ou complicá-lo muito. Nem sempre a racionalidade preside essas decisões e, às vezes, a administração organiza seus serviços com base em visões parciais, tentando manter a estabilidade dos diversos departamentos, e perdendo a oportunidade de oferecer uma resposta global e coordenada que responda de maneira ágil às necessidades dos usuários.

- *O papel e as funções atribuídas a cada serviço.* Referimo-nos aqui ao tipo de atenção que cada serviço oferece, aos seus recursos humanos e materiais, às demandas que recebe, ao referencial e à modalidade de intervenção e ao tempo de que se dispõe para a coordenação.

- *A organização e o funcionamento.* Os diversos serviços têm organizações e funcionamentos particulares. Um profissional como nós, que deve assessorar outros (os professores) para que possam adequar melhor sua intervenção às necessidades dos alunos, não pode deixar de considerar a colaboração como uma ferramenta imprescindível para realizar sua tarefa. Outros profissionais, dependendo de qual seja sua história e seu contexto, partem de outros referenciais e de outras culturas que não dão a mesma importância à necessidade dessa colaboração.

Devido a todos esses fatores, as relações entre serviços nem sempre são fáceis. Às vezes, há problemas de convívio, sentimentos de desconfiança mútua ou de falta de reconhecimento. A colaboração eficaz entre diferentes serviços não é algo dado. As organizações em que atuamos são sempre sistemas complexos que têm vida própria, funcionamento autônomo e independem da vontade de seus componentes.

Como afirma Félix Castillo (2001), as organizações são estruturas complexas e imprevisíveis que muitas vezes não se ajustam à lógica para a qual foram criadas. Formam-se a partir das interações e relações entre os vários níveis de poder e de relação para responder às finalidades do serviço e, ao mesmo tempo – como toda instituição –, para reafirmar seu poder e aumentar sua estabilidade. Todas as organizações, uma vez criadas, tendem a se "autoperpetuar" e a gerar dinâmicas que podem ser úteis para sua estabilidade, mas não necessariamente para os usuários.

Segundo esse autor, a imprevisibilidade, as contradições e a confusão não são "momentos imperfeitos" da realidade institucional, mas sim constituintes organizativos e, portanto, condições de trabalho para qualquer profissional da instituição. Por isso, não se pode esperar que esses "acidentes" desapareçam para dar lugar a modelos de intervenção "puros". Pelo mesmo motivo, situar-nos como profissionais em uma posição que minimize ou negue essas realidades pode ser um erro fatal.

> Os operadores necessitam de metáforas organizacionais que contenham a ambigüidade, o implícito, o conflito e que também incorporem a capacidade limitada, mas sempre presente, de qualquer de seus membros para criar uma realidade organizacional útil. Ter ao alcance esses contingentes cognitivos nas metáforas organizacionais é essencial para a saúde profissional de um operador. (Castillo, 2001, p. 224)

Cada profissional constrói uma definição da organização na qual trabalha, que depende de sua perspectiva e de sua posição particulares. Ao mesmo tempo, ele próprio é um agente ativo dentro dessa organização e tem capacidade – em maior ou menor grau – para promover mudanças ou estabilidade internamente e nas relações que estabelece com o exterior.

Dispor desse referencial de análise sobre as realidades institucionais em que nos encontramos permite-nos relativizar preconceitos sobre os profissionais e sobre os limites e as possibilidades de nossas organizações. Devemos evitar pontos de vista rígidos sobre os outros e criar coragem de buscar estratégias de colaboração que sejam eficazes nas situações concretas que vivemos.

A história e cultura de cada serviço facilita esta colaboração com diferentes graus de intensidade. Sem pretender entrar em uma análise a fundo sobre as regras e culturas das distintas organizações, abordaremos algumas considerações gerais a respeito.

Os serviços médicos têm uma história longa e de maior prestígio social do que os serviços psicológicos ou assistenciais. Isso pode levar, às vezes, a uma certa onipotência que faz as pessoas acreditarem que são as donas da verdade e que detêm a verdadeira explicação do problema. A visão médica tradicional, regida por uma lógica de relações de causa-efeito entre os fatores fisiológicos e o comportamento do sujeito, foi superada agora por explicações multicausais da realidade. Trata-se de explicações bem mais complexas que vêm sendo adotadas progressivamente por um número cada vez maior de profissionais da saúde. Essa crença na causalidade linear – ingênua desde as perspectivas ecológica e construtivista – às vezes dificulta a possibilidade de diálogo e dificulta o trabalho em rede que preconizamos.

Perspectivas auto-suficientes como essas não são exclusivas dos profissionais da saúde, mas, na realidade, dependem do ponto de referência de cada profissional. As perspectivas teóricas ecológicas e sistêmicas – por definição – têm mais consciência da riqueza que implica dispor de diversos olhares para compreender a realidade. Passar de uma casualidade linear a uma casualidade circular, preocupar-nos mais em descobrir o que está mantendo um problema concreto em vez de pretender determinar as causas que o originaram, acreditar na capacidade de mudança do próprio ecossistema familiar, escolar e social são premissas que aumentam a disponibilidade para a colaboração com os outros profissionais da rede.

Os serviços psicopedagógicos partem de epistemologias mais novas, que têm mais clareza de suas limitações. É por isso, sem dúvida, que nós, psicopedagogos que assessoramos escolas, sentimos mais necessidade de compartilhar e comparar nossas opiniões com as dos profissionais de outras áreas.

Outro fator que favorece a predisposição para o trabalho em rede é a localização do profissional e seu envolvimento com o contexto em que se encontra o aluno que sofre. Os profissionais mais situados no meio em que se produz o problema – no nosso caso a escola – inevitavelmente são obrigados a intervir no próprio contexto, junto com os outros adultos presentes. Ali é quase impossível elaborar propostas que impliquem apenas nossa intervenção, mas devemos colaborar com os outros envolvidos na busca de soluções.

Para os profissionais localizados fora do contexto que produziu o problema é mais fácil – sobretudo quando seus referenciais o autorizam – propor medidas que não levam em consideração o meio concreto e os outros profissionais envolvidos. Nesse caso, estarão menos predispostos a estabelecer relações de colaboração; em certos casos, inclusive, essas relações podem ser vistas como interferências em seu trabalho profissional. Isso ocorre, por exemplo, na extrapolação de certas terapias psicanalíticas ao âmbito infantil, nas quais se considera como deslealdade com o paciente compartilhar informações com os outros.

Concordamos que é necessário proteger a confidencialidade das informações. Todavia, quando a intenção é ajudar crianças que estão em pleno processo de desenvolvimento e de construção pessoal, não se deveria desprezar o potencial educativo dos contextos nos quais se encontram. Do nosso ponto de vista, é preciso aproveitar qualquer oportunidade para ativar os recursos do sistema escolar a fim de promover mudanças que melhorem a situação.

No caso dos profissionais da saúde mental de adultos, a opção de trabalhar à margem dos sistemas em que se encontram tem uma certa justificativa. Quando nos referimos a profissionais que atuam junto a crianças e adolescentes, não se deve prescindir da colaboração dos sistemas responsáveis por seu cuidado e por sua educação. As crianças passam muitas horas do dia na escola ou com sua família; é altamente positivo utilizar também esses sistemas como contextos com um importante potencial terapêutico, e que podem ajudá-los a se sentir melhor.

As fronteiras entre profissionais

Não se costuma discutir a necessidade de definir claramente as funções de cada profissional, para evitar atropelos ou vazios de intervenção. Esse *desideratum* nem sempre é compatível com a complexidade das realidades em que nos movemos. Na hora da verdade, quando queremos ajudar um aluno com problemas, as fronteiras não são tão fáceis de definir, e devemos ser flexíveis para negociar os respectivos âmbitos de intervenção.

As fronteiras entre as funções e os limites das atuações profissionais são úteis para a coordenação, como também para evitar confusões, mas o princípio básico das intervenções de cada um é que realmente proporcionem ajuda a quem necessita. Às vezes, essas fronteiras podem ser demasiado rígidas, distantes das condições reais em que se encontram os profissionais e de pouca utilidade para resolver uma determinada situação. Na teoria, é preciso definir as coisas, mas a realidade é sempre mais complexa. Os conflitos fazem parte das próprias instituições e, com mais motivo, das relações que mantêm entre elas.

Em nosso trabalho cotidiano, relacionamo-nos permanentemente com profissionais que compartilham funções conosco como, por exemplo, os psicopedagogos do ensino médio, os assessores de educação compensatória e outros assessores com os quais devemos estar de acordo para colaborar. Além disso, é comum nos depararmos com uma grande carência de recursos em certo tipo de serviços. Com freqüência, esses profissionais estão esgotados; outras vezes, não puderam – ou não souberam – realizar as intervenções que lhes cabiam. Em todos esses casos, enquanto a dotação de recursos não melhora, e se houver realmente necessidade, o jeito é tentar agir ativando os recursos disponíveis e, paralelamente, reivindicando junto aos responsáveis a criação dos serviços necessários.

Quando surgem conflitos relativos aos limites entre os diversos profissionais, como ocorre, por exemplo, entre os assessores das equipes psicopedagógicas e os psicopedagogos das escolas, é preciso chegar a um acordo sobre os respectivos campos de intervenção para evitar atropelos e aproveitar os recursos de cada um. Nem todos os que pertencem a uma mesma categoria profissional são iguais, nem todos sabem as mesmas coisas, nem se sentem igualmente preparados para desempenhar determinadas funções. Isso sempre foi assim e continuará a ser. Não se pode esperar que a administração e as corporações resolvam sozinhas esses problemas. Como comentamos antes, a indefinição, a ambigüidade e a confusão fazem parte de nossas organizações e de nossa realidade, e temos de aprender a manejá-las no próprio contexto da intervenção, negociando com cada profissional às margens de incerteza. De fato, mesmo que os limites estejam explícitos, sempre há uma certa margem de intervenção que cada um interpreta em função de sua formação, de seus recursos, de suas capacidades e de suas limitações. Isso não deveria implicar que deixássemos de ser exigentes ao tentar evitar atropelos ou desperdiçar os recursos no contexto concreto; por exemplo, não é funcional que com um mesmo aluno intervenham o assessor psicopedagógico, o psicopedagogo da escola e o assessor de compensatória, a não ser que realizem tarefas claramente diferentes ou complementares.

No âmbito da escola, é necessário estabelecer claramente as fronteiras, considerando as necessidades e os recursos de que se dispõe efetivamente. Em última análise, defendemos a maior autonomia dos profissionais e dos serviços para redefinir ou modificar suas fronteiras quando elas são confusas ou pouco funcionais para a intervenção.

A função terapêutica

Anteriormente, analisamos como a função diagnóstica se constrói a partir dos diferentes olhares. Examinaremos a seguir a função terapêutica que geralmente se atribui aos serviços terapêuticos e que se circunscreve a intervenções com formatos preestabelecidos nesses contextos.

Em seu livro sobre maus-tratos, Linares (2002, p.111) nos dá uma visão sobre esse tema que nos parece interessante:

> Os recursos terapêuticos constituem uma parte especializada dos recursos ecológicos, desenvolvidos e aplicados por profissionais, isto é, por pessoas que intervêm de forma planejada em função de uma formação recebida, coerente com objetivos específicos. Como já dissemos, não são as entidades corporativas, defensoras dos privilégios de um estamento profissional, que podem definir o que é terapêutico, mas elas se limitam a dividir territórios da perspectiva do poder. Uma definição conceitual, ao contrário, garante que, no campo dos maus-tratos infantis, a intervenção do educador ou de um assistente social pode ser tão terapêutica como a de um médico ou um psicólogo.

Desse interessante ponto de vista, qualquer pessoa que pertence ao sistema pode fazer intervenções terapêuticas a fim de promover uma ativação dos recursos pessoais do aluno, dos professores ou da família. Há muitos docentes que, mediante intervenção cotidiana, ajudaram determinados alunos a se sentirem capazes de aprender e avançar, cumprindo uma função que se revelou efetivamente terapêutica. Em nossas tarefas nas escolas, em algumas entrevistas com pais ou em reuniões com professores, também realizamos intervenções terapêuticas que ajudam a família a compreender melhor o que ocorre ou a modificar certas formas de relacionamento que bloqueavam o progresso de seu filho ou aluno.

A necessidade de considerar o que se passa na escola

Sob uma perspectiva sistêmica, postula-se que a resposta aos problemas deve ser dada onde aparecem. Assim, se um aluno tem problemas na escola, uma resposta que não se situe no sistema escolar e não aproveite seus próprios recursos em geral, é insuficiente (Curonici e McCulloch, 1997). As intervenções, nesse tipo de dificuldades, quando partem de perspectivas individuais, muitas vezes não resolvem os problemas que surgem na escola e podem diminuir a capacidade de solução por parte dos próprios envolvidos. A assessoria deve ajudar os docentes a desenvolverem sua capacidade de enfrentar os problemas com que se deparam no seu trabalho cotidiano com autonomia. Convém não suprir seu papel, e colaborar com eles para entender o que se passa na sala de aula, buscando juntos meios de restabelecer a situação.

Propõe-se que as intervenções dos vários profissionais considerem o contexto em que se produzem os conflitos e tentem incidir sobre ele para solucioná-los. Se o problema aparece na escola, por exemplo, a intervenção terapêutica deveria estar estreitamente vinculada a esse contexto. Além de ajudar o aluno, seria interessante que revertesse à escola para ativar seus próprios recursos educacionais. Os serviços terapêuticos deveriam aproveitar a escola como contexto de desenvolvimento e de saúde mental, colaborando estreitamente com seus profissionais.

O papel do assessor psicopedagógico

O assessor psicopedagógico colabora com os agentes educacionais para mobilizar os recursos do próprio contexto escolar e procurar fazer com que a criança desenvolva o máximo possível suas capacidades. O contexto de nossa intervenção é a escola, com sua complexidade e sua riqueza; trata-se de um de nossos traços de identidade mais interessantes.

Do lugar onde nos encontramos, nós que atuamos como assessores das equipes psicopedagógicas, em parte dentro e em parte fora do sistema escolar (Huguet, 1993), temos a possibilidade de conhecer a instituição escolar internamente, seus docentes, suas possibilidades, seus pontos fortes e os mais fracos. Dessa posição, podemos intervir em colaboração para modificar rotinas de modo a melhorar a situação e o bem-estar do aluno, que é objeto de intervenção.

Os referenciais que nos orientam e que se revelam eficazes para intervir no contexto escolar nos tornam mais predispostos à colaboração com os outros profissionais. Além disso, nossa intervenção com os alunos não é direta, e sim mediada; baseia-se no assessoramento e na criação de contextos de colaboração com docentes, funcionários da escola e familiares. Não realizamos reeducação nem terapia com o aluno e sempre intervimos junto a outros agentes (os tutores, os pais, os professores de apoio, os fonoaudiólogos, etc.). Isso impede, de antemão, que nos consideremos auto-suficientes e nos predispõe à colaboração com os outros.

Intervir na escola é complexo, mas pode ser proveitoso se conseguirmos desencadear processos que ativem os recursos dos próprios agentes educacionais: a família e a escola. A intervenção se baseia na promoção de mudanças nesses sistemas para que sejam capazes de atuar na zona de desenvolvimento potencial do aluno, seja no âmbito da aprendizagem, seja no âmbito pessoal e social.

De uma posição *dentro/fora* como a nossa, podemos favorecer o estabelecimento de relações construtivas entre os diferentes sistemas nos quais se encontra um aluno com dificuldades. Podemos igualmente aderir à construção de redes de colaboração com os outros serviços da área para dinamizar o trabalho interdisciplinar entre profissionais e melhorar a relação da escola com as famílias. As referências conceituais que sustentam essa intervenção são, em parte, o modelo sistêmico da comunicação e as relações e a concepção construtivista sobre os processos educativos.

Construção das relações

Partimos então da idéia de que o trabalho em rede é construído de forma progressiva, abrindo as fronteiras entre as várias disciplinas e otimizando as possibilidades de cada sistema, segundo os recursos de que se dispõe e o momento em que se encontra. Nessa construção, todos temos uma parcela importante de responsabilidade; embora nem sempre seja possível, pouco a pouco aparecem atitudes conscientemente mais dispostas a progredir nesse sentido.

Nossa participação se dá em dois níveis: na coordenação mais institucional e na coordenação em torno de casos concretos. As atuações institucionais são mais dirigidas ao planejamento e à sistematização do trabalho em rede: criação de comissões conjuntas de trabalho, reuniões institucionais entre serviços para ajustar procedimentos de trabalho, participação nas reuniões da área convocadas pela administração: inspeção, delegação, comissões interdepartamentais, comissões de matrícula, etc. As reuniões sobre casos concretos permitem tornar realidade os planejamentos e os acordos para avançar em direção a um trabalho cada vez mais complementar.

A seguir, citamos algumas das características sobre o trabalho em colaboração que compartilhamos em ocasiões anteriores (Hughet et al., 2001) com outros colegas:

- Necessidade de chegar a uma *co-responsabilidade* entre os profissionais para atingir objetivos de melhoria e de mudança definidos em conjunto.
- Oportunidade de enfatizar a *complementaridade*: aprender a compartilhar objetivos diferenciando as funções e intervenções, realizar planos de atuação complementares entre os diferentes profissionais e intervenções diversas, em diferentes âmbitos, com um *feedback* contínuo entre os agentes.
- Considerar que o trabalho em colaboração não é um apanhado de trabalhos justapostos, mas sim um *trabalho que se constrói* a partir das respectivas intervenções requer a convicção sobre sua utilidade e a crença de que cada serviço proporciona um valor adicional.
- Nesse processo, como em todo processo relacional, as expectativas e atitudes positivas constituem uma condição indispensável para chegar a um bom termo.
- A condição para isso é que se estabeleçam relações pessoais estáveis e positivas, de confiança e de apoio mútuo.
- As relações devem levar a um equilíbrio cada vez maior entre poderes.

Para finalizar, acrescentaremos algumas reflexões sobre a idéia que começa a se difundir, sobre a necessidade de um profissional de referência para cada caso, com a incumbência de dinamizar e coordenar esse trabalho em rede. Mais uma vez, podemos nos situar em diferentes níveis de argumentação conforme o ponto de vista adotado.

De uma perspectiva teórica, parece evidente que seria positivo delegar a um determinado profissional a coordenação de todo esse trabalho. Poderíamos estabelecer que o profissional que tem mais contato e continuidade com o aluno e com a família é que deveria ser incumbido de cumprir essa função. Parece evidente que isso traria mais benefícios ao desempenho do trabalho. De forma mais pragmática, considerando o número de profissionais existentes e o déficit de serviços, pensamos que, no momento, seria pouco funcional. Nem sempre aquele que está mais em contato com a família tem tempo e disponibilidade para cumprir essa função.

Além disso, como já comentamos, há diferenças enormes na maneira de entender essa colaboração entre os serviços; profissionais que acreditam nesta e outros que não a consideram necessária; profissionais que têm atitudes ativas de colaboração e outros que, por quaisquer motivos, não se mostram interessados em se envolver nesse tipo de trabalho.

Antes de definir novos papéis, é preciso avançar muito mais em estratégias de colaboração e na implementação de práticas autênticas de trabalho conjunto, o que supõe criar dinâmicas positivas. Delegar a um único profissional a responsabilidade de coordenar essas atuações poderia ser muito bom no papel, bem como tranqüilizar quem tem a obrigação de controlar a eficácia de seus serviços, mas talvez ficasse apenas no papel e não chegasse a repercutir realmente no aluno em questão.

A dinamização do trabalho em rede, tal como o entendemos, não pode ser delegada a um único profissional; todos os profissionais são igualmente responsáveis pelo mesmo. Para iniciar e manter um trabalho desse tipo, é preciso acreditar que ele é positivo e preparar-se para desenvolvê-lo. Em última análise, o trabalho em rede, tal como se depreende de visões ecológicas e globais, que respeitam os conhecimentos dos outros, não pode ser assegurado por delegação. Trata-se de uma posição em face da intervenção que deveria criar paulatinamente atitudes e habilidades para promovê-lo e potencializá-lo.

A seguir, destacamos algumas das atitudes que deveriam ser desenvolvidas pelos profissionais que trabalham em colaboração:

- Reconhecimento da competência mútua.
- Respeito.
- Empatia e capacidade de colocar-se no lugar do outro.
- Confiança e apoio mútuo.
- Força e persistência na atuação. Coerência.
- Vontade de entendimento. Capacidade de diálogo, de negociação e de acordos.
- Atitude positiva. Atitude ativa para promover mudanças nas situações em que nos encontramos.
- Aceitação das limitações da própria disciplina.
- Superação das culturas e tradições profissionais que aumentam as distâncias entre os envolvidos.

Em suma, como profissionais designados a ajudar um aluno a progredir, deveríamos nos dispor a conhecê-lo nos diversos contextos para construir uma imagem global e completa de sua situação, suas necessidades e suas possibilidades. Ao mesmo tempo, é necessário detectarmos os pontos fortes de cada contexto e de cada profissional para elaborarmos planos de trabalho globais que considerem as potencialidades desses contextos.

REFERÊNCIAS

ALEGRET, J.; CASTANYS, E. (1998): «Juegos posibles en torno al niño: movilidad de profesionales en las redes periféricas». Redes. Revista de psicoterapia relacional e intervenciones sociales. Barcelona. Paidós.

BRONFENBRENNER, U. (1987): La ecologia del desarrollo humano. Barcelona. Paidós.

CAMPION, J. (1987): El niño en su contexto. La teoría de los sistemas familiares en psicología de la educación. Barcelona. Paidós/MEC.

CASTILLO, F. (2001): «El profesional en las organizaciones de servicios sociales», en COLETTI, M.; LINARES, J.L: La intervención sistémica en los servicios sociales ante la família multiproblemática. Barcelona. Paidós Terapia familiar.

COLETTI, M.; LINARES, J.L. (2001): La intervención sistémica en los servicios sociales ante la família multiproblemática. Barcelona. Paidós Terapia familiar.

COLL, C. (1987): Psicologia y currículum. Barcelona. Laia.

CURONICI, C.; MCCULLOCH, P. (1997): Psychologues et enseignants. Regards systémiques sur les difficultés scolaires. Paris-Bruselas. De Boeck Université.

HUGUET, T. (1993): «Reflexiones AQUÍ y AHORA sobre el papel del asesor psicopedagógico en los centros desde una perspectiva constructivista». Aula de Innovación Educativa, 19, octubre, pp. 70-78.

HUGUET, T. y otros (2001): «Conclusions de les Terceres Jornades de l'ACPEAP (26 i 27 de gener de 2001): L'assessorament psicopedagògic: un treball en collaboració». Àmbits de psicopedagogia, 3.

LINARES, J.L (2002): Del abuso y otros desmanes. El maltrato familiar, entre la terapia y el control Barcelona. Paidós.

MARTÍN, E.; COLL, C. (2003): Aprender contenidos, desarrollar capacidades. Barcelona. Edebé.

MORIN, E. (2000): La mente bien ordenada. Barcelona. Seix Barral.

NARDONE, G. (1997): Miedo, pánico, fobias. La terapia breve. Barcelona. Herder.

PLANAS, M. y otros (2002): Proyecto La coordinació de l'EAP amb d'altres serveis: estratègies d'intervenció sistémica aplicades a la gestió del treball en xarxa. Documento no publicado.

Avaliações psicopedagógicas por demanda administrativa – elaboração de pareceres e informes | 6

Joans de Diego

INTRODUÇÃO

Queremos começar com uma advertência prévia. Este capítulo aborda um tipo particular de avaliação psicopedagógica, desenvolvido fundamentalmente pelos profissionais das Equipes de Assessoramento e Orientação Psicopedagógica (EAP) no cumprimento das funções que lhes são atribuídas como equipes multiprofissionais subordinadas à Administração Educacional na Catalunha. Portanto, a análise e as propostas formuladas aqui demarcam a intervenção psicopedagógica nos serviços públicos e no contexto educacional e normativo da Catalunha. Contudo, a análise e as propostas que se apresentam podem ser úteis, com adaptações, em todas as avaliações que se desenvolvem sob solicitação da Administração.

Neste capítulo, analisaremos, portanto, *os processos de avaliação psicopedagógica realizados pelas EAP para responder a prescrições da Administração*. Trata-se de "demandas-encargo" enunciadas no Capítulo 2 deste livro.

Em primeiro lugar, justificaremos a decisão de incluir um capítulo específico sobre esse tipo de processo de avaliação. Depois, vamos distinguir e caracterizar as atuações profissionais às quais nos referimos. Defenderemos a necessidade de que os profissionais ofereçam contribuições críticas sobre esse tipo de avaliação e faremos nossa própria análise, baseando-nos nas diversas necessidades que é preciso atender. Finalmente, formularemos algumas propostas sobre como cumprir essas solicitações a partir da reflexão psicopedagógica, para podermos estabelecer uma relação adequada entre a meta que o processo deve atingir e o tempo e a energia que dedicamos a ele.

POR QUE UM CAPÍTULO ESPECÍFICO SOBRE AS DEMANDAS ADMINISTRATIVAS?

A conveniência de incluir este capítulo foi motivo de discussão entre os co-autores da obra. De fato, as avaliações desenvolvidas dentro das atuações profissionais de que trataremos aqui estarão presentes também em outros capítulos do livro em função do tipo de necessidades educacionias que se deve avaliar. Mesmo assim, julgamos necessário fazer uma análise específica dessas atuações profissionais pelas razões que expomos a seguir:

• Importância potencial dos processos mencionados para a tarefa de orien-

tação a alunos e famílias, na coordenação e no acompanhamento da escolarização no setor.
- Peso específico bastante considerável que a Administração atribui a essas demandas no conjunto do encargo profissional que impõe às EAP e no julgamento que faz de sua eficácia.
- Possibilidade real de que esses processos criem conflitos de interesses entre famílias, escolas e Administração, o que pode colocar a EAP em uma situação problemática ou, pelo menos, incômoda, na hora de realizar sua avaliação psicopedagógica.
- Dedicação, provavelmente excessiva, do tempo dos profissionais das EAP a esse tipo de tarefas.
- Sentimentos contraditórios, quando não abertamente adversos, dos profissionais das EAP sobre a maneira como essas solicitações são formuladas e como se prescreve a resposta que se deve dar às mesmas.

Esse conjunto de razões e algumas outras que foram levadas em consideração mostram que as atuações relacionadas com as solicitações administrativas têm uma enorme relevância na tarefa das EAP e apresentam elementos problemáticos suficientes para se converter em um dos temas de preocupação e reflexão profissional dentro das equipes. Por isso, achamos importante a análise das circunstâncias peculiares em que ocorrem.

Além disso, a intervenção das EAP é feita, muitas vezes, em colaboração com outros profissionais e serviços. Acreditamos que o conteúdo deste capítulo pode servir para revelar a esses profissionais as características e os condicionantes da tarefa psicopedagógica nos procedimentos prescritos pela Administração.

DE QUE PROCESSOS FALAMOS EXATAMENTE?

Neste capítulo, trataremos estritamente dos processos de avaliação psicopedagógica que as EAP desenvolvem a partir de solicitações prescritivas da Administração. No contexto atual da Catalunha, esses processos estão ligados a determinados procedimentos técnico-burocráticos que costumamos identificar com o documento em que se apresenta o resultado da avaliação. Ao longo do capítulo, queremos dar ênfase aos processos complexos, e não nos limitarmos aos documentos ou produtos que a Administração nos pede. Todavia, por ora, para esclarecer e distinguir o tipo de situações a que nos referimos, poderíamos dizer que trataremos das atuações profissionais relacionadas com a elaboração dos seguintes tipos de documentos:
- Pareceres prévios à escolarização (diferentes modalidades).
- Informes técnicos para a determinação de necessidades educacionais específicas decorrentes de situações sociais ou culturais desfavorecidas.
- Informes sobre escolarização compartilhada (especial-regular/IES-UEC[*]).
- Informes sobre modificações curriculares.
- Informes de incorporação tardia.
- Informes sobre solicitações de recursos (pessoais, materiais).
- Informes *ad hoc* em que a Administração pede opinião técnica à EAP sobre situações diversas.

Devemos esclarecer que, neste capítulo, não nos fixaremos nos aspectos técnicos da avaliação psicopedagógica existentes por trás da resposta a cada um desses informes. Essas questões são tratadas nos demais capítulos do livro, tanto em seus

---
* N. de R.T. IES – Instituto de Enseñanza Secundária, UEC – Unidad de Escolarización Compartida.

aspectos genéricos quanto nos específicos, referentes à avaliação de alunos com diferentes tipos de necessidades educacionais. O objeto de nossa atenção é a natureza desses processos administrativos, suas finalidades e a forma como os profissionais das EAP podem atendê-los.

QUE CARACTERÍSTICAS COMUNS TÊM ESSES PROCEDIMENTOS?

- Em geral, o elemento comum a essas atuações é que a Administração pede à EAP uma "opinião técnica" que lhe sirva para tomar determinadas decisões:
  - Localização escolar de um aluno.
  - Direito a ocupar um lugar reservado para alunos com necessidades educacionais especiais.
  - Dotação de determinados recursos.
  - Autorização de modificações do currículo prescrito.
  - Etc.
- A opinião técnica pedida refere-se às necessidades educacionais específicas de um determinado aluno.
- Essa opinião técnica é dada em um informe que costuma ter uma forma padronizada e que a Administração tende a padronizar cada vez mais.
- Esses informes ou documentos costumam fazer parte de procedimentos administrativos em que os outros profissionais ou outras instituições (inspeção, escolas, família, etc.) emitem também sua opinião, mas a opinião da EAP é decisiva no que diz respeito à relação entre as necessidades educacionais dos alunos e o tipo de escolarização, currículo ou recursos de que necessita.
- A EAP deve considerar as necessidades, as características e os condicionantes dos diversos participantes no processo, mas, no final, emitir uma opinião particular que se considera relevante para a decisão administrativa.
- Com freqüência, as atuações a que nos referimos se desenvolvem no âmbito de procedimentos administrativos com prazos estabelecidos, e é preciso adaptar a avaliação psicopedagógica ao seu ritmo.

Tudo isso faz com que essas atuações se diferenciem sensivelmente de outras avaliações psicopedagógicas que costumamos realizar. Nesses casos, estamos mais próximos de uma espécie de avaliação-perícia do que de uma avaliação da situação orientada à modificação da resposta educacional.

OS PROFISSIONAIS PODEM OPINAR SOBRE ISSO? DEVEM FAZÊ-LO?

Uma das perguntas que podemos fazer e que, com certeza, são formuladas constantemente pelos membros das EAP é se vale a pena pensar muito sobre a melhor forma de cumprir os procedimentos administrativos mencionados, já que, de fato, se apresentam como prescritivos.

Em outras palavras: o que podem dizer os profissionais quando os órgãos das administrações educacionais, que hierarquicamente lhes dão instruções, ordenam que realizem essas avaliações e prescrevem o tipo de decisões a se tomar, os prazos a se cumprir e os modelos de documentos em que devemos nos espelhar? As equipes têm alguma margem de decisão? Poderíamos inclusive nos perguntar se não é disfuncional, dentro da organização do sistema educacional, que um serviço como a EAP pretenda repensar o que é determinado por via hierárquica.

Vale dizer que essas questões são difíceis de resolver. As equipes oscilam entre a crítica aberta ao conteúdo e à forma desses procedimentos e a resignação diante de instruções que não admitem discussão, passando pelas tentativas de negociar prazos de entrega ou pela simplificação de alguns documentos a fim de aliviar a carga burocrática.

Queremos nos posicionar claramente a favor da conveniência e da obrigação ético-profissional de que os membros das EAP reflitam, de modo responsável, sobre todas as tarefas que desenvolvem, incluídas as que são prescritas hierarquicamente. Achamos importante que reflitam, criticamente, sobre a forma de atender as solicitações administrativas e nos dispomos a argumentar sobre isso com base em três eixos principais comentados a seguir.

As EAP como referencial psicopedagógico em seu setor

Entendemos que as EAP são as equipes de profissionais que devem coordenar o conhecimento e as atuações psicopedagógicas no contexto educacional real. São as que estão incumbidas de fazê-lo e ocupam a posição adequada para assessorar, informar, orientar e opinar no âmbito psicopedagógico dentro de seu setor. Da posição de ponte entre as escolas, as famílias, os serviços externos e a Administração, devem fazer um esforço para encaixar as necessidades e contribuições de todos nos aspectos psicopedagógicos. Nessa tarefa, é importante que a EAP seja capaz de ajustar todas essas contribuições para torná-las o mais significativas possível para cada pessoa ou grupo envolvido. Esse ajuste requer uma atitude de reformulação e recriação contínua de cada contribuição pensando nas necessidades do conjunto.

Nesse tipo de trabalho, uma das funções da EAP seria rever criticamente e adaptar as instruções da Administração às características de seu setor, levando em consideração as necessidades específicas das escolas e das famílias, o estilo de trabalho que se estabeleceu na região, o tipo de recursos que se pode mobilizar, as peculiaridades da própria equipe, etc.

Os profissionais das EAP como profissionais reflexivos que têm um compromisso de melhoria e aperfeiçoamento

Independentemente da posição e das funções das EAP nos setores, seus profissionais têm uma tradição importante de reflexão sobre a prática. Desde sua origem, o coletivo se caracterizou por colocar a própria tarefa no centro de sua análise crítica. Dessa maneira, construiu-se um modelo de assessoramento psicopedagógico baseado na auto-avaliação e na melhoria contínua.

A prática reflexiva é um dos capitais mais importantes das organizações e deve ser cultivada e protegida tanto por profissionais quanto por aqueles que os dirigem. Esse procedimento de auto-análise deveria funcionar como uma macroestratégia profissional e ser aplicado a todas as atuações das equipes, entre elas, a análise e a melhoria das respostas que são dadas às solicitações vindas de outros órgãos da Administração.

Se fizermos essa reflexão de maneira adequada e honesta, aparecerão elementos que precisam melhorar no procedimento dos membros das EAP, mas também nas solicitações da Administração, que deveremos apontar e tentar resolver.

Os profissionais das EAP como pessoas moralmente autônomas

Além da fundamentação de caráter técnico que expusemos nos dois eixos anteriores, existe pelo menos um outro tipo de argumento que recomenda a atividade crítica diante das demandas administrativas. Trata-se da necessária autonomia moral que os profissionais e as equipes devem demonstrar.

No âmbito educacional, dispomos de conhecimento para analisar os comportamentos éticos e morais. Sabemos que o cumprimento estrito das normas é um passo importante para o crescimento moral, mas não o mais avançado; sabemos que, para que a comunidade avance e melhore, é necessário que as pessoas imaginem situações melhores e mais justas do que aquelas estabelecidas em cada momento. Devemos tentar avançar a partir do respeito às normas, mas com a intenção explícita de ampliá-las, melhorá-las e, muito provavelmente, tornar evidentes suas contradições.

Nós, que trabalhamos no campo da educação, tivemos a preocupação de desenvolver programas e instrumentos para ajudar os jovens que passam pela escolarização a chegarem a esse estágio da autonomia moral. Portanto, espera-se que esse seja o âmbito profissional em que se entende mais claramente que é imprescindível um certo nível de crítica construtiva para cumprirmos adequadamente nosso dever profissional.

Se, além disso, trabalhamos no âmbito do serviço público, esse compromisso moral adquire um caráter social; nossas atuações devem manter um alto grau de lealdade tanto em relação à organização em que trabalhamos (Administração Educacional) como em relação às pessoas a quem oferecemos um serviço (professores, alunos, famílias, etc.). Como veremos no próximo item, essas lealdades são compatíveis com a grande maioria das atuações; em outras, talvez seja necessário diferenciá-las e atendê-las em separado; em alguns casos, felizmente pouco numerosos, pode haver conflitos entre as necessidades de alguns usuários e as solicitações de determinados órgãos da Administração. Nestes últimos, cria-se um conflito de lealdades que cada profissional ou equipe deve resolver, analisando cuidadosamente as circunstâncias e prevendo os efeitos previsíveis de suas decisões. Em qualquer caso, deve ficar claro que a decisão profissional não deveria se basear unicamente no cumprimento estrito e acrítico das prescrições administrativas.

Queremos deixar patente que absolutamente não conclamamos à desobediência e à insurreição profissional. Ao contrário, partimos da convicção de que as EAP e os órgãos da Administração que ordenam suas atuações compartilham, em grande medida, os objetivos da intervenção psicopedagógica e atuam em conseqüência. Todavia, as EAP devem considerar outros elementos além das instruções que recebem do âmbito administrativo, porque necessitam combinar a atenção a diversas necessidades e às peculiaridades do contexto em que trabalham. Assim, a adaptação das instruções e sua eventual crítica ou propostas de melhoria devem ser entendidas como um exercício de responsabilidade profissional e ética.

Uma vez explicada a necessidade de expor nossa opinião, o que nos propomos nos próximos itens do capítulo é:

- Comparar os enfoques gerais da Administração e das equipes psicopedagógicas a respeito dos processos de escolarização.
- Analisar brevemente as normas sobre os processos em que se inscrevem as demandas administrativas, para deixar claro que nossas análises e propostas se conduzem dentro do respeito às normas, apesar de propormos melhorias em sua aplicação.
- Analisar as necessidades da Administração nesses procedimentos, relacionando-as com as das escolas, das famílias e das EAP, com a intenção de pensar formas coerentes e não muito onerosas de atendê-las.

- Propor critérios de atuação no atendimento às solicitações administrativas partindo das análises anteriores.
- Propor formas concretas para desenvolver os processos de avaliação psicopedagógica por solicitação administrativa.

DOIS TIPOS DE NECESSIDADES, DOIS ESTILOS DE ABORDAGEM

Queremos iniciar esta análise indagando-nos sobre as contradições e as dificuldades criadas pelas prescritivas da Administração na tarefa dos psicopedagogos. Muitas vezes, os profissionais sentem que essas solicitações tolhem seu autêntico trabalho profissional; consideram-nas inúteis; burocráticas, dizem que não acrescentam nada aos seus objetivos de intervenção nem aos das escolas. Contudo, devemos fazer uma tentativa séria para situar em seu lugar as finalidades e as motivações dessas solicitações. Se pudermos ter uma idéia mais clara de sua natureza, estaremos em melhores condições para reconhecer os aspectos positivos e/ou necessários e para identificar os que realmente criam disfunções. Tudo isso nos permitirá propor maneiras de responder aos primeiros e minimizar os efeitos dos outros.

Convém assinalar, antes de tudo, que as intenções gerais da Administração e das EAP no que diz respeito aos processos de escolarização dos alunos são as mesmas: trata-se de *oferecer a cada aluno a resposta educativa mais adequada às suas necessidades*. Ainda assim, há uma divergência subjacente:
- As EAP dão muita importância aos processos de assessoramento às escolas e de orientação às famílias e aos alunos. Necessitam promover a colaboração co-responsável entre os vários envolvidos e fazê-la prosseguir ao longo da escolaridade.
- A Administração, ao contrário, requer informações e opiniões concretas em um momento determinado. Além disso, enfatiza os componentes de controle para que a escolarização se desenvolva de acordo com critérios técnico-políticos.

Essa divergência cria uma enorme falta de sintonia na maneira de entender as avaliações psicopedagógicas para a adequação da resposta educativa aos alunos; essa falta de sintonia afeta as finalidades concretas, os ritmos, as pessoas envolvidas e a maneira de registrar e comunicar os resultados dessas avaliações.

Contudo, é preciso destacar que no discurso da Administração também se dá importância aos processos de orientação às famílias e de informação às escolas, e que se descreve o que deveria ser a avaliação psicopedagógica, que não está muito distante do que poderia ser subscrito pelos profissionais da psicopedagogia. O que ocorre é que o discurso das intenções gerais não se traduz adequadamente no nível das atuações concretas, de modo que as instruções, os procedimentos, os prazos e os modelos de documentos elaborados pela Administração respondem mais às necessidades burocráticas e ao desejo de controle do que aos valores expressados no discurso teórico.

Do mesmo modo, as EAP, que têm um discurso estruturado sobre a avaliação psicopedagógica e a utilização de suas conclusões e que criticam as prescrições administrativas, talvez não tenham o cuidado suficiente em fazer uma leitura das instruções e não busquem uma forma de adaptá-las à sua própria maneira de entender os processos.

Esse tipo de incoerência entre o discurso e as atuações é muito comum em todas as organizações; é justamente a reflexão sobre a prática que pode nos ajudar a buscar uma proximidade entre as formas de trabalhar e as intenções que costumamos manifestar quando elaboramos nosso pensamento profissional. Além disso, pode ser necessário, às vezes, ajustar o discurso teórico às necessidades reais e às limitações detectadas na prática. É nessa linha de reflexão coesa entre discurso e prática que gostaríamos de dar nossa contribuição aqui.

UM EXAME DAS NORMAS

Neste ponto, pode ser útil repassar alguns referenciais normativos que afetam os procedimentos administrativos a que nos referimos. Entendemos que isso é importante porque esses textos normativos representam a expressão escrita do discurso técnico-político da administração e também porque constituem a base da atuação inicial que é preciso respeitar em um sistema democrático.

Para sermos coerentes com o espírito crítico que defendemos antes, tentaremos mostrar a possibilidade de considerar os textos normativos e de torná-los compatíveis com as necessidades da intervenção psicopedagógica baseada no assessoramento e na orientação, tal como a entendem as EAP.

Além das leis gerais que estruturam todo o sistema educacional, as referências normativas (no âmbito territorial da Catalunha) mais relevantes para os procedimentos de que tratamos seriam:

- Decreto n.º 299, de 25 de novembro de 1997, sobre a atenção educativa aos alunos com necessidades educacionais especiais.
- Resolução de 16 de setembro de 1998, da Direção Geral de Ordenação Educativa, que dá as instruções para as EAP no que se refere à elaboração do parecer de escolarização dos alunos com necessidades educacionais especiais, temporárias ou permanentes, decorrentes de condições pessoais de incapacidades psíquicas, físicas ou sensoriais.
- Decreto n.º 252, de 1 de abril de 2004, pelo qual se estabelece o procedimento de admissão dos alunos nas escolas, nos ensinos financiados com fundos públicos.
- Resolução ENS/896, de 6 de abril de 2004, pela qual se aprovam as normas de pré-inscrição e matrícula dos alunos nas escolas para o ano letivo 2004-2005, nos ensinos financiados com fundos públicos de educação pré-escolar e de regime geral, e nos de artes plásticas e de desenho, de grau médio de música e de dança, e de idiomas em escolas oficiais.
- Ordem de 25 de agosto de 1994, pela qual se estabelece o procedimento para a autorização de modificações de elementos prescritivos do currículo da etapa de educação infantil e da etapa de ensino fundamental.

A seguir, vamos expor e comentar as contribuições de cada texto.

Decreto n.º 299, de 25 de novembro de 1997, sobre a atenção educativa aos alunos com necessidades educacionais especiais

- No item 3.2, define-se o que se entende por avaliação psicopedagógica:

Entende-se a avaliação psicopedagógica como um conjunto de atuações direcionadas a coletar, analisar e avaliar informações sobre as condições pessoais do aluno e sua interação com o contexto escolar e familiar, que sejam relevantes para identificar suas necessidades educacionais e para fundamentar as decisões quanto às ajudas e aos apoios de que possa necessitar para atingir, no grau mais elevado possível, os objetivos estabelecidos no currículo.

Observe-se que a concepção de avaliação psicopedagógica tem aqui um enfoque claramente interativo entre o aluno e seus contextos, e que a finalidade é decidir como se deve responder às suas necessidades; portanto, é orientada para o ajuste da resposta educativa e não para a classificação dos alunos.

- No item 3.4, trata-se dos procedimentos genéricos para desenvolver a avaliação psicopedagógica:

> As equipes de assessoramento e orientação psicopedagógica (EAP), em colaboração com os professores, especialistas e serviços específicos, farão a avaliação psicopedagógica utilizando processos centrados na observação, nas entrevistas, na revisão de trabalhos realizados pelos alunos, nos protocolos e questionários referentes a habilidades pessoais e sociais e a competências curriculares, que assegurem o caráter interativo e contextual da avaliação psicopedagógica e de sua interdisciplinaridade, e levarão em consideração as avaliações, diagnósticos e orientações das equipes destinadas à atenção das crianças e adolescentes com incapacidades ou risco de possuí-las, dependentes de outros departamentos da Calalunha.

Parece clara a concepção da avaliação psicopedagógica como um processo de colaboração entre diferentes profissionais em que se consideram as informações coletadas em diversas fontes e instrumentos. Esse tipo de trabalho parece adequado para processos longos e co-responsáveis e parece coincidir com os discursos teóricos das EAP. Uma concepção similar é a que se propõe ao longo de toda esta obra (ver, por exemplo, Capítulo 4.1).

- No item 5.3, descreve-se o conteúdo dos pareceres de escolarização:

> Previamente à matrícula dos alunos com necessidades educacionais especiais decorrentes de incapacidades psíquicas, motrizes ou sensoriais, as equipes de assessoramento e orientação psicopedagógica (EAP) darão um parecer de escolarização de caráter pessoal para cada um deles. O parecer de escolarização conterá no mínimo:
> a) Avaliação das possibilidades de autonomia pessoal e social, das competências comunicativas, identificação do tipo e grau de aprendizagem alcançado em relação aos conteúdos básicos do currículo da educação infantil, do ensino fundamental e do ensino médio, conforme o caso, e de outras condições significativas para o processo de ensino e aprendizagem;
> b) Valor justificado dos auxílios, apoios e adaptações que possa requerer;
> c) Proposta de escolarização em função das dotações e infra-estruturas existentes nas escolas e das preferências manifestadas por pais e mães ou tutores.

Nesse caso, vemos quais são os elementos que deve comportar o parecer. Queremos ressaltar que a informação e as opiniões técnicas solicitadas neste artigo do decreto podem ser dadas de diversas maneiras. No item correspondente a propostas concretas, faremos uma proposta de parecer como determina o decreto, mas crítica quanto à forma como se desenvolve atualmente.

A Direção Geral de Ordenação Educativa concretizou mais o modo de elaborar os pareceres de escolarização na resolução que citamos a seguir.

Resolução de 16 de setembro de 1998, da Direção Geral de Ordenação Educativa, que dá as instruções para as equipes de assessoramento e orientação psicopedagógica (EAP) no que se refere à elaboração do parecer de escolarização dos alunos com necessidades educacionais especiais, temporárias ou permanentes, decorrentes de condições pessoais de incapacidades psíquicas, físicas ou sensoriais

Nesta resolução, concretizam-se alguns aspectos da elaboração dos pareceres e, embora não esteja no título, implanta-se o novo "informe para os alunos de incorporação tardia", que comentaremos mais adiante.

No que diz respeito aos pareceres para alunos com necessidades educacionais especiais psíquicas, físicas ou sensoriais, essa resolução determina, entre outras coisas, os momentos em que deverão ser feitos, as finalidades e os destinatários. Anuncia igualmente o conteúdo do modelo de documento que o Departamento de Ensino forneceu posteriormente às EAP. Esse é o modelo que vem sendo utilizado desde então e que realmente prescreve, *de facto*, um procedimento hipertrofiado e disfuncional nessas atuações. Vale destacar que esse modelo é enunciado apenas nas normas e, portanto, poderia ser modificado sem maiores problemas.

Decreto n.º 252, de 1 de abril de 2004, pelo qual se estabelece o procedimento de admissão dos alunos nas escolas, nos ensinos financiados com fundos públicos

Nesse decreto, introduz-se o conceito genérico de necessidades educacionais específicas nas quais se incluem as necessidades educacionais especiais (decorrentes de incapacidades ou transtornos de personalidade ou conduta). Vejamos o que diz a respeito o item 16.1:

> Consideram-se alunos com necessidades educacionais específicas, para efeito de sua admissão nas escolas, aqueles que, por razões socioeconômicas ou socioculturais requeiram uma atenção educativa específica; aqueles de nova incorporação ao sistema educacional nos casos em que, por sua competência lingüística ou por seu nível de conhecimentos básicos, requeiram uma atenção educativa específica e aqueles que têm necessidades educacionais especiais, isto é, os alunos afetados por incapacidades físicas, psíquicas ou sensoriais, ou que manifestem transtornos graves de personalidade ou de conduta.

Note-se que se acrescentaram progressivamente ao conceito de necessidades educacionais especiais os alunos com transtornos graves de conduta e os que apresentam necessidades decorrentes de questões sociais e de imigração.

No item 17.5, ordena-se que sejam reservadas vagas para escolarizar preferencialmente os alunos com esse tipo de necessidades e se descrevem os procedimentos para sua destinação:

> O diretor dos serviços territoriais do Departamento de Ensino determina a destinação das vagas escolares reservadas aos alunos com necessidades educacionais específicas, mediante proposta da comissão de escolarização. Esta levará em consideração, para a destinação das vagas, as diferentes culturas de origem dos alunos, os informes especializados, as necessidades específicas dos alunos e a vontade expressada na solicitação por seus pais, mães, tutores.

No item 17.6, há uma referência explícita ao parecer da EAP no caso das incapacidades e dos transtornos, isto é, para as necessidades especiais. Para as demais necessidades, não se faz referência a uma intervenção da EAP:

> Em particular, na escolarização dos alunos com incapacidades físicas, psíquicas ou sensoriais ou com transtornos graves de personalidade ou de conduta, tanto em escolas regulares quanto em unidades de educação especial em escolas regulares ou em escolas de educação especial, a resolução do diretor ou da diretora dos serviços territoriais determinará a destinação da vaga escolar naquela escola ou unidade que, de acordo com suas condições e possibilidades, atenda melhor às necessidades educacionais do aluno em questão. Para determinar isso, levará em consideração, além da vontade manifestada pelo pai, pela mãe, pelo tutor, o parecer da EAP, os informes especializados pertinentes, a proximidade do domicílio e a existência de irmãos ou irmãs matriculados na escola.

Como faz a cada ano letivo, o decreto de admissão se concretiza em uma resolução específica para a matrícula. Vejamos a seguir a que regula o processo para o ano 2004-2005.

Resolução ENS/896, de 6 de abril de 2004, pela qual se aprovam as normas de pré-inscrição e matrícula dos alunos nas escolas para o ano letivo 2004-2005, nos ensinos financiados com fundos públicos de educação pré-escolar e de regime geral, e nos de artes plásticas e de desenho, de grau médio de música e de dança, e de idiomas em escolas oficiais

Nessa resolução, distinguem-se dois artigos diferentes os procedimentos para assessorar as famílias e para dar um parecer ou informar sobre as necessidades dos alunos.

No artigo 18, ordena-se o procedimento para os alunos com incapacidades e transtornos, faz-se referência à necessidade de informar e orientar as famílias, e concretiza-se como deve ser o parecer da EAP.

Vejamos o item 18.3:

> [...] previamente à pré-inscrição, cabe às equipes de assessoramento e orientação psicopedagógica (EAP) do setor onde o aluno tenha residência fixa informar e orientar a família sobre as escolas em que poderá ser atendido adequadamente e dar um parecer de escolarização de caráter pessoal. Esse parecer deve conter no mínimo:
> a) Uma avaliação das possibilidades de autonomia pessoal e social e das competências comunicativas, assim como a identificação do tipo e do grau de aprendizagem alcançados em relação aos conteúdos básicos do currículo da educação infantil, do ensino fundamental ou do ensino médio, conforme o caso, e de outras condições significativas para o processo de ensino e aprendizagem.
> b) Uma estimativa justificada dos auxílios, apoios e adaptações que possa requerer, com indicação de sua finalidade, com relação ao progresso do aluno nas áreas do currículo escolar e, conforme o caso, em aspectos gerais da autonomia pessoal e social, e competências comunicativas.
> c) Uma proposta justificada de escolarização, que deve incluir normalmente mais de uma escola, em função das dotações e infra-estruturas existentes nas escolas, da proximidade do domicílio familiar do aluno, da facilidade de transporte e das preferências manifestadas pelos pais, tutores ou quem tenha sua guarda.

É interessante comparar o conteúdo do parecer com o que determina o Decreto nº 299 que vimos anteriormente. Cada vez que a Administração concretiza sua proposta de parecer, acaba prescrevendo mais e mais aspectos, normalmente para satisfazer suas necessidades (por exemplo: que a EAP proponha mais de uma escola ou que deva fazer a proposta de escolarização atendendo à "facilidade de transporte").

No artigo 19, ordena-se o procedimento para a escolarização do aluno com necessidades educacionais específicas decorrentes de situações sociais ou de imigração.

No item 19.2, formula-se a via de assessoramento a escolas e famílias para zelar pela adequada escolarização desses alunos:

> Tanto as escolas mantidas com fundos públicos quanto as famílias contam com a colaboração e o assessoramento das equipes, serviços e programas do Departamento de Ensino, assim como a dos serviços sociais e das entidades de caráter social que atuam no município, coordenados pela Inspeção Educacional, com a finalidade de favorecer, em cada caso, a escolarização mais adequada. Esse assessoramento pode se iniciar antes da pré-inscrição e matrícula, e leva em consideração os critérios estabelecidos pela comissão de escolarização.

Apesar dessa ênfase no assessoramento conjunto de diferentes serviços, acaba-se voltando a atribuir à EAP a responsabilidade de elaborar informes específicos para confirmar as NEE. O item 19.4 enuncia:

> Para os alunos com necessidades educacionais específicas decorrentes de situações socioeconômicas ou socioculturais desfavorecidas, o presidente da comissão de escolarização deve solicitar a uma EAP um informe sobre as necessidades educacionais de cada aluno e a proximidade do domicílio familiar do solicitante à escola requerida. O informe emitido será entregue à presidência da comissão de escolarização.

Portanto, mantém-se a prescrição às EAP a fim de que emitam os chamados "informes técnicos" para esse tipo de alunos, sem ter critérios nem finalidade psicopedagógica clara. Esse é mais um exemplo de desenvolvimento de instruções concretas pouco coerentes com as intenções das normas fundamentais e que poderiam ser melhoradas, já que a cada ano letivo publica-se uma nova resolução que poderia recolher as contribuições e reflexões formuladas pelas comissões e os serviços participantes. No item dedicado a propostas concretas, tentaremos fazer algumas considerações nesse sentido.

Até aqui, falamos das normas que dizem respeito a pareceres de escolarização e aos informes técnicos para a escolarização de alunos com necessidades educacionais específicas. Quanto aos procedimentos de que tratamos neste capítulo, as normas costumam estar incluídas em instruções sobre os procedimentos a que se refere.

Informes sobre modificações de elementos prescritivos do currículo

Ordem de 25 de agosto de 1994, pela qual se estabelece o procedimento para a autorização de modificações de elementos prescritivos do currículo de educação infantil e do ensino fundamental

Nos Anexos 1, 2 e 3, que descrevem os procedimentos para a autorização dessas modificações, inclui-se como documento prescritivo o *Informe da Equipe de Assessoramento e Orientação Psicopedagógica do setor*. Não se menciona nada a respeito do conteúdo concreto, nem sobre a maneira de implementá-lo, nem sobre o modelo de documento.

Informes de incorporação tardia

Já comentamos antes a resolução de 16 de setembro de 1998 da Dirección General de Ordenación Educativa (DGOE) que concretizava a elaboração de pareceres. Nessa resolução prescreve-se também a elaboração desses informes, descrevendo-se, entre outras coisas, os sujeitos, a finalidade, os destinatários e o conteúdo que se configurará no modelo a ser fornecido às EAP. Afirma-se ainda que se poderá contar com os serviços de um intérprete para desenvolver a avaliação psicopedagógica relacionada com essas informações.

Informes sobre escolarizações compartilhadas

Vale dizer que as escolarizações compartilhadas não têm uma regulamentação clara. De fato, encontramos apenas uma referência ambígua no Decreto nº 299/1997 que comentamos anteriormente; seu artigo 8 é dedicado à "colaboração entre as escolas regulares e as escolas de educação especial".

Não há nenhuma referência concreta ao procedimento para solicitar esse tipo de escolarização. Cada delegação territorial criou certos costumes sobre a maneira de elaborar esses informes e quem deve participar.

No que diz respeito à escolarização compartilhada entre escolas de ensino médio e as Unidades de Escolarização Externa Compartilhada, no mesmo Decreto n.º 299/1997 aparece uma referência normativa em seu item 6.6. Também não se faz referência ao procedimento para solicitar esse tipo de escolarização. Mais tarde, foram passadas instruções pela Diretoria Geral de Ordenação Educativa, que continham a prescrição de um informe da EAP e de um modelo para elaborá-lo.

Informes para pedir recursos ou outras informações solicitados às EAP por diversos órgãos da Administração

Nesses casos, não existem normas de referência: trata-se basicamente dos processos administrativos habituais nos quais os órgãos receptores de demandas requerem, normalmente de forma verbal, informação e/ou opinião técnica sobre uma determinada situação educativa para chegarem a uma decisão.

Resumindo, para encerrar este item breve, mas denso sobre as normas que afetam os procedimentos a que nos referimos aqui, podemos dizer que as normas fundamentais acerca da atenção educativa e da escolarização dos alunos (os decretos) são perfeitamente compatíveis com uma concepção de avaliação psicopedagógica como instrumento nos processos de assessoramento e orientação às escolas, às famílias e aos alunos. Em geral, as instruções que mais constrangem a ação das EAP, que criam mais contradições, costumam ser de categoria mais baixa e conjuntural, e podem ser modificadas ou ajustadas com mais facilidade. Poderíamos entendê-las inclusive como orientações para a prática, que podem ser adaptadas às características, possibilidades ou concepções de cada EAP na hora de implementá-las.

Portanto, a tarefa de reflexão que nos propusemos assenta-se na convicção de que, partindo de uma concordância básica com as intenções expressadas nos decretos da Administração, é preciso analisar as necessidades concretas dos órgãos administrativos que nos pedem a elaboração de vários documentos para averiguar como podemos relacioná-las com os processos de assessoramento e orientação em que queremos nos envolver. A questão seria identificar e hierarquizar as necessidades de cada um, incluindo as escolas e as famílias, e pensar quais são os melhores processos para atendê-las com a dedicação correspondente à importância que lhes atribuímos. No próximo item, tentaremos definir as necessidades dos diferentes envolvidos.

QUEM NECESSITA O QUÊ NAS AVALIAÇÕES POR DEMANDA ADMINISTRATIVA?

Já comentamos as necessidades da Administração quando formula demandas de avaliação psicopedagógica e as comparamos com as das EAP para desenvolver adequadamente seu trabalho. Acreditamos que uma maneira séria de aprofundar a análise que propusemos neste capítulo é tentar definir quais podem ser as necessidades de cada um dos envolvidos nos procedimentos a que nos referimos.

Partimos da constatação de que *as demandas de avaliação formuladas pela Administração representam momentos concretos dentro de processos mais amplos e complexos* em que as famílias, as escolas, os serviços externos, a Administração e as EAP interagem e tomam decisões para oferecer a resposta educacional mais adequada a cada aluno. Portanto, as necessidades que cada um espera serem supridas nas avaliações podem ser analisadas em duas dimensões complementares:

1. Respeito ao momento e ao procedimento administrativo concreto (elaboração dos pareceres e informes prescritos).
2. Respeito ao processo de assessoramento e orientação a longo prazo, desenvolvido em colaboração.

Consideramos que *todas as necessidades são válidas e razoáveis, mas nem todas requerem o mesmo grau de atenção*, em função da importância que lhes atribuímos e da dificuldade ou possibilidade de satisfazê-las. Essa diferenciação é importante na hora de realizar propostas concretas sobre a maneira de atender às diferentes necessidades e melhorar os procedimentos exigidos administrativamente. No item de propostas, voltaremos a abordar essa questão.

No Quadro 6.1, a seguir, procuramos mostrar algumas das necessidades que podem ter os diferentes atores dos processos de avaliação psicopedagógica por solicitação administrativa. Diferenciamos as duas dimensões mencionadas anteriormente:

- Decisões administrativas (atuações pontuais).
- Assessoramento-orientação (processo de colaboração a longo prazo).

Quadro 4.1 Diferentes necessidades no processo

	DECISÕES ADMINISTRATIVAS	ASSESSORAMENTO-ORIENTAÇÃO
ADMINISTRAÇÃO	• Controlar a aplicação das normas e dos critérios educacionais impulsionados pela Administração. • Dispor de opinião técnica relevante sobre a melhor alocação escolar. • Contar com opinião técnica relevante para a dotação de recursos. • Supervisionar a tarefa das EAP.	• Cuidar para que as famílias sejam informadas e orientadas no processo de escolarização. • Procurar que as escolas recebam a informação e o assessoramento necessários para atender adequadamente os alunos.
ESCOLAS	• Que controle a escolarização de alunos com necessidades educacionais especiais. • Que tente equilibrar a atenção aos alunos com necessidades educacionais especiais entre escolas. • Que venham os recursos necessários.	• Receber informação relevante para planejar as atuações educativas. • Poder ter contato com profissionais que conhecem o caso (serviços externos, escola de origem, etc.). • Contar com assessoramento para desenvolver a atenção educativa adequada.
FAMÍLIAS	• Receber opinião técnica sobre a melhor alocação escolar para seu filho. • Poder ter acesso às vagas reservadas aos alunos com necessidades educacionais especiais. • Poder desfrutar os recursos educacionais necessários.	• Receber informação e orientação sobre a atenção educativa que seu filho pode necessitar e a alocação escolar adequada. • Que se facilite a relação entre a escola receptora e a família e com outros serviços ou escolas envolvidos no caso. • Que se inicie (ou prossiga) um processo de acompanhamento e orientação conjuntos.

continua

Quadro 6.1 (continuação)

DECISÕES ADMINISTRATIVAS	ASSESSORAMENTO-ORIENTAÇÃO
EAP • Procurar que a escolarização de alunos com necessidades educacionais especiais seja coerente com o Projeto da EAP e com as necessidades do setor atendido. • Equilibrar a distribuição de alunos com necessidades educativas especiais entre as escolas. • Procurar dotar as escolas dos recursos necessários para a correta atenção educativa dos alunos.	• Coletar e gerir informações de diversas fontes para melhorar o conhecimento mútuo sobre os alunos. • Pôr em contato as famílias, as escolas e os serviços e promover acordos conjuntos. • Oferecer critérios psicopedagógicos para o planejamento da atenção educativa. • Estabelecer ou continuar processos de acompanhamento e orientação do processo.

Analisando o conteúdo do quadro, poderíamos dizer que, em termos gerais, a coluna da direita (assessoramento/orientação) apresenta necessidades qualitativamente mais relevantes. São aquelas que, na realidade, representam o núcleo psicopedagógico dos processos e que deveriam ser priorizadas ou tomadas como referência. Ainda assim, temos de admitir que as necessidades apresentadas na coluna da esquerda (decisões administrativas) têm sua funcionalidade para o êxito dos objetivos propostos.

Parece razoável entender que a atuação das EAP na escolarização dos alunos deve buscar a instauração de processos de assessoramento e orientação complexos e de longo prazo. Todavia, em determinados momentos desses processos, é necessário oferecer algum tipo de informação para que outros órgãos da Administração possam tomar as decisões que lhes cabem e procurar, assim, as melhores condições possíveis para essa escolarização.

Desse ponto de vista, as atuações que a Administração demanda estariam incluídas nos processos de assessoramento e orientação, e as EAP poderiam assimilá-las melhor à sua própria tarefa. Deve-se buscar, no entanto, que essa oferta de informações ou opiniões não atrapalhe o processo geral de tipo psicopedagógico, assim como não superdimensioná-la nem no que diz respeito à sua importância relativa, nem por dedicação e esforço profissional.

PROPOSTAS CONCRETAS PARA ATENDER ÀS DEMANDAS ADMINISTRATIVAS

Esta é a parte mais arriscada e difícil do capítulo, entre outras coisas, porque não se podem fazer propostas muito criativas justamente em um tipo de demandas muito dirigidas e formuladas a partir de uma posição hierarquicamente superior. Uma prova dessa dificuldade é que nós, psicopedagogos, dedicamos muita reflexão a esse tema sem encontrar muitas respostas. Contudo, acreditamos que não seria aceitável deixar de tentar esse passo em direção às propostas depois de feita uma análise que pretendia ser séria, mas também crítica com a situação atual. A proposta incluirá:

- Alguns critérios ou idéias-força que podem ser levadas em consideração na hora de responder às demandas administrativas.
- Exemplos de sua aplicação a alguns dos procedimentos habituais de que tratamos no capítulo.

As idéias-força ou critérios da proposta

- As demandas administrativas representam momentos concretos dentro de processos de assessoramento e orientação. As finalidades desses processos, mais amplos e ricos, é orientar a intervenção e as decisões profissionais das equipes.
- A maneira concreta de atender às demandas administrativas deve ser respeitosa com normas e proporcionar as informações e as opiniões necessárias para que os órgãos da Administração possam tomar decisões. Contudo, as EAP deveriam ajustar a quantidade e o tipo de informações que se considerem imprescindíveis em função das finalidades concretas de cada procedimento. O excesso de informações pode ser disfuncional para a tomada de decisões, pouco prudente no que diz respeito à confidencialidade e levar a um excesso de dedicação em uma determinada atuação em detrimento de outras, provavelmente mais relevantes.
- A forma de atender às demandas deve ser também respeitosa com as necessidades de outros envolvidos e com os processos a longo prazo que a EAP assessora.
- A forma de responder a essas demandas deveria favorecer, o máximo possível, o trabalho posterior de assessoramento, orientação e acompanhamento (vale recordar que a função avaliadora da EAP não é a única nem a mais importante). Para isso, ao planejar as atuações de avaliação e seu registro nos documentos correspondentes, seria conveniente optar pelas que promovam, ou não atrapalhem, os processos de coordenação de informação, orientação a famílias, assessoramento aos professores, fechamento de acordos e acompanhamento conjunto do processo.
- Na medida do possível, a opinião técnica expressada pela EAP deveria incluir a opinião e as contribuições dos diversos envolvidos na situação que se avalia (escolas, família, serviços externos, etc.). Ainda assim, os profissionais das EAP devem se responsabilizar plenamente pelas decisões que tomam, já que essa é sua função e têm conhecimento para isso.
- Os profissionais das EAP devem evitar ao máximo emitir informes sobre situações em que não intervêm, seja assessorando, seja orientando, e que estão fora de seu campo de conhecimento profissional. Desse modo, evitaríamos situações que possam servir simplesmente para classificar alunos, e não para ajustar a resposta educativa.

Alguns exemplos

Para ilustrar melhor nossa proposta, daremos alguns exemplos. A intenção é aplicar os critérios que formulamos a casos típicos de demanda a fim de verificar se nos ajudam a aprimorar nossas atuações, no sentido de conferir-lhes maior racionalidade.

Elaboração de pareceres prévios à escolarização

Começamos por um caso que parece paradigmático do tipo de demanda de que tratamos. Em princípio, os pareceres seriam os documentos em que, previamente à escolarização do aluno, a EAP emite uma opinião técnica sobre suas necessidades educacionais, sobre os recursos necessários para que se possa escolarizar convenientemente, sobre o tipo de escola que pode oferecer a resposta educativa adequada e sobre as escolas escolhidas pela família que podem proporcioná-la (tal como vimos na revisão das normas).

O parecer é um elemento técnico importante para que os órgãos competentes da Administração possam decidir: onde propor a escolarização do aluno, dar acesso a uma vaga reservada a alunos com necessidades educacionais especiais e os recursos adicionais com os quais dotou a escola que o receberá, caso necessário.

Não há dúvida da importância dessas decisões e de que a opinião da EAP é entendida como muito relevante. Não seria razoável desprezar sua contribuição nesse momento importante do processo educativo dos alunos. As EAP tendem justamente a reforçar o significado desse momento, dando ênfase à tarefa de orientação às famílias, de preparação para o ingresso na nova escola, de coordenação de informações entre escolas e serviços, etc.

Contudo, os procedimentos burocráticos, tal como são impostos, e os prazos em que devem ser desenvolvidos tornam muito difícil conciliar o encargo com o tipo de processo que os profissionais pretendam implementar, o que causa frustração, sensação de falha, de estresse e de esforço inútil, etc.

Dessa maneira, um momento profissional relevante (decisão técnica sobre a escolarização), dentro de um processo potencialmente satisfatório (orientação à família e assessoramento à escola), acaba se convertendo em um elemento de contradição profissional com todos os componentes característicos: muito importante no discurso da instituição, mas altamente insatisfatório em sua resolução prática em razão de circunstâncias nas quais os profissionais não podem influir.

Acreditamos que isso ocorre fundamentalmente por um desajuste entre o tipo de informação de que a Administração necessita e o procedimento mediante o qual pretende obtê-la.

Pede-se documentação excessiva para receber uma opinião técnica sobre os aspectos que mencionamos, o que produz um esforço adicional injustificado em prazos muito curtos, assim como um desvio de dedicação e energias para tarefas puramente burocráticas (elaboração de informes padronizados).

Isso se deve, a nosso ver, basicamente a duas disfunções típicas da Administração (pelo menos de nossa administração educacional):

- Tendência a pedir informação escrita sem uma finalidade clara (excesso de burocracia).
- Tendência a desconfiar de seu próprio pessoal técnico, de modo que não apenas se pede sua opinião como também toda as informações de como se chegou a esta. Nesse caso, parece que a Administração deseja controlar todos os passos do processo, ou talvez estabelecer processos tão difíceis que desencorajem uma eventual proliferação de pareceres e das correspondentes demandas de recursos.

As escolas também padecem desse tipo de disfunção: por exemplo quando as sobrecarregam com solicitações de papelada ou quando as controlam em aspectos extremos que, teoricamente, pertencem ao seu âmbito de decisão (elaboração do projeto curricular da escola, avaliação interna, etc.).

No caso dos pareceres de escolarização, alguém poderia objetar que a informação solicitada serve para que os técnicos da Administração tenham mais elementos para tomar decisões, ou que os dados são encaminhados às escolas que acolhem os alunos para que possam planejar as atuações pertinentes. Todavia, as duas finalidades podem ser cumpridas de forma muito mais satisfatória utilizando outras formas de compartilhar informação (por meio dos contatos habituais entre as EAP e as escolas, os inspetores e os técnicos das delegações ou a direção geral) também adotadas, tornando supérflua a informação adicional contida nos pareceres.

Nossa proposta é que todos os envolvidos considerem que a elaboração do parecer de escolarização não constitui um processo em si mesmo (visão administrativa), mas sim um momento concreto dentro de um processo de orientação e assessoramento. Mais precisamente, o parecer seria *o documento onde se reúnem algumas informações selecionadas da avaliação psicopedagógica para ajudar a tomar certas decisões administrativas*. Entendido dessa maneira, o parecer só deveria conter a informação e as opiniões imprescindíveis para que os órgãos administrativos possam decidir sobre:

• Alocação escolar.
• Reserva de vaga.
• Recursos específicos necessários.

Quanto ao restante do processo de avaliação, não há por que depender do parecer nem ser apresentado por escrito, o que permite realizá-la em uma margem de tempo mais ampla e mediante procedimentos mais ricos e qualitativos. Além disso, pode-se ajustar melhor às características de cada caso, da escola e da família.

Naturalmente, pode haver situações em que não se necessite de informação adicional para ajustar as decisões administrativas. Nesses casos, deve-se recorrer à consulta direta dos inspetores e técnicos da administração com os profissionais das EAP que realizaram a avaliação psicopedagógica. É preciso recordar que esse tipo de consulta já é feito nos casos complexos, ainda que o parecer contenha muita informação escrita.

Para efeitos práticos, poderíamos dizer que o modelo de documento de parecer deveria sofrer uma redução drástica em seu volume, ficar reduzido a três ou quatro páginas, nas quais constasse:

• Dados do aluno.
• Escolas solicitadas.
• Dados referentes às características específicas do aluno.
• Conclusões resumidas da avaliação psicopedagógica úteis para a tomada das decisões.
• Recursos necessários.
• Proposta de alocação escolar.

O documento assinado pelos pais ou tutores também deveria ser reduzido a apenas uma página contendo a opção manifestada pela família, a opinião técnica da EAP e a concordância ou discordância da família.

Informes técnicos para a determinação das necessidades educacionais específicas decorrentes de situações sociais ou culturais desfavorecidas

Nesse procedimento, tal como se desenvolve atualmente, parece prevalecer a necessidade de distribuir determinados alunos entre as escolas, e não a vontade de adaptar ou ajustar a resposta educativa.

De fato, o tipo de informe prescrito apenas verifica se as características do ambiente familiar do aluno em questão o tornam merecedor de ser considerado um aluno com "necessidades educacionais específicas", mas não se diz quais seriam essas necessidades diferentes dos demais alunos, nem que recursos educativos ordinários ou específicos seriam preciso mobilizar. Além disso, não se estipulam critérios para a determinação dessas necessidades educativas especiais e, muitas vezes, as EAP não dispõem de profissionais da área do serviço social.

Diante disso, seguindo os critérios definidos anteriormente, acreditamos que as EAP deveriam se limitar a elaborar informes sobre os alunos que apresentem indícios claros de que possuem necessidades educacionais especiais de tipo psicopedagógico, seja qual for a suposta origem dessas necessidades. O foco da avaliação deve ser o que o aluno necessita e quem e como pode oferecer-lhe. Os profissionais da psicopedagogia se empenharam durante muito tempo para que não se fizessem avaliações enfocadas no déficit, e por isso não parece muito adequado elaborar informes para confirmar um ambiente sociofamiliar deficitário.

Naturalmente, as EAP, em particular quando contam com um assistente social, podem colaborar com as escolas e outros serviços na adequação das respostas educativas que se oferecem aos alunos com ambientes desfavorecidos: isso faz parte dos processos de assessoramento, mas não nos parece razoável que elaborem informes técnicos para confirmar administrativamente que um determinado aluno tem a condição de "socialmente desfavorecido", sobretudo sem um objetivo educacional claro.

Não vamos julgar aqui a conveniência de distribuir os alunos socialmente desfavorecidos de forma equilibrada entre as diversas escolas de um setor ou de uma população; entendemos que a Administração estimula esse critério para evitar a concentração excessiva em certas escolas, favorecer a integração e a coesão social e procurar envolver mais determinadas escolas na atenção a todos os tipos de alunos. Todavia, não nos parece adequado que se tente aplicar esse critério técnico e político muito plausível mediante a elaboração de informes psicopedagógicos pessoais.

Informes de incorporação tardia

Não dedicaremos muito tempo a analisar qual deve ser a resposta a essas demandas porque a própria realidade se encarregou de demonstrar sua ineficácia e dificilmente são elaboradas (com o acordo tácito das administrações, EAP, etc.).

Este é um caso evidente no qual o processo de orientação às famílias é importante para a correta escolarização, mas o informe citado não traz nada de novo e, em todo caso, ocorreria quando as decisões iniciais já estivessem sido tomadas por parte da escola receptora. Precisa-se favorecer a postura de as escolas definirem claramente os procedimentos para acolher os alunos e suas famílias, e os serviços de apoio ou do setor (EAP, Programa de Compensatória, serviços sociais da comunidade, etc.) participar deles em função do estabelecido nesses "planos de acolhimento".

Naturalmente, o recurso da presença de um intérprete, patrocinado pelo departamento de ensino, que ajuda a realizar a entrevista inicial com a família não deveria estar vinculada à elaboração do informe de incorporação tardia, tal como ocorre atualmente.

Informes que acompanham algum tipo de solicitação das escolas

- Modificações de elementos prescritivos do currículo.
- Escolarizações compartilhadas (especial-regulares/IES (Instituto de Enseñanza Secundária)-unidades externas).
- Demandas de recursos específicos.
- Etc.

Nesses casos, o que a Administração solicita é que as EAP emitam uma opinião sobre a demanda explícita que as escolas lhe fazem; vemos claramente aqui a visão divergente entre a Administração e as equipes, que abordamos no item sobre "Dois tipos de necessidades. Dois estilos de abordagem": os profissionais das EAP consideram essas demandas das escolas e seu informe a respeito de como uma atuação concreta dentro do processo em que colaboram com as escolas, as famílias e com outros serviços para se obter aquilo que um determinado aluno possa necessitar. Portanto, seu informe costuma ser a expressão de uma decisão tomada conjuntamente; ao contrário, o que a Administração solicita é uma espécie de opinião especializada e independente (como uma "perícia"), que a ajude a controlar a adequada aplicação de seus critérios técnicos ou o uso adequado dos recursos.

Diante dessa divergência, e na aplicação dos critérios gerais de nossa proposta, acreditamos que, para as EAP, deveria prevalecer um estilo baseado no trabalho em colaboração que as fará tomar decisões ajustadas às necessidades dos vários envolvidos (alunos, famílias, escolas, etc.) e, além disso, facilitará a continuidade do trabalho de assessoramento e orientação que lhes é próprio. Contudo, a responsabilidade profissional dos psicopedagogos inclui a necessária consciência de que os recursos não são ilimitados e devem ser pedidos com rigor; ao mesmo tempo, é necessário que, como referencial psicopedagógico em seu setor, cada EAP consiga que certas medidas excepcionais, como as modificações do currículo ou as escolarizações compartilhadas, sejam solicitadas nos casos adequados.

Nossa proposta é que as EAP incluam o rigor no uso dos recursos e das medidas extraordinárias entre suas contribuições ao processo de assessoramento, e que esses aspectos já tenham sido desenvolvidos e deliberados com as famílias e com as escolas antes de encaminhar solicitações conjuntas à Administração.

CONCLUSÃO

Ao longo deste capítulo, tentamos fazer uma análise crítica, mas rigorosa, das demandas de avaliação formuladas de forma prescritiva pela Administração. Para isso, partimos das finalidades que essas atuações profissionais podem cumprir dentro dos processos de assessoramento e orientação psicopedagógica.

Propomos buscar a coerência entre as finalidades e as formas concretas de alcançá-las. Nossas propostas pretendem ser formas de atuação respeitosas com as normas e com as necessidades de todos os envolvidos, facilitadoras do processo geral de assessoramento e orientação e, ao mesmo tempo, ajustadas quanto ao esforço e à dedicação profissional requerida.

Pequeno epílogo para a esperança

Ao realizar a última revisão deste artigo (maio de 2004), podemos anunciar que foi criada uma comissão mista – EAP-Departamento de Ensino – com a finalidade, entre outras, de encontrar formas de corrigir o excesso de burocratização em alguns dos procedimentos que tratamos aqui. O conteúdo deste capítulo constituiu uma das referências utilizadas pelos representantes das EAP no momento de formular suas propostas nessa comissão. Esperamos que o diálogo permita que se estabeleçam melhorias para todos os envolvidos.

REFERÊNCIAS

AGÓN, A. y otros (2002): «L'eficàcia en l'assessorament. El problema de la burocratització excessiva». Àmbits de Psicopedagogia, 4, pp. 15-19.
ALONSO TAPIA, J. (coord.) (1997): Diagnòstic psicopedagògic i avaluació curricular. Barcelona. Universitat Oberta de Catalunya.
BASSEDAS, E. y otros (1989): Intervenció educativa i diagnòstic psicopedagògic. Barcelona. Laia.
BONALS, J; DE DIEGO, J. (1996): «Ética y estética de una profesión en desarrollo», en MONEREO, C.; SOLE, I.: El asesoramiento psicopedagógico: una perspectiva profesional y constructivista. Madrid. Alianza Editorial.
COLOMER, M.T.; MASOT, I.; NAVARRO, I. (2001): «L'avaluació psicopedagògica. Concepte, finalitat i marc on es situa». Àmbits de psicopedagogia, 2, pp. 15-18.

MONTÓN, MJ.; REDÓ, M. (1996): «La evaluación psicopedagógica: fases, procedimientos y utilización», en MONEREO, C.; SOLÉ, I.: El asesoramiento psicopedagógico: una perspectiva profesional y constructivista. Madrid. Alianza Editorial.

NORMAS

- Decreto n.º 299, de 25 de novembro de 1997, sobre a atenção educativa aos alunos com necessidades educacionais especiais (DOGC de 28 de novembro de 1997).
- Resolução de 16 de setembro de 1998, da Direção Geral de Ordenação Educativa, que dá as instruções para as equipes de assessoramento e orientação psicopedagógica (EAP) no que se refere à elaboração do parecer de escolarização dos alunos com necessidades educacionais especiais, temporárias ou permanentes, decorrentes de condições pessoais de incapacidades psíquicas, físicas ou sensoriais (FDDA do Departamento de Ensino 733).
- Decreto n.º 252, de 1 de abril de 2004, pelo qual se estabelece o procedimento de admissão dos alunos nas escolas, nos ensinos financiados com fundos públicos (DOGC 4105, de 2 de abril de 2004).
- Resolução ENS/896, de 6 de abril de 2004, pela qual se aprovam as normas de pré-inscrição e matrícula dos alunos nas escolas para o ano letivo 2004-2005, nos ensinos financiados com fundos públicos de educação pré-escolar e de regime geral, e nos de artes plásticas e de desenho, de nível médio de música e de dança, e de idiomas em escolas oficiais (DOGC 4109, de 8 de abril de 2004).
- Ordem de 25 de agosto de 1994, pela qual se estabelece o procedimento para a autorização de modificações de elementos prescritivos do currículo da etapa de educação infantil e da etapa de ensino fundamental.

Segunda Parte

A avaliação psicopedagógica dos alunos com um ambiente social desfavorecido | 7

**Dolors Llobet, Esther Andújar,
Montserrat Fontbona e Ramona Subias**

INTRODUÇÃO

Para a elaboração deste capítulo, partimos da reflexão feita pelas assistentes sociais das equipes de assessoramento psicopedagógico (EAP) de Alt Maresme, Bages, Terrassa e Rubí: profissionais com experiências distintas, inerentes à zona específica de trabalho, mas com critérios de intervenção comuns, fruto do consenso. Ao mesmo tempo, partimos de técnicas de assistência social, bem como de sua aplicação no sistema educacional. Baseamo-nos também nos documentos de trabalho elaborados nos seminários "O diagnóstico social como instrumento educativo" e avaliação e acompanhamento dos alunos com necessidades educativas especiais decorrentes de situações sociais ou culturais desfavorecidas", realizados no âmbito dos projetos de formação que o Departamento de Educação da Generalitat de Catalunya oferece às EAP. Mesmo quando desenvolvemos nosso trabalho na equipe, a atuação pode ser generalizada à intervenção dos assistentes sociais vinculados às escolas em geral.

No campo educativo, a assistência social parte de uma visão global que inclui o aluno e o ambiente em que este vive. A avaliação que se realiza na assistência social é considerada uma contribuição significativa à avaliação psicopedagógica dos alunos vindos de um ambiente social desfavorecido. Embora o trabalho ocorra no âmbito de um serviço educacional, e a psicopedagogia seja o núcleo central, iniciamos nossa contribuição conjunta com a avaliação psicopedagógica.

Os níveis de intervenção nesse âmbito, que se concretizam nos planos de trabalho, são estabelecidos por normas nas instruções de início de ano. São três: atenção aos alunos e às suas famílias, atenção às escolas e atenção ao setor.

A possibilidade de identificar as necessidades sociais que os alunos apresentam, no momento de sua incorporação ao sistema educacional, facilita a colaboração da EAP com as escolas e possibilita atuações dirigidas a uma parte importante dos alunos que costumam manifestar dificuldades de adaptação.

O encargo do Departamento de Educação de emitir informes técnicos sobre alunos com necessidades educacionais decorrentes de situações sociais e/ou culturais desfavorecidas *implica um reconhecimento da importância da situação social no processo educativo e de aprendizagem dos alunos.* Ao mesmo tempo, permite um trabalho de avaliação do ambiente do aluno, no qual se podem diferenciar dois momentos: um no início da escolaridade e outro nas mudanças de etapa educacional.

Em todo processo de avaliação e no acompanhamento individual da escolaridade de alunos socialmente desfavorecidos, é necessário o trabalho de equipe e a colaboração com as escolas em diferentes âmbitos:
- Trabalho conjunto com os profissionais das escolas para conhecer as situações que propiciam a marginalização e oferecer recurso a fim de vincular os alunos a espaços mais normalizados: tempo livre, autonomia diante do possível consumo de substâncias tóxicas, protagonismo social e critérios de indução de modelos positivos, etc.
- Colaboração com as escolas no planejamento de atuações dirigidas às famílias com desvantagens sociais.
- Intervenção na comunidade educativa para que seja inclusiva e favoreça a ligação entre a escola e os pais e entre a escola e o bairro, mediante programas de prevenção do absenteísmo, grupos de auto-ajuda, círculos de pais e mestres, conselhos escolares, planos de apoio escolar, etc.

ALUNOS COM NECESSIDADES EDUCACIONAIS ESPECÍFICAS DECORRENTES DE SITUAÇÕES SOCIAIS OU CULTURAIS DESFAVORECIDAS

Quando falamos de alunos com necessidades educacionais específicas decorrentes de situações sociais ou culturais desfavorecidas, referimo-nos aos alunos que, por razões diversas, provêm de um meio familiar e social pouco favorável ou com um sistema de valores diferente daquele da instituição escolar. Referimo-nos também aos alunos que padeceram ou padecem da falta de estímulos ou de respostas adequadas às suas necessidades, fatores que dificultam seu desenvolvimento pessoal. Essas circunstâncias implicam viver um divórcio entre a escola e sua realidade. Correm o risco de passar por processos de inadaptação ao sistema escolar, que podem estar ligados a:
- Falta de motivação relacionada com a aprendizagem acadêmica.
- Defasagem escolar significativa.
- Conflito com os colegas e professores.
- Absenteísmo e abandono da escola.

Não se trata tanto de identificar os meninos e as meninas que vivem situações de desvantagem social, mas sim de considerar que todos têm os mesmos direitos e, portanto, de promover medidas e proporcionar recursos para que o ponto de partida, pelo menos no espaço educativo, seja adequado a todos os alunos. Por esse motivo, é necessário colaborar com as equipes educativas para potencializar uma adequada vinculação desses alunos à escola.

Constatamos que as necessidades das escolas e, portanto, as demandas que destinam às nossas equipes têm um forte componente de problemática social.

Um número elevado de alunos provém de famílias que não dispõem de um trabalho estável nem de rendas regulares e suficientes. Além disso, não contam com uma rede relacional sólida que lhes proporcione segurança e perspectivas de futuro. Outros pertencem a famílias que vivem situações de vulnerabilidade, como conseqüência de padecerem de problemas de saúde (física ou mental) ou por viverem em uma dinâmica familiar conflituosa. Outros vivem determinadas situações familiares de exclusão social, com ausência de trabalho e isolamento. Estas últimas situações aumentaram nos últimos anos.

AVALIAÇÃO DO AMBIENTE SOCIAL

Diante de uma demanda de intervenção, não podemos agir sem ter conhecimento prévio da situação. É necessário propor uma pesquisa para coletar informações suficientes.

Com base nas informações obtidas, ordenadas, reelaboradas e analisadas, procede-se à interpretação: O que nos dizem os dados coletados? Como avaliamos o que se passa? Que recursos e meios temos para superar as situações problemáticas? Que aspectos facilitam ou impedem a realização de um projeto que permita melhorar ou mudar a situação?

A partir da prática da assistência social, os serviços educacionais constatam que, no momento de fazer a avaliação de uma situação ou de um caso concreto, é preciso levar em conta uma série de questões básicas:
- Ter sempre presente quem nos formula a demanda de intervenção, para que e qual objetivo persegue.
- Partir de um referencial teórico e também de um roteiro do que se pretende investigar, dado que podem aparecer elementos não-previstos no início.
- Avaliar que informação se passa a quem nos fez a demanda.

Para poder realizar essa avaliação, temos de obter informações tanto do aluno quanto do núcleo familiar. Devemos selecionar os dados que nos proporcionem elementos significativos para a avaliação social, levando em conta o princípio da confidencialidade: "Todo ser humano tem direito à sua própria intimidade e que o/a DTS use com responsabilidade as informações obtidas em sua atividade profissional" e de responsabilidade: "o dever de pôr seus conhecimentos e sua competência profissional a serviço do trabalho que foi encomendado" (Código de ética e deontológico dos diplomados em serviço social – DTS – e assistentes sociais – AASS – da Catalunha, 2000, p. 6).

Referencial teórico

O modelo de referência teórica descreve aquilo que faz um assistente social: a maneira como coleta os dados, elabora as hipóteses, escolhe os objetivos, planeja as estratégias e as técnicas mais apropriadas para a resolução dos problemas apresentados.

No contexto em que trabalhamos, o enfoque que nos parece mais adequado é o sistêmico-ecológico, que considera a família como um sistema de relação dialética com o meio em que se situa, integrada em uma rede de relações interpessoais, sem a qual não se pode entender sua conduta, suas atitudes e seus valores. Nesse modelo teórico, não tem nenhum sentido fragmentar e individualizar o trabalho com a família, descontextualizando-o dos demais sistemas com os quais ela interage: escola, serviços de saúde e sociais, comunidade ou administração.

Metodologias da assistência social (estudo, diagnóstico, planejamento)

O *estudo ou pesquisa* consiste na busca e ordenação dos dados, tanto estruturais quanto individuais, que permitem caracterizar a situação ou a problemática que nos ocupa. É preciso considerar o referencial teórico geral do qual se parte e o dos conhecimentos relativos à situação atendida. Convém indagar também sobre a situação concreta e verificar as diferentes variáveis que intervêm.

O processo de conhecimento de uma situação ou de um campo de trabalho pode colocar também problemas éticos, como no caso da pesquisa encoberta (com finalidades de controle social ou outras), a violação da intimidade (perguntando além do conveniente) ou da confidencialidade (não preservando o segredo profissional).

Por *diagnóstico social*, entendemos a coleta e a interpretação dos dados do estudo. A análise das variáveis e de suas relações implica um esclarecimento da situação, uma hierarquização das necessidades descobertas (segundo sua natureza e sua magnitude), uma lista das hipóteses de trabalho, de todos os possíveis núcleos de intervenção (pessoas, grupos, situações) e uma ponderação de todos os possíveis recursos, atuais e potenciais, tanto do próprio indivíduo quanto da rede social.

O diagnóstico inclui também um prognóstico ou uma hipótese das mudanças a se esperar, a partir da avaliação dos elementos favoráveis e desfavoráveis que incidem na situação. Esses elementos podem ser pessoais, como capacidades, motivações, resistências particulares, e também do ambiente, como recursos, carências ou condições sociais.

O diagnóstico se apóia na observação, na compreensão da situação que se apresenta, nos conhecimentos teóricos do assistente social e na experiência pessoal e profissional.

Planejar é prever e decidir ações com a finalidade de assegurar a realização de um objetivo. A partir do diagnóstico de uma situação concreta, o planejamento permite enfrentar as possíveis problemáticas de uma maneira organizada, coordenada e racional, escolhendo as alternativas de atuação mais adequadas. Os critérios que justificam essa seleção devem ser explícitos e coerentes com os objetivos da assistência social, da política institucional, da situação detectada e das características das pessoas.

Técnicas básicas (entrevista, observação, análise)

Para podermos realizar o estudo e também obtermos suporte à intervenção, utilizamos técnicas usuais na pesquisa em ciências sociais, adequadas à assistência social. O máximo rigor, a oportunidade na seleção e na aplicação dessas técnicas são essenciais, pois devem proporcionar um conhecimento fidedigno que possa ser verificado.

- A *entrevista* é a relação profissional que o assistente social estabelece com o usuário, seja um indivíduo, seja um grupo. Remetemos o leitor ao Capítulo 4 deste livro, que desenvolve extensamente esse tema.
- A *observação*, como técnica de conhecimento, precisa ser planejada, não pode ser espontânea, mas sim elaborada como parte do método, controlada e relacionada com propostas mais gerais sob a forma de hipóteses ou de verificação.
- A *análise de documentos* consiste em obter informações sobre determinados fatos ou certas realidades registradas em diferentes tipos de documentos: censos, históricos, informes, etc., que nos ajudam a conhecer a situação de que tratamos, seu contexto e sua evolução.

SITUAÇÕES QUE REQUEREM UMA AVALIAÇÃO

Podemos receber demandas e avaliar a situação social de um aluno nos casos que expomos a seguir.

Para elaborar o informe técnico

Pode ser necessário fazer uma avaliação para elaborar um informe técnico sobre as necessidades educativas específicas de

um aluno decorrentes de situações sociais ou culturais desfavorecidas. A demanda virá da escola que recebe a matrícula do aluno ou aluna cuja família alegou essas circunstâncias, ou do presidente da comissão de escolarização do setor, sempre que se produza alguma das seguintes situações:
- Alunos que outros serviços do setor registram como em situação de risco no momento de se incorporar ao sistema educacional aos 3 anos: creches, serviços sociais e de saúde.
- Alunos que, no momento de se incorporarem ao nosso sistema educacional, provenientes de outros países que têm uma organização educacional diferente, apresentam um desajuste escolar e, ao mesmo tempo, a família manifesta uma situação de precariedade.
- Alunos encaminhados por inspeção educacional e acerca dos quais, no momento de formalizar a matrícula, observa-se uma situação de risco.
- Alunos que apresentam um atraso nas aprendizagens por motivos sociais ou familiares.

Essa avaliação é feita no momento da matrícula dos alunos que ingressam pela primeira vez em uma escola e também na mudança de etapa educativa. Indistintamente, pode-se tratar de alunos que se escolarizam em uma escola pública ou particular, e nas diferentes etapas de educação infantil, ensino fundamental e médio.

Diante de situações de conflito entre escola, aluno e família

A demanda pode provir da própria escola, do profissional da equipe que atende periodicamente a escola ou da própria família. O conflito pode ocorrer entre a escola e a família, ou entre a escola e o aluno.

Em situação de absenteísmo grave ou de abandono da escolaridade obrigatória

No âmbito municipal e conforme cada área, interviremos se isso estiver previsto no projeto de prevenção das faltas escolares. De todo modo, é preciso intervir em casos de absenteísmo crônico ou de abandono escolar.

Para colaborar na avaliação interdisciplinar de um aluno

A contribuição na avaliação interdisciplinar de um aluno pode ocorrer nos seguintes momentos:
- Na elaboração do parecer de escolarização.
- Na elaboração do informe para os alunos com necessidades educacionais específicas decorrentes de uma situação social ou cultural desfavorecida.
- Na avaliação de um aluno que precisa de uma intervenção social na família.

No acolhimento de novos alunos ou em uma mudança de escola, quando as circunstâncias exigirem

Neste caso, podem ocorrer as diferentes situações:
- Alunos imigrantes. Dentro desse grupo, é importante ter presente que as necessidades do aluno serão diferentes conforme a idade, mas as das famílias não. As necessidades de um aluno procedente de outro país que se incorpora à educação infantil não são as mesmas daquele que chega na etapa de ensino médio obrigatório.
- Alunos com necessidades educacionais especiais graves, diante da mudança de uma escola regular para uma escola de educação especial.

- Alunos que mudam de domicílio e apresentam necessidades educacionais específicas, são tutelados pelo Estado ou se encontram em situação de risco social.
- Alunos que passam do ensino fundamental ao médio. Nesse caso, nossa intervenção se limitaria a colaborar na elaboração dos documentos consensuais por inspeção.

Encaminhamento ou coordenação com outros serviços

Quando as situações exigem, estabelecem-se relações de colaboração com a rede de serviços do setor, para dar cobertura às necessidades globais dos alunos e para definir critérios de intervenção profissional.

O PROFISSIONAL DA ASSISTÊNCIA SOCIAL NA EAP

O assistente social da EAP participa da dinâmica de assessoramento e orientação às escolas com base na disciplina da assistência social. As funções que lhe são atribuídas estão relacionadas com o conhecimento e a análise do contexto social dos alunos e de suas famílias, o apoio aos professores na atenção a eles e ainda o apoio na coordenação dos serviços educacionais com a rede de serviços do setor.

Consideramos que, apesar da complexidade de situações e contextos de intervenção, o *protocolo-guia para o diagnóstico social*, elaborado por um grupo de assistentes sociais das EAP no âmbito de um projeto de formação do Departamento de Educação, representa uma ferramenta muito válida para a prática profissional dos assistentes sociais. Facilita o aprofundamento nos conceitos e procedimentos básicos desse âmbito, fato que permite estabelecer uma linguagem comum a respeito dessa intervenção psicopedagógica. Consideramos esta ferramenta útil ao intercâmbio de informações entre os diferentes profissionais da equipe.

No grupo de trabalho mencionado anteriormente, elaboramos uma planilha para a coleta de informações sobre os aspectos familiares, econômicos, sociais, de saúde, relacionais e escolares dos alunos a fim de detectar as possíveis necessidades sociais que apresentem nas escolas. Essa proposta contém um protocolo de coleta de informação dos âmbitos que são significativos na vida de um aluno, que podem gerar carência, desatenção, situação de desamparo ou de risco de exclusão social, e que incidem na dinâmica escolar.

A planilha de detecção foi organizada desmembrando os elementos de observação, de três a cinco elementos menores de análise, dos quais se extraem diferentes aspectos a se considerar, e estes se ampliam e se concretizam em uma descrição detalhada de indicadores qualitativos.

Protocolo de coleta de informações dos aspectos e dos indicadores familiares, de saúde, econômicos, culturais, sociais e educacionais dos alunos que permitem diagnosticar uma situação social e/ou cultural desfavorecida

Item 0. Dados do aluno

A. Dados pessoais

Nome e sobrenome:	Número de identidade de estrangeiro:
Data de nascimento:	Local de nascimento:
Domicílio:	Cidade:
Tempo de residência no município:	Telefone:
Certificado do CAD:	Grau: Tipo de deficiência:

B. Dados escolares

Educação infantil/ensino fundamental ou médio:
Escola: Ano letivo:
Nível de aprendizagem: Tutor/a:
Repetências:
Serviços específicos de apoio escolar: fisioterapeuta/fonoaudiologia/TAE/atenção à diversidade (SAD)
Escolaridade compartilhada: UEC/CEE/Classe hospitalar:
Parecer/Informe EAP   ACI:
Bolsas de estudo/material escolar
Freqüência: regular/absenteísmo leve/ absenteísmo grave/abandono escolar
Atividades escolares: Atividades extra-escolares:
Conhecimento das línguas oficiais   Outras línguas:

Item 1. Composição familiar

A. Dados familiares

Pai
Nome e sobrenome: DNI/NIE:
Data de nascimento: Local de nascimento
Domicílio: Cidade:
Tempo de residência no município:
Nível de instrução:
Situação de trabalho: Posto de trabalho:
Telefone do trabalho: Horário:
Situação de saúde: Cobertura de saúde:
Conhecimento das línguas oficiais: Outras línguas:

Mãe
Nome e sobrenome: DNI/NIE:
Data de nascimento: Local de nascimento
Domicílio: Cidade:
Tempo de residência no município:
Nível de instrução:
Situação de trabalho: Posto de trabalho:
Telefone do trabalho: Horário:
Situação de saúde: Cobertura de saúde:
Conhecimento das línguas oficiais: Outras línguas:

Irmãos	
Nome e sobrenome:	DNI/NIE:
Data de nascimento:	Local de nascimento
Domicílio:	Cidade:
Tempo de residência no município:	
Nível de instrução:	
Situação de trabalho:	Posto de trabalho:
Telefone do trabalho:	Horário:
Situação de saúde:	Cobertura de saúde:
Conhecimento das línguas oficiais:	Outras línguas:

Outros membros do núcleo familiar	
Nome e sobrenome:	DNI/NIE:
Data de nascimento:	Local de nascimento
Domicílio:	Cidade:
Tempo de residência no município:	
Nível de instrução:	
Situação de trabalho:	Posto de trabalho:
Telefone do trabalho:	Horário:
Situação de saúde:	Cobertura de saúde:
Conhecimento das línguas oficiais:	Outras línguas:

Genograma

(O genograma é a representação gráfica da família que registra informações de seus membros e de suas relações.)

Item 2. Situação familiar

O objetivo deste item é averiguar se a dinâmica familiar permite aos pais ou tutores legais atender às necessidades básicas do aluno e determinar se o núcleo familiar dispõe de capacidade de organização e de recursos pessoais adequados para promover uma situação de mudança.

ÂMBITO	ASPECTOS A SEREM CONSIDERADOS	INDICADORES
	História escolar dos pais	
História familiar	• Nível de instrução.	• Fundamental, médio, superior.
	• Tipo de aprendizagens.	• Regulares, domésticas, autodidata

ÂMBITO	ASPECTOS A SEREM CONSIDERADOS	INDICADORES
História familiar (cont.)	Antecedentes migratórios	
	• Momento do processo migratório.	• Convivência com o pai, agrupamento familiar consolidado, menores sem pais (progenitores), menores sem adulto de referência, família em perspectiva de agrupamento. Expectativas de retorno ao país de origem, de fixação no novo país, de permanência indefinida, itinerantes...
	• Número de migrações.	• 1, 2, 3, 4, 5...
	• Anos de chegada.	• Datas:
	• Motivo.	• Trabalho, políticos, familiares, saúde, econômicos...
	Mudanças de residência	
	• Motivo.	• Trabalho, despejo, itinerantes, causas familiares...
	• Duração.	• Dias, meses, anos.
	• **Como a família vive o processo de imigração** (detectar possíveis carências ou necessidade de apoio nesse processo).	• Tem contato com outros membros da mesma comunidade. A permanência no país é de curto, médio, longo prazo ou indefinida. Tem apoio dos vizinhos e membros da comunidade autóctone...
Dinâmica familiar	Estrutura familiar	
	• Composição do núcleo familiar.	• Genograma, item 1.
	• Relação com a família estendida.	• Próxima, constante, distante...
	• Tipo de família.	• Monoparental, estendida, recomposta, nuclear...
	Relação entre os pais	
	• Tipo de convivência.	• Distante, comunicativa, aglutinada, agressiva, estável, esporádica...
	• Formas de decidir aspectos da educação.	• É compartilhada, recai sobre a mãe, recai sobre o pai, recai sobre os avós, delega-se a outros...

ÂMBITO	ASPECTOS A SEREM CONSIDERADOS	INDICADORES
Dinâmica familiar (cont.)	**Relação pais-filhos**	
	• Tipo de relações (uso da autoridade diante dos filhos).	• Autoritária, repressiva, descontrolada, passiva, parentalização do filho...
	• Quem exerce a autoridade.	• Pai, mãe, irmãos, outros... ninguém.
	• Como se detectam os conflitos (acordo das normas e como se decidem).	• Autoridade, imposição, consenso-diálogo, indiferença-falta de diálogo...
	• Cumprem-se as normas.	• Sim/Não, determinadas pelos pais de maneira explícita, implícita ou secreta.
	Relação entre irmãos	
	• Tipo de relação.	• É positiva e enriquecedora. Atitudes competitivas desmesuradas. Tratamento diferenciador entre irmãos, por motivo de sexo ou diferença de idade, fomentado pelos pais. Cuidados exagerados entre irmãos. Rivalidade entre irmãos fomentada pelos adultos ou familiares responsáveis.
	Capacidade de organização do núcleo familiar	
	• Habilidades sociais/Analfabetismo funcional.	• Apresentam um nível de autonomia diante das situações que aparecem. Paralisam-se diante de situações novas ou desconhecidas. Necessitam de apoios externos: família estendida, dependência de outros...
Funções parentais	**Cumprimento das funções parentais. Necessidades físico-biológicas**	
	• Alimentação.	• Suficiente e variada, desnutrição, alimentação não adequada à idade, excessiva...
	• Vestimenta.	• Adequada, não adequada à época do ano, usa roupas limpas...
	• Higiene corporal.	• Esmero, sujeira, parasitas...
	• Sono.	• Tempo suficiente, insuficiente...
	• Atividade física e jogo.	• Atividade, imobilidade, sedentarismo...
	• Proteção do risco de integridade física.	• Acidentes domésticos, castigos habituais, esporádicos, agressões físicas...

ÂMBITO	ASPECTOS A SEREM CONSIDERADOS	INDICADORES
Funções parentais (cont.)	• Saúde	• Revisão adequada à idade e à saúde. Vacinação. Falta de exames pediátricos...
	Necessidades cognitivas	
	• Estimulação.	• Estimulação lingüística, visual e/ou auditiva adequada. Pobreza de estimulação. Reconhecimento das capacidades cognitivas do filho.
	• Compreensão da realidade física e social.	• Sabem transmitir uma visão global da realidade. Visão pessimista. Comportamentos anti-sociais.
	Necessidades emocionais/sociais	
	Sociais • Segurança emocional.	• Transmitem tranqüilidade. Rejeição. Ausências não justificadas. Abandono. Ameaça de retirada de amor...
	• Rede de relações sociais (amigos, relações com iguais...).	• Facilitam as relações ou provocam isolamento social. Proíbem certas amizades...
	• Participação e autonomia progressivas.	• Facilitam sua participação em decisões que o afetam.
	Sexuais • Curiosidade, imitação e contato.	• Respondem a perguntas. Castigam manifestações infantis. Protegem abusos.
	Com o ambiente físico e social • Proteção de riscos imaginários.	• Ouvem e compreendem seus temores. Evitam verbalizações e condutas que fomentam os medos.
	Interação lúdica	• Dispõem de tempo para compartilhar. Os jogos e os brinquedos são os adequados.

Avaliação e propostas de atuação.
- Avaliação do processo de imigração.
- Avaliação da dinâmica familiar.
- Que aspectos da dinâmica familiar estão afetando o processo educacional do aluno?
- Cumprimento das funções parentais.
- Os pais ou tutores responsáveis estão em condições de cobrir as necessidades físico-biológicas, cognitivas, emocionais e sociais?
- Em caso de não estar em condições, poderão fazê-lo com ajuda ou apoio?
- Tipo de ajuda ou apoio que requerem.
- Propostas diante da incapacidade dos pais para cumprir essas funções.

Item 3. Situação de saúde

O objetivo deste item é verificar se as necessidades médicas e sanitárias do aluno e de sua família estão cobertas.

Área Básica de Saúde (ABS) de referência: ....
Médico de medicina familiar: .... Pediatra: ....

ÂMBITO	ASPECTOS A SEREM CONSIDERADOS	INDICADORES
	Conhecimento da rede de saúde	
Serviços de saúde	• Tipo de contatos com o ABS de referência.	• Não conhece os serviços da saúde nem os circuitos derivados. Utiliza apenas o Centro de Atenção Primária (CAP) de saúde do bairro. Não segue indicações do pediatra. Utilização de medicina alternativa. Segue o programa da criança sadia, com controle de vacinações e pediátricos.
	• Utilização dos hospitais.	• Recorre apenas em urgências. Não fazem controles posteriores com o CAP de saúde do bairro depois de um atendimento de urgência.
	Diagnóstico de doença mental	
Doenças mentais	• Prognóstico.	• Doença mental temporária, doença mental crônica.
	• Capacidade de atenção aos filhos.	• Existência de apoio no seio da família para compensar a incapacidade dos pais. Existência de apoio fora do núcleo familiar para compensar a incapacidade dos pais... • Necessidade de serviços ou assistência: controlada, não controlada...
	Consumo de drogas	
Dependência de drogas	• Tipo de consumo.	• Ocasional, abuso, dependência, excessivo...
	• Tratamento.	• Não aceita tratamento, iniciado, em acompanhamento, inconstante.
	• Capacidade de atenção aos filhos	• Existência de apoio no seio da família para compensar a incapacidade dos pais. Existência de apoio fora do núcleo familiar para compensar a incapacidade dos pais...

Avaliação psicopedagógica 133

ÂMBITO	ASPECTOS A SEREM CONSIDERADOS	INDICADORES
Deficiências	Tipo de deficiência	Física, psíquica ou sensorial.
	• Diagnóstico da deficiência.	
	• Prognóstico.	
	• Grau de deficiência.	
	• Tratamento.	• Não aceita tratamento, iniciado, em acompanhamento, inconstante.
	• Capacidade de atenção aos filhos.	• Existência de apoio no seio da família para compensar a incapacidade dos pais. Existência de apoio fora do núcleo familiar para compensar a incapacidade dos pais...
Doenças orgânicas	Tipologia da doença	• Crônica, aguda...
	• Diagnóstico.	
	• Prognóstico.	
	• Tratamento.	• Hospitalização, não aceita tratamento, em acompanhamento...
	• Capacidade de atenção aos filhos.	• Existência de apoio no seio da família para compensar a incapacidade dos pais. Existência de apoio fora do núcleo familiar para compensar a incapacidade dos pais....
Prática de medicina alternativa	• Milenares.	• Acupuntura, buxobustão, digitopuntura, tratamento com argila, cinesiologia, homeopatia...

Avaliação e propostas de atuação:
- Cobrem-se as necessidades de saúde do aluno?
- Cobrem-se as necessidades dos outros membros da família?
- No caso de não cobrir as necessidades, qual é a proposta de atuação?
- Nível de colaboração nos tratamentos prescritos.

Item 4. Situação cultural

O objetivo deste âmbito é verificar os aspectos que estão ligados aos costumes, valores e hábitos da cultura familiar, que facilitam ou dificultam a relação e a participação do aluno e de sua família na escola.

ÂMBITO	ASPECTOS A SEREM CONSIDERADOS	INDICADORES
Cultura	• Árabes. • Ciganos. • Asiáticos: chineses, hindus... • Sul-americanos: dominicanos, equatorianos, peruanos, colombianos... • Subsaarianos: gambianos, senegaleses... • Famílias mistas (casais de culturas diferentes). • Outros.	• Nacionalidade. • País de origem. • País de procedência. • Imigração de zonas rurais ou urbanas. • Tempo de residência no país. • Necessidade de intérprete. • Relação com outros membros da mesma comunidade.
Religião	• Católica. • Evangélica. • Islâmica. • Budista. • Ortodoxa. • Outras.	• Fundamentalismo. • Culto. • Influências manifestadas na vida diária. • Repercussão na escola. • Que religião solicitam na matrícula.
Características culturais: hábitos cotidianos	• Valores.	• Papel da mulher/do homem. • Educação dos filhos.
	• Comportamentos.	• Alimentação: tipo, alimentos proibidos, práticas de jejum... • Luto. • Festas, celebrações, calendários... • Rotinas diárias (dormir, orientações alimentares, vestir...). • Vestimentas, diferenciação de papéis por questão de gênero, práticas proibidas...
	• Sinais externos significativos (que devem ser levados em conta pela escola para facilitar a integração dos alunos).	• Diferenciação dos papéis sociais por razões de gênero, imposição de um papel ao outro, atitude de dominação e sentimentos de pertencimento...
	• Subcultura de gênero, de classe social/*status*...	
	• Agentes de socialização: influência dos diferentes agentes no processo de socialização.	• A escola, família, religião, culto, organizações não-governamentais, outros agentes...

ÂMBITO	ASPECTOS A SEREM CONSIDERADOS	INDICADORES
Língua	• Idioma familiar.	• Língua materna.
	• Nível de comunicação com as línguas oficiais.	• Idioma do país de acolhimento: falado/escrito/nenhum. • Freqüenta aulas extra-escolares de sua língua materna.
	• Outras.	• Que outras línguas conhece. • Necessita de intérprete.

Avaliação e propostas de atuação:
• A família tem costumes e hábitos culturais que facilitam ou dificultam a participação na escola?
• Que aspectos culturais específicos é preciso ter presentes na trajetória escolar?
• Propostas de como estabelecer a comunicação com a família.
• A família necessita de intérprete?

Item 5. Situação econômica e de trabalho

O objetivo é avaliar se a situação econômica e de trabalho permite atender às necessidades básicas do grupo familiar.

ÂMBITO	ASPECTOS A SEREM CONSIDERADOS	INDICADORES
Trabalho	• Atividade profissional.	• Trabalho autônomo. • Trabalho por conta de outro. • Instabilidade trabalhista. • Economia informal: em oficina, no domicílio. • Atividade de trabalho não legalizada. • Dificuldades para manter um lugar de trabalho. • Mendicância.
	• Situação de trabalho.	• Fixo. • Desemprego. • Temporário. • Procura trabalho. • Não procura trabalho: ativo/passivo/dependente.
	• Ofício/profissão, anteriores e atual.	• Profissionais liberais (superior, médio). • Formação profissional técnica, auxiliar, operário. • Hotelaria, serviço doméstico... • Construção, cultivo do campo. • Venda ambulante, reciclagem de sucata, papelão, etc.

ÂMBITO	ASPECTOS A SEREM CONSIDERADOS	INDICADORES
Trabalho (cont.)	• Várias fontes de rendas.	• Superior, igual ou inferior ao salário mínimo. • Pensão contributiva. • Pensão não-contributiva decorrente de invalidez ou aposentadoria. • Auxílio-desemprego. • Ajuda familiar. • RMI. • Outras ajudas familiares.
	• Gastos fixos.	• Aluguel. • Hipoteca. • Luz, água, telefone, comunidade.
	• Tratamentos de saúde privados: reabilitação, psicólogo, fonoaudiólogo, dentista privados...	• Quantidade. • Tratamento.
	• Gastos escolares: livros, material, refeitório.... • Gastos técnicos diversos: óculos, aparelhos auditivos, cadeira de rodas.	• Fixos. • Extraordinários. • Pontuais.
	• Renda *per capita*.	• Renda *per capita* = Receitas – gastos/ número de membros da família.

Avaliação e propostas de atuação:
- Apresenta uma situação econômica que lhe permite atender às necessidades familiares?
- Existe capacidade para melhorar a situação de trabalho e ecônomica?
- A administração econômica é organizada ou desorganizada?
- Situação socioeconômica transitória?

Item 6. Relações com a rede informal

O objetivo é verificar que apoio podem receber da rede de vizinhança ou da comunidade onde residem o aluno e sua família, assim como a participação em diferentes âmbitos de relação.

ÂMBITO	ASPECTOS A SEREM CONSIDERADOS	INDICADORES
Relação com pessoas	• Tipo de vizinhança.	• Da mesma cultura, de outra, sem vizinhos...
	• Relação com os vizinhos.	• Boa, indiferente, má, não se relaciona por dificuldades de língua, por diferenças socioculturais, para evitar possíveis conflitos, isolada...

ÂMBITO	ASPECTOS A SEREM CONSIDERADOS	INDICADORES
Relação com entidades	• Conhecimento das entidades e dos grupos do meio.	• Tem conhecimento e participa ativamente.
	• Participação das entidades e dos grupos do meio: associações de vizinhos, associações específicas, espaços de tempo livre, centro cívico...	• Tem conhecimento e mantém contatos esporádicos. • Tem conhecimento, mas desconhece a localização. • Desconhece os recursos da comunidade. • Referência de alguma entidade.
Ocupação do tempo livre	• Tipo de atividades; esportes, leitura, cinema, saídas e reuniões em grupo da mesma comunidade cultural, religiosa.	• Não tem tempo livre. • Desconhecimento do conceito de tempo próprio.
	• Nível de envolvimento: participação, organização...	• Só se relaciona com o grupo familiar e do mesmo gênero. • Só se for acompanhado por algum membro de sua comunidade. • Precisa do consentimento do chefe da família. • Participação em grupos com condutas anti-sociais.
	• Freqüência.	• Todos os dias, esporádico, de 2 a 3 vezes por semana.

Avaliação e propostas de atuação:
• Aspectos que dificultam a relação com o meio, o aluno ou algum membro da família.

Item 7. Relações com a rede formal e de serviços

O objetivo é avaliar a autonomia do grupo familiar para pedir ajudas às instituições (serviços sociais, de saúde...)

ÂMBITO	ASPECTOS A SEREM CONSIDERADOS	INDICADORES
Serviços sociais	• Acompanhamento da Equipe Básica de Atenção Social Primária (EBASP) da área.	• Capacidade de demanda de ajuda (por si mesmos ou por terceiros). • Relação de dependência dos serviços sociais. • Colaboração ativa/passiva familiar. • Não-colaboração familiar.

ÂMBITO	ASPECTOS A SEREM CONSIDERADOS	INDICADORES
Serviços sociais (cont.)	• Acompanhamento da Direção Geral de Atenção à Infância e Adolescência – DGAIA (as famílias que mantiveram contato com as equipes de infância da área, retirada temporária ou permanente da tutela dos filhos...). • Acompanhamento da Direção Geral de Justiça Juvenil e Medidas Alternativas – DGJJMA (menores com medidas preventivas ou internação, membros da família com causas judiciais pendentes...).	• Relações pontuais para ajudas escolares: livros, refeitório... • Participação ativa em cursos e formação orientada no serviço. • Colaboração da família diante de situações de crise.
Serviços de saúde	Ver o item 3, "Situação de saúde".	
Relação com outros serviços e administrações públicas	**Tipo** • Administração local (urbanismo, gastos com moradia...) • Oficinas de informação ao cidadão (bem-estar social e família). • Etc.	• Desconhece a localização do serviço e sua utilidade. • Freqüenta sem dificuldades uma consulta. • Conhece os caminhos. • Conhece o funcionamento, mas não responde aos avisos e comunicados da administração.

Avaliação e propostas de atuação em relação ao âmbito da rede formal:
- Como é vivida pela família sua relação com a rede formal?
- Como os serviços descrevem a colaboração da família?
- É preciso iniciar uma intervenção para modificar ou reforçar a relação entre a família e os serviços?

Item 8. Moradia

O objetivo é verificar se as condições de moradia repercutem negativamente no aluno.

ÂMBITO	ASPECTOS A SEREM CONSIDERADOS	INDICADORES
Posse	• Tipo.	• Aluguel. Realocado. • Propriedade paga ou em processo de quitação. • Pensão. • Residência. • Na casa de um parente. • Sem moradia.

ÂMBITO	ASPECTOS A SEREM CONSIDERADOS	INDICADORES
Construção	• Tipo.	• Apartamento. • Casa. • Barraco. • Casa de campo. • Trailler.
Condições	• Luz.	• Instalação em boas condições. • Instalação em más condições. • Instalação ilegal. • Não tem luz.
	• Água.	• Instalação em boas condições. • Instalação em más condições. • Instalação ilegal. • Não dispõe de água quente. • Não dispõe de água.
	• Gás.	• Tipo (butano, cidade...) • Instalação em boas condições • Instalação em más condições. • Instalação ilegal. • Não tem instalação de gás.
	• Cômodos: número e condições.	• Número de cômodos. • Aglomeração (número de pessoas que convivem). • Insalubridade: odores, umidade.
	• Barreiras arquitetônicas e como afetam a autonomia dos membros da família.	• Elevador. • Cômodos adaptados.
	• Comunicações. • Interação família/moradia.	• Cuidada/descuidada.
Localização	• Meio.	• Urbano. • Rural.
	• Tipo de bairro	• Periférico, centro urbano, marginal, etc.
	• Serviços de que se dispõe: educativos, sociais, culturais, de tempo livre, de saúde...	• Acessibilidade. • Comunicação.

Avaliação e propostas de atuação com relação ao âmbito da moradia:
• Verificar se as condições de moradia repercutem negativamente no aluno.

\multicolumn{3}{	l	}{**Item 9. Situação do aluno/escola**}
\multicolumn{3}{	l	}{O objetivo é avaliar o tipo de relação que a escola estabelece com a família e com o aluno. Ao mesmo tempo, pode-se utilizar como pauta para o acompanhamento da dinâmica escolar a propósito da relação que o aluno estabelece com os professores e com a classe.}
ÂMBITO	ASPECTOS A SEREM CONSIDERADOS	INDICADORES
Características da escola que freqüenta	• Características da zona onde está localizada (população, moradias, equipamentos).	• Periferia da cidade, área rural, centro da cidade, bairro antigo, moradias de proteção oficial, de aluguel baixo, casas rurais. Escola com boa comunicação com os núcleos urbanos e outros serviços, requer transporte escolar.
	• Tipo de escola.	• Centro de Atenção Educativa Preferencial (CAEP), escola unitária, escola pública regular de uma linha, de duas, três, escola conveniada, escola de educação especial.
	• Tipo de recursos humanos, materiais ou técnicos de que a escola dispõe.	• Próprios da escola: 1, 2 ou 3 professores de educação especial, psicopedagogo, auxiliar de educação especial, classe de acolhimento. • Serviços de apoio: EAP, LIC, fonoaudiólogo, fisioterapeuta, etc.
	• Resposta e organização da escola diante de situações desfavorecidas.	• Própria escola: plano de acolhimento, previsão de auxílio econômicos para os alunos com necessidades (MEC*, refeitório, etc.), professor de referência para os alunos com dificuldades, reciclagem de livros gerida pela associação de pais e mães de alunos (AMPA) da escola, atividades extra-escolares, etc. • Serviços de apoio e entidades externas: comissões sociais estáveis na escola, entidades de voluntariado, etc.
	• Tipo de população escolar que atende.	• Minorias étnicas, itinerantes, imigrantes, população autóctone, filhos de lavradores, etc.
Atitude pessoal do aluno	• Aspectos pessoais.	• Emocionalmente, mostra-se equilibrado, instável, mentiroso, carente de controle, busca de risco, mostra-se inquieto, chama a atenção, dificuldades de integração com o grupo, mostra rejeição, manifesta pouca confiança, desorientado, introvertido, etc. • Tem designado um delegado de assistência ao menor dependente de justiça. • Consumo de substâncias tóxicas. • Evita ir para casa, é muito visto na rua. • Depois do fim de semana ou de períodos de férias, volta pior para a escola.

* N. de R.T. MEC – Ministerio de Educación y Cultura.

ÂMBITO	ASPECTOS A SEREM CONSIDERADOS	INDICADORES
Relação professor-aluno	• Com o tutor e com os demais professores.	• Cordial, conflituosa, agressiva verbal ou fisicamente, resposta inadequada diante das advertências, falta de respeito em relação ao adulto.
Relação do aluno com a classe	• Comportamento na aula.	• Participa, compartilha, não cumpre as normas, interrompe a aula, perturba a aula, exclui-se do grupo, é rejeitado por parte do grupo, etc.
	• Comportamento com os colegas.	• Procura briga, tem um grupinho, funciona como líder, mostra interesse pelos outros.
	• Comportamento da classe em relação ao aluno.	• Aceitação, rejeição, etc.
Resposta educativa	• Nível atual de competências.	• Nível adequado à série, apresenta um atraso significativo nas aprendizagens.
	• Estratégias utilizadas pela escola diante da situação do aluno.	• Adaptações curriculares, reforços, atenção específica, etc.
Relação família-escola	• Assistência escolar.	• Freqüência regular, faltas injustificadas, absentismo freqüente, abandono escolar, etc.
	• Atitude da família a respeito da escolarização do filho em face dos estudos e das demandas da escola (livros, material, excursões, entrevistas).	• Vão às entrevistas, respondem às notificações do tutor, não se apresentam quando convocadas, assumem uma parte do gasto escolar, não pagam os materiais, dão explicações contraditórias, ilógicas ou não têm explicação, etc. • Participação na AMPA. • Interlocutor ou referência familiar para a escola.
	• Estratégias utilizadas pela escola com a família.	• Entrevistas, reuniões trimestrais, convocações, contatos telefônicos, anotação na agenda escolar, adequação das entrevistas ao horário de trabalho dos pais, etc.
	• Grau de autonomia/dependência para desempenhar as tarefas escolares: hábitos de estudo, horários, estratégias, utilização dos recursos.	• Tem disponibilidade para realizar as tarefas em casa, não tem espaço próprio, necessita de uma pessoa para os deveres, não dispõe de recursos materiais ou pessoais para as tarefas, em casa não há horários regulares que facilitem as tarefas escolares, falta de valorização dos trabalhos escolares por parte dos adultos da família.

ÂMBITO	ASPECTOS A SEREM CONSIDERADOS	INDICADORES
Participação em atividades extra-escolares	• Tipos de atividades dentro e fora da escola e possibilidades de participar.	• Basquete, futebol, dança, oficinas de artesanato, idiomas, informática, etc. • A família não permite a participação em atividades lúdicas e extra-escolares, não tem condições econômicas para pagá-las.

Avaliação e propostas de atuação:
- As informações proporcionadas pela escola levam a suspeitar que existem necessidades educacionais decorrentes de situações sociais ou culturais desfavorecidas?
- Propostas de trabalho família-escola.

Item 10. Documentação familiar apresentada

Fotocópias de:
- [ ] DNI/NIF/NIE/Passaporte do pai.
- [ ] DNI/NIF/NIE/Passaporte da mãe.
- [ ] DNI/NIF/NIE/Passaporte do aluno.
- [ ] DNI/NIF/NIE/Passaporte de outros membros da família.
- [ ] Carteira da Seguridade Social.
- [ ] Carteira de vacinas ou atestado médico.
- [ ] Histórico de família.
- [ ] Certificado de deficiência ou outras certificados equivalentes.
- [ ] Histórico de escolaridade ou certificado escolar.
- [ ] Registro municipal.
- [ ] Justificativa de receitas e despesas.

Item 11. Atuações e gestões realizadas

- [ ] Chamadas telefônicas.
- [ ] Visitas em domicílio.
- [ ] Entrevistas com a família.
- [ ] Reuniões de colaboração com serviços sociais e outros serviços.
- [ ] Reuniões de coordenação EAP e LIC.
- [ ] Reuniões de coordenação com outras EAP de procedência.
- [ ] Reuniões de coordenação com inspeção e com escolas.
- [ ] Outras gestões.
- [ ] Elaboração de informe técnico.
- [ ] Elaboração de documentação interna para o serviço.

CONTEXTO DA AVALIAÇÃO

O processo de avaliação está presente desde o primeiro contato com um caso novo e dura até o final. Avaliar é saber fazer também de forma consciente e sistemática aquilo que se faz com base na intuição. Na avaliação dos alunos com ambientes sociais desfavorecidos, é preciso ter clareza sobre os núcleos de referência que configuram os contextos social, familiar e escolar em que estão inscritos. Do mesmo modo, convém realizar um trabalho em colaboração interna com a equipe e externa com os profissionais da rede de serviços do setor.

Exporemos o processo seguido pelo assistente social diante de uma demanda de avaliação social de um aluno em risco de marginalização ou com indicadores socioescolares que levam os professores à suposição de que existe risco. Essa atividade pode variar quanto à duração (a avaliação pode exigir mais ou menos tempo de estudo) e aos espaços que o assistente social possa utilizar para observar e ter contato com o ambiente do aluno e de sua família.

Inicialmente, na escola, buscam-se informações sobre a história escolar do aluno que é objeto de estudo e outros dados que façam referência à relação da família com a escola, com os outros pais, com os irmãos mais velhos escolarizados anteriormente, etc. Interessa reunir dados sobre a situação do aluno e de sua família, bem como sobre as circunstâncias que envolvem suas vidas, com o propósito de identificar:

- As causas que levaram à produção da situação problemática.
- As áreas que representam os aspectos positivos ou pontos fortes da família nos quais se pode apoiar a intervenção.
- As áreas que representam os aspectos deficitários ou pontos fracos da família e que podem servir como entraves à intervenção.
- O prognóstico do caso.
- As áreas que necessitam da incidência de outros serviços de intervenção.

Quando a situação tratada é conhecida por outros serviços assistenciais, ou há informação de que o aluno é atendido por algum outro profissional, é aconselhável que os diferentes profissionais envolvidos estabeleçam contato para se saber que tipo de atuação está sendo feita e não duplicar futuras intervenções.

Depois de esboçado um primeiro quadro da situação na escola e de comparadas as informações com outros serviços ou instituições do meio, onde o caso tenha sido atendido, estamos em condições de elaborar uma hipótese de trabalho, na qual apoiaremos nossa intervenção.

Conforme o diagnóstico preliminar formulado inicialmente, propomos o contato com a família. Pode-se tratar de um contato inicial com o aluno na própria escola, de uma entrevista formal com a família no âmbito da instituição escolar, ou de uma entrevista no domicílio familiar, dependendo da dificuldade ou do grau de resistência que a família possa oferecer diante da solicitação de uma entrevista.

É preciso ter presente que a escola pode ver uma dada situação como um problema, enquanto a família pode não percebê-lo assim. Também é possível que os pais alimentem a crença de que qualquer comunicado que recebam da escola será negativo, o que pode estar condicionado por uma história anterior de relações pouco satisfatórias com a instituição escolar. De qualquer modo, adapta-se as estratégias de trabalho às circunstâncias específicas de cada situação (espaços de relação do aluno no contexto educativo, no bairro, nos serviços sociais, etc.).

Esse processo de entrevistas pode funcionar em um primeiro contato ou levar a constantes convocações sem resposta. Quando a segunda convocação não obtiver resposta de uma família que é nova e da qual não houver de outras fontes, o profissional entra em contato com o ambiente familiar de forma direta, mediante telefonema ou notificação, anunciando a intenção de uma visita domiciliar. O objetivo desse contato é averiguar por que não houve resposta da família, dos pais ou dos tutores legais do menor às convocações para entrevistas e informá-los sobre a necessidade de falar de seu filho.

Estabelece-se essa aproximação sempre com muito respeito, porque isso pode ser visto pela família como uma invasão à sua privacidade. É preciso transmitir a intenção de não prejulgar nem de divulgar nenhuma informação, além dos aspectos estritamente escolares. Isso ajudará a rever a hipótese inicial e a verificar aspectos relacionados com a organização do ambiente sociofamiliar.

Via de regra, não é adequado realizar uma entrevista no domicílio, mas essa visita configura a desculpa para redirecionar a convocação ao espaço da escola ou da EAP para se realizar uma entrevista no contexto educativo e sem interferências. Se estivermos em processo de elaboração de um informe técnico, a visita ao domicílio ajudará a situar as necessidades do aluno em sua moradia e nos proporcionará muitas pistas sobre a capacidade de organização da família e sobre o respeito aos espaços de cada um de seus membros. No caso de uma família que tenha resistências a responder às convocações, pode ser útil observar e escutar aquilo que a família nunca expressaria no contexto escolar, por tratar-se de um espaço desconhecido.

CONTRIBUIÇÃO DA AVALIAÇÃO SOCIAL ÀS ESCOLAS

Entendemos a avaliação social como uma ferramenta educativa que procura oferecer informações sobre os limites e as possibilidades de melhoria do aluno e do ambiente ao seu redor, para que a escola possa prever uma atenção mais adequada às suas necessidades.

A informação que oferecemos pode ajudar a conhecer melhor os alunos, a fim de articular medidas específicas que favoreçam sua integração ao sistema escolar, bem como para que se faça uma previsão de atuações de suporte, a fim de que os aspectos sociais não comprometam o processo educacional de alunos que, por algum motivo, possam se sentir excluídos do sistema escolar.

A avaliação é um processo contínuo e dinâmico a se refazer durante o acompanhamento dos alunos dos quais se fez uma avaliação inicial, com a expectativa de mensurar as mudanças produzidas a partir das propostas de atenção previstas, tanto escolares quanto sociais, para uma melhoria da situação.

Essas avaliações contínuas dentro do espaço da escola podem ser feitas individualmente, a partir de entrevistas com os professores, com o aluno ou com a família, e também a partir das comissões sociais ou em reuniões periódicas ao longo do ano letivo. O tipo de acompanhamento será marcado pela organização e pelo funcionamento da escola que os alunos freqüentam.

A passagem do ensino fundamental ao médio é o momento oportuno para verificar a incidência dos aspectos sociais no processo educativo dos alunos e para avaliar a mudança de etapa.

Por confidencialidade, as informações sobre os alunos e sobre suas famílias devem ser de uso interno da EAP e da inspeção educacional. Do mesmo modo, só se permitirá que cheguem ao exterior as informações estritamente necessárias, para garantir e preservar o segredo profissional. É preciso selecionar as informações que contenham elementos significativos para a avaliação sociopedagógica, já que as normas de proteção ao menor obrigam à confidencialidade dos dados (Lei Orgânica n.º 5 de 29 de outubro de 1992, que regulariza o tratamento automatizado dos dados de caráter pessoal).

O informe técnico é dirigido à inspeção educacional e fica registrado no próprio serviço. As informações são transmitidas à escola apenas oralmente.

RELAÇÕES DE COLABORAÇÃO COM A REDE DE SERVIÇOS DO SETOR

A coordenação com os serviços de saúde e sociais que contam com assistente social (EBASP – Equipo Básico de Atención Social Primaria e ABS – Área Básica de Salud) é uma das possibilidades de que as escolas e a EAP dispõem para atender às necessidades sociais dos alunos.

Essa coordenação permite aos profissionais comparar informações significativas relacionadas aos alunos e complementar a avaliação social a partir de novos elementos obtidos no contexto objeto de estudo.

Outras entidades com as quais se estabelece coordenação são as colaboradoras da DGAIA do Departamento de Bem-Estar e Família, sejam centros de acolhimento, ou sejam centros residenciais de atenção educacional. Todos os menores acolhidos nesses centros e que devam se incorporar a uma nova escola da respectiva zona requerem uma avaliação inicial, que se configura na realização de um informe técnico, o qual relaciona aspectos sociais e educacionais do aluno.

Para facilitar a coordenação, propomos uma prévia discussão interna das diferentes necessidades detectadas nas equipes das escolas e da EAP. Exemplificamos como se desenvolve a coordenação conjunta com os serviços do setor citando as comissões sociais como uma das formas de organização que facilitam o acompanhamento dos alunos com necessidades sociais.

As *comissões sociais escolares* são reuniões interdisciplinares organizadas nas escolas de educação infantil, de ensino fundamental e médio com o objetivo de facilitar a coordenação dos serviços que intervêm junto aos alunos, nos âmbitos social, de saúde ou educativo. Essas sessões de trabalho ajudam a expor as demandas de caráter social manifestadas pelos alunos e por suas famílias, com o objetivo de prever os recursos necessários, externos ou internos à escola. Ao mesmo tempo, convertem-se em um ponto de referência a partir do qual se atende uma grande diversidade de necessidades apresentadas pelos alunos.

Comissões sociais escolares na educação infantil

Em geral, elabora-se um protocolo de coordenação entre os serviços de saúde, sociais e educativos para a população infantil de três a cinco anos, de uma determinada área geográfica.

O objetivo dessas comissões na etapa de educação infantil é melhorar o conhecimento entre os profissionais dos serviços envolvidos, expor as necessidades detectadas nas crianças em risco social, fazer sugestões e propostas, estabelecer critérios de atuação e concretizar a atuação de cada serviço para oferecer uma resposta mais global às necessidades que possam surgir.

Em uma primeira fase, pode-se estabelecer um encontro quinzenal para atenção ou acompanhamento dos alunos entre os profissionais da assistência social de cada serviço (ABS, EBASP e EAP).

Em uma segunda fase, é recomendável seguir o protocolo de coordenação em uma ou duas escolas, com a previsão de ampliação para outras e com a incorporação de novos profissionais, conforme as necessidades: pediatria e enfermaria da ABS, equipes diretivas e tutores das escolas e psicopedagogos da EAP.

Comissões sociais escolares no ensino médio

Trata-se de reuniões convocadas com periodicidade trimestral, para ouvir a demanda das escolas, conhecer as expectativas relacionadas aos alunos e avaliar as situações que se apresentem. Os membros que constituem as comissões sociais escolares nos IES (Institutos de Educación Secundaria) são:
- *Escolas*: o coordenador pedagógico do ensino médio, professor de pedagogia terapêutica, ou o psicopedagogo do IES.
- *Serviços sociais*: o assistente social ou o educador social.
- *EAP*: o assistente social e o psicopedagogo.

Os assistentes sociais da EAP entendem esse espaço como um contexto de colaboração entre serviços, que tem como objetivo avaliar as necessidades sociais a partir de uma visão global e fazer as propostas mais adequadas a fim de resolver possíveis situações de crise. Nesse espaço, o profissional deve se tornar uma referência válida para enfocar a atuação, com o apoio dos demais técnicos que fazem parte da comissão social escolar. Ao mesmo tempo, esse espaço converte-se profissionalmente em um lugar de supervisão informal e de suporte quando se inicia um plano de intervenção. Considera-se também que deve oferecer um acompanhamento contínuo aos alunos que apresentam graves dificuldades de adaptação social no âmbito escolar.

REFERÊNCIAS

ANDOLFI, M. (1993): Terapia familiar. Un enfoque interaccional. Buenos Aires. Paidós.
ARRUABARRENA, M.; PAUL DE, J.; TORRES, B. (1994): El maltrato infantil. Detección, notificación, investigación y evaluación. Madrid. Ministério de Asuntos Sociales. SASI (Programa de Mejora del Sistema de Atención Social a la Infància).
CASAS, F. (1991): Els indicadors psicosocials. Barcelona. Escola Universitária de Treball Social. La Llar del Llibre S.A. Colección «EUGE».
ESCOLA UNIVERSITÁRIA DE TREBALL SOCIAL (EUTS) (1989): Conceptes i eines bàsiques de treball social. Barcelona. ICESB.
LÓPEZ, F. (1995): Necesidades de la infancia y protección infantil. Fundamentación teórica, clasificación y critérios educativos. Madrid. Ministério de Asuntos Sociales.
RIVAS, MJ. DE (2000): La metodología del trabajo social. Publicaciones de la Universidad de Valencia. Colección «Educación».
SLUSKI, C. (1996): La red social: Frontera de la práctica sistémica. Barcelona. Gedisa.

Documentos del Departamento de Educación de la Generalitat de Catalunya

AA.W. (1999): El Diagnòstic social com a e/no educativa. Seminari de treball del pla de formació permanent deis EAP. Barcelona.
_____. (2001): Avaluació i seguiment dels alumnes amb necessitais educatives especiais derivades de situacions sociais i/o culturais desfavorides. Seminari de treball del pla de formació permanent deis EAP. Barcelona.
COMISSIO DE TREBALL (2000): Informes d'Ensenyament. Escolarització d'alumnat fill de famílies immigrants. Departament d'Educació. Generalitat de Catalunya.
GRUP DE TREBALL (1999): Recursos per a la intervenció dels EAP. Proposta d'indicadors per a l'avaluació psicopedagògica en el dictamen. Departament d'Educació. Generalitat de Catalunya.

Documentos del Departamento de Sanidad de la Generalitat de Catalunya

DEPARTAMENT DE SANITAT (1996): El llibre d'en Pau. Guia per a l'abordatge del maltractament en la infància per als professionals de la salut. Barcelona. Generalitat de Catalunya. Departament de Sanitat i Seguretat Social, DGAI, ICS i l'Associació Catalana per a la infància maltractada.

Documentos del Col·legi Oficial de Diplomais en Treball Social i Assistents Sociais de Catalunya

COL·LEGI OFICIAL de DTS I MSS DE CATALUNYA (2000) Codí d'ètica i deontològic dels diplomais en treball social i assistents sociais de Catalunya. COMISIÓN DE TRABAJO DE INFANCIA (2000): Indicadors de rísc social. Barcelona. Collegi Oficial de Diplomais en Treball Social i Assistents Sociais de Catalunya.

NORMAS

- Convenções Internacionais sobre os Direitos da Criança. Nações Unidas, 20 de novembro de 1998. Ratificada pelo Estado espanhol em 30 de novembro de 1990, BOE de 31 de dezembro de 1990, nº 313.
- Decreto 338/1986 de 18 de novembro de regulação da atenção à infância e à adolescência em alto risco social.
- Resolução pela qual se aprovam as normas de pré-inscrição e matrícula dos alunos das escolas mantidas com fundos públicos que oferecem ensino de regime geral e de artes plásticas e desenho para o ano letivo 2002-2003.

8 | A avaliação psicopedagógica dos alunos que apresentam dificuldades de comunicação e linguagem

Manuel Sánchez-Cano

INTRODUÇÃO

Neste capítulo, pretende-se fazer uma leitura do tema da comunicação, da linguagem e do desenvolvimento da comunicação no contexto escolar, ou seja, a partir do momento da acolhida do aluno em um período-chave de seu crescimento como pessoa e, portanto, no qual precisa aprender a falar e a se comunicar, ao mesmo tempo em que necessita falar e se comunicar para aprender.

Em torno da relação entre desenvolvimento comunicativo e ensino-aprendizagem, surgem diversas questões apontadas ao longo deste texto. Por um lado, as possibilidades de comunicação constituem uma condição indispensável para a aprendizagem. É difícil conceber uma construção conjunta de aprendizagens sem que se estabeleçam vínculos comunicativos entre o aprendiz e o ambiente educacional.

Por outro lado, do ponto de vista do desenvolvimento, a comunicação não se dá no abstrato, mas simultaneamente à transmissão de intenções entre os interlocutores, isto é, ao mesmo tempo em que exercem as funções comunicativas para informar ou pedir informação, expressar emoções, reclamar um assunto ou sentir-se bem ao falar de temas diversos, ou considerando os aspectos instrucionais, ao mesmo tempo em que constroem os conteúdos matemáticos ou os conhecimentos do meio natural.

Por isso, não se deve perder de vista que as condições de ensino-aprendizagem são especiais no caso dos alunos que apresentam dificuldades no acesso à comunicação.

Essas e outras questões que surgem em torno do tema da comunicação e da aprendizagem podem ser concretizadas em certas perguntas. Que aspectos do desenvolvimento e da aprendizagem serão afetados nos alunos com dificuldades comunicativas? Em decorrência disso, que meios ou recursos será preciso pôr em jogo para intervir nos alunos com dificuldades de comunicação? É necessário desenvolver um nível mínimo de comunicação como fator prévio à aprendizagem de qualquer outro tipo de conteúdo? Como se podem observar e avaliar as necessidades comunicativas dos alunos que apresentam dificuldades de aprendizagem? Que estratégias de intervenção podem ser aplicadas? Como se vê, são muitas as perguntas a serem feitas ao longo destas linhas.

Neste capítulo, faremos uma abordagem do desenvolvimento comunicativo no contexto escolar originada em uma concepção dinâmica da comunicação e nas características interativas dos alunos que enfrentam diversas deficiências comunicativas. Serão apresentadas diretrizes e critérios para a avaliação do desenvolvimento das funções comunicativas, concluindo-se com estratégias para a intervenção.

POR UM CONCEITO DE COMUNICAÇÃO

A partir da segunda metade do século XX, criam-se diversas teorias para tentar explicar como as pessoas se comunicam. Em parte, essas teorias têm a ver com o desenvolvimento das tecnologias da comunicação, as quais, em face da explosão que tiveram nos últimos anos, não vacilaríamos em qualificar como incipientes. Contudo, o funcionamento do telégrafo, do telefone e das primeiras emissões por rádio nos fazem pensar na comparação entre esses instrumentos e a comunicação humana.

O conceito de intencionalidade – conduta dirigida a uma meta – aparece estreitamente relacionado com a comunicação. De fato, para diversos autores, a intenção que um organismo possa ter de influir sobre outro é o critério que os conduz a diferenciar o que chamam de comunicação autêntica (a comunicação intencional) da simples transmissão de dados (a não-intencional). Essas posições abrem um espaço no qual é preciso distinguir diversos enfoques que restringem a comunicação à presença de uma intencionalidade definida das posturas mais abertas nas quais a intencionalidade emerge do âmbito da comunicação.

Neste texto, aderimos ao enfoque mais amplo, segundo o qual todo comportamento é comunicativo – posição que já em 1949 era sugerida por Shanon e Weaver e outros teóricos da informação, de que qualquer comportamento pode ser tratado como sinal, independentemente da intencionalidade do emissor. Desse ponto de vista, é o receptor que decide qual a informação trata como intencional e qual trata como não-intencional. É isso que permite tratar a comunicação em um plano interativo e de encontro entre os que dominam os sinais comunicativos e os que precisam aprendê-los. Reforçando essa idéia, o desenvolvimento da intencionalidade e das funções comunicativas se deve, em parte, às interpretações dos adultos sobre o comportamento das crianças.

Em diversos âmbitos da psicologia, existem alguns enfoques que coincidem em afirmar que, em um contexto social, a não-comunicação não existe. É o que expressam diversos autores que trabalharam com esse tema a partir de pontos de vista que em princípio diferem entre si, como, por exemplo, a comunicação não-verbal, a dinâmica familiar ou os enfoques sistêmicos.

Assim, a pretensa falta de comunicação costuma ser interpretada em termos de negativa de se comunicar. Ou seja, fazendo um jogo de palavras, a pessoa comunica que não deseja comunicar, portanto já tem um comportamento comunicativo, dado que outra pessoa pode interpretar seu comportamento nesses termos.

A suposição de que o contexto social configura-se eminentemente comunicativo contém uma série de aspectos implícitos que é necessário contextualizar no ambiente educacional. Em primeiro lugar, a interpretação de que determinados comportamentos revelam que o aluno nada quer (ou não pode, ou não sabe, ou sabe mas não quer) comunicar indica a presença de conflito, seja pessoal, seja com o ambiente. Quer dizer, trata-se de um aluno que compromete seriamente as possibilidades de interação com o ambiente e, portanto, com a aprendizagem. Assim, como resposta, as pessoas do ambiente devem modificar as regras de comunicação com ele, seja porque desejam estabelecer contato e buscam a maneira mais apropriada, seja porque se cria uma certa sensação de impotência quando se pergunta mil vezes por que aquela criança não se comunica e o que se pode fazer para estabelecer contato.

Para aprofundar o tema, descrevem-se brevemente alguns modelos de comunicação que ilustram melhor os diferentes pontos de vista. Em linhas gerais, os diversos paradigmas podem ser agrupados nos modelos de comunicação linear e nos de comunicação contínua. O objetivo será considerado na adaptação de cada um deles ao ambiente educacional. Pensar em um modelo de comunicação linear, no qual os vários elementos estão isolados e ocorrem de maneira sucessiva, tem conotações diferentes de quando se pensa em um modelo contínuo, no qual os elementos estão integrados a um contexto.

Modelo de comunicação linear

Essa concepção, já superada, dá a entender que a comunicação é transmitida de maneira linear e que o processo comunicativo consistiria uma seqüência de movimentos encadeados (ver Quadro 8.1). De acordo com esse modelo, a iniciativa parte da pessoa A que elabora a mensagem, confere-lhe um código lingüístico e o transmite a uma pessoa B. A age como emissor, e B, como receptor. Quando a pessoa A recebe a mensagem, decodifica-a, reage e transmite-a a B. Os participantes desse modelo de comunicação não agem simultaneamente, mas sim de maneira sucessiva. Essa seqüência lembra, de certo modo, aquelas reportagens nas quais se dialoga com um interlocutor que se encontra a milhares de quilômetros de distância, e parece que os processos de emissão, codificação e transmissão avançam em seqüências independentes, de modo que, quando B recebe a mensagem, precisa integrar os diferentes elementos da mensagem antes de responder e, com isso, reiniciar o processo. Em certo sentido, esse modelo recorda a "metáfora do telégrafo" (Nadel e Camaioni, 1993), em que a comunicação se apresenta como uma transmissão intencional de informação. Essa metáfora implica que cada agente é um indivíduo separado que tem a intenção de transmitir uma mensagem e confia que o receptor compreenderá a mensagem transmitida.

Quadro 8.1 Modelo linear de comunicação

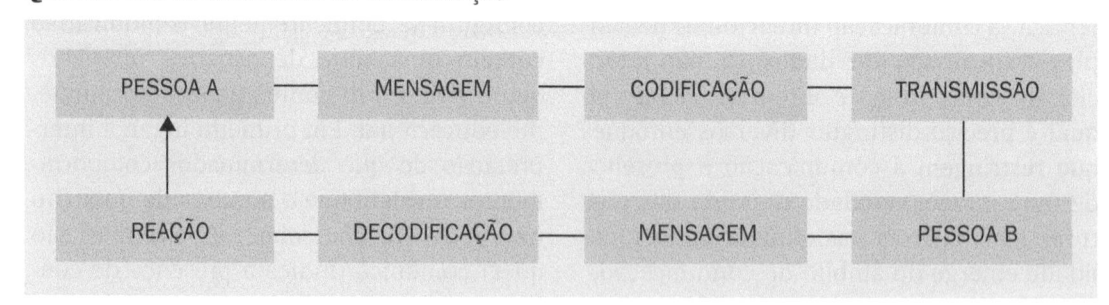

PESSOA A — MENSAGEM — CODIFICAÇÃO — TRANSMISSÃO

REAÇÃO — DECODIFICAÇÃO — MENSAGEM — PESSOA B

Atuar no ambiente escolar com base nessas premissas equivaleria a fazer uma abstração dos elementos contextuais e esperar a reação de um interlocutor pela reação do outro, quer dizer, seria considerar que a intervenção do aluno se deveria unicamente à iniciativa do docente ou vice-versa. Além disso, esse modelo não leva em conta o cenário em que se produz a comunicação, nem os diferentes tipos de mensagens simultâneas que os interlocutores dirigem uns aos outros.

Modelo de comunicação contínua

Nesse modelo, as pessoas que entram em contato atuam simultaneamente como emissores e receptores de mensagens. Os processos de codificação, decodificação e transmissão das mensagens são simultâneos, e os interlocutores transmitem diversas mensagens ao mesmo tempo uns aos outros. Entre elas, inclui-se a informação oferecida pela entonação, a gesticulação o ambiente em que se produz, etc. (ver Quadro 8.2).

Quadro 8.2 Modelo contínuo de comunicação

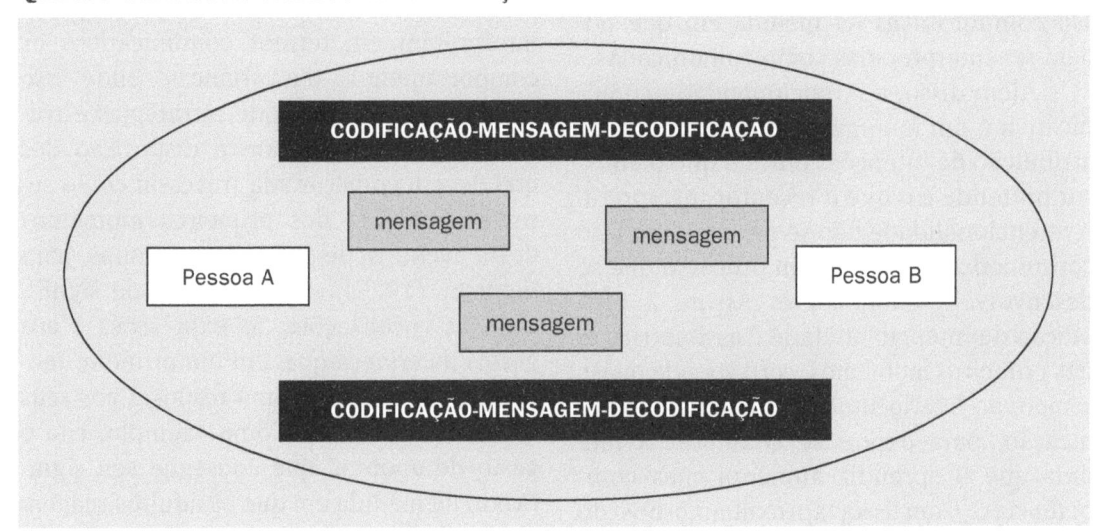

As mensagens entre os interlocutores são de ida e volta, e produz-se entre eles um processo de colaboração para que o processo comunicativo se realize. A colaboração que se cria entre os interlocutores é o que ajuda a superar as possíveis discrepâncias entre os diferentes tipos de mensagens e, ao mesmo tempo, tende a desenvolver estratégias para que o receptor leve em conta a intencionalidade com que o emissor envia suas mensagens.

Quando se faz uma leitura do ambiente educacional, contata-se que entre o aluno e o professor criam-se múltiplas mensagens, e todas elas têm um peso específico na comunicação. O primeiro percebe uma mensagem na qual há um conteúdo de informação que se expressa em um determinado tom de voz e que é acompanhada de uma gesticulação específica. Assim, quando se fala de dificuldades de comunicação seria preciso considerar em que mensagem ou mensagens residem as dificuldades e sobre que aspectos deveriam incidir as estratégias para potencializar a comunicação.

O contexto da sala de aula, o clima criado entre todas as pessoas que convivem em um ambiente concreto, a relação construída entre o aluno e os colegas, etc., são fatores explicativos de como se desenvolve a comunicação e também estão incluídos nesse modelo. Tal modelo se assemelha à "metáfora do *jazz*", em que intervêm diversos participantes, cada um construindo sua atuação encadeada à dos demais, e não existe um resultado predeterminado para o fato comunicativo (Fogel, 1993).

Desenvolvimento da comunicação

Em uma concepção dinâmica, a comunicação depende não apenas de quem emite comportamentos comunicativos, mas também do receptor que os interpreta como tais, dado que, de acordo com o modelo de comunicação contínua, todas as condutas são comunicativas na medida em que podem ser interpretadas como comunicadas.

Além disso, a intencionalidade comunicativa é um fenômeno compartilhado de atribuição de intenções entre o que o emissor pretende e o que o receptor interpreta. A intencionalidade não se dá como um fato consumado, mas como um processo que se desenvolve gradualmente. Assim, a atribuição de intencionalidade é assimétrica e, nos primeiros momentos, corresponde quase sempre ao interlocutor mais hábil da comunicação, para depois se equilibrar à medida que o aprendiz aumenta suas competências. Com isso, aproximamo-nos do construtivismo social, em que autores como Kaye (1986) e Lock (1993) entendem que a intencionalidade emerge no processo interativo que ocorre no âmbito da comunicação. Portanto, a intencionalidade emerge na relação bebê-adulto porque os atos não-intencionais do bebê são tratados como tais pelo adulto, e esse processo de atribuição social e de construção de significado acaba criando a comunicação intencional, que se manifesta por volta dos nove meses.

Quando se fala de aquisição da linguagem e da comunicação sob uma perspectiva interativa, adota-se uma posição teórica segundo a qual a comunicação preexiste à linguagem (Marcos, 2001). Essa preexistência pode ser entendida tanto do ponto de vista cronológico, já que a criança, antes de dominar a linguagem, expressa suas intenções comunicativas por meio de diversos signos, como do ponto de vista lógico, visto que a comunicação é o âmbito conceitual em que tem lugar a aparição das diferentes linguagens.

A comunicação se desenvolve em um contexto social e lingüístico em que a criança encontra interlocutores mais avançados e mais hábeis do que ela na comunicação e na linguagem, que adaptam os códigos lingüísticos para facilitar sua aprendizagem e interpretam em termos comunicativos os comportamentos das crianças. Tudo isso constitui um conjunto de estratégias estruturadas que se colocam à disposição dos que devem começar sua travessia como seres sociais. Um dos primeiros momentos dessa aventura de atuações conjuntas, para Vigotsky (1977), é a atribuição de significado às vocalizações, às expressões e aos gestos da criança que, em um primeiro momento, representam uma resposta aos seus estados emocionais. Como exemplo, cita o gesto de apontar, que consegue seu significado na medida em que os adultos reagem e dão funcionalidade a um gesto que em princípio não tem intencionalidade para a criança.

Essas expressões se convertem em sociais porque os adultos à sua volta lhes atribuem um significado estável e atuam de maneira consoante com o significado atribuído. A regularidade com que os adultos reagem às expressões que em princípio são neutras ajuda a criança a começar a estabelecer vínculos significativos com os comportamentos dos adultos ao seu redor. Ou seja, a criança começa a ter um comportamento intencional quando intui que suas reações provocam um tipo de resposta por parte dos interlocutores adultos a sua volta. Dessa maneira, a atribuição de intencionalidade passa a ser um fenômeno compartilhado a partir do momento em que permite a cada participante encontrar regularidades, antecipar e atuar em função do outro (Serra, 2000).

A ênfase na importância da interação entre adultos e crianças leva Clemente e Villanueva (1999) a afirmarem que a criança não nasce com a capacidade de falar, mas, por meio da interação com os adultos consegue pouco a pouco ser capaz de falar, a partir das organizações biológicas inatas que permitem sua sobrevivência, como a emocionalidade, a percepção dos estímulos do ambiente e a preferências pelos estímulos sociais.

Não podemos esquecer também, dentro dessa trama de relações sociais, a contribuição do tipo particular de relação que Bruner (1981) define como formatos. Os formatos se compõem de seqüências de estrutura estável que permitem a cada um interpretar as intenções do outro e antecipá-las. Graças à regularidade com que essas relações estão entrelaçadas, a criança codifica a informação. O menino ao brincar com seus pais prevê que, depois de uma piscada, virá a brincadeira que tanto gosta ou as cócegas que tanto o divertem. Essa antecipação se dá como conseqüência de ter atribuído significado a um gesto dos pais e, com isso, de ter codificado esse gesto.

Essa trama de relações sociais que as crianças vivem em sua família tem o valor de práticas educativas, como descreve Gràcia (2003), já que lhes possibilitam observar e se incorporar a padrões de atividades, papéis e relações cada vez mais complexos, junto ou sob a orientação de pessoas mais experientes para que possam praticá-las mais adiante de maneira autônoma. Dessa forma, as crianças podem aprender e se apropriar dos conhecimentos e das habilidades imprescindíveis para seu desenvolvimento. Dentro do mesmo conceito de práticas educativas, é preciso considerar o modelo, a orientação, o treinamento, a avaliação qualitativa, etc., de momentos, situações e formas de utilizar adequadamente os comportamentos de interação social.

Nessa mesma linha, Rogoff (1993) sugere que os adultos se convertem em uma espécie de "tutores", dado o conjunto de andaimes com que se deparam determinadas aprendizagens das crianças enquanto autênticas práticas educativas, como se observa, por exemplo, no fato de orientar o interesse da criança, reduzir o número de passos necessários a fim de resolver um problema ou controlar a frustração que se pode gerar nas práticas mais difíceis.

DESENVOLVIMENTO DA INTENCIONALIDADE

Nas páginas anteriores, referimo-nos ao conceito de intencionalidade como um processo desenvolvido gradualmente em um contexto de interação social. A seguir, dedicaremos algumas linhas para descrever os diferentes momentos ou fases em que ocorre esse processo de desenvolvimento, a fim de buscar vias de avaliação e ajuste para os alunos com dificuldades comunicativas. Bates (1979) distingue as etapas apresentadas a seguir.

Etapa perlocucionária

Nessa etapa, as crianças não têm consciência de suas próprias tentativas. Assim, é o interlocutor adulto que responde a algumas reações por parte da criança que, no início, não tem intenção. A atribuição de intencionalidade é do adulto, na medida em que atribui intenção ou causalidade às expressões da criança: parece que esta quer dizer que está com fome, que quer brincar, que gosta, que não gosta, etc. Nessa etapa, o comportamento das pessoas adultas será orientado pela interpretação dos comportamentos infantis. A atribuição de significado permite ao adulto agir em conseqüência.

Etapa ilocucionária

Nessa etapa, já existe intenção real, embora se manifeste por meio de recursos não-verbais: vocalizações, gestos ou ações. Os movimentos da criança são dirigidos ao objeto: emite sons e aponta o copo, o brinquedo, etc., que deseja alcançar. Em um momento posterior, os gestos são dirigidos ao adulto que está presente. Isso significa que a criança já percebeu o poder de regulação que seus comportamentos têm. Esse período supõe um grande avanço em relação ao anterior, na medida em que a criança começa a codificar suas intenções e dirige seus movimentos a atrair a atenção do adulto.

Etapa locucionária

Nessa etapa, a intenção se expressa por meio de recursos verbais. Esse recurso se desenvolve durante um longo período e dá margem ao aperfeiçoamento das funções comunicativas e das habilidades pragmáticas. Granlund e Olsson (1999) consideram que nessa etapa há um nível de intencionalidade dirigida ao interlocutor, apelando a sua capacidade de interpretar os sinais mais elaborados; por exemplo, a criança vê um colega comendo chocolate e, sutilmente, diz ao adulto: "Eu também gosto de chocolate, na minha casa também me dão". Sem dúvida, essa conduta revela um nível bem mais avançado de linguagem e comunicação do que se deduz nas etapas anteriores. A criança se dirige ao adulto nesses termos porque lhe atribui a capacidade de deduzir o que realmente pede.

Em resumo, a partir do desenvolvimento da intenção comunicativa descrita pelos autores citados, propomos quatro momentos evolutivos dessa intenção:

1. A criança não tem consciência de sua própria tentativa. O adulto interpreta suas intenções.
2. A criança comunica suas intenções por meio de recursos não-verbais: gestos, vocalizações, excitação geral, etc., dirigidas ao objeto.
3. A criança utiliza recursos verbais. Pode-se dirigir ao adulto como recurso.
4. A criança dirige-se ao adulto como interlocutor.

No desenvolvimento da intencionalidade, a trajetória iria desde a primeira etapa, em que a criança não tem consciência de sua própria tentativa e são os adultos, a sua volta que lhe atribuem intencionalidade, até acrescentar gestos e vocalizações dirigir-se ao adulto como fonte de recursos e, por último, dirigir-se a este como interlocutor.

AS FUNÇÕES COMUNICATIVAS

No tema das funções comunicativas, a pergunta-chave é: Para que falamos e nos comunicamos? Que funções colocamos em jogo com os atos comunicativos e lingüísticos? Muitas e muito diversas: falamos para informar sobre algo que passa conosco ou que nos chama a atenção, dizer como estamos, fazer coisas com as palavras, pedir a outra pessoa que faça isto ou aquilo, ordenar nossas ações quando dizemos a nós mesmos o que é preciso fazer primeiro e o que pretendemos fazer depois, protestar por algo que não nos agrada, agradecer um favor, anunciar que chegamos ou que viemos de um lugar, etc. Pelo objetivo que cumprem essas ações, nós as entendemos como funções comunicativas e foram categorizadas de várias maneiras.

Neste texto, vamos retomar e atualizar a categorização de funções que já utilizamos anteriormente (Sánchez-Cano, 2001) a fim de "cruzar" os diferentes comportamentos comunicativos com as fases de desenvolvimento da intencionalidade, de modo que podemos dispor de uma diretriz para observar e registrar como se realizam, constatar a evolução que se produz e extrair estratégias de intervenção.

Depois de adaptar as funções comunicativas de observação e intervenção ao contexto escolar e à idade em que se desenvolvem, consideramos as categorias que seguem.

Categoria de regulação

Nessa categoria, incluem-se as condutas da criança para influir no comportamento de seu interlocutor. Muitas de suas condutas têm como finalidade influenciar, isto é, regular o comportamento dos adultos a seu redor, fazendo com que prestem atenção no que está fazendo, alcancem um objeto, modifiquem as condições ambientais, etc. Os comportamentos da criança que regulam os de seus interlocutores são atos comunicativos que estão na base da socialização e que, por meio do processo interativo produzido entre adultos e crianças, pactuam e criam os códigos comunicativos e lingüísticos que permitem o desenvolvimento social.

A demanda tem a função de regular o contexto mais imediato e é um dos primeiros indícios de que se estabeleceu um vínculo estável entre o gesto que a criança faz e o significado que os adultos lhe atribuem. Contudo, as demandas advindas de alunos com atraso na comunicação e na linguagem costumam ser muito sutis e, muitas vezes, é preciso continuar atribuindo significados aos gestos, cuja intencionalidade só é percebida por parte do interlocutor. A atribuição de significado pode requerer conhecimento, experiência e assessoramento em determinadas necessidades específicas. Assim, por exemplo, Chen (1999) relata o caso de um menino cego e com dificuldades auditivas que diminuía o movimento até ficar quieto quando sua mãe falava. Em um primeiro momento, interpretava-se que o menino não tinha interesse, quando, na realidade, o que ele fazia era prestar atenção. Outro menino, com paralisia cerebral, estremecia quando seu pai o tocava. No início, isso foi interpretado como rejeição, mas, posteriormente, constatou-se que, de fato, tratava-se de maexcitação de alegria.

Apontar um objeto, olhar para ele com uma certa constância ou fazer alguma produção verbal são indícios que podem ser interpretados como uma demanda. Essa categoria marca a evolução da intencionalidade na medida em que o gesto de apontar pode ser interpretado como o primeiro passo na intenção da criança que, aos poucos, acrescentará sons, excitação geral e palavras com as quais se dirigirá ao adulto, primeiro como recurso e depois como interlocutor.

Em outra fase do desenvolvimento, e sempre como resultado da interação criada entre adultos e crianças, o controle exercido sobre os outros por meio dos comportamentos comunicativos é interiorizado e, assim, cumpre as funções de controlar o próprio comportamento: a auto-regulação.

Categoria de informação

Nós nos comunicamos também para informar ou pedir informação. Informa-se por meio de enunciados que comunicam um fato que um interlocutor dá a conhecer a outro, informa-o sobre o que pensa, sobre o que opina. Pede-se informação por meio de enunciados que solicitam a outra pessoa que apresente dados ou uma opinião que desejamos obter.

Em determinados casos, designar, nomear ou referir-se verbalmente a alguma pessoa ou objeto equivale a uma demanda. Contudo, o que nos ajuda a diferenciar se estamos em uma ou outra categoria é a seqüência comunicativa que se cria a partir da iniciativa da criança. A resposta do adulto é a que faz com que um comportamento da criança configure uma demanda, uma informação ou o início de um diálogo.

Assim, por exemplo, quando o aluno diz "caalo", e o professor interpreta que o aluno o denomina como resultado do que reconhece, celebrará esse fato: "Muito bem, Marcos, é um cavalo, você gosta?" Se, ao contrário, o professor interpreta que o aluno deseja que lhe alcance o objeto, aquele irá entregá-lo nas mãos deste para que brinque. O aluno também tem um papel ativo nessa seqüência, visto que a interação só terá êxito se a resposta do adulto corresponde às expectativas da criança.

Categoria de expressão

As diferentes formas de expressar rejeição ou prazer proporcionam informações sobre como a criança vive a situação em que se encontra e consegue mobilizar a resposta dos adultos ao seu redor. Se a criança expressa rejeição por meio do choro, mobilizam-se comportamentos; se ela expressa alegria por meio do riso, repercute em outras reações que também influem na interação com o aluno. Em suma, em um caso como no outro, trata-se de comportamentos que induzem à interação da criança com as pessoas do meio e vice-versa.

No âmbito comunicativo, essas manifestações provocam a atuação do adulto, que pode adotar toda uma gama de respostas, que vão desde a máxima solicitude às suas expressões até a passividade diante delas. Tão importante ou mais do que observar quais são as causas que provocam rejeição ou prazer e que tipo de reação tem o aluno diante dessas circunstâncias é observar a resposta dos adultos nessa situação.

Assim, é preciso verificar se o adulto se mostra solícito para resolver os possíveis problemas de imediato, se deixa que o aluno tente solucionar a situação por sua conta, se compartilha sua satisfação, etc. Em princípio, a decisão que se deve tomar a cada momento depende da análise das circunstâncias e dos objetivos que se propoem em relação ao aluno.

Categoria de diálogo

A atuação por turnos, a observação, a escuta e a espera do que o outro faz antes de emitir seu próprio comportamento, ou seja, a concatenação de condutas entrelaçadas alternativamente umas às outras entre os diferentes interlocutores está na base das habilidades necessárias para manter intercâmbios comunicativos em forma de conversação.

A existência de turnos de diálogo com sons, ações ou palavras indica que a criança já adquiriu a estrutura básica da conversa, com alternância de turnos em que podem fazer perguntas a outras pessoas, bem como responder perguntas de outras pessoas, etc. Nessa categoria, põe-se em jogo a maior competência do adulto para gerir os intercâmbios comunicativos e ceder progressivamente seu controle à criança.

Nesse ponto, interessa introduzir a distinção clássica entre compreensão e expressão, visto que uma alta percentagem das atuações de adultos em relação às crianças assume a forma de pergunta, ordem ou instrução, sobre a qual se constrói um diálogo no qual se negocia qual atividade é preciso realizar e como.

Essa categoria revela que o aluno já adquiriu a estrutura básica da conversação, com alternância de turnos. Inclui-se ainda um item sobre a relação criada em torno das ordens e instruções simples que os adultos dirigem às crianças, visto que essa é uma das solicitações mais freqüentes que os adultos fazem às crianças e cujo entendimento valorizam bastante.

Categoria metalingüística

Quando se encontra indícios de que o aluno começa a usar a linguagem para analisar sua própria linguagem ou analisar o que outros quiseram dizer, começar a entender e utilizar a linguagem figurada, a utilizar e entender enunciados expressados com sentido de humor, demonstrar capacidade para ir além do que dizem as palavras textuais, isso significa que está desenvolvendo as funções metalingüísticas. Entre os objetivos gerais do currículo de língua na educação infantil, propõe-se o desenvolvimento da capacidade metalingüística e, para isso, implementam-se diversas atividades que potencializam o desenvolvimento dessa função, como as adivinhações, os refrões, as frases feitas, etc., as quais requerem que o usuário da língua se situe acima do que diz o enunciado. Por esse motivo, julga-se necessário incluir essa categoria de uso da linguagem na observação do perfil comunicativo dos alunos, pois, embora se exija um certo nível de aquisição da linguagem, sua presença indica o desencadeamento de processos evolutivos mais complexos.

Categoria variada

Nessa categoria, já se encontram o uso das fórmulas sociais, a adequação ao momento em que convém empregá-las e os tipos de expressões que se adotam. Para a utilização dessas fórmulas, os adultos dedicam toda uma série de intervenções e estratégias educacionais, como suprir a resposta da criança, quando esta ainda não é capaz de dá-la; estimulá-la a responder, prestando todo tipo de apoios verbais e gestuais, como iniciar a resposta verbal; oferecer-lhe modelos, por exemplo, de como deve movimentar o braço para se despedir, fazer o gesto de adeus junto com ela, etc. Por isso, é interessante registrar o comportamento da criança e também o do adulto.

No ambiente escolar, há inúmeras situações educacionais muito apropriadas para a prática e para o desenvolvimento desses comportamentos, como, por exemplo, as entradas e saídas e as várias oportunidades que se apresentam para praticar rotinas em que se podem incluir as fórmulas sociais de cumprimento e de despedida. Essas situações são particularmente úteis porque:

- Têm um formato estável e previsível para a criança e para o adulto.
- Facilitam a interpretação do comportamento do aluno. Basta mover a mão, olhar ou dizer "ia", "oa" ou "au" para saber que quis dizer "Bom dia!", "Olá!", "Tchau!", etc.
- Abrem caminho a uma interação mais ampla, como o diálogo ou a conversa que se pode manter sobre algum aspecto relacionado com o que trazem de casa ou levam da escola.
- Permitem conectar aspectos do ambiente familiar com aspectos do ambiente escolar.

PERFIL COMUNICATIVO

A partir das funções comunicativas e do desenvolvimento da intencionalidade, propõe-se esse perfil comunicativo com a finalidade de oferecer uma diretriz de observação que permita registrar o momento atual e ofereça indícios para a intervenção. Sugere-se sua aplicação em diversos momentos evolutivos, a fim de verificar onde ocorreram mudanças.

PERFIL COMUNICATIVO

Aluno ....
Escola .... Ano letivo/tutor ....
Local .... Data ....

			A	B	C	D
Regulação						
	Solicita					
		Objetos				
		Ajuda				
		Atenção				
Informação						
	Nomeia					
	Informa					
	Pede informação					
Expressão						
	Sentimentos					
	Necessidades					
	Rejeição					
	Satisfação					
	Determinação					
Diálogo						
	Compreensão					
		Ordens				
		Explicações				
		Perguntas fechadas				
		Perguntas abertas				
	Expressão					
		Só responde				
		Participa				

		A	B	C	D
Metalingüística					
	Entende a linguagem figurada				
	Usa linguagem figurada				
	Analisa				
	Sintetiza				
Fórmulas sociais					
	Cumprimenta				
	Despede-se				
	Fórmulas sociais				

A: Ausência de consciência da sua própria intenção. Interpretação por parte do adulto.
B: Recursos não-verbais: gestos, vocalizações, excitação geral, dirigidos ao objeto.
C: Recursos verbais. Menção ao adulto como recurso.
D: Dirigida ao adulto como interlocutor.

INTERAÇÃO, INTENCIONALIDADE E ESTRATÉGIAS NOS ALUNOS COM DIFICULDADES DE COMUNICAÇÃO

Até agora, descrevemos como se produzem as interações nos processos evolutivos considerados dentro da normalidade. Agora, como se fosse uma segunda parte, vamos tratar das mudanças que ocorrem na interação entre os alunos que apresentam dificuldades comunicativas e os docentes, descreveremos as principais características do desenvolvimento da interação comunicativa no ambiente escolar e concluiremos com a descrição de lugares e estratégias mais adequadas.

Quando aparecem transtornos, déficit ou deficiências que, pelas mais diversas razões, provocam uma ruptura no processo normal de desenvolvimento, as diretrizes interativas entre os adultos e as crianças continuam as mesmas ou também se alteram? As pesquisas sobre o tema constatam de modo convincente que as diretrizes interativas que regem a relação entre a criança e os educadores também se alteram. A que se deve essa alteração ou ruptura das diretrizes interativas "normais" no caso de importantes déficits, transtornos ou deficiências? Não temos respostas conclusivas, mas sim hipóteses (Del Rio, 1997), inspiradas em trabalhos de pesquisa com base em diferentes programas de intervenção nos contextos escolar e familiar.

Já falamos sobre o papel que representa a atribuição de intencionalidade e significado no desenvolvimento da comunicação. As crianças com diversas deficiências têm também mais dificuldade para atribuir intencionalidade ou significado a muitos de seus comportamentos e, além disso, podem ter mais dificuldade para perceber regularidades na interação com os adultos quando estes atuam, solícitos, em resposta a uma pretensa demanda de atenção.

No mesmo sentido, os pais no contexto familiar e os docentes no contexto escolar podem se sentir menos reforçados por falta de resposta da criança às suas solicitações comunicativas e, em conseqüência, diminuir a quantidade e/ou a qualidade de suas tentativas de se comunicar.

Não podemos esquecer as reações emocionais dos pais diante do impacto produzido pela notícia de que um filho apresenta transtornos ou deficiências. Podem ir desde a negação ("Não é verdade, é uma fase do desenvolvimento, é só uma crise que vai ser superada, ele 'vai ficar' normal", etc.), seja qual for o argumento apresentado, até as respostas depressivas. "(Estamos abalados, não se pode fazer nada"). Na realidade, pode haver tantas reações quanto tipos de transtornos e expectativas dos pais.

Embora se possa bater na tecla de que a relação que os pais estabelecem com seus filhos com dificuldades depende de um amplo conjunto de variáveis que afeta as diretrizes interativas, em alguns casos elas podem levar a um comportamento demasiado condescendente e pouco estimulante e, em outros, a uma atitude excessivamente rígida e controladora. Nenhuma das situações é adequada às necessidades das crianças.

A INTENCIONALIDADE COMUNICATIVA NO AMBIENTE ESCOLAR

As dificuldades comunicativas apresentam uma ampla gama de manifestações no ambiente escolar. Costumam ter como denominador comum a falta de intencionalidade que, em alguns casos, se assemelha à indiferença e, em outros, à rejeição. A seguir, são descritos diferentes comportamentos no desenvolvimento da intencionalidade comunicativa no ambiente escolar.

- Indiferença às mudanças no ambiente. O aluno tem dificuldade de perceber as mudanças que ocorrem à sua volta. Pode-se tratar da entrada ou saída de uma pessoa, do desaparecimento de um objeto com que brincava nos dias anteriores ou da presença de um novo brinquedo. Tudo isso se passa como se nada houvesse mudado para este aluno. As interpretações podem ser muitas e bem diferentes. Quando se percebem comportamentos desse tipo, pode-se supor que o aluno está centrado em seu mundo interior, que se refugia em suas fantasias, etc.
- Resistência a mudar de lugar, de pessoa ou objeto de referência. Certos alunos mostram resistência à mudança de lugar ou pessoa de referência. Assim, por exemplo, eles têm dificuldade de se separar do pai ou da mãe quando são deixados na escola, mesmo depois de muitos meses; ou do professor da classe regular para passar a uma atividade de apoio; ou do ursinho de pelúcia quando lhes dizem para deixá-lo e ir ao pátio. É como se em cada lugar estabelecessem um vínculo que lhes dá segurança e, quando mudam, têm medo de perdê-lo.
- Dificuldade de participar das rotinas interativas. Já se fez referência à importância das rotinas – formatos – no desenvolvimento da comunicação. Essas dificuldades se manifestam na ausência ou precariedade com que exercem os comportamentos expressados na categoria variada da comunicação de cumprimentar ou se despedir como indicadores de que se inicia ou se finaliza um determinado tipo de interação ou mudança de lugar. Manifestam-se ainda na dificuldade de codificação dos sinais comunicativos que o interlocutor produz e que permitem antecipar o comportamento ou a reação do interlocutor.

Em um formato, adulto e criança agem com relação ao outro, antecipam comportamentos e codificam sinais. Portanto, talvez um dos primeiros objetivos seja buscar a participação do aluno nessas rotinas, criando uma seqüência estável de comportamentos que proporcione segurança ao aluno.

- Passividade diante das tentativas de comunicação dos adultos. Por esse mesmo motivo, não se produz uma resposta diante das tentativas de comunicação dos adultos ou, quando se produz, é muito débil. Chama a atenção do docente o fato de que, enquanto a maioria dos alunos se apressa em cumprimentá-lo quando o vêem, o aluno com dificuldades reage apenas diante do sorriso ou mesmo de contatos físicos, como abraços ou carinhos. Às vezes, esboçam um pequeno sorriso que mantêm inalterável enquanto o adulto se dirige a eles, mas é um sorriso pouco comunicativo.
- Dificuldade para seguir o ritmo da classe. Na vida da classe, propõem-se diversas mudanças de atividade. Assim, se os alunos estão fazendo um desenho em dado momento, dali a cinco minutos serão chamados a ouvir uma história, cantar uma música ou ir ao pátio. O aluno com dificuldades comunicativas necessita de ajuda e acompanhamento para entender que uma atividade acabou, que é preciso deixar os materiais, pegar outros ou mudar de lugar.
- Pouca ou nenhuma demanda de atenção. Há poucas demandas de atenção e, quando são produzidas costumam ser muito sutis. Ou seja, muitas vezes é preciso atribuir significado de demanda a comportamentos como olhar fixamente para um objeto, dirigir as mãos para uma posição ou emitir certos sons, ficar nervoso ou excitar-se diante de determinadas pessoas ou objetos, resistir a deixar um brinquedo, etc. Obviamente, todos esses comportamentos podem dar pistas ao docente para planejar aspectos de intervenção.
- No que diz respeito à atenção, pode-se encontrar toda uma gama de posicionamentos, que oscilam de um aluno muito disperso, que pega em todos os objetos em uma espécie de atividade vazia e anda de um lado para outro da classe sem encadear nenhuma atividade, até o aluno que focaliza sua atenção em um determinado objeto da classe ou em um brinquedo que tem no bolso e que fica olhando, fala com ele e se abstrai do que fazem seus colegas.
- Dificuldades na alternância de turnos. Às vezes, trata-se de uma criança muito ativa que não deixa espaço para que o interlocutor intervenha, ou que atua sem levar em conta que os outros podem ter algo a dizer. Outras vezes, trata-se de um aluno inibido que não entra em jogo nos espaços apropriados a essa finalidade, seja porque não intui o momento de entrar, ou porque não dispõe das habilidades necessárias para fazê-lo.
- Expressão de emoções por causas internas. O aluno ri ou chora subitamente. As pessoas à sua volta se perguntam o que pode ter ocorrido com ele para ter essas reações. Quando olham para trás, talvez o encontrem olhando para os dedos, falando com eles ou rindo, ou ao contrário, chorando. Em outros momentos, quando se conta uma anedota engraçada e todos os outros riem, esse aluno

prossegue com sua história, ou seja, a expressão de emoções não tem relação com o que se passa à sua volta ou com as tentativas deliberadas do adulto de causar expressões emocionais, mas sim com aquilo que ocupa sua mente.
- Necessidade de intercâmbio comunicativo contínuo com os pais. Por um lado, isso pode ocorrer porque talvez os pais tenham mais necessidade de comentar o que lhes chama atenção naquilo que o filho faz em casa, como também de que este lhes relate o que fez de manhã na escola. Em suma, trata-se de responder à necessidade de compreender o que se passa com o filho, como ele age e como podem se comunicar. Essa coordenação deve ter como principal finalidade estabelecer diretrizes estáveis de comportamento e atitudes comuns para a intervenção nos ambientes familiar e escolar.

O ENFOQUE NATURALISTA

A partir dos estudos que descrevem a aquisição da linguagem nos contextos naturais, deduzem-se estratégias para a intervenção no apoio a crianças que apresentam dificuldades no desenvolvimento da comunicação e da linguagem. Esse enfoque, em contraposição aos estudos de laboratório, tende a buscar um tipo de intervenção no contexto natural de desenvolvimento e aprendizagem e seguir o processo natural de aquisição por meio de interação com os adultos que dominam a linguagem. Por isso, o enfoque naturalista:
- Valoriza o papel dos interlocutores habituais, pais e professores, que exercem uma função educativa de primeira ordem na aquisição da comunicação e da linguagem.
- Potencializa o valor das interações cotidianas, entendendo que se trata de situações educativas nas quais os adultos e as crianças estão envolvidos na codificação de signos e de negociação de significados.
- Entende que os contextos naturais constituem um cenário de aprendizagem imprescindível, ainda que determinados aspectos possam ser trabalhados em outros lugares.
- Envolve ativamente os diferentes interlocutores no desenvolvimento e na aprendizagem.
- Utiliza a intervenção mediada pelo assessoramento como meio de potencializar o ajuste entre as crianças e os adultos. Além das intervenções diretas do especialista em uma matéria concreta, inclui-se a intervenção mediada pelo assessoramento aos interlocutores habituais com a finalidade de enriquecer as interações cotidianas.

CONSIDERAÇÕES SOBRE O ENFOQUE NATURALISTA NO AMBIENTE ESCOLAR

Levar o enfoque naturalista ao ambiente escolar exige determinadas medidas. Às vezes, quando se fala de interações cotidianas e ambientes naturais, pode-se cair na visão reducionista de que basta simplesmente brincar ou falar. Todavia, quando se pensa o enfoque naturalista como um tipo de intervenção, é preciso falar no mínimo de objetivos e de uma metodologia para avaliar o processo. Nesse sentido, para as atuações que se realizem sob o enfoque naturalista, considera-se que o interlocutor adulto deve contar com:
- Planejamento e avaliação dos objetivos. Centrar-se na iniciativa do alu-

no não exclui que o docente planeje os objetivos de trabalho e as estratégias para alcançá-los e definia critérios de avaliação.
- Conhecimento das estratégias comunicativas e lingüísticas de intervenção, por meio de um processo de formação, ou de assessoramento, ou de acompanhamento por parte de um especialista.
- Capacidade de análise dos elementos do ambiente e da situação comunicativa para ajustar a intervenção docente ao ritmo de aprendizagem do aluno e aos interesses que este apresenta.
- Capacidade para atribuir significado aos comportamentos comunicativos do aluno.
- Delimitação dos objetivos que é preciso potencializar e das estratégias que convêm utilizar.
- Capacidade para intervir de modo oportuno no comportamento do aluno.

ESTRATÉGIAS DE AJUDA NO AMBIENTE ESCOLAR

Neste último item, aborda-se o tema do lugar em que deve ocorrer a intervenção, as estratégias e os objetivos mais apropriados para cada lugar. Não se trata de uma questão supérflua nem que possa ser resolvida definitivamente. Os critérios indicados mais adiante se orientam pelos princípios do enfoque naturalista e pelos aspectos evolutivos da aquisição da linguagem.

Lugar

Uma das questões que os docentes costumam enfrentar é o lugar onde se deve realizar a intervenção lingüística com esses alunos: em um lugar específico, mantendo uma relação didática entre o aluno e o docente, em pequeno grupo ou na classe. A resposta não pode ser excludente e deve atender aos objetivos e à complementaridade de funções pretendidos em cada um dos lugares. Assim, considera-se que o lugar de apoio é particularmente adequado (Sánchez-Cano, 2001) quando:
- É preciso trabalhar a atuação por turnos entre docente e aluno.
- O docente deve introduzir um maior número de pausas de modo a dar espaço para que o aluno intervenha.
- A interação em grupo interfere muito no acompanhamento da iniciativa de que necessita o aluno com o qual se intervém.
- É preciso estimular o aluno a iniciar turnos de conversa e a estabelecer demandas.
- O aluno necessita de um trabalho específico centrado em suas dificuldades de linguagem.
- Devem-se introduzir habilidades de gestão da conversa.

Por outro lado, a localização no pequeno grupo ou na classe habitual parece mais indicada para:
- Potencializar a relação com os colegas.
- Trabalhar os aspectos pragmáticos da linguagem no contexto natural de uso.
- Descontextualizar e generalizar expressões lingüísticas às quais atribuem sentido apenas no ambiente mais imediato.
- Reforçar as habilidades de gestão da conversação em grupo.
- Utilizar a linguagem na relação entre os colegas.
- Ensinar que se faz parte de um grupo e que tem de ouvir os outros, esperar a vez, etc.

Estratégias

A partir da descrição das características desses alunos, os objetivos que presidirão a intervenção devem ter como referentes:

- Estabelecer vínculos afetivos e estáveis com os educadores e colegas.
- Desenvolver a capacidade de atenção mútua para possibilitar que os outros se tornem sujeitos de comunicação significativos.
- Desenvolver a capacidade de atenção conjunta a elementos do ambiente.
- Possibilitar que essa capacidade de atenção conjunta possa ocorrer progressivamente em situações de grupo, para aproveitar as vantagens da interação entre iguais.
- Conseguir que as interações com os outros respondam, cada vez mais, a um propósito, tenham um significado compartilhado e se convertam em atos de comunicação.

No que diz respeito às estratégias de intervenção, remetemo-nos à classificação já proposta em diversos trabalhos de pesquisa aplicada (Sánchez-Cano, 2001), que considera três grupos de estratégias:
1. Modificação e adaptação do ambiente.
2. Gestão da conversa.
3. Intervenção lingüística.

As estratégias de modificação e adaptação do ambiente estão relacionadas às atuações profissionais cujo objetivo é criar um ambiente físico e social acolhedor. Entre estas, podem ser citadas estratégias como:
- Manifestar uma atitude de afeto e uma entonação acolhedora.
- Escolher uma localização física que facilite a comunicação.
- Atentar para as iniciativas da criança e mostrar-lhe que qualquer coisa que fizer é relevante
- Ajudar a criança a terminar o que começou, etc.

As estratégias de gestão da conversa estão relacionadas à competência na participação ativa em intercâmbios comunicativos orais, com tudo o que isso implica de orientação e modelo para que o interlocutor mais competente proporcione pistas e indícios que ajudem a criança a participar com maior competência nas conversas. Essas estratégias podem se traduzir em:
- Convidar os alunos inibidos a participarem da conversa, indicando sua vez de falar por meio de momentos organizados de espera e adaptando-os a seu ritmo de atividade, que pode ser mais lento que o dos outros alunos. No caso de alunos que tendem à dispersão e se caracterizam por ser muito ativos, estruturar a atividade com base em turnos exigirá estratégias que tendam a organizar sua atividade, a esperar e a levar em conta a atividade do outro.

As estratégias de intervenção lingüística referem-se ao ajuste da linguagem do docente às intenções comunicativas dos alunos por meio das estratégias educativas de interação verbal adequadas ao nível de aquisição e desenvolvimento da comunicação e da linguagem. Referimo-nos a estratégias como:
- Interpretação.
- Expressões valorativas.
- Imitações idênticas.
- Expansões, etc.

Com elas, o docente enriquece o *feedback* e contribui de modo decisivo para a aquisição de linguagem de seus alunos.

REFERÊNCIAS

BATES, E. y otros (1979): The emergence of symbols. Cognition and communication in infancy. Nueva York. Academy Press.

BRUNER, J.S. (1981): «De la comunicación al lenguaje». Infancia y aprendizaje, 1, pp. 133-163.

CHEN, D. (1999): «Aprendiendo a comunicarse: estrategias para desarrollar comunicación con infantes cuyas incapacidades múltiples incluyen incapacidad de la vista y la perdida del oído». Resources, 10 (5). Universidad de Califórnia.

CLEMENTE, R. A.; VILLANUEVA, L. (1999): «El desarrollo del lenguaje: los prerrequisitos psicosociales de la comunicación». Neurol, 28 (suplemento 2), pp. 100-105.

FOGEL, A. (1993): «Two principles of communication. Co-regulation and framing», en NADEL, J. Y CAMAIONI, L. (eds.): New Perspectives in early communicative development. Londres. Routledge, pp. 9-22.

GRÀCIA, M. (2003): Comunicación y lenguaje en primeras edades. Intervención com famílias. Lérida. Milénio.

GRANLUND, M.; OLSSON, C. (1999): «Efficacy of communication intervention for presymbolic communicators». Augmentative and Alternative Communication, 15, pp.25-37.

KAYE, L. (1986): La vida social y mental del bebé. Cómo los padres crean personas. Barcelona. Paidós.

LOCK, A. (1993): «Human language development and object manipulation: Their relation in ontogeny and its possible relevance for phylogenetic questions», en GIBSON, A.K.R.; INGOLD, T. (eds.): Tools, language and cognition in human evolution. Cambridge, UK. Cambridge University Press, pp. 279-299.

MARCOS, H. (2001): De la comunicación prelingüística a la comunicación linguística. Comunicación interdisciplinar. Laboratoire Langage et cognition. Université de Poitiers.

NADEL, A.J.; CAMAIONI, L. (1993): «Introduction». New Perspectives in earlycommunicative development. Londres. Routiedge, pp. 1-5.

RIO, MJ. DEL (1997): Lenguaje y comunicación en personas con necesidades especiales. Barcelona. Martinez Roca.

ROGOFF, B. (1993): Aprendices del pensamiento. El desarrollo cognitivo en el contexto social. Barcelona. Paidós.

SÁNCHEZ-CANO, M. (2001): Aprendiendo a hablar con ayuda. Lérida. Milénio. - (2001): «Qui, com, quan i a on s'ha d'interveniramb els alumnes que tenen dificultats en l'adquisició del llenguatge: La intervenció lingüística a l'"entorn escolar». Suports, 5 (2), pp. 153-162.

SERRA, M. y otros (2000): La adquisición del lenguaje. Barcelona. Ariel Psicologia.

SHANNON, C.E.; WEAVER, W. (1949): A mathematical theory of communication. Urbana, III. University of Illinois Press.

VIGOTSKY, LS. (1977): Pensamiento y lenguaje. Buenos Aires. La Pléyade.

VILA, l. (1987): Vigotski: La medicació semiótica de la ment. Vic. Eumo.

9 | A avaliação psicopedagógica dos alunos estrangeiros recém-incorporados ao sistema educacional

Lola Calzada e Merche Burillo

INTRODUÇÃO

O conteúdo do presente capítulo baseia-se:

- Na participação de diferentes profissionais das equipes de assessoramento psicopedagógico (EAP) e do Programa de Educação Compensatória (PEC) do Projeto Comenius, *A escolarização dos alunos imigrantes estrangeiros com necessidades educacionais especiais*, em colaboração com outros profissionais da Suécia e da França.
- Na reflexão sobre as dificuldades na prática do exercício profissional, relacionado com a intervenção psicopedagógica e a atenção à diversidade cultural no ambiente escolar.

Na Catalunha, incorpora-se ao longo do ano letivo um grande volume de alunos procedentes de outros países. Os motivos sociais e econômicos que estão na origem dessa situação ultrapassam nossas possibilidades de análise neste capítulo, sobretudo porque não se referem a políticas sociais e econômicas próximas nem fáceis de compreender, mas a situações de macroeconomia e movimentos humanos resultantes de influências políticas em escala mundial.

Diante dessa situação, as escolas se deparam com um desafio difícil de assumir, mais ainda quando, em muitos casos, ainda se está em pleno processo de incorporação do grau de flexibilidade necessária para organização, gestão e ajuste da resposta educativa às diferentes capacidades, às motivações e aos interesses dos alunos. As escolas devem planejar respostas diferentes e específicas para atender à enorme diversidade de situações que lhe colocam as populações que acolhem, e isso requer que organizem e apliquem estratégias concretas e específicas. O desconhecimento das diferenças e necessidades que suscitam os diversos processos da incorporação dos alunos estrangeiros ao sistema educacional na Catalunha obriga que se coloquem outras questões e indagações, e que se mantenha uma postura de ainda mais reflexão, se for o caso, diante das intervenções.

- A condição de estrangeiro justifica a necessidade de uma avaliação psicopedagógica?
- As necessidades e dificuldades que implica a incorporação de alunos estrangeiros ao sistema educacional na Catalunha são comparáveis àquelas observadas nos alunos autóctones quando se requer uma avaliação psicopedagógica individual?

Pensar em respostas a essas indagações leva a pensar em alguns aspectos gerais que é preciso ter presentes diante dessa avaliação.

Determinar o motivo e o objetivo da avaliação

Propõe-se a avaliação no momento da incorporação dos alunos ao sistema educacional, com a idéia de poder determinar as ajudas de que necessitará em função das novas demandas. Assim, tal como a entendemos, a avaliação não responde a uma dificuldade específica detectada *a priori* ou a um pedido explícito da família; o que a motiva são os desajustes, indeterminados inicialmente, que possam ter ocorrido com a mudança de contexto social. Essa pressuposição implica a necessidade de possibilitar à família e aos alunos a explicação e a compreensão da situação, do motivo e das diferentes intervenções (entrevistas, observações, etc.).

Apresentado o motivo, explicita-se o objeto dessa avaliação, tentando evitar o julgamento, a observação e a exploração que, além de prorrogar uma situação sempre artificial, não proporciona informações referentes às estratégias que põe em funcionamento para a compreensão e adequação às novas exigências. Em suma, trata-se de determinar as informações que são significativas e relevantes com relação às possibilidades dos alunos de responder diante das novas situações que se colocam diante deles, a fim de organizar uma resposta curricular concreta.

A avaliação entendida como um processo dinâmico

- Requer tempos e espaços diferentes e específicos. Deve incluir diversos momentos, tanto para coleta e análise das informações quanto para adequação e ajuste da resposta. Os primeiros contatos e as primeiras intervenções podem não estar suficientemente contextualizados, de modo que os julgamentos e as informações devem ser submetidos a revisões posteriores.
- Supõe uma seqüência de atuações que influem nas pessoas envolvidas. Os contatos e as intervenções realizados com a família e com o aluno modificam sua situação inicial e a dos profissionais que fazem a avaliação. Ao mesmo tempo em que se inicia a aculturação e o conhecimento progressivo entre as culturas em contato, aproximam-se e ajustam-se as diferentes representações, e essa circunstância influi no processo de coleta e análise da informação.
- Efetua-se em colaboração entre diferentes profissionais que compartilham diversos saberes e diferentes representações da situação.

Esta breve introdução sobre como propomos a avaliação dos alunos estrangeiros é desenvolvida ao longo do presente capítulo, estruturada em três blocos:

- Em primeiro lugar, apresentamos os elementos da avaliação, transversais à diversidade de situações que caracterizam esses alunos. Destacamos a importância que tem o conhecimento de aspectos relacionados ao contexto sociocultural e escolar de origem, o processo migratório vivido, as novas demandas, a adaptação inicial ao contexto de acolhimento e a identificação das competências.
- Em segundo lugar, procuramos dar relevância ao processo mediante sua descrição, tomando como referências as atuações da escola e de outros profissionais que podem colaborar, sem esquecermos a necessidade de se ter presente um determinado enfoque no modelo de comunicação.

- Para finalizar, apresentamos instrumentos que podem facilitar a coleta de informações.

MARCO PARA A AVALIAÇÃO

Em face da demanda de escolarização de um aluno estrangeiro e, portanto, da necessidade de organizar uma resposta educacional que tenha presente as ajudas e os suportes necessários para possibilitar sua inclusão social, não podemos esquecer que:
- Provém de um meio (contexto de origem) que lhe permitiu o desenvolvimento de determinadas capacidades, a aquisição de competências e o uso concreto de suas possibilidades em função de um tipo de exigências marcadas por valores culturais, sociais, econômicos e educacionais concretos, úteis e necessários para a incorporação àquele modelo de sociedade.
- Incorpora-se a um meio (contexto de acolhimento) que tem dificuldade de entender porque requer dele o desenvolvimento de certas capacidades, a aquisição de competências particulares e o uso de suas possibilidades em função de valores culturais, sociais, econômicos e educacionais novos.
- Encontra-se em um momento de seu próprio processo migratório que condiciona suas relações e respostas a ponto de não poder se comparar nem a momentos anteriores nem posteriores. Por muito tempo, viverá contínuas interferências entre a cultura de origem e a do grupo social no qual tenta se incorporar.

Se admitimos que essa é a situação geral caracterizadora desses alunos, a avaliação que possibilita a identificação de suas necessidades deve incluir elementos referentes ao próprio indivíduo, mas também aos diferentes contextos nos quais ocorreram os processos educacionais. Analisaremos as competências a partir do conhecimento e da compreensão dos diversos momentos – contextos e processos – que constituíram e constituem suas experiências vitais.

O contexto sociocultural e educacional de origem

Os alunos estrangeiros incorporaram uma bagagem cultural que determina um modelo de relação e interpretação do ambiente que faz parte dele e lhe permite se identificar como indivíduo dentro do grupo.

Seu ambiente sociocultural e educacional, graças às interações cotidianas entendidas em toda sua extensão (família, escola, comunidade, etc.), tornou possível a construção desse conhecimento cultural e de sua própria identidade. Assim, conhecê-lo possibilitará uma interpretação correta das diretrizes e dos modelos de relação que, em seu processo de adaptação ao ambiente, lhe permitiram organizar determinadas respostas até constituir seu desenvolvimento pessoal.

Indicamos algumas considerações prévias que permitem, de forma menos subjetiva, a coleta de informações sobre esses aspectos (ver Quadro 9.1).
- Para aprofundarmos o conhecimento sobre as possibilidades que o contexto de origem ofereceu ao aluno, precisamos nos aproximar da cultura da família, evitando recorrer a estereótipos que possam nos levar a atribuir as mesmas características a todas as pessoas exclusivamente por pertencerem a uma minoria cultural, sem ter presente a diversidade interna.
- Diferenciamos entre os valores culturais, com os quais a família e seus filhos se identificam, e as conseqüências de sua situação socioeconômica. Tentaremos evitar, por um lado, as relações

superficiais causa-efeito e, por outro, as avaliações de momentos e situações concretas com base em parâmetros socioeconômicos ocidentalizados.
- Existem diferentes modelos educacionais familiares, todos com valor em si mesmos e, portanto, diferentes formas de entender a educação e a comunicação com os filhos. "Possuir uma determinada cultura supõe uma forma de ver a atuar no mundo e implica um modo de existir, de vincular-se e de tratar os outros" (Losada, 1999).
- A educação não tem as mesmas finalidades e os mesmos objetivos em todas as culturas: estes se estabelecem segundo as necessidades e prioridades que marcam os diferentes grupos sociais.

Quadro 9.1 Indicadores do contexto sociocultural de origem

INDICADORES PARA A AVALIAÇÃO DO CONTEXTO SOCIOCULTURAL DE ORIGEM	
Carcterísticas do lugar de origem	**Estrutura e relações familiares**
• País de procedência, zona geográfica. • Tipo de população: rural, urbana, moradia isolada, em núcleo populacional, etc., atividade econômica prioritária. • Serviços: médicos, escolares, etc.	• Composição: número de membros, idade e sexo, lugar que o aluno ocupa entre os irmãos. • Situação familiar: ocupação, moradia, situação econômica. • As relações: papéis familiares, distribuição do trabalho, nível de comunicação (entre os que convivem com o pai, a mãe e os outros familiares que emigraram antes). • Atitude em relação ao filho ou à filha: tipos de disciplina, diretrizes, limites e normas, etc. • Comportamento do menino ou da menina com os pais e outros membros da família: respostas quando lhe chamam a atenção, demonstrações de afeto, como se relaciona e grau de autonomia ou dependência.
Língua ou línguas de relação no contexto	
• Línguas de relação familiar. • Línguas conhecidas pelos diferentes membros da família. • Língua de relação com o contexto escolar, de trabalho, etc.	
Situação pessoal	
• Saúde e hábitos alimentares. • Hábitos de higiene. • Experiências vitais significativas. • Uso da rua: controlado, excessivo, etc.	

O contexto educacional de origem

Inicialmente, interessa saber se a aprendizagem ocorreu fora do âmbito escolar mediante a participação da criança em interações habituais e cotidianas com adultos significativos – situação não-formal. Se foi assim, e o aluno não freqüentou a escola, a discrepância entre as características próprias desse tipo de aprendizagem e as características da aprendizagem realizada na escola pode dificultar a avaliação de competências e a incorporação posterior de conhecimentos. No momento de ajustar a avaliação, teremos presentes algumas necessidades decorrentes desse fato, relacionadas no Quadro 9.2.

Se, ao contrário, o aluno freqüentou a escola, as necessidades decorrentes da discrepância entre os conhecimentos prévios e os requisitos atuais serão determinadas pe-

Quadro 9.2 A aprendizagem não-formal

CARACTERÍSTICAS DA APRENDIZAGEM NÃO-FORMAL	NECESSIDADES DO ALUNO NA INCORPORAÇÃO À ESCOLA
• É particularista e personalizada. O valor da informação está estreitamente relacionado com o transmissor. Existe uma elevada carga afetiva em quase tudo o que se aprende.	• Atenção individualizada, reforçando a confiança em suas possibilidades de aprendizagem e valorizando seu esforço.
• Baseia-se na observação como principal procedimento de aprendizagem.	• Exemplos diversos sobre as atividades que se proponham a fim de dar apoio na observação e na prática.
	• Observar/Ser observado em atividades em dupla ou em pequenos grupos para o acompanhamento de rotinas, hábitos, etc.
• Há pouca formulação verbal, explicações ou perguntas, porque o significado é intrínseco ao contexto.	• Atividades funcionais, curtas e variadas, ligadas ao contexto.
	• Verbalização das diferentes ações realizadas, de modo que possam aprender a responder às solicitações verbais das atividades propostas.

las características básicas da escolarização anterior. Algumas das mais significativas são apresentadas no Quadro 9.3.

Dado que o contexto educacional de origem está ligado ao contexto familiar é preciso referir a importância que tem para a avaliação coletar informações sobre a representação, as possibilidades, o valor e as expectativas que a família tinha e tem com relação à escola, em função de seu contexto socioeconômico e cultural, mas também de seu funcionamento e estrutura.

O aluno terá iniciado a escolarização condicionado por essas expectativas e possibilidades, que podem se modificar na passagem da sociedade de origem à de acolhimento. Essa precisão requer que se conheçam a fundo esses aspectos para se negociar com os pais as condições da nova escolarização e dar apoio emocional e motivacional; ao mesmo tempo permite descobrir e prever as possibilidades de cooperação da família para a consecução dos objetivos previstos.

O processo migratório pessoal

A migração é uma situação de mudança que comporta uma série de sentimentos contraditórios, perdas, tristeza, possibilidades e novas oportunidades. As pessoas têm de reelaborar e superar a perda de relações familiares que contribuíram para estruturar sua personalidade e, ao mesmo tempo, estabelecer novos vínculos com o país de acolhimento.

Esse processo condiciona a família durante muito tempo, e é necessário levar em conta, por um lado, em que momento se encontra o aluno, mas também o pai e a mãe, já

Quadro 9.3 A escolarização de origem

CARACTERÍSTICAS DA ESCOLARIZAÇÃO		
Características da escola	Nível de escolarização	Tipo de escolarização
Tipos de escola: • Regular/educação especial. • Rural. • Pública/privada. • Educação infantil/ensino fundamental/ensino médio.	**Freqüência:** • Regular. • Intermitente. • Esporádica. • Causas: doença, distância da escola, ajuda em casa, dificuldades pessoais, etc.	**Língua de aprendizagem escolar:** • Língua oral: compreensão e expressão. • Língua românica. • Nível de alfabetização. • Alfabetização com conhecimento de alfabeto latino.
Horário: • Fixo. • Flexível. • Turnos.	**Duração:** • Idade de início da escolarização. • Número de séries. • Interrupções e motivos.	**Línguas estrangeiras:** • Idade de iniciação. • Horário escolar/extra-escolar • Outras línguas.
Espaço escolar: • Sala única. • Diferentes salas: biblioteca, ginásio, pátio, laboratório, etc.	**Nível:** • Último nível alcançado. • Repetições ou retenções. • Escolarização em instituição regular ou especial. • Adaptações curriculares.	**Matemática:** • Conteúdos básicos.
Material escolar: • Livros de texto, agenda, lousa, materiais específicos, computador, etc.		**Outras áreas cursadas:** • Educação física, música, geografia, religião, informática, etc. • Outras áreas não incluídas no currículo.
Professores: • Número. • Especialistas.		**Atitude escolar:** • Rendimento. • Interesse, expectativas. • Motivação. • Reconhecimento das dificuldades.
Relação família-escola: • Pontual. • Sistemática: motivos da relação. Comunicação das dificuldades do filho, temas tratados, etc.		

que eles são o modelo ao qual possivelmente aquele recorrerá para elaborar o próprio processo. É importante assinalar que podem ocorrer diversas situações que afetem sua história pessoal e que requerem elaboração:
- Houve um reagrupamento familiar, o que, em um primeiro momento, pode fazer aflorar sentimentos contraditórios de culpa, abandono, etc.
- Pode não haver uma rede familiar e social de apoio pela ausência da família estendida. Esse fato restringe o enriquecimento das relações familiares e as possibilidades de encontrar figuras com as quais exista identificação e que possam se tornar modelos de crescimento pessoal.

No quadro 9.4, são apresentados alguns dos indicadores mais significativos para obter informações desse momento. Será considerada a avaliação de tais circunstâncias decorrentes da vivência do processo migratório ao se personalizar a ação educacional realizada com todos os alunos da classe e ao se fazer uma intervenção específica condicionada pelas necessidades educacionais decorrentes das dificuldades de acesso às aprendizagens devido ao desconhecimento da língua em que veiculadas.

Quadro 9.4

INDICADORES DO MOMENTO DO PROCESSO MIGRATÓRIO
• Cronologia do processo: quando começa, quais membros da família o iniciaram, quanto tempo se passou desde a chegada dos diferentes membros, ocorrência de reagrupamento familiar, quando se foi concluído. • Conhecimento que tem o aluno dos motivos da emigração. • Planejamento da emigração: conhecimento que tem o aluno desse planejamento. • Processo de perda experimentado pelos familiares e pelo aluno: vínculos mantidos com o país de origem; vivência das mudanças de clima, da alimentação, do sentido do tempo, da roupa, da língua, da cultura, do *status*, etc. • Expectativas do processo migratório; mudanças de expectativas em relação ao aluno. • Situação inicial de adaptação no país: atitude quanto ao conhecimento da língua do país de acolhimento, relação com pessoas autóctones e de seu país, conhecidos, etc.

OS REQUISITOS DO SISTEMA EDUCACIONAL NA SOCIEDADE RECEPTORA

O que esperam de um aluno estrangeiro nossa sociedade, nosso sistema educacional e a escola?

Nossa sociedade tem presente a igualdade de oportunidades para todos seus cidadãos. Contudo, as exigências sociais e educacionais que decorrem da inclusão da população estrangeira requerem um tempo para a adaptação às novas situações que se apresentam, e a escola atual reflete essa necessidade.

O Departamento de Ensino da Generalitat de Caluya, em face dos desafios da imigração, criou recentemente a Subdireção Geral de Língua e Coesão Social, à qual são subordinados dois serviços: o Serviço de Ensino do Catalão e o Serviço de Interculturalidade e Coesão Social (Decreto nº 282, de 11 de maio de 2004).

É preciso verificar como a escola responde às intenções e finalidades da educação e de que modo soluciona as dificuldades que implica a incorporação desses alunos (ver Quadro 9.5).

Tudo isso direciona nosso olhar para a escola receptora, já que seu modelo de organização da resposta educativa condicionará os requisitos a seus alunos e, em última análise, o processo de acolhimento e de integração.

Vamos nos fixar particularmente em:

• Como se coloca a questão do significado e da implicação da atenção à diversidade em todos os âmbitos (curricular, organizacional, de relações, de coordenação, etc.) no próprio contexto. Em que medida o planejamento de objetivos correlatos tem como prioridade dar respostas educativas a todos os alunos.
• De que forma a gestão do currículo responde à idéia de flexibilidade e diversidade e permite considerar desde a maneira como os alunos aprendem e como se deve ensinar-lhes até

Quadro 9.5 Indicadores dos requisitos do sistema educacional

INDICADORES PARA A IDENTIFICAÇÃO DE NECESSIDADES DECORRENTES DOS REQUISITOS DO NOVO SISTEMA EDUCACIONAL

- A possível incorporação tardia (depois de respectiva etapa do ensino fundamental ou o ano letivo).
- A necessidade de aprendizagem das línguas oficiais da comunidade autônoma.
- O processo de adaptação aos novos requisitos do contexto escolar (atitudes e hábitos, procedimentos, conceitos, possível carência de aprendizagens instrumentais básicas, etc.)
- O choque com as idéias religiosas e culturais dominantes.
- As dificuldades do processo de escolarização quando a família, do mesmo modo que outras famílias autóctones, vive em situação socioeconômica precária (dificuldade de acesso a materiais, alimentação, passeios, etc.).

outros fatores relacionados aos aspectos mais emocionais (experiências vividas, condições do ambiente, valores sociais e culturais, etc.).
- A utilização de recursos (humanos, temporais, espaciais, materiais, etc.) e metodologias diversas por meio dos quais os alunos, com suas características individuais, podem ter acesso às aprendizagens.
- Se, além de acolhimento e integração dos alunos, postos à sua disposição todos os recursos humanos e materiais possíveis, há empenho para que todos os profissionais envolvidos acreditem que os alunos dispõem do melhor ambiente educacional e que ali podem ter as melhores oportunidades.
- Como o grupo de professores leva em conta na sua atividade diária a possibilidade de melhorar a qualidade da educação, assume-se como portador de mudanças e participa ativamente do planejamento, desenvolvimento e avaliação das respostas educativas.
- A existência de mecanismos de comunicação e de tomada de decisões (entre pais, professores e alunos). Se a escola tem a preocupação de organizar, planejar e incorporar a relação com as famílias como forma de entender a ação coordenada para o desenvolvimento global dos alunos.
- A participação da comunidade escolar na dinâmica educacional e o clima de relações e colaboração (pais e mães, professores, alunos, etc.). Se estão previstos espaços de discussão e de intercâmbio formativo para toda a comunidade educacional diante das dificuldades para organizar respostas que permitam participar dos mesmos propósitos, e a reformulação de modelos de ensino e relação.
- Se na comunidade educacional observam-se atitudes e comportamentos interculturais ou se há um compromisso explícito, não apenas normativo, em torno do conhecimento e do respeito à diversidade cultural.

A identificação das competências

Ser competente significa dispor de conhecimentos suficientes sobre os acontecimentos, ter habilidades e recursos para desenvolver tarefas variadas e diversas e pôr em funcionamento estratégias que permitam a adaptação a diferentes situações e contextos. Essas respostas individuais nos alunos estrangeiros correspondem ao resultado da interação com determinados modelos de comunicação estabelecidos no contexto de origem e acolhimento.

Que fatores podem influir na avaliação do desenvolvimento global das competências?

Referenciais educativos
- Que conteúdos são significativos no país de origem? O que sabemos ou podemos saber sobre a priorização de determinadas aprendizagens?
- Que aprendizagens acerca de áreas concretas, como língua, matemática, etc., o aluno pode ter adquirido em função das demandas do sistema educacional anterior, das características das línguas que conhece e de sua história escolar?
- Que competências básicas (áreas, conteúdos e habilidades) se avaliam nesses alunos, segundo a idade, o nível e a etapa de ensino correspondente e o momento de incorporação ao novo sistema educacional (início de ano ou de ciclo, final de ano ou de ciclo)?
- Que seqüências de desenvolvimento podemos utilizar como marco de referência, que sejam isentas de conotações culturais, sociais, educativas, etc?
- Qual é a situação concreta da escola e da classe com relação às demandas que se fazem aos alunos: seleção e priorização clara de conteúdos que devem aprender, definição e concretização de objetivos para as atividades propostas?

Referenciais individuais
- Estamos diante de um aluno que, mesmo desconhecendo a língua da comunidade receptora, pode responder a determinadas propostas, dado que adquiriu um certo nível de desenvolvimento de capacidades.
- Teremos de discernir entre os vários conhecimentos de que o aluno dispõe e as dificuldades de explicitá-los por não dominar língua. Mesmo que se proponham atividades traduzidas para o idioma de origem, às vezes a dificuldade está na interpretação equivocada dos enunciados ou nos modelos de atividade, e não tanto no desconhecimento do conteúdo que queremos avaliar.
- De que habilidades, estratégias e possibilidades dispõe o aluno para poder compensar os déficits iniciais (língua, conhecimentos culturais e sociais, modelos de relação, etc.)?
- Qual é o nível e o tipo de escolarização anterior?
- Que línguas conhece e que características compartilha com a língua de instrução?

Em síntese, no momento de proceder à identificação das competências, nós nos perguntamos:
- O que nos interessa verificar acerca do que os alunos sabem? Que informações são significativas e necessárias para organizar a resposta educacional?
- Como podemos adequar as estratégias de avaliação às características dos alunos?

Se a avaliação deve nos servir para tomar decisões a respeito do processo de ensino-aprendizagem, adotaremos como referência as aprendizagens curriculares mais significativas no primeiro momento da escolarização, aquelas que desenvolvem as capacidades básicas ou imprescindíveis para aprendizagens posteriores e que facilitam a inclusão e participação nos diferentes contextos de relação. Essa seleção pode ter outras opções e não ser compartilhada por todos, porém, recordando que o processo deve permitir diferentes ajustes, acreditamos que uma avaliação centrada nas áreas instrumentais de língua e matemática e no desenvolvimento socioafetivo responde às aprendizagens mais significativas e indispensáveis de que o aluno necessitou e necessita para sua inclusão social.

Contudo, os alunos estrangeiros fazem parte de um grupo muito heterogêneo e, em muitos casos, poderão ser avaliadas algumas ou todas as áreas do currículo. Diante dos alunos escolarizados em língua castelhana e com bom desempenho escolar, ou dos alunos escolarizados em inglês, ou com conhecimentos de música, avaliaremos essas áreas com referência ao currículo da classe. Já aos alunos sem escolarização na origem ou com necessidades educacionais especiais, proporemos antes a identificação de necessidades relacionadas a aspectos do desenvolvimento geral.

Para ajudá-los a mostrar o que conhecem e o que sabem fazer, contornando na medida do possível as dificuldades do idioma, adequaremos as estratégias e os instrumentos de avaliação.

- Diante da necessidade de ajuda em face das diferenças idiomáticas, a própria família pode optar por uma pessoa próxima, um pai da escola que pertença ao mesmo grupo ou um tradutor oficial (serviço do departamento de ensino).
- Valorizaremos a comunicação não-verbal como portadora de informações significativas e facilitadora da criação das bases para a comunicação.
- Teremos presente que a utilização de outro código não se refere apenas a diferenças idiomáticas. Dado que as mesmas palavras evocam nas pessoas imagens diferentes, temos de confirmar se sua compreensão se aproxima da idéia que pretendemos lhes transmitir.
- Selecionaremos os conteúdos, os procedimentos, as atitudes e os hábitos que avaliaremos, analisando na medida do possível o componente cultural implícito, de maneira que possamos interpretar as respostas dos alunos a partir de sua bagagem cultural.

Identificação das competências da área de língua

A língua, além de ser um instrumento de comunicação, é necessária para que o aluno tenha êxito nas demais aprendizagens. Devemos ter presente que sua aquisição será condicionada pelo contexto socioafetivo.

Para avaliar o conhecimento que o aluno tem da língua – tomamos como base a língua catalã por ser a língua em que a aprendizagem é veiculada no contexto educacional aqui referido, mas as referências são úteis também para a língua castelhana –, temos de considerar:

1. Que tem um conhecimento prévio, resultado das semelhanças entre a língua catalã e as características das línguas que conhece (na família, na escola, etc.) que está relacionada ao grau de domínio escrito e oral dessas línguas. A análise dessa correspondência nos fornece informações sobre a diversidade de seu saber lingüístico e o uso da comunicação, e nos permite prever algumas das dificuldades que o aluno pode ter na aprendizagem da nova língua. Nesse sentido, vale dizer que:
    - A língua catalã é românica; se a do aluno também for, elas terão alguns elementos comuns. Compartilharão uma parte do léxico básico e da estrutura gramatical; morfologicamente, distinguirão nos substantivos dois gêneros (masculino e feminino), dois números (singular e plural) e dois tipos de artigos (definido e indefinido); suas desinências verbais indicarão a pessoa, o número, o tempo, o aspecto e o modo; coincidirão na ordem habitual das palavras dentro da frase (sujeito-verbo-objeto), etc. O aluno terá mais facilidade para incorporar as estruturas morfossintáticas e aprender o significado de muitas palavras.

Quadro 9.6 As competências: compreensão e expressão oral

COMPREENSÃO E EXPRESSÃO ORAL		
Língua familiar	2ª Língua (outras línguas)	Língua catalã
• Compreende as mensagens adequadas às necessidades escolares e sociais de sua idade.	• Compreende palavras, frases, explicações simples em francês ou inglês. • Compreende palavras, frases, explicações simples em outras línguas.	• Compreende algumas palavras. • Interpreta a intencionalidade de uma comunicação em função dos elementos não-lingüísticos: significado da imagem, do gesto, da entonação, do olhar, etc. • Interpreta ordens simples. • Interpreta instruções básicas. • Compreende as informações básicas da escola (o que deve fazer, como e quando deve fazer). • Entende o sentido geral das explicações coletivas. • Compreende explicações breves, individualizadas, referentes a conteúdos. • Compreende as principais idéias dos conteúdos próprios do ano letivo, desde que adotadas estratégias que facilitem sua compreensão.
• Sua pronúncia é inteligível. • Sua mensagem mantém um ritmo, não é interrompida com pausas nem repetições. • Assimilou um nível básico de habilidades comunicativas e expressivas. • Expõe em ordem seqüencial fatos e experiências vividas. • Expressa com clareza suas idéias. • Utiliza o vocabulário próprio à idade.	• Sua pronúncia é inteligível. • Acompanha uma conversa do tipo pergunta-resposta.	• Interessa-se em compreender as explicações acerca do seu nível escolar. • Faz-se entender com algumas palavras, com gestos, etc. • Expressa-se utilizando substantivos e verbos sem concordância nem nexos. • Esforça-se para adquirir uma boa pronúncia. • Conhece e utiliza o vocabulário trabalhado. • Tem curiosidade em saber o nome das coisas e seu significado. • Respeita sua vez de falar.

Quadro 9.7 As competências: compreensão e expressão escrita

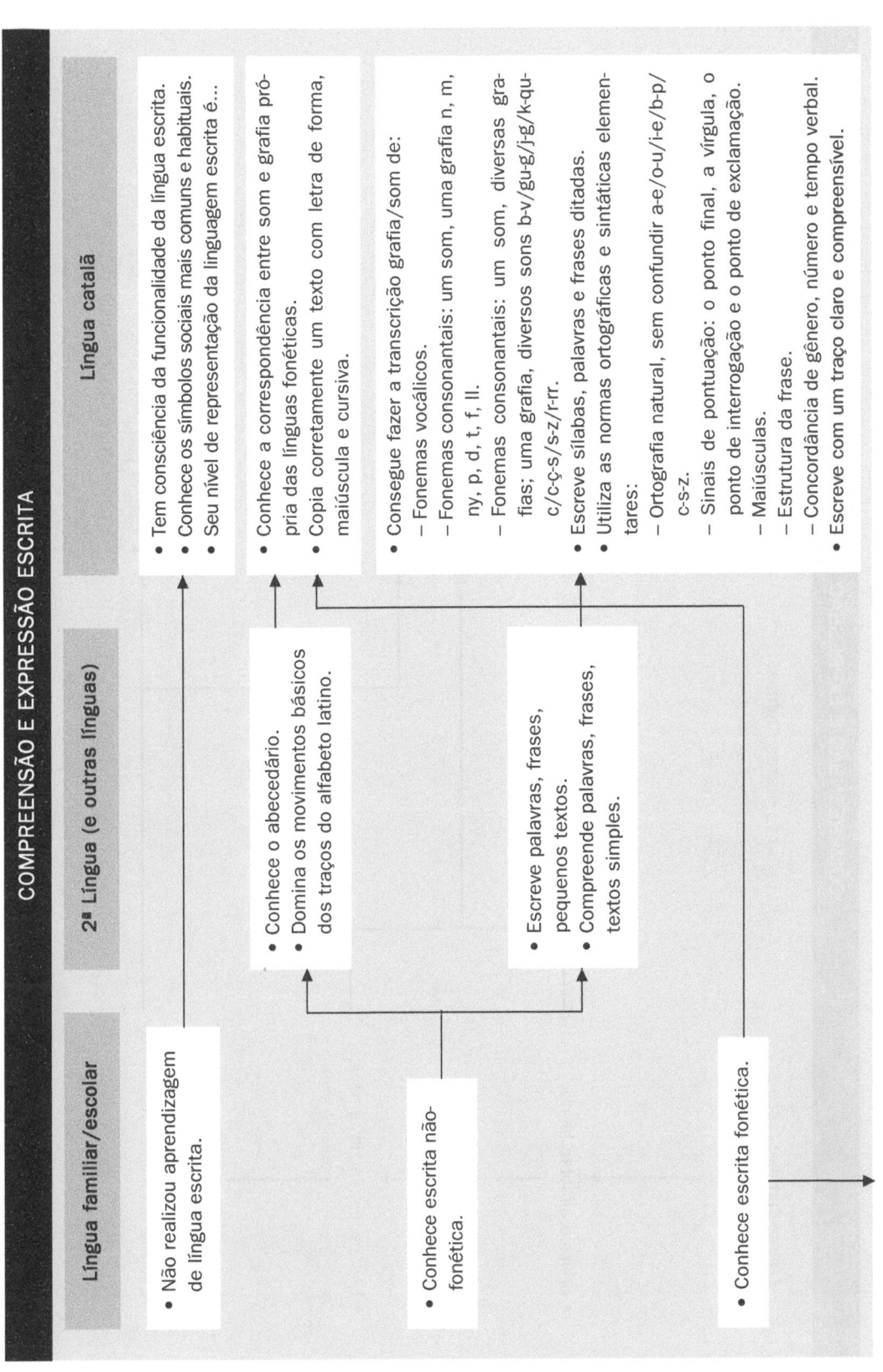

COMPREENSÃO E EXPRESSÃO ESCRITA

Língua familiar/escolar	2ª Língua (e outras línguas)	Língua catalã
• Não realizou aprendizagem de língua escrita.		• Tem consciência da funcionalidade da língua escrita. • Conhece os símbolos sociais mais comuns e habituais. • Seu nível de representação da linguagem escrita é....
	• Conhece o abecedário. • Domina os movimentos básicos dos traços do alfabeto latino.	• Conhece a correspondência entre som e grafia própria das línguas fonéticas. • Copia corretamente um texto com letra de forma, maiúscula e cursiva.

• Conhece escrita não-fonética.	• Escreve palavras, frases, pequenos textos.
	• Compreende palavras, frases, textos simples.
		• Consegue fazer a transcrição grafia/som de:
		  – Fonemas vocálicos.
		  – Fonemas consonantais: um som, uma grafia n, m, ny, p, d, t, f, ll.
		  – Fonemas consonantais: um som, diversas grafias; uma grafia, diversos sons b-v/gu-g/j-g/k-qu-c/c-ç-s/s-z/r-rr.
		• Escreve sílabas, palavras e frases ditadas.
		• Utiliza as normas ortográficas e sintáticas elementares:
		  – Ortografia natural, sem confundir a-e/o-u/i-e/b-p/c-s-z.
		  – Sinais de pontuação: o ponto final, a vírgula, o ponto de interrogação e o ponto de exclamação.
		  – Maiúsculas.
		  – Estrutura da frase.
		  – Concordância de gênero, número e tempo verbal.
		• Escreve com um traço claro e compreensível.

• Conhece escrita fonética.		

COMPREENSÃO E EXPRESSÃO ESCRITA

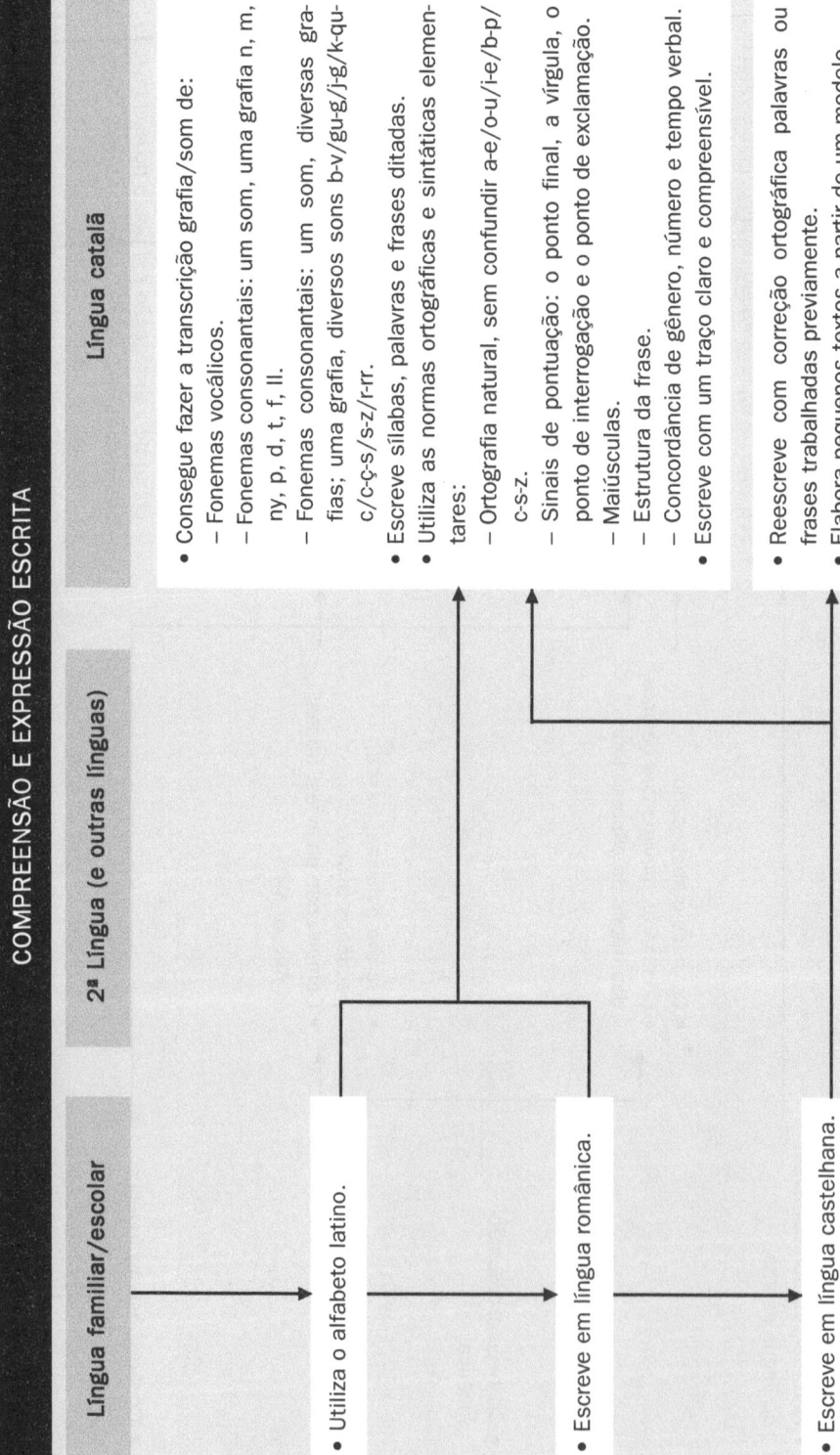

Língua familiar/escolar

- Utiliza o alfabeto latino.
- Escreve em língua românica.
- Escreve em língua castelhana.

2ª Língua (e outras línguas)

Língua catalã

- Consegue fazer a transcrição grafia/som de:
  - Fonemas vocálicos.
  - Fonemas consonantais: um som, uma grafia n, m, ny, p, d, t, f, ll.
  - Fonemas consonantais: um som, diversas grafias; uma grafia, diversos sons b-v/gu-g/j-g/k-qu-c/c-ç-s/s-z/r-rr.
- Escreve sílabas, palavras e frases ditadas.
- Utiliza as normas ortográficas e sintáticas elementares:
  - Ortografia natural, sem confundir a-e/o-u/i-e/b-p/c-s-z.
  - Sinais de pontuação: o ponto final, a vírgula, o ponto de interrogação e o ponto de exclamação.
  - Maiúsculas.
  - Estrutura da frase.
  - Concordância de gênero, número e tempo verbal.
- Escreve com um traço claro e compreensível.

- Reescreve com correção ortográfica palavras ou frases trabalhadas previamente.
- Elabora pequenos textos a partir de um modelo.
- É capaz de realizar exercício de texto próprio ao seu nível.
- Utiliza diversos recursos para comprovar a escrita correta das palavras.

- O catalão tem um sistema de escrita alfabético; se coincidir com o da língua que o aluno sabe escrever, poderemos deduzir que ele compreenderá as regras de composição (decifração e transcrição) desse sistema, saberá que a escrita representa os sons fonêmicos da língua. A partir daí, iniciaremos um trabalho que facilite a aquisição da correspondência entre som e grafia para a composição de palavras com significado em catalão.
- Se, além disso, o aluno souber escrever em uma língua que utilize o alfabeto latino, conhecerá os sinais vocálicos e consonantais e as convenções da escrita (linearidade, orientação esquerda-direita, distribuição do texto no espaço); reproduzirá as grafias e os sons, etc. Dado que o ato de ler e escrever é mais do que decifrar e transcrever, teremos de trabalhar com a compreensão e produção de textos.

2. As competências básicas ou imprescindíveis, que podem ser avaliadas em um primeiro momento e que constituem o fundamento das demais aprendizagens para aprendizagens posteriores, a avaliação das competências nessa área estará relacionada à identificação da maneira como esse aluno pensa matematicamente, ao seu nível de escolarização na origem e aos novos requisitos da proposta de escolarização. Por isso, fazemos uma proposta geral de conteúdos curriculares que é preciso avaliar, graduados conforme a seqüência lógica de introdução que pretendemos observar. Na prática, será preciso concretizar cada conteúdo em função do nível educacional em que aluno é escolarizado e das informações prévias sobre o que pode ter aprendido (ver Quadro 9.8).

Ao mesmo tempo em que tomamos como referência determinados saberes com relação ao pensamento matemático, temos também de adequar as atividades que apresentamos para evitar requisitos não-pertinentes que possam mascarar o que queremos saber.

- Mesmo quando apresentamos as atividades traduzidas para o idioma do aluno, muitos dos pressupostos habituais em nossas atividades matemáticas são convenções de nossa cultura, mas podem não ser interpretados do mesmo modo por alunos de outras culturas (termos que podem mudar de significado na tradução; desconhecimento das ferramentas de trabalho; uso de símbolos distintos para os mesmos, algoritmos diferentes, etc.).
- Tentaremos descobrir os conteúdos que têm mais relação com as aprendizagens realizadas pelos alunos em seu país; dessa maneira, eles se sentirão mais seguros e avançarão a partir dos conhecimentos prévios.
- Proporemos preferencialmente situações nas quais não seja imprescindível uma resposta verbal e nos apoiaremos em materiais concretos e em recursos visuais. A área matemática permite realizar atividades diversas que exigem pouca linguagem verbal.
- Ao apresentar os conteúdos selecionados, devemos fazê-lo de maneira contextualizada, tentando relacioná-los com a matemática utilizada fora da escola e de forma que permitam diferentes vias de solução.

Quadro 9.8 As competências: área de matemática

IDENTIFICAÇÃO DAS COMPETÊNCIAS DA ÁREA DE MATEMÁTICA	
Lógica matemática	**Números e operações**
• Identifica os atributos de um objeto: forma, cor e tamanho. • Copia séries de dois elementos (alternância de cor, tamanho, forma). • Continua séries começadas por dois elementos. • Domina o conceito de quantidade: igual a..., mais que..., menos que...	• Conta objetos. • Relaciona um número com sua quantidade. • Lê e escreve números. • Ordena e compara números naturais. • Completa séries numéricas. • Continua séries numéricas (ascendentes, descendentes, lógicas). • Compõe e decompõe números. • Sabe somar (com uma, duas parcelas, sem levar, levando).
Figuras e relações geométricas	
• Localiza figuras geométricas na realidade. • Identifica figuras e corpos geométricos básicos. • Sabe reproduzir figuras geométricas. • Sabe reproduzir corpos geométricos. • Classifica figuras e corpos a partir de critérios estabelecidos. • Compara ângulos. • Identifica e representa retas perpendiculares, paralelas.	• Conhece o algoritmo da soma (vertical, horizontal). • Encontra a parcela que falta. • Sabe subtrair (sem levar, levando). • Conhece o algoritmo da subtração. • Encontra a parcela que falta em uma subtração. • Sabe a tabuada. • Sabe multiplicar (por um número, por mais de um número, pela unidade seguida de zero). • Utiliza o algoritmo da multiplicação. • Sabe dividir (por um número, por dois, pela unidade seguida de zero, etc.).
Magnitudes e medidas	

• Utiliza as unidades do sistema monetário.
• Compara e ordena quantidades de uma mesma magnitude.
• Reconhece os símbolos das unidades de medida.
• Conhece e utiliza as principais unidades-padrão: m, cm, kg, l, hora, dia, semana, mês, ano.
• Antecipa os resultados de medidas (longitude, capacidade, massa).
• Mede e anota corretamente o resultado.
• Utiliza instrumentos básicos de medida: régua, fita métrica, balança, relógio, calendário, moedas.
• Elege as unidades e os instrumentos apropriados para medir (longitudes, capacidades, massa e tempo).
• Resolve problemas de medidas.
• Estabelece equivalência entre medidas.
• Identifica relações entre as diversas unidades de medida.
• Utiliza o sistema métrico decimal.
	• Utiliza o algoritmo da divisão.
	• Utiliza a calculadora.
	• Associa a representação gráfica e numérica das frações.
	• Representa graficamente as frações simples.
	• Opera com frações:
	  – Somas (com denominador igual e diferente).
	  – Subtrações (com denominador igual e diferente).
	  – Multiplicações.
	  – Divisões.
	• Lê e escreve com números decimais.
	• Opera com decimais:
	  – Soma, subtrai, multiplica, divide.
	  – Coloca os números decimais para realizar somas e subtrações.
	  – Ordena e compara.
	• Resolve potências simples.
	• Resolve equações simples com uma incógnita.
	• Sabe interpretar e resolver problemas mentalmente (de somar, de subtrair, de descobrir a parcela que falta, de multiplicar, de duas operações).
	• Compreende e resolve problemas em sua língua.

Identificação de competências no desenvolvimento socioafetivo

O conhecimento do desenvolvimento socioafetivo será mediado por tudo o que dissemos sobre novos contextos, diferentes referenciais culturais, processo migratório, expectativas familiares, etc., e isso é algo que requer tempo. Dado que se trata de um aspecto importante dos alunos, é difícil a concretização nos momentos atuais, por isso propomos indicadores de aspectos a se observar para podermos compreender algumas das diretrizes de comportamento e de relação no processo de adaptação ao novo ambiente (ver Quadro 9.9).

Quadro 9.9 As competências: desenvolvimento socioafetivo

IDENTIFICAÇÃO DAS COMPETÊNCIAS NO DESENVOLVIMENTO SOCIOAFETIVO	
Equilíbrio e autonomia pessoal	
• Pede ajuda quando necessita. • Admite a responsabilidade por seus erros. • Demonstra confiança em si mesmo. • É capaz de expressar seus sentimentos. • Concentra a atenção em sua tarefa. Mantém um ritmo de trabalho constante. • Fica atento às explicações que lhe dão. • Esforça-se por manter o hábito de responder.	• Sabe trabalhar individualmente. • Conclui as atividades no tempo combinado. • É capaz de se orientar e de se deslocar de forma autônoma no ambiente próximo. • Fica sentado enquanto dura a atividade. • Sabe selecionar o material de que necessita para cada tarefa. • Apresenta os trabalhos de maneira clara, limpos e ordenados.
Relações interpessoais	
• Responde ao contato social. • Inicia o contato social. • Esforça-se por se fazer entender.	• Valoriza o próprio trabalho e o dos outros. • Desempenha a tarefa que lhe cabe sem interferir na dos outros em um trabalho de grupo.
Inserção social	
• Utiliza diversas estratégias para se comunicar. • Discrimina entre conduta aceitável e não-aceitável. • É capaz de controlar suas emoções diante de situações diversas. • Obedece às ordens ou se esforça por seguir as regras da classe.	• Realiza a tarefa que lhe cabe sem interferir na dos outros em um trabalho de grupo. • Respeita os materiais e pertences dos outros. • Compartilha os materiais. • Mostra interesse em se incorporar às atividades realizadas na sala de aula. • Fica em silêncio nos momentos apropriados.

PROCESSO DE INTERVENÇÃO

Desde o momento em que uma família solicita uma vaga para seu filho até o momento em que a escola consegue configurar um espaço educacional que responda às necessidades detectadas, há uma série de atuações por parte de diferentes profissionais e serviços. Em muitos casos, o volume de intervenções pode até mesmo dificultar a representação da globalidade do processo. Essa circunstância nos leva a fazer duas indagações:

> - A diferenciação e a especialização nas atuações possibilitam um melhor acolhimento, uma resposta adequada às famílias e aos alunos?
> - O volume de intervenções garante a qualidade da resposta?

Em nossa opinião, deve-se facilitar a inter-relação das atuações e, para isso, é necessário compartilhar critérios básicos que orientem o processo de avaliação dos alunos estrangeiros (ver Quadro 9.11).

Assim, consideramos que, quando a escola recebe a demanda de escolarização, esta se demarca dentro do plano geral de acolhimento e integração e tomam-se as primeiras decisões para a intervenção. O processo começa com as atuações de acolhimento inicial:

> 1. Planejamos a primeira entrevista com a família para:
>   - Informar sobre o sistema educacional e sobre a escola: horários, normas, organização, serviços, como se estabelece a comunicação com as famílias, etc.
>   - Coletar dados pessoais, familiares, lingüísticos e da escolarização anterior.
>   - Detectar as necessidades da família e facilitar o acesso aos materiais e, se necessário, a tramitação de auxílio.
> 2. Aplicamos os critérios estabelecidos para a integração ao grupo.
> 3. Decidimos em que dia o aluno será incorporado, de modo que se possa informar previamente a equipe docente para que prepare o acolhimento na sala de aula.

Iniciada a escolarização, intervêm na avaliação, basicamente, os profissionais da escola com a colaboração, caso seja necessário, dos serviços e programas educacionais:

> 1. O tutor e o docente a quem a escola atribui essa função (coordenador de acolhimento/referencial/pedagogia terapêutica/psicopedagogia/apoio à incorporação tardia, etc.) obterá a informação significativa necessária para a identificação das necessidades do aluno, a fim de programar e ajustar a ação educacional.
> 2. Utilizaremos como instrumentos de avaliação:
>   - A entrevista familiar, para obter informação sobre os indicadores do contexto sociocultural e educacional de origem, do momento do processo migratório; compartilhar as necessidades decorrentes dos requisitos do novo sistema educacional, da escola e, mais concretamente, da classe em que está o aluno.
>   - As diretrizes de observação do aluno sobre desenvolvimento socioafetivo (equilíbrio e autonomia pessoal, relações interpessoais, inserção social) e competências nas áreas instrumentais (língua e matemática).
>   - As provas específicas: adaptação das provas de avaliação inicial da escola em função dos indicadores significativos e passíveis de avaliação nessa tipologia de alunos, e as ferramentas específicas elaboradas para a avaliação dos alunos de incorporação tardia ao sistema educacional.
> 3. Todos os docentes que intervêm junto ao aluno compartilharão os elementos e os critérios para a avaliação sistemática, fundamentalmente com relação a

adaptação à classe e à escola, a detecção das atitudes, das habilidades e dos procedimentos utilizados nas diferentes áreas (desenvolvimento socioafetivo).
4. A escola, ao longo da avaliação, pode requerer o assessoramento da EAP e/ou do programa de educação compensatória, quando ocorre uma das seguintes situações:
- Os profissionais da escola responsáveis pela avaliação do aluno estrangeiro necessitam compartilhar as características e os critérios desse processo para aplicação dos instrumentos, estabelecimento da relação com a família, interpretação das respostas do aluno ou, em última análise, comparar as diferentes informações que permitem a identificação das necessidades.
- Detectam-se indicadores de necessidades educacionais especiais (NEE) por deficiência física, psíquica ou sensorial, ou decorrentes de uma situação social ou cultural desfavorecida.
- Na escola, no ciclo ou na sala de aula, apontam-se necessidades relacionadas com a educação na atenção à diversidade cultural e lingüística, à coesão social, etc.

Em qualquer dessas situações, é preciso contar com as contribuições da EAP e do PEC, que, em sua especialização, podem acompanhar as escolas no processo (ver Quadro 9.10).

A busca de um modelo de comunicação

Nesse processo, há vários elementos que merecem uma reflexão. Um deles é o estilo de relação que devemos ter em mente ao iniciarmos, estabelecermos e possibilitarmos a interação e a comunicação com as famílias.

Da experiência dos primeiros contatos decorre a necessidade de definir uma forma de atuar que permita alcançar progressivamente um intercâmbio comunicativo tão equilibrado e igualitário quanto possível, dentro de um contexto cada vez mais próximo e conhecido. A idéia que está por trás de nossa proposta de aproximação dos alunos e de suas famílias deve nos permitir:

- Ter claro que as dificuldades mútuas de comunicação, decorrentes do uso de códigos lingüísticos e gestuais diferentes, exigem um tempo para a aproximação das representações distintas das situações, dos serviços, dos conceitos, dos valores, etc., em suas direções. Inicialmente, temos de admitir e entender os motivos que podem ter provocado mal-entendidos, descumprimento de acordos, desorientação, etc.
- Pensar que as famílias e os alunos se encontram em um momento e em uma situação concreta na sociedade de acolhimento. Para equilibrar as dificuldades de adequação ao contexto, necessitam pôr em funcionamento estratégias, habilidades e esforços muito significativos relacionados a elementos lingüísticos, profissionais, sociais e econômicos. Isso, muitas vezes, gera desconfiança, em razão do esgotamento a que leva a proteção diante de certos requisitos e quando não se consegue contextualizar (entender e relacionar) todas as informações recebidas.
- Estabelecer a comunicação quanto antes, criando um clima informal, facilitando o estabelecimento da confiança mútua, de maneira que os primeiros encontros sejam gratificantes para as duas partes.

Quadro 9.10 Contribuições da EAP e do PEC

DA EAP

- Diretrizes evolutivas e de desenvolvimento.
- Critérios para avaliar a necessidade de explorações, diagnósticos e/ou utilização de serviços complementares e específicos.
- Critérios que permitem a aceitação e a avaliação do modelo educacional familiar.
- Critérios para facilitar a orientação à família com relação à identificação e aceitação das necessidades.
- Conhecimento dos déficits, tipos e graus. A incapacidade em função do déficit.
- Análise do comprometimento das capacidades e sua compensação com apoios e ajudas.
- Critérios metodológicos: significado e funcionalidade das seqüências de ensino e aprendizagem.
- Critérios para a organização do currículo tendo presentes as competências básicas: atenção à diversidade.
- Informações sobre recursos e materiais específicos.

DO PEC

- Critérios sobre o modelo de comunicação que pode facilitar as primeiras aproximações do aluno e de sua família.
- Critérios para a aproximação de diferentes modelos educacionais familiares.
- Informações sobre os fatores culturais e sociais que podem caracterizar determinados grupos (discriminação positiva).
- Indicação de elementos que podem caracterizar determinadas situações educacionais escolares de origem.
- Estratégias para facilitar a compreensão de determinadas respostas da família e do aluno diante de exigências específicas do novo contexto.
- Informações sobre recursos e materiais específicos.
- Ajudar na análise para "equilibrar" e "discriminar" o cultural, o socioeconômico e as necessidades decorrentes de um eventual déficit.
- Informações para discriminar modelos e materiais de avaliação levando em conta as interferências carregadas de referências culturais.

- Entender que o grau de relevância de determinadas informações que possamos oferecer estará condicionado pelo desconhecimento inicial da cultura da família e de suas prioridades ou necessidades básicas do momento.
- Definir, na medida do possível, um único profissional de referência que possa estabelecer de forma progressiva a relação com a família, a fim de que ela se sinta mais à vontade para dar informações e colocar suas dúvidas.
- Ter claro que o conhecimento de aspectos gerais (culturais, sociais, lingüísticos) de uma comunidade em particular que nos foi proporcionado pela relação com um grupo de famílias e alunos, sempre com o cuidado de não cair em estereótipos, nos ajudará em futuras relações. Por isso, é de grande valia pensar nas possibilidades que nos oferece essa comunicação.

Temos consciência de que, para evitar que a reflexão só ocorra no momento em que constatamos o fracasso nas várias tentativas de comunicação e que isso implique um atraso nas atuações, precisamos de treinamento e de adequação permanente para a incorporação de todos esses aspectos.

Avaliação psicopedagógica **185**

Quadro 9.11 Processo de intervenção para a avaliação dos alunos estrangeiros recém-incorporados ao sistema escolar

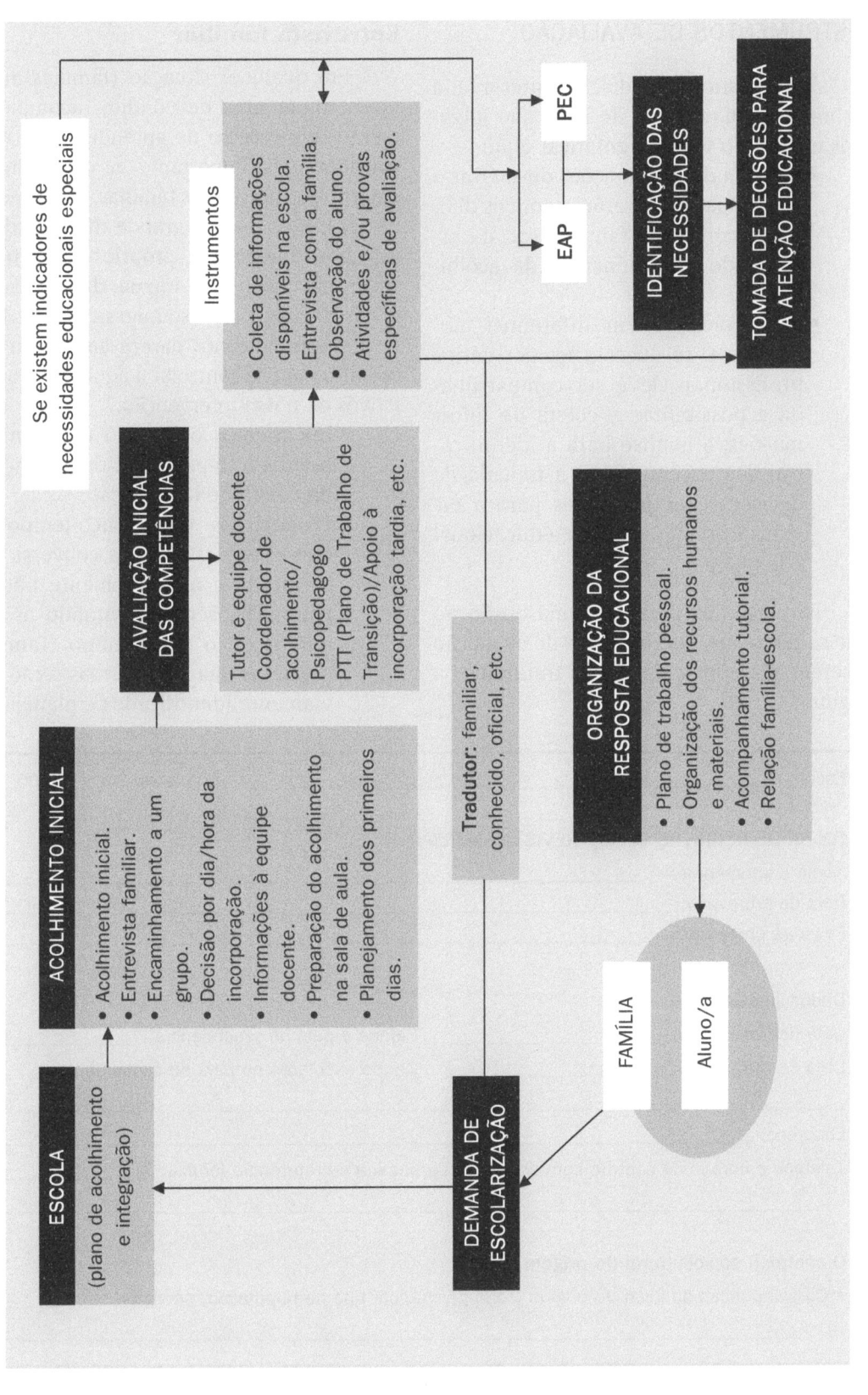

ESCOLA
(plano de acolhimento e integração)

ACOLHIMENTO INICIAL
- Acolhimento inicial.
- Entrevista familiar.
- Encaminhamento a um grupo.
- Decisão por dia/hora da incorporação.
- Informações à equipe docente.
- Preparação do acolhimento na sala de aula.
- Planejamento dos primeiros dias.

AVALIAÇÃO INICIAL DAS COMPETÊNCIAS

Tutor e equipe docente
Coordenador de acolhimento/
Psicopedagogo
PTT (Plano de Trabalho de Transição)/Apoio à incorporação tardia, etc.

Se existem indicadores de necessidades educacionais especiais

Instrumentos
- Coleta de informações disponíveis na escola.
- Entrevista com a família.
- Observação do aluno.
- Atividades e/ou provas específicas de avaliação.

→ PEC
→ EAP

IDENTIFICAÇÃO DAS NECESSIDADES

TOMADA DE DECISÕES PARA A ATENÇÃO EDUCACIONAL

Tradutor: familiar, conhecido, oficial, etc.

ORGANIZAÇÃO DA RESPOSTA EDUCACIONAL
- Plano de trabalho pessoal.
- Organização dos recursos humanos e materiais.
- Acompanhamento tutorial.
- Relação família-escola.

DEMANDA DE ESCOLARIZAÇÃO

FAMÍLIA

Aluno/a

INSTRUMENTOS DE AVALIAÇÃO

A proposta de avaliação apresentada responde a duas idéias de base que julgamos necessário voltar a enfatizar aqui:
- A coleta de informações deve visar o aluno, mas em interação com os diferentes contextos: familiar, social e escolar; de procedência e de acolhimento.
- A intervenção em diferentes momentos e, se necessário, por vários profissionais deve ser compartilhada e possibilitar a coleta de informações, a análise para a identificação das necessidades, a tomada de decisões e as propostas para a organização da resposta educacional adequada.

Isso significa para nós uma opção no que se refere aos instrumentos de avaliação a serem adotados e dos quais trataremos a seguir.

Entrevista familiar

Em qualquer situação (famílias autóctones, momentos de conflito, acompanhamento do processo de aprendizagem, etc.), consideramos importante o planejamento das entrevistas com as famílias. Obviamente, nesses casos, dada a grande diversidade de aspectos diferenciais próprios da situação (desconhecimento da língua, diferenças culturais, sociais, processo migratório, etc.), esse planejamento nos parece ainda mais necessário para se controlar a aquisição dos objetivos de nossa intervenção.
- Iniciaremos o contato explicando à família a importância da avaliação e da coleta de informação.
- Proporemos um espaço-tempo em que seja possível uma conversa descontraída e aparentemente não estruturada, sempre evitando as perguntas ou o questionário. Tanto os objetivos quanto os temas serão previamente identificados e planejados.

Escola: _____ Ano letivo 200___/200___

FOLHA DE REGISTRO DA ENTREVISTA FAMILIAR

Nome e sobrenome: _____
Data de entrevista: _____
Pessoas presentes: _____

Dados pessoais

Data de nascimento: _____   Cidade e país de procedência: _____

Data de chegada à Catalunha: _____   Dados escolares no país de acolhimento: _____

Endereço: _____
Telefone e horário de contato com os pais e/ou pessoa de referência familiar: _____

O contexto sociocultural de origem
- Características do lugar de origem (zona geográfica, tipo de população, serviços, etc.): _____

- Línguas de relação (língua familiar, escolar, profissional, outras línguas conhecidas, etc.): ____

- Estrutura e relações familiares (composição, ocupação, moradia, relações, atitude em relação ao filho, etc.): ____

- Condições de trabalho (saúde, hábitos alimentares e de higiene, experiências vitais significativas, uso da rua, etc.): ____

O contexto escolar de origem
Aluno não-escolarizado
- Motivos da não-escolarização: ____

- Habilidades escolares, materiais utilizados, motivação para a aprendizagem escolar, pessoas responsáveis por ensiná-lo, etc.): ____

- Tarefas domésticas ou do ambiente próximo que desenvolveu: ____

- Horário de realização das atividades rotineiras (fixo, flexível, sem horário, etc.): ____

Aluno escolarizado
- Características da escola (tipo, horário, espaços, materiais escolares, professores, relação família-escola, etc.): ____

- Grau e nível de escolarização (freqüência, duração, continuidade, níveis cursados, etc.): ____

- Tipo de escolarização (língua/s de aprendizagem, nível de alfabetização, línguas estrangeiras, atitude escolar, etc.): ____

- Expectativas escolares do pai e da mãe: ____

O processo migratório
- Cronologia (data de início, data de chegada dos membros da família, reagrupamento, etc.): ____

- O que o filho sabe do planejamento e dos motivos da emigração? ____

- Expectativas atuais com relação ao filho: ____

- Situação inicial de adaptação ao país de acolhimento (atitudes, relações, vivência das mudanças de clima, alimentação, horários, etc.): ____

> **As competências atuais do aluno**
>
> *Área de língua*
>
> - Compreensão geral ligada ao contexto familiar e a outros contextos.
> - Expressão: domínio do código lingüístico, fala.
> - Compreensão e expressão escrita na língua familiar.
> - Compreensão e expressão oral nas línguas veiculares.
> - Conhecimento de escrita e atitude em relação às línguas veiculares.
>
> *Área de matemática*
>
> - Avaliação da aprendizagem de matemática (números, operações e problemas; magnitudes e medidas, etc.).
> - Aplicação à vida diária. Resolução de situações mediante cálculos matemáticos.
>
> *Desenvolvimento socioafetivo*
>
> - Habilidades sociais: normas básicas de relação, adaptação a diferentes situações, diretrizes de colaboração, interação social, relações afetivas.
> - Aquisição de hábitos básicos.
> - Atitude e comportamento diante das situações adversas, manifestação e controle das emoções e sentimentos.
>
> Outros dados _____

Diretrizes para a avaliação das competências das áreas instrumentais (língua e matemática) e do desenvolvimento socioafetivo

Uma vez estabelecida a relação entre as línguas que o aluno conhece (familiar, escolar, segunda língua) e a veicular, iniciaremos a avaliação do nível de representação que tem de nosso código lingüístico (ver os Quadros 9.6, 9.7, 9.8 e 9.9). Trata-se de identificar as relações que estabelece entre as línguas que conhece e o catalão, aspecto importantíssimo para organizar a proposta de ensino-aprendizagem, evitando começar com objetivos e atividades abaixo de suas possibilidades reais. É preciso ter acesso ao que o aluno sabe e poder iniciar a proposta com atividades significativas não-infantilizadas – como começar pelo "a'" –, ajustadas às possibilidades reais – o aluno pode escrever palavras mesmo que não saiba seu significado –, tendo presentes os aspectos motivacionais com relação a uma perspectiva de aquisição mais conectada com a dos iguais e os requisitos das demais áreas.

Os materiais ou a proposta concreta de atividades dependerão também das possibilidades de interação com o aluno, da idade e do nível educacional.

Indicadores para as observações do desenvolvimento socioafetivo

Já assinalamos anteriormente que as diretrizes relacionadas no Quadro 9.9 referem-se a elementos gerais e, portanto, precisam ser mais concretizadas. Dissemos também que essas observações devem se situar no tempo e na diversidade de situações e, por isso, não podemos fazer apenas um registro nos primeiros momentos da incorporação do aluno à escola. É preciso entender os indicadores que se apresentam como aspectos a serem considerados por todos os docentes e profissionais envolvidos com o aluno, para avaliar as diferentes respostas de relação e adaptação no contexto da sala de aula.

Provas de avaliação

Ferramentas para a detecção dos conhecimentos prévios dos alunos imigrantes (Material do Programa de Educação Compensatória, Barcelona – 2001)

O objetivo dessas provas é ajudar os professores a conhecer as competências básicas dos alunos de incorporação recente adquiridas no período de escolarização anterior, a respeito dos conteúdos curriculares das áreas de língua e matemática.

Na área de língua, incluem atividades de compreensão e expressão escrita em alguns idiomas, com o objetivo de averiguar se adquiriram um nível básico de leitura e escrita na língua de origem.

Na área de matemática, desenvolvem-se atividades de numeração, cálculo, seriações, medidas e magnitudes, problemas, geometria e lógica.

Provas adaptadas de avaliação inicial da própria escola

Muitas escolas dispõem de provas de avaliação inicial, referentes a conteúdos mínimos de algumas áreas, que aplicam nos primeiros dias do ano para estabelecer os conhecimentos dos alunos nos diferentes níveis educacionais. Nesse caso, consideramos importante que elas sejam utilizadas como material de avaliação para identificar o que os alunos sabem sobre os diferentes requisitos da série em que estão ingressando. É claro que, se o aluno desconhece a língua de aprendizagem – já definimos mais ou menos a relação que existe entre seu conhecimento de língua escrita e a que lhe pedimos –, faremos a adaptação de algumas atividades para que sua língua não seja uma dificuldade a mais, e para que não se ocultem outros conhecimentos ou possibilidades do aluno.

As adaptações podem incluir:
- Aportes visuais, manipulação de materiais concretos, comparação, diversificação na apresentação das atividades. Proposta de atividades nas quais a resposta verbal não seja imprescindível.
- Simplificação, exemplificação com prática prévia, imitação/repetição na demanda de execução. Adaptação do tempo.
- Tradução de alguns enunciados ou presença de intérprete, mudança do objetivo da atividade: utilizá-la para averiguar se está familiarizado com esse conteúdo ou com essa tipologia de exercício.

REFERÊNCIAS

AA.W. (1999): «Currículum escolar i atenció a la diversitat». Suports. Revista Catalana d'Educació Especial i Atendo a la Diversitat, vol. 3, num. 2.
AA.W. (2002): «Interculturalismo y ciudadanía». Cuadernos de Pedagogía, 315.
AA.W. (2003): «La integración del alumnado inmigrante». Aula de Innovación Educativa, 126.
ATXOTEGUI, J. (2000): Los duelos de la migración: una aproximación psicopatológica y psicosocial. Ponencia presentada ai Segundo Congreso sobre la Migración en Espana. Madrid.
BADIA, l. (2002): Diccionari de les llengües d'Europa. Barcelona. Enciclopédia Catalana S.A.

CARBONELL, F. (1997): Immigrants estrangers a l'escola. Desigualtat social i diversitat cultural en educació. Barcelona. Altafulla.

COLOMER, L; MASOT, M.T.; NAVARRO, l. (2001): «L'avaluació psicopedagògica. Concepte, finalitat i marc on es situa». Àmbits de psicopedagogía, 2, pp. 15-18.

DEPARTAMENT D'ENSENYAMENT (1992): Currículum. Educació primária. Barcelona. Generalitat de Catalunya.

_____ . (2000): Informes d'ensenyament. Escolarització d'alumnat fill de famílies immigrants. Barcelona. Generalitat de Catalunya.

_____ . (2001): Pla d'acollida del centre educatiu. Barcelona. Generalitat de Catalunya.

GRUP DE TREBALL (2002): «La escolarización del alumno inmigrante extranjero com necesidades educativas especiales». 71607/CP/2/2000-1-SE-COMENIUS-C2. Barcelona.

JORDAN, J.A. y otros (1998): Multiculturalisme i educació. Barcelona: Edicions Proa S.A.

LOSADA, T. (1999): «Tendências de la inmigración marroquí y aproximaciones interculturales». Revista Migradons. 5.

PLANAS, N. (2002): «Identidad y aprendizaje en alumnos inmigrantes». Aula de Innovación Educativa, 119, pp. 71-74.

PUIGDELLÍVOL, I. (1998): La educación especial en la escuela integrada. Barcelona. Graó.

TREPPTE, C. (1997); Aprender también quiere decir levantar puentes. Gerona. Grame.

VILELLA MIRO, X. (1997-1998): Millorar l'atenció a la diversitat multicultural des de l'àrea de matemàtiques: elaboració d'unes pautes que profitin la potencialitat de tots i totes. Licencia de estudios del departamento de enseñanza. Barcelona.

A avaliação psicopedagógica dos alunos escolarizados com perda auditiva na modalidade oral | 10

M. Claustre Cardona

INTRODUÇÃO

A proposta que apresentamos para a avaliação psicopedagógica dos alunos com perda auditiva escolarizados na modalidade oral é fruto da experiência de mais de 12 anos, ao longo dos quais nós, membros da equipe do CREDA (Centro de Recursos Educativos para Deficientes Auditivos) del Baix Llobregat, trabalhamos em colaboração para perfilar e definir todos os termos que permitem dar uma boa resposta educacional a cada um de nossos alunos com perda auditiva. Dia após dia, ano após ano, polimos, ajustamos, melhoramos, modificamos atuações para que essa resposta permita realmente o crescimento pessoal, social e cognitivo desses alunos, apesar de sua competência lingüística. Dentro dessas atuações, inclui-se um plano de avaliação psicopedagógica, apresentado aqui, que dá prioridade aos aspectos-chave do desenvolvimento de meninos e meninas com perda auditiva e sua incidência no acesso ao currículo a fim de melhorar as condições do processo de ensino e aprendizagem.

Ao mesmo tempo, trata-se de uma proposta que pretende respeitar a colaboração entre os serviços educacionais, as equipes de assessoramento e orientação psicopedagógica (EAP) e alguns trabalhos específicos, como os dos CREDA. É por isso que a ênfase na avaliação psicopedagógica por um CREDA recai na especificidade do que a perda auditiva provoca no desenvolvimento comunicativo, lingüístico, cognitivo, pessoal e social da criança, na maneira como configura seu desenvolvimento, em como esses aspectos incidem no acesso ao currículo e, finalmente, no tipo de estratégias necessárias para compensar suas conseqüências.

Para ajustar realmente essa especificidade, é necessário falar, em primeiro lugar, de quais são as dificuldades auditivas e o que elas implicam. Com esse objetivo, dedicamos os dois primeiros itens para descrever como funciona a audição, as dificuldades auditivas que podem ocorrer e como elas incidem no desenvolvimento geral da criança. Por último, no terceiro item, abordamos especificamente o tema da avaliação psicopedagógica dos alunos com perda auditiva. Precisa-se considerar que são vários os profissionais que intervêm junto a crianças com dificuldades auditivas, e cada um deles oferece dados que têm implicações no desenvolvimento atual e futuro da criança. Conseqüentemente, a coleta, a seleção e a análise das informações é um ponto a se discutir para, finalmente, elaborar-se uma proposta de avaliação psicopedagógica que se ajuste aos termos descritos.

AS DIFICULDADES AUDITIVAS

Tipos de perda auditiva

É possível encontrar nas salas de aula alunos que apresentam algum tipo de perda auditiva. O leque de possibilidades é extenso: desde crianças com dificuldades decorrentes de problemas médicos como resultado de resfriados das vias aéreas superiores (caso das otites) até aquelas com pequenas más-formações que impedem a transmissão correta do som. Todavia, há outras crianças cujas dificuldades vão além de problemas de transmissão de som e têm a ver com a forma como ele é percebido. Além disso, essas diversas situações possuem implicações distintas.

Assim, quando falamos de perda auditiva, englobamos uma variedade de situações e, por isso, diante desse termo, só podemos dizer que existe algum tipo de dificuldade auditiva, mas ele não ajuda a definir o perfil dos alunos nem as necessidades que possam decorrer desse tipo de dificuldade. Portanto, é preciso saber do que estamos falando quando nos referimos a perda auditiva, para podermos compreender as necessidades educacionais dos diversos alunos com problemas de audição.

O órgão da audição e seu funcionamento

Esse órgão é formado por três partes claramente diferenciadas que descrevemos a seguir.

O *ouvido externo* tem a função de captar os estímulos auditivos e dirigi-los ao ouvido médio. É formado pelo pavilhão auditivo e pelo conduto auditivo externo (CAE).

Nesse nível, podemos encontrar deficiência da audição devido a uma má-formação do pavilhão auditivo (pode ficar reduzido a uma pequena protuberância ou não existir) ou à inexistência do CAE. No primeiro caso, a deficiência da audição se deve à redução de possibilidades de captação do som, visto que o pavilhão auditivo tem essa função. No segundo, a dificuldade reside na transmissão do som captado no ouvido médio.

O *ouvido médio* tem a missão de transmitir o som, por diferentes elementos, até o ouvido interno. É formado pelo tímpano, por uma cadeia de pequenos ossos e pela trompa de Eustáquio. Seu funcionamento pode ser afetado em vários níveis e por várias razões. Assim, poderia haver uma carência de tímpano ou uma redução de sua flexibilidade, o que conturbaria a transmissão do som ao ouvido interno. Ainda no que diz respeito ao tímpano, poderíamos encontrar dificuldades decorrentes da pouca ou nenhuma vibração devido a um desequilíbrio entre a pressão externa (por meio do conduto auditivo) e a interna (regulada pela trompa de Eustáquio). Esse desequilíbrio se dá quando, por motivos médicos, como ocorre nos casos dos congestionamentos da tuba auditiva ou das otites serosas, cria-se uma pressão negativa dentro da caixa timpânica que impede a vibração, o que, logicamente, repercute na transmissão do som. Finalmente, podemos encontrar também problemas na cadeia de pequenos ossos, como é o caso da otosclerose, que incidem no mecanismo de transmissão do som, impedindo que realizem sua função.

Todos esses problemas referentes à captação e transmissão dos estímulos sonoros incidem na quantidade de estímulo sonoro captado. A perda auditiva no caso, por exemplo, de ausência total de ouvido médio se traduziria em uma surdez de cerca de 60dB por via aérea. É preciso dizer ainda que a percepção via óssea é normal, que "a criança ouve a si própria falando por autofonia, o que lhe permite controlar o ritmo da fala, sua intensidade, sua melodia e seu timbre. Esses tipos de surdez não produzem deformação de palavra" (Lafon, 1987).

As perdas auditivas de transmissão normalmente têm solução médica ou cirúrgica. Caso seja necessário o uso de próteses auditivas, obtêm-se bons resultados quando a magnitude da perda não é muito importante e não afeta a qualidade da percepção dos sons. Portanto, a amplificação é um bom recurso.

O *ouvido interno*, formado pela cóclea, pelo labirinto posterior e pela parte periférica do nervo vestibulococlear, tem a função de transformar a energia mecânica procedente do ouvido médio em impulso nervoso. As células ciliadas da cóclea são encarregadas de transformar a energia em impulsos bioelétricos, que serão enviados, via nervo auditivo, ao córtex auditivo do cérebro, onde se dará uma interpretação do sinal acústico. No ouvido interno, as dificuldades costumam localizar-se ou na cóclea, geralmente por mau funcionamento das células ciliadas, ou por união célula-fibra nervosa.

As dificuldades geradas por esse mau funcionamento são de tipo neurossensorial ou perceptivo e afetam não apenas a quantidade, mas também a qualidade da audição. É por isso que, normalmente, existe uma relação direta entre magnitude da perda e inteligibilidade, o que implicará a necessidade de se utilizar a leitura labial no caso da percepção da linguagem oral. Esses tipos de perdas requerem o uso de próteses auditivas. Atualmente, quando se comprova que essas não comportam um ganho protético suficiente, resta a solução cirúrgica do implante coclear.

Por fim, é preciso comentar que, às vezes, pode ocorrer uma perda auditiva mista, isto é, com dificuldades tanto de percepção quanto de transmissão.

Para compreender as dificuldades auditivas que a criança possa ter, é importante identificar onde se localiza o mau funcionamento auditivo. Se a perda se situa na transmissão do som, esta não costuma superar os 60 dB nem afetar a qualidade da percepção do som. Este não é o caso das perdas neurossensoriais ou perceptivas, que, além das dificuldades de percepção de tipo quantitativo, afetam também a qualidade da percepção.

Graus de perda auditiva

Contudo, não é importante conhecer apenas o tipo de perda, ou seja, se é condutiva, neurossensorial ou mista, mas também seu grau.

A audiometria tonal permite saber a resposta a tons puros em diferentes intensidades e definir o umbral de audição. A Agência Internacional de Audiofonologia (BIAP – Bureau International d'AudioPhonologie) propõe uma gradação de deficiência auditiva e classifica-as em grupos segundo a média das perdas nas freqüências de 500 Hz, 1.000 Hz, 2.000 Hz e 4.000 Hz (média HAIC*: BIAP, 1997). Essa classificação tem a vantagem de permitir saber de que perda auditiva se trata quando se propõe a reeducação e, assim, reduzir as dificuldades que a criança encontrará na aquisição da linguagem; porém, tem também o inconveniente de ser esquemática demais e não considerar outras variáveis, como o momento de aparecimento da surdez, a adaptação à prótese, a atitude familiar, as possibilidades intelectuais, etc.

Seguindo essa classificação, temos:
- *Audição normal*: quando a perda HAIC não supera 20 dB.
- *Perda auditiva leve*: quando o valor HAIC varia de 20 dB a 40 dB.
- *Perda auditiva média*: quando o valor HAIC varia de 40 dB a 70 dB.

---

* N. de R.T. HAIC – Heaing Aid Industry Conference.

- *Perda auditiva grave*: quando o valor HAIC varia de 70 dB a 90 dB.
- *Perda auditiva profunda*: quando o valor HAIC supera 90 dB.

As perdas auditivas profundas, por sua vez, subclassificam-se segundo a margem de freqüência da resposta audiométrica:
- *Perda profunda de 1º grau*: com restos audiométricos até a freqüência de 4.000 Hz.
- *Perda profunda de 2º grau*: com restos audiométricos até a freqüência de 2.000 Hz.
- *Perda profunda de 3º grau*: com restos audiométricos no mínimo até a freqüência de 1.000 Hz.
- *Perda profunda de 4º grau*: com restos audiométricos até a freqüência de 750 Hz.

A cifra apresentada em decibéis (dB) corresponde à perda de audição em relação à audição normal. Esse dado permite estabelecer uma certa relação entre a curva obtida e a previsão de dificuldades que possam ocorrer na aquisição da linguagem oral. Assim, vemos o seguinte:
- Em uma perda auditiva leve, entre 20 e 40 dB, a palavra normal é percebida com poucas dificuldades, mas pode haver erros de percepção em ambientes ruidosos.
- Em uma perda auditiva média, de 40 a 70 dB, a palavra é percebida, mas com dificuldade, e é necessário o uso de prótese.
- No caso de perdas auditivas graves (70-90 dB), as dificuldades de percepção da linguagem oral já são muito importantes: é necessário um uso intenso da leitura labial, e os aparelhos auditivos têm um papel-chave.
- Em uma perda auditiva profunda, de mais de 90 dB, a aprendizagem da linguagem oral é realmente difícil: há necessidade de um trabalho específico e a leitura labial torna-se indispensável.

Tendemos a concordar com Quigley e Paul (1984) quando afirmam que "em algum momento do contínuo audiológico há uma descontinuidade funcional: na hora de aprender, a pessoa é principalmente visual, em lugar de auditiva". Essa seria a fronteira entre as crianças cuja perda auditiva é compensada com a ajuda do aparelho auditivo e aquelas para as quais, mesmo que este ajude, não é suficiente à captação da linguagem oral, e que precisam se apoiar na leitura labial.

Nessa linha, seriam consideradas surdas as crianças com perda auditiva neurossensorial que, apesar de uma boa amplificação, não discriminariam a linguagem e a fala. A amplificação pode informar sobre certos ruídos ambientais ou de entonação geral da linguagem. Via de regra, o umbral estaria em uma perda de 85 a 90 dB ou mais. Em outra situação, teriam todas as crianças com uma perda auditiva menos grave, que poderíamos considerar como hipoacústicas. Suas perdas podem ser neurossensoriais, condutivas ou mistas.

Outros fatores que influem no desenvolvimento dos alunos com perdas auditivas

Além do grau e do tipo de perda auditiva, há outros fatores que terão uma influência determinante no desenvolvimento da criança. O momento de aparição da perda (se ocorreu antes ou depois da aquisição da linguagem, se foi logo detectada e se alguma medida foi tomada, como o uso da prótese o mais cedo possível) é um aspecto que tem um peso decisivo na evolução das crianças com perdas auditivas. Fatores pessoais como a capacidade intelectual e as características de personalidade também atuarão de uma maneira ou outra no que se refere a essa evolução. Além disso, a criança com perda auditiva não está sozinha; o ambiente também proporciona elementos que influirão em sua evolução.

Por um lado, há os fatores familiares que cumprem um papel essencial. O conhecimento prévio da família sobre o que significa a surdez pode incidir na maneira como esta é aceita e como se reage diante dela. Outro fator importante é a atitude comunicativa das pessoas mais próximas à criança e o tempo dedicado a atividades conjuntas. Os fatores sociais terão um papel igualmente influente sobretudo no que diz respeito ao acolhimento do entorno e às possibilidades relacionais que pode oferecer.

Restam ainda os fatores referentes à intervenção, com implicações na evolução da criança. Constituem fatores importantes tanto o tipo quanto o modo de intervenção precoce. Uma vez na escola, as características desta, sua organização e, sobretudo, o estilo de educar terão um papel relevante.

Vemos, portanto, que a classificação diagnóstica não é suficiente por si mesma para nos proporcionar informações sobre o que uma criança com perda auditiva necessita. É necessária uma avaliação das habilidades lingüísticas e uma consideração das necessidades individuais para se poder planejar um programa de intervenção. Contudo, a classificação diagnóstica nos permite prever, em linhas gerais, quais serão as necessidades da criança e dirigir as atuações para definir o perfil na linha que sua perda auditiva nos possa levar a pensar.

INCIDÊNCIA DA PERDA AUDITIVA NO DESENVOLVIMENTO

A perda auditiva e a aquisição da linguagem oral

A diminuição da capacidade de percepção auditiva incide, conseqüentemente, na captação dos estímulos auditivos. A maioria das línguas é transmitida por via oral, ainda que possam ter representação escrita; portanto, é de se prever que as pessoas com dificuldades auditivas apresentem também dificuldades na aprendizagem da linguagem transmitida por via oral. Assim, não é que as crianças surdas tenham um problema específico com a linguagem, mas são as dificuldades para sua recepção que, logicamente, recaem sobre sua aprendizagem. Como afirma Freeman e Blockberger (1987), "adquirir uma linguagem ouvindo apenas fragmentos ou vendo uma representação parcial nos lábios é de fato uma tarefa difícil". Dependendo do grau de dificuldade de percepção, ela incidirá em aspectos concretos ou mais gerais. Por exemplo, uma perda leve de audição pode ter como conseqüência dificuldades em alguma característica fonológica, enquanto perdas profundas têm uma incidência na aprendizagem global da linguagem oral.

Um dos dados obtidos das diversas pesquisas realizadas junto a alunos com perdas auditivas é que mesmo as crianças com perdas pouco importantes podem apresentar dificuldades lingüísticas, leitoras ou acadêmicas (Ross, Braket e Maxon, 1991). Todavia, com uma intervenção precoce, que envolva o controle auditivo e o favorecimento da comunicação, associada a um programa educacional adequado, os alunos com perdas entre leves e moderadas podem conseguir um nível elevado de competência lingüística.

Um grupo de particular interesse é o de crianças com perdas condutivas flutuantes decorrentes de otites. Os que padecem desse tipo de transtorno, sobretudo quando a otite é serosa, são afetados por uma diminuição da audição durante o episódio. Se esses episódios se reproduzem constantemente, sobretudo no momento mais sensível da aquisição da linguagem, seu desenvolvimento pode ser afetado. Shriberg e Kwiatkowski (1982) constataram que um terço das crianças que recebiam atendimento fonoaudiológico padecia de episódios recorrentes de problemas de ouvido médio. O debate sobre o grau de risco acerca de possíveis dificuldades na linguagem desses alunos foi intenso. Muitos estudos mencionam as dificuldades dessas crianças com a linguagem; na maioria delas, os efeitos negativos ocorrem nos primeiros anos de vida. Estudos de acompanhamento a longo prazo mostram que esses efeitos não costumam persistir. Bishop e Edmundson (1986) sugerem que a otite por si só não constitui um risco de transtorno de linguagem, ainda que possa eventualmente interagir com outros fatores de risco em crianças vulneráveis a dificuldades de linguagem.

Contudo, são as perdas graves ou profundas que de fato possuem implicações na aquisição da linguagem oral, dado que, quanto maior é a perda auditiva, maior é seu impacto sobre o desenvolvimento da linguagem e da fala. É preciso assinalar que a incidência do grau de perda pode ser matizada, como já mencionamos anteriormente, por outros fatores:
- Diagnóstico precoce.
- Momento de aparecimento da perda.
- Uso da amplificação o mais cedo possível.
- Ambiente comunicativo.
- Início da intervenção.
- Aceitação do déficit pela família.

Assim, a evolução de uma criança cuja surdez foi detectada muito cedo, que faz parte de uma família que compreende suas necessidades comunicativas, lingüísticas e afetivas, que recebeu uma prótese tão logo quanto possível, etc. pode ser muito diferente de outra cuja surdez foi detectada muito tardiamente e com a qual não se fez nenhuma intervenção.

A pesquisa sobre a aquisição e o desenvolvimento da linguagem oral em surdos graves e profundos é muito extensa e inclui tanto pesquisas sobre o desenvolvimento geral quanto estudos mais específicos, centrados em áreas concretas, por exemplo, a sintaxe ou a aquisição da linguagem escrita. Dado que o objetivo desta pesquisa é tratar da avaliação psicopedagógica dos alunos surdos e não redigir um tratado sobre eles, parece-nos mais adequado apresentar algumas características gerais sobre as dificuldades que essas crianças podem ter na aquisição da linguagem oral e remeter a diferentes leituras para os que querem saber mais sobre o tema (ver Lafon, 1987; Silvestre et al., 1998, 2002; Díaz-Estébanez e Marchesi, 1997; Paul, 2001).

Segundo Paul (2001, p. 215), a análise dos diferentes estudos sobre a aquisição da linguagem oral pelas pessoas surdas graves e profundas poderia ser resumida nas seguintes características:
- O desenvolvimento da linguagem é qualitativamente similar e quantitativamente atrasado em comparação com o dos colegas sem dificuldades auditivas. Essa característica foi observada em todos os componentes da linguagem: fonológico, sintático, semântico e pragmático.
- No geral, o sistema lingüístico desses alunos parece ser governado por regras; porém, o sistema pode ser regulado apenas parcialmente devido à informação incompleta ou descuidada que esses alunos podem obter a partir dos recursos de que dispõem: a leitura labial e o uso dos restos auditivos.
- Os resultados mais espetaculares associam-se aos alunos que se beneficiaram de um programa oral intensivo com prioridade para a amplificação e intervenção precoce.

No que se refere à aquisição da linguagem escrita, Paul (2001, p. 219) oferece ainda o seguinte resumo:

- Um dos resultados mais impressionantes com relação à aprendizagem da linguagem escrita pode ser visto nos estudos baseados em programas orais integrados que utilizam aproximações tradicionais orais, especificamente auditivo-verbais. As pontuações em leitura são sempre mais altas que as obtidas pelos alunos educados oralmente em outros tipos de programas.
- Os surdos orais que podem conseguir uma combinação favorável de fatores, como uma habilidade intelectual, um ambiente educacional favorável, uma intervenção precoce e um forte apoio familiar, em geral têm potencial para desenvolver pontuações mais altas do que as crianças com perda auditiva.
- É possível que a afirmação feita a partir do estudo de Geers e Moog (1989, p. 84) possa ser generalizada aos alunos surdos educados oralmente com experiências similares: "Os fatores básicos associados ao desenvolvimento de leitura e escrita nessa amostra educada oralmente são um bom uso dos restos auditivos, uma amplificação precoce, uma boa atuação educacional e, acima de tudo, uma habilidade em linguagem oral, incluindo vocabulário, sintaxe e habilidades discursivas".

Outro grupo que é preciso distinguir são as crianças com implantes cocleares. Os efeitos do implante coclear foram documentados; assim, no geral, essas crianças obtêm melhores resultados em testes de percepção e produção da fala, em medidas de aquisição da linguagem e em leitura e escrita. Um dos estudos mais extensos sobre os efeitos desses implantes pode ser encontrado na monografia de Geers e Moog (1994). Nesse trabalho, os autores assinalam que os resultados foram obtidos a partir de condições determinadas: eram crianças com bom prognóstico para desenvolver linguagem oral como meio primário de comunicação; seus pais e professores as apoiavam plenamente, as crianças receberam as ajudas adequadas às suas necessidades e, sobretudo, tiveram acesso fácil a audiólogos e técnicos que garantiram o bom funcionamento do implante.

Segundo Paul (2001), essas observações são necessárias, embora também possam ocorrer fracassos ou baixos resultados com implantes cocleares. Contudo, seguramente estamos de acordo com os autores segundo os quais o impacto dos implantes cocleares no campo da educação das crianças surdas está apenas começando.

Por último, as crianças surdas filhas de pais surdos têm como língua de comunicação a língua de sinais, que utiliza a via visual. Por isso, para a criança surda, sua aprendizagem não representa nenhuma dificuldade. A relação que existe entre a criança surda e o *input* lingüístico é parecido com a da criança que ouve com sua família. É preciso ressaltar, porém, que essa situação ocorre em uma porcentagem muito pequena de famílias. A maioria das crianças surdas tem pais que ouvem, cuja língua é oral, e, portanto, precisam aprender a linguagem dos sinais para se comunicar com os filhos.

Um aspecto a se considerar é garantir numerosas situações comunicativas na língua de sinais. O fato de se tratar de uma língua minoritária e que pode não ser suficientemente conhecida pelo grupo natural familiar ou pelo contexto próximo faz com que seu uso se restrinja a situações muito concretas. Díaz-Estébanez e Marchesi (1997) comentam que o uso da língua de sinais em escolas de educação especial, onde é própria do ambiente, pode ser mais garantido do que nas escolas regulares de crianças que ouvem.

INCIDÊNCIA DA PERDA AUDITIVA SOBRE O DESENVOLVIMENTO COGNITIVO

O desenvolvimento cognitivo das pessoas surdas, isto é, daquelas com uma perda auditiva muito importante, foi motivo de inúmeros estudos, seja com o objetivo de verificar a influência dessa perda no desenvolvimento dos surdos, seja com objetivos mais gerais, ligados à relação entre linguagem e cognição. Nos anos 1960, Myklebust (1964) concluiu que a inteligência dos surdos estava mais vinculada ao concreto e observável, e que eles tinham mais dificuldades para a reflexão e o pensamento abstrato. Posteriormente, foram realizados outros estudos sobre o desenvolvimento cognitivo dos surdos a partir das teorias de Piaget. Entre essas pesquisas, destaca-se a de Furth (1981) que, aplicando as provas piagetianas adaptadas às crianças surdas, concluiu que sua competência cognitiva é semelhante a das que ouvem, seguindo as mesmas etapas evolutivas, embora sua evolução seja mais lenta e menos flexível. Marchesi (Marchesi et al., 1995) também estudou a evolução do jogo simbólico nas crianças surdas. Os resultados mostraram que essas crianças são igualmente capazes de executar ações simbólicas, assumindo o ponto de vista dos outros (desconcentração), podem utilizar objetos para uma função diferente da determinada (substituição) e organizar suas ações em seqüências (integração de ações); mas elas aparentemente têm dificuldades em atribuir um papel aos personagens, desenvolver com eles as ações próprias ao personagem designado (identidade), assim como em planejar e organizar suas ações (planejamento). Nas duas dimensões, a linguagem desempenha um papel importante, como demonstra o fato de se encontrarem diferenças de realizações segundo o nível de linguagem das crianças.

Contudo, o papel dos intercâmbios comunicativos e da interação social da teoria de Vigotsky, segundo o qual aprender é um processo compartilhado de pensamento, faz pensar que talvez a linguagem não seja o único responsável por essa limitação; as restrições sociais e comunicativas podem ter desempenhado um papel decisivo. Bruner, Wood e Rogof contribuíram com dados sobre a psicologia evolutiva, a qual reconhece as crianças como seres sociais que, por meio da interação social, "adquirem um referencial para interpretar a experiência de aprender como negociar o significado de maneira congruente com os requisitos da cultura" (Bruner e Haste, 1987). Não temos registro em nosso meio lingüístico de buscas nessa linha, e sim de experiências diárias que apóiam o papel da aplicação de conceitos do tipo "a aprendizagem como uma conquista conjunta, em que o adulto ajusta sua ajuda para apoiar o desenvolvimento da criança, enquanto que esta ajusta simultaneamente sua passagem à instrução e orientação do adulto durante sua assistência", o que Rogoff (1989) chama de participação orientada. Essa idéia da aprendizagem como um fato social, tanto pelo que se aprende quanto pelo processo que se segue no momento de aprender, desempenha um papel muito importante no desenvolvimento cognitivo dos alunos surdos. Uma concretização dessa maneira de entender a aprendizagem é o que se denomina *Dialogic Inquiry*, que enfatiza a interação entre professor e aluno. Um estudo sobre a aplicação desse modelo em surdos pode ser encontrado em Mayer, Tane Akamatsu e Stewart (2002).

Incidência da perda auditiva no desenvolvimento pessoal e social

No caso de perdas auditivas importantes, nas quais o acesso à informação sonora está alterado, é lógico que surjam conseqüências funcionais e, em contrapartida, uma adaptação própria e do ambiente na tentativa de compensar as dificuldades auditivas. As crianças surdas, isto é, aquelas que apresentam uma perda auditiva considerável, têm dificuldades importantes no momento de captar as informações sonoras do ambiente. Muitas vezes assistem às conseqüências de um fato sonoro (por exemplo, alguém que sai correndo) sem ter captado a causa (ouviu-se um choro). Apesar de não termos dados que confirmem isso, o dia-a-dia com alunos surdos nos mostrou em várias ocasiões que o fato de às vezes acontecerem coisas que não conseguem entender deixa-os bastante inseguros, pois não lhes permite prever o que ocorrerá no momento seguinte, ou se aquilo que causou o fato é muito relevante ou não. É factível que, por força de viver situações não controláveis, se configure um sentimento de insegurança, sobretudo em contextos pouco familiares e, conseqüentemente, se desenvolva um sentimento de medo. Ao mesmo tempo, os pais podem reforçar esse sentimento, visto que eles próprios consideram a situação de seu filho insegura e adotam atitudes de superproteção. Por isso, esse é um aspecto que se aconselha levar em conta e, embora não seja de solução fácil nem imediata, é preciso que as pessoas do meio tenham clareza de que, com uma determinada atitude diante dessa situação, podem favorecer um desenvolvimento inadequado.

Outras conseqüências da perda auditiva incidem no estilo comunicativo que o meio adota. Embora estejamos falando de comunicação, há uma conseqüência no que diz respeito à configuração de uma determinada personalidade. A experiência de uso da linguagem das crianças com surdez profunda em situações de conversas podem ser muito diferentes, e de fato são, como demonstram os vários estudos, das experiências das crianças de seu meio. É necessário buscar essas diferenças, em parte, nas conseqüências de uma dificuldade auditiva, como no caso da atenção conjunta. Assim, Mogford e Gregory (1982) constataram que as conversas entre mãe e filho eram mais curtas no caso das crianças surdas em uma situação de compartilhamento da atenção diante de uma história e atribuíram isso às dificuldades destas para estabelecer e manter a atenção e a referência conjunta.

Por outro lado, isso pode ser também uma conseqüência imediata das dificuldades que implica a perda auditiva na linguagem oral. Em um estudo de Nienhuys Horsborough e Cross (1985), no qual se comparou o diálogo entre mães e os filhos com surdez grave (média de perda 70 dB) e os filhos que ouvem, verificou-se que as mães das crianças surdas dominavam as interações, e a corrente de diálogo era limitada pelo fato de essas crianças responderem menos. As condutas comunicativas dos pais tendem a ser mais reguladoras e controladoras. Os pais tomam a iniciativa nas interações, empregando funções comunicativas que deixam poucas alternativas à criança, como é o caso das perguntas fechadas. Além disso, muitas vezes, as interações são muito determinadas pelo contexto imediato. Fala-se sobre aquilo que se vê, sobre o aqui e agora, atitude que pode ser justificada pelo fato de que a complexidade da linguagem que se requer é muito menor do que quando se fala de algo que não está presente, do passado ou do futuro. Todavia, isso não apenas incide na aprendizagem da linguagem oral, visto que não há possibilidade de se praticar a maneira de fazer isso por se tratar de situações menos contextualizadas, mas repercute também no conhecimento do mundo e na possibilidade de planejá-lo. Portanto, esse estilo interativo tem conseqüências que vão além da linguagem e que produzem na criança surda muita insegurança, porque a falta de experiência não lhe permite avançar. Além disso, essa inexperiência de falar daquilo que não está presente terá conseqüências também na interação com os colegas. Demonstrou-se que as dificuldades na interação verbal se devem a habilidades sociais insuficientes que não lhe permitem saber como começar, como controlar o desenvolvimento das interações e de que modo satisfazer às demandas comunicativas de seus interlocutores.

Como se pode ver, mesmo quando uma perda auditiva importante tem uma incidência concreta na aprendizagem oral, está claro que as dificuldades não são determinadas por problemas específicos com a linguagem, mas sim pela pouca experiência com ela, e não apenas no que se refere à falta de um *input* de qualidade, mas também pelos condicionamentos que comporta no uso da linguagem. Quando se tem presentes as dificuldades imediatas e são compensadas em todos os âmbitos (audiológico, comunicativo, lingüístico, cognitivo e social), as possibilidades de desenvolvimento dessas crianças podem ser as mesmas que as das crianças que ouvem. Para isso, é necessário criar um ambiente sensível às necessidades dessas crianças e dar-lhes respostas da maneira mais normalizada possível.

AVALIAÇÃO DAS NECESSIDADES DOS ALUNOS COM PERDAS AUDITIVAS

Do mesmo modo que para outros alunos, por exemplo, com limitações psíquicas e motrizes, a avaliação psicopedagógica no caso das crianças surdas ou hipoacústicas deve servir para identificar suas necessidades educacionais e facilitar seu acesso aos objetivos estabelecidos no currículo. A coleta, a análise e a avaliação das informações sobre as condições pessoais do aluno e sua interação com o contexto escolar e familiar devem facilitar as decisões acerca do tipo de escolarização inicial desses alunos ou da mudança de escolarização, assim como definir a maneira mais adequada de ajudá-los e facilitar a tomada de decisões em diferentes momentos de sua escolaridade.

O papel dos serviços específicos e a avaliação psicopedagógica

Quando falamos de avaliação psicopedagógica, situamos a criança surda ou hipoacústica no ambiente escolar. É evidente que, dada a importância da intervenção precoce para o seu desenvolvimento, já foram realizadas antes muitas atuações, visando compensar as dificuldades que a perda auditiva pode determinar em seu desenvolvimento comunicativo, lingüístico, cognitivo e social. Em nosso meio imediato, essa função é desempenhada por profissionais dos CREDA, que são especialistas em comunicação e linguagem, além de surdez.

No artigo 3º do Decreto nº 299 de 25 de novembro de 1997, que trata da atenção educacional aos alunos com necessidades educacionais especiais, regulamenta-se a avaliação psicopedagógica. No parágrafo 3.4, especifica-se que caberá às EAP, em colaboração com professores, especialistas e serviços específicos, realizar a avaliação psicopedagógica. Consideramos, portanto, que os serviços especializados para os alunos com perda auditiva são viabilizados pelos CREDA. A colaboração entre os serviços educacionais é uma condição básica. A primeira atuação conjunta consistirá em avaliar o tipo de escolarização inicial do aluno, mas, ao longo de toda a escolaridade, será preciso tomar decisões sobre o tipo de resposta de que necessita o aluno real para chegar ao seu pleno desenvolvimento.

No momento dessa primeira avaliação, é preciso realizar uma primeira ação: coletar as informações pertinentes sobre a perda auditiva e sobre as atuações que foram realizadas. Contudo, esses dados não são suficientes, ou melhor, é necessário outro tipo de informações para se poder determinar qual é o ambiente educacional mais favorável àquela criança e o que esse ambiente deverá conter para facilitar seu desenvolvimento. É preciso ter informações que especifiquem como funciona a criança, de que modo utiliza suas capacidades e quais são elas. Esta consistirá na contribuição dos serviços específicos, enquanto os profissionais da EAP devem oferecer uma análise de como o ambiente educacional pode responder ou precisa adequar-se às possibilidades funcionais do aluno para ajudar no seu crescimento pessoal, social e curricular.

Coleta de informações

Assim, a primeira avaliação psicopedagógica desses alunos geralmente visa determinar o tipo de escolarização. Quando isso ocorre, na maioria dos casos já é possível coletar muitos dados sobre a perda auditiva e sobre sua incidência no desenvolvimento comunicativo e lingüístico da criança concreta. Contudo, nem sempre é assim, sobretudo com relação a perdas menos graves, embora possam também ser detectadas assim que a criança ingressa na escola ou mesmo ao longo da escolaridade.

A primeira informação procede do *diagnóstico médico*. A partir do momento em que existe uma suspeita de perda auditiva, são os serviços médicos que devem intervir para determinar sua existência, sua localização, seu grau, e se há outros transtornos ou dificuldades associadas. É a partir daí também que se prescreverá o uso da prótese. Para a posterior avaliação psicopedagógica, além de obter os dados mencionados, interessa-nos saber com que idade se fez o diagnóstico e a conseqüente adaptação da prótese, em que momento se situa a presença da perda auditiva, se é pré-lingüística ou pós-lingüística. Todos esses dados têm um papel essencial quando se trata de prever a evolução da criança. Quanto mais cedo se atua sobre as conseqüências de uma perda auditiva, maiores são as possibilidades de minimizar seus efeitos negativos. Quanto à idade de detecção, um estudo de Miró (1999), realizado no CREDA do Baix Llobregat, mostra que a média de idade de detecção de perdas auditivas profundas naquela região, em meados dos anos 1990, era acima de 2 anos. Atualmente, a situação melhorou, sobretudo nos casos de risco. Contudo, no que diz respeito à detecção de perdas auditivas menos importantes (leves, médias ou mesmo algumas severas), ainda é possível encontrar crianças que tiveram o problema detectado muito tarde, com as conseqüências que isso acarreta. Além disso, se essa perda é pré-lingüística, o prognóstico é bem diferente do que no caso no qual a criança já teve contato com a linguagem de uma maneira ou de outra. Finalmente, nem é preciso dizer que a presença de problemas associados se constitui em um dado igualmente importante a se considerar na avaliação psicopedagógica.

Um segundo bloco de informações provém da intervenção dos serviços específicos. As atuações dos diferentes profissionais têm como meta incidir na perda auditiva e em suas conseqüências no desenvolvimento; portanto, as informações virão dos diversos aspectos em que intervêm os vários profissionais, e que poderíamos agrupar em três blocos:

1. Incidência na melhoria e no rendimento máximo das capacidades perceptivas quanto à audição.
2. Acolhimento e informação/formação dos pais para ajudar a criança

no desenvolvimento de suas capacidades.
3. Avaliação das habilidades comunicativas e lingüísticas, assim como das capacidades cognitivas.

Incidência sobre a melhoria e o rendimento máximo das capacidades perceptivas quanto à audição

Uma das atuações básicas refere-se ao rendimento da prótese. O audiometrista do CREDA, após realizar várias audiometrias para obter a curva exata de audição, junto com os dados valorativos das pessoas do convívio da criança, ajustará os aparelhos auditivos de maneira que possam ter o máximo rendimento auditivo para aquela criança.

O rendimento é um fator importante a ser levado em conta. Há duas perguntas que devemos fazer: O aparelho auditivo lhe permite captar as mensagens orais? Em que condições? O ganho protético pode nos dar uma pista, do mesmo modo que as informações dadas pelas pessoas próximas da criança. O acolhimento e a informação/formação dos pais irão proporcionar elementos que permitirão ao audiometrista saber como reage na hora de responder aos estímulos auditivos e lingüísticos da vida diária. A audiometria verbal, apesar de suas restrições, também permite observar o grau de inteligibilidade auditiva, e se é necessária ou não a leitura labial e em que grau.

Às vezes, comprova-se que o rendimento com aparelhos auditivos é pequeno e, juntamente com os serviços médicos, avalia-se a possibilidade de um implante coclear.

Outro dado importante que é preciso considerar diz respeito à manutenção dos aparelhos auditivos. Segundo Miró (1999), nem sempre existe garantia de funcionamento correto, seja porque a idade da criança não permite saber quando um aparelho não está funcionando adequadamente, seja por dificuldades das pessoas adultas responsáveis de compreender a necessidade de garantir um funcionamento correto.

Todos os dados coletados permitirão ao audiometrista determinar que condições acústicas deveriam ter os espaços e as salas de aula para facilitar a captação sonora e evitar situações de incômodo. Assim, do ponto de vista audiológico, é necessário dispor das informações apresentadas no Quadro 10.1.

Quadro 10.1 Informações audiológicas

ASPECTOS A CONSIDERAR	INDICADORES
Diagnóstico médico (Serviços médicos)	• Tipo de perda/Grau de perda. • Transtornos associados. • Momento do diagnóstico/de implantação de prótese.
Rendimento da prótese (Audiometrista)	• Adaptação protética. • Condições de discriminação da linguagem e grau de uso da leitura labial. • Consciência do meio acerca da correta manutenção da prótese.
Condições acústicas espaços (Audiometrista)	• Conhecimento das condições acústicas imprescindíveis. • Utilização de estratégias e recursos favorecedores de boas condições acústicas.

Acolhimento e informação/ formação dos pais para ajudar o filho no desenvolvimento de suas capacidades

Um segundo bloco de atuações visa ajudar os pais a compreender, aceitar e atuar no caso da perda auditiva. A maioria das crianças surdas descende de pais que ouvem e que nunca tiveram contanto com o mundo da surdez. Em geral, um diagnóstico de perda auditiva provoca uma reação de dor e de preocupação pelo futuro do filho, o que torna difícil agir, pelo menos nos primeiros momentos, levando em conta as necessidades dele. Uma das manifestações nesse sentido pode ser observada no estilo comunicativo que adotam nas interações. A consciência das dificuldades de seu filho faz com que se adote um estilo que parece mais instrutivo do que comunicativo, dirigindo o ato comunicativo para que a criança aprenda linguagem a partir daquela situação e não para que lhe atribua um significado. A atuação dos profissionais dos CREDA nesse campo é ajudar as famílias a elaborarem o luto dos primeiros tempos para poder enfrentar uma relação comunicativa real com seu filho. Muitas vezes, depois de superado o primeiro golpe, a ajuda dos profissionais pode incidir na qualidade das interações entre os pais e o filho surdo. Um estudo bem recente (Calderón, 2000) mostra que, embora os pais contribuam para os êxitos escolares de seus filhos ao inscrevê-los em programas educacionais, é sua habilidade comunicativa que efetivamente determina um desenvolvimento positivo da linguagem e os êxitos escolares. Portanto, ajudar os pais a pôr em prática essas habilidades é uma aposta de rentabilidade posterior e de melhoria real. Trata-se, portanto, de ajudar os pais a compreender a necessidade e o direito de seu filho a verdadeiras interações comunicativas e de proporcionar-lhes as estratégias e os recursos para compensar as dificuldades da criança na comunicação. Assim, no caso das dificuldades para falar de coisas e de acontecimentos não-presentes, os recursos clássicos de uso de fotografias ou de material gráfico facilitam essa tarefa e evitam que os pais se limitem e reduzam a comunicação com seus filhos. Outro aspecto no qual convém deve intervir é a relação da criança surda com seus irmãos, na mesma linha comentada a propósito da comunicação.

Para a avaliação psicopedagógica, saber como a família enfrenta a dificuldade de seu filho e qual é o estilo comunicativo familiar constitui um dado imprescindível, tanto pelo papel da família de facilitar a adaptação escolar quanto para prever as necessidades comunicativas em razão da falta de habilidades resultante de estilos interativos incorretos (ver Quadro 10.2).

Avaliação das habilidades comunicativas e lingüísticas, assim como das capacidades cognitivas

A avaliação da comunicação e da linguagem pelo serviço específico é elaborada para conhecer a linha básica de competência e assim permitir planejar e programar a intervenção dos especialistas em comunicação e linguagem. Essa intervenção consiste tanto em ajudar a criança diretamente, quanto em prestar apoio às famílias a fim de que interajam de determinado modo com o filho surdo.

A exploração da linguagem se realiza de uma perspectiva funcional, incidindo não nos aspectos formais, mas sim na maneira como aquela criança utiliza a linguagem para fazer suas várias tentativas de comunicação. Além disso, a avaliação dos aspectos pragmáticos, morfossintáticos e semânticos não é vista de maneira modular, mas considera o modo como esses aspectos se organizam e se desenvolvem em função do uso. Assim, não nos interessa tanto ter uma lista das estruturas sintáticas que a

Quadro 10.2. Informações sobre o ambiente familiar

ASPECTOS A CONSIDERAR	INDICADORES
Aceitação da surdez	• Dificuldades que se manifestam em comportamentos muito instrutivos (ênfase em ensinar linguagem, não em comunicar). • Dificuldades que se manifestam na incapacidade de tomar iniciativas, de planejar e decidir. • Processo de elaboração, na tentativa de compreender as dificuldades do filho.
Estilo comunicativo adulto	• Estilo controlador caracterizado por não dar oportunidades ao filho para iniciar o intercâmbio comunicativo e para pedir que se responda a perguntas. • Estilo facilitador da comunicação, proporcionando ajudas para iniciar ou favorecer o intercâmbio comunicativo: oferece modelos, faz expansões, interpreta, etc.
Relação entre irmãos	• Poucos intercâmbios. • Boa relação, intercâmbios comunicativos normalizados.

criança é capaz de elaborar, mas sim verificar se esta dispõe dos recursos lingüísticos necessários (nesse caso, presença de orações complexas) para expressar relações complicadas e se consegue empregá-las no momento em que é preciso expressar essas relações.

Os aspectos a serem avaliados dependem do papel que representam no caminho para o desenvolvimento efetivo da linguagem, como ferramenta para a comunicação ou para seu papel instrumental no conhecimento do mundo e no cumprimento dos objetivos curriculares, ou seja, como ferramenta de aprendizagem. A idéia que fundamenta essa tomada de posição é a de que se aprende a linguagem utilizando-a, e que as crianças aprendem sobre ela em função de seu uso em múltiplas e variadas situações.

O primeiro conjunto de características que é preciso avaliar tem a ver com o modo como a criança age para expressar diferentes intenções comunicativas. Ela usa a linguagem para uma grande variedade de funções, como pedir objetos, ajuda ou informação; a fim de expressar atitudes ou sentimentos; dar informação; ou estabelecer e manter a interação com os outros. Interessa-nos não apenas se a criança manifesta intenção comunicativa, mas se também demonstra a presença de uma variedade de intenções, assim como os recursos ou as estratégias que utiliza para se manifestar.

O próximo passo é avaliar sua habilidade na conversa, de que maneira revela ter consciência das normas que a regulam: respeito aos turnos, continuidade do tópico, iniciativa do intercâmbio, resposta quando outros iniciam, informações que acrescenta, etc. Interessa-nos igualmente saber como faz isso. Para a avaliação psicopedagógica, as informações sobre esses aspectos permitirão prever de que modo a criança pode participar na vida escolar e interagir com os demais.

Outro aspecto é avaliar o conhecimento dos fatos e a maneira como utiliza a linguagem nos diversos tipos de acontecimentos. As crianças, desde muito pequenas, mesmo antes que a linguagem se torne uma ferramenta de comunicação, já têm uma idéia de como funcionam os acontecimentos nos quais tiveram um papel. Por força de vivê-los, elaboram um esquema mental sobre como funcionam, como se organizam e sobre o papel que desempenham as diferentes pessoas e os vários objetos. Para a avaliação lingüística, interessa-nos verificar qual é seu esquema mental e como expressa esse conhecimento em termos lingüísticos: nomes dos objetos, das pessoas; palavras para mostrar ações, espaço ou tempo; estruturas para mostrar relações temporais, espaciais, causais, etc.

Na mesma linha, mas com um grau a mais de complexidade, interessa-nos observar se a criança consegue expressar acontecimentos passados, seja fatos compartilhados com o interlocutor ou vividos apenas pela mesma. Se chega a esse ponto, isso significa que o conhecimento da linguagem é importante, visto que o contexto não está presente no momento de falar dos acontecimentos ou, mais difícil ainda, nunca foi compartilhado com o interlocutor. Nem é preciso dizer que, no caso das crianças com perda auditiva, quando elas conseguem falar dessas situações, isso significa que seu nível de conhecimento da linguagem é bom. Contudo, pode ocorrer, e de fato ocorre no caso das crianças surdas com linguagem oral, que tenham muita clareza do esquema cognitivamente, mas que tenham dificuldades para expressá-lo lingüisticamente. Dependendo da idade e da competência lingüística que a criança tenha demonstrado nos aspectos mencionados até agora, pode ser interessante também verificar se consegue compreender e expressar histórias fictícias e quais estratégias utiliza.

Uma última avaliação diz respeito às condições em que realiza isso, ou seja, como o faz. Em primeiro lugar, tem a ver em como compensa a perda auditiva na hora de captar as mensagens orais. É preciso saber se utiliza a leitura labial. Em segundo lugar, importa

como são suas realizações, se é possível entendê-las ou não. Nessa área, interessam-nos não apenas os processos fonológicos que utiliza, como também a inteligibilidade de sua fala (ver Quadro 10.3).

Todos esses dados nos permitem verificar como essa criança utiliza com a linguagem e nos orientam sobre como deve ser a intervenção neste campo. Para isso, a criança deve aprender a usá-la em situações diversas que também possuem diversas demandas cognitivas. Todas essas questões têm um ponto de vista comum com a idéia segundo a qual a linguagem não é apenas forma, mas interação conjunta entre essa forma, o conhecimento (o conteúdo) e seu uso em situações de comunicação.

Para a avaliação psicopedagógica, interessa-nos verificar como essa linguagem e o conhecimento que a fundamenta permitem que se atribua significado às diversas situações de ensino e aprendizagem.

Uma proposta de avaliação psicopedagógica dos alunos com perdas auditivas

Até aqui, dispomos de informações sobre a maneira como pode ter se configurado o desenvolvimento comunicativo-lingüístico e cognitivo de um menino ou menina com um grau e um tipo de perda auditiva concretos. Todavia, é preciso ir mais adiante e observar essa criança dentro do contexto escolar para determinar quais são os pontos fortes e os pontos fracos dessa configuração que podem incidir e/ou interferir em seu processo de aprendizagem. Não se trata, porém, de analisar o que não vai bem na criança, e sim de descobrir como e o que se deve adequar e modificar no contexto educacional para que aquela criança com características concretas e específicas possa alcançar os mesmos objetivos que seus colegas.

Quadro 10.3 Informações sobre habilidades comunicativas e lingüísticas

ASPECTOS A CONSIDERAR	INDICADORES
Intenção comunicativa	• Manifesta intenção e o faz em uma variedade de funções: para pedir (objetos, ajuda, mais informações), para expressar atitudes e sentimentos, para dar mais informações, para estabelecer e manter a interação com os demais, para descrever suas ações, etc. • Dispõe dos recursos lingüísticos para expressá-las. • Combina recursos verbais e não-verbais. • Utiliza apenas recursos não-verbais: gesto, expressão facial, código, língua de sinais. • Mantém a expressão da intenção e procura se fazer entender. Equivalência com os de sua idade cronológica.
Habilidades na conversa	• Conhecimento e uso das regras básicas da conversa: continuidade do tópico, respeito aos turnos, iniciativa de intercâmbio, resposta quando outros iniciam, informações que acrescenta. • Envolvimento na conversa, continuidade da participação, oferecendo mais informações ou, ao contrário, pouco envolvimento, que se manifesta em poucas iniciativas e em respostas mínimas. • Conhecimento das regras, mas com dificuldades lingüísticas que incidem na qualidade das realizações: provoca rupturas, corta a palavra de outro, acrescenta poucas informações • Necessidade da ajuda de alguém mais competente lingüisticamente para poder manter o turno na conversa.
Conhecimento dos acontecimentos (rotinas)	• Demonstra conhecimento dos acontecimentos mais próximos à sua vida cotidiana, representado-os. • O conhecimento do acontecimento lhe permite compreender estruturas lingüísticas mais complexas: relações temporais, causais, perguntas sobre quem, o quê, como, onde, por quê, quando. • Conhece e utiliza o vocabulário (nomes de objetos, ações, advérbios, etc.) dos acontecimentos próximos.
Uso da linguagem em situações descontextualizadas	• Consegue falar de fatos vividos não-compartilhados pelo interlocutor. • Constrói estruturas sintáticas complexas: utiliza orações com pronomes relativos, coordenadas diversas e subordinadas temporais, causais, condicionais. • Pergunta por lugar, agente, meio, razão, tempo. • No plano narrativo, revela ter consciência da estrutura da história, o que facilita sua compreensão e expressão.

continua

Quadro 10.3 (continuação)

ASPECTOS A CONSIDERAR	INDICADORES
Uso da leitura labial	• Necessita plenamente desse recurso e utiliza-o de maneira efetiva. • Necessita do recurso, mas não lhe é muito útil devido a uma falta de treinamento no uso. • Não recorre a esse recurso, nem quando é muito necessário.
Inteligibilidade da fala	• Sua fala é inteligível apesar de cometer pequenos erros. • Apresenta dificuldades importantes em alguns grupos de fonemas. • Os aspectos supra-segmentais alteram a inteligibilidade.

No resumo de Paul (2001) dos diversos estudos que foram realizados analisando as dificuldades de linguagem das crianças surdas e hipoacústicas, comentado anteriormente, o autor afirma que o que diferencia a linguagem dessas crianças e a das que ouvem é um aspecto de quantidade, e não de qualidade. Essas crianças seguem o processo de regulação da linguagem do mesmo modo que as crianças que ouvem, com a diferença de que as regras não são aplicadas a todos os aspectos ou não são suficientemente corretas, fenômeno que se explica pela dificuldade de acesso à matéria-prima (a linguagem) que determina que o conhecimento seja parcial por uma falta de experiência. Essa afirmação fundamenta-se naquilo que foi estabelecido pelo mesmo autor ao afirmar que os melhores resultados estão associados aos alunos que se beneficiaram de um programa intensivo e precoce (Paul, 2001, p.211). Portanto, o segredo está em garantir o acesso.

Ainda que possa parecer pouco respeitoso, gostaríamos de comparar a situação com outra no campo da informática. Falando nesses termos, é como se a configuração que regula a aquisição e o uso da linguagem das crianças surdas e hipoacústicas não fosse suficientemente adequada para esse usuário e fosse necessária uma configuração personalizada para dar lugar a todas as possibilidades. Uma vez controlado esse aspecto, o funcionamento e os resultados seriam os mesmos obtidos pelos outros. Em artigos já citados, mostra-se, por exemplo, que certas práticas baseadas na comunicação e na construção do conhecimento, tanto por parte dos pais (Calderón, 2000), quanto dos professores (Mayer, Tane Akamatsu e Stewart, 2002), comportam benefícios importantes no desenvolvimento da criança surda.

Visto que a avaliação psicopedagógica tem como finalidade a melhoria das condições do processo de ensino e aprendizagem e a identificação dos apoios necessários para facilitar e estimular o progresso dos alunos com perda auditiva, parece-nos adequado basear essa avaliação nos três aspectos que podem ser afetados como conseqüência de uma perda auditiva. Há três blocos de aspectos que seria recomendável avaliar:

1. O primeiro se refere ao papel que desempenhariam os aspectos comunicativos e lingüísticos nas situações de aprendizagem.
2. O segundo se refere ao papel dos aspectos cognitivos nessa situação.
3. O último se refere a como os aspectos socioafetivos configuram sua participação na sala de aula.

Na coluna dos âmbitos, fazemos referência aos aspectos que têm um peso importante na hora de avançar no desenvolvimento. Na coluna dos indicadores, mencionamos as diferentes maneiras de operar em função da configuração dada por todos os fatores que coletamos como informação. Em uma tentativa de ver com mais clareza o que se deve enfatizar na hora da ajuda, consideramos diferentes possibilidades do que pode ocorrer naquele indicador. Contudo, é verdade que, muitas vezes, se trata de uma mistura de vários fatores que requerem facilitações diversas, mas integradas. Finalmente, na última coluna, incluímos os aspectos em que se deveria incidir para modificar um indicador pouco adequado para avançar.

Quadro 10.4 Avaliação da incidência dos aspectos comunicativos e lingüísticos no acesso ao currículo

ÂMBITO	INDICADORES	ASPECTOS SOBRE OS QUAIS SE DEVE INCIDIR
	Geralmente demonstra compreensão em todas as situações	
COMPREENSÃO	• Em geral, não demonstra compreensão, sobretudo porque não parece interessado em se conectar, ou a conexão não é correta.	• *Assegurar aspectos relacionais* (por exemplo, vontade de se comunicar), *assim como as boas condições de emissão e recepção*: momento de emissão, condições acústicas, condições adversas para a leitura labial, para o uso de gesto ou de sinais, cansaço.
	Compreende mensagens referentes a rotinas e acontecimentos familiares	
	• Não, principalmente porque as dificuldades lingüísticas interferem e não permitem captar a mensagem. • Não, já que o acontecimento sobre o qual se fala não faz parte de seu conhecimento e experiência apesar de ser muito próximo.	• *Assegurar a compreensão da mensagem mediante o uso de pistas visuais*: gesto, expressão facial, recursos gráficos (desenhos, fotografias). • *Assegurar experiência no acontecimento*: com ajuda da família, de um especialista, do professor-tutor, de um colega.
	Compreende discursos sobre experiências dos demais em temas próximos de sua vida	
	• Não, principalmente porque as dificuldades lingüísticas interferem e não permitem captar a mensagem. • Não, já que o acontecimento sobre o qual se fala não faz parte de seu conhecimento e experiência apesar de ser muito próximo. • Não, por dificuldades para assumir a perspectiva do outro, colocar-se no lugar dele.	• *Assegurar a compreensão da mensagem mediante o uso de pistas visuais*: gesto, expressão facial, recursos gráficos (desenhos, fotografias). • *Assegurar experiência no acontecimento*: com ajuda da família, de um especialista, do professor-tutor, de um colega. • *Fomentar o estilo e o papel do professor como mediador*: ajudar a estabelecer hipóteses, a compreender motivos e razões.

continua

Quadro 10.4 (continuação)

ÂMBITO	INDICADORES	ASPECTOS SOBRE OS QUAIS SE DEVE INCIDIR
COMPREENSÃO	**Compreende discursos narrativos de histórias fictícias**	
	• Não, principalmente porque as dificuldades lingüísticas interferem e não permitem captar a mensagem. • Não, por desconhecimento total do que se está falando, tanto do tema como das relações que se estabelecem (causa, inferência, etc.).	• *Assegurar a compreensão da mensagem mediante o uso de pistas visuais*: gesto, expressão facial, recursos gráficos (desenhos, fotografias). • *Facilitar a compreensão mediante o diálogo*: ajudar a estabelecer relações, levantar hipóteses, compreender motivos e razões, relacionar com as próprias experiências, etc. • Caso o tema esteja muito distante da criança, potencializar estratégias de antecipação ou de reelaboração posterior.
	Compreende discursos expositivos	
	• Não, porque desconhece o vocabulário e as estruturas específicas utilizadas. • Não, porque os conceitos são complexos demais ou porque estão muito distantes de seu conhecimento.	• *Facilitar a compreensão*: utilização de técnicas e estratégias visuais para apoiar as explicações orais/apoio na língua escrita como fonte de informação. • *Favorecer o conhecimento*: relacionar o conteúdo com os conhecimentos prévios, potencializar o uso de sistemas de representação da realidade (esquemas, gráficos, mapas conceituais).
	A linguagem o ajuda a entender situações hipotéticas (por exemplo, problemas matemáticos)	
	• Não, a complexidade e especificidade das estruturas e do vocabulário dificultam a compreensão do que lhe pedem.	• *Planejar como ajudar a compreender esses aspectos*: uso de desenho, de material, etc.
EXPRESSÃO	**A linguagem serve para expressar funções diferentes: manifestar sentimentos e atitudes, manter a interação, trazer informações novas, descrever, explicar a situação, o lugar, o agente, etc.**	
	• Não, porque teve poucas oportunidades para praticar. • Não, por não dispor de conhecimento lingüístico suficiente para construir estruturas corretas e utilizar o vocabulário específico.	• *Facilitar o uso da linguagem em todo tipo de situações comunicativas*: incidir em seu uso, favorecer situações em que se possam expressar sentimentos, medos, etc. Os adultos devem facilitar sua expressão, oferecendo modelos, interpretando algumas das manifestações, atribuindo significado, etc.

continua

Quadro 10.4 (continuação)

ÂMBITO	INDICADORES	ASPECTOS SOBRE OS QUAIS SE DEVE INCIDIR
EXPREENSÃO	**A linguagem lhe permite estabelecer e manter uma conversa**	
	• Não, porque teve poucas oportunidades para praticar. • Não, porque seu conhecimento lingüístico não lhe permite saber como fazer para começar, corrigir, mudar de tema, etc.	• *Facilitar o diálogo e a conversa entre iguais.* • *A conversa com adultos tem o inconveniente de uma sobreadaptação sistemática deste, evitando situações de conflito (por exemplo, a não-compreensão), o que é negativo, visto que não permite experimentar a necessidade de ajustar a conversa ao interlocutor.*
	A linguagem lhe permite narrar fatos vividos ou fictícios	
	• Não, porque seu conhecimento lingüístico não lhe permite incorporar aspectos temporais, utilizar recursos coesivos, seqüenciar idéias, etc.	• *A demanda do discurso narrativo representa um salto importante e é preciso praticá-lo desde os pequenos passos (por exemplo, com ajuda de perguntas do adulto sobre o que fez, ou com estímulo a explicar algo a alguém, enquanto mostrar o modo de como fazer) até explicar acontecimentos fictícios.*
	A linguagem lhe permite falar e revelar seus conhecimentos	
	• Não, quando a complexidade do conteúdo dos conhecimentos exige o uso de estruturas complexas.	• *Ensinar a utilizar e a elaborar sistemas de representação diferentes da linguagem oral ou escrita:* mapas conceituais, esquemas gráficos, etc. • *Prever atividades de avaliação que facilitem a expressão do conhecimento.*
	É fácil entendê-lo	
	• Não, porque as dificuldades fonológicas, em nível supra-segmental ou de controle da voz, interferem na qualidade de sua fala.	• *Avaliar a possibilidade de melhorar suas realizações e dar tratamento especializado caso se considere factível.*
ESTILO DE APRENDIZAGEM	**Revela qualidades que favorecem a aprendizagem: mantém atenção, concentração e perseverança**	
	• Não, tem dificuldade de manter a atenção e de se concentrar na execução de algo, logo se cansa.	• *Estabelecer um plano de atuação entre todos os profissionais e a família para incidir nas dificuldades de atenção de maneira conjunta.*

continua

Quadro 10.4 (continuação)

ÂMBITO	INDICADORES	ASPECTOS SOBRE OS QUAIS SE DEVE INCIDIR
ESTILO DE APRENDIZAGEM	**Capacidade de resolução de problemas: uso de estratégias de planejamento, sistematização e de organização**	
	• Não, reações aleatórias ou de tentativa/erro, assistemático e desorganizado.	• Incidir em situações diversas para assegurar as estratégias que favoreçam esse aspecto.
	Autonomia	
	• Não, necessidade do adulto para lhe dar as diretrizes.	• Planejar situações para que se torne autônomo na aprendizagem.
ACESSO AOS CONTEÚDOS CURRICULARES	**Seus conhecimentos são próximos às novas aprendizagens e lhe permitem estabelecer relações significativas a partir da informação oral e/ou escrita**	
	• Não, é preciso utilizar outras estratégias facilitadoras: antecipação, exemplificação, reelaboração, uso de outros sistemas de representação, como os mapas conceituais, esquemas, etc.	• *Estabelecer o tipo de estratégias mais favorecedoras e planejar o modo de aplicá-las.*
	Consciência fonológica que lhe permite analisar as palavras e decodificar textos	
	• Não, as dificuldades auditivas e as limitações da leitura labial não lhe permitem ter uma consciência fonológica.	• Avaliar a necessidade de outros recursos, como a palavra complementada.
ASPECTOS SOCIAIS	**Habilidade para participar das discussões e atividades da classe**	
	• Não, dificuldade para participar, tanto devido a atitudes pessoais quanto dos colegas.	• *Planejar seu acesso a todos os intercâmbios comunicativos de professores e colegas.* • *Organizar as discussões e atividades de modo que todos os alunos possam ter acesso a elas.* • *Avaliar em que grau os meios de acesso podem afetar a participação*: suficiência dos aparelhos auditivos, qualidade acústica do espaço, necessidade de outros recursos, como FM ou intérprete. • *Avaliar outras barreiras*: ritmo rápido de discussão, de participação, número de falantes, desordem na estrutura do discurso dos participantes, etc. Negociar com os alunos maneiras de minorar as dificuldades.

continua

Quadro 10.4 (continuação)

ÂMBITO	INDICADORES	ASPECTOS SOBRE OS QUAIS SE DEVE INCIDIR
ASPECTOS SOCIAIS	**Boa integração social: habilidade para interagir, para fazer amigos, para ser aceito pelos colegas, etc.**	
	• Não, esquiva-se de participação; sentimento de solidão, sentimento de inutilidade.	• *Analisar a situação e definir um plano de atuação que envolva tanto os alunos quanto os professores e a própria família.*
ASPECTOS PESSOAIS	**Boa aceitação de si mesmo, seguro e com auto-estima e autoconceito adequados**	
	• Não, má aceitação de si mesmo.	• *Avaliar o esforço e dar oportunidade de êxito.* • *Ajudar a aceitar a surdez a partir da introdução de atividades sobre ela para todos os alunos.*

Algumas considerações

Mesmo que a representação formal da proposta possa revelar uma relação causa-efeito entre indicadores e aspectos nos quais se deve incidir, é preciso não apenas considerar a maioria das implicações como uma resposta concreta ao menino ou à menina com perda auditiva, como também investir em uma mudança na prática educacional na sala de aula.

Uma segunda consideração tem a ver com a maneira como se faz essa avaliação, isto é, os procedimentos a serem adotados para coletar as informações necessárias. Como se pode deduzir facilmente, é a própria concepção da avaliação que determina esse procedimento. Se o que se pretende é conhecer e saber das necessidades reais daquela criança concreta para poder atuar, a observação de como ela age no ambiente próximo constitui o instrumento mais fiel de informação, visto que permite identificar o tipo de ajuda, os momentos ou as atividades em que precisa de mais apoio e, além disso, o tipo de apoio que se deve escolher.

REFERÊNCIAS

BUREAU INTERNATIONAL D'AUDIOPHONOLOGIE (1997): Recomendaciones BIAP 1997. Comité Español de Audiofonología.
BISHOP, D.U.M.; EDMUNDSON, A. (1986); «Is otitis media a major cause of specific development language disorders?». British Journal of Disorders of Communication, 21, pp. 321-338.
BRUNER, J.; HASTE, H. (1987): Making sense: the Child's Construction of the World. Londres. Methuen.
CALDERÓN, R. (2000): Parental Involvement in Deaf Children's Education Programs as a Predictor of Child's Language Early Reading, and Social Emotional Development. Oxford. Oxford University Press.
CARDONA, M.C. (1998): «La intervención logopédica con alumnos sordos severos y profundos en una escuela integradora». Comunicar, 11, pp. 14-16.
CREDA BAIX LLOBREGAT (2000): L'atenció dels alumnes sords en el marc escolar. Informació per als professionals de l'ensenyament. Sant Feliu de Llobregat. Departament d'Ensenyament. Edición interna.
DÍAZ-ESTÉBANEZ, E.; MARCHESI, A. (1997): «La discapacitat auditiva», en GINÉ, C. y otros: Trastorns del desenvolupament i necessitats educatives especials. Barcelona. Edicions Universitat Oberta de Catalunya.
FREEMAN, R.; BLOCKBERGER, S. (1987): «Language Development and sensory disorder:

visual and hearing impairments», en YULE, W.; RUTTER, M.: Language Development and Disorders. Londres. Mac Keith Press.

FURTH, H.G. (1981): Pensamiento sin lenguaje (original inglês, 1966). Madrid. Marova.

GEERS.A.; MOOG, J. (1989):«Factors predictive of the development of literacy in profoundly hearing-impaired adolescents. Volta Review, 91, pp. 69-86.

_____. (1994): «Effectiveness of cochlear implants and tactile aids for deaf children: The sensory aids study at Central Institute for the Deaf (special issue)». Volta review, 96 (5).

LAFON, J.C. (1987): Los niños con deficiencias auditivas. Barcelona. Masson.

LUETKE-STAHLMAN, B. (1998): Language issues in deaf education. Hillsboro, Oregon. Butte Publications, Inc.

_____. (1999): Language across the curriculum. When Students are Deaf and Hard of Hearing. Hillsboro, Oregon. Butte Publications, Inc.

MARCHESI, A. (1987): El desarrollo cognitivo y lingüístico de los niños sordos. Madrid. Alianza. «Alianza Psicologia», 17.

_____. (1990): «Comunicación, lenguaje y pensamiento de los niños sordos», en MARCHESI, A.; COLL, C.; PALACIOS, J.: Desarrollo psicológico y educación III. Necesidades educativas especiales y aprendizaje escolar. Madrid. Alianza Psicología.

MARCHESI, A. y otros (1995): Desarrollo del lenguaje y el juego simbólico en niños sordos profundos. Madrid. MEC.

MAYER, C.; TANE AKAMATSU, C.; STEWART, D. (2002): «A model for effective practice: Dialogic Inquiry with students who are deaf». Council for the Exceptional Children, 68 (4), pp. 485-502.

MIRÓ RELAT, J. (1999): «Funcionamiento de las prótesis auditivas en niños». Revista ANA, 23, pp. 12-14.

MOGFORD, K.; GREGORY, S. (1982): The development of communication skills in young deaf children: picture book reading with mother. Newcastle. University of Newcastle.

MYKLEBUST, H. (1975): Psicología del sordo. Madrid. Magisterio Español. (Ed. inglesa, 1964.)

NIENHUYS, T.G.; HORSBOROUGH, K.M.; CROSS, T.G. (1985): «A dialogic analysis of interaction between mothers and their deaf or hearing preschoolers». Applied Psycholinguistics. 6, pp. 121-140.

PAUL, P.V. (2001): Language and Deafness (3.º ed.). San Diego. Singular. «Thomson Learning».

QUIGLEY, S.P.; PAUL, P.V. (1984): Language and Deafness. San Diego. College Hill Press.

ROGOFF, B. (1989): «The joint socialization of development by young children and adults», en GELLALTY, A.; ROGERS, D.; SLOBODA, J.: Cognition and Social Worlds. Oxford. The Clarendon Press.

ROSS, M.; BRACKETT, D.; MAXON.A. (1991): Assessment and management of mainstreamed hearing-impaired children: principles and practices. Austin TX. Pro-Ed.

SHRIBERG, L; KWIATKOWSKI, J. (1982): «Phonological disorders III: A procedure for assessing severity of involvement». Journal of Speech and Hearing Disorders, 47,pp.256-270.

SILVESTRE, N. y otros (1998): Sordera. Comunicación y aprendizaje. Barcelona. Masson. «Psicopedagogía y Lenguaje».

SILVESTRE y otros (2002): L'alumnat sord a les etapes infantil i primária. Criteris i exemples d'intervenció. Bellaterra. UAB. Serveis de Publicacions.

TORRES MONREAL, S. y otros (1997): Deficiência auditiva. Aspectos psicoevolutivos y educativos. Madrid. AIjibe. «Educación para la diversidade».

11 | A avaliação psicopedagógica dos alunos com déficit visual

Fransesc Vicent Mena e Juanjo Siguero

INTRODUÇÃO

Os alunos com deficiência visual ou cegos constituem, juntamente com os que apresentam perda auditiva, o grupo com necessidades educacionais especiais decorrentes de uma perda sensorial. Uma incapacidade sensorial, que pode ser parcial ou total, implica dificuldades ou carência de entrada de informações pelo canal afetado. Estima-se que uma pessoa com visão normal adquire 80% de seus conhecimentos a partir da estimulação visual, e esta, por sua vez, estimula 80% de suas condutas (Pelechano et al., 1995).

A OMS (Organização Mundial de Saúde), em sua Classificação Internacional de Doenças (CID, nova versão), define a criança com baixa visão como um indivíduo menor de 16 anos que tem uma acuidade visual com correção óptica no olho com melhor visão inferior a 0,3, mas igual ou superior a 0,05 (em uma escala de 0 a 1). As crianças dessa categoria requerem atenção especial para sua educação e um cuidado ocular permanente para prevenir uma deterioração maior da visão (OMS, 1994). Uma acuidade inferior a 0,05, segundo a mesma classificação, consideraria a criança como cega.

Na Espanha, uma pessoa pode ser legalmente considerada como cega quando reúne as condições para se filiar na Organização Nacional de Cegos da Espanha (ONCE), isto é, possui nacionalidade espanhola e uma visão inferior a 0,10, ou um campo visual inferior a 10° no melhor dos olhos e com as correções ópticas habituais. Uma das finalidades da ONCE é proporcionar atenção especializada aos seus filiados ao longo de sua escolaridade (abarcando a etapa pré-escolar de 0 a 3 anos e o ensino de adultos). Essa organização estabelece acordos com as diversas comunidades autônomas para compartilhar recursos a fim de atender aos alunos com deficiência visual.

Na Catalunha, há um convênio firmado entre o Departamento de Educação da Generalitat de Catalunya e a ONCE, para dar atenção especializada a todos os alunos com alguma incapacidade visual, seja ou não filiado à ONCE, mediante o CREC (Centro de Recursos Educacionais para Deficientes Visuais da Catalunha) Joan Amades. O CREC Joan Amades é[1] o centro de recursos que proporciona todos os meios especializados, tanto materiais quanto pessoais para a correta escolarização dos alunos com deficiência visual. A EAP para deficientes visuais foi incorporada ao organograma do CREC Joan Amades, mas subordinada administrativamente ao Departamento de Educação da Generalitat de Catalunya. Essa equipe é encarregada da avaliação psicopedagógica dos alunos que recebem atenção do CREC Joan Amades, tal como se costuma estipular nas resoluções de instruções de início de ano publicadas no Diário Oficial da Generalitat de Catalunya.

Por exemplo, na resolução de 4 de julho de 2003, que dá instruções para a organização e para o funcionamento dos serviços educacionais e do programa de professores itinerantes para deficientes visuais do Departamento de Educação para o ano letivo 2003-2004. Concretamente, no item 2.2.2 do Anexo 2 dessa resolução, a primeira função é assim definida:

> Avaliação psicopedagógica dos alunos com necessidades educacionais decorrentes de um déficit visual. Esse processo inclui a avaliação psicopedagógica do aluno ou aluna, as diretrizes de intervenção educacional para os diferentes profissionais envolvidos e as propostas necessárias no âmbito curricular e no nível dos recursos humanos e materiais.

Finalmente, temos de pensar que, segundo as estatísticas conhecidas, 30% da população infantil apresenta deficiências visuais na idade escolar e, uma a cada mil crianças terá um problema anatômico-funcional visual importante. O conhecimento do grau de deficiência visual que as afeta é necessário para estabelecer diretrizes pedagógicas adequadas a seu nível de função visual e é imprescindível para uma boa orientação didática. Por tudo isso, consideramos que toda a comunidade educacional deve se envolver na rápida detecção de anomalias visuais, já que uma intervenção precoce permite melhorar bastante as capacidades visuais de nossos alunos.

Estruturamos este capítulo em quatro partes:
– Na primeira parte, examinam-se o funcionamento da visão e as principais patologias, defende-se o modelo perceptivo/evolutivo do processo da visão, e esclarecem-se alguns conceitos.
– Na segunda parte, mostra-se brevemente a incidência do déficit visual nas áreas curriculares e/ou de desenvolvimento.
– Na terceira, descreve-se o modelo adotado para avaliar os alunos com incapacidade visual.
– Finalmente, no quarto item, comentam-se os instrumentos psicopedagógicos mais utilizados para avaliar os alunos com incapacidade visual.

O DÉFICIT VISUAL

Aproximação do sentido da visão e patologias mais comuns

Consideramos necessário oferecer algumas noções para que se possa compreender o funcionamento do órgão sensorial da visão e para mostrar como uma má-formação ou uma doença pode incidir na perda de qualidade desta.

Para que se produza a percepção visual, é preciso que todas as estruturas que nela intervêm funcionem corretamente. Na percepção visual, distinguem-se três partes:
1. Captação da luz até sua transformação em informação neuronal (globo ocular).
2. Transmissão da informação ao cérebro (nervo óptico até o quiasma óptico).
3. Processamento da informação visual cortical.

Globo ocular

De maneira muito esquemática, vamos rever as partes do olho mais significativas e as patologias mais freqüentes. O globo ocular consta de três camadas: a córnea-esclerótica, a úvea e a retina.

A córnea

É a porção anterior do globo ocular, clara e transparente, da camada exterior do olho; tem forma circular e está unida à camada esclerótica. A córnea é uma lente de cerca de 43 dioptrias que concentra o feixe de luz para sua entrada no globo ocular. As afecções mais freqüentes costumam ser:

- *Microcórnea*: quando a córnea é de tamanho pequeno e está implantada em um olho normal, é chamada de microcórnea. Em princípio, não afeta a visão, mas no olho pode-se produzir *glaucoma* (excesso de pressão intra-ocular).
- *Megalocórnea*: trata-se de uma afecção na qual o globo ocular tem uma grande dimensão, o que é causado por pressão intra-ocular. Nas crianças que sofrem dessa afecção, podem-se produzir luxações do cristalino, glaucomas e cataratas, com os conseqüentes problemas de visão.
- *Ceratite*: produz-se quando a córnea é cônica. Tem um caráter inflamatório. Pode ocorrer muita dor e também opacidade da córnea. Causa turvação da vista, perda de transparência, formação de *cicatrizes e opacidade*.
- *Distrofias da córnea*: normalmente, todas as afecções que se produzem nessa zona do olho costumam produzir opacidade da córnea, visto que isso implica uma perda de transparência, que pode ser de diversos graus. O resultado final consiste em uma redução de acuidade visual.

A úvea

É a camada vascular do olho. Tem três partes diferenciadas: a íris e o corpo ciliar, que formam a úvea anterior, e a coróide, que forma a úvea posterior.

A íris é uma membrana colorida que fica dentro da córnea e imediatamente adiante do cristalino. É perfurada em seu centro por uma abertura que varia segundo a luminosidade e que é chamada de pupila. O corpo ciliar une a coróide à retina, e a coróide é a membrana por onde passam os vasos sanguíneos destinados à retina. As afecções mais freqüentes costumam ser:

- *Aniridia*: trata-se de uma afecção congênita. A íris é rudimentar, poucas vezes visível. À primeira vista, só se vê a pupila, já que ocupa a zona da íris. As crianças afetadas sofrem de fotofobia e acuidade visual reduzida.
- *Albinismo*: é uma doença de origem cromossômica, caracterizada pela falta de pigmentação em todo o corpo. O cabelo costuma ser muito claro e em alguns casos totalmente branco e a íris, rosada. As crianças com essa doença têm *fotofobia, aniridia, acuidade visual diminuída, nistagmos* e, com freqüência, também um problema de *refração* (hipermetropia e/ou astigmatismo).
- *Coloboma*: é um defeito congênito que provoca má-formação parcial ou total da íris e, em alguns casos, inclusive no campo ciliar. Afeta o campo visual, pois às vezes ocorrem escotomas. Costuma estar associado a outras anomalias congênitas.
- *Uveíte*: é uma lesão inflamatória da úvea, normalmente causada por germes. A inflamação pode ocorrer na zona anterior, posterior ou entre elas e, às vezes, afeta a retina. A uveíte pode ser aguda ou crônica e ter diversos níveis de gravidade.
- *Artrite juvenil*: pode produzir a chamada *uveíte reumatóide*, que também causa infecção nas articulações do joelho, do pulso ou na região cervical. As conseqüências de uma uveíte

podem ser, entre outras, *fotofobia*, *lacrimejamento* e *dor*. Há uma diminuição da acuidade visual e também problemas no campo visual, perdendo-se às vezes a visão central. Quando diminui a infecção, pode-se recuperar parte da visão, mas em geral não é totalmente reversível.

O cristalino

É um corpo lenticular, transparente, biconvexo, que pode medir cerca de 5 mm de espessura e 9 mm de diâmetro em um olho adulto. É uma pequena lente de cerca de 12 dioptrias que, mediante o músculo ciliar, pode modificar sua espessura. Desse modo, há um jogo entre as duas lentes do olho: a córnea e o cristalino. Graças a esse mecanismo chamado de acomodação, podemos enfocar objetos a diferentes distâncias. As afecções mais freqüentes são as seguintes:

- *Cataratas*: são produzidas por uma opacidade do cristalino. Nas crianças, geralmente têm um caráter congênito e hereditário. Causam diminuição da acuidade visual e dificuldade para ver a longa distância. Esses efeitos se acentuam quando a opacidade se produz no centro e diminuem quando é periférica.
- *Afacia ou falta de cristalino*: pode ser congênita, mas em geral aparece por extração do cristalino quando há cataratas. Em crianças, dadas as importantes mudanças morfológicas do olho, com freqüência não se implanta uma lente intra-ocular (LIO). Portanto, as crianças submetidas a intervenções devem ter uma correção óptica de cerca de 12 dioptrias (com óculos ou com lentes).

O corpo vítreo

É uma massa transparente, incolor, de consistência mole e gelatinosa. Encontra-se na cavidade posterior do globo ocular, atrás do cristalino. As afecções mais freqüentes são:

- *Glaucoma congênito*: é uma doença ocular produzida por excesso de pressão intra-ocular, que pode levar a um transtorno da visão. Os problemas que ocorrem na visão são de campo visual, causados pelo efeito da pressão intra-ocular sobre o nervo óptico e sobre a retina. Essa doença costuma ter caráter bilateral (isto é, afeta ao mesmo tempo os dois olhos). A perda ocorrida no campo visual é progressiva, com redução concêntrica e alteração no campo cromático. Podem aparecer escotomas (ou zonas cegas).

O campo visual central normalmente não é afetado pelo glaucoma. Em princípio, a acuidade visual é boa nas zonas não afetadas pelos escotomas. Os afetados costumam ter problemas para se deslocar e caminhar, pois se chocam e tropeçam continuamente com os objetos que encontram nos deslocamentos. Além disso, os alunos afetados apresentam em geral dilatação papilar, córnea turva, visão embaralhada e diminuição do campo visual. Às vezes, pode até ocorrer cegueira total.

Problemas de refração

O globo ocular funciona de maneira análoga a uma câmara escura ou a uma máquina fotográfica óptica ou analógica. A maioria das afecções constatadas até agora inibe a chegada da luz à *retina*. Outras patologias oculares, como a refração, são causadas por uma má-formação do olho, que altera de alguma forma a imagem que deve chegar à retina. Essas afecções, por terem um caráter unicamente óptico, podem ser totalmente corrigidas por meio de lentes que retificam o defeito de refração do olho. As afecções mais freqüentes são:

- *Miopia*: nessa patologia comum, o olho é alongado, e os objetos são enfocados diante da retina. Normalmente, é uma afecção congênita e hereditária. Costuma iniciar-se muito cedo e progredir rapidamente (à medida que o olho cresce, a miopia pode aumentar).

  As crianças míopes costumam ter pouca funcionalidade a longas distâncias. Do contrário, de perto, são capazes de ler mesmo as letras menores. Apesar disso, tendem a aproximar-se muito dos livros para ler e escrever ou para assistir televisão. É comum também que sofram de *fotofobia*. Se a miopia é acompanhada de *astigmatismo*, pode haver problemas na visão a curta distância.

  Existe um tipo particular de miopia, conhecida como *miopia magna* ou maligna, que, em razão de um fundo de olho patológico, implica uma maior tendência a sofrer descolamentos de retina e outras alterações do olho.

- *Hipermetropia*: os alunos com essa afecção têm uma acomodação totalmente relaxada, que faz com que a imagem se forme atrás da retina. No geral, deve-se a um encurtamento do diâmetro posterior do globo ocular, a alterações nos meios refratários do olho ou à ausência do cristalino (*afacia*). Tem origem congênita, resultante de um desenvolvimento imperfeito do olho e com feqüência é hereditária.

  As crianças afetadas costumam ter boa visão a longas distâncias. Ao contrário, nas curtas distâncias, há dificuldades para enfocar, e na escola são obrigadas a fazer um grande esforço visual, com conseqüente fadiga e baixo rendimento nas últimas aulas. Do mesmo modo, quando trabalham à noite ou com pouca luz, os alunos hipermétropes costumam sentir maior fadiga.

  A correção da hipermetropia é feita mediante lentes convexas para melhorar a visão de perto. Ao contrário do que ocorre com a miopia, costuma diminuir com a idade, já que o crescimento do olho ajuda a melhorar o foco.

- *Presbiopia* ou *vista cansada*: é um processo fisiológico que afeta os dois olhos e é causado pela perda de elasticidade do cristalino (perda do poder de acomodação) para ver objetos a curtas distâncias. Ao contrário do que se costuma pensar, essa perda de elasticidade começa nos primeiros anos de vida e é contínua, mas só a partir dos quarenta anos é que, normalmente, se torna necessário corrigir o defeito óptico mediante lentes convexas esféricas.

- *Astigmatismo*: há uma diferença no grau de refração entre os diferentes meridianos do globo ocular, que produz imagens distorcidas na retina. Deve-se geralmente a uma alteração na curvatura da córnea. Em alguns casos, pode ser causado por um defeito na curvatura do cristalino (*astigmatismo lenticular*). Costuma ser congênito e hereditário. Também pode ser adquirido quando ocorrem alterações na córnea por um traumatismo, operações ou infecções. A correção é feita em geral mediante lentes cilíndricas para corrigir o vício de refração. Nem sempre pode ser totalmente corrigido.

A retina

Essa camada é a expansão do nervo óptico para a frente, que pode chegar até o

corpo ciliar. Na retina, encontram-se as células nervosas que são sensíveis à luz e a transformam em impulso nervoso. Eles são basicamente de dois tipos:
1. Cones (com maior acuidade visual e percepção de cores).
2. Bastonetes (funcionam muito bem com pouca luz e captam os movimentos).

Na retina, a parte central é chamada de *mácula lútea*. No centro dela, encontra-se a fóvea central, região de maior acuidade visual. Na fóvea, há apenas cones. Quando olhamos um objeto, normalmente procuramos que a imagem se forme sobre a mácula lútea, que é a porção onde se produz a visão direta (ou visão central).

As patologias retinianas costumam ter caráter grave, e geralmente há uma diminuição considerável da acuidade visual, modificações importantes do campo visual, alterações da forma dos objetos, fotofobia, etc. As afecções mais freqüentes costumam ser:
- *Cegueira às cores*: às vezes existe uma percepção da cor em conseqüência da falta de um ou mais pigmentos dos cones. A cegueira às cores pode ser congênita ou adquirida. A porcentagem de perda é maior nos homens. É quase binocular e transmitida por hereditariedade. Raramente é completa (*acromatopsia*), é quase sempre parcial (*discromatopsia*) e em geral afeta apenas uma das cores fundamentais. A mais conhecida é o *daltonismo* (a criança afetada confunde a cor verde com a vermelha).
- *Retinopatia do prematuro*: é causada pela exposição do recém-nascido prematuro a um excesso de oxigênio. Isso leva a um crescimento excessivo dos vasos sanguíneos da retina, diminuindo sua sensibilidade. Em medicina, essa patologia é classificada de 1 a 5, sendo o grau 5 a cegueira total.
- *Retinose pigmentar*: é um tipo de degeneração crônica e progressiva. A retina vai se atrofiando. Começa com a cegueira noturna, perda do campo visual periférico e diminuição progressiva da visão. Em princípio, a visão central pode ser boa quando a iluminação é adequada.
- *Deslocamento da retina*: pode ocorrer por diferentes causas. Há uma perda de visão e uma diminuição do campo visual correspondente na zona do descolamento. Em princípio, costuma-se conservar a visão central. Quando ocorre um descolamento total da retina, perde-se toda a visão.
- *Retinoblastoma*: trata-se de uma tumoração (glioma) da retina. Tem caráter congênito e costuma aparecer na primeira infância, em crianças menores de 5 anos. Em geral, afeta apenas um olho, mas às vezes pode reproduzir-se em ambos.

O nervo óptico

É o encarregado de transportar a informação visual da retina ao quiasma óptico. As afecções mais freqüentes são:
- *Nistagmo*: oscilação rápida e involuntária do globo ocular, que afeta os dois olhos e provoca uma deficiência visual. O nistagmo será lateral, rotatório ou vertical segundo o movimento feito pelos olhos.
É uma afecção que se produz quando existe um desenvolvimento escasso da fixação dos órgãos da visão. Costuma associar-se a uma ambiopia bilateral. Há casos de alunos com nistagmo cujo aproveitamento visual é bom e que não necessitam de adaptações escolares ou de material.
Existe uma variedade de nistagmo chamada de sensorial. A baixa visão dos olhos provoca o nistagmo. Assim,

trata-se de uma doença degenerativa visual retiniana (como a retinose pigmentar) que pode levar ao aparecimento de um nistagmo antes inexistente.
- *Neurite óptica*: é uma inflamação do nervo óptico que pode ser aguda se a neurite for provocada por infecções bacterianas ou virais. Essa patologia produz perturbação visual já desde o início da doença, com uma diminuição do reflexo fotomotor direto e alteração do fundo do olho. Dependendo do lugar onde se produza, afetará mais ou menos a visão (acuidade visual e, sobretudo, campo visual), mas normalmente costuma ter um prognóstico grave.

Uma variedade da neurite óptica é a chamada doença de Leber ou neurite óptica hereditária. Atinge normalmente os homens, afetando às vezes vários indivíduos da mesma família. A perda da visão em geral é rápida no início e depois se estabiliza. O período em que há maior desenvolvimento dessa doença é entre a puberdade e os 20 anos. A visão é afetada, pois costuma ocorrer um escotoma ou uma mancha central.
- *Atrofia do nervo óptico*: quando ele está totalmente atrofiado provoca cegueira. Se a atrofia do nervo óptico é parcial, há uma diminuição da acuidade visual e/ou problemas na visão periférica. A atrofia óptica pode ser progressiva.

Visão cortical

Os feixes de nervos se cruzam no quiasma óptico, as inervações nervosas que recolhem a informação da hemirretina nasal direita (a metade da retina do olho direito mais próxima ao nariz) e da hemirretina temporal esquerda (a metade da retina do olho esquerdo mais próxima da parte temporal do encéfalo) dirigem-se ao hemisfério esquerdo do cérebro, especificamente às áreas 17/18 e 19 de Brodman do lóbulo occipital, enquanto a outra parte (a hemirretina nasal esquerda e a temporal direita) junta-se em um único feixe de nervos e dirige-se às mesmas áreas cerebrais, mas do hemisfério cerebral direito. Uma lesão em um dos feixes nervosos pós-quiasmáticos pode criar problemas importantes de campo visual, conhecidos com o nome de *hemianopsia*, e provocar uma cegueira da metade direita ou da metade esquerda dos dois olhos.

Contudo, a informação visual não permanece no lóbulo occipital. Foram identificados dois tipos de fluxos ou vias que transmitem a informação visual a outras partes do cérebro:

1. A via dorsal, que vai do lóbulo occipital ao córtex posterior parietal. Nessa parte do cérebro, usa-se muita informação ao mesmo tempo. Lesões cerebrais nessa zona poderiam dificultar tarefas visuais de discriminação figura-fundo (atenção visual).
2. A via ventral, que vai do lóbulo occipital aos lóbulos temporais. Nestes, há uma espécie de grande armazém de objetos e formas que nos possibilita distinguir um objeto de outro (memória visual). Lesões nessas regiões cerebrais poderiam provocar dificuldades de integração visual.

Evolução e aprendizagem do processo perceptivo da visão

Desde o início dos anos de 1960, diversos estudos e autores vêm difundindo um modelo evolutivo e de aprendizagem da visão, que defende essencialmente que seu funcionamento é um processo complexo e aprendido, relacionado a aspectos perceptivos e de aprendizagem e não inato, como se imaginava até então. Desse ponto de vista, quanto mais se olha e se usa a visão, mais eficácia visual se consegue.

Natalie Barraga, autora pioneira na defesa da percepção visual como um processo aprendido, dizia em seu livro *Baixa Visão*, editado pela primeira vez na década de 1960, que a acuidade visual do recém-nascido é estimada em cerca de 10 ou 20% do total de um adulto com visão normal. Se não há uma patologia congênita significativa que afete sensivelmente uma parte de nosso organismo relacionada com a percepção óptica, desenvolvem-se com rapidez as sinapses entre a retina, a via óptica e o córtex cerebral. Esse processo passa por etapas evolutivas e considera-se concluído perto dos 5 anos. Para que essas sinapses se desenvolvam de forma adequada, é necessária uma estimulação dos elementos sensíveis. Assim, uma criança com visão normal desenvolverá a capacidade de ver de modo espontâneo. Ao contrário, uma criança com baixa visão pode apresentar dificuldades na fixação da vista, no acompanhamento de objetos, etc.

De acordo com trabalhos e estudos publicados a partir dos anos de 1960 por Natalie Barraga e colaboradores, a criança com incapacidade visual, mas com resquícios de visão (ainda que sejam mínimos), deve ser orientada a trabalhar esse sentido mediante um programa sistemático de estimulação visual o mais precocemente possível, pois, se não encontrar interesse em olhar e focar, pode acabar desenvolvendo um nível de visão muito abaixo do nível que seu problema lhe permitiria. Embora hoje possa parecer lógico, antes da aplicação desses trabalhos, os alunos com baixa visão recebiam uma educação especial centrada na estimulação dos outros canais sensitivos (auditivos, táteis, cinestésicos, etc), desprezando-se a informação visual a que os alunos com déficit visual grave podiam ter acesso.

Parâmetros para avaliar a visão de forma objetiva

Acuidade visual

É a capacidade visual que tem uma pessoa em comparação com a considerada normal. Expressa-se por uma fração cujo numerador é a distância entre o paciente e a escala com a medida de optotipos aos quais tem acesso (a preferência da distância costuma ser de seis metros) e cujo denominador seria a distância a que o olho normal veria. Acuidade visual, AV 6/6. Normalmente, costuma-se indicar o tipo de optotipos em que se avaliou sua visão.

Assim, por exemplo, uma pessoa com visão normal tem uma acuidade de 1 (6/6), e um cego total, de 0. Se a acuidade visual é de 10/20, por exemplo, significa que a pessoa vê a 10 metros aquilo que uma pessoa sem incapacidade visual veria a 20 metros, e teria uma acuidade visual de 0,5 (ou, multiplicando por cem, uma acuidade visual de 50%). Nos informes oftalmológicos, pode constar qualquer uma dessas expressões numéricas:
• Uma fração: 10/20, 20/200, 3/12.
• Decimais entre 0 e 1: 0,5, 0,1, 0,25.
• Porcentagens: 50%, 10%, 25%.

Geralmente, avalia-se a acuidade visual de cada olho (OD e OE) e a binocular.

A acuidade visual, quando não especificada, é sempre a de longe. É comum que nos alunos com deficiência visual se avalie também a acuidade visual de perto.

Essa avaliação costuma ser feita a cerca de 40 cm do olho com optotipos especiais. Se a criança tem problemas para ver a essa distância, ou se o examinador considera oportuno, tiram-se os optotipos para que se aproxime da distância funcional adequada para ela.

Segundo Siedenberg (1975), citado por Barraga (1997), as avaliações da acuidade visual têm pouco sentido ou validade até os

4 ou 5 anos: pelas dificuldades de colaboração das crianças quando são tão pequenas, porém mais importante é que a capacidade visual configura um processo evolutivo e, que ainda não está de todo desenvolvido. A acuidade visual significativa para classificar uma criança como deficiente visual é sempre avaliada com as correções ópticas adequadas e, nessa idade, muitas vezes não comportam toda a correção óptica de que necessita.

O campo visual

Trata-se dos limites da visão periférica e indireta. É um espaço dentro do qual se vê o objeto enquanto o olhar permanece fixo em um ponto determinado. Normalmente, a pessoa tem um campo visual que abrange 270° dos 360° de um círculo. Certas patologias visuais (glaucoma, atrofia parcial do nervo óptico, etc.) podem afetar o campo visual. Esse parâmetro é mais difícil de avaliar do que a acuidade visual, dado que uma avaliação objetiva (campimetria) requer muita colaboração por parte do sujeito e não costuma ser confiável até os 12 anos. O campo visual pode ser afetado de muitas maneiras. As afecções extremas são:

- *Visão com manchas centrais*: às vezes, em doenças como a *degeneração macular*, é afetado o campo visual central, e há uma baixa acuidade visual, porque a visão periférica (os *bastões*) capta imagens de pouca qualidade. Os alunos afetados por essas manchas centrais têm uma baixa acuidade visual. Ao contrário, não apresentam problemas de mobilidade e orientação.
- *Visão tubular*: há uma degeneração do campo visual periférico (doenças como a *retinose pigmentar*). A acuidade visual pode ser boa; porém, a pessoa afetada tem graves problemas de autonomia, dado que a visão periférica desempenha um importante papel na mobilidade e na orientação.
- *Visão monocular*: os alunos que têm visão apenas de um olho perdem a visão em profundidade e ainda uma parte do campo visual. Em alguns casos, a parte do corpo onde não existe visão é pouco utilizada.

Classificação das dificuldades visuais

É comum que, quando se fala de alunos com déficit visual, logo se pense em alunos cegos. Felizmente, estes representam uma pequena porcentagem do total das crianças escolarizadas com déficit visual. Os avanços na saúde, uma intervenção precoce quase universal em nosso país e outros serviços que otimizam a capacidade visual das crianças fazem com que a população com déficit visual apresente alta variabilidade e heterogeneidade. Muitos alunos no âmbito da alfabetização em código Braille têm pequenos restos visuais que devem ser estimulados, de modo que procurem utilizá-los para se orientar, etc.

Apesar disso, a chegada de alunos de outros países com problemas na área da saúde faz com que ainda encontremos doenças ou patologias já erradicadas em toda a União Européia e alunos com atrasos significativos de percepção visual devido à privação de estímulos visuais nos primeiros anos de vida.

Classificação das dificuldades visuais em função da acuidade visual

- *Visão normal*: a acuidade visual do olho melhor é superior ou igual a 0,8 e o campo visual é normal.
- *Visão quase normal*: a acuidade visual do olho melhor está compreendida entre 0,7 e 0,5 e o campo visual é normal.
- *Visão subnormal*: a acuidade visual do olho melhor compreende entre 0,4 e 0,3 o campo visual limita-se a 40°.

- *Baixa visão*: a acuidade visual situa-se entre 0,25 e 0,12 ou o campo visual é reduzido a 20°.
- *Cegueira legal*: a acuidade visual é inferior a 0,10 ou o campo visual é reduzido a 10° ou menos.

Classificação em função das características educacionais

Barraga (1992) propôs classificar em quatro grupos os alunos com déficit visual em função das tarefas que eram capazes de realizar, e não de sua acuidade visual:

1. *Cegueira*: carência de visão ou percepção de luz. Impossibilidade de desempenhar tarefas visuais.
2. *Incapacidade visual profunda*: dificuldade para efetuar tarefas visuais complexas. Impossibilidade de realizar tarefas que exigem visão detalhada.
3. *Incapacidade visual grave*: possibilidade de realizar tarefas visuais com imprecisão, sendo necessária a adequação do tempo, de ajudas e modificações.
4. *Incapacidade visual moderada*: possibilidade de realizar tarefas visuais com ajudas especiais e iluminação adequada, chegando a um resultado final parecido com o das pessoas com visão normal.

Classificação em função do tipo de suporte educacional

Finalmente, segundo as normas vigentes na Catalunha, elaboradas pelo Departamento de Educação da Generalitat de Catalunya, nas resoluções de início de ano (à espera de uma legislação mais definitiva), tem-se que:

[...] os alunos atendidos pelo CREC Joan Amades e pela EAP para Deficientes Visuais serão aqueles com até 30-40% de capacidade visual. Esses alunos serão distribuídos, em função de como utilizam sua capacidade visual, outros déficit, etc., em três blocos:

a) Alunos de acompanhamento: são aqueles para os quais a Comissão de Detecção do Centro de Recursos Educacionais Joan Amades recomenda um acompanhamento pontual da EAP para Deficientes Visuais.
b) Alunos da faixa de prevenção: trata-se de alunos para os quais a Comissão de Detecção do Centro de Recursos Educacionais Joan Amades recomenda uma avaliação contínua da EAP para Deficientes Visuais.
c) Alunos de atenção direta: para eles, a Comissão de Detecção do Centro de Recursos Humanos Joan Amades determina que deve haver o suporte de um professor do programa educacional de atenção aos alunos com déficit visual.

Dentro desse grupo, poderíamos estabelecer uma segunda diferenciação: os alunos que utilizam como código de leitura e escrita a letra impressa (código tinta[*]) e os alunos com visão insuficiente para ter acesso a ela de forma normalizada e que, portanto, utilizam habitualmente o código Braille.

Em outras comunidades autônomas espanholas, pode haver variações quanto ao tipo de atenção recebida. A novidade proposta pela EAP para Deficientes Visuais é a criação do grupo de alunos chamado de *faixa de prevenção*. Esse coletivo não necessita de apoio educacional especializado, mas pode beneficiar-se pontualmente de algum recurso proporcionado pelo CREC Joan Amades. Além disso, há casos de doenças degenerativas ou progressivas, e alunos com uma boa acuidade visual (sem necessidade de trabalho educacional especializado) podem ter um mau prognóstico de visão a curto ou médio prazo.

---

[*] N. de R.T. Código tinta – livros impressos a tinta, assim chamados para diferenciar dos livros impressos em Código Braille, por exemplo.

Os alunos com déficit visual e outros déficits associados

Entre 35 e 45% dos alunos com déficit visual apresentam outros déficits associados. Nesses casos, as deficiências aumentam as necessidades educacionais especiais de crianças e adolescentes afetados. Acrescente-se ainda que esses alunos podem ter dificuldades para colaborar na avaliação funcional de sua acuidade visual.

Os alunos com paralisia cerebral e déficit visual

Estima-se que entre 25 e 50% das crianças que sofrem de paralisia cerebral apresentam também problemas visuais que podem afetar suas aprendizagens. Segundo Dutton, citado por Leonhardt (2003), 40% do cérebro está envolvido na função visual (nas crianças que vêem). Tudo isso sugere que uma grande proporção de crianças com danos cerebrais tem problemas visuais de algum tipo, os quais podem decorrer de uma visão embaralhada, de dificuldades de movimentos oculares ajustados ou de análise, compreensão ou movimento por meio do mundo visual.

O estrabismo, patologia muito comum nas crianças afetadas por paralisia cerebral, costuma causar diplopia e olho ambliope. Além disso, agrava-se pelo fato de que os alunos muito afetados têm dificuldade de controlar a postura, o que atrapalha o enfoque e produz um atraso perceptivo. O atraso psicomotor que a criança apresenta, segundo o modelo perceptivo da aprendizagem da visão, causará também um atraso em algumas áreas perceptivas (como a coordenação oculomanual).

Os alunos com perda auditiva e déficit visual

Felizmente, é muito baixo o número de alunos que têm ao mesmo tempo cegueira e surdez severa. Ao contrário, são muitos os que apresentam déficit visual parcial e também déficit auditivo parcial. Há síndromes congênitas que associam os dois déficits: a mais comum é a síndrome de Usher. A presença de dois déficits sensoriais de maneira simultânea, mesmo que em princípio não sejam muito importantes, não soma as dificuldades educacionais, mas as multiplica; trata-se de alunos com necessidades de intervenção educacional muito especializada para garantir o acesso à informação, já que os dois canais de entrada de informação estão afetados.

Os alunos com déficit cognitivo e déficit visual

Podem apresentar atraso significativo na percepção visual pelas dificuldades intelectuais devido a uma estimulação pouco adequada ou deficiência visual em decorrência de alguma síndrome. Por exemplo, muitas crianças portadoras da síndrome de Down apresentam problemas de refração e ocasionalmente têm uma acuidade visual muito baixa, apesar da correção óptica.

INCIDÊNCIA DO DÉFICIT VISUAL E DA CEGUEIRA EM ÁREAS CURRICULARES E DE DESENVOLVIMENTO

O efeito dos problemas visuais no desenvolvimento da criança depende da gravidade do tipo de perda, da idade em que aparece essa condição e do nível de funcionamento total da criança. Além disso, duas crianças com a mesma capacidade visual podem funcionar de maneiras muito diferentes em aspectos visuais.

Entradas de informação

Os alunos com necessidades educacionais especiais decorrentes de um déficit sensorial visual precisam mais do que adaptações curriculares generalizadas; precisam de acesso ao currículo e de algumas adaptações em áreas concretas. Além disso, precisam de uma adaptação de ritmo. Não podemos esquecer que a maior entrada de dados do aluno com déficit visual é um *input* seqüencial quando determinados conteúdos são vistos às vezes de forma global. Para ilustrar o processamento da informação de uma criança com cegueira, recorreremos a uma adaptação da conhecida fábula indiana do elefante.

Como uma criança cega pode ter idéia do que é um elefante? Uma pessoa com visão normal o vê e faz uma idéia aproximada do que é com um simples olhar. Já uma pessoa cega precisaria de muito tempo para chegar a essa idéia global, e o faria de modo seqüencial, tocando diferentes partes do animal (patas, tromba, etc.). Além disso, poderia ouvir o ruído que emite ou cheirá-lo. Todavia, haveria partes de seu corpo às quais não teria acesso. Por fim, para fazer uma idéia global do que está pesquisando, a criança cega poderia tocar em uma maquete de elefante de dimensões reduzidas. Pensemos então em todas as aprendizagens que não podem ser significativas para um aluno cego e no tempo necessário para atingi-las. Só assim nos daremos conta de que ele terá necessidades de adaptações significativas em seu ritmo de aprendizagem.

Os alunos com baixa visão apresentam também, embora parcialmente e em função da capacidade visual, problemas para integrar as partes, mas sem chegar aos níveis do aluno totalmente cego.

Educação infantil

Um aluno de educação infantil com déficit visual pode não se sentir motivado para a exploração de objetos interessantes no ambiente e com isso perderá oportunidades de experimentar e aprender. Essa falta de exploração pode continuar até que o aluno tenha alguma motivação para aprender ou até que se inicie algum tipo de intervenção. Mesmo alunos com deficiências visuais e boa capacidade visual (entre 30 e 40%) costumam apresentar na educação infantil um atraso em percepção visual, mais acentuado se a metodologia utilizada na sala de aula for pouco adequada (fotocópias de má qualidade, desenhos com traços pouco definidos, referências visuais confusas, pouco apropriadas ou pouco contrastantes, etc.). Precisamos nos assegurar de que as atividades da escola tenham significado para o aluno com déficit visual. Por exemplo, tintas muito duras (tipo aquarela) podem fazer com que o aluno não veja o que pinta ou que o obriguem a pintar mais forte. Com o tempo, tudo isso pode causar-lhe problemas de grafomotricidade, dado que não há um trabalho adequado de coordenação oculomanual.

Desenvolvimento psicomotor

Desde os primeiros anos de vida, o deficiente visual apresenta um atraso psicomotor nas escalas de desenvolvimento. Isso se deve, em parte, à importância da observação e da imitação dos gestos motores para sua aprendizagem e incorporação ao próprio repertório, sendo necessário um trabalho específico na área de educação física, com o ensino de gestos atléticos mediante orientação física. Observou-se também nos bebês com importante dificuldade visual uma atitude mais inibida com o meio do que nos bebês que enxergam, o que acaba provocando importantes atrasos em ações como arrastar-se, engatinhar ou andar. Os estudos mostram que são condutas adaptativas (Leonhardt, 1992), pois, quando não domina um ambiente, o bebê tem a tendência a ficar quieto. Para garantir esses deslocamentos exploratórios, deve-se proporcionar às crianças cegas e deficientes visuais ambientes familiares com muito poucas mudanças para que se sintam seguras e se animem a explorá-los.

A estimulação precoce, quase universal nas últimas décadas em nosso estado, contribuiu para erradicar boa parte dos *blindismos* ou *ceguismos* (estereotipias motrizes que apareciam em alguns cegos pouco estimulados na infância, apesar de não apresentar problemas cognitivos).

Leitura e escrita

Ochaíta e colaboradores (1988) destacam as diferenças de competência entre a população sem deficiência visual e os alunos com déficit visual ou cegos. Independentemente do código utilizado, o deficiente visual lê com menos rapidez e tem uma compreensão de leitura mais deficitária. Por exemplo, Pring (1984), citado por Vallés (1999), apontou a existência de um atraso na leitura de cerca de dois anos nos alunos com déficit visual comparados a alunos com boa visão.

É preciso considerar que os alunos alfabetizados em Braille percebem os caracteres um a um, enquanto o bom leitor que enxerga percebe duas ou três palavras ao mesmo tempo. Como afirmam Rayner e Pollasteck (1987), citados por Vallés (1999), os alunos que enxergam dispõem de uma amplitude perceptiva quinze vezes maior a daqueles que trabalham em código Braille. Estudos de rapidez de leitura realizados em nosso país com alunos escolarizados em Braille indicam uma média de cem palavras por minuto quando concluem o ensino fundamental, desde que não haja problemas de aprendizagem.

No que diz respeito à escrita, dispomos também de resultados de pesquisas que assinalam um maior número de erros de ortografia nos estudantes com dificuldades visuais. Nos alunos que utilizam o código tinta, encontramos as seguintes características: erros de ortografia natural (juntar palavras, confusão de maiúsculas e minúsculas), erros de traço (traço irregular e pouco firme, grafias anormalmente grandes ou pequenas, esquecimento de padrões motores, superposição de letras dentro da palavra, etc.). Apontam-se como possíveis causas as poucas experiências de leitura devido ao cansaço visual e à tentativa do aluno com incapacidade visual de chegar a uma leitura rápida, semelhante a de seus colegas de classe. Tudo isso faz com que os alunos com déficit na visão trabalhem menos a retenção visual (como se escrevem as palavras).

Matemática

Outra característica cognitiva dos alunos com deficiência visual é a dificuldade para conceber imagens mentais ou representações de determinados objetos. Além disso, pela própria dinâmica da matemática, há grandes dificuldades em enfileirar números, executar corretamente um algoritmo complicado ou equações, interpretar e escrever corretamente representações geométricas, subíndices, potências, expoentes, etc.

Por fim, um recurso bastante utilizado na didática da matemática é o quadro-negro. O aluno com deficiência visual tem dificuldade de acesso a ela. Além disso, muitas vezes é necessário copiar no caderno. A combinação dessas tarefas visuais, olhar de longe (quadro-negro) e de perto (caderno), requer um bom funcionamento dos mecanismos de acomodação. Às vezes, o deficiente visual tem problemas de enfoque, e essas combinações de tarefas são muito difíceis para ele.

Em outro nível de dificuldades, o aluno cego ou deficiente visual escolarizado em Braille precisa dominar complicadas signografias para poder resolver problemas de álgebra.

Desenho técnico e expressão plástica

Os alunos com cegueira total dispõem de material adaptado para desempenhar atividades elementares de desenho técnico.

O deficiente visual costuma sofrer nessa tarefa, visto que se trata de destrezas visuais tão finas que podem ser impossíveis de realizar com sua acuidade visual.

Na área de expressão plástica, os desenhos dos deficientes visuais com freqüência são pobres em detalhes. Às vezes, há figuras não-fechadas ou incompletas. Em geral apresentam cores fortes e bem contrastantes.

Mobilidade e orientação

Infelizmente, as necessidades dos alunos cegos são maiores fora da sala de aula do que dentro dela: movimentar-se, orientar-se, conhecer itinerários, sentar-se ao lado de uma pessoa que se mostra simpática, etc. Não podemos esquecer que o déficit visual condiciona fortemente as crianças afetadas quando deixam a escola, com relação às habilidades sociais, à autonomia, ao trabalho, etc.

Habilidades sociais

Dado que a criança cega não consegue ver nem seus pais nem seus colegas, ela não é capaz de imitar parte do comportamento social (Bandura, 1982) ou compreender uma parcela importante da comunicação, que são as mensagens não-verbais. As duas características são básicas para a aquisição e para o aperfeiçoamento das habilidades sociais. Portanto, nesse âmbito, haverá carências que Verdugo e Caballo (1995) expõem em um interessante trabalho. Destacamos os seguintes aspectos:
- Lacunas na maturidade social e menos contatos sociais.
- Rigidez corporal.
- Pobreza de repertórios de habilidades sociais (verbais e não-verbais).
- Dependência e passividade.
- Falta de assertividade.
- Déficit nos componentes não-verbais (postura inadequada, menos perguntas abertas, etc.).

AVALIAÇÃO PSICOPEDAGÓGICA DAS NECESSIDADES DOS ALUNOS COM DÉFICIT VISUAL

Avaliamos os alunos com incapacidade visual para tomar decisões e ajustar a resposta educativa, incluindo os recursos materiais e/ou humanos dos quais podem necessitar para seguir a escolaridade.

Na Catalunha, a avaliação sociopsicopedagógica dos aspectos mais relacionados com o déficit visual tem sido realizada desde sua criação (no ano de 1983) pela *EAP Específica para Deficientes Visuais* (EAP DV). Apesar disso, a coordenação dos diferentes profissionais e a avaliação psicopedagógica global cabem à EAP da região onde a criança é escolarizada.

A EAP DV deve ser entendida como um serviço especializado em alunos com deficiências visuais, complementar à EAP do setor. Em outras comunidades autônomas espanholas, a estrutura organizacional é parecida. Os psicopedagogos especializados na deficiência (pertencentes à ONCE ou não) avaliam os aspectos relacionados como o déficit, coordenando-se com os serviços de atenção psicopedagógica setoriais subordinados às autoridades educacionais das comunidades autônomas.

Para definir o processo de avaliação psicopedagógica dos alunos com déficit visual, que supõe um tratamento esmerado das famílias e coordenação entre diferentes profissionais da educação e outros mais específicos, julgamos ser preciso nos perguntar sobre *quem avaliar* (atores), *para que avaliar* (finalidade), *o quê avaliar* (conteúdos), *quando avaliar* (atividades e situações) e *como avaliar* (modalidades de interação e instrumentos de intervenção).

Quem se avalia?

Avaliam-se os alunos suscetíveis de apresentar necessidades educacionais especiais decorrentes de um déficit visual, assim como os diferentes contextos nos quais interagem: família, escola e recursos da comunidade.

Para avaliar uma criança deficiente visual é preciso, em primeiro lugar, um informe oftalmológico com as acuidades visuais. O aluno pode ter uma acuidade visual alta, mas também problemas de campo visual, doença degenerativa grave, outros déficits e ser suscetível de receber algum tipo de atenção por parte do CREC Joan Amades.

Avaliaremos também o ambiente educacional (escola, colegiado, equipe de direção, equipe docente, colegas), a família e os diferentes profissionais que intervêm, nas variáveis que julgarmos necessárias para que os alunos possam ter uma escolaridade normalizada.

Para que se avalia?

Avaliam-se os alunos com deficiência visual para ajustar a resposta educativa às suas necessidades específicas: recursos humanos e materiais, adaptações curriculares, etc., necessários e as mudanças que deveriam ser feitas em cada um dos cenários (aluno, escola e família).

O que se avalia?

Consideram-se os indicadores significativos a fim de facilitar a tomada de decisões para a total integração e desenvolvimento dos alunos dentro da escola. Por isso, avaliaremos o aluno (A),o contexto escolar (B) e a família (C).

Aluno com deficiência visual

Checa (1999) propõe avaliar os seguintes aspectos do aluno com déficit visual:
- Aspectos perceptivos
    - Avaliação da área visual: acuidade visual (de perto e de longe) e campo visual, ótima distância para a leitura e escrita, visão cromática, sensibilidade de contraste, profilaxia, ajudas ópticas, tipo de iluminação de que necessita, ampliação de letra, material tiflotécnico ou informático adaptado, atril, etc. Os cegos totais não serão avaliados nessa área.
    - Avaliação do canal tátil: tem sentido avaliar esse canal em alunos escolarizados em Braille. Há dois parâmetros interessantes no fato de avaliar a capacidade de discriminação entre objetos (pensemos em atividades prévias à leitura e escrita Braille, óculos, etc.) e de reconhecimento de objetos.
- *Aptidões*. Terão de ser provas com pouco ou nenhum componente visual. Deve-se dar ênfase aos processos, e não aos resultados. É preciso levar em conta que os parâmetros comparam o aluno que apresenta déficit visual com a população em geral, e a deficiência faz com que nossos alunos tenham um forte viés. Existem poucas provas ponderadas com alunos que apresentam déficit visual e normalmente são específicas.'
- *Inteligência geral*. Constitui a capacidade de atenção e memória nos três canais comentados antes – atenção e memória visual, atenção e memória auditiva e atenção e memória tátil.
- *Psicomotricidade*. Inclui motricidade fina, facial, motricidade ampla, lateralidade (muito importante em cegos totais), esquema corporal, orientação espacial, etc.
- *Estilos de aprendizagem*. Como comentamos, os alunos com déficit visual e, sobretudo, os cegos totais costumam abordar as tarefas de modo diferente de quem enxerga. É por

isso que devemos avaliar seus estilos cognitivos e as estratégias de aprendizagem de cada aluno em particular.
- *Motivação.* Que atividades são interessantes para ele: verbais ou manipulativas? Individuais ou em pequenos grupos? Diante de uma tarefa nova, demonstra curiosidade ou rejeição? Durante sua execução, tem a motivação do êxito? Que resposta dá em face da diversidade? Que *locus* de controle? Interno/externo? Finalização de tarefas: é autônomo ou dependente de outros? Canal de entrada de informação preferencial: auditiva, visual, tátil ou combinada? Processo de atenção sustentada: é autorregulada ou espera estímulos externos? Processo de análise de dados: é impulsivo ou reflexivo?
- *Competências curriculares.* Independentemente do código que o aluno utilize, serão avaliadas as aprendizagens em todas as ajudas (ópticas, não-ópticas, tiflotécnicas e/ou informáticas) que usa correntemente. Serão examinadas particularmente as seguintes áreas: leitura e escrita, cálculo, desenho linear e geometria, geometria e história (mapas, esquemas, etc.), orientação e mobilidade, tiflotecnologia e competências informáticas.
- *Personalidade.* Neste item, é muito importante verificar o ajuste pessoal ao déficit e a adaptação escolar e social, dando ênfase à relação com os colegas e outros membros da comunidade educacional.

Contexto escolar

- *Aspectos físicos.* São espaços comuns da escola (inscrições nas portas das salas de aula, escadas com degraus mal-sinalizados, pátio, corredores, etc.), sala de aula (luz artificial e natural, quadro-negro, livros de texto, etc.)
- *Recursos humanos da escola.* Incluem tutor, professor de educação especial, especialistas que intervêm, equipe de direção, professor itinerante de atenção ao aluno com déficit visual, atitude dos professores e dos colegas sobre o déficit visual, metodologia, aspectos organizativos da escola, como tipo de agrupamentos.

Contexto familiar

Envolve a composição familiar, os papéis e as relações entre os diferentes membros, bem como atenção dedicada ao membro com déficit visual, normas de convivência, atitudes e expectativas sobre a deficiência (aceitação, superproteção, etc.), participação em atividades e colaboração.

Quando se avalia?

As normas do Departamento de Educação da Generalitat de Catalunya, que regula o funcionamento da EAP DV, propõe os seguintes momentos para realizar a avaliação:
- Quando se inicia a escolarização, para elaborar, caso se julgue conveniente, o informe que deve acompanhar o parecer de escolarização.
- Quando se detecta um novo caso de aluno com déficit visual já escolarizado.
- No acompanhamento do aluno com déficit visual determinado pela comissão de detecção, processo que será registrado em um informe dirigido ao serviço psicopedagógico da área (a EAP do setor) e à direção do CREC Joan Amades.
- Será feita uma avaliação psicopedagógica dos alunos com déficit visual

durante sua escolarização nos anos letivos seguintes, no mínimo em:
- P-5*, para avaliar os possíveis atrasos na percepção visual e a maturidade para iniciar a leitura e escrita.
- Segundo ano do ensino fundamental, para verificar em que ponto se encontra a consecução da leitura e da escrita.
- Sexto ano do ensino fundamental, pela mudança de etapa.
- Terceiro ano de ensino médio, para iniciar a orientação vocacional/profissional.

Finalmente, pensemos que é necessário estabelecer procedimentos de avaliação psicopedagógica continuada que capte a interação entre esses fatores, que seja coerente com os aspectos a serem avaliados posteriormente para realizar o acompanhamento de cada ator e facilitar a comunicação com os professores, as famílias e outros profissionais no momento de estabelecer e ajustar os programas de intervenção.

Como se avalia?

Para a avaliação dos alunos com déficit visual ou cegos, utilizaremos os seguintes instrumentos de coleta de informação:
- Entrevistas com os pais, o tutor, a equipe de direção e outros profissionais que intervêm no processo.
- Avaliação funcional da visão feita em ótimas condições pelo SRHI (Serviço de Reabilitação e Habilitação Integral da ONCE).
- Observação natural na sala de aula, no pátio, mobilidade na escola, etc.
- Avaliação individual estruturada, interagindo com o aluno. Essa avaliação tem a finalidade de observar os aspectos funcionais da visão em um ambiente natural: acesso ao quadro negro (A que distância tem acesso? Precisa de mais tempo?); identificação de colegas (A que distância?); avaliação da acessibilidade dos livros de texto (Identifica fotografias ou mapas? Necessita de mais tempo que os colegas?).
- Avaliação individual com provas pedagógicas.
- Avaliação com provas gabaritadas.

Todos esses instrumentos de avaliação serão utilizados sempre que se julgar necessária sua informação, seguindo o princípio da economia de recursos.

INSTRUMENTOS PARA AVALIAR ALUNOS COM DEFICIÊNCIA VISUAL

Observação e avaliação de aprendizagens

A observação e o registro de condutas gerais e específicas podem ser úteis para avaliar o que a criança vê realmente e como aproveita os restos visuais de que dispõe, tornando evidentes as deficiências que apresenta em algumas condutas, particularmente quando o aluno é muito pequeno, ou não é possível utilizar outras avaliações mais objetivas, como os optotipos.

Barraga (1997) propõe observar as seguintes condutas, visto que podem nos proporcionar informações sobre crianças com deficiência visual:
- *Consciência do meio e atenção ao que se passa à sua volta.* Por exemplo, existem crianças cuja visão não lhes permite ter acesso ao que acontece a alguns metros delas e perdem atividades que se desenvolvem na sala de aula.

---

* N. de R.T. P5 – Curso preparatório para a Educação Fundamental o qual é parte da Educação Infantil e equivale a seu último nível.

- *Pesquisa e movimentos exploratórios.* Por exemplo, as crianças com deficiência visual às vezes não exploram um espaço aberto como o pátio, costumam buscar uma referência visual que controlam, caminham ao lado de uma parede, debaixo de um alpendre, junto ao muro, etc.
- *Uso dos sentidos (particularmente a visão e o tato) para movimentar-se e obter informação.* Por exemplo, os deficientes visuais costumam testar com o pé a profundidade do primeiro degrau quando têm de descer um lance de escada.
- *Uso da linguagem para manter o contato e responder aos outros.*
- *Uso de referências ambientais para realizar ações independentes.* Por exemplo, não se atreve a andar pelo pátio enquanto todos estão brincando livremente por medo de trombar em alguém; ao contrário, quando não há ninguém, movimenta-se sem dificuldades.
- *Grau de adaptação aos materiais e às pessoas.*

Finalmente, pode ser útil um registro das observações para estimar o *status* funcional das crianças em todas as dimensões de seu desenvolvimento: sensorial, motor, lingüístico e cognitivo.

Diretrizes de observação para detectar deficiências visuais

Essas diretrizes são fruto de mais de vinte anos de história do EAP DV, ainda que a redação final tenha sido feita em 2003 por Mas e Rosa Vidal. As diretrizes têm funções de rastreamento, constituem uma avaliação inicial que tem como finalidade identificar condutas que possam estar relacionadas a alunos com déficit visual. Hoje, são utilizadas pelos profissionais mais próximos do aluno suscetível de apresentar déficit visual, previamente ao processo de detecção por parte das equipes específicas de avaliação desse aluno.

Consistem em um conjunto de itens de resposta afirmativa ou negativa agrupados em seis blocos (características visuais, mobilidade, autonomia pessoal e social, relações interpessoais, situação escolar e outros). Os profissionais que intervêm devem chegar a um consenso quanto às respostas; assim, consegue-se unificar pontos de vista de diferentes profissionais antes da intervenção do psicopedagogo especializado.

Essas diretrizes podem ser consultadas no *site* da EAP DV: www.xtec.es/eap-deficientsvisuals. Existem diretrizes para cada etapa educativa (educação infantil, ensino fundamental e médio).

Avaliação de aprendizagens

Como comentamos antes, os alunos com deficiência visual costumam apresentar importantes deficiências que tornam difícil aplicar-lhes provas pedagógicas. Portanto, não se costuma utilizar provas gabaritadas como o TALEC ou Canals[*], com seus gabaritos baseados na população sem deficiência. Essas provas dão ênfase ao tempo de execução e ao rendimento.

Ao contrário, nós, psicopedagogos que trabalhamos com alunos que apresentam déficit na visão, procuramos elaborar e aplicar provas que ressaltam os processos, mesmo quando é difícil gabaritá-las, dado que a amostra da população é bastante heterogênea. A título de exemplo, descrevemos uma prova informal utilizada para avaliar os processos de leitura e escrita.

---

[*] N. de R.T. TALEC e Canals são provas de avaliação da leitura utilizadas para medir a compreensão e a rapidez. Na Espanha são muito conhecidas.

Avaliação informal de leitura e escrita

Atualmente, estão sendo adaptadas algumas provas que insistem na importância dos processos envolvidos na leitura e escrita e não na comparação de resultados de questões objetivas, com gabarito. Em quatro pequenas provas, avaliam-se as competências de leitura e escrita dos alunos, quer seja escolarizado em código Braille, quer em código tinta:

1. *Leitura silenciosa*. O aluno deve ler um texto de 400/600 palavras de modo silencioso. Avaliamos o tempo e a compreensão motora pedindo-lhe que resuma o texto oralmente. O texto deve ser adequado ao nível educacional do aluno e ter todas as adaptações ópticas ou não-ópticas necessárias (calculamos as palavras lidas por minuto e a compreensão do texto).
2. *Leitura em voz alta*. O aluno deve ler rapidamente em voz alta o texto antes lido de modo silencioso. Avaliamos o tempo que demora para ler, marcando o número de palavras lidas por minuto (para verificar se há cansaço) e os possíveis erros de pronúncia.
3. *Ditado*. Fazemos um pequeno ditado de uma parte do texto trabalhado (umas 200 palavras). Avaliamos os erros de ortografia natural e arbitrária. O aluno escolarizado em Braille utilizará o recurso tiflotécnico/informático que usa correntemente (computador portátil, Braille falado ou máquina Perkins).
4. *Leitura do examinador*. Neste caso, somos nós que lemos para o aluno um texto de umas 600 palavras e depois lhe pedimos que nos faça um resumo escrito do que lemos. Avalia-se a qualidade do resumo por meio de indicadores, como a estrutura do texto, a exposição da idéia principal, a ordem ou a desordem que demonstra a exposição das idéias, ou a coesão das diversas partes do texto.

Os indicadores que avaliamos são, entre outros:
- *O canal visual ou tátil*: velocidade da leitura oral, cansaço à medida que lê, erros de pronúncia, velocidade da leitura silenciosa, compreensão leitora, etc.
- *O canal auditivo*: atenção, compreensão e memória auditiva por esse canal. A escrita: ortografia natural, arbitrária, aspectos formais, revisão correção, etc.).

Finalmente, podemos passar a prova a outros colegas da mesma classe para termos uma idéia do nível em que está nosso aluno dentro de seu grupo.

Provas e questionários mais usados para alunos com déficit visual

Neste item, queremos destacar as provas que mais se utilizam com a população incapacitada visualmente. Há as que são exclusivas para cegos, outras para alunos com déficit visual e, finalmente, as que são dirigidas à população em geral, mas que podem ser aplicadas aos nossos alunos com adaptações. É preciso considerar que se trata de alunos com uma deficiência importante na entrada de informações e que a comparação com a população normal por meio de questões objetivas pode levar a conclusões diagnósticas pessimistas. Ao contrário, se avaliamos os processos, como, por exemplo, a maneira como o aluno resolve diferentes tarefas de provas ou pequenos testes, seguramente obteremos informações que podem ser muito válidas para os profissionais que trabalham com ele e a fim de tomar decisões sobre os recursos de que pode necessitar o aluno com deficiência visual.

Inteligência

Escala de inteligência para crianças de Weschler (WISC-R)

Sempre podemos obter informações utilizando a WISC-R (6 a 16 anos) aplicando os testes a alunos com deficiências visuais, exceto a parte de execução que não deve ser usada em escolarizados em Braille. Caso a capacidade visual do aluno seja suficiente para ter acesso às letras impressas, todo o teste pode ser aplicado, mas os resultados do item de execução não devem ser computados.

É preciso ainda levar em conta outras variáveis: rever algumas linhas que consideramos pouco contrastadas, ter cuidado com o material plastificado ou acetinado demais (cria reflexos que dificultam a visão) e evitar os papéis reciclados (não dão contraste suficiente).

A seguir, propomos possíveis adaptações de testes do WISC-R. Como comentamos antes, não se pode avaliar o tempo, nem utilizar os gabaritos do item de execução. As adaptações podem servir para examinar os processos dos alunos com incapacidade visual a fim de se obter acesso a essa informação.

- *Aritmética*. Os primeiros itens podem colocar problemas aos alunos cegos ou com capacidades visuais muito escassas. Os itens podem se tornar executáveis, com moedas e com os cubos da prova.

Nos últimos itens, colocam-se problemas aritméticos que os alunos devem ler e depois responder. Quando se prevêem dificuldades de acesso à letra impressa, o examinador pode lê-los em voz alta.

- *Figuras incompletas* (26 desenhos incompletos). São desenhos de preferência planos, sem cor e de tamanho pequeno. Mesclam habilidades de discriminação figura-fundo e atenção aos detalhes espaciais. É a prova de execução mais difícil para uma criança com déficit visual. Com freqüência, os detalhes são muito pequenos e é preciso que integre perfeitamente a forma.
- *Historietas* (11 séries de desenhos que compõem uma história). Essa prova implica compreensão visual, solução de problemas, integração visual, assim como atenção aos detalhes visuais e memória visual a curto prazo. Os cartões são pequenos demais, acetinados e sem cor, por isso o aluno com difculdades pode ter graves problemas para dar-lhe sentido. Para problemas de campo visual, pode haver dificuldades de manipulação da informação.
- *Cubos* (10 modelos construídos com 4 ou 9 blocos). Mede a coordenação visuomotora e a integração visual. Uma possível adaptação para os alunos com déficit visual seriam as fotocópias do cubo de tamanho natural.
- *Quebra-cabeças* (4 quebra-cabeças com temas familiares). Mede as habilidades de organização perceptiva parte/todo, mas são também importantes a integração visuoespacial e a atenção. Nesse caso, o tamanho é adequado, mas o fato de os quebra-cabeças não terem cor pode implicar uma desvantagem para o aluno com déficit visual.
- *Chaves* (45 elementos para resolver para menor de 8 anos, e 95 para maiores de 8 anos). Medem a rapidez motriz, a integração visiomotriz, a memória seqüencial visual e a dis-

criminação visual. É uma atividade particularmente difícil para o aluno com déficit visual. Não é preciso ampliar a prova, mas deve-se avaliar a tarefa que o aluno desempenha indicando se ele usa os dedos, se ele se perde com freqüência (visto que esses poderiam ser indicadores de dificuldades na organização do trabalho, pouca sistematização, dificuldade de trabalhar em dois espaços ao mesmo tempo, etc.). Poderia adaptar-se o tempo: o aluno deveria executá-la inteira, sem prazo limitado. No final, mediríamos o tempo utilizado. Poderíamos comparar o resultado com o de outros alunos de seu nível educacional e verificar as possíveis discrepâncias. (É uma prova muito relacionada com o rendimento escolar e ritmo de trabalho.)
- *Labirintos*. A execução dessa prova requer boa coordenação visuomotriz e planejamento. A adaptação consistiria em trocar a pintura vermelha por um rotulador azul tipo 1.200 (rotulador de 1 mm de espessura) que deixe uma marca mais contrastante. Os alunos com perda de campo visual podem apresentar problemas importantes na execução dessa prova.

Bateria de habilidades hápticas (Ballesteros et al., 2003)

Trata-se de um instrumento criado por autores espanhóis, surgido muito recentemente (finais do ano 2003), que visa avaliar as habilidades perceptivas e cognitivas por meio do tato em crianças cegas e em crianças que enxergam. Pode ser aplicado dos 3 aos 16 anos.

A bateria consta de 20 testes. Os três primeiros baseiam-se nos procedimentos neurológicos de Lúria. São agrupados segundo as funções psicológicas que avaliam:

- Motricidade
  - Teste 1: motricidade manual (a criança imita movimentos de mãos que o examinador propõe).
  - Teste 2: regulação verbal dos movimentos.
- Tato-cinestesia:
  - Teste 3: avaliação das sensações cutâneas e musculares (discriminação de diferentes formas de tato passivo).
- Funções perceptivas com formas realçadas
  - Teste 4: discriminação das texturas.
  - Teste 5: discriminação figura-fundo.
  - Teste 6: estrutura dimensional.
  - Teste 7: orientação espacial.
  - Teste 8: reconhecimento de provas realçadas incompletas e de objetos incompletos.
  - Teste 9: exploração eficiente de pontos.
  - Teste 10: interpretação de gráficos e diagramas.
  - Teste 11: discriminação da simetria de linhas realçadas.
  - Teste 12: discriminação da simetria de superfícies realçadas.
- Funções perceptivas com objetos 3D
  - Teste 13: discriminação da simetria de objetos.
  - Testes 14 e 15: identificação háptica de objetos (familiares).
- Memória
  - Testes 16, 17, 18, 19 e 20: processos de memória (háptica imediata, a curto e longo prazo).

Blind Learning Aptitude Test (BLAT): teste de aprendizagem de atitudes (Newland, 1971)

Direcionado aos alunos escolarizados em código Braille e de idade entre 6 e 16 anos, baseia-se na discriminação de símbolos abstratos: reconhecimento, seriação e associação.

Utiliza itens culturais neutros para exemplificar as operações psicológicas (de modo similar ao teste das matrizes progressivas de RAVEN ou outras provas, como dominós). Todo o desenvolvimento se baseia no processo, não nos resultados finais. É um bom prognóstico do rendimento escolar.

Os itens se apresentam em pontos com relevo marcados em papel Braille. Os desenhos são um pouco maiores que o tamanho das letras Braille. Pode ser aplicado dos 5 aos 16 anos. É uma prova muito apropriada para cegos totais, como complemento da parte de execução do WISC.

Percepção visual

Figuras e formas: teste para o desenvolvimento da percepção visual (Frostig, 1978)

Frostig afirmava que o conhecimento é adquirido fundamentalmente mediante o canal visual e que, se houver alguma alteração no desenvolvimento da percepção visual, surgirão deficiências cognoscitivas.

O teste tem como principal objetivo o diagnóstico de deficiências na percepção visual, avaliando cinco áreas:
1. Coordenação visuomotora.
2. Figura-fundo.
3. Constância de forma.
4. Posição no espaço.
5. Posição no espaço e relações espaciais.

Paralelamente, Frostig e Horne planejaram um programa de recuperação, com o qual se pretendia que os alunos amadurecessem esses processos que, antecederiam a leitura e escrita. É curioso que esta prova e o programa de reeducação associado se dirigiam a alunos com outros déficits: com traços hiperativos, oriundos de um meio sociofamiliar pobre, e não à população com déficit visual. Embora alguns elementos da prova e do programa de reeducação estejam um pouco anacrônicos, ainda são utilizados atualmente. Além disso, boa parte da programação pedagógica da educação infantil vigente baseia-se nos trabalhos de Frostig.

A Escala de Eficiência Visual (EEV) (1970) de Natalie Barraga

Essa prova surge na década de 1960. Direciona-se a alunos com deficiência visual e conta com 48 itens, nos quais os desenhos diminuem no tamanho e aumentam na dificuldade. A finalidade da prova é determinar o grau de eficiência visual das crianças apesar de ter um déficit visual.

Em um trabalho anterior, a autora analisou o desenvolvimento normal da visão e concluiu que a aprendizagem por meio de um sistema visual defeituoso é lenta, mas se realiza seguindo as mesmas etapas que o desenvolvimento de um sistema visual normal.

Avaliam-se três funções, consecutivas dentro da ordem evolutiva da criança:
- Função óptica
  - Reage ao estímulo visual (1-3 meses).
  - Desenvolve o controle voluntário dos movimentos dos olhos. Começa a selecionar e a discriminar objetos concretos coloridos e de diferentes formas (4-12 meses).
- Função óptico-perceptiva
  - Mediante a exploração e a manipulação, discrimina, conhece e utiliza objetos concretos com intencionalidade (1-3 anos).
  - Discrimina e identifica formas e detalhes em objetos, desenhos de objetos, pessoas e ações. Melhora a coordenação mão-olho e a manipulação mediante a observação e a limitação (2-4 anos).

- Função visual-perceptiva
  - Recorda detalhes em desenhos complexos e em esquemas. Relaciona partes com o todo. Discrimina figura-fundo (3-5 anos).
  - Discrimina, identifica, reproduz e seqüencia figuras abstratas e signos (4-5 anos).
  - Discrimina, identifica e percebe a relação em desenhos, figuras abstratas e símbolos (5-6 anos).
  - Identifica, percebe e reproduz símbolos simples e combinados (identificação de palavras) (6-7 anos).

A última função dessa prova (a perceptiva) coincide com a que Frostig avalia. As duas provas coincidem ainda no fato de que têm um programa de treinamento associado e funções de teste/reteste.

Look and think, "Olha e pensa"
(Chapman et al., 1986)

Essa prova também é acompanhada de um programa de recuperação em castelhano: *Proyecto de Adiestramiento Perceptivo-Visual de Niños Ciegos y Videntes Parciales de 5 a 11 años. Mira y Piensa*. Esse instrumento avalia o funcionamento visual de crianças com poucas habilidades visuais concretas. Inclui provas que permitem obter informação a partir de tarefas com objetos tridimensionais e bidimensionais. Pode ser considerada mais cognitiva e menos perceptiva que as duas anteriores, por se dirigir a uma população escolar de idade maior.

Teste gestáltico visuomotor de Bender

O objetivo dessa prova consiste em avaliar a função gestáltica visuomotriz e seu desenvolvimento, a partir da cópia de 9 desenhos com figuras geométricas apresentadas em cartões. Foi elaborado por Lauretta Bender (1938). Dos sistemas de pontuação da prova, o mais utilizado é o de Koppitz, no qual se captam quatro tipos de erros:

- *Distorção da forma:* considera-se que há uma distorção da forma quando a reprodução que as crianças fazem do desenho original é tão deformada que perde sua configuração geral.
- *Perseverança:* os erros são qualificados assim quando o aluno não pára depois de ter completado o desenho ensinado.
- *Integração:* os erros de integração consistem no fracasso para combinar as diferentes partes do desenho.
- *Rotação:* registra-se um erro de rotação quando o aluno gira um desenho mais de 45 graus ou gira o cartão.

Como medidas possíveis para o acesso dos alunos com déficits visuais, deveríamos nos assegurar de que os mesmos tinham acesso aos desenhos. Se notarmos dificuldades, poderemos adaptar as provas, reforçando com um rotulador tipo 1.200 todas as partes do desenho. Em princípio, não haveria necessidade de ampliações.

Motricidade

Exame psicomotor da primeira infância (Vayer, 1977)

Trata-se de uma prova para a população com visão, de 2 a 5 anos. Avalia as seguintes áreas: coordenação sensoriomanual, coordenação dinâmica ou sensoriomotriz, controle postural, controle do próprio corpo (imitação de gestos), organização perceptiva, linguagem e observação da lateralidade.

Exame psicomotor da segunda infância (Vayer, 1977)

Prova para a população com visão, de 6 a 11 anos. Avalia as seguintes áreas: coordenação dinâmica de mãos, coordenação dinâmica geral, controle postural, controle segmentar, organização espacial, estruturação espaço-temporal, lateralidade, rapidez e conduta respiratória.

Personalidade

Os questionários mais utilizados (ESPQ e HSPQ de Catell, STAI para alunos maiores, etc.) podem ser aplicados sem problemas. Existem cada vez mais provas com suporte informatizado, por isso não é preciso fazer adaptações. Ao contrário, é mais difícil aplicar provas projetivas baseadas em ilustrações ou desenhos feitos pelo aluno. Contudo, há algumas provas de livre associação (o examinador começa uma frase, e o aluno conclui). Entre elas, destacam-se as fábulas de Düss, de Louisa Düss e adaptadas por Tea.

Avaliação do ajuste psicológico em crianças e adolescentes (Rodríguez Correa et al., 2003)

Mesmo quando não se trata de uma prova objetiva com gabarito determinado, nós a recomendamos por sua atualidade e especificidade, visto que foi elaborada por psicólogos que trabalham dentro da ONCE e atendem a população infantil e adolescente. O documento capta indicadores de ajuste psicológico à cegueira, avaliados antes e depois de um tratamento psicológico. Estrutura-se em três partes:
- Indicadores de ajuste familiar.
- Indicadores de ajuste pessoal. Há duas pautas, em função da idade do aluno: infância e adolescência.
- Indicadores de ajuste social.

Como amostra, desenvolveremos parcialmente o questionário referente aos indicadores de ajuste pessoal na infância (de 4 a 6 anos até 11 a 13 anos). Os itens são agrupados nas áreas que descrevemos a seguir. Dentro de cada uma, há um grupo de indicadores ou variáveis. No primeiro item, vamos desenvolvê-las para exemplificar a estrutura deste questionário (ver Quadro 11.1).

Quadro 11.1

COMPREENSÃO DE SUAS DIFERENÇAS	INICIAL	FINAL
• Faz perguntas sobre o que ocorre com sua visão.		
• Compreende as características básicas do próprio sistema visual.		
• Assume os cuidados básicos que sua visão requer.		

- Auto-estima e desenvolvimento da personalidade.
- Sentido de pertencimento.
- Atitude em face da incapacidade.
- Enfrentamento.
- Variáveis cognitivas e de aprendizagem.
- Controle de respostas emocionais.

É um instrumento muito útil para elaborar uma avaliação inicial antes do tratamento psicológico do aluno com deficiência visual e decidir que aspectos estão desajustados ou são prioritários, a fim de se reavaliar ao longo do tratamento.

SAVIC (Sistema de Assessoramento Vocacional Informatizado para Cegos) (Pérez et al., 2001)

Baseia-se no Sistema de Assessoramento Vocacional (SAV) de Francisco Rivas, mas em versão informatizada e resolvida com população cega e deficiente visual da Catalunha. É uma prova muito atual, composta por cinco fases nas quais o aluno vai se autoconhecendo, recopilando informa-

ção, considerando diferentes variáveis e tomando decisões:
- Fase 1 – desenvolvimento vocacional
  - Prova: Questionário de Interesses Vocacionais (CIV-C). Tem dois itens: interesses vocacionais e influências vocacionais.
  - Prova: Preferências Vocacionais (PV). Avalia profissões, intensidade, período de idade em que apareceram as preferências.
- Fase II – cognição vocacional
  - Prova: Grade Vocacional (RV-C)
- Fase III – Motivações vocacionais
  - Prova: Realizações e Expectativas Profissionais (REX-C) - disciplinas, ajuda e recebimento, habilidade e capacidade, expectativas de trabalho e atividades.
- Fase IV – indecisão vocacional
  - Prova: Indecisão Vocacional (IV-C). Itens: autoconfiança, eficácia nos estudos, certeza, dependência, psicoemocionalidade, pesquisa de informação e deficiência visual.
- Fase V – Tomada de decisões vocacionais

  Nessa fase, o aluno, que já dispõe de muitas informações sobre as variáveis que precisa levar em conta, toma a decisão vocacional.

REFERÊNCIAS

AGUSTÍ, M.; ROSA, F. (1994): «Trabajo con grupos de padres durante la etapa escolar en régimen de integración». Congreso Estatal sobre Prestación de Servidos para Personas Ciegas y Deficientes Visuales. Madrid.

BALLESTEROS, S. y otros (2003): «La batería de Habilidades Hápticas: un instrumento para evaluar la percepción y la memoria de niños ciegos y videntes a través de la modalidad háptica». Integración, diciembre.

BANDURA, A. (1982): Teoría del Aprendizaje Social. Madrid. Espasa Calpe.

BARRAGA, N. (1992): Desarrollo sensoperceptivo. Córdoba (Argentina). ICEVH.

_____. (1997): Textos Reunidos de la Doctora Barraga. Madrid. ONCE.

BELMONTE, JA; LOSADA, MJ.; MENA, F.V. (2003): «Modelo de ajuste a la discapacidad visual en niños y adolescentes». Documento de trabajo de uso interno. Actos de las Jornadas de Intercambio Profesional entre Psicólogos ONCE. Madrid, noviembre de 2003.

BUENO, M. y otros (1999): Niños y niñas con baja visión. Recomendaciones para la família y la escuela. Archidona. Aljibe.

BUENO, M.; TORO, S. (1994). Deficiencia visual. Aspectos psicoevolutivos y educativos. Archidona. Aljibe.

CALVO-NOVELL, C.: «Intervención psicológica para el ajuste en la infancia y adolescencia», en CHECA, J.; DÍAZ-VEIGA, P; PALLERO, R. (eds.): Psicología y ceguera. Manual para la intervención psicológica en el proceso de ajuste a la deficiencia visual. Madrid. ONCE. (En prensa.)

CASSANY, D.; LUNA, M.; SANZ, G. (1993): Ensenyar llengua. Barcelona. Graó.

CHAPMAN, E.K. y otros (1986): Mira y piensa. Madrid. ONCE.

CHECA, F.; VALLÉS, A. y otros (1999): Aspectos evolutivos y educativos de la deficiencia visual. Madrid. ONCE.

CHECA, J.: «Evaluación psicológica en el proceso de ajuste a la deficiencia visual», en CHECA, J.; DÍAZ-VEIGA, P; PALLERO, R. (eds.): Psicología y ceguera. Manual para la intervención psicológica en el proceso de ajuste a la deficiencia visual. Madrid. ONCE. (En prensa.)

DAUGHERTY, K.M.; MORAN, M.F. (1987): «Características Neuropsicológicas de Aprendizaje y de Desarrollo del Niño con Visión Subnormal». ICEVH, 53.

DÜSS, L (1988): El Método de las Fábulas en el Psicoanálisis Infantil. Madrid. Tea.

FROSTIG, M. (1980): Figuras y Formas (Programa para el desarrollo de la percepción visual). Buenos Aires. Panamericana.

JIMÉNEZ OROZ, J. (coord.) (2002): Grupo de trabajo de profesionales de EAP: Graus i tipus de suport per a alumnes amb necessitats educatives especials. Proposta de pauta d'avaluació psicopedagògica dels escenaris de desenvolupament de l'alumne amb NEE (APED). En la web del EAP.

LEONHARDT, M. (1992): El bebé ciego. Barcelona. Editorial Masson.

_____. (1999): Iniciación al lenguaje en el nino ciego. Madrid. ONCE.

_____. (2003): Disfunción visual cortical en ninos con dano cerebral. Documento distribuido en la I Jornada d'Atenció Precoci Discapacitat Visual. CREC Joan Amades, diciembre de 2003.

LÓPEZ JUSTICIA, M.D. (1999): Aproximación al tratamiento educativo de la baja visión. Granada. Adhara.

MAS, A.; ROSA VIDAL, F.: Pautes d'observació per a detectar deficiències visuals (infantil. primària, ESO). En la web del EAP para deficientes visuales.

MENA, F.V.; SIGUERO, JJ. (2003): «Programa preventivo favorecedor del ajuste psicosocial en niños y adolescentes con discapacidad visual pero sin necesidad de apoyo educativo continuado». Actas de las Jornadas de Intercambio Profesional entre Psicólogos ONCE: Calidad de vida y ajuste psicológico a la discapacidad visual. Madrid, 18-21 de noviembre de 2003. En la web del EAP para deficientes visuales.

MONEREO, C.; JIMÉNEZ OROZ, J.: «Proyectos y programas de evaluación psicopedagógica de alumnos con necesidades educativas especiales», en COLL, C. y otros: La práctica psicopedagógica en educación formal. Barcelona. UOC. (No prelo.)

OCHAITA, E.; ROSA, A. (1988): Lectura Braille y procesamiento de la información táctil. Madrid. INSERSO.

PELECHANO, V.; MIGUEL, A. DE; IBÁNEZ, l. (1995): «Evaluación y tratamiento de las deficiencias visuales», en VERDUGO, M.A. (dir.): Personas con discapacidad. Madrid. Siglo XXL

PÉREZ, M.C.; ÁVILA, V.; RIVAS, F. (2001): SAVIC Sistema de Asesoramiento Vocacional Informático para Ciegos. València. Universitat de València. Estudi General.

ROSA, A.; OCHAITA, E. (comps.) (1993): Psicología de la ceguera. Madrid. Alianza.

ROSA VIDAL, F. (2003): «La evaluación sociopsicopedagógica del niño/a con una deficiencia visual en el momento de la detección». Comunicación presentada en Actas de las Jornadas de Intercâmbio Profesional entre Psicólogos ONCE: Calidad de vida y ajuste psicológico a la discapacidad visual. Madrid, 18-21 de noviembre de 2003. En la web del EAP para deficientes visuales.

RODRÍGUEZ CORRÊA, P. y otros (2003): «Evaluación del ajuste psicológico en ninos y adolescentes». Documento de trabajo de uso interno. En Actos de las Jornada de Intercambio Profesio-nal entre Psicólogos ONCE: Calidad de vida y ajuste psicológico a la discapacidad visual. Madrid, 18-21 de noviembre de 2003.

VAYER, P. (1974): El niño frente al mundo. Barcelona. Ed. Cientifico-Médica.

VERDUGO, MA; CABALLO, C. (1995): «Habilidades sociales en personas con deficiencia visual», en VERDUGO, M.A. (dir.): Personas con discapacidad. Madrid. Siglo xxi.

GLOSSÁRIO

A seguir, apresentamos um pequeno glossário com palavras técnicas que costumam aparecer em informes oftalmológicos e que consideramos significativas para ajudar em uma correta interpretação dos problemas oftalmológicos no meio escolar.

Acomodação: Poder que tem o olho para modificar a posição do foco a fim de que as imagens procedentes dos objetos sejam focadas na **retina**. O grau de acomodação deve variar em função da distância e da iluminação do objeto que queremos ver. Nos que enxergam normalmente, a acomodação funciona rapidamente e de modo automático; ao contrário, no deficiente visual, às vezes é preciso mais tempo para acomodar a visão.

Acuidade visual: Capacidade visual de uma pessoa em comparação com a normalidade. Expressa-se por uma fração cujo numerador é a distância entre o paciente e a escala de optotipos (a distância costuma ser de seis metros), e o denominador é a distância a que o olho normal perceberia, AV 6/6.

Amaurose: Nome que se dá à cegueira absoluta quando não é acompanhada de lesões visíveis. Pode ser decorrência da ambliopia congênita.

Ambliopia: Diminuição da acuidade visual que não se pode contrastar por meio de lentes e que não depende de uma lesão visível do olho. Às vezes, esse termo é utilizado equivocadamente para designar visão escassa. Quando é congênita, costuma ser monocular e de difícil detecção, a não ser mediante um exame de visão. Pode ocorrer também a ambliopia congênita por falta de uso.

Bastonetes: Células fotossensoriais que se encontram na retina, junto com os cones. São muito abundantes nas zonas periféricas da retina. Funcionam muito bem com pouca iluminação. Também captam muito bem os movimentos.

Campo visual: Limites da visão periférica e indireta. É o espaço dentro do qual um objeto pode ser visto enquanto o olhar permanece fixo em um determinado ponto. Em geral, é medido em cada olho (mantendo-se o outro coberto, pode ser medido aproximadamente por meio da mão, de uma lanterna, etc.). A avaliação será sempre quantitativa, referindo-se à sua extensão periférica, e qualitativa, quando analisamos o campo visual central.

Cones: Atribui-se aos cones a acuidade visual e a discriminação das cores com uma iluminação de grande intensidade. São muito abundantes no centro da retina, na zona da mácula.

Escotoma: Defeito ou lacuna dentro do campo visual. Pode ser central, anular ou periférico.

Estrabismo: Desvio manifesto do paralelismo dos olhos.

Hemianopsia: Perda de visão nas metades ou nos setores correspondentes dos campos visuais, que se deve basicamente a uma alteração dos feixes nervosos que levam a informação visual da retina às zonas occipitais do cérebro envolvidos na visão. Pode ser homônima esquerda, quando faltam as metades esquerdas dos dois campos ou, ao contrário, direita, bem como lateral esquerda ou direita. Encontramos ainda a hemianopsia heteronômica ou binasal. As hemianopsias costumam ser binoculares.

Hemirretina nasal: Metade da retina que se encontra junto ao nariz. No olho esquerdo, será a parte direita; no direito, a metade esquerda da retina.

Hemirretina temporal: Metade da retina de um olho que se encontra na zona temporal do crânio.

Optotipos: Tabela em que se alinham impressões (desenhos, letras, números, etc.) de tamanho decrescente. Constituem-se ordenando testes de diferentes medidas, levando em conta a distância em que são notados visualmente pela pessoa cuja visão se deve avaliar. Sempre se fará a comparação com uma visão normal. São consideradas provas objetivas para avaliar a acuidade visual. Os optotipos recebem o nome de quem fez a adaptação (L. H. Sneller, Fleimbloom, Zeiss, etc.).

Pressão intra-ocular: Tensão do globo ocular. Costuma-se medi-la com um aparelho denominado tonômetro.

Refração: Desvio de um feixe luminoso quando atravessa um meio transparente, mudando seu curso.

Sensibilidade ao contraste: Capacidade do olho para distinguir melhor os diferentes contrastes.

Visão binocular: Visão que tem uma pessoa ao olhar com os dois olhos, comparada com a normalidade.

Visão central ou visão direta: Visão utilizada quando queremos captar algo em detalhe. Corresponde à zona da retina chamada mácula.

Visão cromática: Faculdade do aparelho da visão para distinguir as diferentes cores.

Visão funcional: Visão que têm os olhos em seu funcionamento habitual. Sua avaliação se realiza normalmente mediante os optotipos.

Visão monocular: Visão de uma pessoa quando se avalia cada olho individualmente e se compara com a normalidade.

Visão orgânica: Exame da córnea e do interior do globo ocular na câmara escura, com luz artificial, por meio da iluminação focal oblíqua para observar o fundo do olho.

Visão periférica ou **visão indireta:** Quando a imagem cai sobre a parte da retina fora da zona central, a imagem não é clara, mas serve para nossa segurança e orientação.

A avaliação psicopedagógica dos alunos com deficiência motora | 12

Carles Augé

INTRODUÇÃO

A expressão *alunos com deficiência motora* refere-se a um grupo muito variado. Apesar de se dispor de um termo que os agrupa, a diversidade de seus componentes é tão grande que a categoria geral pouco informa. Assim, o que é mais aconselhável para um aluno não é necessariamente o melhor para outro que faz parte do mesmo grupo. A imensa maioria dos alunos com deficiência motora tem mais semelhanças com os alunos de sua idade e sexo sem dificuldades do que talvez entre eles. A grande complexidade e diversidade desse grupo se dá pelos aspectos específicos que os caracterizam, aos quais se podem acrescentar outros tipos de deficiência (atraso mental, deficiencias sensoriais, etc.) ou outras dificuldades educacionais (atenção, memória ou organização espaço-temporal, etc.).

Neste texto, sem deixar de lado a possível presença de diferentes deficiências em uma mesma pessoa, procuraremos enfatizar os aspectos mais característicos dos alunos com dificuldades motoras escolarizados em colégios regulares. Sabemos que não existe uma fronteira clara entre os que são escolarizados em escolas regulares e os que estão na educação especial. Os leitores saberão aproveitar as idéias e propostas que possam ser de interesse para dar a resposta mais adequada às necessidades do aluno com quem devam trabalhar.

A prática educacional obrigará a combinar as estratégias dirigidas aos alunos com deficiência motora àquelas de implantação mais freqüente no caso de outros tipos de dificuldades de aprendizagem. Devemos planejar os objetivos curriculares, a metodologia para ensiná-los, o tempo despendido, etc., em função do aluno de nossa classe, não a partir de idéias preconcebidas sobre as características que julgamos corresponderem aos alunos com deficiência motora. Assim, as estratégias educacionais pensadas para atender aos alunos com atraso mental ou com deficiência sensorial, aquelas previstas para ajudar a centrar a atenção, a organizar seu trabalho em um papel, etc., também, podem ser de grande utilidade quando as necessidades educacionais do aluno exigirem e os objetivos pedagógicos recomendarem.

Para refletir sobre as necessidades educacionais dos alunos com deficiência motora, vale a pena se ater a uma referência simples, mas que pode nos ajudar a ordenar as idéias. Existem muitas formas diferentes de classificar a deficiência motora. Uma das mais práticas é a que considera a origem da incapacidade:

- *Origem cerebral:* paralisia cerebral, traumatismos cranioencefálicos, tumores, etc.
- *Origem espinhal:* espinha bífida, poliomielite, traumatismos medulares, doenças medulares degenerativas, etc.
- *Origem nos órgãos eferentes:* musculares (como a distrofia muscular progressiva) ou ósseo-articulares (má-formações, amputações, falta de alguma parte das extremidades, etc.).

Essa classificação é muito útil porque pode nos ajudar a perceber a complexidade das necessidades educacionais dos alunos com quem devemos trabalhar. De maneira geral, podemos afirmar que os do primeiro grupo apresentam necessidades educacionais mais globais e, muitas vezes, mais graves que os do último. Isso ocorre porque as causas da dificuldade do primeiro grupo estão em uma lesão no sistema nervoso central, enquanto no último grupo o sistema nervoso central não é afetado. Contudo, essa afirmação deve ser bastante relativizada quando se trata de aplicá-la a um aluno em particular.

Assim, devemos diferenciar a pessoa que apresenta um quadro *estável* e aquela cujo quadro é *progressivo,* ou seja, a que sofre de uma patologia que não evolui ou a que piora. A primeira pode "acomodar-se" à sua situação e alcançar níveis cada vez melhores de funcionalidade pessoal, escolar ou social. Nós, educadores, temos uma base sobre a qual construir. No segundo caso, a que apresenta um quadro progressivo, terá desafios escolares cada vez maiores, exigirá cada vez mais ajuda, desenvolverá um processo psicológico e ambiental complexo, que pode levá-la a não conseguir aproveitar os recursos de que ainda dispõe.

Devemos diferenciar também as doenças *congênitas* das *adquiridas,* ou seja, as pessoas que adquirem a condição de portador de deficiência daquelas que a adquirem em um momento mais avançado de sua vida. É diferente nunca ter conseguido "desfrutar" uma situação de "normalidade" de adquirir a dificuldade em um ponto mais avançado do desenvolvimento. Neste caso, a época em que esta surge e a forma como isso ocorre podem ser igualmente fatores-chave para entender o portador da dificuldade.

Contudo, precisamos relativizar a informação anterior, segundo a qual as deficiências são mais graves em função de sua origem, observando o *grau de sua extensão*. Em linhas gerais, podemos concluir que quanto maior a extensão, maior a totalidade das necessidades. No entanto, também isso nem sempre corresponde à realidade. Às vezes, pessoas com graves dificuldades são capazes de realizar funções que surpreendem familiares e educadores. Lembro claramente de uma aluna com apenas partes das mãos que desembrulhava uma bala e punha na boca aproveitando os escassos recursos dos quais a natureza a dotou.

Existem muitos outros fatores que relativizariam aquela afirmação. Referimo-nos a *aspectos interativos do desenvolvimento e da aprendizagem*:

- Qual foi o impacto psicológico familiar quando nasceu o filho com deficiência motora, ou quando sobreveio tal situação?
- Que reestruturação cognitiva e familiar foi necessária?
- Como e quando conseguiu a reestruturação?
- Que experiências o aluno viveu quando chegou à escola?
- Quais não viveu?
- Qual foi sua riqueza de vivências?
- Como a existência de uma deficiência influiu em seu desenvolvimento?

Não é correto afirmar que o portador de dificuldade motora apresenta deficiência apenas na esfera físico-motora. Erra-se ao situar o peso educativo nesse aspecto (precisamente aquele em que apresenta maior dificuldade).

A avaliação dos alunos com dificuldade motora requer, portanto, uma abordagem interdisciplinar. A rigor, as escolas são instituições com poucas possibilidades de interdisciplinaridade. Nelas se reúnem, normalmente, professores, psicopedagogos, fonoaudiólogos, assistentes sociais, educadores sociais, etc., mas, para se atender bem a um aluno com dificuldade motora, são necessários ainda outros profissionais, como médicos de diferentes especialidades (neurologistas, reabilitadores ou ortopedistas), fisioterapeutas, terapeutas ocupacionais, técnicos de informática, etc. Isso não significa que, sem eles, nós, profissionais da educação, não podemos trabalhar. Todavia, também não é certo não dispormos desses profissionais. Com certeza, grande parte deles já atende nosso aluno. Devemos entrar em contato com eles e colaborar. Temos de aprender a formar equipes de trabalho que estejam vinculadas a um aluno e não a uma mesma instituição.

INFORMAÇÃO

A primeira coisa, antes de organizar a resposta educativa a um aluno com deficiência motora, é nos informar. Devemos reunir dados suficientes não apenas do diagnóstico, mas também da maneira como ele se concretiza no aluno de nossa classe. A diversidade de pessoas com deficiência motora é igual ou maior à que pode haver entre as que não têm essa dificuldade (Verdugo, 1995). Além disso, algumas que compartilham o mesmo diagnóstico podem ter muito pouco em comum. Não esqueçamos que não há "doenças", e sim "doentes". Não existem "dificuldades", mas sim "pessoas com dificuldade".

Esse primeiro nível de informação é muito importante porque nos ajudará a entender e a considerar alguns aspectos aos quais devemos estar atentos na prática educativa habitual. Além disso, interessa-nos conhecê-los porque assim poderemos saber se aquele fator que nos chama a atenção decorre ou não do próprio diagnóstico. Interessa-nos igualmente para saber qual o possível alcance e qual a variedade de necessidades educacionais postas. Em última análise, seremos nós, os profissionais da educação, que organizaremos a resposta educativa a um aluno concreto, com nome e sobrenome, e é recomendável sabermos como se concretizou o diagnóstico.

Podemos encontrar a informação geral sobre os diagnósticos em livros, na internet, etc.; mas a informação particular, aquela que se refere ao nosso aluno, temos de obter com os pais e profissionais que já trabalhavam com ele antes de nós, seja por meio de entrevistas pessoais, seja por meio de seus informes.

Assim, depois de obtermos os dados pessoais do aluno, aquelas informações que coletamos habitualmente e de sabermos que apresenta algum tipo de deficiência motora (diagnóstico), interessa-nos reunir mais informação sobre:
- Aspectos médicos e de saúde.
- Controle postural, deslocamento e manipulação.
- Comunicação.
- Aspectos cognitivos e de aprendizagem.
- Funcionalidade na vida diária.

Aspectos médicos e de saúde

Se nunca trabalhamos antes com pessoas com deficiência motora, não devemos nos deixar influenciar pela aparência externa nem ficar aturdidos pela grande quantidade de termos médicos que constam dos diferentes informes clínicos (e muitas vezes dos educacionais). Provavelmente, nosso aluno se deslocará em uma cadeira de rodas ou com alguma ajuda (muletas); pode apresentar diferentes dificuldades relacionadas com o movimento (tono muscular, postura em repouso, dificuldades na organização dos movimentos); pode ter vários problemas de saúde (o que o levará a tomar algum medicamento); talvez apresente limitações nos movimentos, ou dificuldades para reconhecer a dor física, etc.

Devemos diferenciar cada aspecto. A informação geral do diagnóstico esclarecerá sobre os sintomas mais habituais possíveis, mas podem coexistir vários, devidos a outros diagnósticos que talvez o aluno apresente (hidrocefalia, epilepsia, etc.). Talvez precisemos de tempo para aprender, para observar o aluno. Então vamos nos dar tempo. Vamos falar com o médico ou fisioterapeuta e com a família. É recomendável aprendermos uma terminologia a que não estamos acostumados (atetose, distonia, distrofia, espasmo, espasticidade, hidrocefalia, para citar alguns exemplos).

Precisamos saber que espasmos motores ocorrem no caso de crianças com paralisia cerebral, como contê-los e o que fazer para preveni-los; entender para que serve a válvula de desvio de líquido cefalorraquiano da criança com espinha bífida, que manifestações podem aparecer se for obstruída, ou então que posturas são mais aconselháveis e quais devem ser evitadas. Vamos pensar em como essas manifestações podem interferir nas diferentes áreas curriculares, como, por exemplo, que grau de participação o aluno poderá ter em áreas como a educação física, como podemos apresentar as tarefas escolares, que requisitos motores implicam, etc.

É necessário saber que remédios o aluno toma e que efeitos secundários podem ter (sobretudo no âmbito educacional). Devemos comunicar ao médico nossas observações no que se refere ao estado de ânimo, ao nível de alerta e de conduta que nosso aluno apresente. Às vezes, há falhas por excesso e outras por falta. Podemos nos converter em uma ferramenta poderosa para que o médico regule as doses. Se comentarmos sobre o nível de alerta do aluno, o médico poderá eventualmente decidir mudar o horário de administração ou constatar irregularidades nas orientações de dosificação. São aspectos que temos de comentar com ele.

Provavelmente, teremos de falar sobre uma possível intervenção cirúrgica do aluno, de seus objetivos, de quanto tempo ficará afastado da escola, etc. Situações como essas devem nos conduzir a tomar uma série de medidas em torno de como garantir ao aluno a oportunidade de recuperar a "matéria perdida", a que aspectos devemos ficar atentos durante a recuperação, e podemos avaliar as expectativas que a família deposita nessa operação.

Como se vê, essas primeiras informações exigem um esforço de nossa parte para saber mais sobre o diagnóstico em geral e sobre nosso aluno em particular. Nem tudo o que contém um diagnóstico se manifesta em aluno específico, nem tudo o que manifesta em um aluno em particular se deve ao diagnóstico. É importante reunir toda a informação possível, ordená-la, estudá-la e refletir sobre como essas manifestações afetam o trabalho na sala de aula e como podemos reagir diante delas. É fundamental recorrer aos profissionais adequados para obtermos os dados pertinentes, assim como à família.

Controle postural, deslocamento e manipulação

As pessoas sem deficiências se sentam em diferentes assentos em função da atividade que pretendem desempenhar: no sofá, para ler; em uma cadeira mais dura, para estudar; em um banquinho, para desenhar; em uma cadeira macia, na hora da refeição, etc. No entanto, com freqüência, obrigamos os cadeirantes a realizar todas essas funções (e muitas outras) na mesma cadeira. Se para nós está clara a necessidade de mudarmos de assento para realizarmos diferentes funções, e que a postura condiciona a efetividade, a precisão, a velocidade de nossos atos, por que não aplicamos isso às pessoas com deficiência motora? A posição em que alguém está sentado é muito importante pelo que condiciona, como dissemos. Teríamos de pedir a um médico reabilitador, a um fisioterapeuta ou a um terapeuta ocupacional que nos indicasse qual a melhor postura para nosso aluno na hora de ler, escrever, trabalhar com o computador, recortar ou desempenhar atividades de modelagem. Isso tem grandes implicações no mobiliário disponível para o aluno. É preciso que o profissional especializado avalie sua adequação. Sem isso, corremos o risco de favorecer a presença de lesões ósseo-articulares ou de contraturas musculares que necessitarão de tratamento (inclusive hospitalizações) ou causarão dor (e, nesse caso, como poderemos exigir de um aluno que fique atento às nossas explicações quando sente dor?)

Além disso, devemos aprender maneiras de favorecer o deslocamento das pessoas com deficiência motora. Partiremos da opinião dos profissionais que mencionamos antes. A cadeira de deslocamento não é necessariamente a mesma de trabalho. Não se trata de avaliar sua adequação para dar acesso a todos os espaços da escola; temos de considerar a localização do material mobiliário para favorecer a possibilidade de deslocamento pelo interior das salas de aula e outros espaços educacionais (laboratórios, salas de audiovisual, etc.); precisamos pensar sua adaptação na mesa de trabalho, etc.

Já falamos da importância da postura para a execução de atividades manuais (escrever, pintar, recortar, etc.). Os profissionais a que nos referimos podem nos ajudar a definir a melhor maneira de tirar partido das capacidades do aluno ao desempenhar essas funções. Em alguns casos, eles prescreverão adaptações; em outros, orientarão sobre a maneira de realizar as atividades.

Vemos, portanto, que, para responder às necessidades educacionais do aluno, é imprescindível um trabalho em equipe. Não cabe a nós, como profissionais da educação, tomar as decisões relacionadas a esses aspectos. Temos de ser ágeis para coletar a informação dos profissionais que atendem o aluno nas áreas que ultrapassam os limites de nossas competências.

Comunicação

Trata-se de um dos pilares mais relevantes do desenvolvimento, para não dizer o mais importante. Muitas pessoas com deficiência motora – apresentam dificuldades nessa área – por exemplo, as que têm paralisia cerebral, os indivíduos com doenças neurodegenerativas em fases avançadas, etc.; algumas porque a fala aparece tarde, outras porque falam com um grau de inteligibilidade que as impede de serem entendidas por grande parte do círculo de pessoas que lhe são próximas; em outros casos, porque a fala não aparece e, em outros, porque se perde inteligibilidade.

Como profissionais da educação, temos de ser muito sensíveis às necessidades de comunicação, porque esta medeia todas as aprendizagens escolares. A comunicação é um direito. Diante dos problemas, precisamos da ajuda de um fonoaudiólogo, tanto mais quanto maior seja a gravidade dos problemas. O leque de possibilidades escolares, também aqui, é muito amplo e, em alguns casos, é preciso "vestir" todas as atividades escolares (e familiares) de comunicação, enquanto em outros se dá prioridade aos aspectos de conteúdo em detrimento dos mais formais. Todos precisamos nos comunicar vinte e quatro horas por dia. No caso de meninos e meninas que não conseguem se comunicar, temos de ampliar os objetivos educacionais com atividades que proporcionem oportunidades e meios reais de comunicação.

A implantação de sistemas que ampliem a comunicação por parte de um fonoaudiólogo experiente deve ser acompanhada de um grande trabalho de funcionalidade da comunicação na vida diária (escolar, familiar, nos momentos de lazer). Não podemos pretender que algumas ferramentas de comunicação "funcionem" no âmbito educacional se não existirem na vida cotidiana do aluno; se não servirem para comunicar necessidades, desejos; para explicar, comentar ou recusar. Do mesmo modo, no caso dos alunos com graves necessidades educacionais que costumam ser escolarizados em instituições de educação especial, o principal objetivo visado com o estabelecimento de sistemas ampliados de comunicação é possibilitar sua comunicação, não elaborar um inventário de conteúdos escolares, nem uma forma de participar apenas de situações escolares.

Aspectos cognitivos e de aprendizagem

As informações necessárias sobre o que, como e quando ensinar diferenciam-se conforme o nível de escolarização em que o aluno se encontre. Podemos obter dados dessa área com os profissionais que tenham atendido o aluno em anos anteriores, por exemplo, professores, psicólogos das diversas equipes de orientação ou diferentes profissionais das equipes de saúde.

Sabemos que em qualquer ato educativo há uma série de elementos a se considerar para que ele se realize:
- A história das aprendizagens.
- A motivação.
- Os conhecimentos prévios.
- A importância de propor as aprendizagens na faixa que estimula o aprendizado pelo desequilíbrio das anteriores.
- A própria vivência do aluno como pessoa capaz de superar os desafios ou como alguém que acumula fracassos.
- O acerto dos professores em proporcionar auxílio ao aluno para que este aprenda.
- A metodologia.
- Os materiais, etc.

Essa lista poderia ser muito mais extensa. É preciso coletar informação sobre a pessoa como aluno para dar continuidade àquilo que funcionou melhor e rever os aspectos onde não se obteve o resultado esperado. É preciso conhecer diferentes metodologias de ensino, materiais, nível de conhecimento adquirido, etc., assim como as adaptações utilizadas para desempenhar as diversas tarefas escolares, como o computador e as adaptações à escrita, ou diferentes atividades da vida diária.

Funcionalidade na vida diária

Para favorecer o desenvolvimento mais autônomo possível de um aluno, é preciso saber como ele realiza as várias atividades da vida diária. Os objetivos da educação infantil e das séries iniciais do ensino fundamental consideram bastante o trabalho da autonomia pessoal. Mais tarde, esta é deixada de lado, na medida em que se pensa já adquirida. Todavia, em muitos casos de que tratamos, deveria continuar complementando o currículo do aluno.

No caso de pessoas com deficiência motora, temos de conhecer outras formas de realizar as mesmas funções realizadas por pessoas que não têm deficiências. Em alguns casos, teremos de perguntar à família, aos médicos, aos fisioterapeutas ou aos terapeutas ocupacionais como ajudar o aluno a se vestir e se despir, auxiliar quem utiliza uma adaptação ortopédica a cuidar dela, ajudar no controle de esfíncteres, promover a independência nos diferentes hábitos de autonomia, como à mesa, na higiene, etc. A informação que obtivermos será muito útil para aplicação na sala de aula e na vida escolar em geral. Nesse momento, a família constitui uma das melhores fontes de dados.

Estudar o papel da família do aluno com deficiência motora ultrapassa os objetivos deste capítulo. Contudo, gostaríamos de fazer algumas reflexões a respeito. Todas as famílias precisam de um tempo de adaptação à nova situação, mas nem todas o fazem no mesmo ritmo, nem do mesmo modo. A experiência dos pais, a interação entre os diferentes componentes, os recursos disponíveis (psicológicos, humanos, econômicos ou materiais), etc., definem o processo de adaptação. Algumas famílias levam anos, outras se adaptam rapidamente. Contudo, nenhum profissional pode duvidar de que todas as famílias se adaptam a essa nova situação. Para poder intervir, os profissionais devem ganhar sua confiança. O fato de sermos o professor, o psicólogo, o .... (preencha o espaço com sua profissão) não nos confere nenhuma autoridade *a priori*. É preciso saber ouvir, ter claros os objetivos e os argumentos que justificam nossas metas e ter paciência para definir qual o melhor momento de intervir. É bem possível que disponhamos de muitos recursos para ensinar, para oferecer, mas as famílias também têm muito a ensinar. Seria aconselhável confiar nelas, pois, como pais, saberão escolher o melhor para seu filho. Não podemos esquecer que, em última análise, eles deverão tomar as decisões que consideram mais oportunas. Isso implica descartar alternativas, requer recursos, e há ainda a possibilidade de equívocos. Tomar uma decisão nem sempre é fácil. Depende de inúmeros fatores. Podemos achar que sabemos o que é melhor para um aluno, mas nosso papel consiste em argumentar com a família, sem pressioná-la, dando-lhe oportunidade de falar sobre os diversos temas, esclarecendo dúvidas, porém respeitando a responsabilidade da decisão final.

ELEMENTOS PARA A RESPOSTA CURRICULAR

A estas alturas do capítulo, acreditamos ter justificado plenamente aquela idéia inicial na qual expressávamos a complexidade da abordagem escolar dos alunos com deficiência motora. Até aqui, dedicamo-nos a repassar as possíveis situações que requerem certo conhecimento para que sejam incluídas na resposta educativa. Agora caberia responder às perguntas para articular um conjunto de medidas educativas coerentes. Não se consegue isso somando soluções a diferentes problemas. É preciso considerá-los em sua globalidade (o aluno é único) e priorizar as ações a se implementar em função de objetivos diferentes, de opiniões (do usuário, da família e dos profissionais), das necessidades, etc.

Às vezes, sentimos que se pensa a educação como um esporte. É como se a marca que não atingimos hoje possa ser alcançada amanhã com esforço, repetição e treinamento. Não raro tratamos o aluno com deficiência como a criança da educação infantil que não escreve bem o *a*. Esperamos que por escrever várias vezes acabe aprendendo. Isso é possível, mas nem sempre. No caso do aluno com paralisia cerebral, que não consegue fazer nenhum traço, é inútil confrontá-lo seguidamente com aquela tarefa para a qual não dispõe de habilidade suficiente. É preciso estruturar de modo diferente as aprendizagens e pensar em outras maneiras de executar a mesma tarefa. Se nos limitarmos a repetir, nunca superaremos a frustração, o tédio, o desinteresse ou a desmotivação, a não-aprendizagem. Temos de partir do princípio de que existe uma deficiência e que é necessário avaliar a relação entre o esforço e o desejo de alcançar um objetivo.

O trabalho com base na repetição é conhecido com o nome de *reabilitação*. O trabalho com base na adequação do meio, dos materiais, dos objetivos, etc., é chamado de *habilitação* (Giné, 1990). Os dois são complementares, não opostos. Em cada grupo de objetivos educacionais citados anteriormente pode haver aspectos reabilitadores e outros habilitadores. Temos de avaliar até onde podemos aproveitar uns e onde começamos a trabalhar a partir dos outros.

A reabilitação constituiria um tratamento por tempo determinado, visando recuperar as funções físicas, mentais ou sociais para aproximá-las das de outras pessoas ou do próprio nível de funcionamento anterior ao episódio que produziu essa "queda" de nível (lesão, operação, etc.). Quando falamos de habilitação, referimo-nos a compensar as funções perdidas ou diminuídas de modo a se obter o mesmo nível de funcionalidade, ainda que seja de forma diferente (Basil, Bolea e Soro-Camats, 1996). Na reabilitação, o foco é o aluno. Na habilitação, atuaremos sobre este, mas também sobre o ambiente, sobre as condições ambientais, sobre as pessoas à sua volta. O Quadro 12.1 representa essa idéia.

Quadro 12.1

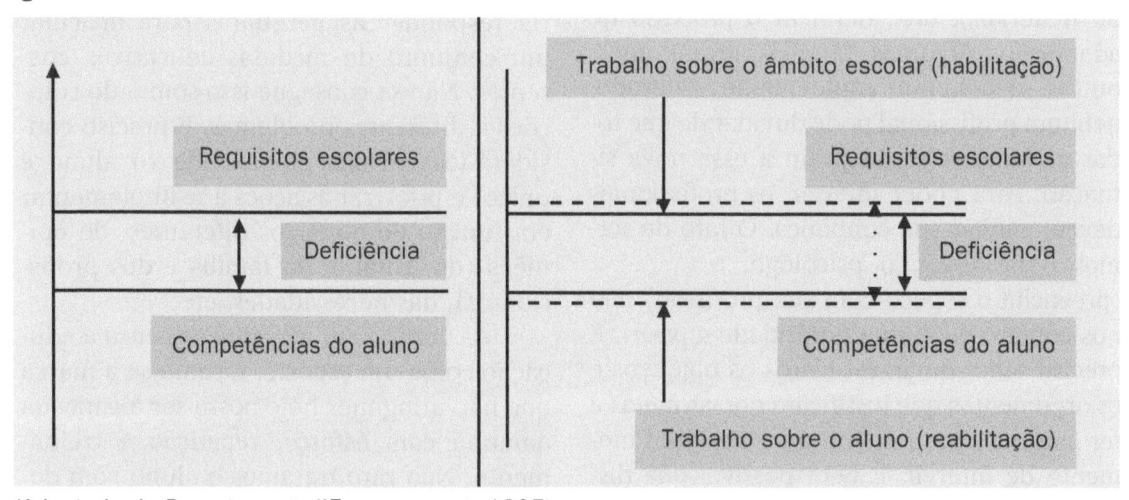

(Adaptado do Departament d'Ensenyament, 1995)

No âmbito educacional, as estratégias reabilitadoras que podemos utilizar para a maioria dos alunos com deficiência motora são as mesmas empregadas com qualquer outro aluno. Como comentamos antes, os alunos com dificuldades motoras têm mais em comum com os demais alunos do que entre si. Com freqüência, depois de uma consulta com o profissional de referência, passamos a trabalhar com critérios, sentido comum, naturalidade e profissionalismo.

As medidas habilitadoras são outro caso. É difícil pensar em aplicar uma adaptação ou em reestruturar uma aprendizagem a partir de uma adaptação do ambiente se não a conhecermos. Isso nos obriga a outro esforço para acompanhar as publicações, fazer buscas pela internet ou trabalhar em equipe com outros profissionais com mais conhecimentos a respeito.

As estratégias reabilitadoras e as habilitadoras são complementares. Podemos aplicá-las ao mesmo tempo ou em seqüência, dependendo da conveniência. Umas ou outras articularão o conjunto de medidas individuais que devem constituir a adaptação do currículo do aluno.

Costuma-se demandar esses aspectos educacionais nos alunos com deficiência motora:
- Escrita.
- Comunicação.
- Controle postural e deslocamento.
- Vida independente.

Escrita

Esse é o aspecto crucial do processo educativo de todos os alunos. Desde que aprendem a escrever (educação infantil e séries iniciais) até concluir a universidade, a escrita é um procedimento ligado ao fato educativo. A capacidade de executá-la com precisão e rapidez contribui em grande medida para o processo formativo. Por isso, vale a pena pararmos para pensar nas pessoas que, provavelmente, não conseguirão nem a precisão nem a velocidade necessárias.

Diante da evidência de que um aluno apresenta dificuldades quanto à rapidez ou à execução do trabalho escrito, podemos adotar os dois enfoques mencionados antes.

Devemos fazer com que trabalhe a caligrafia ou os exercícios de pré-escrita ao estilo tradicional. Se o médico reabilitador, o fisioterapeuta ou o terapeuta ocupacional não indicam nenhum impedimento e, se a relação custo-benefício for favorável ao aluno, pode ser conveniente optar pelo enfoque reabilitador. Se considerarmos que a repetição e o treinamento podem representar um ganho a longo prazo para o aluno (por exemplo, poderá escrever em um ritmo muito próximo dos demais alunos), vale a pena tentar. Se avaliarmos que o uso que possa obter da escrita lhe será útil em situações pontuais, teremos de ponderar até que ponto vale a pena insistir (por exemplo, se deve servir apenas para escrever um recado telefônico, teremos de pensar outras maneiras de fazer anotações na aula). Uma alternativa é iniciar o processo com a adoção de estratégias reabilitadoras e, posteriormente, introduzir as habilitadoras, dependendo do objetivo visado.

As medidas reabilitadoras são conhecidas por todos os profissionais da educação. Contudo, no que diz respeito às medidas habilitadoras na aprendizagem da leitura e da escrita, podemos empregar recursos muito variados:
- Adaptações do lápis (espessura, inseri-lo em uma bola de golfe, utilização de uma luva para impedir que caia, etc.) com a orientação de um fisioterapeuta ou de um terapeuta ocupacional.
- Fotocópias ampliadas do material onde o aluno possa tomar notas e/ou realizar traços menos precisos.
- Adesivos com conceitos escritos.
- Letras magnetizadas para escrever palavras.
- Impressos.
- Máquina de escrever.
- Computador.
- Etc.

Esses materiais podem ser utilizados conjuntamente com a fixação do papel na mesa com fita adesiva ou com plásticos antiderrapantes.

Quando incorporamos técnicas habilitadoras, como a de veicular a aprendizagem da escrita pelo computador, não é tão importante executar as tarefas educacionais destinadas a melhorar a velocidade ou a precisão motora. Por exemplo, as fichas de desenho das grafias perdem sentido quando se utiliza o computador. Alguns professores acham que podem ser mantidas porque consideram um objetivo curricular importante o aluno fazer o mesmo exercício que seus colegas, ou aprender a posição da letra no teclado. Podemos também colocar um adesivo sobre a letra, reescrevendo-a, como apoio a se retirar quando nos parecer que o aluno já não tem dificuldade de encontrá-la, para então aplicar a mesma estratégia com as letras seguintes.

Consideramos importante ainda que o professor se sinta seguro quanto à adaptação que deve fazer para trabalhar um conteúdo curricular. Por exemplo, os professores *tecnofóbicos*, que rejeitam a incorporação das novas tecnologias na sala de aula, possivelmente não saberão aproveitar todas as possibilidades de um computador. Sem entrar no debate do direito do aluno (que julgo predominante) a utilizar aqueles materiais que facilitem sua aprendizagem, talvez seja mais prático que o professor trabalhe com uma máquina de escrever. O ponto de encontro é o aluno adquirir os conteúdos previstos mediante as ferramentas que o docente seja capaz de incorporar. As dificuldades motoras não deveriam impedir ou atrasar a aprendizagem da leitura e da escrita. As diferentes ferramentas de ensino e aprendizagem que o professor venha a adotar devem ser facilitadoras da tarefa educacional, em vez de uma fonte de problemas.

Seria necessário um capítulo inteiro para descrever as possibilidades do computador para a aprendizagem da escrita. Trata-se de uma ferramenta muito versátil que permite uma grande quantidade de adaptações. Pode ser útil para veicular conteúdos curriculares, mas também podemos aproveitá-lo para jogos, para aproveitamento do tempo livre (pintar e desenhar), para melhoria das possibilidades de comunicação (como ajuda não-específica à comunicação ou como meio de comunicação pela internet, na qual o tempo de elaboração da mensagem não conta), com a finalidade de promover a relação social, etc. Nesse sentido, Escoin (2001) faz um apanhado das possibilidades oferecidas pelas tecnologias da informação aplicadas à escrita de pessoas com deficiência motora.

O editor de textos é uma excelente ferramenta para facilitar a escrita (e a comunicação) das pessoas com deficiência motora. De início, podemos modificar as formas de acesso a fim de que não se necessite do teclado para escrever (por exemplo, mediante teclados virtuais na tela). Nesse caso, ela seria dividida em duas áreas. Em uma haveria o editor de textos; na outra, as letras do alfabeto. Acionando-as diretamente com o *mouse* ou mediante um sistema de busca, pode-se selecionar uma letra que será escrita no editor de textos. Seleciona-se a letra por meio de comutadores (existe uma grande variedade que satisfaz as demandas mais incomuns), de um *mouse* (que também oferece muitas variantes), de um *joystick*, de um teclado de conceitos, de teclados ampliados e reduzidos, etc. Pode-se ainda adaptar o teclado com revestimentos para reduzir as pulsações erradas, ou ajustar as "opções de acessibilidade" do sistema operacional Windows.

Ainda que o editor de textos para pessoas com deficiência procure compatibilizar-se com os de uso mais generalizado, podem-se incorporar rotinas como a *adivinhação de palavras*. Nessas aplicações de recursos de informática, a cada caractere de uma palavra, aparece uma janela com as palavras mais freqüentes, para se poder escrevê-las a partir dessas opções. Outra aplicação desses recursos são as estratégias de *abreviação-expansão* ou *codificação*. Nesse caso, podemos abreviar uma palavra longa ou uma fase de uso freqüente em dois ou três caracteres, a fim de melhorar a velocidade e reduzir o número de erros de digitação.

Contudo, o uso do computador na aprendizagem da leitura e da escrita tem também seus inconvenientes. Por exemplo, a principal forma de acesso à escrita é a letra. Isso dificulta seu uso se foi ensinada inicialmente mediante métodos globais de escrita. Ainda assim, quando se tem um bom domínio de recursos da informática, consegue-se planejar atividades de escrita global muito interessantes, seja a partir do próprio teclado, seja com a ajuda de periféricos, como o teclado de conceitos.

A introdução do computador no currículo de um aluno não obriga a veicular todo o trabalho escrito por meio dessa potente ferramenta. Os docentes devem avaliar qual é o objetivo daquele texto. Se for muito curto, se responder aos aspectos do momento, pode ser melhor realizá-lo no papel, mesmo que a apresentação não seja de qualidade suficiente. Ao contrário, quando se trata de um texto que deve ser estudado (e a letra do aluno é difícil de ler), corrigido (ampliado ou modificado), ou quando de trata de pequenos trabalhos que podem ser ampliados nos anos seguintes, talvez seja melhor redigi-lo no computador.

Comunicação

Se a escrita é básica no processo educacional, o que dizer da comunicação? O direito à comunicação é mais fundamental ainda. Já assinalamos anteriormente a importância de dar resposta às necessidades nessa esfera. As necessidades no âmbito da comunicação são muito diferentes entre as pessoas com incapacidade motora e podem mudar bastante em uma mesma pessoa ao longo do tempo.

Em função dessas necessidades (fala inteligível, ininteligível, ausência de fala), o fonoaudiólogo e o professor podem programar estratégias reabilitadoras e/ou habilitadoras. A intervenção dos docentes deve partir do conselho e assessoramento do fonoaudiólogo, tanto nas opções reabilitadoras quanto nas habilitadoras, sobretudo quando as necessidades nessa área são muito importantes.

No caso das medidas reabilitadoras, podemos colaborar com o fonoaudiólogo seguindo as recomendações orientadas a melhorar a inteligibilidade da fala, favorecendo a participação do aluno em atividades orais, etc. Assim como na escrita, daremos prioridade aos aspectos de conteúdo em detrimento dos formais. Não podemos ignorar que em alguns casos existe uma lesão neurológica básica, e que nem com muito "exercício" mudaremos isso.

Para a adoção de medidas habilitadoras, podemos colaborar com o fonoaudiólogo em muitos sentidos. Nos casos mais graves, antes de tudo teremos de enriquecer o ambiente. Caso se decida introduzir auxílio à comunicação, podemos trabalhar junto com o fonoaudiólogo para conseguir que a comunicação se torne uma realidade. A comunicação só é funcional quando se realiza no momento em que o interessado necessita. Poderemos também cooperar na elaboração do vocabulário mínimo e na detecção de carências de léxico ou de expressões, ou ainda indicando as dificuldades que aparecem ao longo da implantação da ajuda técnica e as situações em que a ajuda não responde às necessidades de comunicação do usuário.

Há uma grande variedade de auxílios à comunicação: de alta e baixa tecnologia, com símbolos gráficos e/ou com escrita, com ou sem emissão de voz, com diferentes organizações de vocabulário, etc. A decisão de adotar uma ou outra requer o trabalho em equipe. Quando não dispomos de experiência suficiente ou nos falta informação atualizada, devemos recorrer a equipes especializadas.

No caso de alunos com deficiências motoras graves que chegam à escolarização sem as ferramentas suficientes para se comunicar, é preciso informar o mais rápido possível os profissionais especializados em sistemas ampliativos e alternativos de comunicação. Enquanto esperamos o assessoramento, o que podemos fazer é conversar com eles o máximo que pudermos. Muitas pessoas com paralisia cerebral não falam, mas entendem grande parte do que lhes dizemos. Temos de observar seus pequenos sinais comunicativos, como movimentos de cabeça, sons, risadas, olhares ou gestos; prestar atenção em como rejeitam as coisas, em como as aceitam, ou em como solicitam a atenção do adulto. Devemos evitar fazer-lhes perguntas fechadas (que se respondem com um sim ou um não); em lugar disso, é preciso oferecer-lhes a possibilidade de escolher entre diferentes opções ou apontando objetos do ambiente.

Controle postural e deslocamento

Já assinalamos anteriormente a importância de os alunos com deficiência motora estarem bem sentados. Esclarecemos também que a responsabilidade nesse aspecto recai sobre os médicos reabilitadores, nos fisioterapeutas e/ou terapeutas ocupacionais. Portanto, quando temos um aluno com dificuldade motora, precisamos pedir a um desses profissionais uma avaliação da cadeira e da mobília destinada a seu uso. A prescrição e recomendação da mobília estaria em seu âmbito de competência. Além disso, tais profissionais podem prescrever adaptações dos assentos quando julgarem adequado (por exemplo no nível de cadeiras ou laterais, abdutor de pernas, etc.). De todo modo, os profissionais da educação devem acatar suas indicações e recomendações, visando o melhor desenvolvimento motor de nossos alunos. Devem também se manterem atentos às posturas que não se devem adotar.

Os médicos reabilitadores prescreverão as adaptações ao deslocamento. Há vários tipos: andadores, muletas, cadeiras de roda, etc., todas elas com grande variedade de modelos.

Contudo, essas adaptações ao deslocamento terão pouca utilidade se não forem complementadas com a supressão de barreiras arquitetônicas. O planejamento dessa supressão fica a cargo de arquitetos. Esse tema já está plenamente regulamentado pelas normas vigentes e muito presente nos prédios de construção mais recente. A supressão de barreiras arquitetônicas não se limita a eliminar escadas, mas cuida também das adaptações dos lavabos, da altura dos interruptores e das tomadas (as normas das escolas obrigam a uma altura que impede o acesso dos cadeirantes), da largura das portas, de seus puxadores, das torneiras, dos espaços necessários para manobrar as cadeiras de rodas, da instalação e das características dos elevadores, etc.

Há ainda várias outras barreiras arquitetônicas que dependem de nós. Trata-se da distribuição do mobiliário nas salas de aula e nos espaços educacionais, da altura em que colocamos os cabides, o quadro-negro, as estantes, etc. Se cuidarmos desses detalhes, poderemos conseguir que nosso aluno realize por si só funções nas quais talvez necessitasse de ajuda.

A distribuição do mobiliário na sala de aula pode condicionar as interações nela produzidas. Por exemplo, se consideramos que um aluno com deficiência motora precisa trabalhar com um computador, e este é colocado em um canto e virado para a parede, podemos dificultar sua participação nas atividades docentes. Se instalamos o computador de maneira que tape a lousa, podemos impedir que acompanhe as explicações do professor. É importante que os auxílios estejam ao alcance e não dificultem a participação.

Os aspectos mais relevantes a se abordar em uma consulta com os profissionais competentes são:

• O controle de cabeça e tronco.
• As posturas mais recomendáveis.

- A presença, ou não, de movimentos incontrolados.
- As possibilidades de manipulação.

Vida independente

Entre as atividades da vida diária, as que mais incidem no ritmo escolar são aquelas relacionadas com a vestimenta, a comida, o deslocamento e o controle de esfíncteres. As possibilidades de adaptações são muitas. Algumas podem proceder do âmbito médico (operações para o controle de esfíncteres, prescrição de sondas, etc.); outras podem ser aconselhadas pelo terapeuta ocupacional; outras poderiam concretizar-se em adaptações ortopédicas.

No âmbito educacional, interessa-nos determinar como incluir essas adaptações no currículo do aluno, de que modo melhorar a funcionalidade para que este obtenha, na medida de suas possibilidades, o maior grau de autonomia possível. O objetivo é conseguir uma autonomia funcional independentemente da maneira concreta de resolver a necessidade. Por exemplo, para efeitos de relação social, pouco importa se o controle de esfíncteres se faz como na maioria das pessoas ou mediante um coletor de urina.

Há muitos momentos da vida escolar que podem ser prejudicados pela falta de autonomia de alguns alunos com deficiência motora. Por exemplo, se um aluno não é autônomo no deslocamento, teremos de acompanhá-lo a todos os lugares, adaptar o ritmo de deslocamento da classe ao dele, ou contar com uma pessoa que colabore conosco para fazer esses deslocamentos em dois ritmos diferentes. É preciso uma programação para adaptar todas as atividades escolares de maneira que esse aluno não perca o objetivo pedagógico principal da atividade proposta à classe por apresentar problemas no deslocamento.

Do mesmo modo, o fato de depender de um adulto para realizar atividades como ir ao banheiro, vestir o casaco ou tirar o material da mochila, para citar apenas alguns exemplos, pode gerar muita distorção para a classe. O dia-a-dia escolar exige ritmos que as pessoas com deficiência muitas vezes não conseguem acompanhar, e temos de prever a maneira de solucionar isso. Em alguns casos, pode-se contar com os próprios colegas; em outros, pode ser necessário um apoio pontual (por exemplo, quando há um passeio fora da escola); em outros, podemos precisar de um educador ou de um auxiliar para esse fim.

PROPOSTAS PARA A AÇÃO PSICOPEDAGÓGICA

Dar oportunidades

Diante da dúvida quanto a pedir a um aluno com deficiência que realize certa atividade, alguns preferem não tentar. Embora essa demanda esteja dentro de margens razoáveis, se permitirmos que o aluno desempenhe a atividade, podemos observar quais devem ser as adaptações necessárias para atingir os objetivos desejados. Podemos perceber as pequenas ou grandes dificuldades que o aluno encontra e, portanto, onde devemos oferecer-lhe mais ajuda. No caso de alunos de ensino médio, é comum que eles próprios nos sugiram possíveis adaptações. Posteriormente, poderemos consultar um profissional de referência sobre o aspecto em que temos dúvida (fonoaudiólogo, terapeuta ocupacional, fisioterapeuta, etc.) e definir as modificações necessárias (ou se podemos fazer isso sem ultrapassar certos limites).

Além disso, se dermos oportunidade para que o aluno experimente e comprove qual é a melhor maneira de realizar as atividades, nós os ajudaremos a encontrar seus limites, suas capacidades. Se não nos mostrarmos demasiado exigentes e inquisitivos, o fato de experimentar suas capacidades o ajudará, em termos educacionais, a conhecer-se melhor pessoalmente.

Os alunos com deficiência motora são mais demorados que seus colegas

Não se pode querer mudar esse fato. Não devemos perder de vista que existe uma lesão, uma deficiência, na origem dessa lentidão. Não se trata de falta de interesse ou motivação, nem de preguiça. Portanto, nossa atuação deve partir dessa base, e precisamos programar o tempo necessário para realizar as tarefas que lhes propomos. Talvez, com a prática, esses alunos melhorem um pouco, mas, em geral, não há ganho significativo. Devemos ter clareza de que há lentidão se compararmos a velocidade com que as pessoas com deficiência motora realizam tarefas com àquelas sem tal deficiência. A percepção que as pessoas com essa deficiência têm da velocidade com que executam uma tarefa não é a mesma que possuem outras pessoas. Podemos pôr em prática uma série de estratégias (habilitadoras) para reduzir os efeitos dessa lentidão.

- *Suprimir as tarefas irrelevantes*. Por exemplo, às vezes pedimos aos alunos que copiem o enunciado de um problema e depois o resolvam. Para o aluno com deficiência motora, a cópia pode lhe custar tanto que chegará cansado (e desmotivado) à resolução. Temos de avaliar qual é o objetivo principal de cada exercício que propomos a ele e explorá-lo, reduzindo a parte mais mecânica ou as metas educacionais secundárias.
- *Avaliar a qualidade acima da quantidade*. Quando pedimos aos alunos que realizem uma série de exercícios, é preciso eliminar os menos importantes. Talvez assim o aluno com deficiência motora consiga terminar a tarefa ao mesmo tempo em que os outros. Isso não impede que os exercícios sejam feitos em outro momento.
- *Facilitar a vertente motora das tarefas*. Por exemplo, em um ditado, o aluno com deficiência motora pode receber o texto escrito com lacunas nas palavras cuja ortografia queremos trabalhar. Isso o ajudará a ganhar velocidade, sem prejuízo dos objetivos perseguidos.

Em vez de tomar notas, por exemplo, ele pode receber no início da aula um esquema com as idéias principais, de modo que só precise fazer as anotações complementares que lhe interessem. Outra possibilidade é criar um cargo na aula que consiste em tomar notas para o colega com deficiência motora (assim conseguiremos também atrair a atenção de outro aluno da classe); para isso, é claro, temos de ajudá-lo a fazer uma fotocópia das anotações no final da aula.
- Embora seja óbvio, outra medida que podemos adotar é dar mais tempo ao aluno com deficiência do que aos outros para que execute uma tarefa.

Os alunos com deficiência motora têm muita dificuldade para realizar tais tarefas com a mesma precisão que os demais colegas

Referimo-nos ao desenho das letras ou de qualquer representação gráfica, às diferentes atividades de artes plásticas, ou à execução de tarefas escolares, como recortar, furar ou colar. O investimento de tempo e de esforço para atingir níveis de realização semelhantes aos dos colegas pode ser tão grande que o conteúdo trabalhado perde significado, e o resultado final se distancia do que teria alcançado por suas habilidades cognitivas, o que só causará frustração e negativismo em situações posteriores. Portanto, precisamos pôr em prática um conjunto de estratégias habilitadoras a fim de reduzir os efeitos dessas dificuldades na conformação física dos trabalhos:

- Em vez de pedir a cada aluno que assuma todo o processo de elaboração e/ou transformação de um produto, podemos distribuir as tarefas entre os alunos de maneira que cada um participe daquilo que pode realizar melhor em dado momento do processo. Podemos dar tarefas diferentes da maioria dos alunos, mas possivelmente não poderemos propor mais do que uma ou duas àqueles que têm deficiência motora (em algumas situações, estes só podem participar de trabalhos "menores", por exemplo, envernizar um quadro ou uma figura de barro). O aluno viverá o processo e o sentirá como seu. O resultado final estará garantido para todos.
- Podemos utilizar outras ferramentas para desempenhar as tarefas de maneira que o objetivo seja similar. Por exemplo, utilizar o computador em vez de escrever à mão.
- Temos a alternativa de fornecer ao aluno etiquetas adesivas escritas para que as coloque no lugar correspondente no mapa, quadro ou desenho. Isso também o ajudará se tiver de estudar por tal esquema.
- Podemos apresentar-lhe um gráfico no qual assinalamos diferentes aspectos com números. Depois lhe daremos uma lista de nomes que deve identificar com o número do gráfico.

Globalizar as propostas metodológicas

Vale mais a pena concentrar as propostas educacionais em duas ou três idéias centrais. Dispersão demais pode desorientar. Inúmeras soluções diferentes para problemas diversos não constituem necessariamente a melhor saída. As propostas educacionais, os materiais, as estratégias habilitadoras e reabilitadoras, etc., devem estar integradas a propostas curriculares coerentes. As opções que foram válidas em uma área também podem ser em outra área e/ou em outro ano.

Os alunos com doenças degenerativas

Os casos de alunos com doenças degenerativas ou progressivas são muito angustiantes, tanto para o aluno quanto para a família e para os docentes. O professor deve programar a resposta educacional baseando-se no aqui e agora do aluno, deixando que o curso real da doença marque o ritmo da incorporação de novas adaptações, novas propostas educacionais, potencialização, da ação tutorial, etc. Às vezes será preciso prever antecipadamente a incorporação de ferramentas educacionais. Por exemplo, se supomos que um aluno, com o tempo, terá de utilizar o computador para escrever, quanto mais dominar o *hardware* e o editor de textos, mais fácil será adaptar essa ferramenta à futura utilização de programas transparentes[*], como os de escrita por meio de emuladores de teclado na tela com sistemas de seleção por escaneamento. Não

---

[*] N. de R.T.: Programas transparentes são *softwares* que permitem o uso de outros programas, pois os adaptam para possibilitar o acesso de crianças portadoras de deficiências.

podemos deixar para a última hora a aprendizagem do uso do computador, do programa de trabalho e do programa adaptado. É melhor seqüenciar as dificuldades para que seja mais fácil enfrentá-las. Outras vezes, podemos esperar para incorporar a ajuda técnica ou a adaptação só quando for absolutamente necessário.

É preciso, como sempre, tomar as decisões sem pressa e em conjunto com as pessoas afetadas, com as famílias e com os profissionais, criando um bom clima de trabalho e de colaboração.

As outras barreiras

Neste texto, utilizamos a expressão *barreiras arquitetônicas* com uma certa freqüência, mas estas não são as mais graves que as pessoas com deficiência motora têm de superar. Beukelman e Mirenda (1999) fazem uma análise das diferentes barreiras que, às vezes, eles devem ou nós devemos enfrentar. Referem-se às barreiras de oportunidade e às barreiras de acesso.

As barreiras de oportunidade são as seguintes:

- *Barreiras políticas:* referem-se às que decorrem da própria lei. Em nosso país, elas foram minimizadas graças aos decretos de normalização, setorização e integração.
- *Barreiras práticas:* são as normas, usos e costumes que impedem as pessoas com deficiência de exercer seus direitos. Por exemplo, a escola não permite que um aluno com deficiência, dotado de um determinado material, leve-o para casa nas férias a fim de utilizá-lo. Não está escrito em nenhum lugar que o aluno não pode fazer isso, mas o medo de que o material seja avariado, por excesso de zelo, ou o fato de que ninguém queira assumir esse risco faz com que se prefira impossibilitar o aluno de aproveitar um material que lhe foi concedido para compensar sua dificuldade.
- *Barreiras de atitude:* trata-se das idéias e crenças que impedem aproveitar ao máximo as possibilidades da integração. Um bom exemplo seriam os docentes que julgam que todas as crianças com deficiência deveriam ser escolarizadas em instituições específicas porque nelas podem ter melhor atendimento, ou porque ali se dispõe de mais meios e de pessoal mais preparado.
- *Barreiras de conhecimento:* referem-se às limitações impostas pela falta de preparo ou pela falta de interesse por formação de algumas pessoas. Os professores *tecnofóbicos* que mencionamos anteriormente poderiam servir de exemplo.
- *Barreiras de comunicação:* trata-se daquelas estabelecidas quando não se aproveitam todas as possibilidades de comunicação das pessoas com grave deficiência.

As barreiras de acesso seriam aquelas próprias do sujeito (todos apresentamos algumas, em maior ou menor grau). Referimo-nos às capacidades, às habilidades, à experiência, às opções pessoais, etc. O aluno do ensino médio que se recusa a utilizar um cabeçal-licórnio (aparelho que auxilia as funções motoras) porque o diferencia muito de seus colegas apresentaria uma barreira de acesso.

A coleta de dados

Existem textos editados que oferecem protocolos interessantes para a coleta de dados em diferentes âmbitos e que podem ser muito úteis quando trabalhamos com alunos com deficiência motora. A seguir, vamos rever algumas referências bibliográficas e os temas sobre os quais oferecem a possibilidade de recopilar informação.

Centro Nacional de Recursos para a Educação Especial (1990)

- *Possibilidades básicas de expressão e compreensão.*
- *Controle motor e de mobilidade:* autonomia nos deslocamentos, autonomia no colchonete e no solo, controle postural e das extremidades.
- *Registro e constatação dos objetivos curriculares.*
- *Protocolo de observação da interação professor-aluno.*
- *Dossiê acumulativo da história educacional.*
- *Critérios para a utilização de sistemas ampliativos de comunicação:* escolha de candidatos, do sistema (atualmente não se aceitam algumas das orientações descritas nesse manual, e ele deve ser utilizado com cautela), forma de indicação e avaliação do sistema de comunicação.
- *Autodetecção de erros no uso do tabuleiro de comunicação.*

CREENA (2000)

- *Anamnese:* dados pessoais, familiares, médicos, desenvolvimento psicomotor, comunicação, autonomia, jogos e outros.
- *Dados escolares:* dados pessoais, identidade e autonomia pessoal, meio físico e social, comunicação e representação.
- *Âmbitos:* dados do aluno, postura e movimento, comunicação, autonomia pessoal, percepção visual, socioafetividade, contextos escolar e familiar.
- *Comunicação:* dados do aluno, atenção, demanda, denominação, descrição, informação, intenção, recusa, imitação, pergunta, inter-relação, expressão geral, compreensão.
- *Autonomia pessoal:* dados do aluno, alimentação, deslocamento/mobilidade, motricidade, higiene pessoal, controle de esfíncteres.
- *Função manual:* dados do aluno, braços, cotovelo, pulso, mão, sincinesias, paratonias, dissociação de dedos (preensão, pressão), alcance, manipulação da mão dominante, perfuração, recorte, traço, manipulação da mão não-dominante.
- *Contexto familiar e social:* dados do aluno, ambientes familiar, social e escolar.

Gallardo e Salvador (1994)

- *Auxílios técnicos para a escrita:* dados do aluno, motricidade, dados pedagógicos (consegue utilizar instrumentos de escrita? preensão?), leitura e escrita, materiais e recursos utilizados, máquina de escrever.
- *Análise das brincadeiras.*
- *Controle de esfíncteres.*
- *Alimentação.*
- *Controle da baba.*

O objetivo é ensinar todos os alunos

Para concluir este capítulo, gostaríamos de insistir na idéia com que o iniciamos: em geral, os alunos com deficiência motora têm mais em comum com os outros alunos do que entre si. Portanto, a ação educacional que consideramos boa para todos os alunos provavelmente também será apropriada para esse grupo. Temos de procurar potencializar o trabalho cognitivo, de aprendizagem mental, mais do que o formal e manipulativo, mesmo que isso implique não se configurar em papel. Podemos trabalhar muito com a oralidade ou com materiais tridimensionais que não deixam "registro" no papel, mas, em compensação, terão constituído uma experiência de aprendizagem rica e significativa.

REFERÊNCIAS

BASIL, C.; BOLEA, E.; SORO-CAMATS, E. (1996): «La discapacitat motriu», en GINÉ, C.: Trastorns del desenvolupament i necessitais educatives especials. Barcelona. Universitat Oberta de Catalunya.

BEUKELMAN, D.; MIRENDA, P. (1999): Augmentative and Alternative Communication. Management of Severe Conimunication Disorders in Children and Adults. Baltimore. Paul H. Brookes. Second Edition.

CENTRO DE RECURSOS DE EDUCACIÓN ESPECIAL DE NAVARRA -CREENA- (2000): Necesidades Educativas Especíales: Alumnado con Discapacidad Motórica. Guía para la respuesta educativa a las necesidades del alumnado con parálisis cerebral. Pamplona. Gobierno de Navarra. Departamento de Educación y Cultura.

CENTRO NACIONAL DE RECURSOS PARA LA EDUCACIÓN ESPECIAL (1990): Las necesidades educativas especiales del niño con deficiencia motora. Madrid. Centro Nacional de Recursos para la Educación Especial/MEC. Serie Formación.

DEPARTAMENT D'ENSENYAMENT (1995): Modificacions i adaptacions del currículum. Barcelona. Departament d'Ensenyament.

ESCOIN, J. (2001); «Tecnologías de la Información y alumnos con deficiencia motriz», en SANCHO, J.M. y otros: Apoyos digitales para repensar la educación especial. Barcelona. Octaedro/EUB.

GALLARDO, M.V.; SALVADOR, ML. (1994): Discapacidad motórica: Aspectos psicoevolutivos y educativos. Archidona. AIjibe.

GINÉ, C. (1990): «La habilitación/rehabilitación basada en la institución escolar». Alternativas Institucionales en Rehabilitación. Documentos y experiencias. Madrid. Real Patronato de Prevención y de Atención a Personas con Minusvalía. Documento 23/90.

VERDUGO, M.A. (1995): Personas con discapacidad. Perspectivas psicopedagógicas y rehabilitadoras. Madrid. Siglo XXI.

A avaliação psicopedagógica dos alunos com problemas e transtornos emocionais e de conduta | 13

M. Claustre Jané, Sergi Ballespí e Montse Dorado

INTRODUÇÃO

As crianças e os adolescentes experimentam ao longo de sua existência diversos problemas e fatos estressantes e, invariavelmente, suas vidas são afetadas, direta ou indiretamente, por esses acontecimentos. Os diversos problemas e transtornos apresentarão um padrão de conduta associado à ansiedade e a outras alterações, ou as crianças experimentarão um alto risco de sofrer dor, disfunções (cognitivas, de conduta, emocionais, afetivas, de desenvolvimento e de aprendizagem) e também uma importante falta de liberdade e de autonomia pessoal.

Os problemas, as disfunções e os transtornos psicopatológicos são classificados de acordo com vários sistemas de diagnóstico. Os mais utilizados atualmente são os sistemas DSM (Manual Diagnóstico e Estatística dos Transtornos Mentais da Associação Americana de Psiquiatria e CID (Classificação Internacional de Doenças) da Organização Mundial da Saúde. Ambos são categoriais, hierárquicos e multiaxiais. As classificações multiaxiais (ver Quadro 13.1) permitem considerar as diferentes facetas do adoecimento psicológico da criança, assim como suas circunstâncias. Cada eixo é uma dimensão do diagnóstico que permite fundamentar as decisões terapêuticas mais apropriadas, ao mesmo tempo em que facilita intervenções diferenciadas e simultâneas, tornando possível a participação de diferentes profissionais no processo. É necessário mencionar também a Classificação Diagnóstica 0-3, dedicada exclusivamente aos problemas e transtornos que as crianças de 0 a 3 anos podem desenvolver.

Esses sistemas de diagnóstico reconhecem diferentes problemas iniciados na infância e na adolescência (ver Quadro 13.2), mas também descrevem outros transtornos e problemas que não são de domínio exclusivo dos primeiros períodos da vida e podem começar a qualquer momento (ver Quadro 13.3).

TRAÇOS DIFERENCIAIS DO ADOECER PSICOLÓGICO NA INFÂNCIA E NA ADOLESCÊNCIA E SUAS IMPLICAÇÕES NO PROCESSO DE AVALIAÇÃO

A infância e a adolescência apresentam traços diferenciais e característicos a se considerar no momento de implementar o processo de avaliação. Em primeiro lugar, é preciso assinalar a importância do período evolutivo em que se encontram os sujeitos,

Quadro 13.1 Sistema multiaxial do DSM e da CID

EIXOS	CD: 0-3	SISTEMA DSM	SISTEMA CID
Eixo I	Diagnóstico primário	Diagnóstico primário (transtornos cíclicos e outros problemas que podem ser objeto de atenção clínica)	Síndromes psiquiátricas clínicas
Eixo II	Transtornos da relação	Transtorno da personalidade e atraso mental	Transtornos específicos do desenvolvimento psicológico
Eixo III	Estados e transtornos do desenvolvimento de tipo médico	Doenças médicas	Nível intelectual
Eixo IV	Estressores psicossociais	Problemas psicossociais e ambientais	Condições médicas
Eixo V	Nível funcional do desenvolvimento emocional	Avaliação global da atividade	Situações psicossociais anômalas associadas
Eixo VI			Avaliação global da incapacidade psicossocial

visto que um mesmo problema pode se manifestar sob diferentes sintomatologias em função da idade e da etapa evolutiva (por exemplo, a depressão profunda). Além disso, certas condutas podem ser patológicas em uma determinada idade, mas apropriadas em outras (por exemplo, certos medos, ansiedade por separação, etc.). Portanto, quando se fala desses períodos da vida, pode-se distinguir três grandes etapas (ver Quadro 13.4) que ajudam a situar os traços diferenciais da apresentação dos diversos problemas e transtornos e, de fato, a maioria dos instrumentos e ferramentas para implementar a avaliação é representativa e aplicável a determinadas idades, não a todo o espaço cronológico da infância e da adolescência.

Quadro 13.2 Categorias dos transtornos iniciados na infância e na adolescência (APA, 2000)

CATEGORIAS	DESCRIÇÃO
Atraso mental	Atraso significativo no funcionamento intelectual (QI < 70) associado a déficit ou a deficiência da conduta adaptativa. Seu início ocorre antes dos 18 anos. O grau e a gravidade da disfunção baseiam-se no atraso intelectual e na conduta adaptativa.
Problemas de aprendizagem	Nível de aprendizagem abaixo dos níveis normativos segundo idade, escolaridade e inteligência. Distinguem-se diversos transtornos, como transtornos da leitura, da matemática ou da escrita.

continua

Quadro 13.2 (continuação)

CATEGORIAS	DESCRIÇÃO
Problemas de motricidade	Atraso acentuado no desenvolvimento da coordenação motora que interfere na aprendizagem acadêmica e/ou nas atividades cotidianas e que não está relacionado com transtornos médicos de base.
Transtornos da comunicação	Atraso no uso da linguagem, que está muito abaixo do normal para a idade. O atraso interfere na vida cotidiana. São descritos diversos transtornos como: transtorno da linguagem expressiva, transtorno receptivo-expressivo, transtorno fonológico e gagueira.
Transtornos generalizados do desenvolvimento	Atraso grave e geral de diferentes áreas do desenvolvimento, incluindo a linguagem, a comunicação, o jogo e as interações sociais. Em geral, torna-se evidente no primeiro ano de vida. Distinguem-se cinco transtornos: autismo infantil, transtorno de Asperger, transtorno de Rett, transtorno desintegrador e autismo atípico.
Transtorno de déficit de atenção com hiperatividade e transtornos de conduta impulsiva	Condutas associadas a desatenção, impulsividade, hiperatividade, oposicionismo e desobediência, provocação, agressividade e conduta dissocial. Distinguem-se os seguintes transtornos: transtorno de déficit de atenção com hiperatividade, transtorno dissociativo e transtorno negativista-desafiante.
Problemas e transtornos da alimentação e da conduta alimentar	Problemas persistentes da alimentação e da conduta alimentar, como ingestão de substâncias não-comestíveis (pica), regurgitação repetida (mericismo) ou ausência persistente de alimentação adequada, com falta significativa de aumento de peso ou de perda de peso.
Transtorno por tiques	Movimentos ou vocalizações repentinos, rápidos e persistentes. Distinguem-se diferentes transtornos segundo o tipo de tiques (vocálicos ou motores) e segundo sua duração. Inclui a síndrome de Tourette.
Transtornos da eliminação	Falta de controle voluntário da urina ou da defecação além da idade em que geralmente se estabelece. Distinguem-se dois transtornos: enurese e encropese. Ambos requerem descarte de condições médicas causadoras do transtorno.
Outros transtornos da infância e da adolescência	Uma série de outros problemas e transtornos, como é o caso da ansiedade por separação, o mutismo seletivo, o transtorno reativo da vinculação e os movimentos estereotipados.

Quadro 13.3 Transtornos iniciados em qualquer período do ciclo vital (APA, 2000)

Transtornos relacionados com substâncias	Álcool, alucinógenos, anfetaminas, cafeína, etc.
Esquizofrenia e outros transtornos psicóticos	Tipo: paranóide, desorganizado, catatônico, indiferenciado e residual
Transtornos do estado de ânimo	Depressão importante, transtorno distímico e transtorno bipolar
Transtornos de ansiedade	Transtorno de ansiedade generalizada, transtorno por estresse pós-traumático, fobia específica, fobia social, agorafobia e transtorno obsessivo-compulsivo
Transtornos somatoformes	Transtorno de somatização, transtorno de conversão, transtorno por dor, etc.
Transtornos do sono	Dissonias e parassonias
Transtornos adaptativos	
Transtornos da personalidade	Paranóide, esquizóide, esquizotípico, limítrofe, narcisista, obsessivo-compulsivo, etc.
Transtornos sexuais e da identidade sexual	
Transtornos dissociativos	

Quadro 13.4 Etapas da infância e da adolescência e sinais de alarme

ETAPA	SINAIS DE ALARME
Infância • Primeira infância (0-3 anos) • Idade pré-escolar (3-6 anos)	1. Transtornos da alimentação: mudança nos hábitos alimentares; inapetência persistente; vômitos ou diarréias sem causa aparente; mericismo e pica. 2. Transtornos do sono: mudança nos hábitos de sono-vigília; insônia; medo de dormir sozinho (a partir dos 3 anos); atividades motrizes durante o sono e sonolência diurna. 3. Transtornos do comportamento: mudança na forma de ser e de agir; crises de cólera; condutas agressivas e oposicionismo. 4. Ansiedade: medos diversos e evitação de algumas situações comuns; forte timidez; somatizações; tendência ao isolamento. 5. Transtornos do humor: tristeza intensa; isolamento; irritabilidade; deixar de brincar e de desfrutar outras atividades. 6. Anomalias do jogo: a criança deixa de brincar; não inicia a brincadeira simbólica a partir dos 3 anos. 7. Atraso no desenvolvimento motor. 8. Atraso no desenvolvimento da comunicação e da linguagem.

continua

Quadro 13.4 (continuação)

ETAPA	SINAIS DE ALARME
Etapa escolar • Idade escolar (6-10 anos) • Pré-adolescência (10-12 anos) • Adolescência (12-18 anos)	1. Dificuldades escolares: queda do rendimento escolar; falta de atenção e de concentração na classe e absenteísmo escolar. 2. Transtornos da comunicação e da relação: não saber brincar em grupo; reações emocionais exageradas; dificuldades para fazer amigos e mantê-los; verborréia e mutismo. 3. Transtornos de conduta: oposicionismo; rebeldia; faniquitos descontrolados; mentiras constantes; roubos e comportamento destrutivo; agressões físicas freqüentes; crueldade com os animais; excesso de movimentos sem nenhuma finalidade; condutas sexuais inadequadas; consumo de tóxicos. 4. Transtornos de ansiedade: medos desproporcionais e persistentes que limitam a vida cotidiana; resistência às relações sociais; ações repetidas e sem sentido; comprovações desnecessárias; preocupação excessiva com doenças e infecções; obsessão por ordem e simetria; perfeccionismo e excessiva preocupação com exames, avaliações, resultados, etc. 5. Transtornos do estado de ânimo: tristeza, pessimismo, irritabilidade, mal-humor e apatia; insônia ou sonolência; falta de ilusão e de motivação; cansaço e fadiga; agitação ou lentidão motriz; pensamentos repetitivos sobre morte e/ou suicídio; sentimentos de culpabilidade e baixa auto-estima; euforia excessiva. 6. Manifestações somáticas: dores freqüentes; opressão torácica; palpitações; moléstias gástricas; náuseas e vômitos; sensação de enjôo e fraqueza; tiques motores e fônicos. 7. Transtornos do comportamento alimentar: grave restrição alimentar; perda significativa de peso; vômitos repetitivos; doenças gástricas; prisão de ventre; aumento notável da atividade física; sintomas associados (irritabilidade, tristeza, amenorréia, etc.) 8. Abuso de substâncias tóxicas: manifestações somáticas; deterioração da higiene pessoal; mudanças freqüentes do humor; perda de memória, atenção e concentração; apatia, mal-estar geral. 9. Transtornos psicóticos: retraimento, passividade e introversão excessivas; falta de amigos íntimos, evitação das atividades em grupo; deterioração do funcionamento escolar, familiar, social e pessoal; comportamentos extravagantes; manifestações afetivas anômalas; discurso verbal estranho; idéias incomuns, delírios e alucinações.

Em segundo lugar, é preciso considerar que as crianças e os adolescentes apresentam a sintomatologia dos problemas e transtornos que sofrem de forma diferenciada nos contextos em que se movem cotidianamente; portanto, temos de saber como são vistos pelos pais, pelos professores e colegas, sem esquecer, em nenhum momento, que o melhor informante é a própria criança. Por isso, precisamos realizar um processo de avaliação multinformado, isto é, devemos contar com a informação que pode ser proporcionada pela família, pelos professores e colegas de classe ou de lazer.

Em terceiro lugar, deve-se considerar a grande comorbidade que ocorre nessas etapas da vida. Muitas crianças e adolescentes podem sofrer simultaneamente diversos problemas e/ou transtornos. De fato, qualquer combinação de transtornos é possível, embora se constate na prática que algumas combinações são mais freqüentes que outras. Por exemplo, é bastante comum a comorbidade do transtorno de déficit de atenção com hiperatividade (TDAH), os transtornos de conduta e os de aprendizagem, ou a comorbidade entre o transtorno de ansiedade excessiva e a sintomatologia depressiva. Esse fato nos conduz à necessidade de sempre fazer uma triagem psicopatológica geral no momento de iniciar o processo de avaliação. Existem dois tipos diferentes de triagem geral dos transtornos psicopatológicos da infância e da adolescência:

1. Um primeiro sistema dimensional (CBCL, Achenbach e Rescorla, 2000).
2. Um segundo sistema criterial (ECI-4, Sprafkin e Gadow, 1996).

Ambos se baseiam na adaptação sintomatológica dos critérios diagnósticos do DSM-IV (APA, 1995) aos traços de conduta representativos dos diferentes transtornos (ver Quadro 13.5). Além disso, dispõe-se hoje de outra prova de triagem que pode ajudar na detecção dos diferentes transtornos no âmbito educacional.

Quadro 13.5 Características da CBCL, ECI-4 e SDQ

CARACTERÍSTICA	CBCL	ECI-4	SDQ
Idade de aplicação	• CBCL 1½-5 • CBCL 6-18 anos	• ECI-4 (3-6 anos) • SCI-4 (6-16 anos)	• 3-16 anos
Informantes	• Pais (1½-5 e 6-18) • Professores (1½-5 e 6-18) • Auto-informe (11-18)	• Pais e professores	• Pais e professores
Número de itens	• CBCL 1½-5 (100) • CBCL 6-18 (113)	• 108	• 25
Tipo de resposta	• Escala Lickert 3 opções	• Escala Lickert 4 opções • Dicotômica/criterial	• Escala Lickert 3 opções
Escalas básicas	• Problemas internalizantes • Problemas externalizantes		
Fatores específicos	• Reatividade emocional* • Ansiedade/depressão • Queixas somáticas • Isolamento social • Problemas do sono* • Problemas de atenção • Conduta agressiva • Outros problemas • Problemas sociais	• TDAH tipo desatento • TDAH tipo hiperativo • TDAH tipo combinado • Transtorno desafiador de oposição • Transtorno de conduta dissociativo • Transtorno da ansiedade por separação	• Emocional • Comportamental • TDAH • Relação com os colegas • Conduta pró-social

continua

Quadro 13.5 (continuação)

	CBCL	ECI-4	SDQ
Fatores específicos (cont.)	• Problemas do pensamento • Conduta delinqüente	• Fobia específica • Obsessões • Tiques • Transtorno de ansiedade excessiva • Mutismo seletivo • Depressão profunda • Distimia • Transtorno de adaptação • Fobia social • Problemas do sono** • Problemas da eliminação** • Transtorno por estresse pós-traumático • Problemas alimentares • Transtorno reativo do vínculo • Autismo • Transtorno de Asperger • Esquizofrenia***	
Vantagens	• Faixa etária • Versão informatizada • Exploração multinformada • Acompanhamento até os 18 anos • Versão catalã e castelhana	• Acompanhamento até os 16 anos • Base no DSM-IV • Exploração multinformada • A versão de professores inclui uma breve descrição do desenvolvimento	• Muito breve • Exploração multinformada • Versão catalã e castelhana
Limitações	• Informação sobre poucos transtornos de acordo com critérios DSM-IV • Informação reduzida sobre os problemas emocionais e afetivos • Sem informação sobre transtorno generalizado do desenvolvimento (TGD)	• Faixa etária mais reduzida • Alguns transtornos não são suficientemente informados	• Sem informação de acordo com critérios DSM-IV • Reduzida demais na descrição • Geral demais

* Somente na versão CBCL 1 ?-5 (Child Behavior Checklist).
** Somente ECI-4 (Early Childhood Inventory -4).
*** Somente SCI (Strengths Difficulties Questionnaire).

Trata-se do Questionário de Pontos Fortes e Dificuldades (SDQ-cat.) de Goodman (1997), prova curta, geral e, portanto, muito fácil de aplicar em âmbitos escolares.

COMO SE PODE REALIZAR A AVALIAÇÃO PSICOPEDAGÓGICA?

Podem-se utilizar diversas técnicas: entrevistas, questionários, análise funcional da conduta, observação direta. Cada uma dessas técnicas apresenta vantagens e limitações. Portanto, antes de decidirmos que tipos de técnicas e instrumentos empregar, é preciso levar em conta as características do meio social e familiar, o ambiente, a própria criança ou adolescente e a escola ou o sistema educacional em que está imerso (ver Quadro 13. 6).

Em resumo, a avaliação psicoeducacional pode ajudar a detectar os possíveis transtornos e problemas emocionais e comportamentais e, com isso, favorecer a detecção precoce de transtornos infantis e promover a prevenção em saúde mental.

Quadro 13. 6 Vantagens e limitações dos métodos de avaliação

TÉCNICA	VANTAGENS	LIMITAÇÕES
Entrevista	• Bastante informação	• Depende da capacidade verbal da criança • Pode haver recusa ou negação de participar • Carece de uma estruturação que permita objetivar • Requer experiência
Questionários para professores e pais	• Fáceis de utilizar • Curtos • Estruturados • Fáceis de objetivar	• Pode-se perder informação complementar • Dependem da percepção dos professores/pais
Auto-informes	• O próprio indivíduo é o melhor informante • Fáceis de utilizar • Curtos • Estruturados e fáceis de objetivar	• Dependem do nível de desenvolvimento • Dependem da capacidade verbal e comunicativa
Análise funcional	• Descreve a conduta com exatidão • Elevada especificidade • Bem-estruturada • Descrição objetiva • Apropriada a condutas isoladas • Apropriada a condutas pouco freqüentes	• Dificulta a análise global do comportamento • Requer excessiva molecularização • Vale apenas para situações concretas • Implica longos períodos de observação • É difícil, incômoda e pouco econômica • Não dá relevo a aspectos emocionais/afetivos

AVALIAÇÃO DOS TRANSTORNOS EMOCIONAIS E DE ANSIEDADE

Avaliação da depressão

Como já comentamos, há dois aspectos a se considerar no momento de avaliar a depressão infantil: seu caráter evolutivo e sua dependência situacional. Quanto ao caráter evolutivo, é preciso assinalar que os sinais infantis de depressão não equivalem aos do adulto; por isso não podem nem devem ser avaliados exatamente com os mesmos critérios. No que diz respeito à dependência situacional, vale destacar que, na medida em que a conduta infantil depende muito mais do ambiente que a do adulto, apenas uma avaliação multicomponente baseada em diversos informantes permitirá coletar informação de todas as variações contextuais da conduta instável da criança (Serra, 1995; Silva, 1995). A verdade é que pais e professores dificilmente coincidem em suas avaliações (Jané et al., 2000), mas entende-se que não oferecem pontos de vista equivalentes, e sim complementares. Por essa razão é indispensável a informação de ambos.

Infelizmente, ainda não existe uma classificação que registre as características próprias da depressão infantil. Contudo, há um certo consenso entre diversas propostas de diagnóstico. Polaino-Lorente e García-Villamisar (1988), em uma revisão dos critérios utilizados por diferentes autores, permitem observar que, em essência, a depressão se caracteriza pelos sintomas listados no Quadro 13. 7.

Quadro 13.7 Critérios de diagnóstico da depressão infantil propostos por diferentes autores

Sintomas principais	• Disforia (humor, conduta ou aparência triste, irritável ou instável) • Anedonia (diminuição da capacidade de sentir prazer) • Baixa auto-estima
Sintomas secundários	• Hipofagia (perda de apetite ou de peso) • Hiperfagia (aumento do apetite ou do peso) • Insônia • Hipersonia • Queixas somáticas (queixas físicas sem explicação médica) • Agitação motriz ou agressividade (sobretudo em menores de 6 anos) • Atraso psicomotor, lentidão motora ou hipoatividade • Apatia (sobretudo em menores de 6 anos) • Perda de energia ou cansaço excessivo • Diminuição do rendimento escolar • Dificuldades para pensar ou para se concentrar • Isolamento social • Idéias suicidas

Fonte: Polaino-Lorente e García-Villamisar (1988)

Segundo argumentam diversos autores, para se estabelecer o diagnóstico de depressão infantil, é necessário a presença de um ou mais sintomas principais do Quadro 13.7 e no mínimo quatro (diagnóstico provável) ou cinco (diagnóstico definitivo) dos sintomas secundários. Esses sintomas devem persistir no mínimo duas semanas e apresentar-se na ausência de sintomatologia psicótica (delírios ou alucinações).

Como avaliar esses sinais? Podemos distinguir, basicamente, três procedimentos:
1. Entrevistas
2. Provas psicométricas.
3. Auto-registros.

Omitem-se deliberadamente as medidas psicofisiológicas, dadas as dificuldades existentes em sua aplicação e o escasso diagnóstico na infância (Méndez, Olivares e Ros, 2001).

Entrevistas

Existem diferentes tipos de entrevistas para avaliar a depressão:

- Estruturadas como a DICA – Diagnostic Interview for Child and Adolescents (Ezpeleta, 1995).
- Semi-estruturadas como a proposta por Poznanski e colaboradores (1979; 1985) ou por Méndez (1998).

Méndez, em sua monografia sobre a depressão infantil, propõe um roteiro com mais de 200 perguntas para entrevistar pais e crianças com depressão. No Quadro 13.8, foram selecionadas algumas dessas perguntas juntamente com os sintomas avaliados (ver também Méndez, Olivares e Ros, 2001).

Quadro 13.8 Exemplos de perguntas de entrevista para pais propostas por Méndez (1988) para avaliar a depressão infantil seguindo os critérios diagnósticos do DSM-IV-TR (APA, 2000)

	CRITÉRIO DSM-IV-TR	PERGUNTAS
Sintomas principais	• Disforia (Estado de ânimo irritável ou deprimido)	• Seu filho se sente triste? Chora com freqüência? Tem uma expressão triste? Aborrece-se com facilidade? Tem explosões de mau humor? Grita? Insulta? Bate?
	• Anedonia (Incapacidade de sentir prazer)	• Deixou de lado seus interesses? Diz que já não gosta das coisas como antes? Parece desmotivado?
Sintomas secundários	• Alterações do apetite (hipofagia ou hiperfagia)	• Come menos, igual ou mais do que antes? Tem mais dificuldade para comer do que antes? Perdeu/ganhou peso? Nesse caso, quantos quilos?
	• Alterações do sono (insônia ou hipersonia)	• Tem dificuldade para dormir? Desperta durante a noite e tem dificuldade para voltar a dormir? Está dormindo mais do que antes?
	• Alterações psicomotoras (agitação ou lentidão psicomotora)	• Tem dificuldade para ficar sentado por um tempo? Toca ou belisca a pele? Tem tiques nervosos? Movimenta-se pouco a pouco? Fala mais do que antes? Demora a reagir?

continua

Quadro 13.8 (continuação)

	CRITÉRIO DSM-IV-TR	PERGUNTAS
Sintomas secundários (cont.)	• Perda de energia (cansaço, fadiga, apatia)	• Parece sempre cansado? Passa muito tempo sem fazer nada? Queixa-se de que não tem energia? As tarefas diárias são mais penosas do que antes?
	• Baixa auto-estima (sentimento de inutilidade ou de culpa excessiva)	• Acha que é um inútil? Menospreza-se? Critica-se o tempo todo? Diz que faz tudo errado? Sente-se sempre culpado?
	• Diminuição da capacidade para pensar (dificuldades para concentrar-se e para tomar decisões)	• Queixa-se de que tem dificuldade de pensar? Esquece mais das coisas do que antes? Diminuiu seu rendimento escolar? Sempre duvida?
	• Suicídio (pensamentos de morte e planos ou tentativas de suicídio)	• Fala de morte com freqüência? Comentou que quer largar tudo? Diz que deseja morrer? Ameaçou suicidar-se?

Fonte: Méndez (1998); Méndez, Olivares e Ros (2001). (Reprodução autorizada)

Provas psicométricas

Os instrumentos de medição da depressão infantil são múltiplos e variados. Contudo, as ferramentas traduzidas, adaptadas ou criadas para avaliar a população espanhola são escassas. Como este capítulo não visa oferecer uma lista exaustiva de instrumentos, apresentamos a seguir os mais adequados e úteis para avaliar as crianças de nossa cultura.

Antes de tudo, precisamos distinguir os instrumentos de amplo espectro, como o ECI-4 ou a CBCL, que permitem avaliar as diversas síndromes ou dimensões – entre elas, a depressão infantil (Quadro 13.5) –, das escalas específicas, centradas na avaliação da depressão (ver Quadro 13.9).

Para revisões mais exaustivas, não limitadas aos instrumentos existentes em língua espanhola, remetemos o leitor aos trabalhos de Cantwell (1983), Ezpeleta, Domènech e Polaino (1988), Jané (2001), Méndez (1998), Méndez, Olivares e Ros (2002), Mokros e Poznanski (1992), Moreno (1998), Moreno (1995), Polaino-Lorente e García-Villamisar (1988), Puig-Antich, Chambers e Tabrizi (1983), Tisher e Lang (1983).

Auto-registros

Alguns sinais de depressão são observáveis e podem ser informados pelos adultos próximos à criança mediante outros informantes. Contudo, para outros sinais de mais difícil acesso, prefere-se que o próprio afetado se dê conta deles. O estilo atributivo próprio da depressão, por exemplo, reflete-se em algumas das verbalizações emitidas pela criança, mas, em vez de esperarmos que pessoas ao seu redor estejam atentas a esse tipo de expressões, é muito melhor perguntar diretamente a ela. Para avaliar o estilo atributivo, pode-se recorrer a um questionário como o CASQ (*Children's Attributional Style Questionnaire*, Seligman et al., 1984), do qual existe uma tradução espanhola no livro de Seligman (1998, citado por Méndez, Olivares e Ros, 2001, p. 161-168), ou, melhor ainda, pode-se recorrer a um auto-registro.

Quadro 13.9 Escalas específicas de depressão disponíveis em língua espanhola

SIGLAS	CDI	ESDM	EED	CDS	GRASP
Nome	Children's Depression Inventory	Escala de Sintomatología Depresiva para Maestros	Escala de Evaluación de la Depresión	Children's Depression Scale	General Rating of Affective Symptoms for Preschoolers
Autores e ano	Kovacs e Beck (1977)	Domènech-Llaberia e Polaino-Lorente (1990)	Del Barrio, Silva, Conesa-Pareja, Martorell e Navarro (1993)	Lang e Tisher (1978)	Orvaschel e Kashani (1984)
País	EUA	Espanha	Espanha	Austrália	
Tipo de prova	Auto-informe	Outro informante	Auto-informe	Auto-informe	Outro informante
Informante	Crianças	Professores	Crianças	Crianças	Pais e professores
Publicação espanhola	Ezpeleta, Domènech e Polaino (1988)	Domènech-Llaberia (1999)	Silva e Martorell (1993)	Seisdedos (1997)	Araneda, Moreno, Jané e Domènech-Llaberia (1998)
Idades de aplicação	6-17 anos	3-6 anos	10-18 anos	8-16 anos	3-6 anos
Número de itens	27	19	39	66	24
Tempo de aplicação	10 a 20 minutos	5 minutos	15 a 20 minutos	30 a 40 minutos	15 minutos
Consistência interna	0,71 a 0,94	0,81	0,78 a 0,89	0,69 a 0,97	0,32 a 0,88
Estabilidade temporal	0,38 a 0,87		0,57 a 0,87	0,33 a 0,74	
Validade convergente	0,78 a 0,84 (EED, CDS)	0,84 (GRASP)	0,78 (CDI)	0,84 (CDI)	

Fontes: Araneda e colaboradores (1998); Méndez (1998); Méndez, Olivares e Ros (2001).l

Trata-se do instrumento mediante o qual o próprio sujeito afetado anota o que se passa. É particularmente útil para registrar e medir comportamentos não observáveis, como os pensamentos e as emoções. Constitui uma ferramenta indispensável nas terapias de reestruturação cognitiva da depressão, já que permite medir e ilustrar a relação existente entre os pensamentos, as emoções e a conduta do sujeito. Faz-se imprescindível também para a correta análise topográfica e funcional das condutas que serão objeto de intervenção.

O auto-registro é um instrumento básico em psicologia clínica, por sua extrema utilidade para detectar com precisão quais os comportamentos problemáticos mais importantes e em que quantidade (freqüência) e gravidade (intensidade) se apresentam. Permite ainda analisar por que se apresentam, isto é, quais são os fatores desencadeantes (antecedentes), como atuam esses fatores e o que mantém as condutas problemáticas (conseqüências). Contudo, não se indica a utilização do auto-registro nas fases iniciais de triagem na escola, nem terá utilidade para o psicopedagogo ou para o psicólogo educacional, já que seu benefício é posterior ao diagnóstico e está estreitamente ligado à fase de tratamento da depressão. Nas primeiras fases de detecção, próprias do psicólogo escolar, o emprego de provas de *screening* ou de instrumentos de amplo espectro resulta mais vantajoso e pertinente, enquanto para as fases posteriores do tratamento recomenda-se a utilização do auto-registro nos transtornos depressivos. Podem-se encontrar alguns exemplos de auto-registros em Méndez (1998).

Avaliação da ansiedade patológica

Essa avaliação pode ser muito mais complexa do que a depressão pelo seguinte motivo: consideram-se patológicas as manifestações de ansiedade em função da idade do sujeito.

A ansiedade é um sistema de alarme psicológico análogo à dor física: enquanto a função desta é avisar sobre um dano imediato, a função da ansiedade consiste em alertar para um dano iminente, isto é, para uma ameaça. Portanto, a ansiedade é uma resposta defensiva com um valor adaptativo: alertar o indivíduo sobre possíveis perigos para que possa evitá-los a tempo, preservar sua integridade e garantir sua sobrevivência (Echeburúa, 1993).

A ansiedade não se converte em patologia até a perda de sua função adaptativa. No momento em que isso ocorre, podemos falar de ansiedade *desadaptativa*. Durante o primeiro ano de vida, a criança, que ainda não conhece os perigos do seu ambiente, manifesta um medo particular diante dos estranhos e diante da separação da mãe. Nesse primeiro ano, os medos são adaptativos, já que protegem a criança de possíveis perigos. Todavia, quando a criança já é maior, esses mesmos medos se convertem em fobia social e transtorno de ansiedade por separação na medida em que mais a prejudicam do que a protegem (Echeburúa, 1993; Méndez, 1999).

Portanto, no caso da ansiedade, é preciso ter muito claro que se trata de um sistema de alarme psicológico que evolui com o desenvolvimento e que, conseqüentemente, se converte em patológico em função do momento evolutivo.

Instrumentos gerais e específicos para avaliar a ansiedade

É preciso distinguir dois tipos de instrumentos para avaliar a ansiedade: os gerais e os específicos. As provas gerais configuram ferramentas que, entre outras medidas, proporcionam algum indicador de ansiedade. Entre elas, encontram-se o ECI-4 e a CBCL (ver Quadro 13.5), assim como a entrevista de diagnóstico DICA já mencionada (Ezpeleta, 1995). Essa entrevista proporciona um diagnóstico muito preciso, e só se recomenda sua utilização em ambientes clínicos de diagnoses (posteriores à pré-detecção escolar) e sob a condição de o profissional ter recebido previamente o treinamento estrito requerido para a sua correta aplicação. Por fim, Echeburúa (1993) menciona também o EPQ-J (Eysenck e Eysenck, 1975), que, embora se trate de um questionário de personalidade para adolescentes e pré-adolescentes (de 8 a 15 anos), inclui algumas pequenas escalas muito relacionadas com a ansiedade.

Além disso, as provas específicas avaliam unicamente a sintomatologia ansiosa (ver Quadro 13.10). Mais uma vez, o presente capítulo não pretende fazer uma revisão exaustiva de instrumentos, e sim referenciar aqueles que se encontram disponíveis em língua espanhola e que têm boas propriedades psicométricas.

Quadro 13.10 Instrumentos específicos para avaliar a ansiedade disponíveis em língua espanhola

SIGLAS	STAIC	CAS	CMAS	ESAP	SASC-R
Nome	State/Trait Anxiety Inventory for Children	Child Anxiety Scale	Child Manifest Anxiety Scale	Escala de Sintomatología Ansiosa para Preescolares	Social Anxiety Scale for Children-Revised
Autores e ano	Spielberger (1973)	Gillis (1980)	Catañeda, McCandless e Palermo (1956)	Domènech-Llaberia (1999)	La Greca e Stone (1993)
Tipo de prova	Auto-informe			Outros informantes	Auto-informe
Informante	Crianças			Pais e professores	Crianças
Publicação espanhola	TEA, 1988	TEA, 1989	Sosa e colaboradores (1990) – TEA	Domènech-Llaberia (1999)	Sandín e colaboradores (1999)
Idades de aplicação	9-15 anos	6-8 anos	10-12 anos	3-6 anos	7-16 anos
Número de itens	40	20	53	28	18
Tempo de aplicação	15 a 20 minutos	20 a 30 minutos	35 minutos	15 minutos	10 minutos
Consistência interna	0,85 a 0,89				0,90
Validade convergente	0,75				0,31 a 0,57 (STAIC)

Fontes: Domènech-Llaberia (1999); Echeburúa (1993).

Vale dizer que existem outros dois instrumentos, ainda em fase de desenvolvimento, mas que, em um prazo muito curto, contribuirão para reduzir a escassez de provas disponíveis em língua espanhola: trata-se da EICP (Escala de Inhibición Conductual para Preescolares) e da PAS (Preschool and Anxiety Scale), criada em língua catalã.

A EICP (Ballespí et al., 2003) é um instrumento útil para avaliar o traço temperamental conhecido como *inibição comportamental* (IC). A IC foi definida como a tendência a reagir com ansiedade diante de estímulos novos, incertos ou mutáveis (Ballespí e Jané, 2002a). A criança inibida é aquela que, ao se encontrar diante de um estranho ou em uma situação desconhecida, tende a retrair-se, demora muito a estabelecer contato e a ganhar confiança, manifesta sinais de afeto negativo (choro, expressão facial de medo, etc.) e procura manter-se perto das pessoas conhecidas (Ballespí e Jané, 2002b). Coloquialmente, classifica-se a criança inibida como uma criança medrosa, tímida ou envergonhada. Diferentes estudos sustentam que a inibição aumenta o risco de patologia ansiosa e que pode ser um bom indicador comportamental de vulnerabilidade a determinados transtornos de ansiedade (Ballespí et al., 2002).

A EICP-M (versão de professores) e a EICP-P (versão de pais) contêm 14 e 21 itens, respectivamente, redigidos em castelhano e na terceira pessoa, que permitem medir o grau de inibição da criança em idade pré-escolar (de 3 a 6 anos). As suas escalas possuem boa consistência interna (0,87 e 0,88, segundo o índice Alpha de Cronbach) e com evidência de validade convergente e discriminante (Ballespí et al., 2003).

A PAS (Xicoy et al., 2003) é uma bateria de avaliação dos sintomas de ansiedade em pré-escolares, muito recomendável na escola para a detecção de dificuldades na escola, e que compreende três formatos: auto-aplicada, versão de pais e versão para educadores. A auto-aplicada consta de 22 lâminas ilustradas, cada uma com duas imagens (uma reflete ansiedade, e a outra, não). A criança deve escolher, em cada lâmina, uma das duas imagens. A prova abrange o nível de desenvolvimento, as capacidades intelectuais e o gênero (existem duas versões, uma para os meninos e outra para as meninas), e permite comparar a visão dos três informantes (pais, crianças e educadores). A PAS pode se tornar um instrumento válido e confiável para a detecção precoce dos sintomas de ansiedade dos pré-escolares.

Instrumentos específicos para avaliar medos, temores e fobias

Podem-se distinguir dois tipos de instrumentos para avaliar os medos e as fobias infantis: os inventários de medos e os medômetros.

Os primeiros compõem-se por listas de possíveis medos que a criança pode ter e de uma escala para avaliar o grau de freqüência ou intensidade com que as crianças apresentam cada medo. Na Espanha, dispõe-se de dois inventários de medos gerais, o de Pelechano (1981, 1984) e o de Sosa e colaboradores (1993). À parte os inventários gerais, existem outros de medos específicos, como o Inventário de Medos Escolares, de Méndez (1988), e o Inventário de Medos do Hospital, de Melamed e Siegel (1975), do qual se pode encontrar uma tradução espanhola em Méndez (1999). O Quadro 13.11 descreve as características desses quatro inventários.

Além dos inventários, existem outros procedimentos para avaliar os medos:
- A entrevista
- A observação natural

Quadro 13.11 Inventários de medos disponíveis em língua espanhola

CARACTERÍSTICAS	INVENTÁRIOS GERAIS		INVENTÁRIOS ESPECÍFICOS	
Siglas	IMP	IM	IME	IMH
Nome	Inventário de Medos de Pelechano	Inventário de Medos	Inventário de Medos Escolares	Inventário de Medos de Hospital
Autores e ano	Pelechano (1981, 1984)	Sosa e colaboradores (1993)	Méndez (1988)	Melamed e Siegel (1975)
Aplicação	Individual	Individual e coletiva	Individual e coletiva	Individual
Idades de aplicação	4-9 anos	9-15 anos	Forma I: 3-7 Forma II: 8-12 Forma III: 13-16	
Número de itens	103	74 + 1	49 + 1	25

Fonte: Méndez (1999); Méndez, Olivares e Bermejo (2001).

- As provas de aproximação comportamental
- As provas de tolerância
- As medidas psicofisiológicas
- Os medômetros

Neste capítulo, não faremos referência a todos eles, porque já foram muito bem descritos por Méndez (1999) e por Méndez, Olivares e Bermejo (2001). Contudo, reservamos um comentário especial para os *medômetros*.

A avaliação infantil apresenta duas dificuldades não encontradas na dos adultos: a desejabilidade social e a incapacidade de avaliar a intensidade da conduta encoberta. Muitas vezes, a criança negará o próprio medo para parecer mais valente, porque isso é o socialmente desejável. Em outros casos, a dificuldade reside em atribuir uma pontuação ao medo, dependendo do momento. Essa segunda dificuldade é muito bem resolvida graças ao recurso dos *medômetros* (Méndez, 1999).

Trata-se de um sistema de medição do grau de medo (Méndez, 1999). Existem muitos tipos de *medômetros* (numéricos, gráficos, materiais, gestuais, etc.), e eles se caracterizam como procedimentos fáceis, rápidos e econômicos de aplicar, embora ofereçam uma estimativa subjetiva do grau de medo (Méndez, 1999). Uma locomotiva com vários vagões, um semáforo, um termômetro, uma seqüência de rostos com diferentes expressões de medo ou uma figura em diferentes tamanhos pode converter-se em um *medômetro* (ver Méndez, 1999; Méndez, Olivares e Bermejo, 2001). O Quadro 13.12 apresenta um exemplo de *medômetro* gráfico.

Para uma revisão mais exaustiva, que não se limite aos instrumentos disponíveis em língua espanhola, podem ser consultados os trabalhos de Infante, Jané e Domènech-Llaberia (1999); Jané (2001); Méndez, Olivares e Bermejo (2001); Rodríguez e Martínez (2002), e Xicoy, Masdeu, Jané e Domènech-Llaberia (2000).

Quadro 13.12 Exemplo de um medômetro gráfico

Quanto medo você tem?

Quase nada — Um pouco — Bastante — Muito — Muitíssimo

(Adaptado de Méndez, 1999, com permissão.)

AVALIAÇÃO PSICOPEDAGÓGICA DOS TRANSTORNOS DO COMPORTAMENTO

Os transtornos do comportamento podem parecer fáceis de avaliar, visto que são condutas, e as condutas são objetiváveis. Trata-se de uma afirmação errônea. Quando pedimos aos pais e professores que avaliem o comportamento da criança, muitas vezes constatamos que os informes não coincidem. É porque eles têm critérios diferentes, ou porque a criança não se comporta da mesma maneira em casa e na escola?

Por definição, um transtorno do comportamento deve ocorrer em todas as situações vividas pela criança. Contudo, os critérios de professores e pais poderiam não coincidir; por isso, teríamos de propor a utilização de outros instrumentos de medida mais confiáveis. Para evitar isso, normalmente se empregam diferentes instrumentos de medida dirigidos aos pais, aos professores e à própria criança; entrevistam-se todas as partes e, caso se julgue oportuno, realiza-se uma observação direta da conduta da criança.

Provas genéricas e auto-informes

O mais adequado é utilizar instrumentos de triagem para posterior orientação da entrevista, bem como instrumentos mais específicos. Os testes de triagem são provas que proporcionam uma visão geral dos possíveis problemas da criança, tanto comportamentais quanto emocionais. Os mais utilizados são o ECI-4, a CBCL e o teste de Conners, todos traduzidos e validados em castelhano. Essas provas possuem uma versão para os pais e outra para os professores (ver Quadro 13.5).

Outra fonte de informação, além dos professores, dos pais e da própria criança, são os colegas de escola, embora nem sempre sejam levados em conta. Conforme cresce, fica mais fácil para a criança dissimular certas condutas, em especial as anti-sociais, diante do adulto. Por exemplo, no caso de condutas agressivas, os professores normalmente só conseguem presenciar o final das brigas e, portanto, não podem adivinhar quem de fato provocou o outro ou a quem se deve atribuir a "patologia" da violência; do mesmo modo, é comum os pais não perceberem certas condutas hostis fora do contexto escolar e familiar ou de algumas atividades anti-sociais que os jovens podem esconder. Ao contrário, os colegas são uma boa fonte de informação dessas ações sutis. No que diz respeito à agressividade, trata-se de um bom indicador de problemas de conduta agressiva perguntar aos colegas de classe sobre as condutas hostis de determinadas crianças; além disso, antecipam-se problemas futuros quanto a isso (Coie et al., 1999). Portanto, incluir os amigos ou colegas da criança problemática entre as pessoas a se entrevistar ajuda a obter uma informação mais concreta das condutas conflituosas da criança.

Entrevista

A entrevista é fundamental para o estabelecimento de um diagnóstico correto. Alguns profissionais utilizam um formato de entrevista aberta. Sabendo quais as áreas que devem abordar, formulam perguntas segundo a dinâmica da entrevista, mas isso pode dar margem a muitos desvios e levar ao esquecimento de questões importantes. É por isso que existem as entrevistas estruturadas, nas quais o clínico precisa apenas seguir a ordem das perguntas. Entre as entrevistas estruturadas mais utilizadas em clínica infantil, temos a DISC-2.3: Diagnostic Interview Schedule for Children (Shaffer et al., 1993), traduzida e validada para a população espanhola. Em geral, essas entrevistas se baseiam nos critérios de diagnóstico do DSM, e por isso são revisadas à medida que aparecem novas versões desse manual.

Observação da conduta

Para a avaliação dos problemas de conduta, utilizam-se tanto escalas de provas de triagem ou genéricas, escalas específicas para determinados sintomas e conjuntos de itens de algumas entrevistas estruturadas. Não se deve esquecer, porém, que a observação da conduta constitui-se em um aspecto igualmente importante na avaliação dos transtornos do comportamento, não apenas pela informação que proporciona ao clínico, mas também como parte de qualquer problema de intervenção cognitivo-comportamental posterior.

Para um bom registro do comportamento que se observará, é preciso definir detalhadamente quais as condutas que devem ser avaliadas, registrar as situações que precedem essas condutas e as conseqüências destas. Existem sistemas de observação já estipulados que descrevem todos os passos a seguir e as estratégias de registro mais adequadas para o comportamento a ser avaliado. Entre eles, estão o BASC-SOS, Behavioral Assesment System for Children – Student Observation System (Reynolds e Kamphaus, 1992), e o CBCL-DOF, Child Behavior Checklist – Direct Observation Form (Achenbach, 1986).

Quando o clínico já tem uma idéia mais aproximada do tipo de transtorno de que a criança padece, podem-se utilizar instrumentos mais específicos que ajudem a apurar a detecção de sintomatologia. Segundo a classificação de diagnóstico que se adote, os critérios e o nome específico do transtorno variarão um pouco. Assim, se nos baseamos no manual de diagnóstico DSM-IV-TR, os transtornos de conduta que uma criança pode apresentar são os que aparecem no Quadro 13.13.

Uma criança será incluída em uma dessas categorias conforme os sintomas mais relevantes ou freqüentes que apresente. Normalmente, as escalas mais específicas examinam a existência de determinados sintomas, não o transtorno em si. Dessa forma, encontramos escalas ou subescalas que avaliam hiperatividade, condutas agressivas, condutas anti-sociais, impulsividade, etc.

Avaliação do TDAH (transtorno de déficit de atenção com hiperatividade)

Muitas das escalas mais genéricas incluem subescalas que examinam especificamente alguns problemas de comportamento na criança. Por exemplo, as escalas de Conners incluem um índice de hiperatividade que estima a intensidade desse sintoma. Os problemas de atenção são avaliados mediante as subescalas de problemas de atenção das provas de Achenbach (pais, professores e auto-informe).

Quadro 13.13 Transtornos exteriorizados segundo o DSM-IV-TR

TRANSTORNOS	ÁREAS	SINTOMATOLOGIA
Transtorno de déficit de atenção com hiperatividade (TDAH)	Cognição	• Tem problemas de atenção • Distrai-se facilmente • Faltam capacidades de organização • É descuidado com as atividades diárias
	Motricidade	• É impulsivo • Interrompe a fala de outras pessoas • Não consegue esperar a vez • É hiperativo • Fala demais • Muda constantemente de tarefa
Transtorno desafiador de oposição (TDO)	Comportamento social	• Tem ataques de raiva freqüentes • Discute muito com os adultos • Não dá ouvidos aos adultos • Infringe as normas sociais • Tem condutas vingativas e ressentidas
	Relações sociais	• Perturba os colegas. • Culpa os outros.
Transtorno dissociativo (TD)	Comportamento social	• Agressividade • Crueldade com as pessoas e com os animais • Intimidações físicas e sexuais • Destruição de propriedades. • Atos delituosos: roubos, uso de armas. • Violação das normas sociais.
Transtorno da conduta perturbadora não-especificado (TCPNE)	Sintomatologia do TD e do TDO sem chegar a cumprir todos os critérios de nenhum dos dois transtornos.	

Outras escalas específicas para a hiperatividade e para os problemas de atenção são o CCP e o EDAH (ver Quadro 13.14).

O TDAH é um transtorno que implica alguns problemas cognitivos na criança, como, por exemplo, os problemas de atenção e a impulsividade cognitiva. Esses déficits podem ser avaliados mediante provas cognitivas aplicadas à criança. Entre elas, temos o CPT, que é uma prova informatizada em que se avaliam os problemas de atenção, e o WSCT, que avalia funções de execução de tarefas e impulsividade. Algumas escalas de inteligência também podem estimar possíveis problemas de atenção da criança. É o caso do WISC-R, de Weschler, e o K-ABC, de Kaufman.

Quadro 13.14 Instrumentos de medida infanto-juvenis para os transtornos exteriorizados

INSTRUMENTOS	IDADE	INFORMANTE	MEDIDA AVALIADA	VANTAGENS	LIMITAÇÕES
Original Conners Teacher Rating Scale – CTRS (Conners, 1969)	4-12 anos	Professores	Transtornos emocionais e comportamentais.	Realiza uma triagem clínica da hiperatividade.	Não leva em conta o desenvolvimento.
Conners Abbreviated Symptoms Questionaire – ASQ (Conners, 1973)	3-17 anos	Professores	Transtornos emocionais e comportamentais, sobretudo hiperatividade.	Proporciona informação sistematizada da hiperatividade. Detecta precocemente os transtornos de conduta.	Não pode ser utilizado para diagnóstico.
Preschool Behavior Checklist (PBCL) (McGuire e Richman, 1986) Adaptação espanhola por Planella, Jané, Domènech e Casas, 2001	2-5 anos	Professores	Condutas problemáticas na sala de aula.	Informa sobre a freqüência e a gravidade dos problemas de comportamento no contexto escolar.	Não detecta sintomatologia isolada. Pode originar falsos resultados.
Minnesota Multiphasic Personality Inventory – Adolescent – MMPI-A (Butcher et al., 1992)	14-18 anos	Auto-informe	Conduta psicopatológica.		
Cuestionario Comportamental para Preescolares – CCP (Miranda e Santamaria, 1986)	4-6 anos	Pais e professores	Comportamento hiperativo.	Oferece um perfil da sintomatologia hiperativa e dos problemas de atenção.	Não é válido para o diagnóstico clínico.
Evaluación del Trastorno por Déficit de Atención con Hiperatividad – EDAH (Farré e Narbona, 1998)	6-12 anos	Professores	Conduta perturbadora na sala de aula.	Detecta os problemas de hiperatividade, de atenção e de conduta.	Não detecta os problemas de comportamento dissociativo e negativista.

continua

Quadro 13.14 (continuação)

INSTRUMENTOS	IDADE	INFORMANTE	MEDIDA AVALIADA	VANTAGENS	LIMITAÇÕES
Sutter-Eyberg Student Behavior Inventory - SESBI (Sutter e Eyberg, 1984) Adaptação de Moreno, 1997	3-5 anos	Professores	Problemas de conduta em pré-escolares na sala de aula.	Avalia os problemas de comportamento em idades mais precoces.	Não é válido para problemas dissociais e negativistas.
Cuestionario de Conducta Perturbadora para alumnos de Educación Infantil – CCP-EI (Moreno, 1997)	3-6 anos	Professores	Conduta inadequada na sala de aula.	Faz uma triagem das condutas perturbadoras na pré-escola.	Não permite o diagnóstico clínico.
Batería de Evaluación de Conducta en Preescolares – PBT (Masque, Xicoy, Jané e Domênech, 2002)	3-6 anos	Pais, professores e auto-informe	Problemas de conduta na escola e no âmbito familiar.	Proporciona informação de fontes diferentes, com a novidade de que é auto-informada em pré-escolares.	
Cuestionario de Conductas Antisociales-Delictivas A-D (Seisdedos, 1987)	16-18 anos	Auto-informe	Específica para conduta anti-social e delituosa.		
Escala de Predicción de la Delincuencia (Silva et al., 1990)	16-18 anos	Auto-informe	Subescala dentro da bateria de socialização BAS-1 que avalia conduta anti-social.		
Escala de Conducta Antisocial de Allsopp y Fedlman (adaptação espanhola por Silva e Martorell, 1993)	16-18 anos	Auto-informe	Conduta pré-delituosa durante o último ano.		

Quadro 13.15 Transtornos do espectro autista conforme o grau de gravidade

- Transtorno semântico-pragmático
- Transtorno autista
- Transtorno de Asperger
- Transtorno desintegrador
- Transtorno de Rett
- Autismo atípico

Avaliação do TDO (transtorno desfiador de oposição)

A sintomatologia desse transtorno inclui conduta agressiva, desobediência, problemas inter-relacionais, etc. Para avaliar esses sintomas, além da observação direta, utilizam-se provas e entrevistas respondidas por pais, professores e pela própria criança. Como já dissemos em item anterior, as informações proporcionadas pelos colegas de classe são de particular importância no que diz respeito à avaliação de problemas de relação e agressividade.

Podemos encontrar subescalas de agressividade e problemas de conduta na CBCL (versão para pais e professores), nas escalas de Conners e no MMPI-A, bem como provas mais específicas, como o SESBI, de Sutter (Sutter e Eyberg, 1984); o PBT, de Masdeu (Masdeu, Xicoy, Jané e Domènech, 2002), e o CCP-EI, de Moreno (1997).

Avaliação do TD (transtorno dissociativo)

Para a avaliação do transtorno dissociativo, deve-se examinar a existência de condutas anti-sociais e delituosas.

Existem subescalas de conduta delituosa ou anti-social nos questionários de Conners e Achenbach. Entre as provas, tem-se o Questionário de Condutas Anti-Sociais-Delituosas A-D, de Seisdedos (Seisdedos, 1987); a Escala de Previsão da Delinqüência, de Silva (Silva et al., 1990), e a Escala de Conduta Anti-social, de Allsopp e Fedlman (adaptação espanhola de Silva e Martorell, 1993).

Para a avaliação do *transtorno da conduta perturbadora não-especificado*, utilizam-se as mesmas provas que nos outros transtornos, já que ele inclui sintomas dos outros problemas de conduta, mas não chega a cumprir todos os critérios de nenhum deles.

Avaliação dos transtornos do espectro autista

Os transtornos do espectro autista englobam um grupo de desordens do neurodesenvolvimento (ver Quadro 13.15), que apresentam três sintomas característicos:

1. Transtornos qualitativos da interação social.
2. Transtornos qualitativos da comunicação verbal e não-verbal.
3. Padrão restritivo e estereotipado de condutas e interesses.

Além disso, cada transtorno apresentará uma sintomatologia característica descrita brevemente no Quadro 13.16.

Quadro 13.16 Sintomatologia dos transtornos do espectro autista

TRANSTORNO	ÁREAS	SINTOMAS
Transtorno autista	Comunicação e linguagem	• Incapacidade para utilizar e compreender gestos. • Atraso no estabelecimento da linguagem.
	Relações sociais	• Comportamento social inapropriado. • Não saber compartilhar. • Não saber manter relações afetivas. • Pensamento anti-social. • Falta de reciprocidade.
	Cognição	• Deficiências sensoriais. • Falta de imaginação e criatividade. • Falta de imitação. • Falta de teoria da mente. • Pensamento inflexível.
	Outros	• Transtornos do sono. • Transtornos da alimentação.
Transtorno de Asperger	Comunicação e linguagem	• Atraso no desenvolvimento. • Superficialidade expressiva. • Pronúncia estranha. • Interpretação literal da linguagem. • Impossibilidade de entender e acompanhar uma conversa.
	Motricidade	• Inércia. • Lentidão de movimentos. • Movimentos estereotipados.
	Cognição	• Desenvolvimento intelectual normal. • Déficit na teoria da mente. • Déficit na flexibilidade do pensamento. • Déficit na imaginação. • Déficit na criatividade. • Bom nível de memória.
	Relações sociais	• Inabilidade para interagir. • Falta de desejo de reciprocidade. • Conduta e afeto social inapropriados.
Transtorno desintegrador da infância	Desenvolvimento	• Etapa prévia de desenvolvimento normal seguida de uma perda de capacidades. Implica anomalias da socialização, da comunicação e do comportamento.

continua

Quadro 13.16 (continuação)

TRANSTORNO	ÁREAS	SINTOMAS
Transtorno desintegrador da infância (cont.)	Comportamento	• Deterioração pseudo-autística. • Presença de estereótipos. • Perda do controle de esfíncteres. • Perda de interesse pelo ambiente. • Regressão das atividades de brincar e das atividades sociais.
Transtorno de Rett	Crescimento	• Perímetro cranial normal ao nascer. Desaceleração entre os 5 meses e os 4 anos.
	Motricidade	• Comprometimento do desenvolvimento motor. • Perda da motricidade voluntária das mãos. • Movimentos estereotipados das mãos. • Falta de deambulação.
	Comunicação e linguagem	• Linguagem expressiva e receptiva muito deteriorada.
Transtorno semântico-pragmático	Comunicação e linguagem	• Dificuldades para estabelecer a atenção conjunta. • Atraso no desenvolvimento. • Problemas iniciais de compreensão. • Riqueza de vocabulário desproporcional para a idade.
	Conduta	• Dificuldades nas brincadeiras interativas. • Jogos repetitivos. • Não sabem compartilhar. • Transtornos de aprendizagem. • Ansiedade e hiperatividade.
	Relações sociais	• Pouca empatia. • Ingenuidade. • Aproximações sociais inadequadas. • Falta de entendimento das intenções de outras pessoas. • Reclamação excessiva da atenção do adulto. • Não-reconhecimento das diferenças entre conduta adequada e inadequada.

Como se avaliam os transtornos do espectro autista?

É preciso dispor de um protocolo básico de avaliação com quatro itens:

1. O duplo contexto que implica a necessidade de fazer uma avaliação ao mesmo tempo ecológica e experimental.

2. A entrevista que deve ser feita a qualquer pessoa que tenha um contato estreito com a criança.
3. Informes escritos de professores, tutores, educadores, etc.
4. Escalas de comportamento informadas para pais, professores e escalas de observação.

Portanto, será preciso utilizar técnicas informais, como as observações de conduta espontânea, e também provas formais, como os testes de inteligência, linguagem, memória, atenção e conduta adaptativa. Atualmente, dispõe-se de técnicas mais específicas para esses transtornos, que se fundamentam na teoria da mente e na função executiva, e que contribuem bastante para estabelecer um diagnóstico adequado e diferencial. Nesse sentido, utilizaremos as falsas crenças, a flexibilidade do pensamento, o reconhecimento e a memória de trabalho. Considerando o exposto até aqui, propõe-se um protocolo básico de avaliação e detecção dos transtornos do espectro autista (ver Quadro 13.17)

Quadro 13.17 Bateria proposta

De 3 a 6 anos	• Escala d'Avaluació dels Trets Autistes (ATA) (Jané, Capdevila e Domènech, 1994) • Battelle Development Inventory (BDI) • Escala de McCarthy • Observação direta
De 7 a 16 (mais dificuldades)	• Escala de Leiter • Battelle Development Inventory (BDI) • Escala d'Avaluació dels Trets Autistes (ATA) (Jané, Capdevila e Domènech, 1994) • Falsas crenças • Observação direta
De 7 a 16 (mais dificuldades)	• Escalas de Weschler (WISC-R) • Stroop Test • Escala Australiana para a Síndrome de Asperger (ASAS) • Experimental Checklist Semantic-Pragmatic Impairment • Escala d'Avaluació dels Trets Autistes (ATA) (Jané, Capdevila e Domènech, 1994) • Inventario para la planificación de servicios y programación individual (ICAP) • Falsas crenças • Observação direta

CONCLUSÕES

Para finalizar, queremos insistir na importância da detecção precoce dos sintomas e sinais de risco psicopatológico na infância e na adolescência, para evitar o estabelecimento de um transtorno, em muitos casos, e para se realizar uma intervenção muito rápida e o mais adequada possível, em outros.

Em nossa sociedade, os professores e as equipes psicopedagógicas são em geral os primeiros profissionais, e às vezes os únicos, a ter um contato direto com a população infantil e adolescente e, além disso, os que podem manter um contato permanente com os pais, o que lhes permite cuidar do desenvolvimento emocional, cognitivo e comportamental de seus alunos. Por esse motivo, é fundamental conhecer os instrumentos de avaliação psicopatológica infantil que podem ajudar e facilitar a tarefa dos profissionais da educação da perspectiva da detecção, mas não na orientação de um diagnóstico clínico exaustivo, válido e confiável, que corresponderia a uma segunda etapa da avaliação psicopatológica infantil no âmbito da saúde mental.

REFERÊNCIAS

ACHENBACH, LM.; EDELBROCK, C.S. (1991): Manual for the child behavior checklist and revised child behavior profile. Burlington, VT. University Associates in Psychiatry.
ACHENBACH, T.M.; RESCORLA, LA. (1998): Manual for ASEBA Preschool Forms & Profiles. Burlington, VT. University of Vermont, Research Center for Children, Youth & Families.
_____. (2000): Manual for the ASEBA school forms & profiles. Burlington, VT. Library of Congress.
AMERICAN PSYCHIATRIC ASSOCIATION (2000): Diagnostic and Statistical Manual of Mental Disorders-IV-TR. Washington, DC. Author.
APA (2000): Manual estadístico diagnóstico DSM-IV-TR. Barcelona. Masson.
ARANEDA, N. y otros (1998): «Características psicométricas de la escala "The General Rating of Affective Symptoms for Preschoolers (GRASP)": estudio preliminar en población preescolar española». Infanto: Revista de Neuropsiquiatra da Infancia e Adolescência, 6, pp. 56-61.
BALLESPÍ, S.; JANÉ, M.C. (2002o): «Cómo evaluar la inhibición conductual? Una revisión de instrumentos». Revista de Psiquiatría Infanto-Juvenil, 1, pp. 69-81.
_____. (2002b): «Detecció precoc de la inhibició conductual a l'escola». Suports, 6, pp. 24-36.
BALLESPÍ, S. y otros (2002): «Estudio de la sintomatologia ansiosa y depresiva de una muestra de preescolares inhibidos». Revista de Psiquiatría Infanto-Juvenil, 19, pp. 184-191.
_____. (2003): «Escala de Inhibición Conductual para Preescolares – versión de Maestros (EICP-M): Propiedades psicométricas». Psicothema, 15, pp. 205-210.
BARKLEY, R.A. (1981): Hiperactive children: a handbook for diagnosis and treatment. Nueva York. Guilford Press.
BARKLEY, R.A; EDELBROCK, C. (1987): «Assessing situational variation in children's problem behaviors: the home and school situation questionnaires», en RJ. PRINZ (ed.): Advances in behavioral assessment of children and families. Nueva York. JAI, 3, pp. 157-176.
BARRIO, V. DEL y otros (1993): «Escala de Evaluación de la Depresión (EED)», en SILVA, F.; MARTORELL M.C. (eds.): Evaluación de la personalidad infantil y juvenil (EPIJ). Madrid. MEPSA, pp. 55-82.
BEHAR, LB. (1977): «The preschool behavior questionnaire». Journal of Abnormal Child Psychology, 5, pp. 265-275.
BISHOP, D.V.M. y otros (2000): «Conversational responsiveness in Specific Language Impairments: Evidence of dispropotionate pragmatic difficulties in a subset of children». Developmental and Psychopathology, 12, pp. 177-199.
BUTCHER, J.N. y otros (1992): MMPI-A, Minnesota Multiphasic Personality Inventory-Adolescent: Manual for administration, scoring, and interpretation. Minneapolis. University of Minnesota Press.
CANTWELL, D.P. (1983): «Evaluación de la depresión infantil: una visión general», en CANTWELL, D.P; CARLSON, G.A. (eds.): Trastornos afectivos en la infancia y la adolescencia. Barcelona. Martínez Roca, pp. 137-145.
CASSIDY, J.; ASHER, S.R. (1992): «Loneliness and peer relation in young children». Child Development, 63, pp. 350-365.
COIE, J.D. y otros (1999): «It takes two to fight: a test of relational factors and a method for assessing aggressive dyads». Developmental Psychology, 35(5), pp.1179-1188.
CONNERS, C.K. (1969): «A teacher Rating Scale for use in drug studies with children». American Journal of Psychiatry, 126, pp. 884-888.
DEPAUL, GJ.; RAPPORT, M.D.; PERRIELLO, LM. (1990): Teacher ratings of academic performance:

the development of the children's Learning Profiles. (No publicado.)

DOMÈNECH-LLABERIA, E. (1999): «Detección de sintomas depresivos y ansiosos en el preescolar: escolas de evaluación», en SASSOT, J.; MORAGA, F.A. (eds.): Psicopediatría en atención primaria: Nuevas estratégias preventivas y terapêuticas. Barcelona. Prous Science SA, pp. 15-24.

DOMÈNECH-LLABERIA, E.; MORENO, C. (1995): «Evaluación de la depresión en la edad preescolar», en DOMÈNECH-LLABERIA, E. (ed.): Actualizaciones en psicopatología infantil (0-5 años). Barcelona. PPU, pp. 155-168.

DOMÈNECH-LLABERIA, E.; POLAINO-LORENTE, A. (1990): «La escala ESDM (Escala de Sintomatologia Depresiva para el Maestro) como instrumento adicional de diagnóstico de la depresión infantil». Revista de Psiquiatria de la Facultad de Medicina de Barcelona, 17, pp. 105-113.

ECHEBURÚA, E. (1993): Trastornos de ansiedad en la infancia. Madrid. Pirâmide.

ELLIOT, D.S.; AGETON, S.S. (1980): «Reconciling race and class differences in self-reported and oficial estimates of delincuency». American Sociological Review, 45, pp.95-110.

EYSENCK, H.J.; EYSENCK, S.B.G. (1975): Manual of the Eysenck Personality Questionnaire (Júnior and Adult). Londres. Hodder and Stoughton.

EZPELETA, L (1995): «La Entrevista Diagnóstica para Niños y Adolescentes (DICA)». Text-Context, 12, pp. 34-38.

EZPELETA, L; DOMÈNECH, E.; POLAINO, A. (1988): «Escalas de evaluación de la depresión infantil», en POLAINO-LORENTE, A. (ed.): Las depresiones infantiles. Madrid. Morata, pp. 275-400.

GADOW, K.D.; SPRAFKIN, J. (1997): Early Childhood lnventory-4 norms manual. Stony Brook, NY. Checkmate Plus.

GARRET, M.S.; ATTWOOD, A.J. (1997): «Australian scale for Asperger syndrome», en ATTWOOD, T. (ed.): Asperger's Syndrome: A guide for parents and professionals. Londres. Jessica Kingsly Publishers.

GILLIS, J.S. (1980): Manual for the Child Anxiety Scale. Champaign, lilinois: Institute for Personality and Ability Testing. Versión española, TEA, 1989.

GOLDEN, C.J. (1994): STROOP, Test de colores y palabras. Madrid. TEA.

GOODMAN, R. (1997): «The Strenths and Difficulties Questionnaire: A research note». Journal of Child Psychology and Psychiatry, 38, pp. 581-586.

GOYETTE, C.; CONNERS, C.K.; ULRICH, R.F. (1978): «Normative data on revised Conners parent and teacher rating scales». Journal of Abnormal Child Psychology, 6,pp.221-236.

HAPPÉ, F.; FRITH, U. (1994): «Theory of mind in autism», en SCHOPLER, E.; MESIBOV, G.B. (eds.): Learning and cognition in autism. Nueva York. Plenum Press, pp. 59-82.

HERJANIC, B.; CAMPBELL, W. (1977): «Differentiating psychiatrically disturbed children: the internal structure of a structured interview». Journal of Abnormal Child Psychology, 10, pp. 307-324.

HODGES, K.; COOL, J.; MAKNEW, D. (1989): «Test-retest reliability of a clinical research interview for children: the Child Assessment Schedule (CAS)». Psychological Assessment, 1, pp. 317-322.

INFANTE, P.; JANE, M.C.; DOMÈNECH-LLABERIA, M.C. (1999): «Avaluació de la simptomatologia de l'ansietat a preescolar». Revista de l'Associació Catalana d'Atenció Precoç, 13, pp. 49-56.

JANÉ, M.C. (2001): Llenguatge i psicopatologia de la infantesa i l'adolescència: Clínica i avaluació. Bellaterra. Servei de Publicacions de la UAB.

JANE, M.C. y otros (2000): «Evaluación de la sintomatología depresiva del preescolar: correspondencia entre los informes de padres y de maestros». Psicothema, 12, pp.212-215.

JANÉ, M.C.; CAPDEVILA, R.M.; DOMÈNECH, E. (1994): «Escala de Evaluación de los rasgos autistas (ATA): Validez y fiabilidad de una escala para el examen de las conductas autistas». Revista de Psiquiatría Infanto-Juvenil, 4, pp. 254-263.

KENDALL, P.H.; WILCOX, L.E. (1979): «Self-control in children: development of rating scale». Journal of Consulting and Clinical Psychology, 47, pp. 1020-1029.

KOVACS, M. (1985): «The Interview Schedule for Children (ISC)». Psychopharmacology Bulletin, 21, pp. 991-994.

KOVACS, M.; BECK, A.T. (1977): «An empirical-clinical approach toward a definition of childhood depression», en SCHULTERBRANDT, J.G.; RASKIN, A. (eds.): Depression in childhood: diagnosis. treatment, and conceptual models. Nueva York. Raven Press, pp. 1-25.

KULICK, JÁ; STEIN, K.B.; SARBIN, T.R. (1975): «Dimensions and patterns of adolescents antisocial behavior». Journal of Consulting and Clinical Psychology, 32, pp.375-382.

LA GRECA, A.M.; STONE, W.L (1993): «Social Anxiety Scale for Children-Revised: Factor

structure and concurrent validity». Journal of Clinical Child Psychology, 22, pp.17-27.
LACHAR, D.; GRUBER, C.P. (1994): The Personality Inventory for Youth. Los Angeles. Western psychological Services.
LANG, M.; TISHER, M. (1978): Children's Depression Scale. Melbourne. Australian Council for Educational Research.
McCARTHY, D. (1977): MSCA. Escalas de aptitudes y psicomotricidad para niños. Madrid. TEA (Newborg y otros, 1984).
McGUIRE, J.; RICHMAN, N. (1986): «Screening for behavior problems in nurseries. The reliability and validity of the Preschool Behavior Checklist». Journal of Child Psychology and Psychiatry, 27 (1), pp. 7-32.
MELAMED, B.G.; SIEGEL, U. (1975): «Reduction of anxiety in children facing hospitalization and surgery by use of filmed modeling». Journal of Consulting and Clinical Psychology, 43, pp. 511-521.
MÉNDEZ, F.X. (1988): Inventario de Miedos Escolares (IME). Trabajo policopiado. Murcia. Universidad de Murcia.
_____. (1998): El niño que no sonríe: estratégias para superar la tristeza y la depresión infantil. Madrid. Pirámide.
_____. (1999): Miedos y temores en la infancia: Ayudar a los niños a superarlas. Madrid. Piramide.
MÉNDEZ, F.X.; OLIVARES, J.; BERMEJO, R.M. (2001): «Características clínicas y tratamiento de los miedos, fobias y ansiedades específicas», en CABALLO, V.E.; SIMÓN, M.A. (eds.): Manual de Psicología Clínica Infantil y del Adolescente: Trastornos generales. Madrid. Pirâmide, pp. 59-92.
MÉNDEZ, F.X.; OLIVARES, J.; ROS, M.C. (2001): «Características clinicas y tratamiento de la depresión en la infancia y adolescencia», en CABALLO, V.E.; SIMÓN, M.A. (eds.): Manual de Psicología Clínica Infantil y del Adolescente: Trastornos generales. Madrid. Pirâmide, pp. 139-186.
MOKROS, H.B.; POZNANSKI, E.O. (1992): «Procedimientos normalizados para la evaluación clínica de la depresión», en SHAFII, M.; SHAFII, S.L. (eds.): Depresión en niños y adolescentes: Clínica, evaluación y tratamiento. Barcelona. Martínez Roca, pp. 121-141.
MONTERO, D. (1993): Evaluación de la conducta adaptativa en personas con discapacidades: Adaptación y validación del ICAP. Bilbao. Ediciones Mensajero.

MORENO, C. (1998): «Evaluación de la depresión de cero a três años de edad», en DOMÈNECH-LLABERIA, E.; JANÉ, M.C. (eds.): Actualizaciones en psicopatología infantil - II (De cero a seis años). Bellaterra. Servei de Publicacions de la UAB, pp.311-331.
NAGLIERI, JÁ; LEBUFFE, PA; PFEIFFER, S.I. (1994): Devereux scalesc of mental disorders. Nueva York. The Psychological Corporation.
NATIONAL CENTER FOR CLINICAL INFANT PROGRAMS (1998): Clasificación diagnostica: 0-3. Buenos Aires. Paidós.
NEEPER, R.; LAHEY, B.B.; FRICK, PJ. (1990): Comprehensive behavior rating scale for children. Nueva York. The Psychological Corporation.
NEWBORG, J. y otros (1984): The Battelle developmental Inventory. Allen, Tx. DLM. Teaching Resources.
OMS (2000); Clasificación multiaxial de los trastornos psiquiátricos en niños y adolescentes. Madrid. Editorial Médica Panamericana.
ORVASCHEL, H.; KASHANI, J.H. (1987): General Rating of Affective Symptoms (GRASP). Florida. Nova University. (Manuscrito não publicado.)
PELECHANO, V. (1981): Miedos infantiles y terapia familiar-natural. Valencia. Alfaplús.
_____. (1984): «Programas de intervención psicológica en la infancia: Miedos». Análisis y Modificación de Conducta, 10, pp. 23-24.
PELHAM, W.E. y otros (1992): «Teacher ratings of DSM-III-R symptoms for the disruptive behavior disorders». Journal of the American Academy of Child and Adolescent Psychiatry, 31, pp. 210-218.
POLAINO-LORENTE, A.; GARCÍA-VILLAMISAR, A. (1988): «Diagnóstico y evaluación de las depresiones infantiles», en POLAINO-LORENTE, A. (ed.): Las depresiones infantiles. Madrid. Morata, pp. 71-96.
POZNANSKI, E.O.; COOK, S.C.; CARROLL, BJ. (1979): «A depression rating scale for children». Pediatrics, 64, pp. 442-450.
POZNANSKI, E.O.; FREEMAN, LN.; MOKROS, H.B. (1985): «Children's Depression Rating Scale - Revised». Psychopharmachology Bulletin, 21, pp. 979-989.
PUIG-ANTICH, J.; CHAMBERS, WJ.; TABRIZI, M.A. (1983): «Evaluación clínica de episodios depresivos habituales en niños y adolescentes: entrevistas a padres y niños», en CANTWELL D.P.; CARLSON, G.A. (eds.): Trastornos afectivos en la infancia y la adolescencia. Barcelona. Martínez Roca, pp. 146-162.

QUAY, H.C.; PETERSON, D.R. (1983): Interim manual for the Revised Behaviour Problem Checklist. Coral Gables, FL. Author.
REICH, W.; WELNER, Z. (1988): DICA-R DSM III version. Washington University, Division of Child Psychiatry. St. Louis, Missouri. Washington University Press.
REYNOLDS, C.R.; KAMPHAUS, R.W. (1992): Behavior assessment system for children (BASC). Circle Pines, MN. American Guidance Services.
ROBINSON, EA; EYBERG, S.M.; ROSS, A.W. (1980): «The standardization of an inventory of child conduct problem behaviors». Journal of Clinical Child Psychology, 9, pp. 22-28.
RODRÍGUEZ, M.; MARTÍNEZ, N.C. (2001): «Trastorno de ansiedad generalizada y trastorno de panico en niños y adolescentes», en CABALLO, V.E.; SIMÓN, M.A. (eds.): Manual de Psicología Clínica Infantil y del Adolescente: Trastornos generales. Madrid. Piramide, pp. 93-120.
ROID, G.; MILLER, L (1996): Escala manipulativa internacional de Leiterr-R. Madrid. Symtec.
ROUTH, D.K.; SCHROEDER, C.S.; OTUAMA, L. (1974): «Development of activity level in children». Developmental Psychology, 10, pp. 163-168.
SANDIN, B. y otros (1999): «Escala de Ansiedad Social para Niños-Revisada (SASC-R)». Fibilidad, validez y datos normativos. Análisis y Modificación de Conducta, 25 (104), pp. 827-847.
SEISDEDOS, N. (1987): Cuestionario A-D. Conductas Antisociales-Delictivas. Madrid. TEA.
_____ (1997): CDS: Cuestionario de Depresión para niños (5.º ed.). Madrid. TEA.
SELIGMAN, M.E.P. (1998): Aprenda optimismo: Haga de la vida una experiência maravillosa. Barcelona. Grijalbo. (Original inglês publicado em 1990.)
SELIGMAN, M.E.P. y otros (1984): «Attributional style and depressive symptoms among children». Journal of Abnormal Psychology, 93, pp. 235-238.
SERRA, E. (1995): «El enfoque evolutivo en la evaluación», en SILVA, F. (ed.): Evaluación Psicológica en niños y adolescentes. Madrid. Síntesis, pp. 43-62.
SHAFFER, D. y otros (1993): «The Diagnostic Interview Schedule for Children-Revised Version (DISC-R): Preparation, field, testing, interrater reliability, and acceptability». Journal of the American Academy of Child and Adolescent Psychiatry, 32, pp. 643-650.
SILVA, F. (1995): «La evaluación infantil y adolescente en su contexto: Cuestiones introductorias». Evaluación Psicológica en niños / adolescentes. Madrid. Sintesis, pp. 24-42.
SILVA, F.; MARTORELL, M.C. (eds.) (1993): Evaluación de la personalidad infantil y juvenil (EPIJ). Madrid. MEPSA.
SILVA, F. y otros (1990): «Una escala para la predicción de menores delincuentes». Delincuencia/ Delinquency, 2, pp. 187-192.
SOSA, C.D. y otros (1993): «Inventario de Miedos», en SILVA, F.; MARTORELL, M.C. (eds.): Evaluación de la personalidad infantil y juvenil (EPIJ). Madrid. MEPSA, volumen 3, pp. 99-124.
SPIELBERGER, C.D. (1973): Manual for the State/ trait Anxiety Inventory in Children. Palo Alto, CA. Consulting Psychologists Press. (Versión espanola, TEA, 1988.)
SPRAFKIN, J.; GADOW, K.D. (1996): Early Childhood Inventories Manual. Stony Brook, NY. Checkmate Plus.
SUTTER, J.; EYBERG, S.M. (1984): Sutter-Eyberg student behavior inventory. Gainseville, FL University of Florida.
TISHER, M.; LANG, M. (1983): «La escala de depresión para niños: revisión y perspectivas», en CANTWELL, D.P.; CARLSON, G.A. (eds.): Trastornos afectivos en la infancia y la adolescencia. Barcelona. Martínez Roca, pp. 163-181.
WESCHLER, D. (1974): Manual for the Weschier intelligence scale for children-revised (WISC-R). Madrid. TEA.
XICOY, S. y otros (2000): «Evaluación del trastorno de ansiedad en preescolares: revisión de cuestionarios, escalas e inventarios». Revista de Psiquiatría Infanto-Juvenil. pp. 101-112.

LEITURAS RECOMENDADAS

DOMÈNECH-LLABERIA, E.; JANÉ, M.C. (1998): *Actualizaciones en psicopatología infantil (De cero a seis años)*. Bellaterra. Publicacions de la UAB. Livro dirigido a profisionais da saúde e da educação que se dedicam às crianças menores. Oferece uma visão geral dos problemas e transtornos psicopatológicos, dos sinais de risco e de como realizar uma avaliação e um diagnóstico adequados para promover a prevenção e a intervenção mais apropriada.

JANÉ, M.C. (2000): *Llenguatge i psicopatologia de la infantesa i l'adolescència: Clínica i avaluació*. Bellaterra. Publicacions de la UAB.

Obra em que se pode encontrar informação atualizada sobre os diversos transtornos psicopatológicos da infância e da adolescência, os fatores de risco, sua apresentação clínica e sua avaliação. Pode ser considerado um guia básico que ajuda a conhecer mais de perto a evolução dos diferentes transtornos ao longo dessas etapas da vida, ao mesmo tempo em que se considera a importância da linguagem e da comunicação nos vários transtornos abordados, seja como fator de risco, seja como sintoma representativo do transtorno.

MARDOMINGO, M.J. (1998): *Psiquiatría para padres y educadores: ciencia y arte*. Madrid. Narcea.

Livro que proporciona informações relevantes sobre os transtornos e problemas psicopatológicos e sobre como podem ser detectados por educadores e pais. Oferece ainda uma perspectiva histórica das alterações. É uma obra de visão geral dos problemas psicológicos atuais.

SALDAÑA, C. (2001): *Detección y prevención en el aula de dos problemas del adolescente*. Madrid. Pirámide.

Esta obra trata de vários aspectos que, de uma maneira ou de outra, incidem na atenção dos adolescentes. Em cada um de seus onze capítulos, apresenta-se uma descrição básica dos traços mais representativos dos diferentes transtornos, como também as linhas essenciais para a detecção e prevenção no âmbito escolar. É interessante destacar o capítulo que faz referência ao adolescente normal, pois pode servir de guia para entender melhor essa etapa.

A avaliação psicopedagógica dos alunos com dificuldades na aprendizagem da língua escrita | 14

Remei Grau

INTRODUÇÃO

Entre o conjunto de competências ou capacidades que podem ser objeto de avaliação psicopedagógica no âmbito escolar, aquelas relacionadas com a língua escrita possuem uma relevância especial e constituem uma das intervenções mais freqüentes entre os profissionais dedicados a essa função. A causa dessa relevância é óbvia: na medida em que a aprendizagem escolar se apóia quase que exclusivamente na linguagem escrita, as dificuldades nessa área se convertem, por extensão, em dificuldades de aprendizagem em geral. Assim, o chamado *fracasso escolar*, com suas conseqüências negativas não apenas para a faceta intelectual, mas também – e talvez principalmente – para o desenvolvimento emocional da criança, tem uma relação muito direta com as dificuldades ou domínio insuficiente da linguagem escrita.

A esses efeitos relativos ao desenvolvimento pessoal acrescenta-se a desvantagem social. As pessoas nunca são hábeis ou competentes em todos os aspectos da vida e, no entanto, o fato de terem pouca ou nenhuma competência em uma ou em diversas habilidades não as impede de viver normalmente. Todavia, quando a carência afeta de forma significativa a capacidade de ler e escrever, adquire, em nossa sociedade, uma conotação diferente de outros tipos de capacidades, pois pode chegar a impedir – ou pelo menos dificultar – a plena incorporação de determinados sujeitos à cultura letrada em todas as suas manifestações. Ainda que ser letrado não garanta necessariamente o êxito social, o fato de não o ser implica uma redução de oportunidades e, sem dúvida nenhuma, uma limitação das possibilidades de enriquecimento pessoal.

Uma vez reconhecida a importância dessa aprendizagem, compreende-se que a escola – e não apenas ela – tenha diante de si o desafio e o compromisso de conseguir que seus alunos aprendam a ler e a escrever e, além disso, que essa aprendizagem lhes possibilite o acesso a conhecimentos diversos (a língua escrita como *utensílio* de aprendizagem) para se converterem em sujeitos alfabetizados com plenos direitos, participando de todos os usos e funções que a cultura escrita tem em nossa sociedade.

Contudo, esse processo, em princípio tão natural, converte-se para algumas crianças em um caminho cheio de obstáculos, algumas vezes porque têm mais dificuldades que outras de se iniciarem nesse conhecimento – dificuldades para aprender a ler e escrever – e outras vezes porque, uma vez iniciadas, mostram deficiências mais ou menos importantes de compreensão e de expressão escrita que dificultam seu processo educacional – escrever e ler para aprender.

A complexa tarefa de avaliar a linguagem escrita

Se saber ler e escrever é importante, avaliar esse saber é, sem dúvida, uma tarefa complexa. Uma das causas dessa complexidade reside na grande diversidade de componentes que a integram, independentes mas ao mesmo tempo interconectados entre si e em constante relação com outros fatores, como a inteligência, a memória, outras formas de expressão, etc.

Diversos autores enfatizam essas dificuldades. Por exemplo, Johnston (1989) considera complicado avaliar a escrita por falta de um referencial teórico coerente sobre a própria natureza desse conhecimento e suas implicações, e argumenta que é difícil medir algo que ainda não foi bem-definido.

Ainda assim, e apesar dessa dificuldade, as tentativas de avaliar a escrita deram margem ao aparecimento de diversos modelos, a maioria mais centrada no produto do que no processo e cada um com seus objetivos, sua metodologia e seus procedimentos próprios (Santana e Gil, 1985). Seja como for, constata-se, em termos gerais, que a maioria das provas utilizadas para avaliar a linguagem escrita não leva muito em conta as pesquisas mais recentes – em particular os avanços da psicologia cognitiva –, ou são no mínimo restritivas.

Outro motivo de complexidade encontra-se na tomada de decisões que gera a avaliação da escrita. Que aspectos concretos se avaliam? Com que instrumentos? Que decisões pedagógicas são tomadas com base nos resultados da avaliação, partindo do critério de que a avaliação e a intervenção devem estar sempre unidas? Aprofundando ainda mais: como se adquirem as habilidades necessárias para ler e escrever? O que significa compreender um texto? Que diferenças existem entre os alunos que têm dificuldades para ler e escrever e os que não têm?

Estas e outras perguntas evidenciam a grande complexidade a que nos referíamos antes. Assim, tendo consciência de que necessariamente muitas delas continuarão sem resposta, tentaremos esclarecer algumas. Para isso, percorreremos as seguintes etapas:

1. Em primeiro lugar, definiremos os objetivos e os critérios que nos servem de referência ao propormos um processo de avaliação psicopedagógica da linguagem escrita.
2. Descreveremos os possíveis passos a seguir, a partir da demanda de avaliação que nos é apresentada, a fim da confirmar ou descartar determinadas hipóteses.
3. Exporemos de forma detalhada o procedimento ou a metodologia para avaliar as competências dos alunos na compreensão leitora e na expressão escrita, descrevendo e argumentando em favor de algumas provas que podem ser utilizadas para esse fim.
4. Analisaremos os diversos tipos e graus de déficit que podemos encontrar com base nos hipotéticos resultados da avaliação realizada.
5. Finalmente, daremos algumas orientações de caráter geral – preventivas e paliativas – que podem ajudar na intervenção educacional.

OBJETIVOS, CONTEÚDOS E MARCO CONCEITUAL

Uma avaliação da linguagem escrita pode responder a demandas e objetivos diversos. Com freqüência, inclui-se em um processo de avaliação global de determinado aluno com necessidades educacionais especiais. Nesse caso, as dificuldades de aprendizagem da língua que o aluno em questão apresenta fazem parte de um quadro de dificuldades mais amplo e, conseqüentemente, a abordagem posterior também será global.

Às vezes, é preciso avaliar toda uma classe que, na visão do tutor, tem um nível baixo de compreensão leitora, uma ortografia deficiente, etc. Muitas escolas adotam como prática habitual a realização de avaliações coletivas ao longo dos diferentes ciclos ou etapas e costumam solicitar a colaboração do assessor psicopedagógico nessa avaliação coletiva.

Em outras ocasiões, temos de assessorar a escola a respeito de decisões relativas à promoção de ano ou de ciclo de certos alunos, ou também a respeito da incorporação de uma criança imigrante ao grupo mais adequado segundo suas características, competências, etc. Esse tipo de decisões implica quase sempre uma avaliação do nível de domínio da linguagem escrita.

Assim, diante de finalidades tão diversas, é óbvio que a avaliação seja diferente, tanto no método que se deve utilizar quanto no nível de aprofundamento. Embora muitos dos aspectos tratados aqui possam ser generalizados, centraremos nosso objetivo principalmente nos alunos que preocupam por suas dificuldades especiais para compreender e/ou expressar-se por escrito.

Dentro dessa problemática global, julgamos oportuno diferenciar dois níveis:
1. Por um lado, os alunos que mostram dificuldades – ou que demoram mais que o razoável – para adquirir a alfabetização inicial (que chamaríamos de dificuldades para *aprender* a ler e escrever).
2. Por outro, os alunos para os quais ler e/ou escrever – mesmo tendo adquirido o código – converte-se em uma tarefa tão árdua e difícil que pode chegar a comprometer seriamente sua aprendizagem (dificuldades para *usar* a língua escrita).

Entendemos que é pertinente diferenciar os dois tipos de problemática, mas sem procurar estabelecer uma forte dicotomia entre ambos, porque muitas vezes – mas não sempre – estão relacionadas e afetam o mesmo aluno.

Com relação aos conteúdos da avaliação, na língua escrita, como já comentamos antes – e como sabem muito bem os professores especialistas na área – intervêm inúmeros aspectos e estão envolvidos conhecimentos bastante diversificados. Uma avaliação exaustiva da área exigiria que todos fossem considerados, porém, em um contexto de avaliação psicopedagógica, deveria ser priorizado o uso da linguagem escrita como instrumento de comunicação e expressão, mais do que a reflexão sobre aspectos ou conhecimentos sistemáticos ou, em outras palavras, os conteúdos procedimentais acima dos conceituais. Trata-se, portanto, de avaliar as competências básicas relacionadas à leitura expressiva e à compreensão e produção de textos com diferentes intenções comunicativas.

Uma vez delimitados o objetivo e os conteúdos a serem avaliados, antes de entrarmos na descrição do processo, queremos fazer algumas considerações que podem ajudar os leitores a enquadrar e a dar ao conjunto deste texto o sentido que pretende transmitir. Entendemos que a avaliação nunca é neutra: por trás de uma atuação avaliadora – como de qualquer atuação educacional – estão implícitas determinadas concepções, tanto sobre a matéria que se deve avaliar (e ensinar) quanto sobre a própria avaliação. Partindo dessa premissa, compartilhamos os critérios gerais sobre a avaliação psicopedagógica que foram explicitados na primeira parte deste livro e que, aplicados à avaliação da linguagem escrita, poderiam concretizar-se nos seguintes pressupostos:

- Partimos de uma perspectiva da linguagem escrita comunicativa e global, isto é, integrada no conjunto de competências lingüísticas com as quais está estreitamente relacionada (compreensão e expressão oral) e que constituem a base inicial da bagagem comunicativa da criança.
- O modelo de leitura que usamos como referência é o modelo interativo, em seu sentido amplo: interação entre o texto e o leitor, entre as estratégias de compreensão e as habilidades de decifração. Por definição, ler é compreender, mas, nesse processo de atribuição de significado, se inter-relacionam e se influenciam mutuamente.
- Enquadraremos a avaliação das dificuldades, na medida do possível, dentro do marco natural do processo educacional do aluno e nas situações reais que enfrenta, já que é nessas situações que as dificuldades surgem e se manifestam. Se for preciso, ela será complementada com outras explorações que tragam mais informação ou maior precisão.
- Como em toda avaliação, devem ser examinadas de forma conjunta as variáveis dos alunos e as de seus conteúdos: familiar, social e escolar.
- A leitura e a escrita integram um mesmo processo e, por conseguinte, compartilham determinados procedimentos e mecanismos de aquisição, mas outros não. É preciso ter presentes essas referências no momento de analisar e situar corretamente as dificuldades da criança.
- Daremos uma atenção especial à avaliação do processo: o que a criança faz quando lê ou escreve? Além disso, a avaliação terá um caráter aberto e "dinâmico" (nos termos de Vigotsky), isto é, não se trata apenas de explicar se um determinado aluno pode ou não realizar uma tarefa concreta, mas sim em *que condições* e com *que tipo* de ajuda poderia ser capaz de realizá-la.
- Os instrumentos e as provas dependerão do que nos interessa observar. Devemos aplicar as provas que sejam suficientes para obter a informação necessária, o que significa que procuraremos evitar tanto a análise supérflua – da perspectiva de nossos objetivos – quanto as interpretações excessivamente precipitadas ou superficiais.
- Com relação às diversas idades, alguns aspectos de caráter normativo – como a gramática ou a ortografia – podem ser objeto de uma gradação mais ou menos detalhada, mas a competência lingüística em sentido global, como a concebemos, é uma aprendizagem que avança "em espiral", ou seja, partindo de um núcleo recorrente a partir do qual se amplia em círculo. Assim, entre uma idade e outra, as variações não estarão tanto nos conteúdos que se devem avaliar, mas sim nos instrumentos concretos e na complexidade das demandas que formularemos aos alunos: compreensão de textos progressivamente mais complexos quanto ao tema e à tipologia, assim como composições escritas com aumento gradual da precisão léxica, adequação à situação comunicativa e coerência e estruturação textual.

O PROCESSO DE AVALIAÇÃO

Quando falamos de alunos com *dificuldades específicas em leitura e escrita* – definição que retomaremos mais adiante –, referimo-nos àqueles que apresentam dificuldades ou atrasos que não são atribuíveis a outras causas (capacidade cognitiva, procedência sociocultural, escolaridade deficiente, problemas emocionais, etc.). Todavia, quando nos pedem a avaliação de uma criança que não aprende a ler e escrever, não podemos saber *a priori* – exceto em casos muito evidentes – quais são as causas e se pertence a essa tipologia ou se há in-terferências de outra natureza. Determinar isso será, portanto, um dos objetivos do processo de avaliação que iniciaremos. Es-se processo implicará seguir uma série de etapas que descrevemos adiante e que podem ser vistas de forma esquemática no Quadro 14.1.

As informações prévias e o contexto de ensino-aprendizagem

Ao se iniciar a avaliação psicopedagógica de um aluno, normalmente suas dificuldades já foram antes detectadas pelos professores, na relação educativa cotidiana. Em alguns casos, inclusive, já se aplicaram algumas provas, de caráter individual ou coletivo, do tipo ACL (Avaliació de la Comprensió Lectora) (Catalá et al., 1996) ou similares.

Quadro 14.1 Processo de avaliação das dificuldades em linguagem escrita

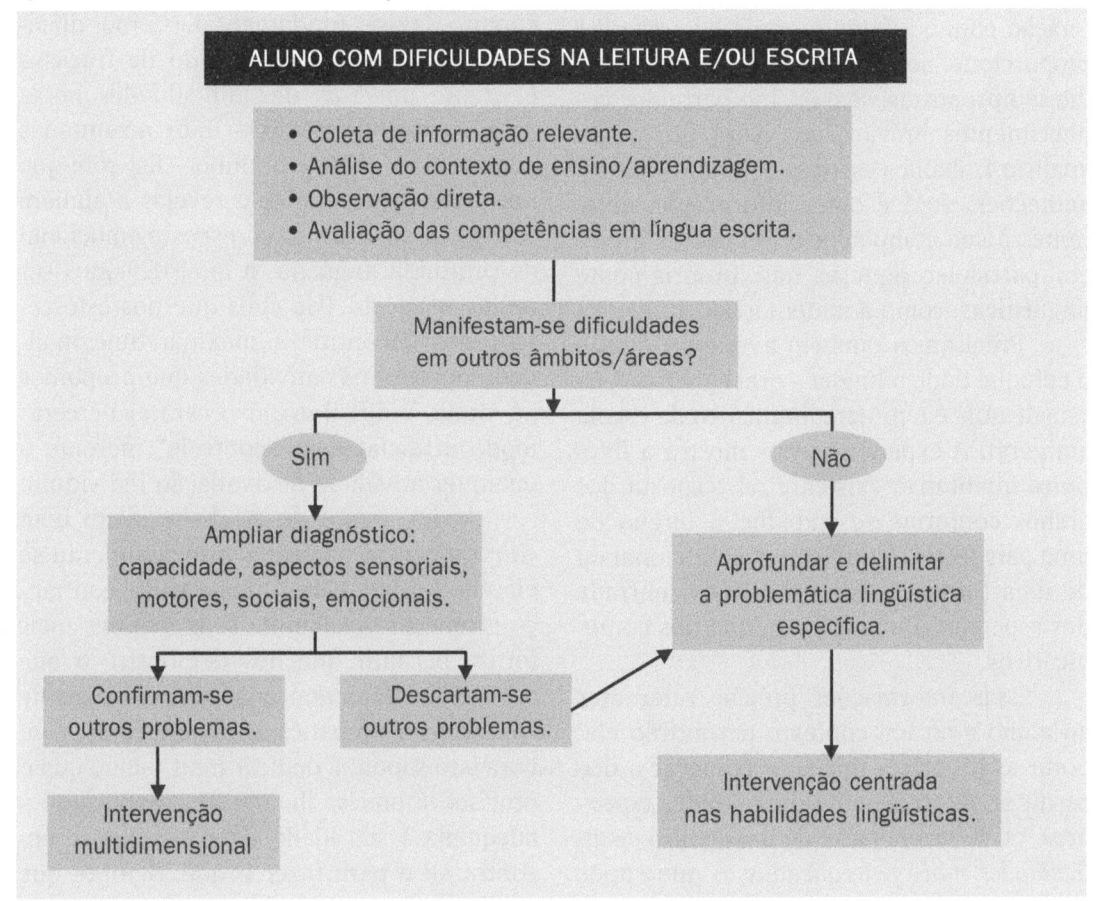

```
ALUNO COM DIFICULDADES NA LEITURA E/OU ESCRITA
        │
        ▼
• Coleta de informação relevante.
• Análise do contexto de ensino/aprendizagem.
• Observação direta.
• Avaliação das competências em língua escrita.
        │
        ▼
Manifestam-se dificuldades
em outros âmbitos/áreas?
    ┌───────┴───────┐
   Sim             Não
    │               │
    ▼               ▼
Ampliar diagnóstico:        Aprofundar e delimitar
capacidade, aspectos        a problemática lingüística
sensoriais, motores,        específica.
sociais, emocionais.
    │
    ├──────────────┐
    ▼              ▼
Confirmam-se    Descartam-se
outros          outros
problemas.      problemas. ──► Intervenção centrada
    │                           nas habilidades lingüísticas.
    ▼
Intervenção
multidimensional
```

Portanto, não partimos do zero. Devemos reunir todas essas informações prévias que, sem dúvida, serão de grande utilidade para nós; teremos de analisá-las e compará-las com dados complementares: dados evolutivos do aluno, histórico escolar e familiar, aspectos relacionados com as aprendizagens em geral, motivação, etc.

Em muitos casos, quando os professores detectam dificuldades em algum aluno no âmbito da linguagem escrita, eles mesmos utilizam alguma estratégia ou ajuda. Quando não observam uma melhoria, ou não conseguem entender o que se passa exatamente, eles o encaminham para uma avaliação mais específica ou exaustiva. É preciso então saber que estratégias foram utilizadas e com que resultados, assim como observar diretamente questões relativas ao estilo de aprendizagem da criança, à interação com o adulto, à ajuda que este lhe proporcione, ao significado das tarefas que lhe são propostas, se o ensino parte dos conhecimentos prévios, etc. Será útil ainda analisar trabalhos escritos do aluno (textos, anotações, etc.) e obter informações referentes à sua competência em outras áreas, em particular aquelas não propriamente lingüísticas, como a matemática.

Precisamos também averiguar qual é o enfoque dado à língua – oral e escrita – na sala de aula e o projeto lingüístico da escola em geral. A experiência nos mostra a diferença qualitativa existente na resposta dos alunos conforme se trabalhe a língua de uma perspectiva significativa e funcional ou de uma forma tradicional e mais centrada nos aspectos gramaticais do que nos comunicativos.

Essas informações prévias referentes ao aluno e ao seu contexto permitirão elaborar as hipóteses iniciais e começar a discernir se são realmente dificuldades *específicas*, ou se fazem parte de *um quadro de dificuldades mais generalizadas*, o que supõe reconsiderar tanto a avaliação quanto as decisões posteriores. Contudo, deve-se ter claro que a coleta de informações tem um caráter cíclico, isto é, poderá se ampliar e redirecionar com base nas hipóteses que elaboramos ao longo de todo o processo de avaliação.

A avaliação individual das competências em leitura e escrita

Estabelecimento do referencial de avaliação: clima e relação

As condições em que se realiza a avaliação também influem nos resultados. A necessidade de se estabelecer um bom contato inicial com qualquer aluno objeto de avaliação individual é óbvia, mas se insistimos nisso é porque, no caso das crianças com dificuldades em língua escrita, o bom contato faz-se fundamental. Como dizíamos na introdução, o sentido de fracasso existente por trás das dificuldades nessa área do conhecimento – mais acentuadas quanto mais velho é o aluno – faz com que um pedido que implique revelar a alguém esse fracasso leve a uma resposta emocional de profunda angústia, à qual devemos ser muito sensíveis. Por mais que nos esforcemos por encontrar a máxima funcionalidade possível nas atividades que propomos ao aluno, é difícil evitar o caráter de certo modo artificial e de "controle" inerente a qualquer atividade de avaliação individual.

Assim, temos de estabelecer um bom contato com a criança – principalmente se ela não nos conhece – inspirar-lhe confiança, começar avaliando seus pontos mais fortes, permitir que nos demonstre o que sabe. É fundamental criar um contexto de colaboração empática e descontraída, embora isso suponha dedicar mais tempo que o previsto. É preciso lhe dar uma explicação – adequada à sua idade – de por que se encontra ali e para fazer o quê. Sempre que possível, deve-se permitir que escolha a atividade pela qual começar: isso lhe inspira confiança e aumenta seu nível de envolvimento na tarefa. Quando em uma situação de avaliação individual consegue-se esse clima e vínculo positivo, o aluno o vive de um modo até gratificante: a prática nos permite constatar que a grande maioria das crianças abandona qualquer resistência inicial e aceita de muito bom grado que alguém se interesse por eles de forma personalizada.

A metodologia

Alunos com dificuldades na aquisição do sistema alfabético

Até alguns anos atrás, as dificuldades na aprendizagem da leitura e da escrita eram detectadas no final da primeira série do ensino fundamental ou, ainda, pelo menos só depois de algum tempo. Em sentido estrito, sob a perspectiva da aprendizagem considerada como mais *formal*, ainda é válido esperar até esse momento – ou inclusive mais tarde – para estabelecer um diagnóstico em termos de atraso ou de dificuldades importantes. Também não se detectavam dificuldades em um conhecimento que, até relativamente pouco tempo, era muito restrito em educação infantil, para não dizer ignorado, já que as atividades chamadas de *pré-requisitos* (pré-leitura, pré-escrita) realizadas nessa etapa tinham pouco a ver com a aprendizagem da linguagem escrita tal como a entendemos atualmente.

Hoje sabemos que a aquisição do sistema alfabético é um processo cognitivo, muito bem descrito (Ferreiro e Teberosky, 1979; Ferreiro e Gómez Palacio, 1982), que se inicia muito precocemente e se constitui mediante o estabelecimento de relações e diferenciações progressivas. A identificação desse processo produziu mudanças importantes na prática educacional, que já não restringe, mas sim proporciona e até potencializa o contato das crianças com a escrita e seus usos reais, propondo situações e atividades diversas para ajudá-los a avançar pelos sucessivos níveis desse processo de alfabetização. No Quadro 14.2, descrevem-se resumidamente esses níveis[1].

Em condições normais, esse processo que conduz à aquisição do sistema de escrita alfabético se inicia nos primeiros anos e se desenvolve ao longo da educação infantil e do início do ensino fundamental. Dizemos "em condições normais" porque a variabilidade entre os sujeitos é bastante ampla, e é comum que coexistam em uma mesma turma – em especial nos primeiros anos da educação infantil – níveis de aquisição diferentes, o que obriga a propor situações e atividades de aprendizagem adaptadas a essa diversidade.

A causa dessa diferença na aquisição do sistema alfabético pode residir em múltiplos fatores. Sem dúvida, um dos mais importantes é a oportunidade que a criança tenha de participar em contextos familiares e sociais onde o texto escrito e seus usos estejam presentes. Outros fatores de diferenciação seriam os efeitos produzidos pela escolaridade, maturidade geral na evolução, etc. De todo modo, não costuma preocupar o fato de que determinadas crianças sigam uma progressão relativamente mais lenta do que outros, desde que ela avance.

Quando, então, um aluno começa a preocupar? No momento em que, apesar de dispor de um potencial cognitivo normal, de pertencer a um meio familiar alfabetizado e de participar de situações de ensino e aprendizagem nas quais tem ao seu alcance todos os elementos para adquirir esse conhecimento, não progride como seria desejável. Trata-se de crianças que demoram muito, primeiro a reconhecer e depois a escrever o nome próprio, ou a adquirir a correspondência sonora, ou que se prendem demais no nível silábico, ou que não conseguem relacionar os sons com as grafias correspondentes, etc.

Esses são os alunos que podem requerer uma avaliação mais personalizada. Contudo, não se pode perder de vista que essa avaliação nunca deve ter como finalidade predeterminar ou rotular um aluno; sua função é eminentemente preventiva, deve nos permitir iniciar as medidas de ajuda e realizar um acompanhamento rigoroso do processo de aprendizagem.

O procedimento de avaliação, em princípio, será o mesmo utilizado para toda a classe. Contudo, por ter um caráter individual, permitirá que ampliemos alguns aspectos e, sobretudo, nos fixemos mais no ponto em que se emperra e por que, quais são suas respostas e que informações específicas podem nos oferecer. Não podemos esquecer que as concepções infantis sobre o que se escreve, como se escreve, o que se põe em um determinado escrito, etc., seguem uma lógica que, principalmente no início do processo, difere da do aluno alfabetizado; portanto, não podemos qualificar como erros aquilo que são apenas idéias particulares e próprias do pensamento infantil.

Quadro 14.2 Níveis de aquisição da escrita alfabética

Nível pré-silábico	• Inicialmente, as escritas são indiferenciadas (imitação de cursiva, pauzinhos, bolinhas, etc.)
	• Posteriormente, as escritas se diferenciam e utilizam-se as letras convencionais, com um repertório mais ou menos amplo dentro de cada palavra e que se modifica para produzir palavras diferentes. Não existe correspondência sonora.
Nível silábico	• Começam a se relacionar partes orais da linguagem com partes escritas (um signo ou uma letra para cada golpe de voz ou sílaba).
Nível silábico-alfabético	• A representação da linguagem oral se faz alternando ou mesclando signos que representam sílabas com signos que representam fonemas.
Nível alfabético	• Estabelece-se a correspondência de um signo por fonema. Quando o signo escrito é o que corresponde ao fonema, falamos de escritas com "valor sonoro convencional".

Os aspectos concretos a se observar dependerão das dificuldades que os docentes detectaram. Começaremos por um nível "umbral" e iremos nos aprofundando conforme a necessidade, levando em conta que, quanto mais atraso um aluno apresente em relação à média do grupo de referências, mais teremos de nos aprofundar. Explicar detalhadamente todas as provas possíveis iria além das exigências deste texto, de modo que nos centraremos em algumas, e mencionaremos outras apenas de passagem, ao mesmo tempo em que remetemos os leitores à bibliografia resenhada.

Escrita

Para saber em que nível de conceituação da escrita se encontra uma determinada criança, pode-se utilizar um ditado de palavras como o que se apresenta a seguir (Ferreiro e Teberosky, 1979).

> **Exemplo de prova de escrita (educação infantil, séries iniciais do ensino fundamental)**
>
> - Ditar ao aluno uma por uma, palavras de determinado campo semântico (animais, brinquedos, alimentos, etc.), que tenham 4, 3, 2 e 1 sílaba respectivamente, e depois uma frase em que apareça uma das palavras anteriores.
> - Exemplo: *mariposa, esquilo, gato, rã; o gato bebe leite.*

O objetivo é observar como a criança aborda essa tarefa de forma autônoma, mas responderemos às suas possíveis perguntas (qual é o "ma?"). É preciso tomar nota dessas perguntas, a fim de diferenciar claramente o que a criança é capaz de fazer sozinha e o que pode realizar com ajuda, e com que tipo de ajuda. Depois podemos pedir que leia (indicando-as com o dedo) cada uma das produções realizadas, a fim de observar de que modo relaciona sua produção oral com os signos escritos, que conflitos enfrenta ao procurar que coincidam e como tenta resolvê-los.

Esse teste pode nos dar uma série de informações importantes. Por exemplo:

- O nível em que se situa dentro do processo de aquisição (indiferenciado, diferenciado, silábico, silábico-alfabético, alfabético.)
- O tipo e o repertório de grafias que utiliza (pseudo-letras, letras convencionais) e se esse repertório é amplo ou reduzido.
- Como denomina as diferentes grafias: pelo nome, pelo som, pela referência (a de Paulo...) e se lhes atribui ou não o valor sonoro convencional.
- A separação das palavras na frase, considerando que elas lhe foram ditadas sem marcar essas separações.
- Em que aspectos relacionados com tudo isso apresenta conflitos: se é na segmentação fonética, na falta de repertório (desconhecimento das grafias convencionais de nosso alfabeto), etc.

A análise desses aspectos irá nos informar sobre a importância das dificuldades ou sobre o grau de atraso com relação ao que seria esperado conforme a idade e os contextos escolar e social. Pode nos conduzir também a examinar outras questões.

- Se diferencia as letras de outros signos (por exemplo, os números).
- Se é mais competente com letra maiúscula ou com cursiva.
- Se conta com um repertório limitado de grafias porque tem dificuldade de realizá-las, mas, em compensação, consegue reconhecê-las quando lhe são mostradas.
- Como é sua realização gráfica: o alinhamento, o direcionamento, etc.

Interpretação de textos (leitura)

Antes de ler, no sentido convencional do termo, as crianças pequenas constroem suas próprias hipóteses sobre o significado das palavras e dos textos escritos. Esse processo de interpretação também foi descrito pelas autoras citadas anteriormente.

Para avaliarmos em qual dos vários níveis de interpretação de textos se situa um determinado aluno, podemos proceder de diversas maneiras. Uma delas é mediante a observação de como interpreta sua produção escrita (por exemplo, as palavras e a frase ditadas antes) ou outros escritos ao nosso alcance. Para obtermos uma informação mais precisa sobre como o aluno soluciona os conflitos de interpretação, utilizaremos um material que apresente diferentes tipos de correspondência entre um texto e a ilustração ou imagem que o acompanha. Ferreiro e Teberosky propõem a seguinte prova:

> **Exemplo de prova de interpretação de textos com suporte de imagem (educação infantil, séries iniciais do ensino fundamental)**
>
> - *Procedimento:* mostra-se ao aluno uma série de textos (palavras e frases), cada um deles acompanhado de uma imagem relacionada com seu significado, e pergunta-se:
>   – "O que você acha que diz aqui?" Depois que ele responder: "Vamos ver como você lê isso".
> - O *material específico* que se utilizará é formado por diversas combinações:
>   – Imagem com um único objeto e texto com uma só palavra.
>   – Imagem com um único objeto e texto com várias palavras ou uma frase.
>   – Imagem com vários objetos e texto com uma só palavra.
>   – Imagem com vários objetos e texto com uma frase ou várias palavras.

Seja com esse material específico, seja com outros mais informais (logotipos, títulos de histórias com o apoio da imagem, etc.), observaremos em que nível o aluno se encontra na seguinte progressão.

> **Progressão na leitura de um texto acompanhado de ilustração ou imagem**
>
> Níveis evolutivos de interpretação
> 1. A interpretação é totalmente regida pela imagem ou ilustração que acompanha o texto. A criança nomeia a imagem sem levar em conta nenhuma das propriedades ou características do texto em si.
> 2. A imagem continua prevalecendo, mas já são considerados alguns elementos do texto, sejam quantitativos (por exemplo, seu tamanho), sejam qualitativos (busca das letras que acha que deve conter), a fim de ajustar sua leitura à hipótese sugerida pela imagem.
> 3. A interpretação é regida pelo texto. A imagem serve para antecipar o significado, mas essa antecipação é confrontada e, se for o caso, modificada, segundo a informação obtida no texto. Mediante a decifração – no início com as inevitáveis dificuldades de integração – consegue-se progressivamente extrair o sentido literal do texto, isto é, chega-se à leitura convencional.

Seja qual for a estratégia utilizada, por trás dela está sempre o esforço da criança de buscar o significado (compreensão), independentemente de estar correto ou não. É por isso que definimos a leitura como um processo de busca de significado, mais do que como um processo de decifração, embora esta seja necessária, como veremos mais adiante.

Chegar ao último nível supõe ter aprendido a ler em seu sentido convencional, e é precisamente nesse ponto em que podem aparecer dificuldades. Por isso, é importante observar como se realiza a decodificação (se é feita som a som, por sílabas; se é feita corretamente ou com alterações ou substituições de fonemas, etc.); sobretudo, é preciso estar sempre atentos às estratégias que as crianças põem em jogo para autocorrigir-se durante o próprio processo de leitura.

Alunos com dificuldades no uso da linguagem escrita

Uma vez adquirido o sistema alfabético propriamente dito e entendida sua convencionalidade, espera-se uma progressão que conduza o aluno a utilizá-lo de forma cada vez mais competente. À medida que avança na escolaridade, terá de enfrentar textos cada vez mais complexos quanto à tipologia e ao conteúdo (informações novas, vocabulário desconhecido, etc.), e precisará se expressar por escrito de um modo compreensível e adequado à situação. É nesse ponto que encontramos alunos que não progridem como seria de se esperar, com dificuldades para *operar* com a linguagem escrita, isto é, para utilizá-la como instrumento de compreensão e de expressão, e precisaremos analisar essas dificuldades a fim de ajudá-los a superá-las. Assim, abordaremos a avaliação desses dois aspectos: a compreensão leitora e a expressão escrita, enfatizando um ou outro aspecto segundo a conveniência.

Leitura

Para entender as dificuldades de um aluno, será preciso saber em que nível de leitura se encontra e quais são seus pontos fortes e fracos diante de um texto escrito. Visto que na leitura intervêm componentes relacionados com a decodificação e com o reconhecimento de letras, sílabas e palavras, e outros relacionados à compreensão propriamente dita, teremos de discriminar em qual dos dois níveis se encontra o problema (quem sabe em ambos?), e também se interferem entre si e em que medida.

A leitura pode ser avaliada por procedimentos muito diversos, tanto na forma (silenciosa, oral) quanto nas demandas referentes à compreensão (recordação direta, recordação estimulada, preenchimento de lacunas, ordenação de textos, classificação, associação). Utilizando diferentes formas de avaliação, podem-se obter dados diversos e ao mesmo tempo complementares. Em alguns casos, teremos uma informação mais relacionada com o produto (a compreensão do que foi lido) e, em outros, com aspectos formais e mais ligados ao processo, isto é, a como lê ou decifra um texto: a velocidade, a fluência, a entonação, o respeito aos sinais de pontuação, etc. (No item referente à bibliografia, podem-se encontrar referências de orientações e materiais concretos.)

De início, vamos nos situar especificamente na compreensão. Sabemos que na leitura há uma interação entre o texto (com sua facilidade ou complexidade, a intencionalidade do autor, etc.) e aquilo que o leitor acrescenta (conhecimento do tema, experiências anteriores e também habilidades lingüísticas, como vocabulário, construção sintática, etc.). Assim, a compreensão é um processo complexo no qual se inter-relacionam diferentes subprocessos que, em um leitor competente, estão mais ou menos automatizados: entender o significado das palavras e das frases entre si, integrá-las dentro de um significado global e de uma estrutura textual determinada, relacioná-las com o próprio conhecimento, etc. Dada essa complexidade, não podemos iniciar um processo de avaliação da compreensão leitora sem ter presentes duas questões prévias:

1. Em primeiro lugar, é preciso analisar muito bem o texto que propomos para ser lido, a fim de prever as dificuldades no conteúdo ou tema de que trata e também aquelas existentes em sua estrutura, porque diferentes modalidades textuais colocam diferentes exigências cognitivas. Se tomamos como exemplo duas das tipologias mais usuais (a narrativa e a expositiva), observaremos que a estrutura da narração apresenta um caráter seqüencial e uma organização muito convencional que as crianças incorporam desde muito pequenas, que facilita a compreensão; os textos expositivos, ao contrário, apresentam a informação de modo hierárquico, mais difícil de ordenar e, geralmente contêm informações novas ou desconhecidas, por isso costumam ser mais difíceis de compreender.
2. Em segundo lugar, devemos avaliar o conhecimento prévio que o aluno

tem de um tipo de texto e de um determinado conteúdo, como elemento fundamental na compreensão da leitura. Será preciso conversar com ele antes para que nos informe sobre o que sabe do tema e o interesse que lhe desperta (essa é outra variável que intervém na compreensão). Essa conversa nos proporcionará também informações relevantes sobre seu nível de linguagem, sua habilidade para responder perguntas e, de maneira geral, uma estimativa dos conhecimentos prévios que possui.

Sabendo de antemão que o aluno apresenta certas dificuldades, partiremos de textos acessíveis, de complexidade moderada – o que não significa que devam ser pobres ou restritos – e culturalmente apropriados. Sua extensão pode variar em função da idade, sejam mais ou menos extensos – pode ser até um fragmento –, é preciso que tenham um significado em si mesmos para que possam gerar compreensão. Como já comentamos, nas crianças pequenas, a organização própria do texto narrativo ajuda muito. Nos maiores, podemos incluir textos de estrutura mais complexa (informativos, expositivos, etc.) e comparar a diferença de compreensão entre uns e outros. Em alunos das séries iniciais do ensino fundamental, observaremos também qual o tipo de letra – cursiva, maiúscula, *script*, etc. – no qual se mostra mais competente e ainda em qual língua, no caso de alunos que vivem em ambientes bilíngües.

Em qualquer caso, devemos ter claro que os resultados da compreensão estarão sempre sujeitos aos conteúdos e à tipologia concretos do texto com que o avaliamos. Embora isso nos permita forjar uma hipótese sobre o grau de compreensão leitora de um aluno, não podemos obter conclusões suficientemente generalizáveis se não avaliarmos essa compreensão mediante um leque mais amplo de textos.

Feitas essas considerações, não vamos nos estender na descrição de procedimentos de avaliação da leitura que, com certeza, já são bastante conhecidos. Mencionaremos apenas alguns, a título de exemplo, destacando seus aspectos potencialmente mais relevantes para os nossos objetivos.

Para avaliar a compreensão, o procedimento mais adequado é a leitura silenciosa, propondo depois ao aluno a recordação direta (verbalização do que entendeu e recordação do texto lido) e/ou a recordação induzida (resposta a perguntas), propostas que se complementam muito bem. Podemos começar pedindo a recordação livre do texto, dando tempo para que possa recuperar a informação. Embora se considere um procedimento pouco estruturado, é útil porque permite à criança usar sua própria forma de expressão. De todo modo, é preciso ter cuidado no modo de avaliar: uma recordação muito literal pode ser indício de boa memória, mais do que de compreensão propriamente dita, ao passo que, quando se acrescenta informação, isso pode decorrer da tentativa de fazer deduções ou de associação com sua experiência prévia, fato que constituiria justamente um sinal de boa compreensão.

Em seguida, podemos formular perguntas mais ou menos abertas, que terão mais validade se forem planejadas previamente e visarem diversas finalidades; recordação de dados, realização de inferências, emissão de juízos, etc. Também podemos perguntar de maneira mais informal e adaptada à situação concreta, isto é, limitando-nos a informações ou dados mais ou menos relevantes do texto que não apareceram na recordação livre. Desse modo, poderemos saber se simplesmente tinham esquecido (problema de memória) ou se não haviam captado (problema de compreensão).

Ainda assim, visto que a memória constitui um elemento fundamental, devemos permitir que os alunos que têm dificuldades de compreensão consultem o texto para responder às perguntas, desde que as respostas não sejam literais. Eliminamos com isso a variável memória e nos centramos na compreensão.

Devemos ter sempre essa flexibilidade no uso de procedimentos. Se um aluno apresenta dificuldades de expressão oral, é provável que compreenda mais do que consegue expressar; e então, teremos de avaliar a compreensão leitora com outras fórmulas em que a expressão oral não represente uma interferência. Podemos pedir algo por escrito (se não tiver dificuldade de escrever) ou usar outros procedimentos de avaliação, como ordenar um texto que foi desordenado ou preencher lacunas em um texto.

Quando um aluno revela dificuldades de compreensão, é particularmente necessário observar sua forma de ler. Embora a leitura silenciosa ofereça alguns elementos observáveis (se movimenta apenas os olhos ou toda a cabeça para seguir a linha, se move os lábios ou vocaliza, se acompanha com o dedo, etc.), ela geralmente nos informa pouco sobre essa questão. Por isso, diante de dificuldades de compreensão é imprescindível observar a competência do aluno na leitura expressiva, isto é: como decifra, de que modo entende o léxico, dado que este é o primeiro elo da cadeia de elementos que conduzem à compreensão. Recordemos que a decifração do léxico leva ao significado das palavras e das orações, e estas, por sua vez, ao significado global do texto, tudo o que se relaciona ao conhecimento prévio, como dissemos antes.

Ler em voz alta geralmente supõe um nível mais elevado de ansiedade ou angústia do que ler em silêncio. Essa ansiedade se atenua quando se trata de uma *releitura*, isto é, quando o texto já foi lido antes em silêncio. Na verdade, só assim tem sentido ler em voz alta, e é isso que deveria ser feito na sala de aula. Todavia, para fins de diagnóstico, é útil observar também como o aluno enfrenta os desafios da decodificação diante de palavras não-lidas anteriormente (leitura direta). Assim, podem-se combinar as duas modalidades mediante um texto em que uma parte já tenha sido lida antes de forma silenciosa e outra ainda não-lida. Desse modo, obteremos informação sobre a competência do aluno diante das duas situações.

Dito isso, a leitura oral nos permite observar vários aspectos:
- Como o aluno decifra os signos escritos, se faz repetições, substituições, omissões ou adições de palavras, sílabas ou fonemas, se perde ou pula linha.
- Se respeita os sinais de pontuação, que ritmo e velocidade mantém (impulsivo, lento, vacilante, etc.) e se essa forma de ler pode estar relacionada ou não à sua capacidade de compreensão.
- Avaliar se utiliza sinais contextuais, isto é, se as substituições que faz têm ou não sentido no contexto da frase.
- Que tipos de palavras o faz empacar e quais ele lê bem.
- Outros elementos que é aconselhável observar: se movimenta a cabeça ou não, se segue as palavras com o dedo, se parece nervoso, inseguro, etc.

Quando o aluno empacar, nós o ajudaremos a prosseguir, mas não imediatamente, pois nos interessa observar se adota por si mesmo estratégias de autocorreção. Como sabemos muito bem, o leitor constrói o significado de um texto enquanto lê; portanto, um dos principais indicadores de competência leitora é justamente a capacidade de regular a própria compreensão, a ponto de muitas das dificuldades na leitura se devem à carência dessa estratégia de regulação.

Depois de fazer a observação de como o aluno lê, podemos compará-la com sua compreensão leitora e avaliar a correlação que pode haver entre um e outro aspecto. Compreensão e destreza leitoras influenciam-se mutuamente, mas pode ocorrer também uma certa defasagem entre elas: há crianças que decifram bem, mas não compreendem, enquanto outras são capazes de gerar compreensão, embora mostrem dificuldades na decifração. Como comentamos antes, o que dá margem a essas contradições é justamente o fato de existirem tantos e tão complexos fatores que intervêm na capacidade de leitura.

No Quadro 14.3, apresentam-se de forma resumida os principais critérios ou indicadores qualitativos referentes à compreensão e à leitura expressiva que descrevemos, ordenados de acordo com uma gradação de menos a mais autonomia leitora. Vale recordar que, embora um aluno possa se situar em níveis diferentes conforme o texto proposto, o nível intermediário é o mais habitual entre as crianças em idade escolar, considerando o tipo de textos abordados em sala de aula e sua condição de aprendizes. É também o nível em que o aluno pode se beneficiar mais da ajuda do professor (Seddon, 1990).

Quadro 14.3 Indicadores qualitativos de diferentes níveis de compreensão e destreza leitoras

	NÍVEL 1	NÍVEL 2	NÍVEL 3
COMPREENSÃO	• A recordação livre do texto e a resposta às perguntas mostram pouca retenção e falta de compreensão do conteúdo. • O conhecimento prévio se mostra insuficiente para compreender o texto. • A forma de expressar a informação é pouco organizada, não segue a ordem lógica ou seqüencial do texto.	• A recordação livre e as respostas mostram compreensão do texto, mas ainda aparece uma interpretação errada ou esquecimento. • O conhecimento prévio e a nova informação se integram, mas com uma pequena distorção. • A expressão do texto é correta, mas não totalmente estruturada.	• Tanto a recordação direta quanto as respostas refletem uma compreensão total do texto. • O conhecimento prévio e a informação nova são integrados corretamente. • A forma de expressar a informação é organizada tal como se estrutura no texto.
DESTREZA LEITORA	• A leitura é arrítmica e lenta. Respeita pouco os sinais de pontuação. • Cometem-se muitos erros durante a leitura, e não existe autocorreção. • Observam-se condutas associadas à leitura de material difícil (seguir com o dedo, movimentar a cabeça, ter sinais claros de tensão, etc.). • Os resultados da releitura não são melhores que os da leitura oral direta.	• A fluência e o ritmo são corretos, mas com alguma interrupção ou vacilação. • Ocorrem pequenos erros ou desvios do texto, mas são autocorrigidos de imediato. • Os resultados na releitura são melhores que na leitura oral direta.	• O ritmo, a velocidade, a entonação e a fluência são corretos. • Não se cometem erros. Quando ocorrem, isso não afeta o sentido. • O aluno lê com naturalidade. Não aparecem condutas que demonstrem insegurança, tensão, etc.

Às vezes, pode ser difícil discernir se os problemas de compreensão de uma criança são propriamente de compreensão leitora ou se situam em uma esfera mais ampla, mais relacionada à compreensão geral. Seddon (1990) propõe uma modalidade de avaliação de contraste a qual denomina de "compreensão auditiva": consiste em lermos o texto para ela e pedir-lhe o mesmo que antes, a recordação e a resposta a perguntas. Isso pode ser feito com um texto diferente ou com o mesmo, quando os resultados nas outras modalidades de avaliação foram muito baixos.

Que informação nos proporciona essa prova? Sabemos que os processos cognitivos e lingüísticos que intervêm na leitura oral produzida pelo próprio leitor e na leitura oral feita por outro são similares: a diferença é que na primeira se decodifica e na outra não. Como afirma a autora, se o problema da criança está em limitações nos conhecimentos prévios, ou no desenvolvimento geral da linguagem, ou ainda no processo de conceituação, provavelmente os resultados dessa compreensão auditiva não serão muito diferentes daqueles obtidos com a própria leitura. Nesse caso, os déficits não estariam na leitura, nem poderiam ser qualificados como problemas de compreensão leitora, mas afetariam a compreensão mais geral, o que se poderia comprovar por meio da realização de uma avaliação mais ampla.

Quando a leitura se encontra nas fases iniciais – primeiros anos do ensino fundamental –, é natural que a compreensão auditiva seja superior à leitora. Depois elas se nivelam e chega o momento em que a relação inclusive se inverte: um adulto, ou um aluno mais velho com um nível leitor adequado, pode ser mais competente com um texto lido do que com um texto ouvido porque, enquanto lê, pode regulá-lo conforme sua conveniência (parando, relendo, etc.). Ao contrário, os alunos mais velhos com dislexia ou com atraso importante continuam apresentando resultados em compreensão leitora geralmente mais baixos que em compreensão auditiva.

Além disso, é uma prova que requer alto nível de atenção por parte da criança e boa "qualidade" leitora por parte de quem lê o texto para ela. Se é um "bom leitor" do ponto de vista da dicção, da entonação, das pausas, etc., a compreensão da criança será favorecida. De algum modo, nessa prova, o avaliador possui grande parcela de responsabilidade sobre os resultados do aluno.

Escrita

Assim como no caso da leitura, no âmbito da escrita também nos deparamos com muitos e diferentes componentes que podem ser avaliados. O aluno pode apresentar dificuldades de tipo gráfico, ortográfico, morfológico, sintático, semântico, etc., e deveremos nos centrar em um ou outro aspecto em função do caso. Logicamente, as dificuldades serão avaliadas de formas diferentes conforme a idade, o ciclo ou a etapa em que o aluno se encontra.

Em grande parte, a avaliação da expressão escrita pode ser feita de forma indireta, por meio de produções escritas do aluno – textos, ditados, anotações – que o tutor nos fornece. Além, dessa avaliação do produto, é preciso também avaliar o processo que a criança segue ao escrever, tanto nos aspectos mais propriamente cognitivos (geração e configuração das idéias, estruturação da informação, etc.), quanto motores ou sensoriais (a realização das grafias, a organização do espaço gráfico, a decodificação da informação auditiva, etc.).

Essas informações podem ser extraídas da escrita de um texto e do ditado. A cópia é outra atividade escrita que implica menos exigência cognitiva, mas que também pode nos proporcionar dados sobre aspectos relacionados com sua forma de abordar as tarefas de escrita.

Para avaliar a composição escrita, pediremos ao aluno que escreva um texto com base em um enunciado determinado e bem explícito. Pode ser uma narração, uma carta, uma notícia. O tipo de texto e a complexidade dependerão da idade, mas precisamos de um texto com uma extensão mínima para que seja avaliável. Para determinadas crianças, escrever supõe um grande esforço, por isso os textos tendem a ser muito curtos; portanto, será preciso estimulá-los, oferecer-lhes elementos facilitadores e sugerir-lhes propostas ou temas que possam motivá-los a escrever.

A tendência tradicional da escola de avaliar em um texto mais os aspectos formais ou visíveis – que são também mais fáceis de avaliar – do que o conteúdo faz com que determinados alunos, conscientes de seus erros ortográficos, da letra ruim, entre outros problemas, inibam uma boa capacidade expressiva e adotem a estratégia de escrever o mínimo possível. Portanto, ao avaliar um texto espontâneo, é preciso ter muito claro o que priorizamos e explicitar isso à criança.

Para os alunos mais novos, pode-se pedir que reescrevam um texto conhecido. Como já dissemos no item relativo à leitura, o texto narrativo facilita para os alunos a organização do discurso, e o fato de ser familiar libera-os de uma dificuldade a mais na escrita: a de pensar no que escrever. Além disso, a reescrita que fazem nunca é uma cópia literal do modelo. Ainda que em alguns textos especialmente paradigmáticos – *A ratinha vaidosa*, *A Branca de Neve*, *Os três ursos*, etc. – eles memorizem e, portanto, reproduzam de forma idêntica alguma frase ou expressão significativa, constata-se que transcrevem o conjunto do relato por meio de uma transposição à sua própria linguagem e forma de expressão.

Para os alunos das séries finais do ensino fundamental, aumentaremos a complexidade da demanda, mas sempre procurando garantir a motivação. Alguns aceitam bem escrever o resumo de um filme visto recentemente, ou de uma notícia atual (as crianças pequenas também podem fazer isso).

Na realidade, existem tantas formas de avaliar a expressão escrita quantas são as diferentes atividades que se podem propor com um texto: resumir, transformar, completar ou continuar um texto começado. Cada uma delas põe em jogo diferentes habilidades: por exemplo, no resumo, intervêm mais a recordação e a capacidade de síntese, enquanto continuar um texto – atividade intermediária entre a reescrita e a criação total – implica gerar idéias e expressá-las, respeitando a coerência com a parte do texto já escrita (ver exemplo a seguir).

Além disso, ao propor diferentes tipologias textuais, poderemos observar a capacidade do aluno de adequação à estrutura e à linguagem próprias de cada tipologia. Todavia, insistimos em não sobrecarregar o aluno com o excesso de provas. Em todo o caso, seria preciso dar intervalo suficiente entre as provas, ou realizar avaliações indiretas, aproveitando textos trabalhados na sala de aula que possam ser representativos de várias tipologias, desde que tenhamos clareza sobre as condições em que foram realizados.

Em qualquer caso, seja qual for a demanda, os critérios de avaliação que devemos ter presentes serão aqueles próprios do processo de composição textual com seus três componentes: gráfico, gramatical e discursivo (Camps, 1994) (ver Quadro 14.4), que levam em consideração tanto os aspectos textuais de caráter geral quanto os próprios da tipologia a que pertence o texto em questão.

Exemplo de prova de expressão escrita. Completar um texto iniciado e dar-lhe um título (séries finais do ensino fundamental)

- *Enunciado*: "Aqui está o começo de uma história. Você deve continuá-la até o fim e dar um título". Certo dia, um jovem caranguejo pensou: "Por que na minha família andamos todos para trás? Quero aprender a andar para a frente, como as rãs". Começou a treinar escondido, e nos primeiros dias acabava vencido pelo esforço. Contudo, aos poucos, as coisas foram melhorando, porque, quando se quer, pode-se aprender tudo. Quando se sentiu bastante seguro de si mesmo, apresentou-se diante de sua família e lhes disse:

  _____

  _____

- *Aspectos que deveriam ser considerados na avaliação:*
  - Se continua ou não o tema proposto.
  - Se introduz ou não novas idéias, ações, personagens, etc., que enriquecem o argumento.
  - Se existe um desenlace claro, ou o final fica truncado, e se esse desenlace contém algumas das fórmulas convencionais.
  - Se a extensão é aceitável ou limitada.
  - Se o léxico, as formas gramaticais, a estrutura das frases, a distinção entre discursos direto e indireto, etc., estão ou não de acordo com o nível ou idade da criança.
  - Se o título é coerente com o argumento.

Quadro 14.4 Componentes do processo de composição textual

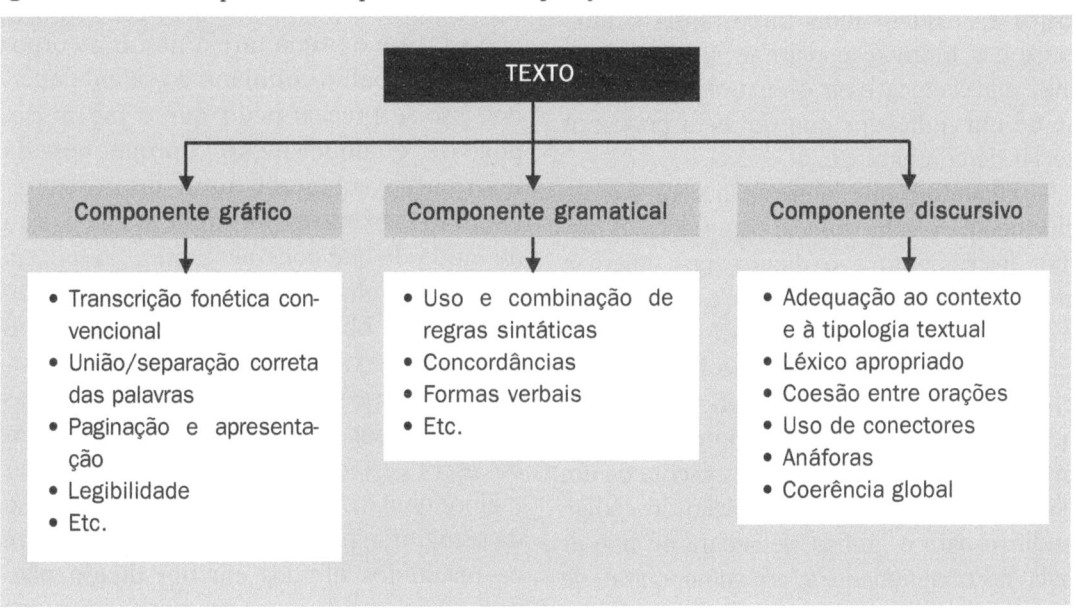

```
                        TEXTO
          ┌───────────────┼───────────────┐
  Componente gráfico  Componente gramatical  Componente discursivo
```

Componente gráfico	Componente gramatical	Componente discursivo
• Transcrição fonética convencional • União/separação correta das palavras • Paginação e apresentação • Legibilidade • Etc.	• Uso e combinação de regras sintáticas • Concordâncias • Formas verbais • Etc.	• Adequação ao contexto e à tipologia textual • Léxico apropriado • Coesão entre orações • Uso de conectores • Anáforas • Coerência global

Observaremos, portanto, em qual ou quais desses componentes o aluno apresenta dificuldades e em que outros se mostra mais competente. Interessa-nos também coletar informações sobre a forma como escreve. Por exemplo:

- Se planeja *a priori* (pensa, anota idéias, elabora algum esquema) ou gera o discurso no processo.
- Se revisa e introduz modificações enquanto escreve e de que tipo (sintáticas, lexicais, ortográficas, entre outras) e ainda se faz ou não uma revisão final.
- O ritmo em que escreve: é lento, é precipitado, pára muito e por quê (para pensar sobre o tema, por bloqueio).
- Como escreve: aparenta tensão ou cansaço, de que modo segura o lápis, como controla a letra, etc.

Para vencer a resistência que alguns alunos têm a escrever em razão de seus problemas gráficos, podemos propor-lhes o uso do computador. Comprovamos que muitas crianças pouco hábeis em escrever manualmente melhoram o conteúdo de seus escritos e, o que é mais importante, o interesse e a motivação para escrever quando lhes oferecemos essa oportunidade. Trata-se de um indicador que também pode nos servir de comparação.

Quando o que interessa avaliar é especificamente a competência ortográfica, o melhor instrumento é o ditado, pois libera o aluno da tarefa de pensar sobre o que escrever e concentra esforços em "como" fazê-lo. Aplicado em situação de avaliação individual, o ditado – com um grau de dificuldade adequado à idade – pode nos proporcionar muita informação sobre o processo de escrita de um aluno: como realiza a transcrição do código auditivo para o gráfico, se separa ou não as palavras corretamente e, em suma, o grau de assimilação das normas ortográficas próprias ao seu nível.

Antes de ditar, é preciso ler o texto para o aluno, a fim de que possa entender e representar mentalmente aquilo que terá de escrever (a ortografia não independe da semântica); em seguida ditamos, adaptando-nos ao seu ritmo e com clareza. Observaremos como ele transcreve: se o faz com muita lentidão ou, ao contrário, de forma excessivamente impulsiva; se em determinados momentos empaca e por que; iremos nos fixar em particular em como ajusta sua escrita à nossa emissão oral; isto é, se consegue reter e reproduzir mais de uma palavra ou não; se é preciso fragmentar a emissão em unidades menores (palavras, sílabas, fonemas isolados). Como veremos mais adiante, as dificuldades para segmentar a linguagem podem estar na origem de determinados problemas para ler e escrever de muitas crianças.

No final, pediremos que o aluno reveja o que escreveu e se deve introduzir alguma mudança (autocorreção), em que palavras encontrou dúvidas ou dificuldades, e tomaremos nota de todas elas. As crianças não costumam rever espontaneamente aquilo que escreveram, a não ser que se trate de uma tarefa muito incorporada ao trabalho cotidiano da sala de aula. Por isso, é preciso pedir que o façam depois de qualquer texto, porque nos dá informação sobre seu nível de desenvolvimento próximo e, portanto, indica o grau de ajuda de que pode necessitar. No mesmo sentido – e voltando ao conceito de avaliação dinâmica –, observaremos se as "pistas" ou pequenos auxílios que podemos oferecer-lhes nos aspectos em que há mais falhas servem ou não para melhorar os resultados da escrita, o que nos permitirá distinguir melhor qual é o núcleo do problema. No caso da ortografia, por exemplo, a diferença entre os resultados obtidos em um ditado não-preparado e os de outro em que o aluno teve a oportunidade de ler previamente pode nos mostrar muito das possibilidades e dos auxílios de que precisa.

Por último, considerando a relação existente entre as diferentes capacidades lingüísticas, assim como entre linguagem e pensamento, a avaliação da expressão escrita deve ser comparada também com a capacidade da criança para se expressar oralmente. Pode-se obter esse contraste de um modo mais ou menos informal, por meio das conversas que tivermos mantido ao longo do processo, ou da verbalização prévia do texto que devem escrever.

Esse contraste é necessário por vários motivos: a pronúncia incorreta de determinados fonemas pode repercutir – ainda que nem sempre – na escrita das palavras. A falta ou a pobreza de vocabulário, ou um discurso sintaticamente desorganizado ou pouco estruturado, irá se refletir, sem dúvida, na redação de um texto e pode ter relação com certas dificuldades para estruturar o pensamento. Todavia, também ocorre o inverso: crianças e adultos que escrevem melhor do que falam, porque o fato de escrever ajuda a organizar as idéias, e permite igualmente conter melhor a impulsividade ou a ansiedade (as pessoas que sofrem de disfemia constituem um claro exemplo desses casos).

Assim, quando confluem as dificuldades em ambas formas de expressão (oral e escrita), podemos pressupor a existência de um déficit subjacente mais global

OS RESULTADOS DA AVALIAÇÃO: HIPÓTESES INTERPRETATIVAS

Seja mediante instrumentos e as técnicas de avaliação que descrevemos, seja mediante outros, uma vez aplicados, teremos o nível de competência do aluno em relação às tarefas de compreensão e expressão escrita que enfrenta habitualmente. Os resultados, somados às informações previamente coletadas sobre os contextos familiar e escolar, deveriam nos permitir determinar uma série de questões:

- Confirmar – ou descartar – que o aluno apresenta atraso ou dificuldades para aprender ou usar a língua escrita e em que grau. Isso implica ter clara a diferença entre um leitor ou escritor competente e um que não o é, no sentido de falhar em um ou em diversos processos que intervêm e que foram explicitados.
- Distinguir se essas dificuldades se associam a outras gerais de aprendizagem e, portanto, se afetam outras áreas não propriamente lingüísticas (por exemplo, a matemática), ou se são específicas da linguagem escrita e das relações que possa haver com a língua oral.
- Estabelecer se estão mais centradas na leitura, na escrita ou em ambas, e em que aspectos concretos destas se situam.
- Definir se acreditamos que podem existir causas não propriamente lingüísticas na base dessas dificuldades, ou que interfiram de forma significativa.

Vamos desenvolver esses aspectos mais detidamente. Suponhamos que as dificuldades se confirmam, que as situamos onde se produzem (leitura e/ou escrita) e nos âmbitos concretos mais afetados, que determinamos seu grau de relevância com relação à idade ou à série escolar de referência. Podemos encontrar uma diversidade considerável de causas, tantas quanto são os elementos que intervêm nos processos de leitura e escrita. Por exemplo:

- Com respeito à compreensão leitora, podemos encontrar alunos que decifram mal e não compreendem, e ou-

tros que compreendem apesar de não decifrar bem. Há alunos que entendem determinados tipos de texto, como o narrativo, mas não conseguem entender textos expositivos ou instrutivos (portanto, é difícil para eles aprender por meio dos textos), tudo isso independente de seu nível de compreensão oral.
- Em relação à expressão escrita, existem alunos que têm dificuldade para escrever palavras, mas redigem bem, e outros que – apesar de seu modo *formal* de escrever – não conseguem organizar o discurso com suficiente coerência e/ou coesão.
- Se analisamos e agrupamos essas respostas, aquilo que observamos são dois grandes tipos de dificuldades diferentes, mas que podem se retroalimentar mutuamente.

Na leitura:
1. Dificuldades centradas no reconhecimento ou na decifração das palavras escritas (que em muitos casos podem afetar a compreensão).
2. Dificuldades centradas na compreensão como tal, isto é, em um ou vários processos que esta implica: acesso ao significado do léxico, conexão das idéias entre si e atribuição de significado global, relação com o conhecimento prévio, auto-regulação, etc. (que podem afetar a forma de ler).

Na expressão escrita:
1. Dificuldades centradas na escrita das palavras: grafia, código, ortografia (que, devido ao esforço investido pela criança, podem afetar ou limitar a qualidade da redação).
2. Dificuldades centradas nos processos próprios da composição textual: planejamento, geração e organização do discurso, revisão e avaliação (que podem levar a não se escrever bem do ponto de vista formal).

Quando os problemas de compreensão ou de expressão não são atribuíveis à forma como a criança lê e escreve, a primeira coisa que se deve fazer é confirmar ou descartar causas que, embora incidam na leitura e na escrita, ultrapassam esse conhecimento, configurando um quadro de "dificuldades de aprendizagem" mais generalizadas. Nesses casos, é preciso aplicar uma avaliação mais ampla, que considere todos os aspectos que julgamos estar comprometidos: capacidade cognitiva (concretamente o quociente intelectual), aspectos sensoriais (visão, audição), motores, neurológicos, psicológicos, socioculturais, escolares e, naturalmente, a competência lingüística oral.

Se as dificuldades em um ou vários desses aspectos se confirmam, é preciso intervir sobre os mesmos na medida do possível, paralelamente à intervenção concreta sobre as dificuldades para ler e escrever. Nesse caso, falamos de uma *intervenção multidimensional*.

Se a hipótese anterior é descartada, encontramo-nos diante de *dificuldades específicas de leitura e escrita*, em referência aos alunos que apresentam um quadro "disléxico" (ou "disgráfico", no caso da escrita), isto é: dificuldades importantes – não um simples atraso – ao ler e escrever, confusões entre letras ou palavras, inversões silábicas, substituições – que não são aquelas próprias das etapas iniciais de aquisição do sistema alfabético (descritas em outro item) nem correspondem às capacidades e condições para aprender que esses alunos demonstram em outros âmbitos.

Uma aproximação da dislexia

Dentro do vocabulário psicopedagógico, a *dislexia* foi e ainda é um termo tão controverso como, muitas vezes, utilizado em demasia – ou mal usado – para aquilo que constituiu uma espécie de saco de gatos onde se juntaram sintomas nem sempre suficientemente definidos, identificados com nomenclaturas diversas: dislexia, comportamento disléxico, dificuldades específicas da linguagem escrita, etc., segundo o grau e conforme os autores.

As teorias – algumas mais ou menos coincidentes entre si, outras mais contrapostas – sobre suas causas (teorias de base perceptiva, neurológica, lingüística, ambiental, afetiva, entre outras) também geraram muitas controvérsias. Cada uma dessas explicações teóricas tem implícita uma proposta de tratamento, naturalmente em consonância com o marco conceitual de referência.

Não pretendemos expor aqui as diferentes teorias, muito menos questionar a validade que cada uma possa ter. Apenas mencionaremos algumas pesquisas recentes que procuram explicar – a partir de referenciais como a psicologia cognitiva e a psicolinguística – não tanto suas causas, mas sim os processos linguísticos que estão comprometidos nas pessoas com dificuldades específicas para ler e escrever, a fim de que nos ajudem a entender melhor essas dificuldades.

Ao longo das últimas décadas, autores como Alegría (1985) e vários outros (citados por Orrantia e Sánchez, 1994) pesquisaram e se aprofundaram nesses processos. Atualmente, parece haver um consenso quanto à existência de duas vias para o reconhecimento de palavras, que são adquiridas durante o processo de aprendizagem:
1. A via fonológica, que permite transformar os fonemas em símbolos.
2. A via lexical, que permite uma captação imediata da palavra escrita como se fosse um desenho.

Para que um leitor seja competente são necessárias as duas vias, e a origem da dislexia estaria nas dificuldades em uma ou outra. Assim, falamos de *dislexia fonológica* quando é a via fonológica que está afetada, e de *dislexia de superfície* quando é a via lexical, isto é, a que permite visualizar a palavra integralmente e fazer uma representação mental dela[2].

Dito de forma resumida, operar corretamente com a via fonológica supõe separar a palavra em suas unidades menores (sílabas, fonemas) mediante aquilo que denominamos *consciência fonológica*, ou capacidade de segmentar a palavra em partes. Essa capacidade não é particularmente necessária quando queremos ter acesso ao significado de palavras novas, difíceis ou desconhecidas, que não podemos reconhecer com um simples olhar. As crianças com déficit nessa capacidade decifram lentamente e cometem erros de código (por exemplo, omissões, substituições, inversões) ao ler e ao escrever, mas conseguem ler e escrever bem palavras que já incorporaram visualmente se tiverem a via lexical preservada[3].

Operar com a via lexical, ao contrário, supõe reconhecer a palavra que vemos escrita de uma forma quase imediata, sem ter de reconstruí-la fonologicamente ou som a som. Trata-se, portanto, de uma via mais rápida de acesso ao significado e requer a memorização dos padrões das palavras. Quando um aluno falha nessa capacidade, isso ocorre na representação ortográfica das palavras, pois ele tem dificuldade de perceber suas regularidades. São crianças que decifram bem, mas lêem de forma muito silábica, não estabelecem diferenças entre palavras familiares e as que não o são, ou entre palavras e pseudo-palavras. Têm dificuldade para diferenciar o significado das palavras homófonas (*haver/ a ver*) e apresentam problemas ortográficos – e também de união/separação de palavras – que, pela idade, já deveriam ter superado[4].

Como é óbvio, quando se iniciam na leitura convencional (não nas etapas anteriores, em que atuam por contexto), as crianças utilizam mais a via fonológica, visto que carecem de experiência recorrente com as palavras e ainda não conseguem formar um vocabulário "visual" (uma espécie de "base de dados", por assim dizer, de palavras conhecidas), suficientemente amplo. Aos poucos, ativa-se a via lexical (ou ortográfica), graças à qual lemos mais rápido, mas se continua utilizando a via fonológica – como já comentamos antes – diante de palavras que não são familiares e que obrigam a decodificar seus elementos.

Além dessas características, quando se aprofunda a detecção de crianças com comportamento disléxico, podem aparecer sinais potencialmente indicativos dessas dificuldades. À parte a discrepância entre a expressão oral e a escrita, um indicador importante é o atraso na aquisição da etapa alfabética, em muitos casos devido às dificuldades de consciência fonológica mencionadas. Há autores que associam outros sinais, não que todos estejam presentes, mas ao menos parte deles. Eis alguns:

- Antecedentes de dislexia na família.
- Atraso na aquisição e/ou dificuldades na fala.
- Dificuldades na aprendizagem de alguns conceitos, séries ou seqüências próprios de cada idade (cores, alfabeto, dias da semana, meses do ano, tabuadas.)
- Aptidão manipulativa geralmente superior à verbal.
- Dificuldades para aprender rimas.
- Persistência nas inversões numéricas e/ou silábicas, assim como omissões além do período de alfabetização inicial.
- Dificuldades ou confusões na orientação espacial (principalmente direita e esquerda).
- Déficit de atenção, desorganização.

Há ainda outros indicadores que, mais do que associados à dislexia, poderiam ser considerados como uma conseqüência dela: falta de motivação, desinteresse pela leitura e aprendizagem em geral, problemas de comportamento, desajustes emocionais, baixa auto-estima, entre outros, todos eles agravados à medida que o aluno cresce e as dificuldades se tornam crônicas.

Com base em todos esses dados, quando nos colocam dúvidas sobre a natureza das dificuldades apresentadas por um aluno, temos de nos aprofundar mais na avaliação. Necessitaremos de um diagnóstico diferencial que nos dê mais precisão e nos permita discriminar melhor se estamos realmente diante de um quadro de dislexia e, nesse caso, em qual das duas vias (fonológica ou lexical) residem os problemas, ou se aparecem em ambas – dislexia de tipo misto. Essa discriminação pode ser feita por meio da observação da competência do aluno de leitura e escrita de palavras que contenham determinados fonemas ou grupos de fonemas, palavras conhecidas e desconhecidas, palavras sem sentido ou pseudopalavras, e palavras homófonas. O procedimento a se utilizar pode consistir em uma lista de caráter informal ou em algum instrumento específico, como o TALE (Cervera e Toro, 1980)[5], que avalia especificamente esse tipo de dificuldades de modo sistematizado.

ALGUMAS IMPLICAÇÕES EDUCACIONAIS

Embora a finalidade deste texto seja a avaliação e não a intervenção, parece-nos pertinente sugerir algumas orientações de caráter geral que se depreende do exposto até aqui.

Em primeiro lugar, sem esquecer a influência fundamental que o contexto familiar exerce na alfabetização das crianças, acreditamos que o tratamento da língua que se faz na escola e na sala de aula é um fator determinante para evitar ou resolver muitas dificuldades. Por esse motivo, é preciso que, já na educação infantil, as salas de aula configurem um ambiente alfabetizador que, associado às interações orais, permita às crianças a familiarização com a escrita e seus usos, mediante uma reflexão sobre a linguagem que surja de situações comunicativas e funcionais.

A motivação para a leitura trata-se de outra condição fundamental. Por isso, é preciso acostumar as crianças, desde muito pequenas, a manter intercâmbios de leitura com o adulto – primeiro, proporcionado-lhes a escuta de leituras significativas, lidas com um bom modelo de fluência, ritmo, entonação; depois, lendo junto com elas e orientando-as para que, progressivamente, possam fazê-lo de forma autônoma. Outro elemento de grande importância é o ensino progressivo e intencional – a partir das diversas áreas curriculares – das estratégias próprias da compreensão leitora: estabelecer o objetivo de leitura, fazer uma conexão com o conhecimento prévio, regular o processo de compreensão, entender o significado global, saber encontrar a informação relevante (Solé, 1992; Sánchez Miguel, 1995; Alonso Tapia, 1995) e, conseqüentemente, também as estratégias próprias da composição textual. Escrever textos é mais complexo do que entendê-los; requer um treinamento específico com modelos de diferentes tipologias que permitam o avanço progressivo das capacidades envolvidas na composição textual: planejar o que se vai escrever, adequar o discurso à situação comunicativa, auto-regular a produção enquanto se escreve, revisar o que se escreveu, resumir, etc. (Jolibert, 1992; Cassany, 1990; Serafini, 1989; Teberosky, 1992, entre outros).

Quando propostas desse tipo – baseadas em uma concepção construtivista do ensino/aprendizagem e em um enfoque comunicativo da língua – fazem parte da prática habitual de uma escola, sem dúvida nenhuma possibilitam uma melhor aprendizagem para *todos* os alunos e, conseqüentemente, para aqueles que, por diferentes razões, têm mais dificuldade para aprender do que os outros.

Há casos que, por suas dificuldades especiais, requerem uma técnica reeducativa específica. Todavia, de maneira geral, mais do que métodos diferentes ou especiais, o que precisam é de maior apoio lingüístico. Assim, necessitam de mais ajuda, de condições e formas de ensinar que se adaptem às suas dificuldades e ritmo, que priorizem textos funcionais e significativos e que combinem atividades mais abertas e globais com outras mais estruturadas, destinadas à melhoria de déficits concretos. A seguir, indicam-se algumas recomendações que seguem essa linha:

- Motivá-los a ler e escrever será um dos objetivos fundamentais, visto que as dificuldades desses alunos os conduzem facilmente ao abandono e ao desalento, e muitas vezes à rejeição total. É preciso ajudá-los a encontrar leituras que lhes interessem e que constituam um desafio abordável quanto à sua complexidade. É preciso ter sempre presente que, quanto menos competência leitora revela um aluno, mais conhecimento prévio necessitará para compreender o significado de um texto.
- Quando propusermos atividades mais específicas ou estruturadas, destinadas a melhorar déficits concretos, nós o faremos da forma mais contextualizada ou lúdica possível. Referimo-nos, por exemplo, a atividades relacionadas com a segmentação fonética

quando os problemas se situam na consciência fonológica, ou atividades de aproximação global das palavras (memorização visual de palavras) com alunos cujas dificuldades se situem na via ortográfica ou lexical. Todas essas atividades podem ser realizadas mediante jogos de linguagem (*veo-veo**, jogo de memória de palavras, etc.)

- Potencializaremos o uso de todo tipo de apoios ou instrumentos de aprendizagem que sejam facilitadores, compensadores ou alternativos (uso de esquemas, gráficos, computadores, vídeos, aparelhos de som, televisão).
- Nas atividades de classe, devemos fornecer aos alunos os enunciados oralmente quando não entendem os escritos, como também lhes aplicar exames orais sempre que possível. Eles devem dispor da ajuda de alguém – na escola ou fora dela – para a leitura do conteúdo que deva estudar.
- No geral, essas crianças necessitam de mais tempo que as outras e se cansam antes. É aconselhável dar-lhes o tempo de que necessitam, ou dar-lhes tarefas mais curtas.
- É preciso ter um cuidado especial com os aspectos de tipo afetivo ou emocional que também podem estar alterados: interesse, motivação, auto-estima. Deve-se proporcionar a eles muita segurança e confiança, e encorajá-los a pedir ajuda sempre que necessitem. Alguns casos podem inclusive requerer ajuda terapêutica especializada.
- Não devemos forçá-los a viver situações comprometedores (como, por exemplo, ler em voz alta na aula) se não se sentirem capazes. Em compensação, potencializaremos publicamente tudo o que consigam fazer com êxito.
- O papel dos pais é fundamental, tanto pela ajuda que podem proporcionar quanto pelo tipo de reação que tenham diante do problema do filho. As atitudes de proteção excessiva ou, ao contrário, muito exigentes, a negação das dificuldades, um elevado nível de ansiedade, etc., não ajudam a resolver o problema e até podem agravá-lo. Portanto, é imprescindível orientar a família para que enfrente o problema com realismo, mas de forma construtiva.

Seguindo estratégias desse tipo, gerando – e transmitindo – expectativas de progresso realistas, porém de caráter positivo, e oferecendo as condições necessárias por parte de todos, as dificuldades de aprendizagem da língua escrita talvez não desapareçam completamente, mas, sem dúvida, poderão melhorar ou diminuir em grande medida. Se todos os alunos aprendem, aqueles que têm dificuldades também podem conseguir o mesmo.

NOTAS

1 Dentro de cada um desses níveis, podem-se encontrar diferentes subníveis que seguem uma gradação. Na bibliografia citada, detalha-se amplamente todo esse processo, com exemplos ilustrativos.

2 A denominação varia segundo o autor: Boder denomina-as de *dislexia disfonética* e *diseidética*, respectivamente.

3 Parece estar demonstrado que a relação entre as habilidades de segmentação e as de leitura e escrita é uma relação bidirecional: aprender a ler implica desenvolver a consciência fonológica e, por outro lado, desenvolver essa consciência conduz a uma melhoria na capacidade de ler.

---

* N. de R. Veo-veo é um jogo de origem hispânica.

4 Costuma-se atribuir essa dificuldade de reter a imagem ortográfica das palavras ao fato de se ler pouco. Possivelmente, esse também seja outro fator que precisamos considerar.
5 O TALE avalia diferentes aspectos da leitura e da escrita de uma forma bastante exaustiva, embora não inclua o ditado de palavras.

REFERÊNCIAS

ALEGRÍA, J. (1985): «Por un análisis psicolingüístico de la lectura y sus trastornos». Infancia y aprendizaje, 23, pp. 79-94.
ALONSO TAPIA, J. (1995): «La evaluación del la comprensión lectora». Textos, volumen 5, pp. 63-78.
BONALS, J. y otros (2003): Avaluar l'aprenentatge de 3 a 7 anys. Barcelona. Graó.
CAMPS, A. (1994): L'ensenyament de la composició escrita. Barcelona. Barcanova.
CANALS, R. y otros (2002): Proves psicopedagògiques d'aprenentatges instrumentals - 1r i 2n nivell d'ESO. Barcelona. Onda.
CASSANY, D. (1990): «Enfoques didácticos para la ensenanza de la expresión escrita». Comunicación, lenguaje y educación, 6, pp. 63-80.
CATALÀ, G. y otros (1996): Avaluació de la comprensió lectora. Barcelona. Graó.
CERVERA, M.; TORO, J. (1980): Test de análisis de la lectura y la escritura. Madrid. Pablo del Rio Editor.
FERREIRO, E.; GÓMEZ PALÁCIO, M. y otros (1982): Análisis de las perturbaciones en el proceso escolar de la lectura y la escritura. México. Dirección General de Educación Especial.
FERREIRO, E.; TEBEROSKY, A. (1979): Los sistemas de escritura en el desarrollo del niño. México. Siglo XXI.
GRAU, R. (1998): «La lectura en la educación primaria». Revista Aula de Innovación Educativa, 59, pp. 32-36.
JOHNSTON, P.H. (1989): La evaluación de la comprensión lectora. Un enfoque cognitivo. Madrid. Visor.
JOLIBERT, J. (1992): Formar infants productors de textos. Barcelona. Graó.
ORRANTIA, J.; SÁNCHEZ, E. (1994): «La evaluación del lenguaje escrito», en VERDUGO, MA: La evaluación curricular. Madrid. Siglo XXI.
SÁNCHEZ MIGUEL, E. (1995): «La enseñanza de estratégias de comprensión en el aula». Textos, 5, pp. 47-62.
SANTANA, B.; GIL, G. (1985): «La evaluación de la escritura». Estudios de Psicología. 19-20, pp.103-114.
SEDDON, M. (1990): Técnicas de evaluación informal de la lectura. Madrid. Visor.
SOLE, l. (1992): Estrategias de lectura. Barcelona. Graó.
SERAFINI, T. (1989): Como redactar un texto. Barcelona. Paidós.
TEBEROSKY, A. (1992): Aprendiendo a escribir. Barcelona. ICE/Horsori.
VIGOTSKY, L.S. (1979): El desarrollo de los procesos psíquicos superiores. Barcelona. Grijalbo.

15 | A avaliação da matemática

Anna Agón e Marta Pla

INTRODUÇÃO

Antes de entrar na escola, as crianças já estão em contato com o mundo dos números. Em sua relação com as pessoas mais próximas e na interação com os objetos de seu entorno, apropriam-se de uma série de vivências. Estas lhes permitem adquirir noções básicas do conhecimento matemático, como a linguagem numérica, as relações quantitativas entre objetos, a contagem e a forma dos corpos situados no espaço. Esses conhecimentos fazem parte da cultura na qual as crianças estão imersas. Dessa forma, antes de irem para a escola, experimentaram muitas situações que resolveram graças aos conhecimentos matemáticos que foram adquirindo: ordenar os brinquedos em caixas, colocar um copo na mesa para cada pessoa ou saber quem tem menos balas. Seus conhecimentos dependerão em grande medida do maior ou menor favorecimento do ambiente em que viveram, da possibilidade que tiveram ou não de buscar respostas aos problemas que lhes foram colocados e da informação que tenham recebido.

Com respeito à série numérica, as crianças utilizam noções e vocabulário em situações diversas: sabem dizer quantos anos têm, primeiro com os dedos e mais tarde verbalizando; são capazes de contar os degraus da escada; sabem quantas bonecas têm. Pouco a pouco, percebem que os números lhes permitem quantificar os objetos. Finalmente, adquirem uma correspondência correta entre a série numérica que mencionam e os objetos que contam quando se tornam capazes de ordenar os elementos física e mentalmente, contando cada elemento só uma vez e aprendendo que o último número contado designa a totalidade dos objetos.

Ao longo do ensino fundamental, os alunos consolidam e generalizam o funcionamento do sistema decimal de numeração. São capazes de contar e de escrever em torno de mais de seis cifras, para frente, para trás e alternadamente. As dificuldades da passagem para as dezenas, centenas, assim por diante, se consolidaram. Chega o momento de introduzir outros tipos de numerações, como a romana, como trabalho de comparação e de reflexão entre diferentes sistemas de numeração.

Durante a 3ª e a 4ª séries, as crianças iniciam o trabalho dos números fracionários, entre os quais se encontram os decimais, que estão mais relacionados com a vida diária (dinheiro, conteúdo das vasilhas, etc.).

Paralelamente à aprendizagem dos números, as crianças se deparam com um conjunto de ações e de situações que estão na base das operações de adição e subtração. Fazem comparações quando dizem: "Tenho mais que João: faltam quatro figurinhas para completar meu álbum". Experimentam ações que aumentam ou diminuem uma quantidade: quando ganham mais balas ou comem algumas. Logo passam dessas operações informais às formais, e tornam-se capazes de resolver essas questões com o algoritmo correspondente, que mais tarde ampliarão com a multiplicação e a divisão.

Estão em contato também com o mundo da medida. Compram objetos de acordo com seu tamanho, sua altura e seu comprimento. Mais tarde, sabem quais as medidas que o adulto utiliza para comprar grão-de-bico ou roupa. Ao mesmo tempo, nas séries iniciais, consolida-se a aprendizagem do tempo cíclico (dias, meses, semanas e estações) que se amplia ao longo das demais séries com a medida do tempo cronológico (horas, minutos).

Em paralelo, os alunos adquirem outras noções matemáticas, como geometria e de estatística. Optamos por não desdobrá-las neste capítulo, visto que, com os conteúdos tratados, podemos obter informação suficiente para orientar a programação dos alunos com necessidades educacionais especiais.

Como recorda César Coll (1990), sob uma perspectiva construtivista, "o desenvolvimento não surge do nada"; é uma construção sobre a base do desenvolvimento que já existe previamente. Essa construção exige o envolvimento tanto da criança quanto dos que interagem com ela. É evidente que, como já comentamos, as crianças levam toda essa bagagem de conhecimentos matemáticos prévios quando entram na escola. A partir de seus esquemas e da intervenção dos adultos, irão adquirir noções, procedimentos e habilidades cada vez mais complexas.

Ao longo deste capítulo, ofereceremos ferramentas para avaliar alguns aspectos da aprendizagem da matemática, em especial para os alunos com dificuldades de aprendizagem. Desenvolvemos quatro grandes itens: números, operações, problemas e medidas. Em cada um, explicamos como os alunos aprendem esses conteúdos durante sua escolaridade e a progressão que seguem ao fazê-lo. Elaboramos provas que servirão de modelo orientador a se utilizar na avaliação dos conhecimentos dos alunos. Serão úteis para determinar aquilo que os alunos sabem e o que necessitam para trabalhar em função de seu nível de competência. Por fim, planejamos uma série de tabelas de registro com dois formatos diferentes: da educação infantil à 2ª série do ensino fundamental, uma tabela de registro específica para cada um dos quatro temas que expusemos e distribuída por séries; a partir da 3ª série do ensino fundamental, uma única tabela, mais geral, que serve para registrar os conhecimentos dos alunos.

CONTEÚDOS

Números

Incluímos os seguintes conteúdos:
- O conhecimento oral da série numérica.
- A utilização do número na contagem dos objetos.
- A leitura e a escrita de números.
- Sua representação e ordenação.

A aprendizagem da série numérica é progressiva. Desde pequenas, as crianças começam a expressar oralmente a série de números. Essa expressão está muito relacionada com a contagem de objetos e com a expressão da idade.

Progressivamente, os alunos aprendem a dizer os números até 3, até 5 e até

10. Depois avançam e aprendem a contar algumas dezenas: 20, 30, 40. Durante esse processo, tomam contato com os números irregulares: 11, 12, 13, 14, 15,16, que são mais difíceis.

Para aprender os números até 100, devem lembrar o número das dezenas na ordem correta. Mais adiante, assimilam a contagem das centenas até chegar aos milhares e às unidades de milhar. A partir da 3ª série, trabalham as dezenas de milhar, as centenas de milhar, até os milhões. A partir da 5ª série, lêem e escrevem até doze cifras. Conseguem saber o sistema de numeração dos números naturais até a conclusão do ensino fundamental.

Durante o processo de aquisição da série numérica, começam também a identificar as grafias de alguns números e as diferenciam de outras grafias. Mais tarde, ao chegar aos números de duas cifras, devem se dar conta do valor que cada cifra ocupa segundo sua posição. O zero é um número mais complexo que os demais, porque indica a ausência de quantidade; em compensação, em números de mais de uma cifra, usado para dar o valor que corresponde às diferentes unidades de ordem superior. Por exemplo, na quantidade 6.503, o zero indica ausência de dezenas, mas devemos incluí-lo para dar o valor de centenas ao 5 e de unidades de milhar ao 6.

A partir da 4ª série, os alunos começam a ler e escrever frações simples, com base em representações gráficas, como as partes coloridas de um gráfico em forma de pizza, para elaborarem o conceito de fração como parte da unidade. É ao longo da 5ª e da 6ª séries que as crianças aprendem a comparar e representar frações, primeiro com o mesmo denominador e depois com outros.

O conceito de fração como divisão e as medidas introduzem os alunos no mundo dos números decimais. Eles aprendem primeiro a ler e a escrever números decimais até os centésimos, milésimos, assim por diante. Durante a 5ª e a 6ª séries, aprendem a ordenar e comparar números decimais até chegarem ao conceito de aproximação ou arredondamento.

Operações

Paralelamente à construção da série numérica e ao fato de atribuírem significado aos números, os alunos começam a observar variações quantitativas que ainda não são capazes de contabilizar. Por exemplo: a criança tem um punhado de balas e percebe que, à medida que vai comendo, sobram cada vez menos e, se alguém lhe dá outra, fica com mais.

As operações fazem parte da vida da criança. É capaz de resolver situações da vida escolar com diferentes estratégias sem recorrer ainda ao algoritmo da adição ou da subtração. Essas operações constituem a matemática *informal*. Por exemplo, uma criança sabe que, se tem 5 bolinhas e perde 3, fica com 2, e esse conhecimento não decorre de ter resolvido convencionalmente uma operação matemática.

O primeiro problema que enfrentamos para que os alunos se iniciem no cálculo é passar das experiências informais para as formalizações, ou seja, possibilitar-lhes explicar uma ação, a capacidade de transcrever numericamente aquilo que ocorreu. Em outras palavras, precisamos fazê-los passar dos fatos às operações, e vice-versa. A entrada nas operações formais se concretiza no trabalho dos algoritmos e dos conceitos seguintes.

Adição

Depois que o aluno entende diversas situações concretas propostas pelo professor ou encontradas na rotina diária e resolvidas, pode chegar à adição, imaginando os elementos que intervém na operação. Em uma primeira etapa, consideramos a adição como uma reunião de objetos e, em um segundo momento, como uma operação. Por exemplo, podemos dar a cada grupo de crianças um prato com 3 biscoitos e pedir que desenhem essa situação; depois, podemos passar pelos grupos e acrescentar 2 biscoitos, pedindo-lhes que desenhem o que têm agora. O próximo passo será pedir-lhes que escrevam a operação.

A progressão seguidas pelas crianças no domínio do algoritmo da soma, segundo indica Lluís Segarra (1992), e com referência ao nível de dificuldade, seria:
- Adição por reunião de objetos compreendidos entre 0 e 5.
- Adição de números de uma cifra compreendidos entre 0 e 10.
- Adição com resultados entre 10 e 20.
- Adição com dezenas.
- Adição de três parcelas.
- Adição levando*.

Subtração

É uma operação mais complexa do que a adição. Embora as crianças de educação infantil possam fazer subtrações com material (por meio dos dedos ou de palitos), só a introduziremos como algoritmo na 1ª série.

A subtração representa não apenas situações de "retirada", mas também de comparação, e pode supor situações aditivas. Por exemplo: "João leva à escola 8 lápis e dá 3. Com quantos fica?" Essa é uma subtração de "retirada". "João tem 8 lápis e Marta tem 3. Quantos lápis João tem a mais do que Marta?" Essa é uma subtração como comparação. "Estou fazendo uma coleção de 30 figurinhas e só tenho 15. Quantas me faltam para completá-la?" Trata-se de uma subtração que resolvemos com uma soma. No início, é mais indicado trabalhar a subtração como operação de "retirada".

A subtração levando baseia-se na compreensão do valor posicional das cifras e da relação entre a ordem das unidades: unidades, dezenas e centenas, conteúdos complexos para as crianças porque precisam articular o número com um todo, com o valor das partes ou das cifras. Os alunos deveriam chegar ao final da 3ª série do ensino fundamental entendendo e utilizando a subtração levando.

Multiplicação

As crianças não iniciam a multiplicação como algo desconhecido, mas já dispõem de estratégias para resolver multiplicações de números pequenos. Com freqüência, utilizam a *soma repetida* para resolver problemas. Por exemplo: "Temos 3 potes coloridos em cima da mesa e dentro de cada um há 4 canetas. Quantas canetas temos?" O mais provável é que as crianças resolvam o problema assim: 4 + 4 + 4 = 12. Esse é o sistema mais empregado pelos docentes para introduzir o conceito da multiplicação. Outros métodos incluem situações que se resolvem como combinações, por exemplo: "Julia tem uma boneca com 3 vestidos e 2 pares de sapatos diferentes. De quantas maneiras diferentes pode vesti-la?".

Parta sistematizar o algoritmo da multiplicação, é preciso que as crianças memorizem as tabuadas. Isso ficará mais simples se antes tivermos trabalhado com o conceito da propriedade cumulativa (devem saber e poder experimentar que 3 x 7 = 7 x 3).

Divisão

A introdução da divisão exige um domínio dos números e de seu uso, dos símbolos e do uso correto das operações descritas anteriormente. A divisão indica não

---

* N. de R.T. Operações sem levar seria 15 − 4 = 11. Levando seria, por exemplo, 15 − 6 = 9, pois a operação afeta a casa das dezenas.

apenas repartir, mas também uma partição, permite passar de umas unidades às outras e facilita o processo da medida.

Vejamos a seguir exemplos de diversas interpretações da divisão:
- "Maria levou à escola 15 balas, ela tem 5 amigos: quantas balas cada um receberá?"
- "Quantos metros são 325 centímetros?"
- "Se temos um tecido que mede 2 metros e queremos fazer 5 guardanapos, quantos centímetros terá cada guardanapo?"

Na avaliação da divisão, comprovaremos se os alunos sabem resolver os seguintes tipos de divisões:
- Divisões exatas, com o divisor e o dividendo de uma cifra, sem levar.
- Divisões exatas, com o divisor de uma cifra, levando.
- Divisões com resíduos, com o divisor de uma cifra, levando.
- Divisões com o divisor de duas cifras.

O cálculo mental tem uma importância capital no mundo das operações, pois costumamos utilizá-lo no dia-a-dia. Queremos mencionar apenas que as estimativas do resultado e sua conseqüente comprovação com a calculadora devem fazer parte das atividades que realizamos. Incluímos esses itens na tabela de registro devido à sua relevância.

Problemas

Entendemos por problema aritmético um enunciado lingüístico que comunicamos ao aluno para que encontre a resposta ou as respostas à pergunta que lhe formulamos.

A maioria das crianças pequenas, antes de se iniciar na aritmética formal, pode utilizar seus conhecimentos informais para resolver problemas simples de adição e subtração. Assim, na atividade dirigida à educação infantil, que descreveremos a seguir, observamos como são capazes de resolver esse problema sem realizar nenhuma operação formal.

A professora dá a cada grupo apenas uma folha com a atividade. As crianças devem discutir o que ocorre na situação inicial, qual mudança se produz e desenhar como ficará a situação final. Depois, dedica-se um tempo para expor ao conjunto as diferentes maneiras que os alunos encontraram de resolver o problema. (Por exemplo: "Ficará uma porque as outras foram embora"; "Não ficará nenhuma porque todas se assustaram").

Figura 15.1

Existem diferentes maneiras de classificar os problemas. Optamos por classificá-los em problemas de adição, de subtração, de multiplicação, de divisão e de operações combinadas. Ao mesmo tempo, cada tipo de problema pode ser classificado de uma forma diferente.

Em todos os tipos de problemas, há pelo menos duas quantidades ou dados e uma incógnita: operando com eles, calculamos o resultado do problema, isto é, encontramos o valor da incógnita.

A dificuldade do problema varia segundo sua estrutura, a complexidade do enunciado lingüístico, as quantidades utilizadas, o lugar ocupado pela incógnita dentro do enunciado e o contexto e conteúdo aos quais se aplica.

Para a classificação dos problemas de adição e subtração, de troca e de combinação, utilizamos como fonte Bonals e colaboradores (2002).

Problemas de adição e subtração

Segundo Reeley e Greeno, os problemas de adição e subtração resolvidos com uma única operação podem ser classificados em três tipos:
1. Troca.
2. Combinação.
3. Comparação.

Problemas de troca

Nesses problemas, há uma quantidade ou estado inicial (Ei), uma ação ou transformação que a modifica (T) e dá lugar a uma quantidade ou estado final (Ef).

Diferenciamos os problemas de aumento e de diminuição. Nos primeiros, a ação faz aumentar a quantidade inicial ("Isabel tinha 4 figurinhas, João lhe deu 3 e agora tem 7"); nos segundos, faz diminuir ("Maria tinha 8 figurinhas, perdeu 3 e ficou com 5").

Nos dois casos, a incógnita do problema – a quantidade que pedimos – pode estar em estado final, na transformação ou no estado inicial. Portanto, conforme o lugar que a incógnita ocupa, obtemos os seguintes tipos de problemas:
- Aumento:
  – Incógnita no estado final.
  – Incógnita na transformação.
  – Incógnita no estado inicial.
- Diminuição:
  – Incógnita no estado final.
  – Incógnita na transformação.
  – Incógnita no estado inicial.

Os mais fáceis são os problemas com incógnita no estado final, enquanto os mais difíceis são aqueles em que a incógnita está no estado inicial.

Não podemos associar problemas de aumento a uma adição nem problemas de diminuição a uma subtração, já que tanto uns quanto os outros podem ser resolvidos mediante uma adição ou uma subtração.

Problemas de combinação

Nesses problemas, há duas partes (P) que, consideradas conjuntamente, formam um todo (T). Implicam relações entre conjuntos que pertencem a uma mesma classe, e não se produz nenhuma transformação ("Marta tem 7 balas: 5 de laranja e 2 de limão").

A pergunta pode referir-se ao número total de elementos ("quantas balas tem no total?") ou a um número de elementos de uma das partes ("quantas balas de limão tem?").

Os problemas em que a incógnita é o total apresentam menos dificuldades que os demais: é mais fácil passar das partes para o todo do que ter presentes, ao mesmo tempo, o todo e as partes.

Problemas de comparação

Em todos esses problemas há duas quantidades e a diferença entre elas ("Chico tem 8 balas e Maria tem 5. A diferença entre essas duas quantidades é 3").

Podemos expressar a diferença com os termos *mais que* ou *menos que*; na comparação anterior podemos dizer: "Chico tem 3 balas a mais que Maria", ou "Maria tem 3 balas a menos que Chico".

Nos problemas de comparação, a incógnita pode ser:
- A diferença.
- Uma das quantidades comparadas.

Assim, obtemos os seguintes tipos de problemas:
1. Quando a incógnita é a diferença, obtemos dois tipos de problemas:
   - Comparação com "mais que".
   - Comparação com "menos que".
2. Quando a incógnita é uma das duas quantidades comparadas, obtemos quatro tipos de problemas:
   - Comparação com "mais que":
     – Quantidade comparada maior.
     – Quantidade comparada menor.
   - Comparação com "menos que".
     – Quantidade comparada menor.
     – Quantidade comparada maior.

A dificuldade desses problemas não é a mesma. Em geral, as crianças primeiro entendem e resolvem corretamente os problemas em que aparece no enunciado o termo "mais que" e que resolvem com uma soma, depois os problemas cujo enunciado contém "menos que" e resolvem com uma subtração.

Problemas de multiplicar

De acordo com Manuel Alcalá (2002) e do ponto de vista escolar, encontramos quatro grandes grupos de problemas típicos de matemática. Por ordem de dificuldade, são:

1. *Problemas de razão*. Por exemplo: "Minha mãe comprou 3 caixas de leite, e em cada uma há 12 garrafas. Quantas garrafas comprou minha mãe?".
2. *Problemas de conversão*. Por exemplo: "João tem 5 figurinhas e troca cada uma por 2 bolas. Quantas bolas terá?".
3. *Problemas combinatórios*. Por exemplo: "João tem 3 camisas e 4 calças diferentes. De quantas maneiras pode se vestir?". É o tipo de produto cartesiano.
4. *Problemas de comparação*. Por exemplo: "João tem 6 anos, e Maria tem três vezes mais. Quantos anos tem Maria?".

Na escola, começaremos pelos mais simples e trabalharemos nesta ordem:
1. Manipulando objetos.
2. Representando-os graficamente.
3. Utilizando a correta escrita aritmética.

É interessante que o trabalho acerca dos problemas matemáticos motive os alunos no trabalho em pequenos grupos, de modo que juntos possam compreender o enunciado do problema, buscando diversas estratégias de resolução e chegando, também juntos, à solução ou às soluções finais.

Problemas de dividir

Manuel Alcalá (2002) classifica os problemas de dividir em dois tipos, que podemos levar em conta na hora de avaliar:
1. *Situações de fracionamento ou de repartição*. Por exemplo: "Na classe somos 24 alunos e temos de formar 6 grupos para ir à sala dos computadores. Quantos alunos haverá em cada grupo?".
2. *Situações de agrupamento*. Por exemplo: "nas sessões de treinamento de

futebol somos 21 meninos. Temos de formar grupos de 3 para jogar. Quantos grupos haverá?".

Muitos dos problemas de dividir podem ser gerados a partir de problemas de multiplicar. Por essa razão, é aconselhável trabalhá-los ao mesmo tempo.

Da mesma forma, como mencionamos nos problemas de adição, subtração e de troca, podemos encontrar a incógnita – a quantidade que pedimos – em três situações:

1. *Estado final*. "Hoje é o aniversário da Júlia, e a mãe dela comprou 10 balões para repartir entre os 5 amiguinhos que foram à festa. Quantos balões cada um ganhou?". A expressão aritmética seria 10 : 5 = 2, mas as crianças com freqüência, o resolvem aditivamente, 5 + 5.
2. *Transformação*. "Hoje é o aniversário da Júlia, e a mãe dela comprou 10 balões. Cada amiguinho recebeu 2 balões. Quantos amiguinhos foram à festa?". A expressão canônica seria 10 : ... = 2, mas também é comum que o resolvam como 2 + 2 + 2 + 2 + 2, e outros como 2 x 5 = 10, isto é, anotam as operações que fazem para realizar o problema.
3. *Estado inicial*. "Hoje é o aniversário da Júlia, e a mãe dela comprou um montão de balões que foram repartidos entre os 5 amiguinhos presentes na festa. Cada um deles recebeu 2 balões. Quantos balões a mãe dela comprou?". A notação seria ... : 5 = 2, mas muitas crianças o expressariam como o resolvem: 2 x 5 = 10 ou 2 + 2 + 2 + 2 + 2.

Constatamos que as fronteiras entre multiplicação e divisão não são muito claras, dado que os problemas que possuem um enunciado verbal mais próximo do conceito de divisão (repartir, partir, formar grupos, etc.) se resolvem por multiplicação, e vice-versa.

Neste desenho, podemos observar como um grupo da pré-escola foi capaz de inventar um problema, representando-o como um desenho e escrevendo-o.

Figura 15.2

Medida

Falamos de medida quando nos referimos a avaliar certas magnitudes em relação ou em comparação com unidades. As magnitudes mais conhecidas são: o comprimento, a superfície, o volume, a temperatura, a capacidade, o peso, a massa, a velocidade e o tempo. A unidade ou o padrão é o valor estabelecido tomado como termo de comparação para medir magnitudes da mesma natureza.

1. *As magnitudes extensíveis* são aquelas que podemos somar, por exemplo, o comprimento: se a uma corda de 4 metros de comprimento juntamos outra de 2 metros, teremos uma corda com um comprimento de 6 metros. Outras magnitudes extensíveis são a capacidade, a massa, o volume e o tempo.
2. *As magnitudes inextensíveis* são aquelas que não podemos somar aritmeticamente, por exemplo: se a um líquido que está a uma temperatura de 14° centígrados adicionamos outro que está a 20°, não obtemos, evidentemente, uma temperatura de 34°. Para medi-la, utilizamos escalas ordinais ou de intervalos. Outras magnitudes inextensíveis são a densidade ou a dureza dos minerais.

Nos níveis escolares considerados, todas as magnitudes estudadas são extensíveis:
- Comprimento.
- Peso.
- Capacidade.
- Superfície.
- Tempo.
- Temperatura.
- Abertura dos ângulos.

As magnitudes são propriedades que não existem diretamente, mas nós as construímos quando as relacionamos para compará-las, diferenciá-las ou agrupá-las.

No caso do comprimento, devemos mencionar também a distância entre dois objetos ou pessoas quaisquer. A distância está relacionada a noções de orientação espacial, como: *perto, longe, junto, separado* (Bonals et al., 2002).

O tempo é um caso à parte. O primeiro problema para medi-lo é a dificuldade de materializá-lo. A natureza se organiza em repetições cíclicas que ajuda a nos orientarmos: o dia e a noite ou, mais detalhadamente, manhã, meio-dia, tarde e noite. As estações também supõem uma estrutura cíclica: primavera, verão, outono e inverno. Os seres humanos fabricaram artificialmente algumas formas de medida adotando essa mesma estrutura cíclica: os dias da semana, os meses do ano ou as horas do relógio. A educação infantil pode ajudar as crianças a entender esses ritmos, estabelecendo, por exemplo, uma ordem nas atividades diárias que facilite a orientação quanto ao que virá depois de..., ou o que falta para... (Alsina et al, 1995). Explicitar esses pontos de referência é o primeiro passo para medir intervalos (faltam três dias para...; na semana que vem...; daqui a um mês...). Medir intervalos menores requer o uso do relógio, e essa é uma aprendizagem que começará na 1ª série do ensino fundamental e prosseguirá durante todo o ensino fundamental. É necessário que as crianças tenham consolidado a estrutura do tempo cíclico para se introduzir a medida de intervalos.

Outro aspecto que devemos destacar é o da conservação da magnitude, capacidade diretamente relacionada à conservação da quantidade, mas também a uma complexidade própria de cada magnitude. As crianças a conservam quando, diante de uma transformação que modifica o aspecto, mas não a magnitude, se dão conta da permanência dessa propriedade no objeto.

As magnitudes que podem ser somadas possibilitam as operações de acrescentar ou de decompor, tomando como referência as unidades de medida, convencionais ou não. Entendemos como unidade de medida não-convencional qualquer padrão que nos permita saber quantas vezes uma determinada magnitude se repete com relação a esse padrão. Por exemplo, tomamos como padrão de medida uma folha A-5 e observamos quantas vezes essa medida cabe dentro de uma A-4, de uma A-3, etc. Quando queremos avançar na exatidão das medidas, temos de usar as unidades convencionais. Estas surgem da necessidade de unificar a expressão das medidas e foram definidas por lei. Constituem verdadeiros sistemas legais e, portanto, têm grande valor na sociedade.

A aquisição de cada uma das magnitudes comporta dificuldades diferentes em função das variáveis que intervêm. Segundo Piaget, as crianças adquirem a noção de número e a de comprimento por volta dos 7 anos. A partir dessa idade, adquirem progressivamente a noção de outras magnitudes, por exemplo, o tempo, a velocidade e o peso. Adquire-se a compreensão da noção de volume por volta dos 11 ou 12 anos, no período das operações formais.

Durante a educação infantil, experimenta-se a medida com unidades naturais, e situa-se o tempo. No início do ensino fundamental, há uma passagem progressiva no uso de unidades convencionais, utilizando-se múltiplos e submúltiplos. Além disso, consolida-se a medida do tempo cíclico, e inicia-se a leitura do relógio. Por volta da 3ª e 4ª séries, organiza-se o Sistema Métrico Decimal. Trabalham-se as medidas diretas e o reconhecimento das diversas maneiras de expressar um resultado. Na 5ª e 6ª séries, trabalha-se a equivalência de expressões de medida, a precisão no uso dos instrumentos, a expressão dos resultados, e realiza-se o cálculo dos perímetros e das áreas. No final dessa etapa, os alunos devem medir diretamente e utilizar corretamente as unidades de medida e suas equivalências.

PROVAS DE AVALIAÇÃO

Para avaliar o nível de conhecimentos que um aluno possui de matemática, aplicaremos uma prova individual, oral para os menores e escrita a partir da 3ª série do ensino fundamental.

Educação infantil, 1ª e 2ª séries do ensino fundamental

Para conhecer as estratégias que os alunos utilizam na resolução de uma prova de avaliação, é importante nos fixarmos no modo como a executam e perguntar-lhes como procederam, ou propor-lhes que a resolvam em voz alta.

Números

Pedimos individualmente a cada aluno:

- "Conte os números que você sabe a partir de 1". Dizemos: "1, 2...".
  Quando termina, pedimos que conte a partir de outro número – por exemplo, 7. Comprovamos que sabe ordenar números: podemos utilizar cartões, como propõe María Antònia Canals (2000), com objetos desenhados. Observamos como a criança o elabora: de maneira rápida ou lenta, se empaca ou vacila em alguns números e, mais adiante, a maneira como resolve as trocas das dezenas e das centenas.
- Que conte 5, 10 objetos que colocamos previamente sobre a mesa.
- Que leia alguns números que escrevemos desordenadamente em uma folha em branco.
- Que escreva em uma folha alguns números que ditaremos.
  Observamos se automatizou a leitura, que grafias confunde e se tem domínio do zero quando este aparece nas unidades, nas dezenas e nas centenas.

- "Conte de 2 em 2, de 5 em 5...".
- "Conte os números para trás, a partir de 5, 20...". Dizemos: "5, 4...".

Operações

Adição

1. Cálculo mental. Pedimos à criança que responda oralmente:
   - "Quanto é 3 mais 1?" ($n + 1$ até 5, 10)
   - "Quanto é 4 mais 4?" ($n + n$ até 10, até 20)
   - Etc.

   Se um aluno não sabe responder essas somas mentalmente, permitimos que utilize os dedos, faça marcas no papel ou utilize outros materiais.

2. Operações escritas. Pedimos ao aluno:
   - "Quanto é 8 mais 7?".

   Quando diz o resultado, acrescentamos: "Escreva neste papel a soma que você fez".

3. Passamos uma folha com algumas somas para o aluno resolver.

Subtração

1. Cálculo mental. Pedimos à criança que responda oralmente:
   - "Quanto é 4 menos 1?" ($n - 1$ até 5, até 10)
   - "Quanto é 2 menos 2?" ($n - n$)
   - Etc.

   Se um aluno não sabe responder essas subtrações mentalmente, permitimos que utilize os dedos, faça marcas no papel ou utilize outros materiais.

2. Pedimos à criança:
   - "Quanto é 6 menos 3?"

   Quando diz o resultado de cada subtração, pedimos: "Escreva neste papel a subtração que você fez".

3. Passamos uma folha com algumas subtrações para o aluno resolver.

Problemas

Lemos para o aluno individualmente os problemas e pedimos que nos diga o resultado. Ele tem a opção de resolver os problemas com material, mentalmente ou com representação gráfica. Para isso, deixaremos diversos materiais sobre a mesa (canetas coloridas, fichas, etc.). Quando ele nos dá a resposta de cada problema, pedimos que nos explique como o resolveu para sabermos que estratégia utilizou. Se um aluno não dá uma resposta adequada a um problema, faremos de novo o mesmo enunciado, mas com quantidades menores.

Na 2ª série, podemos propor os problemas por escrito, mas temos de nos assegurar de que os alunos tenham uma clara compreensão leitora do enunciado.

Acrescentamos uma lista de problemas no Quadro 15.1, para que possam ser utilizados como exemplo de prova de avaliação da aprendizagem dos problemas de matemática.

Medida

Da educação infantil à 2ª série do ensino fundamental, avaliaremos a medida de comprimento. Para aplicar essa prova, utilizaremos um jogo de tiras de cartolina com as seguintes medidas:
- 2 tiras de 25 cm por 2 cm.
- 3 tiras de 22,5 cm por 2 cm.
- 2 tiras de 22 cm por 2 cm.
- 3 tiras de 21 cm por 2 cm.

1. Colocamos o jogo de tiras sobre a mesa. Oferecemos o jogo a um aluno e lhe pedimos:
   - "Procure uma tira que seja comprida como esta."
   - "Como você sabe que é tão comprida como esta?"

Quadro 15.1 Problemas de matemática

		P-3	P-4	P-5	1º	2º
TROCA / AUMENTO	Estado final	Clara tem 2 balas, e Eric lhe dá 1. Quantas balas Clara tem agora?	Laura tem 3 figurinhas. Se sua mãe lhe comprar 2, com quantas ficará?	Cecília tem 4 adesivos, e sua irmã lhe dá 2. Quantos tem agora?	José tem 7 castanhas e ganhou mais 4. Quantas tem agora?	Jorge tem 13 lápis de cor e ganhou mais 8. Quantos tem agora?
	Transformação				Marcos tinha 6 figurinhas e agora tem 8. O que aconteceu? Quantas comprou?	Olívia tinha 15 figurinhas. Agora tem 20. O que aconteceu? Quantas lhe deram?
	Estado inicial					Henrique ganhou 8 adesivos e agora tem 13. Quantos tinha antes?
TROCA / DIMINUIÇÃO	Estado final	Bruno tem 3 biscoitos e come 2. Quantos tem agora?	Paulo tem 4 balões, e 2 explodem. Quantos sobram?	Alberto tem 6 cerejas e come 3. Quantas sobram?	Marisa tem 8 pirulitos e come 2. Quantos sobram?	Tenho 12 chicletes e como 4. Quantos sobram?
	Transformação				Marta tinha 9 castanhas. Agora tem 4. Quantas comeu?	Tinha 13 carrinhos de brinquedo. Agora tenho 9. Quantos perdi?
	Estado inicial					Tenho 21 cartas. Pegaram 10. Quantas tinha antes?
COMBINAÇÃO	Todo		Vovô tem 3 coelhos brancos e 3 marrons. Quantos coelhos tem vovô?	No meu jardim, tenho 3 margaridas e 5 rosas. Quantas flores tenho?	Antônio tem 6 balas de limão, e Rosa tem 5 de laranja. Quantas balas há entre os dois?	Se temos 7 rosas vermelhas e 8 amarelas, quantas rosas temos?
	Uma parte				Se Mercedes tem 10 balas e 6 são de limão, quantas são de laranja?	Em um pasto há 14 animais: 8 são vacas, e o resto, cavalos. Quantos cavalos há no pasto?

continua

Quadro 15.1 (continuação)

	P-3	P-4	P-5	1º	2º
DIFERENÇA — Conta "mais que"			Suzana tem 3 canetas, e Daniel tem 5. Quem tem mais? Quantos mais?	Na minha rua há 11 árvores, e na de minha prima há 9. Em que rua há mais árvores. Quantas mais?	Ester tem 15 bolas, e José 8. Quem tem mais bolinhas? Quantas mais?
DIFERENÇA — Conta "menos que"			Maria tem 5 fichas, e Rosa tem 3. Quem tem menos? Quantas menos?	Eu tenho 7 anos, e minha irmã tem 12. Quem tem menos anos? Quantos menos?	José tem 12 balas, e Mirela tem 8. Quem tem menos bolinhas? Quantas menos?
MUDANÇA — Conta "quantos mais"					José tem 12 figurinhas, 2 a mais que Ester. Quantas tem Ester?
MUDANÇA — Conta "quantos menos"					Ester tem 7 figurinhas, 3 a menos que José. Quantas tem José?

2. Dispomos separadas sobre a mesa duas tiras (com 1,5 cm de diferença de comprimento) e perguntamos:
   - "Qual é a mais comprida?"
   - "Como você sabe?"
3. Colocamos o jogo de tiras sobre a mesa e pedimos:
   - "Ponha juntas as que se agrupam" (se não entender, dizemos: "as que são iguais em comprimento").
4. Damos à criança uma tira de cada medida e lhe pedimos:
   - "Ordene essas tiras da mais comprida à mais curta" (se não for capaz de fazer isso, retiramos as tiras repetidas).
5. Fazemos as seguintes perguntas a ela:
   - "Como é o comprimento de um metro?"
   - "Esta sala tem 8 de comprimento. 8 o quê?"
   - "Da praça à escola há uma distância de 19. 19 o quê?"
   - "Esta folha mede 28 de comprimento. 28 o quê?"
6. Oferecemos à criança uma caixa em forma de prisma e lhe pedimos que meça com uma fita métrica o comprimento, a altura e a largura. Depois que fizer isso, propomos que escreva o resultado em uma folha.

Apresentamos os problemas 7 e 8 a seguir escritos em uma folha, lemos os mesmos em voz alta para nos assegurar de que a criança está entendendo o enunciado e pedimos que escreva a resposta.

7. "João é pedreiro: tem de construir uma parede de 10 metros de altura. Ontem construiu 2 metros, hoje construiu 5 e amanhã quer terminá-la. Quantos metros de parede terá de construir amanhã?"

8. "O pai de Chico tem uma escada de 8 metros de altura. O de Luís tem uma de 5 metros. Qual é a mais comprida? Quantos metros tem a mais?"

A partir da 3ª série do ensino fundamental

Uma prova adequada nesta etapa será basicamente escrita e organizada em função da idade dos alunos e mais ou menos do nível em que deveriam estar.

- No item relativo aos números, pediremos ao aluno que escreva e leia uma série de números naturais ditados por nós. Começaremos pelos mais simples (24, 169, 208, 1.025) e, à medida que os resolva corretamente, ampliaremos os números até seis cifras. Isso nos permitirá saber se o aluno consolidou ou generalizou o funcionamento da série numérica. Observaremos principalmente se o aluno se atrapalha ou vacila diante de alguns números, como resolve a mudança de dezenas, centenas, etc., e também se sabe utilizar corretamente o zero quando indica falta de dezenas ou de centenas. Faremos o mesmo com os números decimais. Trabalharemos até os milésimos. Podemos optar também por verificar se o aluno sabe localizar os números em uma reta numérica.

Trabalharemos somente com frações simples: pediremos ao aluno que escreva 1/2, 1/3, 2/4, assim por diante, e que represente essas frações por exemplo, em um quadrado. Interessa-nos saber se compara frações, se entende as equivalências. Por exemplo: apresentamos a ele dois gráficos em forma de pizza e pedimos que pinte alguns pedaços de cada um para que sejam equivalentes.

A seguir, podemos dispor sobre a mesa moedas e notas de 5 e 10 reais para

comprovar se o aluno conhece seu valor e se sabe as equivalências (por exemplo: quantas moedas de dez centavos teria de pegar para ter 1 real?).
- No item de operações, devemos preparar uma folha com diferentes algoritmos. Começamos por aqueles que os alunos sabem resolver e, se os resolver corretamente, avançamos para outros mais difíceis (no item de operações, orientamos que determine o grau de dificuldade). Podemos ver se sabe operar com números naturais, com números inteiros e com frações e números decimais. Em uma das operações, podemos pedir-lhes que comprovem o resultado com a calculadora; dessa forma, obteremos informação sobre o uso que fazem dela. Verificamos se sabem as tabuadas de multiplicação e acrescentamos algumas operações simples de cálculo mental que nos informam sobre a rapidez, a segurança e as estratégias que utilizam.
- Procuramos realizar as medidas de maneira direta. Por exemplo:
  - "Pegue a régua e me diga quais as medidas desta mesa."
  - "Se você fosse comprar azeitonas para comer, que quantidade pediria?"
  - "Quantos dias há em um trimestre?" Interessa-nos igualmente saber se conhece o relógio, tanto digital quanto analógico. Podemos utilizar um par de relógios diferentes e pedir-lhe, por exemplo:
  - "Que horas são?"
  - "Pegue o relógio e ponha às onze e quinze."

  Podemos utilizar também desenhos.
- Para avaliar os problemas, damos uma folha escrita ao aluno, com 3 ou 4 problemas; pedimos que os leia e nos asseguramos de que compreendeu o enunciado. Em seguida, pedimos que resolva os problemas escritos da maneira que souber. Quando termina, perguntamos como os fez. Observamos se é capaz de entender o resultado e se sabe comprová-lo efetuando um cálculo aproximado. Começamos pelos problemas mais simples e significativos para os alunos.

TABELAS DE REGISTRO

A seguir, apresentamos diversas tabelas que permitem registrar o nível de aprendizagem dos alunos em matemática. Algumas foram transcritas de Bonals e colaboradores (2002).

Como dissemos antes, para os alunos de educação infantil e da 1ª e 2ª séries do ensino fundamental optamos por tabelas diferenciadas: números, operações, medidas e problemas. Para os alunos a partir da 3ª série, englobamos em uma única tabela os aspectos mais significativos avaliados nos alunos com dificuldades de aprendizagem em matemática.

As tabelas permitem registrar o nível de aprendizagem em matemática dos alunos de forma individualizada e, ao mesmo tempo, fazer um acompanhamento detalhado daqueles com dificuldades de aprendizagem nessa área. Para tabularmos os níveis dos alunos, escrevemos a data no item "data de avaliação". Quando o item foi cumprido, marcamos por meio do sinal de adição (+); quando ainda não foi resolvido corretamente, nada apontamos. Anotamos as observações no item correspondente.

Gostaríamos de agradecer a ajuda e as orientações que nos proporcionaram María Antònia Canals e Montserrat Torra na elaboração deste capítulo, bem como a valiosa colaboração da escola Sant Llorenç de Guardiola.

Série numérica. Individual

Aluno: _____

Ano		Itens		Data de avaliação		
EDUCAÇÃO INFANTIL	P-3	Conta até 3.				
		Conta até 3 objetos.				
		Ordena até 3.				
	P-4	Conta até 5 a partir de 1.				
		Conta até 5 objetos.				
		Ordena até 5.				
		Lê até 5.				
	P-5	Conta até 20.	A partir de 1			
			A partir de outro número			
		Conta até 10 objetos.				
		Ordena até 10.				
		Lê até 10.				
		Escreve até 10.				
		Conta para trás a partir do 5.				
ENSINO FUNDAMENTAL	1º	Conta até 100.	A partir de 1			
			A partir de outro número			
		Conta até 30 objetos.				
		Ordena até 30.				
		Lê até 100.				
		Escreve até 100.				
		Conta para trás a partir do 20.				
		Conta de 2 em 2 até 20.				
	2º	Conta até 1.000.				
		Lê até 1.000.				
		Escreve até 1.000.				
		Ordena até 1.000.				
		Conta para trás a partir de 100.				
		Conta de 2 em 2 até 100.				
		Conta de 5 em 5 até 100.				
		Conta de 10 em 10 até 100.				
		Conta de 100 em 100 até 1.000.				

Observações:

Problemas de adição e subtração. Individual. Educação infantil.

Aluno: _____

Ano		Tipo de problema	Incógnita	Números até	Realização			Data de avaliação		
					Material	Cálculo mental	Representação			
EDUCAÇÃO INFANTIL	P-3	Aumento	Estado final	3						
		Diminuição								
	P-4	Aumento	Estado final	5						
		Diminuição								
		Combinação	Todo							
	P-5	Aumento	Estado final	10						
		Diminuição								
		Combinação	Todo							
		Comparação com *mais que*	Diferença	5						
		Comparação com *menos que*								

Observações

Problemas de adição e subtração. Individual. Educação infantil.

Aluno: _____

Ano		Tipo de problema	Incógnita	Realização				Data de avaliação		
				Material	Cálculo mental	Representação	Algoritmo			
ENSINO FUNDAMENTAL	1º	Aumento	Estado final							
			Transformação							
		Diminuição	Estado final							
			Transformação							
		Combinação	Todo							
			Uma parte							
		Comparação com *mais que*	Diferença							
		Comparação com *menos que*								
	2º	Aumento	Estado final							
			Transformação							
			Estado final							
		Diminuição	Estado final							
			Transformação							
			Estado final							
		Combinação	Todo							
			Uma parte							
		Comparação com *mais que*	Diferença							
		Comparação com *menos que*								
		Comparação com *mais que*	Quantidade maior							
		Comparação com *menos que*	Quantidade menor							

Observações

Operação de adição. Individual.

Aluno: _____

Ano	Modalidade de resolução	Itens		Data de avaliação		
P-3	Material	Soma números até 3				
P-4	Material	Soma números até 5.				
	Mentalmente	Soma números até 5.	$N + 1$			
			$N + M$			
P-5	Material	Soma números até 10.				
	Mentalmente	Soma números até 10.	$N + 1$			
			$N + N$			
1º	Dedos	Soma números até 10 ($N < 10$).				
	Mentalmente	Soma números até 10.				
		Soma números até 20.	$N + 1$			
			$N + N$			
	Algoritmo (operações escritas)	Soma números até 100 sem levar.				
		Soma números até 100 levando.				
		Situa corretamente as parcelas no algoritmo (com o mesmo número de cifras).				
2º	Mentalmente	Soma números até 20.				
		Soma números até 100. N = múltiplo de 10	$N + 1$			
			$N + M$			
	Algoritmo (operações escritas)	Soma números até 1.000 levando.				
		Situa corretamente as parcelas no algoritmo.				

Observações

Operação de subtração. Individual

Aluno: _____

Ano	Modalidade de resolução	Itens	Data de avaliação		
P-3	Material	Subtrai números até 3			
P-4	Material	Subtrai números até 5.			
	Mentalmente	Subtrai números até 5. N-1			
P-5	Material	Subtrai números até 10.			
	Mentalmente	Subtrai números até 10. N-1			
		Subtrai números até 5. M-N			
1º	Dedos	Subtrai números até 10.			
	Mentalmente	Subtrai números até 10. N-2			
	Algoritmo (operações escritas)	Situa corretamente o minuendo e o subtraendo no algoritmo (com o mesmo número de cifras).			
		Subtrai números até 100 sem levar.			
2º	Dedos	Subtrai números até 20.			
	Mentalmente	Subtrai números até 10.			
		Subtrai 10 de um número de 2 cifras.			
	Algoritmo (operações escritas)	Situa corretamente o minuendo e o subtraendo com número diferente de cifras.			
		Subtrai números até 1.000 levando.			

Observações

Medida de comprimento. Individual

Aluno: _____

Ano	Itens		Data de avaliação		
P-3	Compara comprimentos muito diferentes.	*Mais largo que*			
P-4		*Mais curto que*			
		Tão comprido como			
P-5	Compara comprimentos parecidos.	*Mais largo que*			
		Mais curto que			
		Tão comprido como			
1º	Inicia classificações de comprimentos.				
	Inicia ordenações de comprimentos.				
	Classifica comprimentos.				
	Ordena comprimentos.				
	Mede objetos com instrumentos convencionais (régua, trena, fita métrica).				
2º	Conhece aproximadamente o comprimento de um metro.				
	Identifica o comprimento, a altura e a largura de objetos de três dimensões.				
	Resolve problemas de adição e de subtração com unidades de medida e escreve a resposta com número e unidade.				

Observações

Avaliação de matemática (a partir da 3ª série do ensino fundamental). Individual

Aluno: _____

Conteúdos	Itens	Data de avaliação		
Números	Lê, escreve e ordena números naturais até...			
	Lê, escreve e ordena números decimais.			
	Escreve, lê e compara frações simples.			
	Conhece o sistema monetário e o utiliza.			
Operações	Opera com números naturais.			
	• Soma levando.			
	• Subtrai levando.			
	• Multiplica por uma cifra.			
	• Multiplica por mais de uma cifra.			
	• Divide por uma cifra.			
	• Divide por mais de uma cifra.			
	Opera com números inteiros.			
	Opera com números fracionários e decimais. Entende o conceito.			
	Calcula porcentagens.			
	Conhece as tabuadas.			
	Calcula mentalmente.			
	Utiliza a calculadora.			
Medida	Conhece e utiliza as unidades de medida de comprimento.			
	Conhece e utiliza as unidades de medida de capacidade.			
	Conhece e utiliza as unidades de medida de peso.			
	Conhece e utiliza as unidades de medida do tempo (hora, minutos e segundos).			
Problemas	Resolve problemas de soma e subtração.			
	Resolve problemas de multiplicação.			
	Resolve problemas de divisão.			
	Resolve problemas de operações combinadas.			

Observações

REFERÊNCIAS

ALCALÁ, M. (2002): La construcción del lenguaje matemático. Barcelona. Graó.

ALSINA, C. y otros (1995): Ensenyar matemàtiques. Barcelona. Graó.

BARODY, A.J. (1994): El pensamiento matemático de los niños. Madrid. Visor.

BASSEDAS, E. y otros (2000): L'assessorament psicopedagògic a Catalunya. Barcelona. Graó.

BATLLE, l.; SERRA, T.; TORRA, M. (1995): Matemáticas a la carta. Barcelona. ICE de UAB.

BONALS, J. y otros (2002): Evaluación del aprendizaje. Barcelona. ISEP.

_____. (2003): Avaluar l'aprenentatge (de 3 a 7 anys). Barcelona. Graó.

CANALS, M.A. (1989): Per una didáctica de la matemática a l'escola. Vic. Eumo.

_____. (2000): Viure les matemàtiques de 3 a 6 anys. Ed. Rosa Sensat. Colección «Temes d'infància», volumen 35

CODINA, R.; ENFEDAQUE, J.; MUMBRÓ, P.; SEGARRA, Li. (1992): Fer matemàtiques. Vic. Eumo.

COLL, C.; PALÁCIOS, J.; MARCHESI, A. (1990): Desarrollo psicológico y educación l, II, III. Madrid. Alianza.

KAZUKO, C. (1985): El niño reinventa la aritmética. Madrid. Visor.

MARTÍNEZ, J. (1991): Numeración y operaciones básicas en la educación primaria. Madrid. Escuela Española.

Aproximação da avaliação das altas habilidades e dos talentos | 16

Antoni Catelló

INTRODUÇÃO

As máximas expressões do intelecto humano são uma das plataformas mais ilustrativas para compreender o funcionamento mental geral. Genialidade, maturação cerebral, aprendizagem, implicação, desenvolvimento, manifestações comportamentais e rendimento escolar são alguns dos principais elementos que interagem entre si, produzindo estruturas complexas, mas muito explicativas da cognição humana. Ao descrever essas estruturas e atividades, as altas habilidades e as diversas formas de talento permitem mostrar de modo mais explícito linhas de interação comuns e, nesse sentido, compartilhadas com o funcionamento intelectual normal ou, inclusive, com os casos de incapacidade. De fato, ainda que se possam estabelecer alguns traços diferenciais das pessoas com altas habilidades, eles advêm de mecanismos e processos comuns, concretizados em configurações extremas, de modo que não se precisa – e, em geral, é contraproducente – apelar a explicações restritas ou locais desses fenômenos.

Apesar disso, muitas aproximações das altas habilidades e do talento foram elaboradas sob perspectivas demasiado simplistas e, às vezes, anacrônicas. A mais popular e clássica refere-se a uma determinada escala de pontuações de quociente de inteligência (QI). Nessas aproximações, identifica-se a alta capacidade com o resultado de uma mensuração validada pelo processo subjacente supostamente medido. Essa situação talvez tivesse algum sentido no período do pragmatismo ateórico em que foram criados esses testes intelectuais (primeiro terço do século XX), mas hoje está completamente fora de lugar, visto que dispomos de muito mais informação sobre o funcionamento mental humano, além de já termos comprovado até onde chegam os instrumentos de medida: o que medem e o que não medem, que virtude preditiva revelam ou que confiança podemos depositar em um resultado pontual. Desse modo, as mensurações formais mais comuns (isto é, os testes) constituem um indicativo de que é preciso ter muita precaução quando utilizadas, pois não costumam ser muito fiéis às qualificações que seus títulos sugerem. Por exemplo, sob a denominação de "inteligência geral" aparece uma série de instrumentos que avaliam diversas vertentes do raciocínio lógico abstrato. Assim, a suposta generalidade da inteligência avaliada (ou seja, a possibilidade de utilizá-la em qualquer forma de atividade inteligente) fica circunscrita às situações em que se use um raciocínio lógico preciso e essencialmente desvinculado do significado da informação processada. Não é de se estranhar, portanto, que essa forma de inteligência não mensure adequadamente a competência social de uma pessoa ou a capacidade de encontrar, entre um conjunto de sinônimos, aquele que tenha uma dimensão poética mais acentuada. Evidentemente, considerar que essas atividades não precisam de inteligência é um tanto quanto ingênuo, para não usar um termo mais rude.

Todavia, é verdade também que um dos âmbitos em que mais se trabalhou para validar esses instrumentos de medida foi o ambiente acadêmico, principalmente o da primeira metade do século XX. Podem-se destacar alguns de seus aspectos: tratava-se de um contexto escolar clássico, no qual a aprendizagem consistia em memorizar grandes quantidades de informação descontextualizada, normalmente organizada em categorias lógicas; nesse contexto costumava-se requerer, além da recuperação dos dados memorizados, que se fizesse um uso igualmente lógico dos mesmos (por exemplo, estabelecer deduções ou implicações). Em certa medida, essas atividades continuam presentes nas tarefas escolares atuais, embora se tenha incluído uma série de elementos complementares (significação, individualização, formas alternativas de representação), bastante distantes dos processos medidos por aqueles instrumentos, o que diminuiu sua virtude de predição. Apesar disso, a diferença mais importante é que hoje não apenas se constata essa maior ou menor virtude preditiva, como se enfatiza o porquê desta: a predição do rendimento acadêmico por parte de um determinado teste fundamenta-se na estimativa de processos (intelectuais, nesses casos), que também se utilizam na aprendizagem acadêmica ou, mais precisamente, nas formas de avaliação dessas aprendizagens (como exercícios, exames ou trabalhos). Portanto, não falamos de pequenas mudanças de formulação, mas que, ao contrário, de fato houve uma profunda mudança conceitual. Não se trata mais de os testes e certas atividades (como a aprendizagem escolar) compartilharem uma entidade ambígua e nebulosa (a suposta "inteligência geral"), mas sim de comungarem processos específicos e tipos determinados de informação. Por exemplo, a razoável virtude de predição do rendimento acadêmico torna-se escassa quando se mensura a competência profissional. Por acaso deixamos a inteligência de lado quando passamos do ambiente acadêmico ao profissional? Não parece uma explicação muito verossímil. O que ocorre na maioria dos ambientes profissionais é que se trabalha com informação contextualizada, com significados específicos, com convenções e fórmulas implícitas; o objetivo da atividade profissional não é, salvo exceção, organizar logicamente uma determinada matéria na memória para reproduzi-la em um exame, e sim organizar a informação de que se dispõe para sua utilização aplicada. A coordenação com equipes humanas passa a ser um fator crítico em boa parte das profissões. Com isso, os processos medidos pelos testes clássicos têm um papel muito mais moderado e, em compensação, processos como os descritos não pertencem à escala de avaliação desses testes.

Os aspectos assinalados nos parágrafos anteriores constituem um dos núcleos centrais que mais induziram a erros conceituais na representação da inteligência humana e, conseqüentemente, na explicação tanto da deficiência intelectual quanto da alta habilidade e do talento. Um marco conceitual equivocado conduz a raciocínios deformados e à geração de mitos e crenças, facilitadas também pela transcendência social das questões relacionadas com a inteligência.

A intervenção – seja escolar ou de outra natureza – que se fundamenta nesses referenciais errôneos tem poucas possibilidades de êxito e acaba criando, em muitos casos, vias de atuação pouco adequadas, se não contraproducentes. Por exemplo, um dos tópicos (errôneo) acerca de pessoas com QI elevado indica que estas têm dificuldades de socialização. Contudo, isso não é verdade: o fato é que *algumas* pessoas com QI elevado possuem dificuldades de socialização, na mesma proporção em que ocorre em qualquer nível de pontuação QI. Uns e outros costumam corresponder a casos de inteligência social discreta (ou escassa) e nas provas de QI essa fórmula tem presença nula, mesmo se chamada de "inteligência geral". Quando se considera – erroneamente – que essas dificuldades são *causadas* pelo QI, de forma inexorável, bloqueia-se a possibilidade de compensá-las e, em todo caso, de otimizar um aspecto deficitário do perfil intelectual das pessoas que apresentam uma elevada inteligência acadêmica e baixa inteligência social. Simultaneamente, é provável que se faça um raciocínio tão tortuoso como o de considerar que a falta de competência social nos casos de QI elevado se deve a uma característica intrínseca, enquanto nos casos que apresentam uma baixa competência social, mas QI médio ou baixo, se deve a limitações na inteligência geral. Essas inconsistências podem ser resolvidas com uma representação teórica cuidadosa e com atuações coerentes.

Este capítulo trata do estabelecimento dos referenciais de conhecimento que podem orientar tanto a avaliação quanto a intervenção nos casos de altas habilidades. Inicialmente, examinam-se alguns aspectos conceituais vinculados à inteligência e às suas manifestações excepcionais. São propriedades conceituais centrais para representar a alta habilidade, o talento ou qualquer outra configuração intelectual de maneira precisa, visto que as representações desse campo conceitual costumam ser intuitivas e errôneas. Em seguida, aborda-se a dimensão evolutiva do desenvolvimento intelectual e de suas manifestações, aspecto particularmente relevante nas altas habilidades, que requerem processos de construção complexos e, em geral, bastante dilatados no tempo. Do mesmo modo importantes são os fenômenos colaterais (como a precocidade, a estimulação sistemática ou a aquisição de destrezas), que muitas vezes se confundem com as altas habilidades e conduzem a diagnósticos infelizes. Uma vez demarcadas essas questões, apresenta-se o protocolo de avaliação, que pondera as informações que se pode obter de diversas fontes, assim como os mecanismos básicos de raciocínio, avaliando simultaneamente o conjunto de informações e sem perder de vista as possibilidades de intervenção.

A INTELIGÊNCIA, AS ALTAS HABILIDADES E OS TALENTOS

As altas habilidades e os talentos consistem em fenômenos de natureza intelectual. Embora possa parecer uma obviedade, essa afirmação muitas vezes é encoberta por aproximações nas quais se tratam os casos de excepcionalidade intelectual como uma espécie de síndrome – quase uma mutação –, na qual utilizam-se regras próprias e diferenciadas, igualmente excepcionais. Este não é o caso: compõem situações nas quais funcionam os mesmos mecanismos intelectuais atuantes em qualquer outra configuração, embora revelem algumas circunstâncias menos freqüentes, fruto das especificidades. Seja como for, menosprezar a referência ao funcionamento intelectual (ou considerá-la como suposta) costuma ser uma omissão da qual geralmente decorre uma série de mal-entendidos que acabam distorcendo as ações que se pretende implementar.

Visto que a inteligência e suas manifestações estão fortemente arraigadas na cultura popular, é de se esperar que se trate de um conceito "viscoso", do qual todo mundo tem alguma noção e utilize de maneira flexível, repleta de concepções *ad hoc*, sem demasiada preocupação com o uso rigoroso do conceito. Note-se que isso ocorre com inúmeros conceitos (muitos deles vinculados ao mundo da educação, evidentemente), que a maioria das pessoas julga conhecer bem e utiliza com confiança (motivação, aprendizagem, vocação, avaliação, etc.). Por exemplo, qualquer pessoa se atreveria a falar sobre aprendizagem ou ensino e, em alguns casos, até argumentaria que sua experiência como aluno dentro do sistema educacional capacita-a plenamente a tomar decisões fundamentadas sobre essas matérias. Sem dúvida alguma, isso não acontece com outros conceitos, talvez menos populares, ou então menos autorizados socialmente como conhecimento de opinião: seria muito difícil presenciar conversas à mesa sobre as propriedades quânticas de determinado elemento ou manifestações como " meu coração bate há quarenta e seis anos, e por isso sou capacitado como cardiologista *especializado*". Apesar disso, o fato de se ter a sensação de conhecer – e mesmo de dominar – um conteúdo concreto não garante que isso seja verdade. Ademais, com freqüência o conhecimento disponível sobre a aprendizagem é tão (ou tão pouco) sólido como aquele que se tem sobre o funcionamento do coração. Na maioria dos casos, esse conhecimento tem a forma de *teoria implícita* ou crença, acumulando numerosas imprecisões, carências ou dados errôneos. Embora, de maneira geral, permita funcionar melhor do que quando não se dispõe de nenhum conhecimento, constitui uma frágil fundamentação para uma atividade séria.

No caso da inteligência, essa situação se produz de maneira acentuada, utilizando múltiplas definições conforme a conveniência do momento e omitindo aspectos definidores que dotam da máxima flexibilidade seu uso. Por exemplo, podem coexistir perfeitamente em um mesmo texto definições como *capacidade de adaptação*, *conhecimento acadêmico* (essa história que se ouve tantas vezes de que "não sou inteligente porque não tenho estudo") ou *domínio de determinadas áreas* ("É preciso ser muito inteligente para entender matemática", o que implicitamente significa também "e não um idiota como Shakespeare ou Picasso, que não utilizavam os números"). Todas essas definições contêm erros ou omissões fundamentais, mas podem ser usadas de maneira alternativa segundo o momento e a situação cultural. Todavia, é evidente que desse modo não se pode fazer uma aproximação rigorosa (para não dizer científica) de nenhum objeto de conhecimento, dado que a flexibilidade de uso se converte em imprecisão e ambigüidade.

Um dos aspectos nucleares desse conhecimento implícito refere-se à singularização: a inteligência única. Quando temos essa inteligência – seja ela o que for –, vamos utilizá-la para tudo; quando não a temos, ela faz falta em qualquer circunstância. Por não funcionar de maneira rigorosa, pode-se empregar essa espécie de curinga fantástico em qualquer situação. Representa que as (afortunadas) pessoas que desfrutam da inteligência não enfrentarão problema algum que não consigam superar com essa varinha mágica, enquanto aquelas (infelizes) pouco inteligentes toparão com uma infinidade de obstáculos, seja qual for a atividade que desempenhem. Além de essa de aproximação não ter nada a ver com a realidade, aproveita-se do princípio de economia cognitiva que postula a flexibilidade de um único elemento como mais cômoda e funcional que um conjunto de elementos precisos. Em termos da linguagem comum, verbos como *foder* ou *trepar* têm exatamente essa mesma função de curinga e se ajustam perfeitamente ao princípio da economia mental. Nenhuma dessas situações constitui absolutamente uma razão que valide um conceito, ao contrário.

Para delimitar o campo conceitual da inteligência, é necessário mencionar seus componentes característicos e delimitadores: a manipulação de representações (ou, o que dá no mesmo em termos de engenharia, o processamento de informação simbólica). De fato, toda atividade intelectual se relaciona com representações (pensamento, atividade mental) e com algum tipo de operação sobre elas (relação com outras representações, transformação, conseqüências, etc.). A natureza dessas representações é simbólica na medida em que não se manipulam os objetos físicos representados, mas sim certos equivalentes internos desses. Contudo, é preciso estar atento a um ponto fundamental: manejamos formas distintas de representações, as quais não equivalem entre si. Por exemplo, podemos representar um determinado espaço (digamos que uma casa) de maneira figurativa, reconhecendo sua imagem, de maneira verbal, de maneira geométrico-quantitativa (com distâncias e ângulos), de maneira emocional (confortável, fria) ou de maneira motriz, em função das atividades que realizamos nessa casa, entre outras. É evidente que não se trata de representações equivalentes nem intercambiáveis, mas cada uma delas comportará algumas vantagens e inconvenientes representacionais. Por exemplo, saber que certo espaço é confortável pouco nos ajuda a determinar se nele caberá um armário que desejamos comprar. A combinação de representações de diferentes tipos propicia uma noção mais completa (embora também mais complexa) do objeto em questão. Ao mesmo tempo, cada forma de representação possui maneiras características de manipulação: podemos medir uma superfície facilmente a partir da representação geométrica; com menos precisão, a partir da representação figurativa ou da verbal, mas será inútil tentar fazê-lo a partir da representação emocional (na qual tanto um pequeno atelier quanto uma sala de conferências podem ser considerados confortáveis). Essa situação pressupõe que a inteligência de uma pessoa será constituída por um conjunto de recursos de representação, cada um deles associado a uma das possibilidades de manipulação. Não temos nenhuma garantia de que as representações feitas sejam de igual qualidade ou de que possam ser manipuladas com eficácia similar. Ao contrário: a mesma arquitetura cerebral comporta distribuições pouco equivalentes de oxigênio, glicose e neurotransmissores, propiciando um funcionamento mais eficaz e confiável de determinadas áreas em detrimento de outras (ver o excelente e breve capítulo de Geschwind, 1987).

Como conseqüência, a descrição dos recursos intelectuais de qualquer pessoa, quando tem um formato unitário, é muito pouco precisa, enquanto sua representação plural se ajusta muito mais à realidade. Para esse tipo de descrição, costuma-se usar a noção de *perfil de recursos diferenciados*, que constitui uma aproximação muito mais precisa – embora ainda reducionista – do que a suposta inteligência única que, na melhor das hipóteses, é uma média dos recursos disponíveis, realizando-se uma estranha adição de elementos de natureza distinta. Um perfil normal não seria aquele em que todas as formas de inteligência têm um valor médio, mas consistiria um conjunto de recursos mais eficazes e de outros menos eficazes. Outro perfil, também normal, não tem por que coincidir com o primeiro, podendo perfeitamente apresentar outros pontos fortes e fracos. O que eles terão em comum é que os valores muito altos ou muito baixos serão escassos. O gráfico dos casos 1 e 2 mostra essa variabilidade em onze dimensões intelectuais, tratando-se de sujeitos normais, mas nada parecidos.

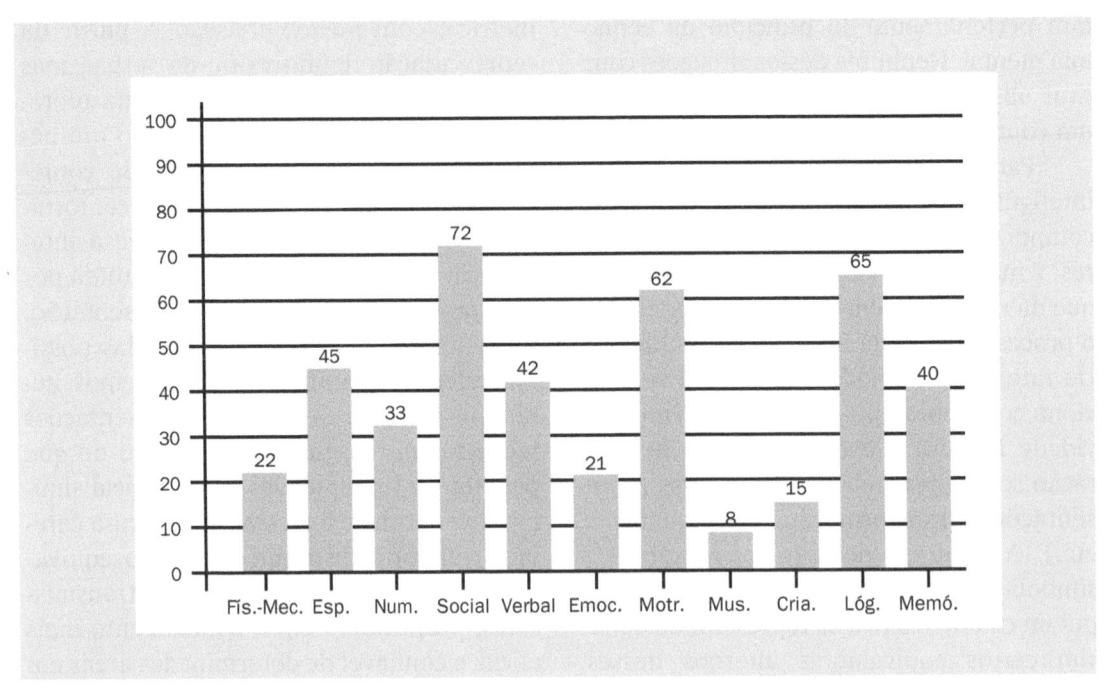

Gráfico 16.1 Caso 1

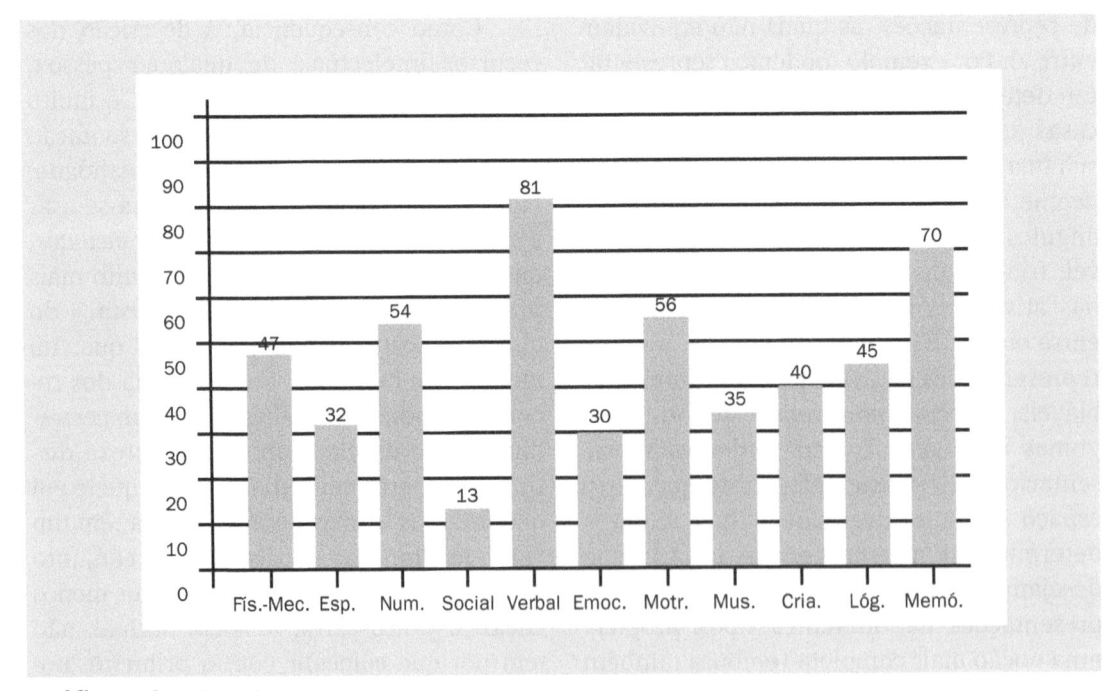

Gráfico 16.2 Caso 2

Como dizíamos antes, são poucos os objetos que admitem uma única forma de representação ou manipulação e, normalmente, não fazem parte da vida cotidiana. Por isso, qualquer perfil normal pode ter uma correta funcionalidade, embora, no detalhe, possam se revelar diferenças. As representações individuais divergirão, mas na maioria dos casos serão suficientes para funcionar sem grandes problemas. Por exemplo, poderíamos considerar a ação de se orientar e chegar a um determinado endereço realizada por diversas pessoas: uma o fará olhando o mapa e comparando-o com o que encontra; outra vai contar as ruas ou esquinas que encontrará; uma terceira pergunta várias vezes sobre o local desejado ao longo do caminho. Provavelmente, cada pessoa se apóia nos recursos de representação e manipulação que funcionam melhor para ela e administra a situação com eficácia. Em casos como esse, é irrelevante indagar-se sobre qual a melhor maneira de agir – embora se pudesse estabelecer isso –, pois o fundamental é alcançar o objetivo (orientar-se e chegar a um endereço, no exemplo) utilizando os recursos disponíveis. Por isso o funcionamento normal é tão heterogêneo nos mecanismos envolvidos, ainda que os produtos sejam bastante regulares. Todavia, certas situações comportam um número muito elevado de restrições que limitam boa parte das aproximações alternativas. Prosseguindo no exemplo anterior, se as pessoas tivessem de se orientar em um deserto ou em uma floresta, as alternativas de contar esquinas ou de perguntar seriam inúteis e, supondo que não se dispusesse de recursos tecnológicos sofisticados, a orientação só poderia apoiar-se nos recursos de orientação espaciais e figurativos, restringindo enormemente o número de pessoas que conseguiriam êxito na tarefa.

Outra característica genérica do funcionamento intelectual é que se deve medir e quantificar recursos de maneira indireta.

A realização bem-sucedida de uma tarefa concreta deveria implicar a execução dos mesmos processos mentais, mas isso raramente acontece. Como no exemplo anterior, há quase sempre vários caminhos para a realização de uma mesma atividade. De fato, quanto mais real e significativa é a tarefa, mais as combinações de recursos que conduzem a uma solução correta costumam variar. Ao contrário, tarefas de laboratório muito demarcadas e carentes de significado permitem avaliar de maneira suficientemente precisa o tipo de operações e representações utilizadas, embora sejam difíceis de generalizar. Essa situação ocorre pela própria natureza do funcionamento intelectual, que não é orientado a atividades concretas pré-definidas, mas se ajusta a diferentes situações funcionais (para um tratamento mais detalhado dessa questão, ver Castelló, 2001). Se pensamos em termos de ajuste a condições culturais concretas – o principal ajuste que nós, seres humanos, realizamos –, encontramos uma variabilidade quase infinita em função do momento histórico e da localização geográfica. Se propomos, abstratamente, o que uma criança deve aprender, somos obrigados a nos situar em um ambiente cultural e histórico particular. Os instrumentos, as atividades e mesmo os valores de uma cultura é que estabelecem quais funções são relevantes e quais não são. Conforme o contexto cultural, oferecem-se oportunidades facilitadoras para que se articulem determinadas funções e não se construam outras. Revendo os conteúdos curriculares dos últimos 50 anos em nosso próprio contexto, pode-se constatar de que maneira as aprendizagens obrigatórias – as consideradas imprescindíveis – se modificaram. Se considerarmos o que as crianças acabam aprendendo, independentemente de constar ou não no currículo, a mudança é mais intensa ainda. Essa situação pode ser abordada porque a maioria dos recursos intelectuais é inespecífica quanto ao seu uso funcional, e estes acabam se combinando entre si para estabelecer funções úteis conforme os requisitos do contexto, sempre que estejam disponíveis.

Quem construiu uma determinada função demonstra dispor de recursos *suficientes* para tanto. Suficientes não significa ótimos nem compartilhados com outras pessoas que também a tenham construído; quer dizer apenas que se dispõe de uma série de formas de representação e de manipulação de representações suficientemente adequada para que, combinando-as, pudesse dar lugar à atividade complexa de que se trata. Se os recursos articulados são os mais apropriados e se sua articulação é igualmente boa, o rendimento da função construída é também o mais satisfatório possível. Quando essa situação ocorre em um conjunto considerável de funções, pode-se falar de *excepcionalidade intelectual*. Assim, quando os produtos gerados são solidamente excepcionais, pode-se garantir que os recursos elementares envolvidos e sua organização eram adequados. Contudo, para considerar um produto como "solidamente excepcional", não se pode esquecer de que as condições nas quais se obtém as melhores combinações dos recursos disponíveis vão muito além das condições próprias dos contextos escolares. Em geral, os métodos de ensino obrigam à adoção de sistemas de funcionamento que otimizam alguns casos e penalizam outros.

Em qualquer circunstância, rendimentos semelhantes revelam apenas a disposição dos recursos necessários para a tarefa avaliada, sem que nada garanta que sejam os mesmos. Para complicar ainda mais, o rendimento nas tarefas específicas inclui alguns elementos não-intelectuais bastante influentes: entre outros, competitividade, envolvimento na tarefa ou automatização de destrezas. Além disso, para que se construa uma função concreta, é preciso que tenha havido muitas oportunidades, acompanhadas de significação social. Por exemplo, é inegável que Marie Curie (Maria Skolodowska quando solteira) não foi a única mulher inteligente de sua geração, mas foi uma das poucas mulheres de sua época que conseguiu articular seus recursos nas funções envolvidas em produção científica de primeira linha, superando os inúmeros obstáculos sociais e culturais enfrentados pela maioria das mulheres do século XIX (e seguramente havia muitas outras mulheres com configurações intelectuais semelhantes à dela). No seu caso, a abundância de recursos está garantida, dada a excelência e a complexidade do produto gerado, inviável com recursos mais discretos, por maior que fosse o envolvimento ou a motivação dedicados. Ao mesmo tempo, essas dimensões não-intelectuais são componentes imprescindíveis para as manifestações de alto nível. Além disso, o caso citado ilustra que as melhores configurações intelectuais não são fáceis de avaliar, visto que existem poucas situações ordinárias que permitem articular esses recursos, e menos ainda na infância.

As situações que dão maior tranqüilidade aos mensuradores geralmente são aquelas que têm menor acesso aos recursos subjacentes. O controle de parâmetros de aplicação é uma aproximação cautelosa da medida, porém, quando esse controle comporta, por exemplo, limitar os processos avaliados àqueles que se podem avaliar de maneira inequívoca, tende a incluir uma amostra muito pobre de operações. Em contrapartida, avaliar funções mais complexas proporciona uma informação muito mais fidedigna, à custa de renunciar a determinados níveis de precisão. Esses aspectos serão comentados mais detalhadamente no item dedicado ao protocolo de avaliação.

Além da facilidade com que podem ser avaliados, os recursos intelectuais costumam ser classificados em grandes áreas ou tipos de representações, que constituem o perfil intelectual. Para se falar de uma forma específica de representações, é preciso ter certas cautelas. Gardner (1987) propõe critérios de caráter neurológico (zonas cerebrais especializadas em cada tipo de representação), funcional (existência de manifestações específicas em nossa cultura), psicológico (pessoas com talento exclusivo a cada área), psicométrico e cognitivo (que permitam avaliar algumas ou todas as operações envolvidas). De maneira mais abstrata, qualquer forma de representação que disponha de um conjunto específico de operações pode ser considerada uma forma de inteligência. Assim, as operações realizadas sobre quantidades, imagens, palavras ou sons não poderiam ser obtidas de um tipo de representação a outro, por configurarem áreas intelectuais distintas. O próprio Gardner propõe oito inteligências:

1. Lingüística.
2. Lógico-matemática.
3. Espacial.
4. Corporal-cinestésica.
5. Musical.
6. Interpessoal.
7. Intrapessoal.
8. Naturalista.

Não se trata tanto de uma lista exaustiva, mas sim das formas de representação pesquisadas minuciosamente por esse autor. Por exemplo, as inteligências físico-mecânicas (envolvidas na utilização e criação de aparelhos e muito freqüentes nas engenharias ou em certas especialidades médicas) ou a inteligência olfativo-gustativa (representação e manipulação de odores e gostos, em cozinha ou perfumaria) constituem formas de representação plenamente válidas, com regras de manipulação específicas. De todo modo, a exaustividade da lista não é tão importante quanto a constatação de um conjunto de formas de representação bem-diferenciado. Outros autores, como Guilford (1987), enfatizam a importância das formas de manipulação, independentemente dos conteúdos. Assim, falariam de formas de inteligência como a produção divergente (criatividade), a produção convergente (lógica) ou a memória (gestão do armazenamento e da recuperação de informações). Este não é o lugar adequado para avaliar esses enfoques, mas podemos destacar o que têm em comum: toda pessoa dispõe de um conjunto de maneiras diferenciadas (áreas, inteligências) para representar e manipular informação, essencialmente independentes umas das outras.

Para concretizar as bases intelectuais da alta habilidade e do talento, é preciso mencionar a dimensão de generalidade-especificidade que um determinado perfil pode favorecer. Se em um perfil destaca-se alguma ou algumas áreas em nível muito elevado, aquela pessoa poderia consolidar uma competência igualmente elevada nas atividades que envolvam esse tipo de recursos, enquanto as demais atividades se situariam em níveis moderados – ou mesmo baixos – de competências. Estaríamos falando de um caso de *talento simples*, e se poderiam definir tantas quantas são as áreas de atividade intelectual. Apesar disso, são freqüentes as situações em que é preciso combinar diversas áreas intelectuais para produzir um funcionamento eficaz. Situações concretas comportam formas de representação e de manipulação do mesmo modo concretas, conseguindo-se o máximo de rendimento nos casos em que se dispõe dos recursos necessários. A título de ilustração, o virtuosismo em um instrumento musical só é possível quando há um extenso conjunto de representações de informação musical, como também de representação motriz. Outros recursos (de caráter verbal, quantitativo ou figurativo, por exemplo) podem enriquecer a representação, mas acrescentam muito pouco à execução virtuosa do instrumento, podendo inclusive entorpecê-la (em Gómez e Rodríguez, 1993, encontra-se uma descrição genérica das situações de talento).

Essas diferenças de rendimento entre a área ou as áreas de talento e as demais áreas costumam resultar em descompensação do funcionamento intelectual: há muito mais eficácia e comodidade (rapidez, ausência de erros, estabilidade) quando se utilizam os recursos da área de talento, e assim se conseguem boas representações e manipulações precisas. Ao contrário, quando se empregam outras áreas menos providas de recursos, fica clara a diferença de eficácia em contraste com as formas de representação mais eficientes. Isso não implica que essas áreas sejam más, pois costumam ter valores médios, mas o efeito de contraste faz com que sejam percebidas pela pessoa talentosa como ineficientes. Desse modo, as pessoas com talento tendem a utilizar muito os pontos mais fortes do seu perfil e pouco os *menos* fortes (note-se que não foram qualificados como fracos). Para as atividades diretamente relacionadas com o talento, essa descompensação pode inclusive ser vantajosa, dado que elimina as interferências de outras formas de representação; mas, para o funcionamento fora da área de talento, costuma produzir o efeito contrário: recursos plenamente adequados são menosprezados e substituídos por recursos inadequados, por mais que a pessoa os domine. Como exemplo, um caso de talento numérico pode obter um rendimento fantástico em atividades que impliquem quantificação (como certos aspectos das análises econômicas), porém, quando há uma descompensação, é provável que também tente quantificar imagens, palavras, emoções, movimentos, em vez de utilizar representações figurativas, verbais, emocionais ou motrizes. Nestes últimos casos, o domínio da representação quantitativa não a torna mais apropriada para representar esse tipo de objetos e comporta enormes erros funcionais. Essa é a virtude e o defeito da especificidade.

Além disso, a maior parte das atividades verdadeiramente relevantes é complexa demais para ser abordada por uma única área, aspecto que limita notavelmente a eficácia dos talentos simples, a menos que pertençam a uma equipe em que se rentabilizem suas contribuições e se complementem seus limites.

Em uma posição de menor especificidade, encontram-se os casos de *talento complexo*. Essas configurações utilizam diversas áreas de talento combinadas, de maneira que o âmbito em que mostram uma competência elevada é mais amplo. Talvez o caso mais conhecido e estudado seja o do *talento acadêmico*, perfil que combina elevados recursos de tipo verbal, lógico e de memória. Essa configuração intelectual é particularmente ajustada às atividades de aprendizagem formal, nas quais a informação costuma se apresentar em formato verbal (livros, anotações, explicações do professor, exercícios, exames) e seu objetivo é a consecução do depósito organizado das matérias na memória de quem aprende. Embora os três recursos sejam úteis em separado, utilizados em conjunto adquirem muito mais eficácia, propiciando uma memória carregada de informação verbal (pronta para ser recuperada e enunciada) com boas conexões lógicas (não se trata de aprendizagem de memorização, mas sim compreensiva). Por isso essa forma de talento mostra uma versatilidade e uma eficiência sem igual em atividades escolares (inclusive nas universitárias, naturalmente). No contexto acadêmico, esse perfil dá mostras de competência geral, visto que todas as disciplinas compartilham uma ação docente verbal, gestão da memória, organização lógica e formas de avaliação parecidas. Seria preciso que houvesse formas de representação específicas muito baixas (matemática, figurativa, musical) para que uma pessoa com talento acadêmico esbarrasse em dificuldades sérias em alguma matéria. Apesar dessa competência escolar geral, não se pode perder de vista que o ambiente escolar não deixa de ser um contexto específico. Por exemplo, as atividades profissionais posteriores à formação não consistem em continuar depositando informação verbal na memória, nem em compreender conteúdos sistematizados em manuais. Com freqüência, será preciso ir além da informação dos manuais e, provavelmente terá de trabalhar com materiais que não serão verbais nem estarão sistematizados. É nesse sentido que continuamos a falar de *talento* (complexo, mas talento), embora sejam os casos que mais se confundem com os de altas habilidades, dada a aparente generalidade do bom rendimento acadêmico. A descompensação também é factível em talentos complexos, particularmente nas atividades que comportam formas de funcionamento mais distantes dos pontos fortes, podendo chegar a ser tão intensa como nos talentos simples.

O inventário das formas de talento complexo não depende apenas dos componentes intelectuais contemplados pela teoria, mas tanbém das condicionantes de tipo cultural. De fato, é preciso haver um âmbito culturalmente significativo em que cada combinação de recursos possa ser utilizada. Para entender isso, podemos considerar que a combinação de recursos espaciais, figurativos e motores que dariam lugar ao "talento futebolístico" (muito bem cotado, diga-se de passagem) teria muito pouco sentido se nos referíssemos a culturas nas quais não se pratica o futebol (as pessoas não saberiam por que dar chutes e cabeçadas) ou, mesmo na nossa cultura, mas antes da invenção desse esporte. Não se trata propriamente de não existir pessoas com uma determinada combinação de recursos, mas sim de que deve haver contextos – propiciados pela cultura – onde utilizá-los, articulando-se em funções significativas. O próprio talento acadêmico seria de muito pouca utilidade se não existissem instituições de educação formal, como é o caso das culturas de caçadores-coletores.

Trata-se de uma característica genérica do funcionamento intelectual, que dispõe de um grande número de recursos que não são orientados diretamente a funções específicas, mas que podem se combinar com uma flexibilidade suficiente para se ajustar a requisitos concretos do ambiente (isto é, da cultura). Se não há uma demanda significativa desse meio, os recursos continuam a existir no indivíduo, mas não estão articulados, de modo que são de pouca ou nenhuma utilidade. Como conseqüência, se um perfil revela vários pontos altos, estes poderão se combinar em forma de talento complexo sempre que o sujeito esteja envolvido em um tipo de situação culturalmente significativa que favoreça a utilização conjunta e integrada desses pontos. Se não houver essa situação cultural, ou se ele não se envolver nela, o mais provável é que esses recursos sejam utilizados em separado para tarefas mais restritas, constituindo, de todo modo, um *talento múltiplo* (para uma diferenciação exaustiva das formas de talento, ver Castelló e de Batlle, 1998).

O extremo de maior generalidade no funcionamento intelectual é propiciado pelo tipo de perfil que oferece recursos de todo tipo, em níveis razoavelmente altos, admitindo todo tipo de combinações entre eles. Ou seja: *todas* as áreas (ou formas de inteligência) apresentam um nível elevado, não existindo pontos fracos no perfil. Essa categoria de perfil permite apresentar e tratar com um nível elevado de eficiência qualquer tipo de informação e, sobretudo, admite qualquer tipo de combinação de recursos para se ajustar a situações de qualquer natureza, em particular as de maior complexidade. A multiplicidade de recursos permite que um mesmo objeto seja representado ao mesmo tempo em diversos formatos, obtendo uma representação mais rica e, em geral, mais complexa. Diante de objetos simples (no sentido de que dependem fundamentalmente de uma forma de representação), ele não supõe nenhuma vantagem especial, podendo inclusive ser menos eficaz que o funcionamento baseado em recursos especializados (o do talento simples). Contudo, quando os objetos a se representar são mais complexos, as representações baseadas em uma única área de recursos resultam inevitavelmente incompletas. Por exemplo, em termos apenas quantitativos (representação simples), entre as cifras 12.000, 24.000 e 48.000 pode se observar uma relação do tipo "ser o dobro de". Contudo, quando não se consideram apenas números, mas também dinheiro (digamos que a renda anual em reais), embora cada uma delas continue a ser o dobro da anterior, comportam condições de vida bastante diferentes, assim como diversas interpretações de *status* socioeconômico. A primeira cifra evidentemente implicará parcimônia, a segunda provavelmente garantirá maior tranqüilidade e a terceira permitirá alguns luxos. Nesse sentido, a relação numérica "ser o dobro de" não é muito representativa das implicações de caráter social que têm essas cifras quando são tratadas como rendas, nas quais não se pode interpretar uma situação como o dobro da anterior. Conseqüentemente, um perfil que pode oferecer tanto os componentes quantitativos quanto os sociais, de maneira coordenada, permite ajustar muito mais a representação que esse objeto gera. Evidentemente, trata-se de um exemplo simples que apenas combina duas formas de representação, mas há numerosos objetos que envolvem mais áreas, supondo uma maior complexidade intelectual. Diante desses objetos muito complexos, as diferentes formas de talento produzem representações incompletas, e somente os perfis próximos à alta habilidade conseguem uma representação eficaz.

Além disso, um perfil no qual todas as áreas apresentam um nível elevado permite articular recursos bastante adequados para qualquer tipo de circunstância. Nessas condições, pode-se produzir um ajuste adequado tanto no âmbito acadêmico quanto no profissional, empregando em cada caso a combinação de recursos apropriada. Quando os casos de talento (simples ou complexo) enfrentam situações que escapam de sua área de talento, os recursos menos eficientes e as possíveis descompensações penalizam o funcionamento dos recursos mais potentes. Para dar um exemplo, a incrível eficiência da memória de um talento acadêmico quando gera material verbal logicamente organizado diminui significativamente quando gera informação figurativa não-classificada em termos lógicos. Sua memória não se deteriorou, mas, no caso, a informação que ela contém oferece uma representação menos precisa (mais erros, elementos incompletos ou pouco significativos) e uma estrutura mais difícil de gerir para essa pessoa. De fato, é provável que nessas suposições tente-se forçar uma ordenação lógica imprópria aos conteúdos ou traduzir as imagens ou seus componentes em palavras, as quais são mais cômodas e significativas para o funcionamento do talento acadêmico. Nenhuma dessas ações melhora substancialmente a representação obtida, e é mais provável que falseiem os objetos representados. Esse tipo de classificações verbais forçadas é bastante freqüente, entre outros casos, nas taxonomias acadêmicas de estilos e períodos artísticos (que, via de regra, se relacionam muito pouco com o que os próprios artistas percebem). Seja como for, isso com certeza não ocorre nos casos em que todos os recursos permitem uma qualidade de representação e manipulação homogêneas, propiciando a coexistência de representações de tipos distintos e organizações igualmente diferenciadas, em função da natureza do objeto. Conseqüentemente, pode-se falar de uma capacidade *geral* de representação e manipulação, mas não-fundamentada em recursos aplicados em *qualquer* circunstância (a suposta inteligência geral), e sim na disposição de recursos variados o suficiente para poder ajustar-se a *cada* circunstância.

Contudo, uma coisa é dispor de recursos adequados, e outra é tê-los articulado eficientemente. O processo de construção de funções exige um certo tempo (em geral anos) e o envolvimento efetivo nas atividades que requerem. Por isso, o verdadeiro potencial dos perfis de alta habilidade costuma aparecer em idades nada precoces. Além disso, quando se avalia o rendimento em contextos restritos, os perfis de talento funcionam melhor que os de altas habilidades. Nesses contextos, os casos de talento utilizam os recursos adequados, enquanto os de altas habilidades tendem a incluir elementos que não melhoram significativamente a representação e ainda aumentam o tempo de processamento (e, portanto, o cansaço e os erros). Todavia, quando aumenta a complexidade e a variabilidade de contextos, os perfis de talento perdem eficácia em favor do perfil homogêneo.

Um último ponto que vale considerar – e que será tratado com mais detalhe no item sobre avaliação – é que, enquanto um perfil de talento simples opera com representações restritas, mas quase perfeitas, e é capaz de executar quase todas as operações humanamente possíveis sobre essas representações, à medida que se combinam recursos de caráter diferente já não é necessário um domínio tão completo. Em todos os casos, exigem-se níveis altos, mas a força da combinação de recursos reside precisamente na ação conjunta. A título de exemplo, quando um talento acadêmico realiza um exame, sua velocidade de recuperação de informação da memória (já muito boa) é incrementada pela organização eficiente dos conteúdos (que reduz muito o processo de exploração) e pelo formato verbal dos mesmos (porque não precisa dedicar muitos esforços à redação ou à enunciação das respostas); com isso consegue uma eficiência muito maior do que a demonstrada por um talento simples de memorização, ainda que sua velocidade de recuperação seja maior. O mesmo ocorre em comparação com um talento simples verbal ou lógico. Por esse motivo, quanto mais complexa uma função, menos quantidade de recursos exige, apesar de se manter sempre com valores altos (quartil superior), já que o fator principal é sua adequada articulação e a inexistência de penalizações a outras áreas.

ASPECTOS DE DESENVOLVIMENTO

Qualquer forma de funcionamento intelectual passa por um processo de desenvolvimento no qual se entrelaçam aspectos neurológicos com aspectos funcionais. Em linhas gerais, os dois principais motores do desenvolvimento intelectual são a maturação cerebral que, entre outras características, proporciona os recursos básicos de representação e processamento (ou *microprocessos*), e a construção de funções (ou *macroprocessos*), que combinam esses recursos em operações úteis na interação com o ambiente. A maturação cerebral é determinada pela genética e por interações bioquímicas com o ambiente, sendo praticamente insensível aos efeitos de estimulação ambientais (com poucas exceções). Ao contrário, a construção de funções tem influências genéticas muito moderadas ao lado do forte determinismo ambiental.

Por diversas razões de tipo biológico e funcional, o cérebro humano está pouco formado no nascimento, apresentando um processo de maturação com notáveis mudanças que afetam os primeiros 10 anos de vida, estabilizando-se em média entre 12 e 14 anos. Esse processo é chamado de *maturação* justamente porque não depende de muitos fatores externos de tipo estimulante e, ao contrário, segue um programa genético de configuração. Um conjunto de mudanças celulares proporciona novas estruturas e conexões ao cérebro, aumentando suas possibilidades de representar e tratar informações. Certamente, o tipo de informação que o sistema maneja favorece determinados ajustes (como a linguagem ou alguns aspectos motores), mas a principal mudança maturativa é a progressiva preparação de recursos intelectuais elementares. Eles têm pouca utilidade por si mesmos, visto que se orientam à construção de funções complexas (combinação de recursos) que tenham sentido no ambiente. Como ilustração, os mesmos recursos elementares (do tipo motor, no caso) podem ser empregados para manejar um pincel, uma caneta, palitos chineses ou um garfo. A biologia não tem como saber qual desses instrumentos (ou outros) uma pessoa utilizará, de modo que não pode programar um determinado movimento complexo, e deve se limitar a preparar ações mais simples (a pinça, as rotações de pulso, os movimentos nas articulações das mãos), que possam se combinar para possibilitar a função complexa necessária em cada ambiente. Conseqüentemente, uma coisa é produzir a maturação de recursos elementares, e outra bem diferente é que esses se articulem em funções úteis. A primeira, óbvio, é necessária para que a segunda se produza, mas a articulação de funções pode ser adiada indefinidamente, ou nunca ocorrer. A matemática que era utilizada pela maioria dos habitantes de Tarraco, há cerca de dois mil anos, estava muito longe da que utilizam hoje alunos de 12 anos, e não é porque faltasse algo nos cérebros imperiais. Como acontece atualmente, os recursos elementares estavam prontos por volta dos 10 anos, mas não sofriam pressões culturais nem facilitadoras que os levassem a articular em funções úteis, nem estas eram necessárias para o funcionamento cotidiano (o que, em alguns casos, também ocorre hoje). Os cérebros de então eram idênticos aos atuais e seguiam os mesmos programas de maturação. As diferenças devem ser buscadas nos requisitos dos ambientes físicos e culturais.

Quando uma determinada atividade dispõe de oportunidades, pressões e significações, tem uma grande possibilidade de propiciar a articulação de recursos para construir funções ajustadas a ela. Alguns parágrafos antes, aparece um exemplo da arti-culação de recursos relacionados à prática profissional do futebol. Sem oportunidades de praticar pressões sociais (como a de imitar os colegas) e significação (valorização igualmente social, gratificação econômica) não há como surgir funções do tipo "cobrar-uma-falta-colocando-a-bola-no-ângulo". Não teria nenhum sentido biológico que uma função como essa estivesse geneticamente programada, entre outras razões, porque o futebol é um produto cultural e circunstancial. De maneira semelhante, por trás de muitos avanços científicos podemos encontrar conotações sociais práticas (às vezes tão tristes como aquelas vinculadas às guerras), e o mesmo se poderia dizer das contribuições artísticas (por exemplo, o barroco não emergiu da mente dos que trabalham em abstrato, mas foi impulsionado pelo crescente cisma entre católicos e protestantes, tendo a igreja romana como principal mecenas).

Quando uma função concreta é invariante – isto é, garantida –, a seleção natural pode ajustá-la de forma progressiva (muitas vezes, ao longo de milhares de anos), convertendo-a em um aspecto geneticamente programável (como a locomoção: com exceção das patologias graves, uma criança costuma ter pernas; como a linguagem: em torno de qualquer criança se fala alguma língua; como o reconhecimento de rostos: mais claros ou mais escuros, com nariz e olhos assim ou assado, os rostos compartilham a mesma estrutura) mas, quando se trata de formas de funcionamento culturalmente determinadas – a maior parte do funcionamento humano –, as funções não costumam ser pré-programadas geneticamente, pois não há como saber *a priori* quais serão úteis em um lugar e em um momento históricos determinados. Elas só podem ser construídas a partir de um conjunto de recursos pouco específicos. Por isso, o repertório de combinações elementares é muito maior que o das funções que uma pessoa acaba construindo ao longo de toda sua vida. Estas são as únicas que têm utilidade em um ambiente cultural ou, em todo caso, as que esse ambiente permitiu e cuja construção facilitou (ver trabalho inspirado de Bruner, 1999). Não se garante, porém, que pessoas diferentes disponham exatamente do mesmo equipamento em termos de recursos básicos. De fato, costuma ocorrer o contrário: as condições particulares de genética e as externas – bioquímicas – de desenvolvimento cerebral acabam favorecendo combinações de recursos elementares bastante diferenciadas, embora na maioria dos casos isso constitua um obstáculo à obtenção de combinações satisfatórias a fim de possibilitar as funções que chamamos de *normais*, ou seja, as mais comuns dentro de cada cultura. Apenas quando se aumenta o nível de exigência, e se requerem funções de alto rendimento ou excepcionais, os recursos básicos de que se dispõe passam a ser um critério-chave.

Portanto, é preciso considerar que duas pessoas diferentes não realizam uma mesma função – digamos, uma função de dificuldade média – do mesmo modo. Cada uma delas utiliza os recursos básicos que ativou, e as diferenças observáveis em seu comportamento (velocidade, confiabilidade, erros, etc.) dependem justamente dos recursos elementares empregados. Os melhores rendimentos se produzem quando os recursos articulados são os mais adequados para a tarefa, enquanto os rendimentos médios se materializam quando se dispõe de uma combinação de recursos que seja suficiente, mesmo não sendo a melhor. Quando a escassez de recursos é considerável, a função provavelmente não pode ser construída, ou o será de maneira muito precária, perdendo eficácia. Note-se que não se trata de uma característica compartilhada que funcione melhor ou pior, mas sim de uma combinação dos recursos dos quais dispomos que pode propiciar um rendimento melhor ou pior.

Genericamente, pois o desenvolvimento intelectual seria constituído de uma seqüência maturativa de ativação de recursos básicos e do aparecimento no ambiente de uma série de condições (pressões, oportunidades, significação) que favoreçam a combinação desses recursos em funções úteis. O ritmo de maturação, isto é, a quantidade de recursos que estão ativados em um dado momento, constitui um primeiro parâmetro de análise. Devido à impossibilidade de uma pessoa construir uma determinada função antes de ter ativado os recursos elementares necessários (qualquer combinação que seja suficiente), o ritmo maturativo é que determina o momento mínimo a partir do qual uma pessoa pode articular as funções (naturalmente, desde que o contexto exija). Formas excepcionais comportam um ritmo de maturação mais rápido, no caso da *precocidade*, ou mais lento, no do *atraso maturativo*. Apesar dessas diferenças no ritmo de ativação, é preciso deixar claro que não se trata de divergências na quantidade de recursos ativados. A diferença está no momento em que se ativam. Em uma comparação aproximada, seria como esperar que um automóvel fabricado em menos tempo tivesse mais recursos do que outro que demorou mais para ser montado. Não é difícil intuir que o período de construção dependerá mais das condições industriais e, em todo caso, de sua simplicidade mecânica. Os recursos de cada veículo dependerão de seu desenho, dos materiais empregados e, de forma bastante crítica, de quem o dirija e do uso que faça dele. No mesmo sentido dessa metáfora, a rápida ativação de recursos básicos não garante melhores recursos intelectuais, mas, quando muito, pode ajudar a ativar uma determinada função (desde que o ambiente requeira) um pouco antes.

A incidência da precocidade como fenômeno estritamente evolutivo comporta uma série de conseqüências no funcionamento observável das crianças. Um padrão típico seria constituído pelas seguintes características:

1. Há ativação precoce dos recursos elementares.
2. Quando o ambiente estimula o suficiente, os recursos se articulam em funções de que a maioria das pessoas da mesma idade ainda não dispõe, por não os ter amadurecido; conseqüentemente, a pessoa precoce apresenta um rendimento mais elevado que a maior parte de seus colegas.
3. Com o passar do tempo, os demais colegas alcançam os recursos básicos (em um ritmo médio), igualando-se à pessoa precoce, situação que costuma ser vista como uma perda de rendimento desta.

Evidentemente, essa criança não perdeu nada além da vantagem em rapidez maturativa, mas desfrutou um período em que estava mais bem-equipada quanto aos recursos ativados, situação que se regularizou alguns anos depois.

Não é difícil imaginar o efeito lamentável que pode ter um falso diagnóstico de superdotação ou de talento em um caso de precocidade. A "normalização" do rendimento não se deve nem à falta de envolvimento (embora seja possível), nem a um efeito perverso do sistema educacional.

É conveniente introduzir neste ponto uma crença muito difundida, apesar de completamente falsa: a de que o desenvolvimento constitui um processo linear e continuado. Longe disso, o desenvolvimento intelectual normal comporta mudanças súbitas alternadas com períodos de estabilidade ou com outros de crescimento acumulativo (e também pode incluir uma ou outra regressão). As diferenças de ritmo são absolutamente comuns, e há milhares de configurações individuais entre pessoas de uma mesma idade. Assim, durante a infância, o rendimento de um determinado movimento evolutivo é um indicativo muito errático do rendimento posterior.

A própria organização escolar costuma reforçar esse tipo de mal-entendidos: não se pode esquecer que a programação curricular se fundamenta, por um lado, em critérios de aprendizagem prévios e, por outro, em critérios cronológicos, os quais supostamente garantem que os alunos disponham dos requisitos (recursos básicos necessários) para cumprir a aprendizagem programada. Em geral, essa situação está muito longe da realidade nos dois casos: o fato de um conteúdo ter sido tratado não implica que foi aprendido (mesmo que os alunos tenham passado nas provas de avaliação) e boa parte das funções que um aluno tem condições de construir em uma certa idade são uma estimativa muito otimista – para não falar de puro pensamento mágico – de suas possibilidades reais. Nesse contexto, os casos que apresentam uma maturação precoce possuem menos dificuldades para construir as funções que o ambiente demanda e, ao mesmo tempo, menos probabilidades de acumular lacunas de aprendizagem. Desse modo, mostram robustez intelectual em comparação com seus colegas, o que poderia conduzir a uma avaliação errônea de altas habilidades.

Enquanto não se finalizam a maturação e a ativação das funções mais comuns, não há condições de começar a avaliar o verdadeiro potencial intelectual de uma pessoa. Isso significa estabelecer um mínimo cronológico bastante arriscado, a partir dos 12 anos. Até essa idade, é praticamente impossível distinguir um caso de precocidade de um outro de altas habilidades, no qual o primeiro tem mais probabilidade de ocorrer do que o segundo.

A outra face da moeda – as condições adequadas para articular funções – também produz efeitos paradoxais. Em termos gerais, o fato de haver a maturação de recursos não garante que estes se combinem em uma função útil. As condições do ambiente são um determinante tão crítico quanto a maturação dos recursos necessários. Se considerássemos que o único ambiente de uma criança é a escola, seria factível admitir que todas compartilhassem mais ou menos a mesma situação contextual. Todavia, nem os ambientes escolares – em um mesmo país – são idênticos, muito menos os ambientes familiares compartilham condições iguais. Não se trata de uma questão de classe (na verdade, tem menos a ver com a classe econômica do que com a cultural), mas sim da constatação de diferenças contextuais dentro de uma mesma classe social. Para exemplificar, é bem conhecida a diferença de rendimento entre os alunos que utilizam a mesma linguagem (vocabulário, sintaxe, esquemas argumentativos, complexidade das frases, etc.) em casa e na escola e aqueles nos quais a linguagem familiar é claramente discrepante da escolar (as diferenças favorecem os primeiros, naturalmente). A situação é bem simples: quando os dois ambientes coincidem, o número de oportunidades é bem maior, e a significação, diáfana; ao contrário, quando não coincidem, as oportunidades se repartem entre duas formas de expressão – quase um bilingüismo, embora se trate do mesmo idioma –, e a significação se torna mais ambígua (qual é o ambiente mais significativo, o de casa ou o da escola?).

De maneira genérica, considerar que o espaço escolar (entre 6 e 8 das 24 horas de cinco dias da semana, o que significa entre 18% e 24% do tempo semanal, durante o ano letivo, ou entre 14% e 18% ao longo de um ano completo) compensará todo tipo de diferenças extra-escolares é no mínimo arriscado. Isso não acontece para o bem e para o mal. Quando o ambiente familiar favorece aprendizagens ou a construção de funções, a comparação com as médias de idade é totalmente irrelevante (além de injusta com as crianças de ambientes familiares menos favorecedores). Por exemplo, um filho de pais dedicados à música provavelmente dispõe de diversos instrumentos musicais em casa – digamos que, entre outros, um piano –, o que não é habitual em qualquer moradia; com certeza, possui inúmeras experiências de interação com seus pais envolvendo a música ou algum instrumento (nem que fosse por pura imitação do comportamento adulto) e provavelmente ouviu mais música, digamos, em seus primeiros 7 anos de vida do que a maioria das pessoas em seus primeiros 21. Se tiver bom ouvido ou revelar maiores destrezas – inclusive de maneira destacada – em algum instrumento, talvez não seja tão surpreendente. Desfrutou de muito mais oportunidades, de pressões bem-dirigidas e de significação (pelo menos no contexto familiar) do que a maioria de seus colegas. Independentemente das possíveis diferenças genéticas, articulam-se nessa pessoa recursos compartilhados por outras crianças de sua idade que não dispõem das condições necessárias para essa articulação. É possível que alguns desses casos de estimulação constituam um talento musical, mas a maioria – a imensa maioria – não.

Situando essa mesma mecânica em aspectos um pouco mais comuns, viver em um ambiente familiar no qual a leitura (ou o cálculo, ou as referências ao contexto cultural) é uma atividade habitual constitui um facilitador crítico para que essa função se consolide até mesmo antes de ter sido suficientemente trabalhada na escola. Todavia, não é nenhuma demonstração de excepcionalidade. É mais uma prova de que não se aprende apenas na escola. Deduz-se ainda que, se o filho dos músicos decide estudar arquitetura, a facilitação familiar se reduz, situando-se em condições semelhantes às de seus colegas (com exceção, é claro, daqueles que tenham uma tradição familiar no ramo, que desfrutarão de algumas vantagens), sem que houvesse nenhuma mudança em seus recursos intelectuais. O mesmo ocorre com aqueles que aprenderam a ler um pouco antes ou um pouco depois.

As situações de estimulação também não escapam do funcionamento intelectual normal. Utilizar como referência as funções ativadas em uma determinada média de idade é uma aproximação bastante grosseira e incompleta. Essas médias são mais um artifício estatístico do que um parâmetro estável. Mudanças no sistema educacional, nos meios de comunicação, na acessibilidade a certos materiais ou na cultura geral de um país têm uma incidência maior nessa média do que as diferenças intelectuais. São, portanto, pontos de referência pouco sólidos para se falar de excepcionalidade nos recursos intelectuais. Mais uma vez, estabelecem-se comparações em termos de funções construídas por meio da garantia da igualdade de oportunidades, pressões e significação. Como já comentamos, ter alcançado um mesmo grau acadêmico na escolaridade obrigatória não é garantia dessa igualdade. Em uma linha de argumentação muito semelhante, o tempo e a motivação dedicados a uma tarefa concreta favorecem rendimentos muitos diferentes, em particular durante a infância. Por exemplo, quando se comparam as destrezas no uso do computador de crianças que têm atualmente 10 anos e as de suas mães na mesma idade, aquelas pendem claramente em favor dos filhos. Óbvio que não emergiu neles um tipo de *inteligência informatizada* da qual seus pais não desfrutaram. Ao contrário, articularam-se recursos – compartilhados com os dos pais – em forma de funções úteis e ajustadas às condições atuais (de oportunidades, significação e pressão) que permitem isso, o que não acontecia na época em que estes pais tinham a mesma idade dos filhos (os computadores não eram tão generalizados, não havia na escola, eram utilizados para tarefas mais concretas, confiava-se menos neles, etc.).

Destaca-se que a estimulação nem sempre é positiva ou, no mesmo sentido, que o fato de se construir muito cedo uma determinada função não garante que ela seja melhor. Vale lembrar que as funções podem ser construídas a partir do momento em que se dispõe de uma combinação *mínima* de recursos, que não necessariamente é *ótima*. Além disso, considerando que a maturação cerebral e a conseqüente ativação dos recursos elementares duram cerca de 10 a 12 anos, quanto mais tarde se construir uma função dentro desse período, mais recursos básicos poderão ser utilizados. Nesse caso, é comum generalizarem-se de forma errônea os modelos da linguagem (em especial a pronúncia) e das aprendizagens motoras (nadar, esquiar), que estão ligados a aspectos essencialmente invariantes do ambiente e do corpo e dispõem de períodos críticos específicos, nos quais a configuração neurológica parece particularmente sensível às atividades que se realizam. Com certeza, tais funções são mais bem adquiridas com uma boa estimulação na infância, mas não extrapolam as funções culturalmente dependentes, muito mais arbitrárias e aleatórias, que não têm um momento preciso da ativação dos recursos básicos, nem sequer um conjunto de recursos especializados. Se essas funções são complicadas, a diferença entre empregar os máximos recursos, entre aqueles disponíveis para cada pessoa, ou os mínimos, pode ser muito relevante. Por exemplo, a aprendizagem precoce da leitura costuma comportar essas situações, de modo que ler antes não significa que se faça melhor, mas que pode incorporar imperfeições (consideradas normais nas etapas infantis) que acabam se perpetuando e comprometendo a função leitora final. Reconstruir funções implica inibir a que era menos eficaz – embora mais ou menos útil – para começar do zero, articulando novos recursos. Não é impossível; contudo, quando a função é complexa, é muito pouco provável que se produza de maneira espontânea, requerendo uma reeducação bastante trabalhosa.

Além das sobreposições, que afetam sobretudo a identificação dos casos, o desenvolvimento de funções complexas necessita de situações complexas reais, pouco habituais até a idade adulta. Na verdade, o ambiente infantil e adolescente não costuma propiciar situações em que seja necessário combinar recursos diferentes com níveis elevados de exigência, ao contrário do que ocorre, por exemplo, em muitos ambientes profissionais. A única forma de talento que se encontra em um contexto que adquire complexidade de maneira progressiva é o acadêmico, razão pela qual é um dos mais fáceis de identificar. O próprio sistema educacional (incluindo o nível superior) aumenta a exigência no que diz respeito à quantidade e dificuldade de matérias a se aprender, de modo que os alunos se vêem obrigados a organizar os próprios recursos de maneira cada vez mais depurada. Dispondo de bons conjuntos de recursos verbais, lógicos e de memória, obtêm-se funções muito eficientes para a aprendizagem formal durante a adolescência. Talvez também em alguns casos de talentos simples, com dedicação muito intensa à área e complementos extra-escolares (musical, desportivo, artístico), possa haver essas condições de exigência e significação por parte do ambiente, de modo que se consigam funções de alto nível em idades pré-adultas. Apesar disso, o mais comum é que a combinação de funções construídas, o acúmulo de informações e a automatização de processos comportem uma quantidade de tempo que ultrapasse, de longe, a escolaridade obrigatória e, muitas vezes, os níveis acadêmicos superiores (Castelló, 1999, para uma análise detalhada dessa questão). Não se pode esquecer que a relação entre o esforço ou a atividade investida e o ganho em rendimento é exponencial (e não linear), por isso o acesso aos níveis máximos é materialmente impossível antes de determinadas idades. Por exemplo, se uma criança toca muito bem violino aos 12 anos, com o dobro da idade não terá dobrado o rendimento, e ela precisará de mais tempo para acrescentar menores ganhos em sua competência. Nesse sentido, são muito comuns os casos de excelentes rendimentos em idades precoces que chegam ao máximo ou não podem dedicar mais esforços e atenção do que fizeram até o momento; assim, o rendimento, que era excepcional para a idade, mantém-se e perde essa excepcionalidade; esses casos chegam a ser superados por outros menos chamativos em anos anteriores, mas com padrões de desenvolvimento mais sustentados.

No caso de altas habilidades, as manifestações completamente garantidas não podem ser esperadas até o início da idade adulta, já que em etapas anteriores não é factível encontrar situações suficiente complexas de maneira estável e significativa. Não se trata de oportunidades pontuais (como os projetos de fim de curso ou as teses de doutorado), mas sim de uma acumulação de situações que se encontram apenas nos anos da vida profissional e em situações muito concretas. Assim, a maior parte dos perfis com boa dotação de recursos elementares em todas as formas de inteligência nunca encontrará um contexto bastante complexo e estável para utilizá-las em todas as articulações de uma mesma função. Podem alcançar, ainda que nem todas, níveis de complexidade representacional muito elevados, talvez os mais sofisticados dentro das possibilidades humanas, isso quando forem maiores.

SISTEMAS DE AVALIAÇÃO

Avaliar com rigor qualquer perfil intelectual é uma tarefa bastante complicada, na qual nunca se vai além das estimativas e inferências. Em linhas gerais, quando se procede a uma avaliação, parte-se de algo observável – e razoavelmente objetivo – para deduzir da maneira mais segura possível processos ou estruturas subjacentes. Essa operação é *sempre* orientada pela teoria, a qual relaciona o processo inferido com o comportamento observado. No papel, os instrumentos formais – os testes – realizam essa função a partir de um conjunto de reagentes – os itens –, cuja solução implica pôr em funcionamento, caso existam, uma série de recursos intelectuais. Além disso, é bastante comum que esses instrumentos incluam outras suposições teóricas, como a de que a estrutura do processo é idêntica à do comportamento (isomorfismo) ou a variabilidade tanto do processo quanto do produto no modo de distribuição normal.

Sejam essas suposições corretas ou não – e a maioria não é –, um determinado teste não mede a inteligência por si mesmo, ou porque é um instrumento de uso comum, ou por se outorga convencionalmente esse poder. Qualquer medida, inclusive a dos testes, é correta ou não conforme os comportamentos envolvidos impliquem efetivamente a ativação de determinadas funções intelectuais e disponha-se de um bom referencial explicativo (uma teorização sólida) em relação aos aspectos inferidos. A medida adequada é aquela na qual a atividade solicitada (o item) *só* pode ser realizada com a utilização de uma determinada função. Para exemplificar, se um determinado problema pode ser resolvido com a efetivação de uma série de deduções lógicas a partir da informação de que se dispõe ou da memorização de certos passos estabelecidos, não se pode garantir a partir desse problema que a pessoa que consegue resolvê-lo seja capaz de realizar corretamente deduções lógicas. Apesar disso, é razoavelmente factível discriminar entre um e outro processo de solução introduzindo variações nos dados do problema ou na seqüência das operações, de modo que não sejam memorizáveis. Pode-se considerar também o tempo da resposta, admitindo que, em geral, o procedimento dedutivo é mais lento que da memorização. Todavia, essas decisões decorrem de um bom conhecimento dos mecanismos envolvidos – isto é, de uma boa teoria – mais do que das propriedades intrínsecas de determinado instrumento. Nesse sentido, há inúmeras manifestações de conduta suscetíveis de serem empregadas como indicadores dos processos intelectuais utilizados, mas sempre dependente do conhecimento teórico de que se disponha para vincular uns e outros. Os dois itens anteriores constituem o referencial teórico que está por trás da avaliação dos perfis em geral e dos perfis excepcionais em particular. Quando se aplicam às situações de medida, pode-se extrair algumas conseqüências, comentadas nos parágrafos seguintes.

Em primeiro lugar, para se resolver uma determinada situação (inclusive os testes), é preciso dispor das funções necessárias, que podem ser de natureza diversa. Apenas em alguns poucos casos existe uma relação unívoca entre tarefas e processos, sendo o mais habitual que uma mesma tarefa seja realizada com o emprego de diferentes processos. Ao mesmo tempo, uma função concreta pode ser construída de várias formas, pela aplicação de processos básicos e seqüências diversas. Portanto, a informação obtida aponta se há ou não *alguma* função apropriada para a tarefa proposta, mas não *qual* é. Pessoas com o mesmo rendimento não empregam necessariamente os mesmos recursos. Apenas as situações em que se pode realizar uma análise cognitiva muito precisa das operações envolvidas na tarefa são factíveis de introdução nas operações subjacentes. Apesar disso, conformar esse tipo de situações é difícil e demorado, por isso são mais comuns em pesquisas de laboratório do que nos âmbitos envolvidos. A quase totalidade dos testes abarca de forma muito vaga as funções supostamente avaliadas, que são medidas úteis, mas pouco precisas.

Em segundo lugar, para a maior parte das funções articuladas supõe-se que tenham existido as condições ambientais apropriadas para fazê-lo. Isso é de particular importância quando os resultados da resposta são negativos: se não se dispõe de garantias de que as oportunidades, as pressões e a significação existiram de maneira sistemática, o mais provável é que a função não tenha sido construída, mas talvez ainda se construa. Ao contrário, se há garantias de numerosas facilidades contextuais para se construir a função e ela não se revela, a explicação mais verossímil é que falta algum dos recursos básicos necessários. Também vale o inverso: quando uma pessoa apresenta uma determinada função pouco comum em seu ambiente (grupo de idade, cultura), certamente demonstra dispor dos recursos básicos necessários – sejam bons ou não –, mas isso implica obrigatoriamente que essa pessoa conte com mais recursos, pois condições apropriadas de estimulação poderiam ter causado essa diferença funcional.

Um terceiro aspecto, nada desprezível, é que o rendimento em uma determinada tarefa não depende apenas de aspectos intelectuais. Certas destrezas de execução, motivação ou personalidade (por exemplo, competitividade) também têm um peso considerável no rendimento. Por outro lado, é muito comum que, além das operações envolvidas na tarefa, precise-se empregar outros recursos intelectuais. Por exemplo, as tarefas que supõem verbalização abundante ou compreensão de inúmeras instruções podem levar a sérios desvios nos resultados: o enunciado de um problema numérico mal-compreendido impossibilita sua solução (quer se disponha ou não dos recursos quantitativos).

O quarto aspecto refere-se à falta de linearidade do desenvolvimento intelectual. A maior parte das provas objetivas com gabarito determinado opta por soluções comprometidas com as médias de rendimento de uma idade concreta. Com essa medida, é factível avaliar se uma criança situa-se na média de desenvolvimento, acima ou abaixo desta. Embora se trate de uma aproximação razoável – desde que utilizado com esse significado –, essa medida depende muito da atualização dos gabaritos e de sua representatividade cultural. Gabaritos antigos ou com amostragem pouco cuidadosa (inclusive com amostras de outras culturas) comportam referências errôneas, já que a construção de funções subjacentes ao rendimento na tarefa avaliada é fortemente determinada pelas condições de estimulação de cada momento e contexto. A presença de atividades próximas nos planos de estudo, a disposição de materiais extra-escolares (jogos, cadernos) ou a programação televisiva podem propiciar ou complicar a articulação de funções. Conseqüentemente, observam-se variações muito sensíveis nos resultados de aprovações diferentes ou de países diversos.

Além da questão da atualização desses gabaritos, não se deve esquecer que se elaborou a maior parte dos testes intelectuais com critérios de estabilidade (média) das diferenças e linearidade do desenvolvimento. Isso implica a seleção dos itens que mais se ajustam a esses critérios. Nesse sentido, a própria estrutura do instrumento produz artefatos nos resultados, mostrando uma estabilidade inexistente, ao mesmo tempo em que elimina os dados mais sensíveis a funções não-lineares, reduzindo consideravelmente a amostra de funções avaliadas. O esforço psicométrico para se obter alta confiabilidade foi realizado geralmente à custa da validade dos instrumentos.

Em quinto e último lugar, existe um elemento de caráter teórico, decorrente dos anteriores, com conseqüências importantes: qualquer medida do funcionamento intelectual é *circunstancial*. Informa-nos do estado atual do desenvolvimento – que dura todo o ciclo vital –, mas não do desenvolvimento futuro. Com certeza, as perdas de funcionalidade são muito raras (devem ter causas neuronais patológicas, se forem estáveis, ou trata-se de fases transitórias da organização de recursos), razão pela qual os elementos consolidados não se perdem. Contudo, o processo de construção de funções é complexo demais para que se façam previsões confiáveis: as funções construídas são difíceis de substituir; as estruturas de informação que demonstraram ser efetivas para certas quantidades de materiais não o são para quantidades superiores; as condições ambientais facilitadoras em um período vital podem desaparecer em etapas posteriores, etc. Em todo caso, a idéia geral é de um conjunto estável de recursos básicos (a partir de 12 anos) utilizados para articular funções quando as condições do contexto permitirem. Por mensurarmos as funções construídas, não há acesso àquilo que uma pessoa *tem* – estável e definitivo –, mas apenas àquilo que ela *articulou* até o momento. Quando se diz que uma pessoa tinha uma determinada inteligência e que posteriormente passou a ter menos, comete-se um erro conceitual grave: tinha uma certa *pontuação* e passa a ter menos. Talvez se possa afirmar que seus recursos intelectuais se destacavam mais em comparação com o referencial de idade até alguns anos atrás, mas a inteligência não foi perdida, em absoluto.

Sob esse conjunto de condições, os diagnósticos deixam de ter a solidez e a segurança habituais, tornando-se muito mais provisórios e pontuais. Não é tanto pela rotulação em si – que não é intrinsecamente má –, mas pela confiança a médio e longo prazo que se pode ter nele. Isso não elimina a pertinência da medida, mas é preciso interpretá-la com mais cautela. Uma medição bem-realizada proporcionará informação sobre o estado atual de desenvolvimento com relação à média normativa (a classe, os gabaritos) e pode dar algumas pistas sobre a quantidade de microprocessos disponíveis para um indivíduo. Um acompanhamento ao longo dos anos permite verificar se o perfil observado se consolida ou se parece ter atingido um teto de desenvolvimento em alguma ou algumas formas de inteligência. Ao mesmo tempo, esse acompanhamento permite acumular produtos do ambiente (rendimentos em situações reais, não apenas valores psicométricos), que são provas fidedignas dos recursos disponíveis. Nessas condições, a segurança do diagnóstico aumenta consideravelmente.

Uma questão muito comum – e sensata – dos âmbitos aplicados é a seguinte: se não há diagnóstico, como se pode intervir? A solução é simples: a tomada de decisões aplicada pode perfeitamente fundamentar-se nas avaliações pontuais. A partir da informação atual sobre o estado de desenvolvimento e sobre as aprendizagens consolidadas, podem-se fazer os ajustes necessários. Ademais, na alta habilidade e no talento, o diagnóstico costuma se vincular a uma síndrome (mais atribuída do que real), assim como a expectativas de rendimento desmesuradas, e as duas questões resultam em grandes complicações para o desenvolvimento – excepcional ou não – dessas pessoas. Situar um *possível caso* de altas habilidades ou talento não apenas é mais fiel à realidade avaliada, como também serve para lembrar o caráter provisório do desenvolvimento intelectual, minorando as expectativas injustificadas.

Para se fazer uma avaliação intelectual, pode-se utilizar todo tipo de recursos e produtos, desde que se tenha presente o referencial teórico introduzido ao longo deste capítulo. Um determinado produto é a manifestação de certos processos de representação e manipulação de representações. Se podemos constatar a presença de funções diversas, é igualmente factível estimar a variedade de processos envolvidos e, conseqüentemente, realizar uma estimativa aproximada do aparato intelectual desse indivíduo (pelo menos do que articulou até o momento). Ainda que, em princípio, qualquer fonte de informação seja utilizável, é preciso situá-la em uma perspectiva adequada. Por exemplo, determinados testes examinam um conjunto de recursos muito menores que certas atividades escolares. Além disso, o contexto em que se realizam estas atividades é muito mais ecológico (e, portanto, significativo). Contudo, é verdade também que certos produtos ecológicos são muito difíceis de formular em termos cognitivos, o que, em contrapartida, é mais acessível no caso dos instrumentos formais (ainda que nem sempre se possa confiar no que indica o título do instrumento ou no que é declarado em seus manuais).

Os pontos de referência a se considerar na avaliação do funcionamento intelectual de uma pessoa são apresentados a seguir (encontra-se também uma descrição elaborada em Castelló e Batlle, 1998).

Situações de talento simples ou múltiplo

Rendimento de 95% ou mais em uma única habilidade intelectual (talento simples) ou em várias não utilizadas de maneira combinada (talento múltiplo). Quando se empregam testes, o ponto de corte será diretamente o centil 95, ao passo que, quando se usam outras manifestações do rendimento, se deve fazer uma estimativa aproximada: o produto em questão deve se apresentar muito excepcionalmente e mostrar níveis de qualidade e eficácia máximos (se avaliados, esses produtos apareceriam, no máximo, em 5% dos casos, em toda a população). O gráfico que apresenta o caso 3 mostra um talento verbal, dado que atinge 97% de rendimento nessa dimensão intelectual. Os demais recursos abarcam diversos valores (essencialmente normais). Os casos de talento simples se diferenciam de modo explícito do resto da população por seu rendimento elevado na área de talento, mostrando-o de maneira habitual e estável. Por essa razão, rendimentos muito elevados mas pontuais, acompanhados de rendimentos habituais mais discretos, são indicadores de que não se trata de um caso de talento (ou pode ser que este ainda não tenha se consolidado). Complementarmente, os casos de talento simples ou múltiplo costumam mostrar situações de descompensação – configurada em diferenças muito notáveis no rendimento, seja a partir de testes ou de outros subprodutos – muito evidentes.

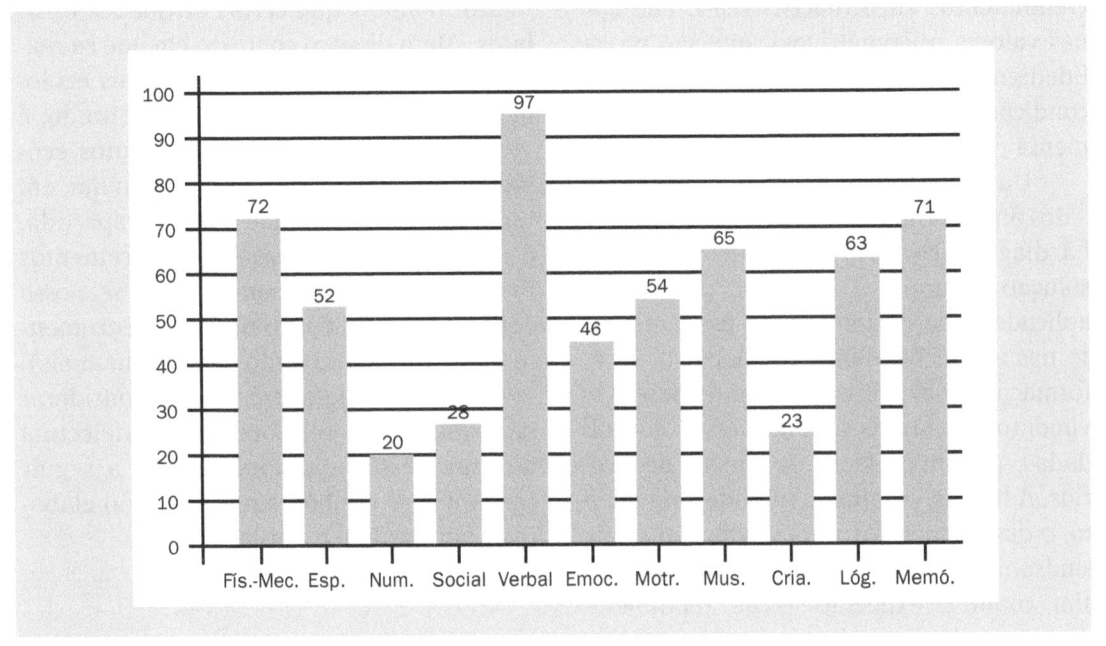

Gráfico 16.3 Caso 3

Situações de talento complexo

Rendimento de 85% ou mais em várias habilidades utilizadas de maneira conjunta. Nesses casos, o perfil difere pouco do perfil de um talento múltiplo (somente pelo ponto de corte dez unidades inferior), razão pela qual a aproximação psicométrica não costuma ser suficiente para diferenciá-los: avaliando-os em separado, não é possível saber se os utiliza em conjunto. É necessário acrescentar dados de rendimentos em situações nas quais se empreguem essas habilidades de maneira coordenada. No caso do talento acadêmico, ilustrado pelo caso 4, os dados complementares são fáceis de conseguir por meio da avaliação do rendimento em qualquer situação de aprendizagem escolar formal. Em outras palavras, seja qual for a matéria ou os conteúdos, o talento deve manifestar uma elevada eficácia em armazenar na memória (e recuperar) material em formato verbal e organizado logicamente. Talvez possam aparecer pequenas diferenças em favor das disciplinas com maior carga lógica ou verbal, mas o conjunto do rendimento na aprendizagem deve ser muito elevado. É importante destacar que, quando se combinam recursos, já não se produz uma plena coincidência entre o índice psicométrico e o rendimento; o primeiro é mais moderado porque a chave do rendimento está na combinação dos recursos, enquanto as manifestações comportamentais acabam sendo tão espetaculares quanto no caso dos talentos simples. Por exemplo, entre dois casos de talento acadêmico com percentuais verbal, lógico e memória de 89, 92, 87 ou de 97, 99, 99, respectivamente, manifestam-se muito poucas diferenças no rendimento, e não são forçosamente favoráveis ao segundo. A aprendizagem acadêmica de ambos será extremamente alta e, no máximo, nas situações em que predomine apenas um desses fatores – situações de talento simples –, observa-se melhor rendimento no segundo caso. Outros casos de talento complexo, como, por exemplo, o artístico, são mais difíceis de avaliar, na medida em que é menos provável dispor de um ambiente ecológico real que permita a articulação dos recursos (que em separado seriam de tipo espacial e figurativo, criativo, lógico e complementar à inteligência social e motriz).

Situações de altas habilidades

Rendimento de 75% ou mais em todas as habilidades intelectuais, usadas de forma combinada. Note-se que o critério do centil 75 (quartil superior) não é muito restritivo, pois em muitos casos é avaliado como "normal-alto", porém, mais uma vez, o peso do uso combinado potencializa a eficácia. Em qualquer âmbito específico, pode haver pessoas (talentos simples ou complexos) que apresentam rendimento mais elevado que os perfis de altas habilidades, mas, à medida que a complexidade das atividades se torne maior, apenas a utilização conjunta dos recursos permitirá uma abordagem intelectual eficiente. Não se pode esquecer que o traço mais discriminativo da alta habilidade é a inexistência de recursos parcos, e, graças a isso, consegue-se a maior flexibilidade na combinação (tal como aparece no Gráfico 16.5). Acrescente-se que em situações pouco

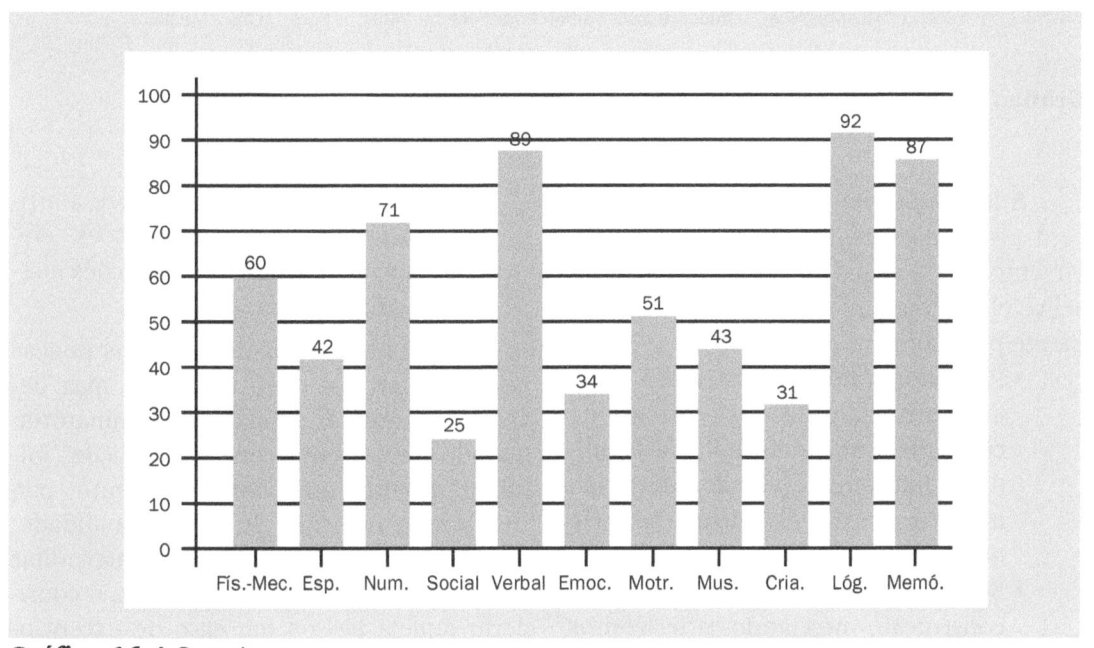

Gráfico 16.4 Caso 4

complexas ou muito delimitadas, é provável que os rendimentos sejam apenas moderadamente altos, dado que os recursos necessários ainda são poucos. Dessa maneira, envolver mais recursos no processo traz poucas vantagens e implica uma execução mais lenta, ou diversifica demais os produtos. Como já comentado, situações de suficiente complexidade para permitir a articulação de uma grande variedade de recursos não costumam ser encontradas durante a formação acadêmica e, em geral, já passados alguns anos da entrada do indivíduo na vida adulta. Por essa razão, será muito difícil apontar casos em que essa articulação tenha ocorrido e se manifestado em rendimentos regularmente excepcionais (na verdade, é quase impossível durante a formação acadêmica).

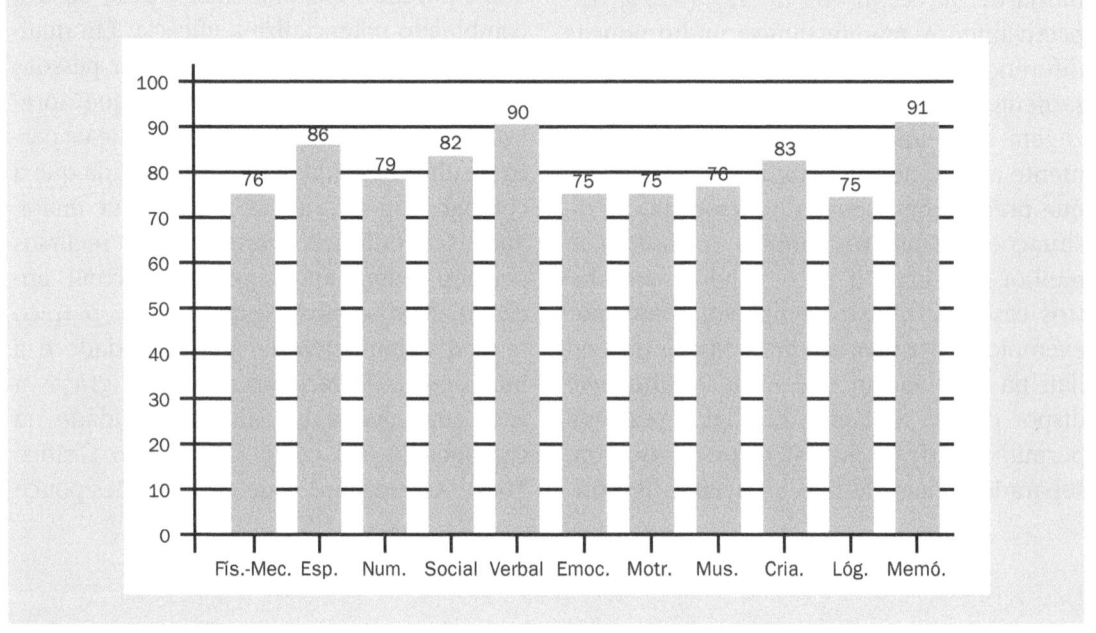

Gráfico 16.5 Caso 5

A avaliação por meio de testes fornecerá pistas do estágio atual de desenvolvimento dos recursos intelectuais e, é aconselhável apresentá-la em termos estritamente provisórios:
- Primeiro, trata-se de medidas – ou amostras – parciais dos recursos que constituem uma determinada habilidade intelectual (via de regra são muito mais utilizados do que se pode objetivar).
- Segundo, trata-se de habilidades em construção, mesclando-se os efeitos da maturação e da estimulação.
- Terceiro, não informam sobre a articulação de classes de funções, elemento crítico nas configurações intelectuais mais interessantes.

Nesse sentido, os diagnósticos poucas vezes podem ser confirmatórios, mas devem se apresentar de maneira eliminatória: quando não se cumprem as condições mínimas, é certo que, nesse momento, não se trata de um caso de excepcionalidade; quando se cumprem, deve-se interpretar que – no momento – nada se opõe a considerar aquela pessoa um caso de excepcionalidade intelectual. Evidentemente, é prudente ampliar o máximo possível a amostra de recursos e a coleta de manifestações comportamentais, assim como assegurar a estabilidade temporal do perfil muito além do período de maturação cerebral. A probabilidade de um diagnóstico verídico é tanto mais elevada quanto mais situações alternativas tenham sido descartadas. Para oferecer um exemplo, uma avaliação psicométrica pontual aos 8 anos revelará pouco mais que o estado atual de desenvolvimento. Caso se mantenha o mesmo perfil durante os próximos 7 anos (até os 15), pode-se eliminar os efeitos da maturação, mas não os da estimulação. Se aos 30 anos o perfil parece sólido, a probabilidade de que se trate de um caso verídico é muito alta (e talvez para perfis de alta habilidade ainda seja precoce).

No exemplo anterior, utilizaram-se dados extremos. De fato, um diagnóstico positivo só pode ser auferido com as máximas garantias possíveis. Até então, deve ser visto como totalmente provisório, o que não impede que se avalie esse estado atual com uma razoável certeza. A diferença crítica é considerar o caso como de alta habilidade-talento – implica que o será sempre –, ou como um caso de desenvolvimento excepcional até esse momento. A primeira opção comporta expectativas que, em muitos casos, não se cumprem. Ao contrário, a segunda permite pôr em funcionamento o tipo de intervenção adequada, sem comportar expectativas demais quanto ao futuro (um futuro que não deixa de ser incerto). As manifestações em forma de produtos é que irão confirmar a certeza do diagnóstico, mas, quanto mais complexo o perfil, mais tarde se manifesta. Apesar disso, cabe reiterar que o diagnóstico firme não é necessário para a intervenção psicopedagógica. Em qualquer momento – particularmente nas idades mais precoces – a intervenção pode se fundamentar nas necessidades explícitas (avanço em aprendizagens, descompensações, motivações específicas, etc.), sem necessidade de recorrer a nenhum tipo de síndrome vinculada aos diagnósticos de superdotação ou talento (síndromes que, além de tudo, costumam ser muito distorcidas e baseadas em explicações teóricas incorretas).

Quando se utilizam testes, todos os instrumentos do mercado que meçam *aptidões* intelectuais (o *copyright* de "inteligência" foi apropriado por uns poucos testes de QI e de Fator Geral da Inteligência) podem proporcionar informações úteis, desde que se verifique o tipo de atividade que comportam. Entre outros exemplos, temos: DAT, PMA, AMPE, IGF, BADGyG, etc. Em geral, os títulos dos subtestes superdimensionam os processos medidos (para ilustrar, não é estranho encontrar sob o título de "inteligência espacial" medidas das operações de rotação e comparação de figuras, que certamente fazem parte dessa categoria de inteligência, mas que estão muito longe de constituir uma amostra representativa das operações possíveis de se realizar com essa inteligência espacial). É preciso considerar ainda que a maioria dessas provas de aptidões combina recursos específicos das diversas áreas com processamento lógico, principalmente porque as provas lógicas costumam ter uma única resposta correta, o que simplifica a computação dos resultados.

Uma estimativa dessa aptidão lógica pode aparecer sob a denominação *raciocínio abstrato* ou em provas de "fator G" (geral apenas nas situações em que é preciso utilizar a lógica). Seja como for, todos os instrumentos existentes podem ser utilizados, mas nenhum deles oferece uma medida completa do perfil intelectual, sendo necessária a utilização de vários. Além disso, provas específicas de criatividade, inteligência social, emocional, musical e motriz são complementos necessários para uma avaliação completa.

As provas de QI (como as escalas de Weschler ou Terman-Merrill, entre outras) costumam comportar uma combinação de elementos verbais, lógicos e de gestão de memória (particularmente quando têm uma elevada carga cultural). Por isso, constituem um índice razoável para os casos de talento acadêmico, embora se deva considerar a pontuação como valor único, a exemplo dos talentos simples. Assim, um QI de 130 equivale, aproximadamente, a um centil 98, que está acima dos 95% estipulados. Nessas provas, já se realiza a combinação de recursos em um único valor, razão pela qual o critério de 85% não é aplicável, como seria se medidas em separado as aptidões de memória, lógica e verbal.

Seja qual for a avaliação, é preciso considerá-la com a máxima amplitude de medida que a situação permita, isto é, obtendo informação do maior número possível de componentes intelectuais. No caso de não se dispor de medidas formais (testes), a acumulação de dados comportamentais e de outros produtos constitui uma fonte igualmente válida. Por exemplo, um bom nível de socialização, com freqüentes papéis de liderança, é um indicador plenamente válido da inteligência social de certa pessoa e, embora não se possa quantificar nos termos que permite a maioria dos testes, ajuda a situá-la – no mínimo – em termos de quartis. Considerando que a avaliação deve facilitar um certo conhecimento do estado atual de desenvolvimento, quanto ao caráter provisório, essas estimativas são extremamente úteis. Toda medida contém erros de estimativa e, por mais que um determinado teste nos dê um cifra exata, continua sendo uma estimativa.

CONCLUSÕES

Talvez a proposta dos itens anteriores tenha sido um pouco decepcionante para quem buscava um método simples, seguro e direto para a identificação de casos de excepcionalidade (e que provavelmente abandonou a leitura deste texto antecipadamente). Todavia, eles contêm um esforço explícito de contextualização dentro dos referenciais mais gerais, que dão sentido a esses fenômenos. A complexidade de sua configuração, assim como do próprio desenvolvimento intelectual, obriga a pensar e a agir com muita cautela, na medida em que a omissão desses aspectos ou a realização de diagnósticos precipitados não favorece em nada – ao contrário – as pessoas as quais se quer ajudar. Essa mesma complexidade determina que as indicações de diagnóstico mais comuns em situações de déficit não podem ser aplicadas a esses casos, dado que sua manifestação demora mais a concretizar-se, e existem maiores – e mais freqüentes – possibilidades de sobreposições. Contudo, isso não impede de se considerar a necessária intervenção educacional, embora se deva demarcá-la no contexto da resposta às necessidades individuais apresentadas em cada momento evolutivo, confirmem-se ou não como casos de excepcionalidade intelectual. Em qualquer circunstância, as linhas de intervenção educacional que se costuma contemplar são plenamente funcionais como resposta a situações concretas e não são os rótulos de diagnóstico que lhes proporcionam essa funcionalidade. Ao contrário, as expectativas e distorções do comportamento individual, familiar e social que supõe um diagnóstico precipitado ou errôneo constituem uma das maiores fontes de complicações no desenvolvimento e bem-estar individual.

A título de resumo, segue uma lista das principais conclusões ou diretrizes de atuação resultantes dessas propostas.

Aproximações em vez de diagnóstico

É o critério central. Em qualquer momento, pode-se ter acesso ao estágio atual de desenvolvimento de uma pessoa, mas devemos considerá-lo dentro de um processo complexo e não-linear. Podem existir numerosas situações de excepcionalidade evolutiva pontual que não se consolidam em perfis de excepcionalidade intelectual. Isso não impede que se dê resposta educativa a essas situações evolutivas.

Terminologia e herança histórica

Os termos clássicos – de cem anos atrás – para descrever a excepcionalidade intelectual foram gerados em um âmbito explicativo limitado e com distorções conceituais próprias da época. A excepcionalidade intelectual abarca um conjunto de fenômenos com uma variabilidade muito maior em suas concretizações. A alta habilidade e as diferentes formas de talento são fenômenos específicos e diferenciados, que não compartilham configuração, manifestações, produtos nem necessidades. Reduzi-los a uma única categoria introduz muitos erros e efeitos contraproducentes.

Identificação do talento acadêmico e de alguns talentos simples em etapas escolares

Trata-se, de fato, dos únicos casos suscetíveis de se identificar com razoável certeza antes da idade adulta, na medida em que ocorram usos sistemáticos dos recursos envolvidos. Apesar disso, é muito importante o critério de garantir a finalização dos processos maturativos, a fim de evitar a confusão com os casos de precocidade. Para outros talentos, se não ocorrerem tais situações sistemáticas de uso de recursos, ou se eles não tiverem a complexidade necessária, os perfis associados não se articularão, ainda que disponham dos recursos elementares necessários. Conseqüentemente, quanto mais complexo for o perfil ou quanto mais requisitos não incluídos na escolarização ele comporte, mais o diagnóstico deve ser protelado.

Confusões com precocidade e estimulação

São os dois fenômenos relacionados com o desenvolvimento que mais se confundem com os verdadeiros casos de excepcionalidade intelectual. Embora revelem diferenças no momento atual às quais é preciso dar uma resposta educativa, não permitem fazer uma previsão a mais longo prazo nem servem de base para expectativas de excepcionalidade sustentada. Quando se confundem com casos de superdotação ou de talento, comportam perdas aparentes no rendimento que costumam ser atribuídas a efeitos que nada têm a ver (falta de motivação, patologias ou efeitos perniciosos do sistema educacional).

Variabilidade do perfil e dos mecanismos normais

A excepcionalidade intelectual não é uma síndrome, mas sim um conjunto de perfis específicos. Grande parte da literatura existente inclui aspectos sindrômicos errôneos (desmotivação, dificuldades de socialização, falta de destrezas motrizes) que não se constatam em toda a população excepcional. Apesar disso, a análise detalhada de cada perfil pode revelar fatores de risco, e as condições de desenvolvimento individuais podem acentuá-los. Contudo, os mecanismos de raciocínio psicopedagógico a se utilizar são genéricos, evitando as relações causais entre excepcionalidade intelectual e determinadas disfunções.

Necessidades individuais

Toda intervenção será dirigida às condições e necessidades de cada caso individual, entre os quais pode haver uma variabilidade muito elevada. Embora se tenham descrito estratégias gerais de intervenção (ver Castelló, 1995, para um resumo, ou Castelló e Martínez, 1998, para um tratamento detalhado da questão), elas devem ajustar-se às características concretas de cada caso. Além de um perfil intelectual, os aspectos de personalidade ou envolvimento, ou os efeitos do contexto particular serão elementos críticos no momento de se estabelecer o tipo de intervenção mais adequado.

Intervenção segundo o avaliado

Talvez se trate do critério mais importante, mas em geral o mais esquecido. Quer exista ou não um diagnóstico firme, toda avaliação que inclua informações psicométricas e comportamentais revela necessidades concretas às quais é necessário responder. Por exemplo, se uma pessoa de 5 anos atingiu os conteúdos acadêmicos previstos para essa idade, é evidente que precisa de um ajuste curricular, trate-se ou não de um caso de excepcionalidade intelectual. Da mesma maneira, possíveis problemas de socialização, falta de hábitos de trabalho ou perturbações da personalidade requerem intervenção por si mesmos, ponderando, de maneira complementar, as possíveis interações como perfil intelectual. Jamais se deve considerar esse perfil como a causa inexorável dessas irregularidades, nem como uma condição necessária para responder às mesmas.

REFERÊNCIAS

BRUNER, J. (1999): *Actos de significado*. Madrid. Alianza. (Edición en inglês de 1990).
CASTELLÓ, A. (1995): "Estratégias de enriquecimiento del curriculum para alumnos y alumnas superdotadas". *Aula de Innovación Educativa*, 45, pp. 19-26.
_____. (1999): "Superdotación y talento en la edad adulta", en SIPÁN, A. (coord.): *Respuestas educativas para alumnos superdotados y talentosos*. Zaragoza. Mira Editores.
_____. (2001): *Inteligencias. Una integración multidisciplinaria*. Barcelona. Masson.
CASTELLÓ, A.; BATLLE, C. DE (1998): Aspectos teóricos e instrumentalesa en la identificación del alumnado superdotado y talentoso., Propuesta de un protocolo". *Revista de alta capacidades Faísca*, 6, pp. 26-66.
CASTELLÓ, A.; MARTINEZ, M. (1998): *Necessitats educatives especials. Aumnat excepcionalment dotat intellectualment,* Barcelona, Generalit de Catalunya. Department d'Enseyament.
GARDNER, H. (1987): *Estructuras de la mente: la teoria de las inteligencia múltiplias*. México. Fondo de Cultura Econômica. (Original en inglês de 1983).
GESCHWIND, N. (1987): "Conocimiento neurológico y conductas complejas", en NORMAN, D.A.: *Perspectivas de la ciencia cognitiva*. Barcelona. Paidós. (Original en inglês de 1981.)
GUILFORD, J.P. (1987): *La natureza de la inteligencia humana*. Barcelona. Paidós. (Original em inglês de 1967.)
GÓMEZ, A. RODRIGUEZ, R.I. (1993): "Talento", en PÉREZ, L. (comp.): *10 palabras clave en superdotados*. Estella, Navarra. Verbo Divino.

A avaliação dos alunos com deficiência mental 17

Josep Font

INTRODUÇÃO

Qualquer programa ou proposta educacional, se quiser ser eficaz, deve partir de um conhecimento real e amplo dos alunos, de suas necessidades e das características e possibilidades do ambiente em que está imerso. Para os alunos que apresentam necessidades educacionais especiais, essa avaliação adquiriu, por razões diversas, uma importância muito significativa.

Tradicionalmente, a educação especial deu muita atenção às medidas de individualização (das avaliações, das propostas curriculares, das estratégias de intervenção, etc.). Assim, qualquer proposta que enfatize os processos ou procedimentos de individualização tem uma boa acolhida nesse campo. Deveríamos averiguar se, em alguns casos, o excesso de individualização promoveu práticas pouco compreensivas ou mesmo discriminatórias. Como diz com muita propriedade Ainscow (1999, p. 39), o que deve realmente nos preocupar não é "individualizar a lição, mas sim como personalizar o ensino". Isso significa que devemos avançar em direção aos processos mediante os quais as necessidades de um aluno não sejam avaliadas apenas em relação às suas características pessoais, mas também de acordo com as peculiaridades e circunstâncias dos contextos em que se desenvolve.

Nos últimos anos, o conceito de *alunos com necessidades educacionais especiais* sofreu variações significativas. Essas mudanças são fruto da percepção diferente que se tem das pessoas que apresentam algum tipo de deficiência como também do traba-lho e do progresso da pesquisa e da prática (Giné, 1997; Luckasson et al., 1992; Luckasson et al., 2002; MEC, 1996).

- Passou-se de um modelo de avaliação centrado exclusivamente nos déficits individuais à avaliação das capacidades, competências e fortalezas do indivíduo.
- Não só se avalia o indivíduo, mas também consideram-se as características, as possibilidades e as demandas dos ambientes em que vive, aprende, se socializa e se relaciona.
- A finalidade da avaliação não é rotular ou categorizar diagnósticos. Serve para concretizar as fortalezas e as debilidades nos diversos âmbitos da avaliação e, conseqüentemente, encaminhar aos apoios e serviços necessários.

Esse novo enfoque da avaliação parte em essência da percepção renovada que se tem dos alunos que apresentam necessidades especiais ou algum tipo de incapacidade (Department for Education and Employment, 1997; Luckasson et al., 1992; Luckasson et al., 2002; Warnock, 1986). A introdução do conceito de necessidades educacionais especiais e, mais recentemente, as mudanças na definição de deficiência mental exerceram uma forte influência sobre as práticas profissionais e, como conseqüência, nos modelos de avaliação.

A partir dessa perspectiva, o objetivo deste capítulo é apresentar uma proposta concreta para a elaboração das avaliações dos alunos com deficiência mental. O propósito foi sempre criar um manual que exponha tanto os conceitos e componentes que fazem parte do processo de avaliação quanto os procedimentos que se devem adotar e os instrumentos que podem ser utilizados. Como se observará, cada um dos componentes da avaliação exige uma série de apoios específicos. Sempre que possível, daremos exemplos desse tipo de aporte. Contudo, e por razões de espaço, não será possível apresentar o conjunto de processos e instrumentos de que se necessita e que se utilizam na avaliação.

O trabalho foi estruturado de forma seqüencial:
1. Em primeiro lugar, apresenta-se uma breve descrição do que se entende por avaliação e os âmbitos que cobre.
2. Em segundo lugar, expõe-se o novo conceito de *deficência mental* e sua forte influência nas práticas atuais sobre a avaliação.
3. Em terceiro lugar, delimitam-se de forma concreta e ordenada todos os passos a se seguir na avaliação e nos processos, procedimentos e instrumentos que se podem utilizar.

Como já comentamos, por razões de espaço, não podemos apresentar um exemplo de avaliação tal como se configura ao final dos processos expostos anteriormente. Contudo, podemos afirmar que a estratégia de avaliação apresentada neste capítulo é realmente útil para realizar a avaliação dos alunos com deficiência mental, a fim de tomar decisões nos diversos âmbitos (curricular, familiar, comunitário, etc.) e facilitar a participação e o compromisso de todas as pessoas envolvidas na educação dos alunos.

DEFINIÇÃO E ÂMBITOS DE AVALIAÇÃO

Elaborar uma avaliação ampla e completa é um componente prévio e essencial para concretizar a resposta educativa dirigida aos alunos com deficiência mental. Essa afirmação adquire maior transcendência quando procuramos reunir as contribuições das últimas definições do termo (Asociación Americana sobre Retraso Mental, 2004; Luckasson et al., 1992, 2002).

Dada a importância da avaliação dos alunos para a determinação do perfil de apoios e para o planejamento do programa de intervenção, é absolutamente imprescindível definir os mecanismos que permitam articular de forma clara e precisa os processos de tomada de decisões, visando uma correta elaboração da avaliação educacional.

Definimos a avaliação educacional dos alunos como o processo sistemático, continuado e compartilhado de coleta de informação e de tomada de decisões que tem como objetivo justificar a oferta curricular e a provisão de serviços (Giné, 1997).

Do mesmo modo, a avaliação não objetiva exclusivamente diagnosticar. Deve servir para determinar as fortalezas e debilidades, assim como os auxílios e os serviços necessários. Partimos de uma visão do aluno centrada não em seus déficits, mas sim no impacto da interação da pessoa com dificuldades e seu ambiente (Schalock, 1995, 1999).

Dessa perspectiva, estabelece-se que os âmbitos de avaliação devem ser:
- O aluno, seu nível de competência com relação ao currículo escolar e suas condições pessoais específicas e de deficiência.
- A escola e a sala de aula como ambientes educacionais.
- A família e os outros ambientes comunitários.

Além disso, a partir dos âmbitos anteriores, o processo de avaliação dos alunos deve compreender as seguintes etapas:
1. Coleta de informação relevante nos diversos aspectos e âmbitos do aluno.
2. Objetivação das fortalezas e das debilidades (pontos fortes e fracos) em cada um dos âmbitos de avaliação.
3. Identificação e determinação das necessidades educacionais em termos da proposta curricular e da prestação de serviços.
4. Determinação do ambiente educacional adequado e proposta de alocação futura.
5. Identificação dos aportes necessários no ambiente escolar e proposta de participação em outros ambientes significativos.

Há três aspectos que devemos considerar com especial atenção:
- Em primeiro lugar, a importância de dispor de uma série de processos que sirvam de guia na elaboração das avaliações.
- Em segundo lugar, a necessidade de utilizar instrumentos adequados que proporcionem informação relevante a partir da qual se possam tomar decisões pertinentes.
- Finalmente, a relevância de que todos os profissionais envolvidos na educação do aluno, assim como seus pais e, sempre que possível, o próprio aluno, participem de maneira ativa no processo de avaliação de suas necessidades e no planejamento do programa educacional.

Outro fator a destacar é a importância que adquirem as contribuições da nova definição de deficiência mental (Luckasson et al., 1992, 2002) para a construção de propostas de avaliação. A seguir, expõem-se brevemente as principais características da definição de 2002 e que podem implicar mudanças transcendentes nos processos avaliativos.

A AVALIAÇÃO E A NOVA DEFINIÇÃO DE DEFICIÊNCIA MENTAL

A nova definição de deficiência mental da Associação Americana sobre Deficiência Mental de 2002 – AAMR (Asociación Americana sobre Retraso Mental, 2004; Luckasson et al., 2002; Verdugo, 2003), assim como a de 1992 (Luckasson et al.; Font, 1997) estabelecem um enfoque sobre o diagnóstico e sobre a classificação que teve e terá implicações substanciais nas práticas profissionais e, particularmente, no âmbito da avaliação e valoração dos alunos. Assim, um conhecimento amplo dos supostos e das aplicações do modelo de diagnóstico e classificação da deficiência mental pode nos servir de base para justificar a avaliação educacional dos alunos e ampliar seu alcance.

As definições de deficiência mental de 2002 e de 1992 tentam superar os modelos anteriores, que enfatizavam o déficit, e impulsionar um novo enfoque baseado nos apoios. Antes de 1992, a deficiência mental era considerada uma deficiência associada à pessoa, enquanto, nas propostas atuais é vista como uma condição de incapacidade que resulta da interação entre o indivíduo e os ambientes em que vive. De acordo com Schalock e colaboradores (1994), a deficiência mental é uma expressão do impacto funcional da interação da pessoa com habilidades intelectuais e adaptativas limitadas e o ambiente.

As mudanças introduzidas nas duas últimas definições tentam refletir uma definição mais funcional: a interação existente entre o indivíduo, o ambiente e a intensidade dos apoios necessários. Esse enfoque funcional implica, como premissa básica, a avaliação das características individuais, assim como da compreensão do funcionamento atual da pessoa em sua vida diária. A descrição desse estado exige o conhecimento das capacidades individuais e estruturais, assim como das expectativas do ambiente pessoal e social.

Para interpretar de forma correta a definição de 2002, é preciso comentar sua estrutura básica: a definição e o referencial teórico em que se fundamenta, o diagnóstico, a classificação e o planejamento de apoios.

A definição da deficência mental e o modelo teórico multidimensional

Devemos entender a nova definição de deficiência mental da AAMR como um esforço a mais no sentido de compreender melhor esse fenômeno e de promover novos modelos de intervenção. Não será possível desenvolver em toda a sua complexidade o que significa e representa a definição de 2002. De forma sumária, comentaremos suas características mais relevantes.

A definição de 1992 representou uma profunda reviravolta na forma de perceber e entender a deficiência mental. A de 2002, embora prossiga na mesma linha da anterior, mostra uma certa moderação em alguns de seus postulados. Ocorre uma espécie de mescla dos princípios do modelo de 1992, das definições anteriores e dos sistemas atuais de classificação (CID10, ICF e DSM-V). Curiosamente, o último capítulo do manual (Luckasson et al., 2002) confirma essa percepção: "na hora de pensar e comentar as implicações do sistema de 2002, os leitores perceberão que o campo da deficiência mental encontra-se em um estado de transição e que o conhecimento e a compreensão serão cumulativos". Atualmente, há um estado de tensão tanto no que se refere à mudança de paradigma quanto à terminologia e à denominação deficiência mental.

O sistema de 2002 define-a como "uma incapacidade que se caracteriza por limitações significativas tanto no funcionamento intelectual quanto na conduta adaptativa expressada nas habilidades adaptativas conceituais, sociais e práticas. Essa incapacidade se manifesta antes dos 18 anos" (Luckasson et al., 2002, p.8).

O modelo teórico que se apresenta no Quadro 17.1 é o que o manual de 2002 utiliza para indicar as relações entre o funcionamento individual, os apoios e as cinco dimensões do enfoque multidimensional da deficiência mental.

Este enfoque incorpora as seguintes dimensões:

1. *Dimensão I: habilidades intelectuais.* A inteligência é uma capacidade mental geral. Inclui o raciocínio, o planejamento, a resolução de problemas, o pensamento abstrato, a compreensão de idéias complexas, a aprendizagem rápida e a aprendizagem por meio da experiência.
O conceito de inteligência adotado pelo sistema de 2002 refere-se a uma capacidade ampla e profunda para compreender nosso ambiente. Apesar das críticas recebidas e do uso e abuso que se fez desse fenômeno, o QI continua sendo a melhor forma

de representar o funcionamento intelectual de um indivíduo. Os dados empíricos atuais (apesar de suas limitações) sugerem de forma clara que o funcionamento intelectual se explica melhor por meio de um fator geral da inteligência. A avaliação da inteligência é essencial para o diagnóstico da deficiência mental. Representa um dos três critérios básicos (funcionamento intelectual significativamente abaixo da média).

2. *Dimensão II: conduta adaptativa (habilidades conceituais, sociais e práticas).* A conduta adaptativa refere-se a um grupo de habilidades conceituais, sociais e práticas que as pessoas aprendem para funcionar em sua vida cotidiana. O conceito de *conduta adaptativ*a exposto no manual de 2002 enfatiza, mais uma vez, a importância dada a esse termo para o diagnóstico da deficiência mental. A conduta adaptativa proporciona uma base sólida para justificar dois pontos-chave propostos pelo manual:

- As limitações na conduta adaptativa ocorrem, muitas vezes, junto a pontos fortes em outras áreas de habilidade.
- As fortalezas e as limitações do indivíduo devem ser examinadas no contexto dos ambientes comunitários e culturais típicos dos companheiros de idade deste e com relação às necessidades de apoios individualizados.

Uma novidade do sistema de 2002 é a objetivação da conduta adaptativa em habilidades conceituais (linguagem, leitura, escrita, conceitos matemáticos, etc.), habilidades sociais (interpessoais, auto-

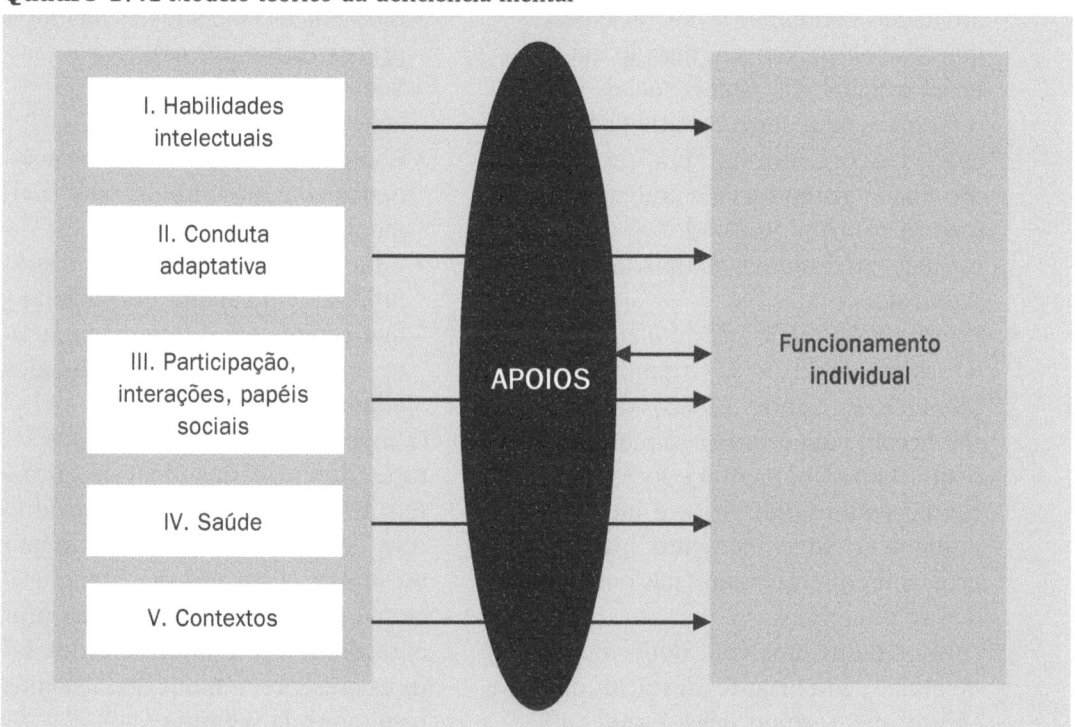

Quadro 17.1 Modelo teórico da deficiência mental

estima, responsabilidades, etc.) e habilidades práticas (atividades e habilidades instrumentais no cotidiano, etc.). Os problemas de comportamento não se incluem nessa dimensão.

3. *Dimensão II: participação, interações, papéis sociais*. Conceituam-se os ambientes como as situações específicas em que o sujeito vive, aprende, brinca, trabalha, socializa-se e relaciona-se. Os ambientes positivos estimulam o crescimento, o desenvolvimento e o bem-estar pessoal. Essa é uma dimensão nova da definição de 2002. Sua inclusão mostra a importância atribuída a todos os aspectos relacionados com a participação do portador de deficiência mental nos ambientes típicos de indivíduos da mesma idade, cultura e língua. A participação e as interações são avaliadas mediante a observação direta do sujeito nas atividades cotidianas e nas relações que estabelece com seu mundo material e social. Os papéis sociais se referem a uma série de atividades avaliadas como normais por um determinado grupo social e podem referir-se ao nível de estudos, à colocação do profissional, ao tipo de moradia, etc.

4. *Dimensão IV: saúde (física, mental e fatores etiológicos)*. A Organização Mundial de Saúde (OMS) define saúde como um estado completo de bem-estar físico, mental e social. As condições de saúde física e mental influem no funcionamento humano e, conseqüentemente, nas outras quatro dimensões.

Para os indivíduos com deficiência mental, é importante destacar os efeitos que a saúde física e mental pode ter sobre o funcionamento. É preciso dar uma atenção especial à avaliação da saúde dessas pessoas. Em geral, os efeitos da incapacidade intelectual obscurecem a presença de problemas físicos e mentais. Como se pode observar, os aspectos psicológicos e emocionais incluem-se nessa dimensão.

A etiologia do manual de 2002 segue o mesmo enfoque da definição de 1992. É definida como um constructo multifatorial formado por quatro categorias de fatores de risco (biomédicos, sociais, comportamentais e educacionais), que se relacionam ao longo do tempo e que incluem a vida do indivíduo e as gerações de pais e filhos.

O enfoque da etiologia amplia a lista de fatores causais da deficiência mental em duas direções: o tipo de fator e o momento de sua aparição. As categorias de fatores causais são quatro:

- Biomédicos (são aqueles ligados a processos biológicos).
- Sociais (referem-se às relações sociais e familiares).
- Comportamentais (fatores relacionados com as condutas potencialmente causais).
- Educacionais (referem-se à disponibilidade de apoios educacionais que promovem o desenvolvimento mental e o das habilidades adaptativas).

O momento do surgimento dos fatores descreve quando estes ocorrem e se afetam os pais do indivíduo com deficiência mental, ele mesmo ou ambos. Esse enfoque intergeracional das causas do problema procura descrever a influência dos fatores presentes em uma geração nos resultados da seguinte.

5. *Dimensão V: contexto (ambientes e cultura)*. O contexto descreve as condições inter-relacionadas em que as pessoas vivem diariamente. No sistema de 2002, o contexto é tratado de uma perspectiva ecológica que implica, no mínimo, três níveis diferentes:
   - O microssistema (a situação imediata, que inclui o indivíduo, a família e outras pessoas próximas).
   - O mesossistema (o bairro, a comunidade, as organizações que oferecem serviços ou apoios educacionais ou habilitadores).
   - O macrossistema ou megassistema (são os padrões globais da cultura, da sociedade, do país ou das influências sociopolíticas).

Para os indivíduos com deficiência mental, esses ambientes são muito importantes, visto que normalmente determinam o que fazem, onde, quando e com quem. Em geral, os ambientes positivos proporcionam oportunidades e fomentam o bem-estar. Uma pessoa pode crescer e se desenvolver se lhe proporcionarem serviços e apoios educacionais, de vida, trabalho e lazer. Essas oportunidades devem ser analisadas de acordo com a presença comunitária, experiência de escolha, competência pessoal e social, respeito e participação comunitária.

O bem-estar é favorecido quando se dá atenção à saúde e à segurança do indivíduo, quando ela obtém conforto material e segurança econômica, quando pode participar de atividades comunitárias e sociais, quando se provê seu desenvolvimento social, quando lhe proporcionam um trabalho interessante e valorizado, etc.

O diagnóstico

O manual de 2002 estabelece um processo que leva à determinação dos apoios de que a pessoa necessita e que inclui três funções: o diagnóstico, a classificação e o planejamento dos auxílios. A primeira das finalidades e funções da definição, classificação e sistema de apoios é determinar o diagnóstico de deficiência mental. Esse diagnóstico é feito de acordo com o triplo critério: nível intelectual, conduta adaptativa e idade de início. A seguir, comentaremos como se deve fazer a avaliação da inteligência e a conduta adaptativa de acordo com os supostos descritos no manual de 2002.

A avaliação da inteligência

Como já comentamos, um dos critérios para diagnosticar a deficiência mental é o funcionamento intelectual significativamente abaixo da média. Assim, essa avaliação constitui uma parte essencial para o diagnóstico.

A avaliação do funcionamento intelectual exige uma formação profissional especializada. Apesar das críticas dirigidas às pontuações de QI, esse tipo de avaliação foi o que obteve maior apoio dentro da comunidade científica. Quando não se dispõe de medidas padronizadas de inteligência, a orientação geral para avaliar o funcionamento intelectual é o juízo clínico de um profissional e deve estar abaixo do nível de êxito de aproximadamente 97% das pessoas.

O funcionamento intelectual deve ser avaliado com testes psicológicos padronizados e administrados individualmente por profissionais bem-formados. Depois de rever os diversos modelos de inteligência, o manual de 2002 adota um enfoque que inclui três tipos: a conceitual, a social e a prática. Contudo, afirma-se claramente que os dados empíricos atuais apóiam a perspectiva de que a melhor maneira de explicar o funcionamento intelectual é por meio de um fator geral de inteligência. Nesse sentido, parece que os testes padronizados existentes avaliam de forma adequada o constructo geral da inteligência. O critério de diagnóstico da deficiência mental continua a ser o dos desvios-padrão abaixo da média (um QI de aproximadamente 70 ou abaixo).

A avaliação da conduta adaptativa

O sistema de 2002 define a conduta adaptativa como um conjunto de habilidades conceituais, sociais e práticas. Essa definição supõe uma mudança importante da perspectiva adotada no manual de 1992 (limitações em 2 das 10 áreas de habilidades adaptativas). Os três domínios da nova definição são mais coerentes com a estrutura dos instrumentos de avaliação existentes e com os resultados da pesquisa sobre a conduta adaptativa.

A definição de 2002 enfatiza a expressão ou a realização de habilidades relevantes, mais do que a sua mera aquisição. Dessa forma, as limitações nas habilidades adaptativas podem objetivar-se em:
- Déficit de aquisição (não saber como realizar uma atividade).
- Déficit de competência (não saber quando utilizar as habilidades aprendidas).
- Déficit de competência (outros fatores motivacionais que podem afetar a expressão das habilidades).

Os três domínios da conduta adaptativa que a nova definição promove são menos específicos que as dez áreas de habilidades adaptativas de 1992. Contudo, são mais consistentes com os modelos conceituais atuais e com os resultados de pesquisa científica (Greenspan, 1999; Greenspan, Switzky e Granfield, 1996). Uma das dificuldades para avaliar a conduta adaptativa é a falta de instrumentos que meçam adequadamente os domínios conceituais, sociais e práticos. A recente publicação da escala de conduta adaptativa: Adaptative Behavior Assessment Scale (Harrison e Oakland, 2000) pode resolver alguns dos problemas para uma avaliação adequada dessas habilidades.

As limitações significativas na conduta adaptativa devem ser examinadas por meio de medidas padronizadas que incluam pessoas com ou sem dificuldades. O critério de diagnóstico para tal conduta é de dois desvios-padrão abaixo da média, seja por meio de uma medida global de conduta adaptativa seja por meio de um de seus três tipos (conceitual, social e prática).

Deve-se levar em conta que, para se realizar um diagnóstico de deficiência mental, é preciso equilibrar os resultados de provas de inteligência e de conduta adaptativa, de modo que as duas medidas tenham o mesmo peso na avaliação. Além dos instrumentos padronizados, podem-se utilizar outras estratégias não tão formais. As observações, as entrevistas e outros métodos de coleta de informação podem e devem complementar a avaliação da conduta adaptativa.

A classificação

A segunda função do processo consiste em realizar a classificação e descrição com o objetivo de identificar as fortalezas e debilidades nas cinco dimensões. Essa classificação pode ter objetivos diversos. Um deles é o diagnóstico, que parte das características pessoais, como o nível de inteligência e a conduta adaptativa. Nesse sentido, o manual não propõe uma classificação própria. Sugere a utilização dos sistemas atuais de classificação e propõe adotar o sistema CID juntamente com o DSM para a classificação dos transtornos mentais. Assim, o modelo de 2002 recupera a classificação por tipologias de deficiência mental (profunda, grave, moderada e leve).

Outro sistema de classificação proposto pela AAMR fundamenta-se na intensidade dos aportes de que uma pessoa necessite, que pode ser intermitente, limitada, extensa e generalizada. Os critérios utilizados para determiná-la referem-se aos seguintes aspectos: duração, freqüência, situações em que são necessários os apoios, recursos necessários aos mesmos e grau de intromissão na vida do indivíduo.

Contudo, para efeitos educacionais e intervencionistas, interessa-nos enfatizar que uma das principais funções da classificação é identificar as fortalezas e debilidades nas cinco dimensões propostas. Isso significa que é preciso determinar os pontos fortes e fracos em tais esferas: capacidades intelectuais, conduta adaptativa, participação, interação e papéis sociais, saúde (física, mental e etiológica) e contexto (ambiental e cultural).

A descrição das fortalezas e debilidades representa a etapa intermediária entre a avaliação das competências da pessoa e a determinação do tipo e da intensidade dos apoios necessários. Representa, na verdade, uma das tarefas mais relevantes no processo de diagnóstico da deficiência mental e onde ainda se tem pouca experiência.

O planejamento dos apoios

O processo de três funções termina com o estabelecimento do perfil de apoios nas nove áreas. A forma de entender a aplicar esses aportes foi um dos aspectos que sofreu maiores mudanças com relação ao modelo de 1992.

O sistema de 2002 define os apoios como recursos e estratégias que têm como objetivo promover o desenvolvimento, a educação, os interesses e o bem-estar de uma pessoa e que melhoram o funcionamento individual. Os serviços são um tipo de apoio oferecido por profissionais e instituições. O funcionamento da pessoa é o resultado da interação dos apoios com as cinco dimensões. O Quadro 17.2 mostra graficamente o modelo atual de apoios.

Para determinar o perfil de tais suportes (os necessários e sua intensidade), o sistema de 2002 propõe um processo de avaliação que se resume nas seguintes etapas:

1. Identificar as áreas de apoio.
2. Nomear as atividades de apoio relevantes para cada área.
3. Avaliar o nível ou a intensidade dos auxílios necessários.
4. Elaborar um plano de apoio individualizado.

Recentemente, foi publicada a Support Intensity Scale (Thompson et al., 2002; Thompson et al., 2004), elaborada especialmente para avaliar o nível de apoios práticos de que necessitam as pessoas com deficiência mental para terem uma vida normal, independente e de qualidade dentro da sociedade. Essa escala foi criada com a finalidade de avaliar as necessidades de apoio, determinar a intensidade dos mesmos, controlar o progresso e avaliar os resultados das pessoas com deficiência mental e outras deficiências relacionadas. Sem dúvida alguma, esse instrumento constituirá, em futuro próximo, um componente imprescindível e de mudanças profundas na prestação de serviços às pessoas com deficiência mental. Contudo, não substitui os processos de determinação dos apoios comentados anteriormente.

Quadro 17.2 Modelo de apoios do sistema 2002

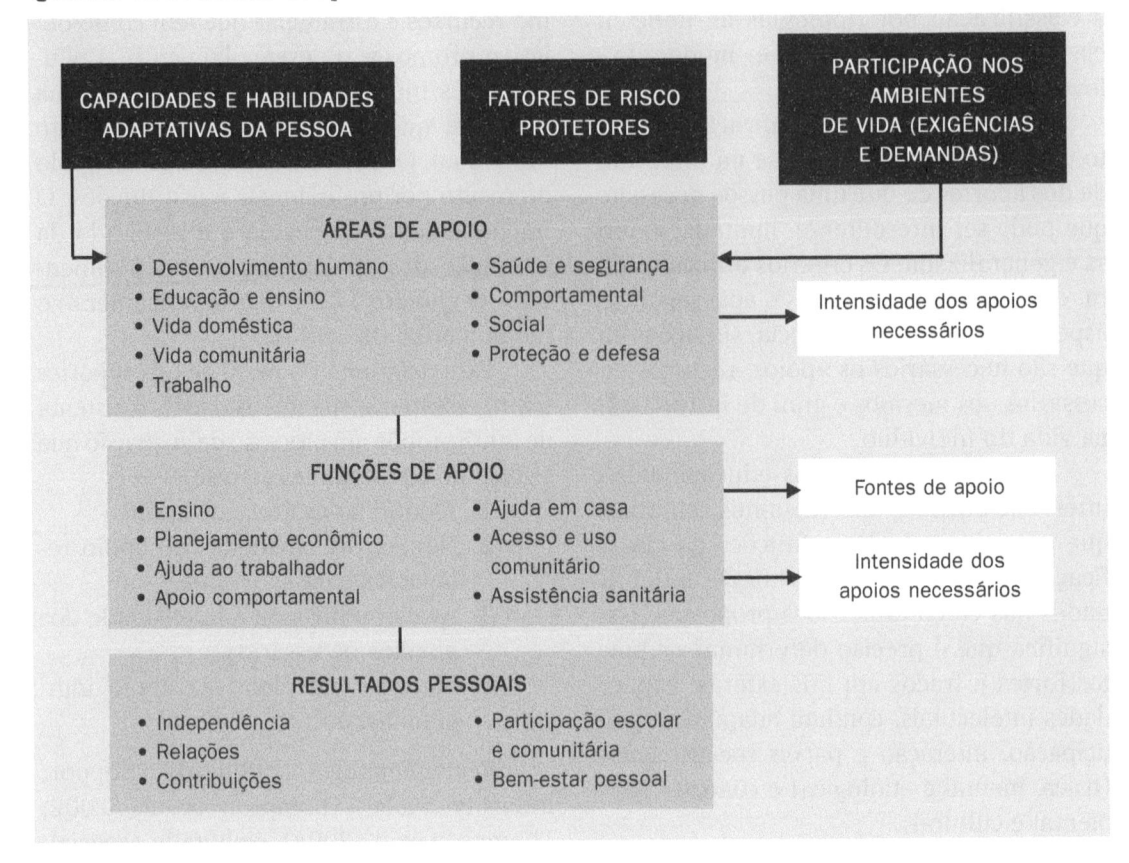

```
┌─────────────────────────┐   ┌─────────────────┐   ┌──────────────────────┐
│ CAPACIDADES E HABILIDADES│   │ FATORES DE RISCO│   │ PARTICIPAÇÃO NOS     │
│ ADAPTATIVAS DA PESSOA   │   │ PROTETORES      │   │ AMBIENTES            │
│                         │   │                 │   │ DE VIDA (EXIGÊNCIAS  │
│                         │   │                 │   │ E DEMANDAS)          │
└─────────────────────────┘   └─────────────────┘   └──────────────────────┘
```

ÁREAS DE APOIO
- Desenvolvimento humano
- Educação e ensino
- Vida doméstica
- Vida comunitária
- Trabalho
- Saúde e segurança
- Comportamental
- Social
- Proteção e defesa

→ Intensidade dos apoios necessários

FUNÇÕES DE APOIO
- Ensino
- Planejamento econômico
- Ajuda ao trabalhador
- Apoio comportamental
- Ajuda em casa
- Acesso e uso comunitário
- Assistência sanitária

→ Fontes de apoio
→ Intensidade dos apoios necessários

RESULTADOS PESSOAIS
- Independência
- Relações
- Contribuições
- Participação escolar e comunitária
- Bem-estar pessoal

MODELO DE AVALIAÇÃO PARA OS ALUNOS COM DEFICIÊNCIA MENTAL E PROCEDIMENTOS PARA SUA ELABORAÇÃO

Nos últimos anos, a avaliação educacional tentou responder a três objetivos importantes:

1. Determinar a necessidade de prestar serviços de educação especial.
2. Elaborar um plano educacional a partir da identificação das habilidades atuais e necessárias.
3. Avaliar os resultados do programa educacional.

A partir das contribuições das últimas definições de deficiência mental, podemos acrescentar outras duas finalidades:

4. Identificar os apoios que correspondem às necessidades identificadas nas cinco dimensões.
5. Avaliar os efeitos dos apoios proporcionados.

Assim, quando nos propomos a fazer a avaliação dos alunos com deficiência mental, é preciso ampliar suas perspectivas para identificar e examinar o tipo e a intensidade dos apoios necessários a fim de melhorar sua independência, as relações, as contribuições, a participação escolar e comunitária, e o bem-estar pessoal.

A partir do exposto anteriormente, seria aconselhável e de grande utilidade introduzir nas avaliações dos alunos as propostas oferecidas pelo novo modelo de deficiência mental. A idéia básica é incorporar, por um lado, as novas dimensões e áreas e, por outro, envolver todos os profissionais relacionados com a educação do aluno. Certamente, uma avaliação dessas características favoreceria substancialmente o funcionamento das pessoas.

Não é uma tarefa fácil realizar um trabalho com tais características. A pouca experiência que se tem na avaliação de alunos com deficiência mental, a falta de critérios claros para definir certas dimensões e a escassez de instrumentos confiáveis podem limitar a implementação dos pressupostos mencionados anteriormente. Contudo, procuraremos oferecer algumas propostas para melhorar o processo de avaliação dos alunos.

Já comentamos que a avaliação e a valoração dos alunos é um processo sistemático, continuado e compartilhado de coleta de informação e de tomada de decisões que tem como objetivo justificar a oferta curricular e a provisão de serviços. Em nosso caso, a avaliação deve confirmar, ou não, a existência de uma determinada condição de dificuldade.

De acordo com essa definição, a finalidade mais importante da avaliação dos alunos é a concretização de suas necessidades em termos da proposta curricular e da determinação dos apoios necessários. Contudo, não podemos esquecer que a avaliação educacional cumpre outras finalidades. Assim, a avaliação e valoração educacionais dos alunos com deficiência mental têm como principais finalidades:

- Determinar as necessidades do aluno com relação a si mesmo, à escola, à família e aos demais ambientes significativos dos quais participa.
- Estabelecer o plano educacional ou curricular a partir das necessidades identificadas e dos serviços necessários.
- Identificar os apoios que correspondem aos diferentes âmbitos ou às áreas avaliadas.
- Avaliar periodicamente os resultados do programa educacional, assim como o impacto dos apoios proporcionados.

Para atingir esses fins, a avaliação deve direcionar seus esforços não apenas para a recopilação de informação relevante, mas também para o exame das características e possibilidades dos ambientes em que o sujeito vive. A partir dessas premissas, os âmbitos significativos da avaliação dos alunos serão:

- *O aluno, seu nível atual de competência (pontos fortes e fracos) com relação ao currículo escolar e às suas condições pessoais específicas e suas dificuldades.* Concretamente, esse âmbito deve avaliar:
  – O funcionamento intelectual.
  – O nível de competências nas áreas curriculares e adaptativas.
  – O estado de saúde física e mental.
  Esse âmbito de avaliação deve facilitar a elaboração de um diagnóstico, assim como permitir conhecer os pontos fortes e fracos nas várias dimensões.
- *O ambiente escolar.* Nesse caso, deve-se fazer uma descrição da situação escolar, assim como uma identificação das características desse ambiente que dificultem ou facilitem o crescimento, o desenvolvimento, a participação e a integração. Nesse item, é necessário também identificar o ambiente escolar mais adequado.
- *A família e outros ambientes significativos.* Como no ponto anterior, é imprescindível uma descrição da situação familiar e dos fatores que facilitam ou inibem o crescimento, a participação e o desenvolvimento pessoal.

Depois de estabelecidos a finalidade e os âmbitos da avaliação, deve-se decidir a forma de articular toda essa informação em um processo de tomada de decisões compartilhado que conduza ao estabelecimento da proposta curricular, de serviços e de apoios necessários. Dispor de instrumentos adequados de observação, registro e avaliação constitui um aspecto central para levar a cabo essa tarefa. Tentaremos elaborar a seguir uma proposta que permita estabelecer um processo de avaliação amplo e compreensivo que comporte o êxito das finalidades propostas.

Etapas da avaliação

Uma análise e uma revisão de como se realizam atualmente as avaliações educacionais exigem o levantamento de uma série de questões ligadas aos diversos componentes que as configuram. Assim, o primeiro aspecto a valorar é o processo geral adotado na avaliação dos alunos com deficiência mental e as etapas concretas em que se articula esse processo. Toda avaliação que pretenda ser rigorosa, ampla e compreensiva deve considerar o processo descrito a seguir.

- *Âmbito 1:* coleta da informação relevante nos diversos âmbitos de avaliação.
- *Âmbito 2:* descrição das fortalezas e debilidades em cada âmbito avaliado.
- *Âmbito 3:* identificação do perfil e da intensidade dos apoios necessários e descrição do programa educacional.

Quando se faz a avaliação dos alunos com deficiência mental, esse processo de três etapas deve abarcar os seguintes âmbitos:

Âmbito 1. *Coleta da informação relevante nos diversos âmbitos de avaliação*
1.1. Informação antecedente
    1.1.1. História médica
    1.1.2. História educacional
    1.1.3. Avaliações anteriores
1.2. Funcionamento intelectual
1.3. Nível atual de competência
    1.3.1. Competências nas várias áreas curriculares
    1.3.2. Estilo de aprendizagem
    1.3.3. Habilidades da conduta adaptativa e/ou apoio
1.4. Avaliação da saúde física e mental
1.5. Avaliação do ambiente escolar
1.6. Avaliação do ambiente familiar

Âmbito 2. *Descrição das fortalezas e debilidades em cada um dos âmbitos avaliados*
2.1. Descrição das fortalezas e debilidades nas áreas curriculares e/ou da conduta adaptativa
2.2. Descrição das fortalezas e debilidades na saúde física e mental
2.3. Descrição dos pontos fortes e fracos do âmbito escolar
2.4. Descrição das fortalezas e debilidades do ambiente familiar e comunitário
2.5. Definição do ambiente ótimo

Âmbito 3. *Identificação do perfil e da intensidade dos apoios necessários e descrição do programa educacional*
3.1. Tipo e intensidade dos apoios necessários nos diferentes âmbitos avaliados
    3.1.1. Apoios necessários nas áreas curriculares e/ou de apoio
    3.1.2. Apoios necessários na saúde física e mental
    3.1.1. Apoios nos ambientes atuais: casa/escola/comunidade

> 3.2. Descrição do programa educacional em termos da proposta curricular e da prestação de serviços
> 3.2.1. Capacidades de etapa que devem ser priorizadas
> 3.2.2. Conteúdos e objetivos do ciclo que devem orientar a elaboração do programa educacional individualizado
> 3.1.3. Serviços educacionais necessários

Coleta de informação relevante

Neste item, é preciso esclarecer e determinar tanto a forma de obter a informação quanto os sistemas e instrumentos a serem utilizados. Tentaremos especificar com mais clareza a avaliação das competências curriculares, da saúde física e mental, e do ambiente escolar e familiar.

A avaliação das competências curriculares

Normalmente, a avaliação dessas competências consiste em enumerar o conjunto de habilidades que o aluno possui nas diversas áreas curriculares. Embora seja uma estratégia correta, seria interessante ampliá-la em alguns aspectos.

A identificação das necessidades educacionais especiais dos alunos com deficiência mental é feita de acordo com a natureza das exigências da escola e com relação ao currículo. A escola organiza o conjunto de experiências de ensino e aprendizagem em torno deste. Assim, saber o que o aluno realiza a partir da proposta curricular da escola permite tomar decisões sobre o que ele terá de aprender e que ajustes lhe devem ser proporcionados. A avaliação das competências curriculares deve servir para saber o que o aluno é capaz de realizar com relação aos conteúdos e objetivos das diversas áreas do currículo.

Assim, propõe-se uma série de questões quando se avaliam as competências curriculares. Em primeiro lugar, deve-se abordar quais são os referenciais a se considerar para a realização dessa avaliação. Com os alunos que apresentam deficiência mental (sejam escolarizados em instituições de educação especial ou em escolas regulares), os referenciais básicos são os conteúdos e objetivos das diversas áreas estabelecidos no projeto curricular da escola (particularmente os do ciclo correspondente). Contudo, pode ser uma tarefa muito árdua avaliar as competências curriculares a partir dos conteúdos e objetivos de ciclo. A amplitude e a falta de concretização representam uma dificuldade a mais para se estabelecerem, de forma clara e precisa, as competências curriculares dos alunos. Seria interessante e recomendável que os conteúdos e objetivos do segundo nível de concretização fossem fragmentados em componentes menores para facilitar a avaliação das competências do aluno. Isso significa que, para cada um dos objetivos de uma etapa, haveria indicadores ou objetivos menores que serviriam para determinar o nível de domínio dos alunos e, em última análise, suas competências curriculares com relação aos objetivos de ciclo. Dessa forma um processo possível na avaliação das maiores competências curriculares seria o seguinte (Font, 2002):

1. Avaliar, de acordo com as atividades e os critérios de avaliação estabelecidos, os indicadores e/ou objetivos didáticos que compõem os conteúdos e objetivos da etapa correspondente.
2. Avaliar o número e o grau de domínio dos conteúdos e objetivos da

etapa (e com relação aos resultados da avaliação do item anterior).
3. Estabelecer o nível de competências curriculares do aluno das diversas áreas curriculares.

É responsabilidade essencial dos docentes a elaboração e determinação do nível de competências curriculares. Deve haver um esforço compartilhado entre todos os professores que trabalham diretamente com um aluno concreto. Em geral, cabe ao professor-tutor coordenar (juntamente com o pedagogo/psicólogo/psicopedagogo) o trabalho dos diversos profissionais quando se formula o nível de competências curriculares.

Seria recomendável que, depois de enumeradas as competências curriculares concretas, se elaborasse uma relação com os objetivos que o aluno cumpriu e em que grau. Por exemplo:

Com relação ao conteúdo de:

- _____
- _____

O aluno é capaz de:

- _____
- _____

Isso significa que cumpriu (especificar em que grau) os seguintes objetivos:

- _____
- _____
- _____

A avaliação do estilo de aprendizagem

Refere-se à forma como os alunos processam, organizam e aprendem a matéria curricular. A informação obtida quando estudado o estilo de aprendizagem deve permitir o ajuste e a adaptação das estratégias utilizadas pelo professor às características específicas do aluno. De acordo com Salend (1994), as dimensões para o ensino do estilo de aprendizagem incluem os seguintes aspectos:

- *Considerações ambientais*, como o ruído de fundo, a luz, a temperatura e a organização das classes.
- *Considerações emocionais*, como o nível individual de motivação, a persistência, a conformidade, a responsabilidade e a necessidade de estrutura.
- *Tipo de agrupamentos*, como aprender sozinho ou em grupo pequeno ou grande, com ou sem a presença de adultos.
- *Considerações físicas*, que se referem às preferências de modalidade, hora do dia, necessidade de alimento, bebida e mobilidade enquanto se aprende.
- *Considerações pedagógicas*, como enfoque global ou analítico das tarefas.

A avaliação do estado de saúde física e mental

A deficiência mental não pressupõe por si mesmo uma doença física ou mental específica. O que realmente preocupa é saber qual o impacto que pode ter a presença de determinadas condições físicas e mentais, e como se avaliam e se tratam os problemas de saúde.

É preciso fazer revisões físicas amplas e periódicas (no mínimo uma vez por ano) com as pessoas que não conseguem comunicar corretamente o estado de saúde de seu corpo. Para esses efeitos, importa dispor de um bom protocolo para o exame físico e mental (ver informe elaborado por Horwitz et al., 2002).

A avaliação do estado de saúde mental dos alunos com deficiência mental deve determinar a presença de problemas mentais e de dificuldades de conduta significativas. Essa avaliação precisa identificar e descrever as fortalezas e debilidades, assim como os sistemas de apoio adequados.

A coexistência de deficiência e transtorno mental coloca questões importantes para o diagnóstico e o tratamento. O motivo dessa preocupação se justifica pelas seguintes circunstâncias:
- O conceito de doença mental é muito complexo e poucas vezes é entendido corretamente.
- Não existe pesquisa definitiva nessa área de conhecimento.
- Não há consistência entre as diversas técnicas de diagnóstico atuais.
- Há muitos erros em torno do que constitui a doença mental em pessoas com deficiência.
- Há uma classificação inapropriada e confusões da antiga definição.

O conhecimento do estado de saúde mental tem implicações importantes tanto para os serviços e apoio de que a pessoa necessitará quanto para sua satisfação e qualidade de vida. Apesar dos enormes esforços realizados nos últimos anos para a avaliação da saúde mental das pessoas com deficiência (Jané, 2004), continua sendo uma área difícil de valorar. Exige um certo tipo de formação e a presença de profissionais nem sempre disponíveis nos ambientes escolares.

Uma das maiores dificuldades na avaliação da saúde mental reside em identificar os casos em que a presença de uma incapacidade esconde a gravidade de um transtorno. Uma avaliação adequada do transtorno mental em pessoas com deficiência deve se apoiar em muitas fontes de informação. Essas possíveis fontes incluem:
- Entrevistas.
- Observação da conduta nos ambientes da vida cotidiana.
- Entrevistas com o paciente e o pessoal habitual.
- Avaliações psicométricas tradicionais (provas de habilidades sociais, de personalidade e de condutas problemáticas).
- Avaliações biológicas e médicas.

De todo modo, é sempre necessário o juízo clínico e de uma equipe multidisciplinar.

Já falamos sobre a dificuldade que implica a avaliação de um transtorno mental, particularmente em um ambiente escolar. Por essa razão, o trabalho psicopedagógico deve consistir essencialmente em avaliar uma suspeita de problemas emocionais e encaminhá-los aos profissionais ou serviços correspondentes. Na avaliação educacional, podemos considerar os seguintes aspectos da saúde mental:
- Habilidades sociais.
- Problemas de comportamento.
- Possíveis transtornos emocionais.

Para se avaliar esses aspectos, há uma série de instrumentos e testes:
- *Habilidades sociais*: ACCEPTS (Walker et al., 1983), Cuestionario de Habilidades de Interacción Social (Monjas, 2002).
- *Problemas de comportamento*: ICAP (Montero, 1993), Aberrant Behavior Checklist (Aman e Singh, 1986), The Behavior Problems Inventory (Rojanh, 2001), Questions About Behavioral Function – QAFB (Paclawskyj

et al., 2000), The Motivation Assessment Scale (Durand e Crimmins, 1992)
- *Transtornos emocionais*: Escalas Reiss para el Diagnóstico Dual (Reiss e Valentin-Hein, 1990).

Além desses instrumentos, podem-se utilizar entrevistas e observações diretas da conduta do aluno nos diferentes ambientes dos quais participa (O'Neill, 1990).

A avaliação do ambiente familiar

É difícil compreender o fenômeno da deficiência mental sem realizar, ao mesmo tempo, uma análise e um estudo dos ambientes em que a pessoa vive, aprende, trabalha, socializa-se e diverte-se. Nas duas últimas definições dessa incapacidade, atribui-se grande importância à influência dos ambientes de desenvolvimento da pessoa. Quando se avaliam os contextos, é preciso levar em conta os seguintes aspectos:
- As situações específicas em que a pessoa recebe os serviços educacionais, vive e trabalha.
- O grau em que as características desses ambientes facilitam ou limitam os fatores que influem no crescimento, desenvolvimento, bem-estar e qualidade de vida do sujeito.
- O ambiente mais adequado para facilitar a independência, as relações, as contribuições e a participação escolar e comunitária.

Os sadios e ótimos ambientes apresentam três características: proporcionam oportunidades, estimulam o bem-estar e promovem a estabilidade. Avaliar essas características do ambiente familiar não é uma tarefa fácil.

A finalidade da avaliação do ambiente familiar é analisar as características relacionadas aos fatores que garantem o crescimento do sujeito, seu desenvolvimento, assim como sua satisfação e qualidade de vida. O método proposto para realizar essa avaliação deve considerar as cinco características de um ambiente adequado:
1. *Presença comunitária*. Exige compartilhar os espaços comuns que definem a vida comunitária.
2. *Escolha*. Supõe a experiência de autonomia, tomada de decisões e controle. As escolhas pessoais definem e expressam a identidade individual.
3. *Competência*. Representa a oportunidade de aprender e de realizar atividades funcionais e significativas com o tipo de ajuda necessária.
4. *Respeito*. Significa ter um lugar e um papel valorizado entre as pessoas que configuram o ambiente normal da vida comunitária.
5. *Participação comunitária*. Supõe a experiência de integrar uma rede crescente de familiares e amigos.

Para avaliar essas características ambientais, é preciso observar a pessoa em seu ambiente e responder a uma série de perguntas relacionadas com o que ela faz, onde e com quem, e quais seus outros desejos. É preciso também analisar as condições ambientais que facilitam ou limitam esses fatores. Para efeitos práticos, com a finalidade de ajudar na avaliação do ambiente familiar, apresenta-se a seguir um guia para analisar as cinco ótimas características de um ambiente:

Presença comunitária
- Que situações comunitárias a pessoa utiliza normalmente (todos os dias, uma vez por semana, de forma ocasional)?
- A que lugares vai sozinha? Com um grupo de 2 ou 3 pessoas? Com um grupo maior?

- A pessoa apresenta problemas significativos quando vai a algum desses lugares?
- Que outras situações comunitárias aprecia, ou a quais recorre com mais independência?
- O que se poderia fazer para aumentar o número de situações comunitárias que utiliza?

Escolha
- Que tipo de decisões a pessoa toma normalmente?
- Que decisões os demais tomam em seu nome? Quais poderiam ser transferidas a ela?
- Quais são seus interesses e preferências mais acentuados e que a tornam única?
- O que se poderia fazer para fomentar o número, a variedade e a importâncias das decisões que toma?
- O que se poderia fazer para melhorar o conhecimento que os demais têm sobre seus interesses e preferências?

Competência
- Que habilidades a pessoa deveria desenvolver que lhe permitissem melhores oportunidades para aumentar sua presença comunitária, as escolhas, o respeito e a participação?
- Que estratégias de ensino e de ajuda foram mais eficazes para ela?
- Existem ameaças relacionadas à saúde para o seu desenvolvimento continuado? Como podem ser tratadas de forma eficaz para que interfiram o menos possível na qualidade das experiências de vida?
- O que se poderia fazer para melhorar sua competência em atividades mais valorizadas?

Respeito
- Quais são os papéis comunitários valorizados que ocupa e qual a porcentagem de tempo que dedica a cada um deles?
- Quais são os papéis comunitários que lhe permitem obter as melhores oportunidades de expressar suas fortalezas e qualidades individuais?
- O que se poderia fazer para aumentar a quantidade de tempo que dedica a um papel comunitário valorizado?
- De que imagens e idéias sobre um futuro desejável dispõe?
- Apresenta alguma característica que reforce a percepção estereotipada que se tem das pessoas com incapacidade?
- O que se poderia fazer para diminuir os estigmas que experimenta?

Participação comunitária
- Com quem passa a maior parte do tempo, seja diariamente ou durante a semana? Quantas pessoas com as quais se relaciona apresentam alguma deficiência? Quantas são profissionais? Quantas não têm deficiência?
- Há pessoas importantes em sua rede social com as quais possa se relacionar?
- Quem são seus amigos? Quem lhe conhece bem? Quem atuará como defensor de seus interesses?
- O que se poderia fazer para proporcionar uma maior ajuda à sua rede atual de relações?
- O que se poderia fazer para desenvolver mais amizades?
- O que se poderia fazer para diminuir o número de pessoas com incapacidade com as quais passa o tempo?

Depois de avaliar o ambiente familiar a partir desse conjunto de indicadores, deve-se proceder à sua análise. Isso significa que, para cada uma das cinco dimensões, é preciso considerar quais são os fatores facilitadores e quais são os inibidores. O resultado dessa avaliação servirá para determinar as necessidades de apoio. Uma forma relativamente fácil de executar essa tarefa é a utilização do formato proposto no Quadro 17.3.

Por exemplo, a presença comunitária de Pedro é facilitada por sua participação freqüente em atividades de lazer, mas é limitada por sua falta de mobilidade e pela necessidade de um ajudante pessoal de confiança.

A avaliação do ambiente escolar

Outro fator significativo na avaliação das necessidades dos alunos com deficiência mental é a avaliação do ambiente escolar e, em particular, da prática docente. Atualmente, dispomos de enfoques e propostas para observar esta prática na escola e na sala de aula (Ainscow et al., 2000; Beresford, 2001; Booth e Ainscow, 2002; Hopkins et al., 1999). Em geral, essas estratégias são orientadas à obtenção de informações sobre como a escola e os professores facilitam a aprendizagem dos alunos. Essas informações são agrupadas em categorias que se consideram indicativas de um bom ensino. Algumas delas são:
- Planejamento do ensino (como se elaboram as unidades de programação, que tipo de ajustes os professores fazem, de que modo organizam as atividades de aula, etc.).
- Normas que regulam a convivência na escola e na sala de aula.
- Sistemas de avaliação e de controle do progresso.
- Expectativas curriculares dos professores.
- Organização e participação dos professores.
- Grau de reflexão sobre a própria prática docente, etc.

Contudo, ao se elaborar a avaliação educacional dos alunos, o exame do ambiente escolar e da atividade docente é bastante difícil. Requer-se um maior conhecimento e uma maior compreensão de como realizar de modo eficiente essa tarefa, como também dos sistemas de avaliação mais eficazes. Essa afirmação não exclui a conveniência de realizar algum tipo de avaliação do ambiente escolar e das atividades e oportunidades que ele oferece. Dispomos de algumas informações (Lavigna et al., 1994; Font, Alomar e Mas, 2004) que sugerem indicadores de um ambiente escolar de qualidade. Nesse sentido, seria mais oportuno fazer uma descrição das características do ambiente escolar de que o aluno participa e das atividades e experiências que lhe são proporcionadas. Essas informações permitiriam uma avaliação do ambiente escolar com relação aos fatores que facilitam ou dificultam o crescimento e a aprendizagem do aluno. As seguintes características poderiam ser observadas:
- Descrição da escola, da sala de aula, dos principais objetivos curriculares e das características dos alunos.
- Descrição dos aspectos organizacionais (horários, matérias curriculares, etc.).
- Professores que intervêm em sua organização/coordenação.
- Currículo seguido pelo aluno (programa educacional individualizado).
- Organização do ensino na sala de aula (formatos seguidos, agrupamento dos alunos, ajustes e apoios proporcionados a todos eles, programas utilizados, avaliações, etc.).
- Serviços que o aluno recebe.
- Outras intervenções ou programas seguidos pelo aluno.
- Atividades extra-escolares de que participa.

Esse conjunto de elementos não é um indicador exclusivo de uma boa prática docente. Contudo, pode informar sobre as características gerais da organização do ensino que o aluno recebe e da identificação dos possíveis pontos fracos.

Antes de finalizar este item, é preciso comentar alguns aspectos adicionais. Referimo-nos à participação dos pais e, sempre que possível dos alunos, na avaliação e no planejamento do programa educacional. Na verdade, não temos, em nosso país, uma ampla tradição nesse aspecto. Não poderemos nos aprofundar nesse ponto. Diremos apenas que a participação dos pais e dos alunos será cada vez mais um tema de debate e de pesquisa. Podemos afirmar que já existem alguns sistemas e procedimentos para facilitar essa participação (Giangreco, Cloninger e Iverson, 1998). Portanto, já é hora de começar a contar com a opinião e a participação ativa dos pais e dos alunos em todo o processo educacional. É necessário definir estratégias e sistemas que tornem isso possível (Dabkowsky, 2004; Mason et al., 2004; Wood et al. 2004).

Quadro 17.3

FATOR	CONDIÇÕES AMBIENTAIS	
	FATOR FACILITADOR	FATOR INIBIDOR
1. Presença comunitária		
2. Escolhas		
3. Competência		
4. Respeito		
5. Participação comunitária		

Descrição das fortalezas e debilidades

No processo de avaliação das necessidades dos alunos com deficiência mental, a descrição das fortalezas e debilidades representa uma etapa na análise e resumo da informação coletada anteriormente. Para que os dados recopilados adquiram significado e sejam úteis para a tomada de decisões, devem ser analisados com precisão e detalhe. Uma das formas atuais de realizar essa tarefa é estabelecer as fortalezas e debilidades do aluno e dos âmbitos avaliados. No campo educacional, há pouca experiência e tradição no exame dessas características. Essa é uma razão suficiente para tentar uma aproximação mais exata do que constitui fortalezas e debilidades e de como as formular.

> Uma fortaleza é uma característica ou um conjunto de características ou circunstâncias positivas que servem de base para construir ou fundamentar novas aprendizagens, desenvolvimentos, relações, estruturas, etc.

Quando as fortalezas se aplicam ao aluno, referem-se às habilidades ou ao conjunto de habilidades positivas que ele já domina e/ou que servem para construir novas aprendizagens, competências, relações, etc.

Quando se aplicam aos outros âmbitos da avaliação (ambiente familiar, escolar, etc.), representam o conjunto de características favoráveis a partir das quais se pode fomentar o crescimento, o desenvolvimento ou a participação do aluno.

> Uma debilidade é uma característica, um conjunto de características ou de circunstâncias negativas ou pouco favoráveis. O fato de superá-las, eliminá-las ou melhorá-las permite assegurar um bom desenvolvimento, aprendizagem e participação do aluno.

Aplicada aos alunos, uma debilidade se refere às habilidades ou ao conjunto de habilidades que o aluno não possui, não domina ou apresenta em excesso e que, se as adquire, melhora-as ou elimina-as, pode lhes assegurar uma boa aprendizagem, desenvolvimento e participação. Aplicada aos outros âmbitos da avaliação, uma debilidade representa as características que por ausência, por falta explícita ou por excesso dificultam o crescimento, o desenvolvimento e a participação do aluno e que, superadas, implicam uma melhoria importante. Em última análise, uma fortaleza ou uma debilidade constitui o conjunto de características ou fatores que facilitam ou impedem a independência, as relações, as contribuições, a participação escolar e comunitária, e o bem-estar pessoal.

Uma maneira prática de formular as fortalezas e as debilidades é a seguinte:

1. Verificar atentamente o nível de competências do aluno.
2. Anotar depois de cada formulação se há uma fortaleza ou uma debilidade.
3. Agrupar e relacionar as fortalezas e as debilidades.
4. Redigir em forma de resumo as fortalezas e as debilidades captadas pela informação contida no nível de competências.

Nível atual de competência leitora

1
- Repete três palavras. (Forte)
- Discrimina formas conhecidas dentro de um conteúdo. (Forte)
- Enumera, com ajuda, elementos da esquerda à direita, mudando sucessivamente de linha. (Forte)
- Assinala, com ajuda, letras iguais a um modelo dado. (Forte)
- Separa corretamente as sílabas de palavras simples de duas e três sílabas. (Forte)
- Começa a separar os sons de palavras de duas e três letras. (Forte)

2
- Discrimina auditivamente um fonema em uma dada seqüência. Faz isso com as cinco vogais e com as consoantes *p*, *l* e *m*. (Forte)

3
- Lê as cinco vogais com alguns erros. (Fraco)
- Lê alguns ditongos com pouca segurança. (Fraco)
- Lê sílabas diretas com *p*, mas com erros. (Fraco)

4
- Reconhece seu nome com letra manuscrita. (Forte)
- Lê palavras com letra *p* (lê globalmente e sem boa recodificação fonológica). (Fraco)
- Associa as palavras com o desenho correspondente. (Forte)

5
- Sua produção escrita não é controlada e possui um repertório de grafismos indiferenciados. (Fraco)

A partir da análise de cada uma das competências, pode-se fazer um resumo das fortalezas e debilidades:
- *Fortalezas*
  - Já adquiriu algumas das competências prévias da leitura (1).
  - Mostra habilidade em atividades de discriminação auditiva e visual (2).
  - Lê globalmente algumas palavras e as associa ao desenho (seu nome e algumas palavras com a letra *p*) (4).
- *Debilidades*
  - Tem dificuldades na leitura de vogais, ditongos e sílabas com *p* (3).
  - Não faz a recodificação fonológica na leitura de palavras (4).
  - Mostra dificuldades importantes na escrita (pouco controlada e diferenciada) (5).

Ao registrar as fortalezas e debilidades, deve-se levar em conta alguns aspectos adicionais:
- As fortalezas e as debilidades devem ser definidas com detalhes e resumir toda a informação analisada.
- O registro das fortalezas e debilidades tem de facilitar a tomada de decisões sobre os aspectos curriculares, a prestação de serviços e a determinação do perfil de apoios.
- As fortalezas e as debilidades podem não se referir exclusivamente às competências do aluno, mas também aos aspectos relacionados ao seu estilo de aprendizagem, à motivação, aos seus interesses, ao esforço, etc.
- Nas áreas curriculares, é preciso que os pontos fortes e fracos se refiram aos três tipos de conteúdos (conceituais, procedimentais e atitudinais).
- Em muitos casos, o registro das fortalezas e debilidades implica uma interpretação das informações. Quando isso ocorre, é preciso assegurar o consenso e o acordo de todas as pessoas que estão envolvidas na avaliação do aluno.

É provável que essa aproximação da forma de entender as fortalezas e debilidades não seja suficientemente exaustiva e profunda como seria de se desejar. Contudo, melhora em alguns aspectos a imprecisão atual e facilita o registro e o resumo das informações coletadas na primeira parte da avaliação.

A determinação do perfil de apoio

O conceito de apoio ou ajuda no campo educacional e, concretamente, no da educação especial adquiriu uma importância substancial nos últimos anos. Os processos de desenvolvimento e aprendizagem são possíveis quando existe a influência deliberada dos mediadores próximos. Isso significa que não há crescimento nem desenvolvimento sem a ação pactuada ou a ajuda intencional das pessoas do ambiente.

A ajuda, que se define como o conjunto de recursos e estratégias que o ambiente coloca à disposição das crianças para favorecer seu desenvolvimento e crescimento, produziu mudanças significativas na forma de compreender o fenômeno educacional e nas maneiras de efetivar as práticas educacionais.

Na educação especial, o conceito de apoio é tributário de uma visão radicalmente oposta da incapacidade e da maneira de compensá-la. As últimas definições de deficiência mental são bem representativas da nova orientação. Nesse enfoque, a deficiência mental é vista como uma condição de incapacidade que resulta da interação entre as pessoas e os ambientes em que vive. No passado, a responsabilidade pelos problemas decorrentes da deficiência recaía sobre o indivíduo. Hoje é compartilhada com o ambiente. A importância que se atribui a este deve ser entendida em termos das necessidades relativas de apoio dos indivíduos para melhorar sua independência, suas relações, suas contribuições, sua participação escolar e comunitária e seu bem-estar pessoal.

Assim, a determinação do perfil de apoios representa uma das partes críticas desse modelo e aquilo que, em última análise, pode assegurar o crescimento e o desenvolvimento da pessoa e sua participação em ambientes integrados. Outro fator significativo é o perfil de apoios não se limitar ao âmbito escolar, mas se estender a todos os ambientes em que o aluno vive e se desenvolve.

Na avaliação dos alunos com deficiência mental, a determinação do perfil de apoios representa uma das tarefas mais comprometidas. A partir das fortalezas e debilidades do aluno, das características do ambiente e das disponibilidades reais, deve-se delimitar, com a concordância de todas as partes envolvidas, os apoios que facilitem o progresso e a máxima participação nos ambientes integrados.

O conceito de apoio não é novo. O que constitui uma novidade é a afirmação de que uma aplicação racional e adequada desse auxílio pode melhorar as capacidades funcionais da pessoa com deficiência mental.

O manual de 2002 define apoios como "os recursos e estratégias que têm como finalidade o desenvolvimento, a educação, os interesses e o bem-estar de uma pessoa, e que melhoram seu funcionamento individual" (Luckasson et al., 2002, p. 145). Os serviços de assessoramento são um tipo de apoio proporcionado por profissionais e instituições.

Giné e Ruiz (1991) oferecem uma definição parecida, embora mais ajustada às características da etapa escolar. Segundo eles, os apoios são recursos e estratégias que:

- Promovem o êxito dos objetivos da educação por parte de todos os alunos, com ou sem incapacidade.
- Permitem o acesso aos recursos, às informações e às relações próprias do contexto escolar.
- Potencializam a participação do aluno nas tarefas escolares e na comunidade, facilitando assim sua satisfação pessoal.

Seja qual for a definição adotada, o que realmente preocupa é a forma de identificar o tipo e a intensidade dos apoios de que um aluno necessita para progredir. Na etapa escolar, a concretização dos apoios deve possibilitar ao aluno receber as ajudas que lhe permitam, no grau mais elevado possível e além de outras prioridades pessoais, adquirir as capacidades comuns a todos os alunos. Essa é uma tarefa difícil, pois não existe longa tradição no uso desses sistemas. Interessa, portanto, propor fórmulas que permitam delimitar o perfil de apoios de que um aluno necessita na etapa escolar.

Para realizar esse trabalho, dispomos de dois enfoques diferentes, mas complementares:

1. Por um lado, as orientações oferecidas pelo manual de 2002.
2. Por outro lado, a aplicação da Escala de Intensidade dos Apoios publicada recentemente (Thompson et al., 2002; Thompson et al., 2004).

Descrevemos a seguir as aplicações e implicações desses dois procedimentos.

A determinação dos apoios de acordo com o processo sugerido no sistema 2002

Quando proposta a aplicação do sistema de apoios, é preciso levar em conta três aspectos: as fontes, as funções e a intensidade desse auxílio. Por suas características e pela importância na etapa escolar, comentaremos com mais detalhe as funções de apoio.

As fontes podem ser naturais (recursos e estratégias que proporcionam as pessoas ou os equipamentos de um determinado ambiente) ou baseadas em serviços (recursos e estratégias que oferecem as pessoas ou os equipamentos que normalmente não fazem parte do ambiente natural do sujeito). As funções de apoio constituem uma série de categorias e atividades que permitem fundamentar o tipo de apoio necessário para assegurar o progresso, o desenvolvimento e a participação do indivíduo com deficiência mental. Agrupam-se em oito categorias: ensino, amizade, planejamento econômico, ajuda ao trabalhador, apoio comportamental, ajuda em casa, acesso e uso comunitário e atenção sanitária. O Quadro 17.4 apresenta exemplos de atividades de cada uma dessas categorias que podem servir de orientação para elaborar o perfil de apoios dos alunos.

Quadro 17.4 Funções e atividades de apoio

FUNÇÕES DE APOIO	DESCRIÇÃO
1. Ensino	• *Curriculares*: adaptação do currículo (modificação ou priorização de alguns de seus componentes), seqüenciamento mais específico, adaptação/modificação da complexidade, adaptação/modificação de quantidade/tempo/ritmo, enfoque curricular mais funcional. • *Organizacional*: ensino em pequeno grupo ou individual em sala de aula, assistência na sala de educação especial, ensino na comunidade, aprendizagem cooperativa, tutoria entre iguais. • *Instrucionais*: uso de programações específicas e procedimentos concretos, ensino a partir de rotinas, modificação das tarefas (mais curtas, mais fáceis, mais variadas), modificação dos materiais (adaptação dos livros de texto, dos roteiros de estudo, adaptação dos materiais, uso de materiais alternativos, ajudas adicionais, etc.), modificação das formas de apresentação das tarefas. • *Avaliativas*: avaliação das necessidades, avaliação ecológica, avaliação funcional, avaliação continuada do progresso, provas de avaliação adaptadas, registros e gráficos de progresso, etc.
2. Amizade	Interagir com iguais, compartilhar e confiar, acompanhar, supervisionar.
3. Planejamento econômico	Defender o direito às prestações de serviços, concretizar os benefícios do trabalho e da seguridade social, ajudar na gestão do dinheiro e no controle das rendas e orçamentos, proteção e ajuda legal.
4. Ajuda ao trabalhador	Assessorar no emprego, aconselhar, intervir e ajudar em crises, ajudar na adaptação ao trabalho, aumentar a competência no trabalho, realizar treinamento supervisionado e obter instrumentos de tecnologia assistida.

continua

Quadro 13.4 (continuação)

FUNÇÕES DE APOIO	DESCRIÇÃO
5. Apoio comportamental	Proceder a análise funcional e estratégias de manipulação dos antecedentes (manipulação dos acontecimentos ecológicos e situacionais, provisão de um programa e atividades de escolha), ensinar condutas adaptadas (alternativas, incompatíveis), e a manipulação de conseqüências eficazes, elaborar um plano de apoio comportamental, etc.
6. Ajuda em casa	Favorecer o cuidado pessoal, ajudar na mobilidade, no asseio e no vestir-se, realizar adaptações arquitetônicas, controlar a alimentação, cuidar da casa, prover ajudas sanitárias em casa, usar aparelhos de alerta médico e serviços auxiliares em casa, repouso, ter apoio comportamental e programas de treinamento familiar.
7. Acesso e uso comunitário	Ajudar nos deslocamentos, envolver-se em atividades de lazer e tempo livre, treinar habilidades de deslocamento e viárias, buscar oportunidades de conhecer a comunidade, providenciar adaptação de veículos, etc.
8. Apoio sanitário	Providenciar consultas médicas, supervisionar a saúde, procurar intervenções médicas e medicação, ter consciência dos perigos, adequar aparelhos de ajuda à mobilidade e fisioterapia.

O principal objetivo dos apoios na etapa escolar é proporcionar um conjunto de ajudas ordenadas e consensuais que permitam organizar a resposta educacional ao aluno com necessidades especiais, sua participação nos ambientes o mais integrados possível e seu máximo progresso pessoal e social. Além disso, é importante determinar o tipo de ajudas nos ambientes familiar e comunitário.

Dada sua relevância, vamos nos centrar na função de ensino. Esta, quando aplicada na idade escolar, diz respeito fundamentalmente às adaptações curriculares. A maioria dos alunos com deficiência mental ou que apresentam dificuldades de aprendizagem requer algum tipo de adaptação do currículo escolar para progredir (adaptações do conteúdo, das estratégias de ensino, das situações educacionais, etc.).

A necessidade das adaptações para os alunos com necessidades especiais é evidente, porém o mais complicado é sua compreensão e aplicação. É preciso entender as adaptações como um recurso e uma estratégia para facilitar o acesso do aluno ao currículo (Wehmeyer, 2002, 2003). Infelizmente, não existe unanimidade sobre o que são e o que constituem as adaptações curriculares e sobre como as elaborar. Apesar de suas limitações, interessa a descrição de adaptação curricular que adotam Udavari-Solner e Thousand (1995, p. 155). Esses autores afirmam que "qualquer adaptação curricular representa um ajuste ou modificação do ambiente, do ensino ou dos materiais utilizados para a aprendizagem e que melhora a competência dos alunos ou lhes permite participar de uma atividade, mesmo que seja parcialmente".

Apesar dos diversos enfoques para classificar ou categorizar as adaptações curriculares (Falvey et al., 1996; Hoover e Patton, 1997; Scott, Vitale e Masten, 1999), pensamos que a forma mais concreta de conceituar e organizar essas adaptações e, conseqüentemente, propor as várias atividades de apoio, é conservar a proposta da estrutura atual do currículo escolar. Assim, as adaptações do currículo referem-se a o quê, como e quando ensinar (e, às vezes, também, onde ensinar) e a o quê, como e quando avaliar. Dessa perspectiva, uma proposta prática para organizar as atividades de apoio dentro da função de ensino seria a seguinte:

- *Curriculares*: referem-se basicamente a o quê ensinar. Supõe, portanto, a adaptação e/ou modificação dos conteúdos e objetivos curriculares. Dentro desse item, as diversas atividades de apoio fundamentam-se em: adaptação (modificação ou priorização de alguns de seus componentes), e ampliação do currículo; seqüenciamento mais específico; adaptação/modificação da complexidade, da quantidade, do tempo, do ritmo; enfoque curricular mais funcional, etc.
- *Organizacionais*: inclui-se nesse item o tipo de apoios baseados no agrupamento dos alunos e na organização do tempo e dos espaços, que são diferentes dos habituais. Alguns exemplos são: o ensino em grupo pequeno ou individual na sala de aula, a aprendizagem cooperativa, a tutoria entre colegas, a assistência na sala de aula de educação especial, a aprendizagem na comunidade, etc.
- *Instrucionais*: constituem o tipo de ajudas relacionadas basicamente com o modo de ensinar e com as adequações das estratégias, atividades e/ou materiais de ensino. Essas atividades de apoio concretizam-se em: uso de programações específicas, de procedimentos concretos, ensino a partir das rotinas diárias, modificação das tarefas (mais curtas, mais fáceis e variadas), modificação dos materiais (adaptação dos livros de texto, dos roteiros de estudo e de materiais, uso de materiais alternativos, de ajudas adicionais, etc.), modificação das formas de apresentação das tarefas, etc.
- *Avaliativos*: representa um tipo de ajuda relacionada com o que, como e quando avaliar. As atividades de apoio incluem: avaliação de necessidades, ecológica, funcional, continuada do progresso, provas de avaliação adaptadas, registros e gráficos do progresso, etc.

Essa proposta não representa, evidentemente, uma categorização exaustiva nem completa do tipo de atividades de apoio que podem ser proporcionadas dentro da função de ensino. Contudo, trata-se de uma aproximação mais organizada e fácil para elaborar o perfil de apoios do aluno.

Finalmente, a intensidade desses auxílios depende de diversas circunstâncias e deve estar de acordo com as pessoas concretas, situações e etapas da vida. Há quatro intensidades diferentes de apoios:

1. *Intermitente* (proporciona-se quando necessário).
2. *Limitada* (caracteriza-se por sua consistência no tempo, que é limitado, mas não intermitente).
3. *Extensa* (define-se por seu envolvimento continuado e regular em alguns ambientes e sem limite de tempo).
4. *Generalizada* (proporciona-se em diferentes ambientes e tende a ser para toda a vida).

O sistema 2002 sugere um processo de três etapas para a identificação e determinação do tipo e da intensidade dos apoios.

Etapa 1: Identificar as áreas de apoio relevantes

Identificou-se uma série de áreas que podem servir tanto para avaliar as necessidades de apoio quanto para determinar o tipo e a intensidade das atividades em cada uma delas. São as seguintes: desenvolvimento humano, ensino e educação, vida doméstica, vida comunitária, trabalho, saúde e proteção, aspectos comportamentais e sociais, e proteção e defesa. Na fase escolar, as áreas de apoio devem referir-se essencialmente às estabelecidas no currículo regular.

Etapa 2: Identificar as atividades de ajuda relevantes a cada área de apoio

Já comentamos este item anteriormente. De acordo com as necessidades da pessoa, da idade e de suas fortalezas e debilidades, e também com as características de seu ambiente, devem ser selecionadas as atividades que fomentem resultados valorizados (independência, aprendizagem, participação, etc.).

Etapa 3: Avaliar o nível ou a intensidade dos apoios necessários

A intensidade dos apoios pode ser realizada com uma escala Likert de 5 pontos, que resulta sempre da soma simples da freqüência avaliada (menos de um mês, mensalmente, semanalmente, diariamente, a cada hora), o tempo de apoio diário (nenhum, menos de 30 minutos, de 30 minutos a 2 horas, de 2 a 4 horas, 4 horas ou mais) e/ou o tipo de apoio (nenhum, supervisão, ajuda verbal ou gestual, ajuda física parcial, ajuda física total).

A Escala de Intensidade dos Apoios Supports Intensity Scale

É um instrumento particularmente elaborado para medir o nível de apoios práticos que requerem as pessoas com deficiência mental a fim de terem uma vida normal, interdependente e de qualidade dentro da sociedade (Thompson et al., 2004).

Compreende três seções:
1. A primeira, as necessidades de apoio comportamental e as necessidades médicas excepcionais, mede as necessidades de apoio em 16 condições médicas e 13 condutas problemáticas.
2. A segunda, a escala de necessidades de apoios, contém 49 atividades de vida agrupadas em 6 subescalas: vida doméstica, vida comunitária, aprendizagem, trabalho, saúde e segurança, e atividades sociais.
3. A terceira, escala de defesa e proteção complementar, avalia 8 atividades.

Quando se realiza essa prova, examinam-se as necessidades de apoio para cada atividade de vida e com relação a três medidas: freqüência, tempo diário e tipo de apoio. O nível de intensidade de auxílios é determinado a partir de um índice de necessidade de ajudas totais.

Seguramente, esse instrumento significará uma mudança radical na forma de determinar e aplicar o perfil de apoios. Representa um instrumento objetivo (foi validado) e eficaz para justificar as necessidades das pessoas com deficiência mental. Dada sua novidade, é precipitado prever todas as implicações que seu uso possa supor.

Como já comentamos antes, a determinação dos apoios de acordo com o processo sugerido no sistema 2002 e a Escala de Intensidade de Apoios são duas propostas complementares. A primeira proporciona uma informação mais qualitativa, enquanto a segunda é mais quantitativa. O que parece evidente é a necessidade de utilizar essas duas propostas conjuntamente para determinar, de forma racional e adequada, o perfil de apoios de que necessita uma pessoa com deficiência mental.

CONCRETIZAÇÃO DA RELAÇÃO ENTRE AS CAPACIDADES DE ETAPA PRIORIZADAS E AS ÁREAS, OS CONTEÚDOS E OS OBJETIVOS CURRICULARES

Uma parte importante da avaliação é a concretização da proposta curricular. Depois de se definirem as fortalezas e debilidades do aluno nas diversas áreas curriculares ou de apoio e de se determinar seu perfil, deve-se estabelecer qual será a proposta cumprida nos anos seguintes. Neste item da avaliação, é preciso determinar os conteúdos e objetivos curriculares que serão priorizados em um prazo de dois ou três anos (uma avaliação deve ser revista, conforme os alunos, no mínimo a cada três anos). Essa tarefa também não é fácil de realizar. Como ocorre em muitos aspectos da educação dos alunos com deficiência mental, não há sistemas e orientações que facilitem a concretização da proposta curricular. Apesar dessas dificuldades, pode ser útil seguir o seguinte processo para decidir a proposta curricular:

1. Priorizar as capacidades da etapa que o aluno deve adquirir de acordo com os resultados da avaliação (fortalezas e debilidades nas áreas curriculares ou de apoio), idade, possíveis expectativas, interesses e motivações do aluno, etc.
2. A partir das capacidades priorizadas, selecionar as áreas curriculares correspondentes.
3. Para cada uma das áreas, eleger os conteúdos (da etapa correspondente) que, de alguma forma, respondam às necessidades do aluno.
4. De cada conteúdo, selecionar os objetivos de uma etapa que, no período de tempo estabelecido (2 a 3 anos), o aluno deveria atingir. Além disso, esses objetivos constituiriam os critérios de avaliação do progresso do aluno, assim como da consistência do perfil de apoios definidos na avaliação.

Como se pode observar, esse processo de concretização curricular é um pouco peculiar. Não segue estritamente todos os componentes definidos pelo projeto de currículo. Julgamos que pode ser uma tarefa interminável e sem sentido fazer uma determinação mais precisa. O importante é estabelecer uma relação entre as decisões tomadas na avaliação e na prática diária. O processo descrito anteriormente supõe uma estratégia viável e concreta. Desse modo, o que interessa é selecionar e adaptar os conteúdos e objetivos que, por um lado, estejam relacionados com as capacidades da etapa selecionada e, por outro, sirvam de base para elaborar os programas educacionais individualizados de cada ano letivo. O Quadro 17.5 é um exemplo de segundo nível de concretização para um aluno com deficiência mental.

Portanto, é a partir dessa seleção de conteúdos e objetivos que se elabora o programa educacional individualizado do ano letivo. É relativamente fácil relacioná-los com os das áreas curriculares e com as capacidades de etapa priorizadas.

PROCEDIMENTOS E CRITÉRIOS PARA A REVISÃO DAS AVALIAÇÕES

Uma tarefa imprescindível, muitas vezes desconsiderada, é a revisão periódica das avaliações e a atualização ou nova formulação do perfil de apoios e da proposta curricular. Já comentamos que, para os alunos com deficiência mental, de acordo com suas características peculiares e com o ambiente escolar, as avaliações devem ser revistas a cada dois ou três anos (na maioria dos casos poderia coincidir com a mudança de série). Esse processo de revisão e avaliação deve partir da avaliação educacional anterior.

A revisão periódica das avaliações deveria considerar os seguintes objetivos:

- Analisar se a provisão do perfil de apoios foi realizada e permitiu assegurar o progresso do aluno e a melhoria de sua qualidade de vida.
- Avaliar até que ponto se efetivou a proposta curricular e se o aluno está progredindo com relação às capacidades estabelecidas.

Quadro 17.5 Exemplo de concretização curricular

ÁREA	CONTEÚDO	OBJETIVOS
Matemática	*Números naturais e operações*	
	1. Leitura de números até 100.	• Ler no ambiente escolar números até 100 que designem situações quantificáveis conhecidas por ele.
	2. Escrita até 100.	• Escrever no ambiente escolar números até 100 que designem situações quantificáveis conhecidas por ele.
	3. Seriação numérica oral e escrita até 100.	• Dizer a seriação oral de 0 a 100. • Saber a seriação escrita de 10 em 10. • Escrever 30 números de 0 a 100. • Realizar a seriação escrita de 10 em 10.
	4. Composição e decomposição de números.	• Compor e decompor números em forma de polinômios com dezenas até 100.
	5. Utilização dos sinais = e ≠ entre dois números formados por dezenas, para estabelecer relações de igualdade e desigualdade.	• Reconhecer a igualdade e a desigualdade entre dois números e utilizar os sinais = e ≠ com dezenas e unidades. • Completar uma igualdade ou desigualdade com um número.
	6. Utilização dos sinais < e > entre dois números formados por dezenas, para estabelecer relações de inferioridade ou superioridade.	• Reconhecer a superioridade e a inferioridade entre dois números e utilizar os sinais < e > com dezenas e unidades. • Completar uma inferioridade e superioridade com um número.
	7. Ordenação de números por ordem crescente e decrescente em números formados por dezenas.	• Ordenar números por ordem crescente e decrescente.
	8. Resolução de somas de duas parcelas sem levar até DU + DU*.	• Resolver somas DU + U sem levar representando os elementos enquanto for necessário, apresentadas horizontalmente e verticalmente.
	8. Resolução de subtrações sem levar até DU - DU.	• Resolver subtrações DU - U sem levar representando os elementos.

• Estimar as causas ou motivos que podem explicar o êxito ou não dos resultados atuais.

• Atualizar a informação do aluno com relação ao seu nível de competências, saúde, ambiente familiar, etc.

---

* N. de R. D = dezena, U = unidade

- Estabelecer as fortalezas e debilidades a partir da nova informação recolhida.
- Tomar medidas de ajuste ou melhoria tanto para a provisão de apoios quanto para a elaboração da proposta curricular.

Sem dúvida nenhuma, por experiência acumulada, um processo de avaliação como o descrito neste capítulo serve de ajuda aos alunos, aos profissionais que trabalham, com ele e à sua família. Em última análise, o que realmente importa é determinar um perfil ajustado, racional e compartilhado dos apoios de que necessita um aluno ou aluna com deficiência mental e que constitui a base principal para promover sua independência, suas relações, suas contribuições, sua participação escolar e comunitária, e seu bem-estar pessoal. Isso é parte de nossa responsabilidade. É também nossa melhor contribuição profissional.

REFERÊNCIAS

AINSCOW, M. (1999): «Tendiéndoles la mano a todos los estudiantes: Algunos retos y oportunidades». Siglo Cero, 30 (1), pp. 37-48.
AINSCOW, M. y otros (2000): Creating the conditions for school improvement. A handbook of staff development activities. Londres. David Fulton Publishers.
AMAN, M.G.; SINGH, N.N. (1986): Aberrant Behavior Checklist. East Aurora, NY. Slosson Educational Publications, Inc.
ASOCIACIÓN AMERICANA SOBRE RETRASO MENTAL (2004): Retraso Mental. Definición, clasificación y sistemas de apoyo. Madrid. Alianza Editorial.
BERESFORD, J. (2001): Collecting information for school improvement. Model questionnaires and research instruments. Londres. David Fulton Publishers.
BOOTH, T.; AINSCOW, M. (2002): Index for inclusion. Developing learning and participation in schools. Bristol. CSIE.
DABKOWSKI, D. (2004): «Encouraging active parent participation in IEP team meetings». Teaching Exceptional Children, 36 (3), pp. 34-30.

DEPARTMENT FOR EDUCATION AND EMPLOYMENT (1997): Excellence for all children. Meeting special educational needs. Londres. The Stationery Office Limited.
DURAND, V.M.; CRIMMINS, D.B. (1992): The motivation assessment scale (MAS. Administration guide). Topeka. Monaco and Associates Incorporated.
FALVEY, M.; GIVNER, C.C.; KIMM, C. (1996): «What do I do Monday morning?», en STAINBACK. S.; STAINBACK, W.: Inclusion. A guide for educators. Baltimore. Paul H. Brookes, pp. 117-138.
FONT, J. (1997): «El nou model de defínició, classifícació i sistemes de suport del retard mental». Suports. Revista Catalana d'Educació Especial i Atencio a la Diversitat, 1 (1), pp. 24-35.
_____. (2002): L'avaluació psicopedagògica dels alumnes amb condidons de retard mental. Noves propostes d'elaboradó. Documento não publicado.
FONT, J.; ALOMAR, E.; MAS, J. (2004): «La evaluación de la calidad en los centros de educación especial. Una prueba piloto». Siglo Cero, 35 (1), pp. 37-44.
GIANGRECO, M.; CLONINGER, C.; IVERSON, V. (1998): Choosing outcomes and accommodations for children. A guide to educational planning for students with disabilities. Baltimore. Paul H. Brookes.
GINÉ, C. (1997): <L'avaluació de les necessitats educatives especials dels alumnes: la necessária collaboració dels mestres i dels psicopedagogs». Suports. Revista Catalana d'Educació Especial i Atendo a la Diversitat, 1 (1), pp. 1-9.
GINÉ, C.; RUIZ, R. (1991): «Las adecuaciones curriculares y los proyectos educativos de centro», en MARCHES), A., COLL, C.; PALÁCIOS, J.: Desarrollo psicológico y educación III. Madrid. Alianza Editorial, pp. 337-349.
GREENSPAN, S. (1999): «A contextualist perspective on adaptive behavior», en SCHALOCK, R.; BRADDOCK, D. (eds.): Adaptive Behavior and its Measurement, Implications for the field of mental retardation. Washington. AAMR, pp. 61-80.
GREENSPAN, S.; SWITZKY, H.N.; GRANFIELD, J.M. (1996): «Everyday intelligence and adaptive behavior: A theorical framework», en JACOBSON, J.W.; MULICK, JÁ: Manual of diagnosis and professional practice in mental retardation. Washington. American Psychological Association, pp. 127-135.
HARRISON, P.L.; OAKLAND, T. (2000); ABAS. Manual. San António, Texas. The Psychological Corporation.
HOOVER, J J.; PATTON, J.R. (1997): Curriculurn adaptations for students with learning and

behavior problems. Principles and practices. Austin. Pro-Ed.

HOPKINS, D. y otros (1999): Creating the conditions for classroom improvement. A handbook of staff development activities. Londres. David Fulton Publishers.

HORWITZ, S.M. y otros (2002): The health status and needs of individuais with mental retardation. Washington. Special Olympics.

JANÉ, M.C. (2004): «Diagnostic dual en el retard mental». Suports. Revista Catalana d'Educació Especial i Atendo a la Diversitat, S (l), pp. 42-57.

LAVIGNA, G.W. y otros (1994): The Periodic Service Review. A total quality assurance system for human services and education. Baltimore. Paul H. Brookes.

LUCKASSON, R. y otros (1992): Mental retardation: Definition, classification, and systems of supports. Washington. American Association on Mental Retardation.

LUCKASSON, R. y otros (2002): Mental retardation: Definition, classification, and systems of supports (10ª ed.). Washington. American Association on Mental Retardation.

MASON, C.; MCGAHEE-KOVAC, M.; JOHNSON, L. (2004): «How to help students lead their IEP meetings». Teaching Exceptional Children, 36 (3), pp. 18-24.

MINISTERIO DE EDUCACIÓN Y CIENCIA (1996): La evaluación psícopedagògica: Modelo, orientaciones, instrumentos. Madrid. Centro de Desarrollo Curricular.

MONJAS, l. (2002): Programa de ensenanza de habilidades de interacción social (PEHIS). Madrid. CEPE.

MONTERO, D. (1993): Evaluación de la conducta adaptativa en personas con discapacidades. Bilbao. Ediciones El Mensajero.

O'NEILL, R.E. (1990): Functional analysis of problem behavior: A practical assessment guide. Sycamore. Sycamore, II.

PACLAWSKYJ, T.R. y otros (2001): «Questions about behavioral function (QABF): A behavioral checklist for functional assessment of aberrant behavior». Research and Developmental Disorder, 28, pp. 77-81.

REISS, S.; VALENTIN-HEIN, D. (1990): Reiss scales for children's dual diagnosis. Chicago. IDS.

ROJAHN, J. (2001): The Behavior problems inventory (BPI-01). Disponível em www.gmu.edu/departments/ccd/Rojahnl

SALEND, S.-l. (1994): Effective mainstreaming. Creating inclusive classrooms. Nueva York. Macmilian Publishing Company.

SCHALOCK, R.L. (1995): «Implicaciones para la investigación de la definición, clasificación y sistemas de apoyos de la AAMR de 1992». Siglo Cero. 26 (1), pp. 5-13.

____. (1999): «Hacia una nueva concepción de la discapacidad». Siglo Cero, 30 (1), pp. 5-20.

SCHALOCK, R.L. y otros (1994): «The changing conception of mental retardation: Implications for the field». Mental Retardation, 32 (3), pp. 181-193.

SCOTT, B J.; VITALE, M.R.; MASTEN, W.G. (1999): «Implementing instructional adaptations for students with disabilities in inclusive classrooms». Remedial and Special Education, 19 (2), p p. 106-119.

THOMPSON, J. y otros (2002): «Integrating supports in assessment and planning». Mental Retardation, 40 (5), pp. 390-405.

THOMPSON, J. y otros (2004): Support Intensity Scale, Users Manual. Washington. AAMR.

UDVARI-SOLNER, A.; THOUSAND, J. (1995): «Effective organisational, instructional and curricular practices in inclusive schools and classrooms», en CLARK, C.; DYSON, A.; MILLWARD, A.: Towards inclusive schools?. Londres. David Fulton Publishers, pp. 147-163

VERDUGO, A. (2003): «Análisis de Ia definición de discapacidad intelectual de la Asociación Americana sobre Retraso Mental». Siglo Cero, 34 (1), pp. 5-19.

WALKER, H. y otros (1983): The Walker social curriculum: The Accepts program. Texas. Pro-Ed.

WARNOCK, H.M. (1986): Special Education Needs. Report of the committee of enquiry in to education of handicapped children and young people. Londres. HerMajesty's Statione-ry office.

WEHMEYER, M. (2003): «Autodeterminació i accés al curriculum general. Promoure l'autodeterminació i l'accés al curriculum general». Suports. Revista Catalana d'Educació Especial i Atendo a la Diversitat, 7 (2), pp. 78-90.

WEHMEYER, M.; PATTON, J.R. (2002): Mental retardation in the 21st century. Austin, Texas. Pro-Ed.

WOOD, W. y otros (2004): «Promoting student self-determination skills in IEP planning». Teaching Exceptional Children, 36 (3), pp. 8-16.

Siglas

AASS: Asistentas Sociales
ABS: Área Básica de Salud
ACI: Adecuación Curricular Individualizada
ACPEAP: Asociación Catalana de Profesionales de los Equipos de Asesoramiento Psicopedagógico
AMPAS: Asociación de Madres y Padres de Alumnos
AV: Agudeza Visual
BIAP: Oficina Internacional de Audiofonología
CAE: Conducto Auditivo Externo
CAEP: Centro de Acción Educativa Preferente
CAD: Centro de Atención al Disminuido
CAP: Centro de Asistencia Primaria
CDIAP: Centro Diagnóstico de Atención Precoz
CEE: Centro de Educación Especial
CIE: Clasificación Internacional de Enfermedades
CREC: Centro de Recursos Educativos para Deficientes Visuales de Catalunya
CREDA: Centro de Recursos para Deficientes Auditivos
CSMIJ: Centro de Salud Mental Infantil y Juvenil
DAM: Delegado de Asistencia al Menor
DGAIA: Dirección General de Atención a la Infància y a la Adolescência
DGJJMA: Dirección General de Justicia Juvenil y Medidas Alternativas
DGOE: Dirección General de Ordenación Educativa
DOGC: Diari Oficial de la Generalitat de Catalunya
DTS: Diplomados en Trabajo Social
EAP: Equipo de Asesoramiento Psicopedagógico
EAP DV: Equipo de Asesoramiento Psicopedagógico específico para Deficientes Visuales
EBASP: Equipo Básico de Atención Social Primaria
EE: Educación Especial
ESO: Enseñanza Secundaria Obligatoria
EUTS: Escuela Universitaria de Trabajo Social
FDAA: Federación Deportiva de Ámbito Autonômico
GRAES: Centros de Acogida y Residenciales de Atención Educativa
HAIC: Hearing Aid Industry Conference
ICS: Institut Català de la Salut

IES: Instituto de Enseñanza Secundaria
MEC: Ministerio de Educación y Ciencia
NEE: Necesidades Educativas Especiales
OD: Ojo Derecho
OI: Ojo Izquierdo
OMS: Organización Mundial de la Salud
ONCE: Organización Nacional de Ciegos de España
PCC: Proyecto Curricular de Centro
PEC: Programa de Educación Compensatoria
PEI: Programa de Educación Individualizada
PTT: Plan de Transición al Trabajo
SAD: Servei d'Atenció a Domicili
SAIA: Servicio de Atención a la Infancia y a la Adolescencia
SAV: Sistema de Asesoramiento Vocacional
SAVIC: Sistema de Asesoramiento Vocacional Informático para Ciegos
SEDEC: Servei d'Ensenyament dei Catalã
SMI: Salário Médio Interprofesional
SRHI: Servicio de Rehabilitación y Habilitación Integral de la ONCE
SSAP: Serveis Socials d'Atenció Primária
TAE: Taller de Lengua
UAB: Universitat Autónoma de Barcelona
UBASP: Unitats Bàsiques d'Atenció Social Primária
UEC: Unidad de Escolarización Compartida